U0148215

『十四五』安徽省重点出版物规划项目

当代徽学名家学术文库　王世华◎主编

明清时期徽商与区域社会史研究

王振忠◎著

安徽师范大学出版社

· 芜湖 ·

图书在版编目（CIP）数据

明清时期徽商与区域社会史研究 / 王振忠著 . —芜湖 : 安徽师范大学出版社 , 2024.6
（当代徽学名家学术文库 / 王世华主编）
ISBN 978-7-5676-5152-4

Ⅰ.①明… Ⅱ.①王… Ⅲ.①徽商—研究—明清时代②区域社会学—社会发展史—
研究—徽州地区—明清时代 Ⅳ.①F729②C912.8

中国国家版本馆 CIP 数据核字（2023）第 015946 号

明清时期徽商与区域社会史研究

王振忠◎著

MINGQING SHIQI HUISHANG YU QUYU SHEHUI SHI YANJIU

总 策 划 : 戴兆国
责任编辑 : 陈贻云　　　　　　　　责任校对 : 晋雅雯
装帧设计 : 张　玲　冯君君　　　　责任印制 : 桑国磊
出版发行 : 安徽师范大学出版社
　　　　　芜湖市北京中路2号安徽师范大学赭山校区　　邮政编码 : 241000
网　　址 : http://www.ahnupress.com/
发 行 部 : 0553-3883578　　　5910327　　　5910310（传真）
印　　刷 : 江苏凤凰数码印务有限公司
版　　次 : 2024年6月第1版
印　　次 : 2024年6月第1次印刷
规　　格 : 700 mm×1000 mm　　1/16
印　　张 : 32.5　　　插页 : 1
字　　数 : 500千字
书　　号 : ISBN 978-7-5676-5152-4
定　　价 : 260.00元

凡发现图书有质量问题 , 请与我社联系（联系电话 : 0553-5910315）

总　序

　　任何一门学科的诞生和发展都是不寻常的，无不充满了坎坷和曲折。徽学也是一样，可谓走过了百年艰辛之路。尽管徽州历史文化的研究从清末就开始了，但徽学作为一门学科，却迟迟没有被"正名"，就好像婴儿已出世，却上不了户口一样。在徽学成长的过程中，总伴随着人们的怀疑和否定，甚至在20世纪末，还有专家发出"徽学能成为一门学科吗"的疑问。其实，这并不奇怪。因为新事物总有这样那样的缺陷和不完善之处，但新事物的生命力是顽强的，任何力量也难以阻挡。难能可贵的是，前贤们前赴后继，义无反顾，孜孜不倦地研究，奉献出一批又一批的研究成果，不断刷新人们对徽学的认识。

　　"到得前头山脚尽，堂堂溪水出前村。"1999年，教育部拟在全国有关高校设立一批人文社会科学重点研究基地，促进有关学科的发展。安徽大学在安徽师范大学的支持、参与下，申报成立"徽学研究中心"，经过专家的评审、鉴定，获得教育部的批准。这标志着"徽学"作为一门学科，迈入一个全新阶段。

　　新世纪的徽学研究呈现出崭新的面貌：老一辈学者壮心不已，不用扬鞭自奋蹄；中年学者焚膏继晷，勤奋耕耘；一大批后起之秀茁壮成长，新竹万竿，昭示着徽学研究后继有人；大量徽学稀见新资料相继公之于世，丰富了研究的新资源；一大批论著相继问世，在徽学的园地里，犹如百花盛开，令人神摇目夺，应接不暇，呈现出一派勃勃生机。2015年11月29

日，由光明日报社、中国社会科学院历史研究所、中共安徽省委宣传部、中共江西省委宣传部联合举办的"徽商文化与当代价值"学术座谈会在安徽省歙县召开。2019年6月18日，由中共安徽省委宣传部、光明日报社指导，安徽大学主办的首届徽学学术大会在合肥市召开。2021年10月19日，由中共安徽省委宣传部、光明日报社联合主办，中国历史研究院学术指导，中共黄山市委、黄山市人民政府、安徽大学、安徽省社会科学界联合会承办的第二届徽学学术大会在黄山市召开。国内很多高校的学者都参加了大会。更令人欣喜的是，日本、韩国、美国、法国等很多外国学者对徽学研究也表现出越来越浓厚的兴趣，新时代的徽学正阔步走向世界。可以说，这是百年来徽学迎来的最好的发展时期。这一切都昭示：徽学的春天来了。

在这徽学的春天里，安徽师范大学出版社和我们共同策划了这套"当代徽学名家学术文库"。我们约请了长期从事徽学研究的著名学者，请他们将此前研究徽学的成果选编结集出版。我们推出这套文库，是出于以下几点考虑：

首先是感恩。徽学研究能有今天这样的大好形势，我们不能忘记徽学前辈们的筚路蓝缕之功。这些学者中有的已归道山，如我们素所景仰的傅衣凌先生、张海鹏先生、周绍泉先生、王廷元先生，但他们对徽学的开创奠基之功，将永远铭记在我们心中。这套文库就是对他们最好的纪念。文库还收录了年近耄耋的耆宿叶显恩先生、栾成显先生的研究文集，两位我们敬仰的先生，老骥伏枥，壮心不已，继续为徽学做贡献。这套文库中的作者大多是年富力强的中坚，虽然他们的年龄还不大，但他们从事徽学研究却有数十年的时间，可以说人生最宝贵的年华都贡献给了徽学，堪称资深徽学研究者。正是上述这些前辈们在非常困难的条件下，骈手胝足，荷锄带露，披荆斩棘，辛苦耕耘，才开创了这片徽学园地。对于他们的拓荒之劳、奠基之功，我们能不感恩吗？我们正是通过这套文库，向徽学研究的先驱们表达崇高的敬意！

其次是学习。这套文库基本囊括了目前国内专门从事徽学研究的大家的论著，展卷把读，我们可以从中受到很多启迪，学到前辈们的很多治学方法。他们或以世界的视野研究徽学，高屋建瓴，从而得出更新的认识；或迈进"历史现场"，走村串户，收集到很多资料，凭借这些资料探究了很多历史问题；或利用新发现的珍稀资料，在徽学研究中提出不少新见；或进行跨区域比较研究，得出的结论深化了我们对徽州历史文化的认识；或采用跨学科的方法研究问题，使我们大开眼界；或看人人可以看到的材料，说人人未说过的话。总之，只要认真阅读这些文章，我们就能感受到这些学者勤奋的治学精神、扎实的学术根柢、开阔的学术视野、严谨的治学态度、灵活的治学方法，可谓德识才学兼备，文史哲经皆通。我们为徽学有这样一批学者而庆幸，而自豪，而骄傲。这套文库，为我们后学提供了一个样板，细细品读这些文章，在选题、论证、写作、资料等方面确实能得到很多有益的启示。

最后是总结。这套文库是四十年来徽学研究主要成果的大展示、大总结。通过这套文库我们可以知道，几十年来，学者们的研究领域非常广泛，涵盖社会、村落、土地、风俗、宗族、家庭、经济、徽商、艺术、人物等等，涉及徽州的政治、经济、文化、社会等各个方面，既有宏观的鸟瞰综览，又有中观的探赜索隐，也有微观的专题研究。通过这套文库，我们能基本了解徽学研究的历史和现状、已经涉及的领域、研究的深度和广度，从而明确今后发力的方向。

总结过去，是为了把握现在，创造未来。这就是我们推出这套文库的初心。徽州历史文化是个无尽宝库，徽学有着光明的未来。如何使徽文化实现创造性转化、创新性发展，如何更生动地阐释徽学的理论价值，更深入地发掘徽学的时代价值，更充分地利用徽学的文化价值，更精彩地展示徽学的世界价值，通过文化引领，促进经济与社会发展，服务中华民族复兴伟业，这是我们每一位徽学研究者的光荣使命。"路漫漫其修远兮，吾将上下而求索。"但愿这套文库能成为新征程的起点，助推大家抒写徽学研究的新篇章。

另外要特别声明的是，由于各种原因，国内还有一些卓有建树的徽学研究名家名作没有包括进来，但这套文库是开放的，我们乐于看到更多的学者将自己的成果汇入这套文库之中。我相信，在众多"园丁"的耕耘、浇灌下，我们的徽学园地一定会更加绚丽灿烂。

王世华

二〇二三年六月

自 序

　　"徽学"是二十世纪八十年代以后逐渐形成的一门学问，主要研究徽州区域社会、徽商以及徽商在全国各地活动引发的相关问题，其核心则关涉明清以来中国的社会经济史。

　　较之前辈学者，我从事"徽学"研究的起步较晚。而今想来，个人与"徽学"的结缘，最早始于对明清两淮盐业的研究。1986年，我由复旦大学历史系本科毕业，同年考入本校中国历史地理研究所。在攻读硕士学位阶段，主要从事历史经济地理的研究，博士学位论文则聚焦于明清两淮盐业与苏北区域社会之变迁。为此，1989年前后，我数度前往扬州、淮安、淮阴、连云港、盐城、南通、黄山市和合肥等地实地调查，收集相关资料。当年，在阅读文本之外走访实地，似乎并不为国内的绝大多数学者所重视。不过对我而言，行走于苏北和皖南各地实在是受益匪浅。除了增加现场观感之外，我还在扬州、淮安等地收集到不少重要的文献。例如，庋藏于淮安图书馆的《淮安河下志》全帙，当时尚未作为"乡镇志"之一种正式出版，在我读到之前，国内仅有一位学者零星摘录过其中的一两条，但此一抄本对于"徽学"研究却有着极为重要的史料价值。当年，我曾徜徉于运河之滨，走访河下古镇的街衢巷陌，后来利用此一文本，颇为细致地勾勒出明清徽商在侨寓地的活动踪迹。此一学术成果，于1994年发表于《江淮论坛》，这也就是目前呈现在本书中的《明清淮安河下徽州盐商研究》一文。

因在撰写博士学位论文期间接触到不少徽商史料，遂对"徽学"产生了浓厚兴趣。1996年，由我撰写的《明清徽商与淮扬社会变迁》一书，被收入"三联·哈佛燕京学术丛书"第三辑，由生活·读书·新知三联书店正式出版。该书从制度分析入手，探讨了明清两淮盐政制度之嬗变，徽商的土著化进程，以及徽商对东南城镇、文化的影响。《明清徽商与淮扬社会变迁》一书，是我出版的第一部"徽学"专著。2014年，为纪念"三联·哈佛燕京学术丛书"出版二十周年，北京三联书店在已出版的一百部著作中遴选出七部修订再版，此书即为其中之一。

1997年至1998年，我赴日本从事学术交流。其间，曾参加岸本美绪教授主持、每月一次在东京大学东洋文化研究所举办的"契约文书研究会"。日本学者"疑义相与析"的认真治学场景，曾给我以深刻的印象。在日本的一年时间里，我还独自前往长崎等地实地考察，收集到不少江户时代徽州海商的史料，回国后撰写发表了《〈唐土门簿〉与〈海洋来往活套〉——佚存日本的苏州徽商资料及相关问题研究》，该长文前后分三期连载于1999年的《江淮论坛》。

1998年，我在皖南民间意外发现大批徽州文书，从那以后，收集、整理和研究徽州文书，便成了个人学术生活中最为重要的组成部分。2002年，拙著《徽州社会文化史探微——新发现的16～20世纪民间档案文书研究》出版。该书从社会文化史的角度，利用新发现的第一手徽州文书研究明清时期的社会文化，在一定程度上拓宽了徽州文书研究的学术视野，将文书研究从以往狭义文书（即契约）之研究转向全方位民间文献之探讨。该书于近年被商务印书馆收入"中华当代学术著作辑要"丛书，得以修订再版。

在过去三十年的田野调查中，我曾有过不少有趣的收获。将近二十年前，我在上海地摊上买到一部《詹庆良本日记》，后据此一抄本撰写的《水岚村纪事：1949年》，于2005年由生活·读书·新知三联书店出版。在此前后，该书讲述的徽州故事，曾先后被拍成多种纪录片和电视专题片。也正因为如此，2019年，僻处婺源西北乡的水岚村被国家文物局列入第五批"中国传统村落名录"。2002年，我有幸觅得婺源"末代秀才"詹鸣铎后人提供的《我之小史》抄稿本两种，经过五年多的整理、校注，于2008年在安徽教育出版社出版了《（新发现的徽商小说）我之小史》。该书是目前所知唯一的一部由徽商创作的章回体自传，其内容从清光绪九年（1883年）迄至民国十四年（1925年），逐年记录了一个家庭的社会生活。类似于此长达四十余年、多达二十万字的连续记录，在以往的徽州文献中尚属首次发现。该书的发现，是近年来民间文献收集中最为重要的一次收获。

2003年至2004年，我赴美国哈佛燕京学社访问，在将近一年的时间内，曾在哈佛燕京图书馆阅读到不少珍稀的古籍文献。其中，抄本《典业须知》是有关清代徽州典当业运作记载最为系统、内容最为丰富的一种商业文献。另外，该馆还藏有《至宝精求》《玉器皮货谱》和《银洋珠宝谱》三种抄本，也是反映清代典当业经营的重要文献，与《典业须知》应属于同一批文书，此前并未得到应有的重视和系统研究。为此，我撰写了《清代江南徽州典当商的经营文化》一文，探讨"徽州朝奉"之经营文化和典当业者的社会生活。在研究角度上，除了考察经营规范、商业道德之外，更关注对典商社会生活史的分析与考察。

2008年前后，我的硕士同门师兄、南京大学胡阿祥教授组织、策划"河流文明丛书"，希望由我负责撰写《新安江》一书。揆情度理，在中国众多的河流中，新安江算不上一条大江，其知名度也远不及那些大江大河。因此，为新安江作传，绝不像那些知名河流那样，有许多现成的系统性成果可资参考。为此，我利用十多年间在民间收集到的资料，特别是一些新发现的珍稀文书，从诸多侧面展示了新安江流域丰富多彩的社会生活和民俗文化。该书于2010年由江苏教育出版社出版，我希望借此为徽州的母亲河留存一份进一步探索和深入思考的见证。

在过去的二十多年间，我还主持承担过不少与徽州相关的省部级课题。譬如，2001年，我独立主持国家社会科学基金青年项目"徽州文书所见明清村落社会生活研究"，数年后的结项成果分为学术专著和资料集两部分，对明清时代徽州村落的生活环境（经商风气之蔓延、交通与商业）、棚民经济、祭祀礼仪与社会生活、自然灾害与民间信仰、风土习俗等，皆做了较为细致的探讨。该课题在结项时获评优秀，并受通报表扬。在上述研究的基础上，我进一步利用通过田野调查在徽州民间收集到的珍稀文献，撰写了系列研究论文，并整合为《明清以来徽州村落社会史研究——以新发现的民间珍稀文献为中心》一书。该书于2010年经同行专家的严格评审，被收入首届"国家哲学社会科学成果文库"，并于2011年由上海人民出版社出版。

2011年，我的《徽学研究入门》一书出版，该书被收入复旦大学研究生院、复旦大学文史研究院联合推荐的"研究生·学术入门手册"。此外，稍值一提的还有2019年出版的《从徽州到江南：明清徽商与区域社会研究》，收入了十二篇专题学术论文，其主旨是从徽商在江南历史舞台上的落地生根、发荣滋长，以及与一般民众频繁的社会互动，透视徽州区域社会的变迁。

除了上述学术专著之外，我还先后编选过三部与"徽学"研究相关的自选集。第一部是2007年由香港城市大学出版社出版的《千山夕阳：明清社会与文化十题》。该书后于2009年改名为《千山夕阳：王振忠论明清社会与文化》，由广西师范大学出版社修订再版。2017年，《社会历史与人文地理——王振忠自选集》被收入"六零学人文集"，由中西书局出版。上述两本书，皆有多篇论文与"徽学"研究有关。此外，数年前，我编选了"名家专题精讲"丛书之《徽学研究十讲》，该书于2019年由复旦大学出版社出版。

另外，我还主编过多种与"徽学"相关的资料和研究丛书。例如，十多年前，我与法国学者劳格文教授一起在徽州展开实地调查，后来合作主编了"徽州传统社会丛书"。该丛书包括《徽州传统村落社会——白杨源》、《婺源的宗族、经济与民俗》（上下两册）、《徽州传统村落社会——许村》、《歙县里东乡传统农村社会》和《歙县的宗族、经济与民俗》五种六册图书，于2011年至2016年先后由复旦大学出版社出版。其中，除了婺源卷外,我都写有《历史学导言》;而《歙县的宗族、经济与民俗》一书,则由我本人负责编纂。2011年,我还应江西婺源县文广局之邀,主编了《活着的记忆:婺源非物质文化遗产录》,全书共3卷,于2013年由江西人民出版社出版,其主旨是希望借此为徽州传统文化的保护与传承,提供一些学术性的支持。近年来,我又联合黄山市当地的多位收藏家,主编、出版了《徽州民间珍稀文献集成》30册(复旦大学出版社,2018年版),这是迄今为止文献涉及面最广、学术价值最高的大型徽州文书资料丛书。

最近数十年,徽州文书之发掘、整理和出版,出现了许多新的史料,这对于中国史研究而言是一个极大的资料宝库,而学术界的研究却远远没有跟上。在我看来,有必要以此为中心予以特别关注。有鉴于此,2016年,我与安徽师范大学刘道胜教授商议,于翌年共同合作,举办专门的徽州文书研讨会。此后,我们陆续于2017年6月、2018年3月和2019年9月先后召开过三届"徽州文书与中国史研究"研讨会,并约定由国内各相关高校轮流举办,希望通过持续性学术会议的召开,重现20世纪90年代"徽学"研究的盛况,定期交流学术信息,与学界同好相互切磋学问,以共同推进中国史研究的拓展与深入。第一次会议的论文集由我和刘道胜教授合作主编,已于2019年由上海的中西书局出版。

在过去的三十年中,除了出版学术著作之外,我还撰写了一些面向知识界的读物。如2000年出版的《乡土中国·徽州》(生活·读书·新知三联书店),便是国内最早的图文图书之一。1998年起,我还在《读书》月刊上开设"日出而作"专栏,其中的不少作品,皆与徽州研究有关。此外,在《寻根》《万象》《文汇学人》《上海书评》以及近年来的澎湃"私家历史"等新媒体上,我也发表过不少与徽州相关的学术随笔。这些作品,先后结集为《斜晖脉脉水悠悠》("书趣文丛",辽宁教育出版社,1996年版)、《日出而作》("读书书系",生活·读书·新知三联书店,2010年版)和《山里山外》("读书文丛",生活·读书·新知三联书店,2020年版)等随笔集。在我看来,徽州文书及相关文献绝不是冷冰冰的一堆故纸，历史学者可以透过看似枯燥的资料，理解乡土中国的人事沧桑，认识传统时代的浮云变幻。徽州有着美丽的自然山水，丰富的人文景观，以及浩繁无数的历史文献，作为历史学者，我们有责任将博大精深的徽州文化之美传达给世人。在这方面，我希望能以独特的表述方式，将读书与行走之间的感悟，在更大范围内传达给专业之外的读者。

上述这些，便是三十多年来我与"徽学"的一些情缘。现在借着编选文集的机会，作一番回顾与梳理。在此基础上，将较具代表性的十一篇论文编入本书，以求教于明清史学界的诸多前辈和同行。

庚子初夏于上海新江湾

目　录

徽商研究

徽州区域社会研究

徽商研究

明清淮安河下徽州盐商研究

徽商研究是明清社会经济史研究中的一个重要课题，一直受到海内外史学界的高度重视。尤其是近年来大陆史学界的成果与日俱增，这端赖于新史料（如徽州乡土文献）的系统整理与利用。如所周知，在明清时期，"徽之富民尽家于仪、扬、苏、松、淮安、芜湖、杭、湖诸郡，以及江西之南昌，湖广之汉口，远如北京，亦复挈其家属而去"①。不过，以往对于上述各大都会中侨寓徽商的研究，除了个别城市（如扬州）已有相当详尽的研究成果之外，不少城镇还是语焉不详，甚或仍属空白（如淮安），这同样有赖于新史料的搜集和利用。近年来，笔者两度前往淮安考察，搜集到一批未刊乡土文献，其中就包含丰富的徽商史料，这些资料，使我们能够比较清晰地了解淮安河下徽商的组织形态、生活方式和盛衰变迁。

一、徽商的迁徙、占籍和定居

河下位于今淮安市西北三里之遥的古运河畔，是当年大批徽州盐商聚居之地，迄今仍然保持着明清时期的小镇风貌。据清人王觐宸《淮安河下志》卷1《疆域》记载："明初运道仍由北闸，继运道改由城西，河下遂居黄（河）、运（河）之间，沙河五坝为民、商转搬之所，而船厂抽分复

---

① 康熙《徽州府志》卷2《舆地志下·风俗》。

萃于是，钉、铁、绳、篷、百货骈集；及草湾改道，河下无黄河工程；而明中叶司农叶公奏改开中之法，盐筴富商挟资而来，家于河下，河下乃称极盛。"所谓"明中叶司农叶公奏改开中之法"，是指明代弘治年间户部尚书叶淇正式公布纳银中盐的办法——运司纳银制度，亦即召商开中引盐，纳银运司，类解户部太仓以备应用。从此以后，商人只需在运司所在的地方纳银即可中盐，因此，不但两淮赴边屯垦的商人退归南方，而且在全国最重要的西北垦区之土商也纷纷迁至两淮①。由于河下地处淮安城关厢，又为淮北盐斤必经之地，所以大批富商大贾卜居于此。

较早迁居河下的徽商有黄氏。据清人黄钧宰《金壶逸墨》卷2《世德录》记载："黄氏之先为皖南著姓，聚族于黄山。当明中叶，分支迁苏州，再徙淮阴，累世读书，科名相望，七传而至荆玉公，为明季诸生。"从这段《世德录》中，还看不出黄氏是否为淮北盐商。当时，淮北盐运分司驻安东（今江苏涟水县），大批徽商主要集中在那里。诚如明人文震孟在《安东县创筑城垣记》一文中所指出的那样："……安东为河、淮入海之路，淮北锁钥，百万盐筴辐辏于此"②，所谓"煎盐贵擅其利"③，其中，就有不少徽州盐商④。

由于明代中叶以后黄河全流夺淮入海，苏北水患日趋频仍，安东等地时常受到洪水的威胁。如淮北批验所本在安东县南六十里的支家河，"淮北诸场盐必榷于此，始货之庐、凤、河南"，批验所旧基在淮河南岸，"当河流之冲"⑤，弘治、正德年间曾多次圮毁，后来虽移至淮河北岸，但洪水的困扰仍未减轻。据乾隆《淮安府志》卷15《风俗》记载，安东为"盐

---

① 《明史》卷77《屯田》："迨弘治中，叶淇变法……诸淮商悉撤业归，西北商亦多徙家于淮。"

② 光绪《重修安东县志》卷3《建置》。

③ 吴从道：《安东》诗，见丁晏、王锡祺：《山阳诗征》卷7。

④ 如歙人程必忠，明季始迁安东；程易，"世居歙之岑山渡，后迁淮，治盐业，遂占籍安东"；程增，"父自歙迁淮之涟邑（即安东）"。俱见王觐宸：《淮安河下志》卷13《流寓》，淮安市图书馆古籍部据抄本复印。

⑤ 嘉庆《两淮盐法志》卷37《职官六·廨署》引嘉靖《盐法志》。

磋孔道，土沃物丰，生齿蕃庶，士知学而民畏法，近罹河患，丰歉不常"。在这种形势下，盐运分司改驻淮安河下，而淮北批验盐引所改驻河下大绳巷，淮北巡检也移驻乌沙河。随着鹾务机构的迁移，更多的淮北运商卜居淮安河下①，但因祖先产业所在，仍然占籍安东②。这一点很像淮南盐商多占籍仪征，而又"太半居郡城（扬州）"③。

与此同时，还有的一些徽商从扬州迁居淮安河下。其中，最为著名的首推程量越一支。据《淮安河下志》卷5《第宅·程莲渡先生宅》记载：

> 吾宗自岑山渡叔信公分支，传至第九世慎吾公，是为余六世祖，由歙迁家于扬。子五人：长上慎公，次蝶庵公，次青来公，次阿平公，次莲渡公。莲渡公即余五世祖也。莲渡公诸兄皆居扬，公一支来淮为淮北商，居河下。

"莲渡公"叫程量越（1626—1687年），字自远，是淮南盐务总商程量入的弟弟，"生子九人，俱成立，孙、曾蕃衍，旧宅渐不能容，分居各处，亦尚有一、两房仍居老宅"④。

除了程量越一支外，歙县程氏还有不少人迁居河下。清末李元庚曾指出："程氏，徽之旺族也，由歙迁，凡数支，名功、亘、大、仁、武、鹤

---

① 光绪《重修山阳县志》卷4《盐课》："国初淮北分司暨监掣并驻河下，群商亦萃居于此。"

② 光绪《重修安东县志》卷1《疆域》："国初时盐法尤盛行，富商来邑占籍，著姓相望。"卷12《人物四·流寓》："初，程氏以国初来邑占籍，代有令闻。"王觐宸《淮安河下志》卷13《流寓》："程朝宣，字辑侯，歙人也。父以信，故有业在安东，召朝宣代之，弗善也，去而业盐，与淮北诸商共事，不数年推为祭酒焉。"程朝宣因出赀助塞卯良口决口，安东人"感其义弗衰，为请占籍。程氏之占安东籍，自朝宣始也"。此后，淮安史志中出现的程氏，多为安东籍。程鉴"先世歙人，业盐，家于淮，后入安东籍，实住山阳河下也"。

③ 光绪《续修甘泉县志》"凡例"。

④ 王觐宸：《淮安河下志》卷5《第宅》。

是也。国初（按：指清初）时业禺筴者十三家"①，"皆极豪富"②，当时有"诸程争以盐筴富"③的说法。

河下徽商程氏行盐各有旗号，大多依族谱中的名号取名。据《讷庵杂著·五字店基址记》记载："当时族人业盐居淮，有所谓公（功）字店、亘字店、大字店者，皆就主人名字中略取其偏旁用之，如亘字店则用朝宣公'宣'字之半，吾家五字店，盖用慎吾公'吾'字之半也。"④慎吾公是程量越的父亲，所以程量越"所居之宅，曰五字店，五字乃其旗号也"⑤。此外，还有俭德店，"俭德，旗名店者"，为盐务总商程易的宅名⑥。程世桂与其兄程云松"均习禺筴，分行盐务，旗名观裕"⑦。这一点也与扬州非常相似。据乾嘉时人林苏门记载："扬州运盐之家，虽土著百年，而厮仆皆呼其旗名，曰'某某店'。故高门大屋，非店而亦曰'店'也。"⑧淮安河下地名中，有五字店巷、仁字店巷、文字店巷和亘字店巷等，大多是"徽商顿盐之所，巷因此得名"⑨。

除了程氏以外，汪氏自"尧仙公"由徽迁淮，三世至"隐园公"，卜居于相家湾路南⑩。所谓"尧仙公"，是清代著名官僚汪廷珍的曾祖父，

---

① 李元庚：《梓里待征录·奇闻记·淮北商人同姓十三家》。《梓里待征录》为淮安市图书馆古籍部抄本，封面题作"淮壖隅史"。

② 王觐宸：《淮安河下志》卷6《杂缀》。

③ 王觐宸：《淮安河下志》卷13《流寓》。

④ 王觐宸：《淮安河下志》卷6《杂缀》。

⑤ 王觐宸：《淮安河下志》卷5《第宅》。

⑥ 李元庚：《梓里待征录·逸事记·俭德店相》。

⑦ 李元庚：《山阳河下园亭记》"高咏轩"条。《山阳河下园亭记》为淮安市图书馆古籍部刊本。

⑧ 林苏门：《邗江三百吟》卷3《俗尚通行·运盐之家称店》。《邗江三百吟》为扬州市图书馆特藏部藏本。

⑨ 王觐宸：《淮安河下志》卷2《巷陌》。

⑩ 李元庚：《山阳河下园亭记》"道宁堂"条。

"治家勤俭，赀产遂丰"①，成为以盐业起家的鹾商大户②。吴氏"先世分运食盐，以金家桥为马头"③，也是河下的淮北盐商。此外，徽商曹氏在当地亦有相当大的势力，河下曹家山就是该家族的产业④。

由于徽商的鳞集骈至，至康熙年间，河下一带徽商的人数已相当之多。康熙三十年（1691年）编审，因山阳历年水患，百姓逃亡，故缺丁14913丁，缺丁银6417两。县令"以土著无丁可增，乃将淮城北寄居贸易人户及山西与徽州寄寓之人，编为附安仁一图"⑤。其中的"徽州寄寓之人"，有的占籍安东或山阳⑥，有的则仍占籍故土徽州⑦。

二、徽商社会生活勾稽

其一，徽商之间呼朋引类，紧密结合，最具有地域商人集团的色彩。明人金声曾指出："夫两邑（休、歙）人以业贾故，挈其亲戚知交而与共事，以故一家得业，不独一家得食焉而已，其大者能活千家、百家，下亦至数十家、数家。"⑧歙人程朝聘，迁淮北安东，其子程增"移家山阳，使二弟学儒，而身懋迁，家遂饶。父族四，母族三，死而无归者毕葬焉，余皆定其居，使有常业。设义田、义学以养疏族人而聚教之。乡人叩门告

---

① 汪继光：《山阳汪文瑞公年谱》。《山阳汪文瑞公年谱》为淮安市图书馆古籍部手抄本。

② 王觐宸：《淮安河下志》卷12《列女》汪士堂妻条：汪家"故业盐，号巨商"。另，范一煦：《淮壖小记》（扬州师范学院图书馆特藏部藏本）卷4，汪廷珍"家世本业禺筴，食指百余人"。

③ 李元庚：《山阳河下园亭记》"梅花书屋"条。

④ 李元庚：《山阳河下园亭记》"止园""梅花书屋"条。

⑤ 阮葵生：《茶余客话》卷22《京田时田》。

⑥ 嘉庆《两淮盐法志》卷48《人物七·科第表下》，顺治八年辛卯科举人程治，歙人，山阳籍；康熙二十三年甲子科举人吴宁谧，歙人，山阳籍。

⑦ 嘉庆《江都县续志》卷12《杂记下》："歙之程、汪、方、吴诸大姓，累世居扬而终贯本籍者，尤不可胜数。"淮安情形与此相类似，如程晋芳就是歙县籍，"世居山阳"。参见丁晏、王锡祺：《山阳诗征》卷18。

⑧ 《金太史集》卷4《与歙令君》。

请，未尝有难色，或急难，以千金脱之"①。这种乐善好施的义行，不仅仅囿于宗族内部。如盐务巨商程鉴，"振恤寒困，赴人之急如不及。山阳曹师圣官彭泽令，逋公帑数千，且得罪，鉴予金偿之。师圣卒，复为营葬事，周其遗孤"②。此种济急周乏的乡党之谊，反映了徽商的群体意识。关于这一点，从淮安会馆的设置过程中亦可窥其一斑。据《梓里待征录·建置记》载："会馆之设，京师最盛，吾淮初未之闻也。当乾隆、嘉庆间生意鼎盛，而官、幕在淮者十居八九，无一人创此事。后有新安人在质库贸易，借灵王库馆地启房为新安义所"，"每当春日聚饮其中，以联乡谊"③。此后，才有各地商人踵起仿效。

徽商之间相互通婚。如汪氏侨寓清江浦数百年，家富百万，列典肆，"有质库在所居之南，曰字号萱，其息本乃太夫人钗钏之余，故曰萱字号，太夫人误呼之，遂有是名"④。广厦千间，俗呼为"汪家大门"。主人汪已山好宾客，座上常满，广结名流，筑观复斋，"四方英彦毕至，投缟赠纻无虚日"，与扬州的小玲珑山馆、康山草堂、天津的水西庄"后先辉映"⑤。汪氏擅长书法，能作方丈字，"得率更笔意"，性喜好客。"吴门午节后，名优皆歇夏，汪则以重资迓之来，留至八月始归。此数十日之午后，辄布氍毹于广厦中，疏帘清簟，茶瓜四列，座皆不速之客。歌声绕梁，笙簧迭奏，不啻神仙境也。"⑥道光中叶，汪氏家道中落，字号萱已闭歇，"其簿籍犹有以万金购之者"⑦。因此，在其极盛时期，夸奢斗富的程度绝不亚于淮、扬盐商。例如，他家的鳌山灯号称天下之冠，直到晚清时期当地人犹能津津乐道⑧。汪氏与本地人不通婚，只跟淮安河下盐商程氏

① 王觐宸：《淮安河下志》卷13《流寓》。
② 王觐宸：《淮安河下志》卷13《流寓》。
③ 王觐宸：《淮安河下志》卷6《杂缀》。
④ 方濬颐：《二知轩文存》卷22《今雨楼图记》。
⑤ 徐珂：《清稗类钞》第24册《豪侈类》。
⑥ 徐珂：《清稗类钞》第24册《豪侈类》。
⑦ 方濬颐：《二知轩文存》卷22《今雨楼图记》。
⑧ 方濬颐：《二知轩文存》卷22《今雨楼图记》。

互为陈朱①。其中，有一支迁往淮安河下。据《梓里待征录·奇闻记·五世同堂》记载："清河汪氏丁极盛，有一支名汲（字葵田，号曙泉），迁居河下铁钉巷。"五世元孙汪衍祥"请于官，为奏明圣旨，准旌其间，钦赐七叶衍祥，给予'五世同堂'匾"。

通过程、汪二姓的婚姻，盐、典二业就紧密地结合在一起了，这与扬州的情形也很相似，正像一首《望江南百调》所描述的那样："扬州好，侨寓半官场，购买园亭宾亦主，经营盐、典仕而商，富贵不归乡。"②汪垂裕在河下杨天爵巷开质库③，徽商程氏也有从事质库的④。

其二，徽商很注意交结官府要人，无论是在京缙绅、过往名士，还是现任大小官僚，无不与之过从。不少徽商都成了权贵们的入幕之宾，如袁枚在《随园诗话》卷7中曾记录下这样一件趣事：

> 程鱼门多须纳妾，尹公子璞斋戏贺云："莺转一声红袖近，长髯三尺老奴来。"文端公笑曰："阿三该打！"

"程鱼门"即徽商程晋芳，"文端公"是指当时的两江总督尹继善。这段谐谑的插曲表明，两者之间的关系已十分融洽。除了程晋芳以外，被称为"禹筴中之铮铮者"的盐商程易，也与漕运总督铁氏、南河总督徐氏和淮关监督某公过从甚密。他曾与王勋辉、王绳武、徐临清、薛怀等为"五老会"，宴集于淮安荻庄，备极一时之胜。这次耆绅雅集由漕运总督铁氏作序，刻石以纪⑤，远近传为佳话。

徽商殚思竭虑靠拢官僚，主要是为了提高自己的地位，并保护其专卖

---

① 徐珂：《清稗类钞》第24册《豪侈类》。

② 陈垣和《扬州丛刻》（民国刊本）。

③ 李元庚：《山阳河下园亭记》"九狮园"条。

④ 王琛：《清河王氏族谱·先世述略》。《清河王氏族谱》为同治七年刻本，淮安市图书馆古籍部藏本。

⑤ 李元庚：《山阳河下园亭记》"寓园"条。

权益；而官僚则通过这种交往，获得许多经济上的实惠①。徽商资本中就有一些来自官僚，日本学者藤井宏先生将之归纳为"官僚资本"②。据《清实录》乾隆十一年（1746年）七月乙酉条谕，河道总督白钟山"巧宦欺公，暗饱私囊"，"与盐商交结往来，以资财托其营运"，也就是将宦资都寄存在淮北盐商处。据调查，淮北盐商程致中，收存白钟山银二万两；程氏女婿、清江浦典商汪绍衣，收存白钟山银四万两；另外，商人程容德和程迁益，各收存白钟山银二万两，"代为营运"。

除了交结官僚外，徽商还与清朝皇室保持着良好的关系。康熙、乾隆数度南巡，淮北盐商极尽献媚邀宠之能事。如康熙皇帝第五次南巡过淮安时，"百姓列大鼎焚香迎驾，数里不绝"③。这些活动，就是由徽商组织和策划的。当康熙行至乌纱河，"有淮安绅衿百姓备万民宴，又盐场备彩亭七座迎接"。随后康熙在淮安寻欢作乐，"进宴演戏，其一切事宜，皆系商总程维高料理"④。有一次，在淮安漕运总督衙门行宫演戏十一出，"系择选程乡绅家小戏子六名，演唱甚好，上大悦"⑤。上述的程维高，就是盐务总商程增。他曾三次接驾，因供奉宸赏不遗余力，康熙御书"旌劳"二字赐之⑥。又如，乾隆四十九年（1784年）春，弘历南巡过淮安，"盐宪谕诸商人自伏龙洞至南门外起造十里园亭，以荻庄建行宫，开御宴"。据估计，这一工程需银三百万两，"因盐宪经纪稍后，诸商筹款未充，而为时甚促，遂寝其事"。但仍在"运河两岸周鹅黄步障包荒，中间错落点缀亭台殿阁，间以林木花草。时在春末夏初，林花、萱草、牡丹、芍药、绣球

---

① 杨钟羲：《意园文略·两淮盐法要序》："官以商之富而朘之，商以官之可以护己而豢之，在京之缙绅，过往之名士，无不结纳，甚至联姻阁臣，排抑言路，占取鼎甲。凡力之能致此者，皆以贿取之。"

② 藤井宏：《新安商人的研究》，傅衣凌、黄焕宗译，载《徽商研究论文集》，安徽人民出版社，1985年版，第131—269页。

③ 宋荦：《西陂类稿》卷17《迎銮三集·康熙乙酉扈从恭纪七首》注。

④ 佚名：《圣祖五幸江南全录》，见汪康年：《振绮堂丛书初集》。

⑤ 佚名：《圣祖五幸江南全录》，见汪康年：《振绮堂丛书初集》。

⑥ 王觐宸：《淮安河下志》卷13《流寓》。

一一争妍，由西门至于府前，家家舒锦悬灯，户户焚香燃烛"①。为此，淮北众商纷纷得到嘉奖。总商程易，在嘉庆元年（1796年）应诏入朝，参与"千叟宴"，赏赐内府珍奇宝物，享受四品京官的待遇②，以布衣上交天子，成为远近歆羡的商界奇闻。

其三，作为出自"东南邹鲁"的阙里人家，徽商与文人学士的交游也相当引人注目。据黄钧宰的记载：山阳"西北五里曰'河下'，为淮北商人所萃，高堂曲榭，第宅连云，墙壁垒石为基，煮米屑磁为汁，以为子孙百世业也。城北水木清华，故多寺观，诸商筑石路数百丈，遍凿莲花。出则仆从如烟，骏马飞舆，互相矜尚。其黠者颇与名人文士相结纳，藉以假借声誉，居然为风雅中人。一时宾客之豪，管弦之盛，谈者目为'小扬州'"③。由于晚明清代数百年淮北盐商的不断经营，淮安河下园林名胜鳞次栉比，"南始伏龙洞，北抵钵乾山，东绕盐河一带约十数里，皆淮之胜境地"④，笙歌画舫，游人骈集。

据山阳文人李元庚《山阳河下园亭记》记载，自明嘉靖间迄至清代乾嘉时期，河下构筑的园亭共有65例。其中主要是盐商构筑的，尤其是程氏盐商为数最多，占三分之一强（计24例）。另一位山阳人范一煦在《淮壖小记》卷3中指出：

> 吾邑程氏多园林。风衣之柳衣园、菰蒲曲、籍慎堂、二杞堂也，瀓亭之曲江楼、云起阁、白华溪曲、涵清轩也，筑江之晚甘园也，亨诞人（名云龙，字亨衢）之不夜亭也，圣则之斯美堂、箓竹山房、可以园、紫来书屋也，研民之竹石山房也，溶泉之旭经堂也，蔼人之盟砚斋、茶话山房、咏歌吾庐也，曲江楼中有珠湖无尽意山房、三离晶舍、廓其有容之堂。

① 王觐宸：《淮安河下志》卷8《园林》。
② 王觐宸：《淮安河下志》卷13《流寓》。
③ 黄钧宰：《金壶浪墨》卷1《纲盐改票》。
④ 范一煦：《淮壖小记》卷4。

从园林规模上看，程退翁隐居石塘之中桥，买废田万亩，掘渠四千余丈，"灌溉其中，遂成沃壤，植牡丹、芍药以环其居，号曰'谁庄'"，极尽流连觞咏之事[①]；程嗣立的"菰浦一曲"，园有来鹤轩、晚翠山房、林芳山馆、籍胜堂诸胜；程执金的"且园"，则有芙蓉堂、俯淮楼、十字亭、藤花书屋、古香阁、接叶亭、春雨楼、云山楼、方轩、亦舫计二十二所[②]，假山曲折，林木幽秀，类似于此的园林佳构不胜枚举[③]。其中盐商程氏所有的曲江楼、菰浦一曲和荻庄诸胜，尤负盛名。

曲江楼原是当地乡绅张新标依绿园中的一处胜景，张氏"尝大会海内名宿于此，萧山毛大可（奇龄）预其胜，赋《明月河》篇，一夕传钞殆遍"[④]。其后，该园为徽商程用昌所得，易名"柳衣园"，中有曲江楼、云起阁、娱轩、水西亭、半亩方塘和万斛香诸胜。乾隆年间，盐商程垲、程嗣立"聚大江南北耆宿之士会文其中"，他们互相切磋，"磨砻浸润，文日益上"。其中以程氏为首的"曲江十子"所著的《曲江楼稿》风行海内，"四方学者争购其文"[⑤]。

菰浦曲在伏龙洞，主人是盐商程嗣立。据《水南老人诗注》云："癸亥正月，霭后招集园中，看演《双簪记》传奇。晚晴月出，张灯树杪，丝竹竞奏，雪月交映，最为胜集。"[⑥]类似于此花晨月夕、酒榼聚谈的文人雅集，不胜枚举。

荻庄是盐商程鉴的别业，园在萧湖中，有补烟亭、容之堂、平安馆、带湖草堂、绿云红雨山居、绘声阁、虚游、华溪渔隐、松下清斋、小山丛桂和留人诸胜。其子程沆致仕后，"于此宴集江南北名流，拈题刻灯，一时称胜"[⑦]。园中的胜景，令过往文人流连忘返。对此，性灵派巨匠袁枚

---

① 李元庚：《山阳河下园亭记》"晚甘园"条。
② 范一煦：《淮壖小记》卷4。
③ 参见李元庚：《山阳河下园亭记》各条。
④ 李元庚：《山阳河下园亭记》"依绿园""柳衣园"条。
⑤ 乾隆《淮安府志》卷22下《人物》。
⑥ 李元庚：《山阳河下园亭记》"菰蒲曲"条。
⑦ 李元庚：《山阳河下园亭记》"荻庄"条。

题诗曰："名花美女有来时，明月清风没逃处。"而赵翼则题云："是村仍近郭，有水可无山。"①这些，都画龙点睛地描绘出河下园林之概貌和盐商们的生活追求。嘉庆年间，南河熊司马设宴于此，作荻庄群花会，备极一时之胜②。

当时，曲江楼、菰蒲曲和荻庄，与扬州马氏的小玲珑山馆、郑氏休园和程氏篠园等南北呼应，成为江淮间著名的园林名胜，吸引着来自全国各地的文人学士。他们与当地的盐商相互揽胜访古，文酒聚会，质疑访学，搜藏古籍，刊刻著述，等等。

其四，通过盐商与文人间的宾朋酬唱，提风倡雅，徽商的素质有了很大的提高，一时也文人辈出。徽州是个文风极盛的地区，新安商人素有"贾而好儒"的文化传统。这种乡土背景，在侨寓徽商身上也表现得极其明显。河下姜桥、中街等处，均有文昌楼、二帝阁，内供有文、武二帝，中有魁星。另外，康熙年间徽商还集资在河下竹巷建有魁星楼，"虔祀魁星于其上，文光四射"，希望冥冥苍天福佑徽商子弟"弦诵鼓歌、科第骈集"③。河下徽商的确也不负众望。据载，从明末到清代，"河下科第极盛者莫如刘氏"④。不过，与刘氏相较，侨寓徽商程氏也毫不逊色。明清两代科甲蝉联，文人辈出（详见下表）。

程、刘二氏科目比较

科目	程氏/人	刘氏/人
进士	6	7
举人	12	12
贡生	11	4
武举	1	0

资料来源于王觐宸：《淮安河下志》卷12上《科目》。

清代诗人袁枚曾经指出："淮南程氏虽业禺策甚富，而前后有四诗人：

① 李元庚：《山阳河下园亭记》"荻庄"条。
② 金安清：《水窗春呓》卷下《荻庄群花会》。
③ 胡从中：《重建魁星楼记》，见《淮安河下志》卷4《祠宇》"魁星楼"条。
④ 李元庚：《梓里待征录·奇闻记·菜桥刘氏五代巍科》。

一风衣,名嗣立;一夔州,名崟;一午桥,名梦星;一鱼门,名晋芳。"①这四人是淮、扬一带提风倡雅最负盛名的人物。

程嗣立,字风衣,号篁村,人称"水南先生"。原为安东诸生,廪贡生,乾隆初举博学鸿词。平素"善书法,好作画。或求其书,则以画应;求画,则以书应。求书画诗,则与庄坐讲《毛诗》《庄子》数则"②,一副文人名士的派头。上文提及的"柳衣园",就是他所构筑的园林。程氏在此"集郡中诸文士讲学楼中,延桐城方舟、金坛王汝骧、长洲沈德潜诸耆宿为之师,极一时切磨之盛"③。当时,他以"风流俊望"倾倒一时,过从交游者遍于天下,"凡文人逸士道出淮阴,必下榻斋中,流连觞咏,历旬月不少倦"④。

程崟,字夔周(州),先世歙人,侨寓于扬州,"少即从方望溪(方苞)游,制义外,古文尤有家法。登癸巳进士,为部郎有声,寻告归"。他的哥哥程鋆曾当过两淮总商,"家门鼎盛,筑别业真州,选订明代及本朝(清朝)古文,次第付梓。嗜音律,顾曲之精,为吴中老乐工所不及,凡经指受者,皆出擅重名,遂为法部之冠"⑤。征歌度曲是当时富商大贾慕悦风雅的一种文化表达方式,程崟就是以精谙工尺闻名遐迩的盐商巨擘之一。

程梦星,字午桥,工部主事。康熙壬辰进士,"入词馆,有著作才,中岁假归"⑥。当时,歙县"程氏之在扬者最盛,梦星以清华之望负时名,江淮冠盖之冲,往来投赠,殆无虚日。筑篠园于湖上,诗酒敦槃,风流宴

① 袁枚:《随园诗话》卷12。王觐宸:《淮安河下志》卷13《流寓》:"先是爽林(程垲)、风衣(程嗣立)起淮上,开曲江坛坫;邗上则午桥(程梦星)集南北名流,缟纻交满天下。其后流风将歇,而鱼门(程晋芳)复起而振其绪。"程垲是程嗣立的哥哥,即曲江楼主人,原本是安东诸生,后于康熙四十三年中举,亦好读书,工诗文,善草隶。

② 徐珂:《清稗类钞》第9册《艺术类·程水南善书画》。

③ 王觐宸:《淮安河下志》卷13《流寓》。

④ 王觐宸:《淮安河下志》卷13《流寓》。

⑤ 嘉庆《江都县续志》卷6《人物》。

⑥ 嘉庆《江都县续志》卷6《人物》。

会，辈行既高，后进望若龙门"①。据载，程梦星虽然占籍仪征，但时常也居住在山阳②，举手投足，对淮安河下文风的兴盛，亦起了表率的作用。

程晋芳，字鱼门，蕺园是他的自号。歙人，业鹾于淮。据载，"乾隆初，两淮殷富，程氏尤豪侈，多畜声色狗马，君独惸惸好儒，罄其资购书五万卷，招致方闻缀学之士与共讨论，海内之略识字能握笔者，俱走下风，如龙鱼之趋大壑"③。后来御赐举人，授中书，不久又进士及第，授吏部主事，四库馆纂修。著有《周易知旨编》三十余卷、《尚书今文释义》四十卷、《尚书古文解略》六卷、《诗毛郑异同考》十卷、《春秋左传翼疏》三十二卷、《礼记集释》若干卷、《诸经答问》十二卷、《群书题跋》六卷、《桂宦书目》若干卷。另外还有不少诗文传世，可谓著作等身。此外，盐商程增、程均、程坤、程銮、程钟、程鉴等"辈高文懿，行四世，凡十余人，皆为时所推"④。

程氏之外，吴氏"门第清华"，为山阳望族。自明代至清"凡十一世"，"为茂才、掇巍科、登华朊、领封圻者，多有传人"⑤。盐商吴宁谔为邑庠生，与从兄宁谧"皆以文章名噪曲江楼"。他们还与"三吴名宿分题角艺于梅花书屋，慎公先生（宁谔）称巨擘焉"。其子吴玉镕"承籍家学，淹贯群书"，孜孜好学，终成进士。侄子吴玉搢、吴玉楫、吴玉孙以及从孙吴初枚、吴次枚等，"皆以科第文章显名于世"。其中，特别是吴玉搢，"尤究心于六书，博通书籍"，著有《山阳志遗·金石存》，当代金石专家翁方纲、朱筠等，"皆就山夫（玉搢）相质证"。秦蕙田所著《五礼通

---

① 嘉庆《江都县续志》卷 6《人物》。

② 王锡祺：《山阳诗征续编》卷 4 。

③ 袁枚：《小仓山房文集》卷 26《翰林院编修程君鱼门墓志铭》。

④ 李元庚：《山阳河下园亭记》"菰蒲曲"条。王觐宸：《淮安河下志》卷 13《流寓》："程氏自必显至鉴凡四世十余人，皆为时所重云"，程易"自宦游归，总领淮北盐筴，四方宾客献缣投绀无虚日，而易坐镇雅俗，昂昂如野鹤之立鸡群也"。

⑤ 王觐宸：《淮安河下志》卷 5《第宅》。

考》，也多出自他的手订①。此外，徽商汪氏、曹氏等也代出闻人②。

综上所述，淮安河下盐商社区表现了与扬州河下相似的文化品格，所谓"园亭之美，后先相望，又多名公巨卿、耆儒硕彦，主持风雅，虽仅附郭一大聚落，而湖山之盛播闻海内，四方知名士载酒问奇，流连觞咏"③。

三、淮安河下徽商的衰落

淮北引岸除乾隆中期盐斤短暂畅销以外，历来为积疲地区，"各商虽有认岸之名，终年无盐到岸，小民无官盐可食，反仰给于私枭，私盐愈充，则岸商益行裹足"④。于是，"自正阳关以西，皆占于芦私（长芦私盐），以东皆占于场私（盐场私盐），北商十存一二，岁运仅数万引，其滞岸则皆弃店罢市，逃避一空，十年无课"⑤。当时，淮北有"牵商"制度，就反映了盐商间相互推诿的情形。据清人王琛《清河王氏族谱·先世述》记载：

> 嘉庆初，淮北鹾务有牵商之举，富户概不能免，商总司其事，堂叔祖经五公（按：系山西商人）名在册。公见鹾商豪侈为子孙累，亟避去，转匿邗上。官檄雨至，本籍行查，以久无音耗，遂止。有质库

---

① 王觐宸：《淮安河下志》卷11《人物》。
② 李元庚：《山阳河下园亭记》"一卷一勺"条，汪汲"生平撰述，有《事物原会》《竹林消夏录》《日知录集释》诸书，尤邃于经学，兼通壬遁术"。其孙光大，"著书亦富，藏书十余万卷"。所居"一卷一勺"，园中有楼，即藏书楼。王觐宸《淮安河下志》卷11《人物》载，汪廷珍"攻苦力学，志趣高简"，乾隆己酉会试，以一甲第二人及第，授编修。嘉庆初，"擢侍讲，迁祭酒……积官左都御史、上书房总师傅、礼部尚书。四年，《仁宗实录》告成，锡与有加。五年，授协办大学士……廷珍于书无所不窥，尤深于经术，十三经义疏皆能暗诵，居平讲学不祖汉、宋，一本义理为折衷，其他民情、政治之大，下及舆地、名物、算数、方伎，无不曲究其蕴……门生故吏遍满中外"。李斗《扬州画舫录》卷10《虹桥录·上》："曹文埴，字竹虚，徽州人，进士，官户部尚书。……（子）振镛，进士，官翰林侍读，族子云衢，官员外。"
③ 李元庚：《山阳河下园亭记》序。
④ 陶澍：《陶文毅公全集》卷12《会同钦差拟定盐务章程折子》。
⑤ 童濂：《淮北票盐志略》。

在郡城，道光元年迁居城内南门大街。先祖廷选公亦被牵商，度急切不获辞，投身自认口岸，试行两载，以亲老告退。

由于淮北盐务的衰落，许多商人都日趋式微。徽商程量越一支"越数传，事业凌替，宅舍圮毁"①。到乾隆五十一年（1786年）以后，五字店后宅已圮，"惟大门及前厅等处尚存"。康熙年间由漕运总督书写的"乐善不倦"匾额，竟因"宅小不能置"②，而不得不送到城内报恩寺中托僧人代管。其他的中小盐商也有类似的境遇③。

揆诸实际，淮北盐务之衰弊，主要是不合理的"湖运旧章"所致。原来，淮北盐斤在产地价格甚为低廉，但因场盐运到各口岸，中间须经淮安西北掣验改捆。"各项工人赖此衣食，工价日增，浮费与之俱增，成本因之较重"④。每引成本多达十余项，至淮北岸埠"价不偿本，故官（盐）不敌私（盐）"。有鉴于此，淮北大使林树保密谋改道以节省糜费，不料预先走漏了风声，酿成了一起不小的骚乱。据《梓里待征录·灾异记·淮北工人烧淮所》记载：

> 工人恐失所，谋罢市。一日午后，妇女以千百成群，由程公桥过河，先至花、茶巷，不准铺面开门。众妇都皆手持香火，赶赴淮所求赏饭。大使林不面，众妇女率众至大厅，厅为柏木，众将香弃置厅内，一时火起，烟焰迷天，而香闻数里。又欲扑工房，林携印逃行，被众妇女攒殴，不知官印何时失散。城中闻之，协镇海德坤带兵弹压，两手出袖箭，众惧其勇，一哄而散。林次日……通详火烧衙署，

---

① 王觐宸：《淮安河下志》卷5《第宅》。

② 王觐宸：《淮安河下志》卷5《第宅》。

③ 王觐宸《淮安河下志》卷5《第宅》"程眷谷先生可继轩"条："眷谷先生（大川）创可继轩，有深意存焉。卒以盬务累，遂致遗业废坠。"卷13《流寓》载，程固安"无何，家道中落。先生素不善治生产，坐是大困……插架书连屋，窥其盎无升斗粟……同时鱼门（程晋芳）亦困惫，逋负山积"。

④ 李元庚：《梓里待征录·灾异记·淮北工人烧淮所》。

失落官印，酿成巨案。大宪檄府拿人。河北拟敷人出应，王朝举时病垂危，愿承认，此后凡走盐，咸提费赡其家，当即被逮，一鞫而得。

从上述记载可以看出，这场骚乱显然是有组织的，很可能就是由徽商怂恿而成的。因为改革首先关系到鹾商的切身利益，他们绝不希望盐运改道。如盐务总商程易"比盐务有改道之议，副使（程易曾为候补两浙盐运副使）力持不可，所活亿万人"①。从史料上看，徽商在多次盐务变革之前都曾预先获得过消息。如道光年间淮南盐务首总黄潆泰在纲盐改票前夕就预先得到通报，于是暗中卖掉根窝，逃过了一般商人所遭遇的破产厄运②。仪征在传闻盐课改归场灶，不再经由当场掣捆，于是"街市呼号，不约而会者千数百人，奔赴县堂，齐声乞命，因而市井惊慌，铺面闭歇，日用货物不得流通"，"抢夺公行，民难安堵"③。由陶澍的奏折中可以看出，这些都是由盐商和乡绅鼓动而造成的动乱④。

嘉庆年间的这场动乱虽然不了了之，但却"伏下票盐一节"，成为道光中叶淮北纲盐改票的先声。道光十二年（1832年），淮北盐务疲弊已极，陶澍上疏改行票盐。在酝酿变革的过程中，出自淮北盐商的三朝元老曹振镛起了一定的作用。曹家原在淮北有许多根窝，而陶澍又是曹振镛的门生，推行票法颇有投鼠忌器的担心。陶澍曾派人试探曹氏心曲，曹振镛很痛快地表示："焉有饿死之宰相家"⑤，表示支持陶澍改革。当时，因两淮应交广储司银两无法交割，而由粤海关每年拨解盈余30万两充"广储司公用银"，为此，道光皇帝大为震怒，取消了两淮盐政一职，并下令改革两淮盐法。因此，两淮盐务变革如箭在弦，不得不发。曹氏是官场上老官僚，一向以善于揣摩帝王心理著称，他这种"大义灭亲"的举动，当然也

---

① 李元庚：《山阳河下园亭记》"寓园"条。

② 欧阳兆熊、金安清：《水窗春呓》卷下《盐务五则》。

③ 道光《重修仪征县志》卷15《食货志·盐法》。

④ 陶澍：《陶文毅公全集》卷12《覆奏仪征绅士信称捆盐夫役因闻课归场灶之议纠众赴县哀求折子》。

⑤ 《清史稿》卷369《曹振镛传》。

是事出无奈。

道光年间的纲盐改票，对淮北盐商的打击相当之大。原先，河下一带号称"小扬州"，早在明代成化、弘治年间，邱濬《过山阳县》诗就这样写道："十里朱旗两岸舟，夜深歌舞几时休，扬州千载繁华景，移在西湖嘴上头。"西湖嘴在运河东岸，即指河下。及至清代，当地甲第连云，冠盖云集，所谓"生涯盐筴富连廛，甲第潭潭二百年"[1]。改票后不及十年，"高台倾，曲池平，（盐商）子孙流落，有不忍言者，旧日繁华，剩有寒菜一畦，垂杨几树而已"[2]。例如，著名的荻庄柳衣园，是淮北总商程氏的私家园亭，盐务极盛时，"招南北知名之士宴集其中，文酒笙歌，殆无虚日"[3]。道光中期北碛改道西坝，盐商失业，售拆此园，夷为平地。转眼之间，只剩老屋三椽，紫藤一树，令人叹息不已。类似的例子比比皆是。据山阳人黄钧宰描述："自程氏败而诸商无一存者，城北井里萧条矣。"[4]于是，"里之华堂广厦，不转瞬间化为瓦砾之场……巷陌重经，溪径几不可辨"[5]，聚落景观与畴昔迥异，整个河下触目皆是圮墙、破寺和废圃。盐商既已困窘不堪，淮安河下夸奢斗富之习，大有力不从心之感。以元夕观灯视之，"淮、扬灯节最盛，鱼龙狮象禽鸟螺蛤而外，凡农家渔樵百工技艺，各以新意象形为之，颇称精巧"。道光中叶以后，虽然"银花火树，人影衣香，犹见升平景象"，但却因"盐务改票以来，商计式微，（而）不及从前繁丽"[6]。

----

① 李元庚：《山阳河下园亭记》徐嘉题跋。

② 黄钧宰：《金壶浪墨》卷1《纲盐改票》。

③ 黄钧宰：《金壶浪墨》卷2《萧湖》。

④ 黄钧宰：《金壶浪墨》卷2《萧湖》。李元庚《山阳河下园亭记》"退一步轩"条：盐商黄灿"自禺筴变后，家业荡然，资田以养"；"南藤书屋"条："盐务改道，司马（程昌龄）郁郁卒，园售他氏"。徽商殷氏原是盐业大户，至今在河下估衣街西段北侧的市河南岸，还留有一处该家族为运盐建造的"殷家码头"。后因纲盐改票，殷家近百口人东奔西散，外出谋生，饥寒穷困，交相煎迫。参见王汉义、殷大章：《晚清水利专家殷自芳》，载《淮安文史资料》第8辑。

⑤ 李元庚：《山阳河下园亭记》序。

⑥ 黄钧宰：《金壶浪墨》卷4《元夕观灯》。

由于盐商衰落，河下的商业也骤然萧条了下来。淮安河下原本是"万商之渊"，"富有无堤，甲于诸镇"①，由于富商大贾的纷至沓来，成了当时的一个金融中心。嘉庆二十五年（1820年）以后，"河下钱铺约有三四十家，大者三万、五万，本小者亦三五千不等。上自清江、板闸以及淮城并各乡镇，每日银价俱到河下定，钱行人鼎盛，甲于他处。加以河工、关务、漕务生意特输（殊），有利可图"，因此十分繁荣。起初河下银价每两仅900余文，道光初年略有上涨，但也不过1100至1200余文。纲盐改票后，因淮北实行场下挂号验资之法，"板浦每年挂号银堆积如山，约有七八百万，存分司库，故（淮安河下）银陡贵至二千二百零。咸丰八、九年价或落，乱后更贱至一千四百余文，而河下钱铺日见萧（条）淡泊"②。

随着盐商的衰落，淮安河下的文风也骤然衰歇。王觐宸在《淮安河下志》卷6《园林》中指出："河下繁盛，旧媲维扬。园亭池沼相望林立，先哲名流提倡风雅，他乡贤士翕然景从，诗社文坛，盖极一时之盛。"纲盐改票以后，淮上诗社文坛，黯然失色。文人朱玉汝在《吊程氏柳衣、荻庄二废园》诗中吟咏道："盐䑳事业尽尘沙，文酒芳名挂齿牙。"显而易见，乾嘉年间扶助风雅、宾朋酬唱的文人雅集，早已成了过眼烟云。

道光中叶的盐政变革，不仅使"富商巨室，均归销歇，甚者至无立锥地"③，而且，对于其他阶层也有极大的影响。据王觐宸描述，"河下自盐务改道，贫民失业，生无以养，死无以葬"④，"游手骄民逃亡殆尽……即不事盐筴耕且读者，亦强半支绌，苟且图存。求如曩日繁富之万一，邈然不可"⑤。

---

① 吴锡麒：《还京日记》，见《小方壶斋舆地丛钞》第5帙。
② 李元庚：《梓里待征录·奇闻记·钱铺》。
③ 王觐宸：《淮安河下志》卷1《疆域》。
④ 王觐宸：《淮安河下志》卷3《义举》。
⑤ 王觐宸：《淮安河下志》卷1《疆域》。

四、结语

首先，明弘治年间，运司纳银制度确立以后，大批山、陕富民徙淮、浙。在当时的淮、扬一带，西北贾客的势力相当之大。嘉靖三十七年（1558年）前后，在扬州的西北盐商及其后裔多达五百余人[①]。而在淮安，早期河下盐商中也以山西商人势力最为雄厚。据《淮雨丛谈·考证类》记载："郡城著姓，自山西、河南、新安来业鹾者"，有杜、阎、何、李、程、周等[②]。其中的杜、阎、何、李诸姓，都是山、陕商人。但到万历前，徽商在两淮的势力逐渐增强，与山、陕富民比肩称雄，甚至超过了后者[③]。及至清代前期，在两淮和浙江，西北商贾的势力已完全无法与徽商相提并论。以雍正、乾隆、嘉庆年间领衔捐输的两淮盐务总商来看，清一色的都是徽商[④]。那么，为什么会形成这样一种格局？是什么促使晋商步步后退，而徽商则大步向前呢？

从淮安河下徽商的研究中，我们首先看到，徽商的家族形态和商业组织，使它具有潜力扩大自己的势力范围。以程氏为例，它的家族支脉遍及浙、淮、扬三地，且以早期获得"商籍"的杭州为基地，逐渐向北面的扬州和淮安发展[⑤]。从淮、扬两地来看，许多人都是先从扬州发迹，然后才

---

① 郑晓：《端简郑公文集》卷10《擒剿倭寇疏》。

② 《淮雨丛谈》为淮安市图书馆古籍部藏手抄本，该书《考证类》曰："山西之阎、李，多名士经生。"其中，李氏，"俗名绳巷李，系由山西迁淮，以禺筴起家"。参见李元庚：《梓里待征录·绳巷李氏兄弟三科甲》。阎氏原籍太原，为耕读世家。阎居间（号"西渠"）业盐筴，自正德初迁淮，定居于河下竹巷状元里，此后"世称素封，皆代有隐德"。参见张穆编：《阎潜邱先生年谱》卷1引《左汾近稿》。

③ 万历《歙志·货殖》："今之所谓大贾者，莫有甚于吾邑，虽秦、晋间有来贾淮、扬者，亦苦朋比而无多。"

④ 参见景本白：《票本问题·两淮引商报效一览表》，见林振翰：《淮盐纪要》。

⑤ 嘉庆《两淮盐法志》卷44《人物二·才略》："程浚，字葛人，歙人，浙江商籍贡生。父新元，有知人之鉴，尝识族子量入于总角"；"程量入，字上慎，歙人，总角时为叔父新元所赏，曰：是儿宅心忠恕，他日必能任家国事。及长，综理盐筴，有功两淮"。

到淮安从事盐业经营。如淮北盐商程鸷，"相传少年未遇时，流寓扬州，于委巷遇一妇，诘以所苦，告之。妇出白金二百，属以挂窝必获利。次日携银挂引，获利三倍，由是致富。再访此妇，门径俱荒，疑遇仙，为筑林下堂志其德"①。这一故事虽然带有强烈的神秘色彩，但却折射出淮、扬两地盐商间千丝万缕的联系。揆诸史实，程量入是康熙年间扬州最为著名的盐务大总商，淮北盐务就由他的弟弟程量越接掌。另一徽商鲍志道，是乾嘉年间的盐商巨贾，每年行盐多达二十万引②，先后担任淮南总商长达二十年。他去世后，其子漱芳于嘉庆六年（1801年）继任总商，嘉庆八年（1803年）又兼理淮北盐务③。在扬州，两淮盐务官署中设有淮北商人会馆④。徽商家庭出身的大官僚曹文埴，子锳，字六畣，业盐居扬州，"淮北人多赖之"⑤；程梦星、程晋芳诸人，在扬州、淮安两地都筑有园林或别墅，时常往返于两地，以联络宗乡戚友间的感情，促进专卖权益的发展。类似于此的徽商家族相当普遍⑥，而西商则并不多见。其次，从程氏占籍安东等地来看，我们似乎可以认为，徽商植根于广大的农村，形成了产、运、销一体的盐商组织。与此相比，山陕盐商则主要株守在各大城市⑦，

---

① 李元庚：《山阳河下园亭记》"且园"条。

② 林苏门：《维扬竹枝词》，见《扬州风土词萃》，扬州师院图书馆特藏部藏本。

③ 参见刘淼：《徽商鲍志道及其家世考述》，《江淮论坛》1983年第3期。

④ 嘉庆《两淮盐法志》卷37《职官六·廨署》。

⑤ 李斗：《扬州画舫录》卷10《虹桥录·上》。

⑥ 李元庚《山阳河下园亭记》"补萝山房"条：曹岂麟"徽人文正公（曹振镛）之族也。文正公祖锡侯来淮，主其家。文正公过淮，亦通款焉"。"潜天坞"条：陈丙"业禺筴，流寓扬州，中落后依舅氏曹，来淮"。

⑦ 安东在明代万历末叶以前尚为濒淮荒陬之地，还未曾修建城池。关于这一点，吴从道《安东》诗曰："涟水昔称军，乃不营百雉。"虽然缺乏安全感，但还是有大批徽商占籍于此，这反映了新安商人无远弗届的开拓精神。相反，西商类似的例子迄今未见。除了安东以外，沿着淮北运盐通道——盐河沿线，也有大批徽商聚居。如新安镇（今江苏灌南县地），就是地濒盐河的一大重镇。徽歙商民、庠生程鹏等以重金买下该地，"立街立市，取名新安镇"，鱼盐之业相当繁荣。见乾隆《新安镇志》，灌南县档案馆藏刻印本。此外，在两淮盐场，徽商的势力也明显超过西贾。据嘉庆《东台县志》卷30《流寓》记载，侨寓当地的徽州人在明代有4名，清代达17名，而陕西人仅1名，山西人则一个也没有。

这使得他们在与徽商的竞争中居于劣势。

其次，从程氏宗族的研究中可以看出，从明代后期直到清代前期，徽商程氏分支持续不断地迁入淮安河下一带。他们人数众多，财力雄厚且具备良好的文化素养。因此，对于徽州乡土习俗在当地的传播起了相当大的作用。对此，《淮安河下志》卷1《疆域》记载：

> 方盐筴盛时，诸商声华煊赫，几如金、张、崇、恺，下至舆台厮养，莫不璧衣锦绮，食厌珍错；阛阓之间，肩摩毂击，袂帱汗雨，园亭花石之胜，斗巧炫奇，比于洛下。每当元旦元夕，社节花朝，端午中元，中秋蜡腊，街衢巷陌之间以及东湖之滨，锦绣幕天，笙歌聒耳，游赏几无虚日。而其间风雅之士倡文社，执牛耳，招集四方知名之士，联吟谈艺，坛坫之盛，甲于大江南北。好行其德者，又复振贫济弱，日以任恤赒济为怀。远近之挟寸长、求嘘植及茕独之夫，望风而趋，若龙鱼之走大壑，迹其繁盛，不啻如《东京梦华录》《武林旧事》之所叙述，猗欤盛哉！

乾隆时人阮葵生曾指出："吾淮缙绅之家，皆守礼法，无背理逆情之举，后因山右、新安贾人担筴至淮，占籍牟利，未与士大夫之列，往往行其乡俗。"[1]所谓"担筴至淮，占籍牟利"，即指从事盐业、卜居城厢的徽商西贾。由于他们人数众多，在一个短时期内（明代中叶迄至清代前期）持续不断地迁入湖嘴河下一带，形成了特别的社区。其乡土习俗首先经过当地屠酤儿的"尤而效之"[2]，很快便成了淮安一带的时髦风尚。

歙县"乡俗尚淫祀，每酷暑，奉所谓都天神者，奔走骇汗，烦费无度"[3]。晚明清初，随着歙县程氏盐商大批徙居河下，该民俗经过某种变异也被移植到当地。据《淮安风俗志》记载："赛会之风，随地都有，然

---

① 阮葵生:《茶余客话》卷22《生日祝暇》。
② 阮葵生:《茶余客话》卷22《生日祝暇》。
③ 许承尧:《歙事闲谭》卷3《程古雪奇行》。

未有如淮安之甚者。"①一年之中，赛会次数不下十余次。其中，最重要的有都天会及东岳会。都天会又分为小都天和大都天（小都天庙在河下，大都天庙在河北）。都天会赛期在每年四月中下旬，东岳会则必在五月初一，"与会者尽系商家，分米、钱、绸布各业，共有二十余业之多。每业皆备有执事全副，区别其业，则以某安胜会辨之"。如钱业曰文安，绸业曰普安等，"一次所费，约数千金"②。

徽州风俗，婚礼专要闹房"炒新郎"，凡亲戚相识的，在住处所在闻知娶亲，就携了酒榼前来称庆，说话之间，名为祝颂，实半带笑耍，把新郎灌得烂醉方以为乐③。在以血缘、地缘为纽带的河下盐商社区，闹房风俗在乡里宗亲间盛行不衰。乾隆《淮安府志》的作者将此形容为"闹房喧谑，恶俗不堪"④。

不仅婚俗如此，其他的丧葬寿诞，也无不带有强烈的徽州乡土色彩。"淮俗祝寿吊丧最为劳攘，生辰虽非大庆，犹且仆仆往来，至丧事则讣者贸然而投，吊者亦率然而应"⑤。作为外来移民，徽州盐商为了扩大自己的社交圈，每逢生日"辄多招宾侣，以为门庭光宠"⑥。甚至有十龄童，即开筵演戏，"有降伯氏、舅氏之尊，而伛偻磬折其庭者，群饮谐谑，尤而效之。一日之间团于酒食，士农工商，废时失业"⑦。尤其特殊的是，"新安人于父母已故，犹作冥寿，明灯彩筵，藉口祝嘏"⑧。这种情形，让淮安正统的乡绅甚感骇异。

由于河下一带五方杂处，豪商巨贾相互矜炫，奢侈之习蔚然成风，衣食住行，糜费日盛。明代中叶以前，"淮俗俭朴，士大夫夏一葛，冬一裘，

---

① 胡朴安：《中华全国风俗志》下编《江苏淮安风俗志·迷信之恶俗》。

② 胡朴安：《中华全国风俗志》下编《江苏淮安风俗志·迷信之恶俗》。

③ 凌濛初：《二刻拍案惊奇》第15卷。

④ 乾隆《淮安府志》卷15《风俗》。

⑤ 乾隆《淮安府志》卷15《风俗》。

⑥ 阮葵生：《茶余客话》卷22《生日祝嘏》。

⑦ 戴晟：《楚州二俗》，见《淮安艺文志》卷6。

⑧ 阮葵生：《茶余客话》卷22《生日祝嘏》。

徒而行"。此后出现两人乘舆，到明末"通乘四轿，夏则轻纱为帷，冬则细绒作幔，一轿之费，半中人之产"。乾隆《山阳县志》卷4接着断言："淮俗从来俭朴，近则奢侈之习，不在荐绅，而在商贾。"显然，挟资千万的盐商富贾也是习俗嬗变的关键因素。

原载《江淮论坛》1994年第5期,有改动

从民间文献看晚清的两淮盐政史

明代以来，中国的盐政制度经历了多次变化。明初为了对付漠北的蒙元残余势力，在北方边地先后设置了"九边"，与此相配套，推行"开中法"，以解决沿边的军需供给。当时，各地商人输粟支边，将粮食运往北方边地，作为回报，这些商人可以获得盐引，借以前往相关盐场支取所值引盐，并运往指定地区销售。在这种背景下，不少商人为免飞挽之苦，相继在北方边地招民屯垦，就近纳粮上仓。因地利之便及黄土高原得天独厚的窖藏条件，早期的两淮盐商多为山、陕一带的粮食商人。"开中法"实施了一百余年，及至成化以后发生了重要的变化。特别是在弘治年间，运司纳银制度确立，赴边开中之法破坏，扬州成了两淮盐务的中枢，大批盐商麋聚淮扬。万历四十五年（1617年），为了应对日益严重的财政危机，两淮盐法道袁世振创行"纲法"，由政府特许的商人世袭承包盐引，这是明代盐政制度上的又一次重大变化，其影响极为深远。

入清以后，沿袭了晚明商专卖的纲盐制度，将食盐专卖权托付给了政府特许的商人。盛清时期，康熙和乾隆皇帝都先后六度南巡，盐商捐输、报效频仍，这对于两淮盐政产生了重要的影响。乾隆中叶前后，首总—大总商—小总商—散商，成为两淮盐商新的组织形态。其中的"首总"，皆是与皇帝、官僚关系最为密切的大总商①。在纲盐制度下，盐商凭执"根

---

① 参见王振忠：《明清徽商与淮扬社会变迁》，北京：生活·读书·新知三联书店，2014年版。

窝"，世袭引岸专利，其腐朽性日益加深。道光年间，陶澍、陆建瀛等先后在淮北和淮南实施改革，改纲为票。但随后的咸同兵燹，则打乱了此一改革进程，也使得东南地区的财政遭遇新的变局。

同治初年，时当太平军尚在活动，两江总督曾国藩便开始反复构思和探索新的管理体制。其时，如何招商认运，尽快恢复淮盐市场，保证课额进而确保军饷，成了刻不容缓的重中之重。及至太平天国运动结束，无论是盐政制度还是盐商结构皆出现了新的变化，此种变化，其影响一直延续至民国时期。

揆诸史实，从清初至太平天国爆发，前后历时二百余年；而自太平天国运动结束迄至清朝灭亡，为时不到半个世纪。倘若将有清一代的盐政史视作一部大书，那么，对于盛清时代的探究一向是浓墨重彩，此一时期徽州盐商之长袖善舞、夸奢斗富，一向为世人所瞩目①。相形之下，太平天国之后的盐政史，则似乎是学界急于匆忙翻过的寥寥数页，语焉不详之处颇多。近人陈去病在《五石脂》中曾指出：

> 徽郡商业，盐、茶、木、质铺四者为大宗。茶叶六县皆产，木则婺源为盛，质铺几遍郡国，而盐商咸萃于淮、浙。自陶澍改盐纲，而盐商一败涂地……

陶澍变革以及此后的咸同兵燹，固然使得徽州盐商在总体上趋于衰落，但晚清时期两淮盐业中的徽商活动、官商关系等问题，仍未得到清晰的揭示。迄今为止，我们对于此一时期盐政制度变迁的基本轨迹并不陌生，但与盛清时代相比，似乎再也看不到作为个体的盐商或徽商家族生

---

① 有关这方面的探讨,代表性的成果如佐伯富:《运商的没落和盐政的弊坏》,原文为氏著《清代盐政の研究》("东洋史研究丛刊"之二,京都:东洋史研究会,1956年版)之第六章,译文载刘淼辑译《徽州社会经济史研究译文集》,合肥:黄山书社,1988年版。何炳棣:The Salt Merchants of Yang-Chou: A Study of Commercial Capitalism in Eighteenth-Century China, *Harvard Journal of Asiatic Studies*, Vol. 17, No. 1/2, Jun, 1954。巫仁恕中译文:《扬州盐商:十八世纪中国商业资本的研究》,《中国社会经济史研究》1999年第2期。

动、细致的活动，这当然是受限于此前史料所见不足的原因。所幸的是，随着近年来民间文献的大批发现，徽商与晚清盐政的相关问题，显然有了进一步深入探讨的可能。

一、徽州盐商程希辕的商业活动

数年前，笔者在皖南收集到一批晚清歙县盐商方氏的家族文书，其中有一封程希辕写给方性存的信函：

性存世大兄大人如晤：九月廿八日寄上一信，并原帖二纸，茶厘捐票一百二十四两二钱一纸，未蒙示覆，谅已投到，念念！十月初八日发稚家叔信，托代致谢远惠湘莲，谅邀清听。弟自初十日往金陵大营粮台，一路察看食岸情形，廿日到南京大胜关小住三日。二小孙在台平顺，趋公无误，甚慰惬衷！回来风逆，迟至月初五日抵省，欣悉二十五日苏州克复，江北、怀远克复，现闻苗匪被官兵杀死，大快人心！升平有日，可望远怀想。大小儿到豫章，知驾等候，自可把晤一切。现楚皖新章刊册二本，附呈台览。自悉弟盐务熟手，趋时动手，颇有大利。照新章只得一分半利，其余盐每引可余乙〔一〕担，又得三两五钱。本大则办湖广，本小可办中路，大约以千金可得利六七百，能有三五千金，易于为力。弟处已有两处相好下去赶办，弟荐有人，可以着人下去附办，各种便捷大好之机，为此专照，望见信想法措资，即来安庆面商办理，祈斟酌！先付信可也。合和小行秋来颇顺利，未知泰和宝行如何？尚望示知。稚家叔代寄家用，迟至二个月后送到（七月家用，九月到），未免不得应用，想之便之故耳，望致稚家叔想法，赶妥便预为觅寄为要。稚家婶、骏舍弟想已到饶，一路自必平顺，望致发信报慰，恕不另信。弟看湾沚可以立业，现已与金陵大营粮台诸位合办一官盐店，其中大有生机，如见信惠然一切，再为面谈可也。专此奉达，并候迩安，不尽。

　　世愚弟程希辕顿首，十一月初七日。

　　令叔弟侄均此候安。

　　同事诸君同候。

　　舍外孙杨云生承爱提携，近来体质可好些否？学习可上规矩否？甚为挂念！望付知。①

　　上揭信函书写于"青云阁"八行朱丝栏信笺上，楮墨规整，字迹雅丽，反映出这位徽州盐商具有极好的文字素养。苏州于1863年12月被清军和常胜军联合攻陷，所谓"苗匪"，亦即苗沛霖，于1863年12月6日被杀。这些事件，在信中都于"月初五日抵省"后一一叙及，故该信应作于同治二年十一月初七（1863年12月17日），发信地点是安徽省城安庆。

　　信中的"食岸"，是指淮南食盐引岸，有内河、外江之分，根据盐法志的记载，主要包括安徽省的宁国府、和州含山县、滁州全椒县，以及江苏省江宁府，扬州府江都、甘泉、宝应三县，高邮一州和通州泰兴县等。信中提及的"大胜关"，在今南京市西南，因地处长江之滨，自古为江防要地②。信中的"饶"是指江西饶州，而"湾沚"则在今安徽省芜湖市。此前，清军曾组建江南、江北大营，其中，江南大营的饷需系由江西调拨接济，总粮台则设在皖南的太平府。

　　收信人为方性存，与程希辕关系莫逆，程氏的外孙即托付给他照看，两家似有亲戚关系。据同时收集到的佚名无题文书抄本："方宗仁字性存，号静山。生于嘉庆己卯年又四月十六日子时，殁于同治乙丑年闰五月十八日子时。"则方性存的生卒年为1819—1865年。此外，另一份文书抄件有：

　　代理江南徽州府歙县为造送事。今将分发试用教谕方宗仁年岁、

---

　　① 以下所引文书，凡未注明出处者均系私人收藏。

　　②《曾国藩日记》同治二年二月初六日条曾记载："早饭后，由大胜关至沅弟雨花台营盘，凡行三十里。"见曾国藩：《曾国藩日记》中册，林世田等点校，北京：宗教文化出版社，1999年版，第153页。

籍贯开造清册，呈送查核施行，须至册者。

计开：

分发试用教谕方宗仁，现年四十五岁，系安徽徽州府歙县土著民籍，由廪生于咸丰十一年十二月十三日在徽郡捐输，请奖局捐贡，报捐训导，双月选用，递捐教谕，双月选用，单月即用，不论双单月即用，并请分发试用，共银八百四十壹两，奉给实收，祗领在案。兹援照向章呈请考验，注册委用，并无假冒、顶替、隐匿、犯案、改名、朦捐情事，理合造报。

三代：

曾祖父统镜；

曾祖母潘氏、陆氏，均殁；

祖父绪进；

祖母吴氏、王氏，均殁；

父承谦，存，年六十九岁；

母周氏，殁；

许氏，存，年四十九岁。

同治元年六月　日代理歙县知县李嘉遇。

道光壬寅李宗师科入府学第六名。

庚戌李宗师岁试壹等第三名补廪。

可见，方性存为廪生出身，于咸丰十一年（1861年）以841两的代价捐得教谕一职[1]。稍后他即启程赴任。对此，另一份文书则记录：

具禀家属方升

禀为呈报丁忧，并缴公文，叩请转详事。窃家主试用教谕方宗仁，现年肆拾伍岁，系安徽徽州府歙县人，由廪生在徽郡筹防局报捐

---

① 方氏文书中，有一信封上书："内帐并外封典照一张，部、监两张/方性存先生收/来人酌给/面钱三百六十，郡城寄。"

贡生，加捐教谕，分发试用。于本年 月 日在

台前请文，赴省考验，当经由府加结到道，由道验看后给文赴省。行抵建德地方，接到老家主州同衔附监生方承谦在祁病重家信，家主星夜赶回，随于本年十月二十六日老家主病故，家主系属亲子，例应丁忧，不计闰扣，至同治四年正月二十六日二十七个月服满，理合备县供结呈报，并将所领道宪公文、印结、试卷等件一并呈缴，伏乞大老爷鉴核转详，实为恩便。

计呈：

亲供一纸，切结一结。

其后的亲供中，也开有方性存之三代，只是在其父的名字之下，另有："州同衔，附监生，本年十月二十六日病殁。"从相关资料来看，方氏为盐商世家①，方性存在饶州置有寓所②，并在江西省城南昌内塘塝上吉祥

---

① 在同一批文书中，有一封信曰："礼堂仁兄大人阁下：本月初一日，由余绍记处转寄第七号一函，未识曾投过否？初四日午后，接到十九日所发之信，捧诵之下，惊悉性存伯遽作古人，弟不禁凄然泪下，太息咨嗟，何彼苍不相吉人，降此鞠凶乃尔！近日吾兄襄助尔翁料理一切，自必一时难以就道。现今湘、鄂二岸，各先开两档，共五十六票。目下两岸甫运二十票，其余未运之卅六票，兼之楚西残纲，若待移扬后再运，而新河口尚未圆工，又不知迟延何日，是以各运商赴运辕禀请，俟两档在泰坝过清之后，再由新河改运，尚未沐批。本号之盐，不日可抵泰坝，如运司批准，即行开运。买盐之课，弟恐吾兄一时难以抽身，已向罗训翁面商缓期。蒙伊慨允水脚、杂用之费，弟已安排，请秋纲预缴厘金之课仍然存寓，以候开纲。管见如是，未识尊意若何？如运司不准所请，必得俟新河竣工，方能出运。我号之引总在头档，大约七月抄[杪]八月初上可以开江，本拟着自三、晓江二兄先移扬州，今且稍缓数日，一俟公事定局，再为迁移。楚局委员业已撤委，统归西局张公兼办。尔翁谊笃壎篪，自必格外伤感，吾兄可以不时劝慰，稍解愁烦。余事有恒，容当续达。草此，恭请暑安，并候诸同人安好！愚弟叶熙炜顿首。自三、晓江二兄统此致候。"按：方性存殁于同治四年（1865年）闰五月十八日子时，故此信应作于同治四年闰五月十九日以后，信中反映了方性存之子方礼堂继续从事两淮盐业的情形。

② 方氏文书中有一租批："立租批吴盛如，今租到方性存表伯名下饶寓内左边大小房间四步，右边厨房一间，并前后堂前各半通用。凭中三面议定，每月计租金九八典钱二千五百文正，其租金按月交付，不得短少，恐口无凭，立此租批存照。同治二年七月 日立租批吴盛如（押），经中程稚孚（押），代书黄均载（押）。"

巷对面开有"乾裕盐号"①。

至于寄信人程希辕，自称"盐务熟手"，显然是名徽州盐商。关于此人的生平，光绪《重修安徽通志》卷251记载："程希辕字颖芝，歙县人。封职二品，捐赈平粜，全活难民，焚借券数千金。兵燹后，施棺施地，检埋尸骼无算。葺宗祠，恤孤寡，表扬节义。"对此，民国《歙县志》卷9亦有类似的表述，只是更为明确地指出，程希辕系歙县槐塘人。综合上述传记的内容，其中都只提到程希辕在歙县当地的活动，似乎此人只是徽州歙县乡间的一位"土豪"而已。而实际上，程希辕的活动范围极广，亦有相当重要的人脉。

从前述这封信来看，这位程希辕与金陵大营的关系极为密切。其时，他有"二小孙"在粮台办事（这在《曾国藩日记》中可以找到印证，详下）。

在信中，程希辕看到太平军逐渐被镇压之后淮盐运销的巨大商机，他从十月初十前往"金陵大营粮台，一路察看食岸情形"。当时，楚皖新章刚刚发布不久，他便与数人合伙经营淮盐。另外，他还与金陵大营粮台诸位合伙，在湾沚开办了一爿官盐店。

关于该信撰写前后长江下游沿岸的形势，两淮盐运司郭嵩焘在《试办西盐章程详》中曾指出：

江路现虽通行，沿江水陆各营棋布星罗，防范周密，运盐商贩皆系经纪营生，未免各有戒心。应请分别咨札沿江水陆各营及沿途关卡，凡遇大营饷盐到时，应护送者一体护送，应查验者即时查验，毋任羁留。②

咸同兵燹期间，清廷财政捉襟见肘，户部令统兵大臣自行筹措军费。

① 关于这一点，现存有泰州豫隆祥叶美辉所寄信函原件。
② 庞际云：《淮南盐法纪略》卷3《招商督销》，同治十二年（1873年）正月淮南书局刊，第23页上。

为此，曾国藩奏请自运食盐行销各地，以所获应交户部之盐课，充抵应拨该军之饷，故称为"饷盐"。上揭郭氏此文颁发于同治二年（1863年）八月，其时，对于一般的商人而言，正值兵荒马乱的年代。在这种形势下，只有与湘军等军事势力利益攸关的那些商人，才能更好地化险为夷，游刃有余，而程希辕显然便具备这种独特的优势。

信中的"稚家叔"，也就是程稚孚，曾于同治二年（1863年）为饶州的一份租批做过中人。信中提到的"合和小行"，从自谦的口气上看，显然系程家所有。根据《清实录》的记载，此合和盐行由程希辕本人开设于安徽省城安庆（详下）。而信中的"泰和宝行"，系一种尊称，反映出其开设者似乎是收信人方性存。不过，从各种史料来看，泰和行与程希辕也有着相当密切的关系①。关于这一点，另一份文书这样写道：

具互保结 族程肇祥 五行 方文若
　　　邻唐永顺　　　郑成美
　　　　　　　　　裕德祥 今于
　　　　　　　　　江义兴
　　　　　　　　　陈丰采

与互保结事。保得程立泰实系徽州府歙县二十二都六图人，为人诚实。今伊自愿捐银壹千两，请领上则程泰和盐行部帖，在于饶州府东关外开设盐行，堪以充牙纳税，所具互保结是实。

同治贰年贰月　日具互保结……

此一文书标注的年份为同治二年（1863年）二月，当时，太平军渐显颓势，但尚未完全失败，即使是在长江下游仍时有激战。也就在这种战时环境中，程泰和盐行即已申领行帖，于饶州府治开张。查徽州都图文书，

---

① 方氏文书中的《癸亥、甲子、乙丑、丙寅月总》，记录了同治二年（1863年）六月以后的盐行账目，其中出现了"该颖翁""存颖翁"或"该颖记"的字样，应当即与程颖芝有关，说明二者有着财务上的关系。

文中的"歙县二十二都六图"即"槐塘"当时所在行政区划单位,可见"程立泰"应即程希辕的家人或族人,结合《清实录》的记载,"程立泰"之名应是程朴生①,而他正是程希辕的儿子。关于"程立泰",另一份文书写道:

> 具禀程立泰,禀为遵章捐输,新设盐行,恳请示谕盐客、盐店投行买卖事。窃立泰歙县人,以程泰和招牌,在饶州府(治下)东关外开设盐行,业经仿照吴镇繁、盛地方章程,呈缴库平纹银一千两,请领部帖在案。伏查饶郡盐斤,前未奉定章程,均系杂货、鱼、米等行任意代客买卖,头绪既纷,稽查不易,其中隐漏情弊,有碍捐厘实多。现在立泰既经遵章设有专行,嗣后盐斤出入,自应一律归盐行交易,他行店不得仍蹈前弊,其卖零盐各铺,亦应由行发售,毋得勾买私贩。如此正本清源,则饶地每年每月计共销数若干,一一皆可实核,隐漏之弊亦可自除,于厘务似多裨益。第事属创始,诚恐地方未及周知,理合具禀申明,吁乞宪大老爷俯鉴下忱,恩赏给示晓谕,并恳严禁杂货、鱼、米等行不得仍前侵越,以广招徕而裕厘饷,实为公便,顶感上禀。

同治二年(1863年)以后,曾国藩在江西吴城及南昌设立官局,经理挂号、挨轮、提价、售盐、收课、发课、分利、解饷等事。而未设官局之前,则听商自便②。因此,除了上述两地之外,其他的地方一开始也是听商自便,自由销售。上述这份文书,就是由"程立泰"上禀,请求官府确认盐店销售淮盐的垄断特权。

---

① 《清实录》第47册《穆宗实录》(三)卷115,同治三年九月辛亥条记载,当时,有人揭发江西督销盐引委员、广西候补道程桓生"把持盐务,藉督销之势,使其父程颖芝于安徽省城开设合和盐行,其弟江西候补知县程朴生,于饶州开设泰和盐行,名为督销盐引,实则利归于己,以官、民并准试办之引地,几为一人独办之引地⋯⋯恳请饬查严办"。(北京:中华书局,1987年版,第553页。)

② 庞际云:《淮南盐法纪略》卷3《招商督销》,同治十二年(1873年)正月淮南书局刊,第19页下、20页下。

此外，这批文书中还有一份"正月廿九日泰和、公顺盐行上禀饶州分局"的抄件：

> 为出卡盐斤恳定章程事。窃行等遵奉宪章，在饶捐帖，开设盐行，首重疏引便民，现奉督盐宪新定淮纲，委员驻省，设局销引，各府水贩领买，即给水程护送，逢卡免厘，验票放行，并无留难片刻，具见督盐宪恤商便民之至意。第西省督盐局给发水程，有每张十引、廿引不等，至少亦有五引。盐舟到饶，水贩与行等叙定价目，即将水程赴局挂号，遵完坐贾二分厘金，然后过秤起盐。每逢买客至卅担者，即给水程票五引一张，赴卡照验放行。若买客仅买数担，则无一引之水程给护，即给行票一张，以别在行所买，并非私购。似此通融，既便民而又疏引。今有胡姓，在泰和盐行买去淮盐五百九十余斤，开有行票清单，至尧山卡要加完盐厘，每担三百文，是与督盐宪定例未符。若谓盐与票不能相离，则五引之票，不能护一引之盐，其中窒碍实多。且进卡盐与票既经验明，而出卡无私，可知所有由饶出卡盐斤，如何划一章程，伏乞宪大老爷明示，行等以便遵守，并免胡姓在卡滞候，恩公两便。

此一文书未曾标明具体的年份，但从内容上看，应当作于前一文书之后。从中可见，此时，程泰和等盐行已垄断了饶州一带淮盐的销售，一般水贩必须从该盐行购买淮盐。故此，同治三年（1864年）九月，有人向朝廷揭发程家倚仗权势"把持盐务，藉督销之势……于饶州开设泰和盐行，名为督销盐引，实则利归于己，以官、民并准试办之引地，几为一人独办之引地"①，虽然后来据称查无实据②，但从新发现的这批民间文书来看，

---

① 《清实录》第47册《穆宗实录》（三）卷115，同治三年九月辛亥条，北京：中华书局，1987年版，第553页。

② 关于这一点，《清实录》第47册《穆宗实录》（三）卷115，同治三年九月辛亥条记载："寻奏：遵查程桓生被参各款，均无其事。自设局以来，领运踊跃，每月接济饷银七八万两，不无裨益，报闻。"

显然并非空穴来风①。

二、程希辕、程桓生父子与曾国藩的交往

虽然方氏文书透露出的信息颇为有限，但以目前所见的资料来看，程希辕是两淮的徽州盐商，在安徽省城安庆开有合和盐店，其子程朴生则早在同治二年（1863年）二月就在饶州捐有行帖，与方性存等人合作开设程泰和盐行，垄断了当地的淮盐销售。而程氏家族之所以在太平军尚未失败之时便能在两淮盐业中先声夺人，与程希辕的家世及官商背景有关。具体说来，这主要与程希辕、程桓生父子与曾国藩的交往密切相关。

（一）作为入幕之宾的程希辕

程希辕与曾国藩有着相当密切的交往。光绪《重修安徽通志》的编纂者何绍基，在其《东洲草堂诗钞》卷26中有《金陵杂述四十绝句》②，主要是歌颂曾国藩的为人，其中有一首这样写道：

> 相公怀抱海天宽，节院论文静不寒。
> 席帽联翩群彦集，一时旧雨接新欢。

诗注曰："涤侯连次招饮，坐客莫子偲、程颖芝、汪梅邨、李申夫、欧阳小岑、李梅生诸君，皆吾旧交也。"曾国藩号涤生，故有"涤侯"之

① 同治四年（1865年）正月二十日，曾国藩在《复丁松亭》一信中指出："许主事长怡于敝处亦有世谊，前经委办江西粮台文案，每月薪水四十金，亦不甚薄，乃干预本籍地方事件，妄动文移。渠身在江西，行文原籍徽州府则用照会，行文歙县则用札饬，皆毫不干己之事。弟恶其谬妄，撤去粮台差事。渠颇怨望，扬言到京必请御史参奏。不知在尊处如何措辞，乃迁怒于其乡人程桓生，诬枉多款。"可见，向朝廷揭发程桓生在饶州假公济私情形，应出自与曾国藩交恶的幕僚许长怡之手。许长怡为歙县人，故他对程桓生一家的盐业经营了如指掌。见《曾国藩全集》书信（七），长沙：岳麓书社，1994年版，第4912—4913页。

② 同治六年（1867年）刻本。另，网上拍卖品见有《金陵杂述三十二绝句》。

称。莫子偲即莫友芝，汪梅邨即汪士铎，李申夫即李榕，欧阳小岑即曾国藩之至交欧阳兆熊，李梅生为李宏轶，而程颖芝也就是程希辕。上述这些人有不少都是曾国藩的幕僚，从中亦可见程希辕与曾氏的关系。

关于程希辕与曾国藩的关系，在曾国藩的日记中也有描述。曾国藩在咸丰十一年十一月初八（1861年12月9日）至同治三年十二月初四（1865年1月1日）的日记中，共有数十处记载了与程颖芝祖孙三代下围棋之事：

（同治元年正月初九）与程颖芝围棋一局，又观程与柯竹泉围棋。

（廿九日）午正程颖芝来，与围棋（一）局。

（四月初五日）又与程颖芝围棋一局。

（七月十七日）与程朴生围棋一局。

（十八日）旋与程石洲围棋二局。

（十九日）与程朴生石洲围棋一局。

（八月初七日）与程石洲围棋一局。

（初十日）旋与程石洲围棋一局。

（廿六日）早饭后清理文件。旋与程朴生围棋一局。

（廿八日）早饭后清理文件，写挽幛字二幅，与程朴生围棋一局。

（闰八月初七日）早饭后见客三次，旋与柯竹泉围棋一局，又观渠与程世兄一局。尚斋之子，名锦和也。

（十一月廿九日）夜核批札各稿。旋与程尚斋围棋一局，又观程与柯一局。

（十二月十九日）与程四世兄围棋三局，尚斋之子也。

（廿二日）与程世兄围棋三局。

（同治二年正月十五日）与程尚斋围棋一局，柯竹泉围棋一局。

（三月廿六日）早饭后清理文件，见客一次，写沅弟信一封。与屠晋卿围棋一局、程太翁围棋二局。

（廿九日）早饭后写沅弟信一件，专人送谕旨前去。旋见客十余次，皆因沅弟开府道喜者。与程太翁围棋二局……

（四月初八日）早饭后清理文件。旋见客二次，与程太翁、刘开生各围棋一局，又观渠二人一局，见客二次，温《诗经·六月》篇。

（初九日）又与程石洲围棋二局。

（十七日）程颖芝太翁来，与之围棋三局。

（廿七日）与程颖芝围棋二局，又观程与小岑一局。

（五月初十日）午刻，程颖芝来，围棋二局。

（十七日）与程颖芝围棋三局，又观小岑与程二局。

（十九日）午刻阅《东坡题跋》，与程希辕围棋二局，又观程与小岑二局。

（六月初四日）与小岑围棋一局、程颖芝围棋一局。

（初十日）与程颖芝围棋一局，又观程与小岑一局。

（廿日）程颖芝来，围棋二局，又观渠与小岑一局。

（廿一日）刘开生来，与之围棋一局，又观刘与程颖芝二局，为时颇久，散时已午初矣。甚矣，棋之废日力荒正务也！

（廿九日）程颖芝来，围棋二局，又观程与小岑一局。……天热不可耐，又围棋一局，小睡片刻。

（七月初五日）与小岑、程颖芝各围棋一局，又观程与刘开生一局，已午刻矣。

（八月廿一日）程颖芝、莫子偲来晤谈。

（九月初十）黄南坡来久谈。观其与程颖芝围棋二局，已午初矣。

（十二月十四日）旋程颖芝来，与之围棋二局，又观刘开生与程二局，已午正矣。

（廿八日）约黄南坡、程颖芝来围棋，因留便饭。余未动手，见黄与程对二局，又刘开生与黄、程各一局，申正散去。

日记中的"太翁"即程希辕（颖芝），而程桓生（尚斋）和程朴生（石洲）为程希辕的两个儿子。另外，还有"程世兄"（锦和）则是程桓生之子。他们祖孙三代，都是曾国藩的弈棋对手。同治七年（1868年），程希辕逝世，曾国藩书有"挽程封翁颖芝"挽联一副，其中提及："更无遗憾，看儿孙中外服官，频叨九重芝诰；频触悲怀，忆畴昔晨昏聚处，相对一局楸枰。"上联盛赞程氏家族人才辈出，而下联则是对昔日交往的追忆。因旧时多以楸木制造棋盘，故称棋盘为"楸枰"，下联状摹的便是当年二人对局的场景。另外，在曾国藩的书信中，有一封《复程颖芝》的信函，其中写道：

颖芝尊兄大人阁下：

顷接惠书，猥以晋位端揆，远劳笺贺。并贻朱墨二种，多而且精，几案增华，感谢曷任！即审动履绥愉，潭祺懋集，引詹吉蔼，企颂无涯。

国藩疆圻久领，建树毫无，乃于多难之秋，更窃非常之秩。抚躬内省，惭悚奚如！

尚斋器识闳深，婉而不阿，明而能浑，两载醝纲，大有裨补。适逢瓜代，来晤金陵。鄂省督销需人，仍拟借重一往，虽雅意坚辞，而熟视无以相易也。文孙英年拔萃，今岁闱卷极佳。虽霜蹄之暂蹶，终风翮之高骞。廷试不远，行将定价燕台，扶摇直上。诸孙亦兰玉森森，联翩鹊起，德门馀庆正未有艾。附寄拙书联幅，藉资补壁，聊以当会晤时手谈为欢耳。复问台安，谁惟雅鉴。不具。

通家弟曾国藩顿首。[1]

此封写给程希辕的书信作于同治六年（1867年）十一月初四日，其中提及程氏送给曾国藩的朱墨二种。在明清时期，歙县、休宁等地是著名的徽墨产地，制墨名家辈出（如程君房、曹素功、胡开文等皆蜚声远近），有的徽墨价格不菲，每两与白银一两等值。因此，不少人都在当地定制专款的徽墨，馈送官员、文人，这在当时是一种既贵重而又雅致的礼品。当代著名的徽墨鉴藏家周绍良先生，曾提及自己收藏的一方曾国藩之"求阙

---

① 《曾国藩全集》书信（九），长沙：岳麓书社，1994年版，第6463页。

斋"朱墨：该墨长方小挺，正面隶书"求阙斋"三字，背面楷书"同治六年八月制"，俱阴识填金，一侧则有楷书阳识的"徽州胡开文造"数字。从时间上看，此墨很有可能就是由程希辕所送①。

另外，上揭信中仍念念不忘两人见面时的"手谈为欢"。其中提到的"尚斋"，即程希辕之子程桓生。该信不但赞誉了程桓生的"器识闳深"，肯定了他在两淮盐运司任内的贡献，而且也对程桓生之子的学业优异寄予厚望。

综前所述，无论是日记还是书信，皆可见程希辕与曾国藩的密切关系。同治三年（1864年）九月，有人揭发程希辕之子程桓生在江西督销盐引委员任内假公济私时提及，程希辕"在枞阳开栈之日，护勇号褂，私用'钦差大臣'字样，尤属妄诞！"②枞阳地处安庆府城东北，系程希辕合和盐行行销淮盐范围内的重要市镇。根据《清实录》的描述，盐栈开张时竟有护勇保驾，其间扯出的"钦差大臣"旗号，显然用的就是曾国藩的招牌。可见，程希辕在其盐业经营中，充分利用了他与曾国藩的这层关系。

(二)曾国藩重整淮纲与程桓生之盐务生涯

据黎庶昌所编《曾国藩年谱》，早在同治二年（1863年）三月，曾国藩就开始为两淮盐运布局③：

---

① 周绍良：《蓄墨小言》二一三"曾国藩砵墨"，北京：北京燕山出版社，1999年版，第626—627页。按：周氏引南京图书馆藏《清代名人手札录》中曾国藩覆程桓生信一件："尚斋年兄阁下：夏至得惠书，并承雅贶朱墨食物，至以为感。……国藩顿首。五月二十七夜。"对此，他推断该信应作于同治七年（1868年），并认为信中所提到的"朱墨"，可能即他手头的"曾国藩砵墨"。这一推断有误。今查《曾国藩全集》书信，此函实作于咸丰十年（1860年）。故"曾国藩砵墨"究竟为何人所送，无从确知。不过，这说明程氏父子都曾向曾国藩馈赠来自家乡的朱墨。

② 《清实录》第47册《穆宗实录》（三）卷115，同治三年九月辛亥条，第553页。

③ 曾国藩对两淮盐务的关注由来已久，推测作于道光三十年（1850年）的《与刘良驹》信中，曾国藩就具列了《盐法节略》的弊病，对其时的票盐改制提出自己的诸多看法。咸丰三年（1853年）九月初十日《与徐有壬》、九月初十日《与周子俨》二信，亦提及粤盐行楚的问题。（见《曾国藩全集》书信（一），长沙：岳麓书社，1990年版，第68—71页、211—212页、214—215页。）

（三月）郭嵩焘授两淮运司。

（四月十二日）又具折奏江、楚各省本淮盐引地，被邻私侵占日久，非一蹴所能规复，察核现在情形，暂难改办官运。……派委知府杜文澜办官运淮盐，行销于楚岸。

（八月二十七日）自江面梗阻以来，湖南北借食川盐粤盐，江西借食浙盐，两淮引地皆失。至是江面肃清，公乃咨谋于谙悉盐务之委员杜文澜等，议复旧日引地，先行试办官运淮盐，行销于江西一岸，核定西岸票盐章程，招商领运。

（九月十九日）拟将漕运、盐引二大政变通办理。附片奏请将道员黄冕留于苏皖，经理漕政、盐务。……维时黄冕至安庆见公，禀请于皖省设立米盐互市一局，招湖南米商运米至皖，由皖设法运至上海，以达于天津；招两淮盐商运盐至皖，与楚中米商交易而退。是为盐漕二政变通之法，既而不果行。

（十月十五日）公核定楚岸皖岸票盐章程，刊发委员，招商办运。①

可见，早在太平军尚未完全失败时，曾国藩就计划招募两淮盐商，从事盐、粮贸易。也就在此前后，程希辕之子程朴生即已申领行帖，于饶州府治开张"程泰和"盐行。

另据《曾国藩日记》，同治二年（1863年）八月初一，"杜小舫上淮南盐务十二弊，甚为详晰"②。八月二十七日附记中记录有："刊刻试运西盐章程。"此后，他一再核改：

（九月初二日）二更三点后又改盐务章程。三更始睡，不能成寐，

① 黎庶昌：《曾国藩年谱》，长沙：岳麓书社，1986年版，第170—171页、176—178页。
② 曾国藩：《曾国藩日记》中册，林世田等点校，北京：宗教文化出版社，1999年版，第218页。

目又红矣。

（初三日）傍夕将盐务章程续核一过。夜围棋一局。旋将盐章核毕。

（初六日）核批札稿，傍夕至幕府一谈。夜核定盐务新章，二更后核改批札稿，三点后颇疲倦矣。

（廿四日）巳刻，莫子偲来久谈，阅黄南坡所禀米盐互市之议。

（十月初七日）幕中新请一友，专管盐务，名陈方坦，号△△，本日来署，因往一晤谈。

（初十日）核皖、楚盐章。

（十二日）傍夕至幕府一谈。夜核皖岸盐务新章，二更三点毕。

（十五日）傍夕至幕府一叙。夜核中路安徽票盐章程、楚岸章程。二更四点睡，四更始成寐。

（十八日）将皖岸、楚岸盐章核定发刻。

（二十二日）核新刻淮盐运楚章程。

（二十三日）核楚岸章程毕。

（二十五日）将楚岸盐票及税单、水程各刻式细校一过。

（十二月十四日）旋程颖芝来，与之围棋二局，又观刘开生与程二局，已午正矣。

与程希辕相似，积极参与筹划淮盐运销的杜小舫（文澜）、黄南坡（冕）等人，皆是曾国藩弈棋的对手。而在此前后，程希辕也正在曾国藩幕府之中①，其子程桓生更是直接参与了淮盐运销体制的具体运作。同治二年（1863年）八月二十三日，曾国藩在《复郭嵩焘》信中指出：

---

① 《曾国藩日记》同治二年九月初十："黄南坡来久谈。观其与程颖芝围棋二局，已午初矣。"九月廿九日，"旋请客便饭，黄南坡、程颖芝、杜小舫、刘开生，皆善奕者。观黄南（坡）与程一局、刘与程一局。……又观程与黄围棋一局"。曾国藩：《曾国藩日记》中册，林世田等点校，北京：宗教文化出版社，1999年版，第232页。

江西督销局已派程尚斋，泰州总局已派张富年，湖广督销局拟派
杜文澜。阁下经手各详，均已批发照准，大概规模略定。旬日以内，
南坡翁到此议定，收回湖北繁、盛各口岸，或加税邻私，二者商妥，
即行具奏。①

此处提及的程桓生与杜文澜、黄冕等人，皆是曾国藩幕府中对于盐务
最为熟悉的人才。其中，江西一岸又是曾国藩最先办理也是其时最为重要
的盐务引岸。

关于程桓生，民国《歙县志》卷6《人物志·宦绩》记载：

程桓生，字尚斋，希辕子。道光己酉拔贡，署桂平县，旋去职，
从李武愍、曾文正公军，累擢至道员。同治癸亥，文正治淮盐，创立
鄂、湘、西、皖岸四督销局，檄桓生总办西岸。桓生于吴城建仓区，
分岸以时运之，僻远皆得盐。丙寅，调署两淮运使，修万福桥，藏清
水潭大工。明年，总办鄂岸督销局，凡分局、总卡、子店之属，皆亲
往规度。如在西岸时，而于争回五府一州引界之岸，江督左文襄公加
引之案，皆排万难定议。光绪甲申，再署两淮运使。丁酉，卒于扬
州。②

"同治癸亥"为同治二年（1863年），"丙寅"为同治五年（1866年），
"光绪甲申"为光绪十年（1884年），"丁酉"则为光绪二十三年（1897
年）。可见，从曾国藩重建两淮盐政制度伊始，程桓生就负责江西口岸的
淮盐督销，并曾于同治五年（1866年）和光绪十年（1884年），先后两度
出任两淮盐运使。

有关程桓生的生平事迹，民国《歙县志》的记载显然过于简单，而笔

---

① 《曾国藩全集》书信（一），长沙：岳麓书社，1990年版，第3990页。

② 《中国地方志集成·安徽府县志辑》第51册，南京：江苏古籍出版社，1998年版，第
252页。

者收藏的《皇清诰授资政大夫、晋封荣禄大夫、例封文林郎、翰林院编修、二品顶戴、前署两淮盐运使、广西补用道加三级、显考尚斋府君行述》刊本（以下简称《行述》刊本）则有更为详细的记载：

> 府君姓程氏，讳桓生，字尚斋，号艳周，世居徽州府歙县西乡之槐塘村。自始迁祖元谭公以降，世有隐德，五十六传至府君。曾祖觐光公，讳名炜，以继子贵，诰赠如阶，覃恩晋赠荣禄大夫。姚氏郑，覃恩晋封一品夫人。本生曾祖琪树公，讳名璨，以子贵，诰赠如阶，覃恩晋赠荣禄大夫。姚氏鲍，覃恩晋封一品夫人。祖典书公，讳训寿，国子生，捐职布政司理问加四级，恩旨赏赐貂皮、克食，武陟河工报效，议叙知府，覃恩晋赠荣禄大夫。姚氏鲍，覃恩晋封一品夫人。考颖芝公，讳希辕，国子生，武陟河工报效，议叙州同知，覃恩晋封资政大夫，晋赠荣禄大夫。姚氏郑，覃恩晋封一品夫人。颖芝公天性抗爽，与人交无城府，有时面折人过，而好善不倦。赭寇乱后，邑中义举多由倡率，佥称善人。子二，府君其长也，诞于扬城康山邻之徐姓宅。

此段文字交代了程桓生的家世，从中可见，歙县槐塘程氏祖辈中有数位是以捐输、河工报效得以议叙。槐塘程氏的姻娅之戚鲍氏、郑氏，应是歙县西乡的棠樾鲍氏和郑村郑氏，这些人所属的家族，皆是明清时代两淮盐商中的总商家族，其中的棠樾鲍氏，乾隆中叶前后更产生过权势显赫的"首总"。程桓生出生于扬州南河下的康山一带（这一带在盛清时代为徽商巨子的麇集之地），这显然与程希辕及其先辈的盐务贸易密切相关。抄本《先府君行述》①："明清之交，徽人业盐者萃于淮扬，吾邑岑山程氏尤盛，午桥（梦星）、鱼门（晋芳）两先生之族是也。乾隆中，程氏衰而江村江氏、桂林洪氏、棠樾鲍氏相继起。琪树公、尚书公两世婚于鲍氏，故吾家

---

① 民国十年（1921年）八月程庆余撰，抄本。此件为扬州大学黄诚老师提供，特此致谢。

亦世其业，儌居扬州之康山。"琪树公、尚书公为程桓生的曾祖父和祖父。可见，程桓生一家世业淮盐，这与程希辕自称"盐务熟手"亦相吻合。接着，《行述》刊本描述了程桓生的教育背景及其早年经历：

> 幼而凝重，三岁随先大母郑太夫人返歙，六岁能诗，城东七十老人胡先生（长庚）奇之，并和韵以勖其成。自乾嘉以来，歙邑业醯、业典，素称丰厚，吾家亦资以懋迁，境稍裕。先伯祖雅扶公（奂轮）始习儒，游庠时，里人多目笑之，府君遂益自奋勉，先大父期望尤殷。会安化文毅陶公（澍）淮醯改章，向之席丰履厚者顿形中落，吾家食指本繁，亦遂苦饘粥难给矣。府君年十有三，负笈从师。时婺邑程先生（烈光）、当涂夏先生（炘）先后为西溪汪氏聘请，设帐于外王父墓地之茆坦村，以外家戚谊，因就学焉。嗣族再叔祖可山公煜由扬返里，复执贽，及门受业，学问日进，文誉播一邑。道光戊戌，督学清苑王公（植）拔入郡庠。当是时也，一编坐对，家无儋石储。先妣汪夫人脱簪珥以佐之，舍砚田无以谋菽水，遂馆于棠樾鲍氏，训迪之暇，摩厉益奋，旋食廪饩。

根据此处的描述，程氏世代业盐，程希辕之兄程奂轮是程家首位弃贾习儒者，后来成为著名的篆刻家，著有《槐滨印存》等。道光年间的陶澍变革，曾使槐塘程氏一度中落。程桓生先后师事婺源程烈光、当涂夏炘、歙县程可山等人，后授馆于歙县棠樾鲍氏。其后，则因学而优则仕，逐渐步入宦途：

> 道光己酉科，督学顺德文恪罗公（惇衍）许为国士，选拔贡，入成均，庚戌朝考一等三名，钦点知县，签分广西，署理浔州府桂平县事。以拿获广东巨匪何名科、梁十八一案，保奏赏加同知衔，遇缺尽先补用。嗣是身在行间，续以军功，保升直隶州知州，赏戴蓝翎，荐保知府、道员，仍留原省补用，赏给正四品封典。同治三年攻克金

陵，赏换花翎，并加按察使衔。在署运司任内，清水潭大工，赏加二品顶戴。晋捐出力，赏给从一品封典。豫赈、皖赈、甘饷叠奉谕旨，交部从优议叙，得加级者三、纪录者五。

程桓生由拔贡经科举考试，"受知于湘乡曾文正公国藩，列一等"①，钦点为广西桂平知县，此后逐渐升职。到太平天国运动结束以后，他已加至按察使衔，此后，主要负责两淮盐运署的工作，其间，与曾国藩的渊源颇深：

（咸丰）四年，随固始武愍李公（孟群）管带水勇，赴湖广剿办岳、常一带贼匪。湘乡文正曾公（国藩）本朝考受知师，知府君能胜艰钜，奏准留营。府君入参帷幄，出佐军旅，共事者罔不推心置腹，互相引重。嗣文正曾公奉讳交卸营务，武愍李公时驻扎桐庐防剿，约往共商军事，因就抚军满洲福公（济）戎幕，甫及年余，皖局糜烂，事不可为。会文正曾公墨绖复出，视师江右，府君与今爵相合肥李公（鸿章）先后由皖至大营，遂复参营务。数年中，回剿武汉，攻克英、霍，击退小池驿援贼，克复太湖县城诸役，府君实左右襄赞，屡邀迁擢。其运策参谋，见诸大师檄牍者，可考而知，不待缕叙也。

关于程桓生的戎马生涯，抄本《先府君行述》还指出："盖自辛亥而后，出入兵间者十二三年，数濒于危。""辛亥"也就是咸丰元年（1851年），其间，他与曾国藩过从甚密，是曾氏幕府中的重要成员。现存的《曾国藩日记》始于道光十九年（1839年），涉及太平天国史事的部分，则始于咸丰八年（1858年）。其中，时常可见曾国藩与程桓生的交往，以咸丰十年（1860年）为例：

①　程庆余：《先府君行述》，抄本。

（三月十七日）早出，巡视营墙。饭后清理文件。旋与尚斋围棋二局。

（廿日）早出，巡视营墙。饭后清理文件。与尚斋围棋一局。

（廿一日）早出，巡视营墙。饭后清理文件。巳正与尚斋围棋一局。

（廿三日）早出，巡视营墙。饭后清理文件。与尚斋围棋一局。

（廿五日）早出，巡视营墙。饭后清理文件。旋与尚斋围棋一局。

（廿七日）早出，巡视营墙。饭后清理文件。旋与尚斋围棋一局。

（三十日）早出，巡视营墙。饭后清理文件。旋与尚斋围棋一局。

（闰三月初五日）黎明，出巡视营墙。饭后清理文件。旋与尚斋围棋一局。

可见，尽管军务倥偬，但曾国藩还是经常与程桓生下围棋。除了下围棋之外，程桓生还作为曾国藩重要的幕僚赞襄军务，经常与之长谈，为后者出谋划策。在《曾国藩全集》中，收录有不少曾国藩与程桓生讨论盐务的书信，兹举数例稍作说明：

尚斋年兄阁下：

接初六日手书，具悉一切。

比维安抵章垣，经始局务，乘此盐未到岸之时赶办就绪，庶几以逸待劳，有条不紊。前请邻盐加厘告示，初以盐未上行，骤禁邻私，市间或难周转，拟俟盐船过皖再发。乃上月二十四业将告示发去，而下游开江之盐犹未知行抵何处，转瞬菜市将过，今年运销未必能多。以来书所计，通年销数不过五六万引，欲其增至十万，亦恐难副所望。新章第五条，给商本息银两多算四分，自应将总数改符散数，此间即令梓人更正。其已发之本，由尊处刻一小戳，用印泥改戳其旁可也。

…………

再，淮盐未到，而加税邻私之告示业已张贴，各卡员无所适从，纷纷具禀请示。拟即批令加抽，不知无甚窒碍否？

水程执照，应请尊处即行拟式刊刻，一面送皖查核。厘务虽非阁下经理，而一闻商民怨言，即请随时见示。去其太甚，则稍慰舆情矣。顺问尚斋年兄近祺。①

上述这封信作于同治二年（1863年）十月十四日。当时，湘军军事行动颇为顺利，接连收复石、太、旌德、高淳等城隘，皖南似可肃清，淮盐运销逐渐推行。稍后的十月二十四日，曾国藩又有《加程桓生片》：

……楚岸章程、中路安徽章程，皆已发刻，即日寄至尊处阅核。西岸章程究尚有不妥之处否？牙厘章程有甚不便民者否？如有所闻，望随时函示。仆于理财一道，实不得要领也。再问尚斋仁弟台安。②

在当时，安徽称为"中路"。前引程希辕致方性存信函中，"本小可办中路"，指的便是安徽的淮盐运销。另外，十二月十七日，曾国藩另有《加程桓生片》：

……盐务新章，赞者颇多。然国藩于醝政究系外行，如有差误，祈详告我。再问尚斋仁弟台安。③

显然，在盐政规章的制订过程中，曾国藩对盐商世家出身的程桓生颇为倚重。关于这方面的情况，在光绪《两淮盐法志》中有更多的例子。

对于程桓生的盐务生涯，《行述》刊本有专门的记载：

同治二年，文正曾公檄办江西督销淮盐局务。时曾公虽履江督

---

① 《曾国藩全集》（修订版）书信之六，长沙：岳麓书社，2011年版，第217—218页。
② 《曾国藩全集》（修订版）书信之六，长沙：岳麓书社，2011年版，第243页。
③ 《曾国藩全集》（修订版）书信之六，长沙：岳麓书社，2011年版，第359页。

任，尚在安徽军次，江路渐通，已有淮盐运贩，沿江设卡抽厘以饷
军。府君适当开创之初，虽遵奉曾公章程办理，然颇形掣肘。旋奉公
谕云：凡办一事，必有许多艰难波折，如盐务缉私尚未动手，而建昌
已有殴毙委员之案，将来棘手之处，恐尚不少，吾辈总以诚心求之，
虚心处之，心诚则志专而气足，千磨百折，而不改其常度，终有顺理
成章之一日。心虚则不动客气，不挟私见，终为人所共亮。阁下秉质
和平，自可虚心，徐入委蛇，以求其有，当更望于诚心二字，加之磨
练，则窒无不通矣。

上述提及的"公谕"，亦见于曾国藩书信。同治二年（1863年），中法
混合之常捷军及中英混合之常安军自宁波攻占绍兴，湘军占领兰溪等地。
英弁戈登接统常胜军，同李鸿章部淮军攻占常熟福山、太仓、昆山等地。
曾国荃部攻下雨花台等处，天京围急，洪秀全急召李秀成回援。石达开自
云南入川西，为清军所俘，五月被杀。戈登同淮军占吴江，逼苏州。李鸿
章部、左宗棠部先后占江阴、富阳、无锡等地。太平军已显全面颓势，淮
盐销售开始复苏。据抄本《先府君行述》：

        同治癸亥，文正公益治淮盐，仰其入以佐军兴，创立鄂、湘、
    西、皖岸四督销局，而檄府君之江西。嗣是二十余年，专治盐事，凡
    署两淮盐运使者再，总西岸者四年，总鄂岸者十八年。

"癸亥"也就是同治二年（1863年），可见，也正是在此时，程希辕兴
高采烈地写信给方性存，希望后者前来与他一起做淮盐的生意。太平天国
运动以后，曾国藩改定票章，聚散为整，规定凡行鄂、湘、赣三岸者，必
须以五百引起票；行盐皖岸的，须以一百二十引起票。并在各岸设立督销
局，制定了"保价""整轮"等方针，亦即盐价不准随意涨落，也不准争
先销卖。于是承办票运者，尽属大贾；小本商贩，无力领运，票法精神逐
渐消失。新章开办以来，淮南运商、场商"获利较厚"。同治五年（1866

年），李鸿章因筹备军糈，又将票法参以纲法，勒令原有票商报效、捐款，以此作为票本，方准其继续递运。作为世业，不再另招新商，称为"循环转运"，从此，票商专利，同于引商；票捐增重，倍于窝本。稍后，马新贻又将此一政策在淮北推广，从此，先前的票盐良法遂被根本推翻。两淮盐运"虽名为票盐，实与引商无异，一经认运，世世得擅其利"①。光绪六年（1880年），当时户部奏称，鄂、湘各岸每淮票一张转相售卖，初始价值仅银五六千两，"迄今每票售银至万余两，即仅租运一年，亦值租价千金……且据为子孙之世业，获利奚啻倍蓰"②。由此，纲法实际上以新的形式死灰复燃，盐商借此起家而囊丰箧盈者亦不乏其人。

正是在这样的背景下，盐商世家出身的程桓生两次出任两淮盐运使，"总西岸者四年，总鄂岸者十八年"③，先后担任盐务官员长达二十余年。据抄本《先府君行述》记载：

> 大抵道光以前两淮盐法更咸丰乱，半多不可用，行盐诸省，江西毗闽、粤，多闽、粤盐，川盐之借销者，且及鄂省之半，而通、泰诸盐场不被兵，不患不产，患不销。主者持就亭发贩之策，顾反散走，供私贩且资贼。上游则苦道梗，或淡食。比淮、扬下私贩稍稍戢，而镇江以上犹交兵，商人惮险不敢运，于是场商苦壅滞，亭户苦无所偿交困，课益绌。文正公既创制四岸，期以促销者利运，以多运者纾场灶，交相灌输，首尾并举，迄于清末，垂四十年，从事者惟谨，而与时弛张，相为终始，惟府君最久且独多。

这段话说的是同治二年（1863年）后曾国藩对两淮盐政的重新整顿，

---

① 光绪《两淮盐法志》卷149《捐输门·捐收票本》。

② 光绪《两淮盐法志》卷149《捐输门·捐收票本》。

③ 程庆余《先府君行述》（抄本）："丙寅江督合肥李文忠公（鸿章）、甲申江督湘乡曾忠襄公（国荃），两次檄署运使，皆破格奏荐，时论以为宜，称虽不得者无异词也……丁亥八月，自运使退休，侨居扬州，不复出。""丙寅"为同治五年（1866年），"甲申"为光绪十年（1884年），"丁亥"为光绪十三年（1887年）。

从中可见，程桓生在此过程中曾起到极大的作用①。

另外，程桓生担任两淮盐运使伊始，他的父兄和亲朋好友就与淮盐运销有着千丝万缕的联系，这不仅见诸前揭的书信，而且在其他的文献中亦可得到印证，因此，官商勾结的嫌疑也为他人所诟病。对此，《行述》刊本指出：

> 复以同邑某姓有饶郡开设盐行之事，言者以风闻入告，府君求引退，又奉曾公谕云：阁下持躬整饬，无人不知，而办理局务，缕析条分，丝丝入扣，鄙人实深倚赖，无妄之灾，不久当可昭雪。此间固无接替之人，且亦未可遽动，转涉可疑，仍祈照常办事，静候公论，勿稍介意。旋经抚军侯官文肃沈公（葆桢）委干员密查，明晰覆奏，与程无涉，事始解。

揆诸实际，所谓"同邑某姓"，可能指的也就是前揭程希辕信函中的收信人方性存②。由于"程泰和"盐行之行帖系由程桓生之弟程朴生所捐，

---

① 《先府君行述》抄本亦对程桓生的淮盐官员生涯作了进一步的描述："府君之始至江西也，淮盐亦甫行运，然不时至，至亦濒江越湖，至吴城而止矣。吴城有盐行六家，皆不自运盐，第居间上下其直以为利，甚至百金而取二，内地水贩尤病之。府君则立总局于南昌、分局于吴城，使商盐经过，得留其三，而其七必输之省，就定价发贩，一主于局，盐行不得预，限其取于水贩者，毋得过三百分之一，销以大畅，虽僻远皆得盐价无踊，商民翕悦。在鄂岸则引地益广，治益密，分局、总卡、子店之属，多亲往相度建置，其劳若创焉……又以先世尝业盐，知其利病，故治盐事尤务恤场灶，使厚其力，多制良盐。在鄂岸时，常致书淮运使，亟讲求重淋提尖之法，欲以敌邻盐，畅岸销，减缉私，而于争回五府一州引界之案，江督湘阴左文襄公（宗棠）加引之案，虽排万难得定议，犹以为非本计也。自曾文正公后，江、鄂督抚更十数人，类尝共艰难，志事雅相得，遂以从容进退，得行其志。在曾公幕久，所交皆当世材，其后多显达至大官，书问论事不绝。"这一段文字提及，因程桓生出自盐商世家，故而对于淮盐运输有着切身的体会，所提出的各种方案，往往多能切中问题的要害。

② 由前揭程希辕的书信来看，其时方性存为"程泰和"盐行的开设者，但从《清实录》的记载来看，及至同治三年（1864年），泰和行系由程希辕之子程朴生所开。今按：方性存与程朴生在泰和行中的角色并不完全清楚，推测两人或系合伙人，或前后在行中的股权有所变化。

故而当时有人弹劾程桓生是官商一体，不适合担任两淮盐运使。不过，曾国藩却极力担保他过关。后来，朝廷决定由沈葆桢派人督查此事，但事情最终却不了了之。结果，程桓生官照做，在此后一年，他虽然离开了江西督销局，却又被任命为两淮盐运使，官是越做越大，而家里人的盐业也照样经营。根据1921年程氏后人撰著的《先府君行述》记载："先大父素营商，乱后业复，晚犹四出，躬治其事以为乐。殁时，里中惟田数十亩。府君奔丧归，推商业以与三叔父，曰：若优为之，吾取瘠田焉可矣。"①《先府君行述》出自程桓生第六子程庆余之手，故行述中的"先大父"指的就是程希辕，而"府君"则是指程桓生。从中可见，程希辕在太平天国之前即从事两淮盐业，其人老死后，程桓生让其弟程朴生②继承父业，一官一商，"相得益彰"。

其实，类似于此的现象，在太平天国之后并不少见。另一位祖籍徽州的两淮盐运使方濬颐，也与歙县北乡许村的商人世代合作经营扬州盐业，所获不赀③。

---

① 这里需要指出的是，今查程氏后人编写的"谱系表"，槐塘程氏58世程希辕名下，仅见有桓生、朴生二子，那么，《先府君行述》中何以有"推商业以与三叔父"的记载？今据《行述》刊本："待三叔父孔怀谊笃，而诰诚不少宽，老年手足友爱，若孩提。堂兄锦文，三叔父出，为府君胞侄，现知广东德庆州事……先二叔父伯岐公（梁生）、先四叔父义仲公（集生），与府君为共祖兄弟。"查程氏"谱系表"，程梁生、程集生为程奂轮（雅扶）之子，而程奂轮则为程希辕的兄弟。据此可知，在"共祖兄弟"的排行惯例中，所谓"三叔父"，应为程桓生之弟程朴生。

② 据光绪《抚州府志》卷38《职官志》、民国《歙县志》卷5《选举志》等方志的记载，程朴生曾在江西吉水、龙泉、乐安、分宜等县为官。对此，《清德宗景皇帝实录》卷135曾载："江西吉水县知县程朴生才具尚可，声名平常。"另外，民国《续纂泰州志》卷28《人物·流寓》："程朴生，字石洲，歙两淮运使桓生弟，官江西州县，解组后寓泰。"太平军兴之后，泰州成为两淮盐运的重要枢纽。同治二年（1863年）八月，曾在泰州设立招商公所。程朴生辞官后寓居泰州，与当地文人诗酒唱和，显然与他的淮盐经营有关。

③ 参见王振忠撰《历史学导言》，见许骥著《徽州传统村落社会——许村》，劳格文（John Lagerwey）、王振忠主编"徽州传统社会丛书"，上海：复旦大学出版社，2013年版，第3—4页。

三、余论

明代以来，徽州盐商在中国东南各地极为活跃。对此，绩溪人胡适先生在自叙家世时曾指出：

> 近几百年来的食盐贸易差不多都是徽州人垄断了。食盐是每一个人不可缺少的日食必需品，贸易量是很大的。徽州商人既然垄断了食盐的贸易，所以徽州盐商一直是不讨人喜欢的，甚至是一般人憎恶的对象。你一定听过许多讽刺"徽州盐商"的故事罢！所以我特地举出盐商来说明徽州人在商界所扮演的角色。

在东南一带，徽州盐商在两淮和两浙的活动最为引人瞩目，尤其是清代扬州等地的盐商，更为世人所津津乐道。

在明清盐政制度的数度变化过程中，徽商的实力呈日益增长之势。在明初的开中制度下，虽然以秦、晋商人居多，但也有徽商从事开中制度下的粮、盐贸易[①]。及至运司纳银制度确立，与扬州地理上更为近便的徽州盐商更是崭露头角，其实力不仅与秦、晋商贾骈肩称雄，而且还逐渐超过了山西和陕西盐商，成为两淮盐商之中坚力量。此后，随着纲盐制度的确立，徽商的实力更是大为增强。及至清代乾隆盐务全盛时期，在扬州的徽州和山西盐商大约有一百数十家，"蓄资以七八千万计"[②]。其中，尤其徽商的财力更是如日中天。对此，徽州乡土史家许承尧在民国《歙县志》中指出：

---

① 民国《歙县志》主编、歙县唐模人许承尧的《江南乡试硃卷》（徽城黄古香堂殿一写刊）中提到：其"七世祖奇泰，明初输粟佐边赈济，钦赐冠带，建坊旌门。尚义，载郡邑志"；"九世祖昂，纳粟义官"。这说明早在明初，就有部分徽商从事开中制度下的粮、盐交易。

② 汪喜孙：《从政录》卷2《姚司马德政图叙》，见《江都汪氏丛书》。

邑中商业，以盐、典、茶、木为最著。在昔盐业尤兴盛焉，两淮八总商，邑人恒占其四，各姓代兴。如江村之江，丰溪、澄塘之吴，潭渡之黄，岑山之程，稠墅、潜口之汪，傅溪之徐，郑村之郑，唐模之许，雄村之曹，上丰之宋，棠樾之鲍，蓝田之叶皆是也。彼时盐业集中淮扬，全国金融几可操纵，致富较易，故多以此起家，席丰履厚，间里相望。①

另据新近发现的徽州文书抄本《杂辑》记载：

吾徽六邑山多田少，人民大半皆出外经商。吾歙邑有清两淮盐商为我独揽，棠樾鲍氏家资多至三千余万，外此八大商皆拥厚资，不下千万。②

这里的"八大商"，也就是指两淮八大盐务总商。清代前期，在两淮的八大盐务总商中，徽州府歙县人通常占到四名左右，各姓前仆后继。根据《杂辑》之披露，歙县棠樾鲍氏家族的资本规模高达三千余万，其他的盐务总商，资本也多达千万。由此看来，棠樾鲍氏应当是乾嘉时代中国最为富有的商人。程桓生出身于盐商世家，其家族经营两淮盐业可以上溯至16世纪中叶的明代。及至清代前期，曾祖程名璨、祖父程训寿，两世皆娶棠樾鲍氏为妻，是扬州盐务"首总"鲍志道、鲍漱芳父子的内兄弟③。另外，八大盐务总商中的岑山渡程氏，始迁自歙县槐塘，而槐塘也正是程希辕、程桓生的桑梓故里。这些，都说明程桓生家族与盛清时代的盐务总商有着千丝万缕的联系。

事实上，盛清时代的两淮八大盐务总商，也并不是所有的家族都在太平天国之后完全衰落。例如，其中的歙县上丰宋氏盐商，从其迄今保留下来的大批文书来看，在晚清时期仍然相当活跃。与槐塘程氏家族相似，虽然在嘉

---

① 民国《歙县志》卷1《舆地志·风土》。

② 《杂辑》是有关歙县茶商方氏家族的珍稀文献，此条见"新安大好山水"。

③ 参见唐海宏：《南社成员程善之家世、生平考述》，《皖西学院学报》2012年第3期。

庆、道光年间该家族一度中衰，但他们同样是在太平天国战事尚未结束时就已开始重操旧业，从而在战后的两淮盐业中占据重要的一席之地①。

盐、典、木号称"闭关时代三大商"，从现有的资料来看，咸同兵燹之后，至少盐业和木业规章制度的重新确立，与徽商的影响密切相关。关于曾国藩与太平天国以后木业规章制度之确立，笔者在此前的研究中已有涉及——从新发现的《西河木业纂要》抄本可见，徽州木商有着重要的影响②。同样，迄至今日，徽州当地仍留存有不少盐商家族的珍贵文书③。这些资料，对于清代盐政史的研究具有重要的学术价值，对于晚清盐政史的诸多环节，则更有填补空白的意义。从程希辕与曾国藩的交往，以及他在咸同兵燹后期从事盐业经营的活动，再从程桓生在同光年间长期主持两淮盐政，从中皆可看出徽商对于晚清两淮盐务的直接或间接影响。

揆情度理，面对19世纪中叶的重大变局，曾国藩为了筹措稳定而充足的军饷，需要尽快恢复淮盐市场，在这种背景下，重建淮盐管理体制以及招商认运，对于徽州盐商的倚赖亦在所难免，这也正是晚清盐政制度中"寓纲于票"核心思想形成的原因所在。

---

① 关于这批文书的概况，参见笔者《徽州文书的再发现：民间文献与传统中国研究》一文的简要介绍，载《千山夕阳：王振忠论明清社会与文化》，桂林：广西师范大学出版社，2009年版，第35—70页。该家族文书中有一册《便登》抄本，为同治五年（1866年）宋氏盐商的运盐日记，其中缕述了自己在江西的活动，提及："闻程尚斋于前月二十后，自西省动身往扬附[赴]运司任。"该段史料，指的便是程桓生由江西督销局转任两淮盐运司一事。看来，上丰宋氏盐商对于盐务官僚程桓生的动向极为关注。至于宋氏盐商与槐塘程氏的关系（这涉及同治初年类似于程希辕与方性存那样的歙县盐商呼朋引类外出经营的现象），则有待于进一步的考察。

② 徽州文书抄本《西河木业纂要》一书，收录有同治三年（1864年）五月婺源木商李坦向两江总督曾国藩递交的数份禀文。对此，曾国藩曾两度批示，并正式公布了《江苏木厘新章四则》。由此可见，婺源木商对于太平天国以后木业规章的重新修订与确立，有着重要的影响。关于这一点，参见王振忠：《太平天国前后徽商在江西的木业经营——新发现的〈西河木业纂要〉抄本研究》，载《历史地理》第28辑，上海：上海人民出版社，2013年版。

③ 由笔者主编的《徽州民间珍稀文献集成》（共三十册，上海：复旦大学出版社，2018年版）中，亦收录有多种珍贵的徽州盐商家族文书。

　　最后，应当强调的一点是，对明清时代制度史的研究，除了详究细探各类规章制度之外，对于活跃其间的各色人物之关注更不可或缺。唯有如此，方能较为全面地考察制度的变迁与社会关系之嬗变。从程希辕、程朴生以及与之相关的一些徽州盐商（如方性存）之生平事迹来看，这些人都具有一定的文化素养，甚至颇有"儒商"的风度。从中可见，晚清时期，徽商对两淮盐政的影响仍然相当重要，这一点，与太平天国之后徽商基本上退出两淮盐务的通常认识大相径庭。不过，清代前期与后期的情况仍然有着重要的区别——与晚清相比，盛清时代的盐商一方面督促子弟经由科举考试步入宦途，从而自立为官商，另一方面则更是通过各种方式与官员交结，通过捐输、报效等效忠皇室，从而获得垄断特权。及至太平天国之后，具有商人家世背景者直接出任盬务官员似成常态，权力与资本勾肩搭背的现象更为明显。此一事实，从一个侧面反映了明代以来中国政商关系的新变化。

　　　　　原载《安徽大学学报》(哲学社会科学版)2016年第4期,有改动

清代江南徽州典当商的经营文化

　　哈佛大学哈佛燕京图书馆是美国汉学研究领域最为重要的收藏机构之一，收藏有大批有关东亚研究的珍稀文献①。其中的《典业须知》《至宝精求》《玉器皮货谱》和《银洋珠宝谱》四种善本古籍②，是反映清代典当业运作的重要文献，迄今尚未受到足够的重视。

　　上述的四种典当秘籍中，仅有《典业须知》一书曾被介绍，而为学界所知。1971年，哈佛大学杨联陞教授将《典业须知》一书的内容悉数标点整理，发表于台湾的《食货月刊》复刊第1卷第4期。杨氏在正文之前有一段说明（应当是写给编辑的信函），称："……此书似无刊本，内容颇有可取。书中提及金厚堂嗣君少堂曾中咸丰乙卯举人（西元一八八五年），可以推知著作年代。作者是新安人，寄籍浙江。惟善堂或是会馆之名，尚未查。先生如认为值得印布或分期发表，联陞在一两周内，拟撰一短文介

　　① 关于这一点，可参见《燕京的宝藏——哈佛燕京图书馆七十五周年纪念展览目录》(Treasures of the Yenching, Seventy-Fifth Anniversary of the Harvard-Yenching Library Exhibition Catalogue, Harvard-Yenching Library, Harvard University, Cambridge, Massachusetts, 2003)所收诸文。
　　② 上述四书分别注录为："(浙江新安)惟善堂编:《典业须知》，清光绪间抄本，朱笔圈点本，六行二〇字，一册一函";"《至宝精求》，清抄本，八行十六字，一册一函";"《玉器皮货谱》，清光绪间抄本，六行二〇字，一册一函，封面题:'玉器皮货谱共两本'";《银洋珠宝谱》则未见注录。其中，"(浙江新安)惟善堂编"有误，应作"(浙江)新安惟善堂编"。

绍此书，将或可与此书合印成一小册，赠人较便。"①不过，后来并未见到
杨先生对《典业须知》进一步研究的论文问世②。

笔者认为，《典业须知》是有关清代徽州典当业运作记载最为系统、
内容最为丰富的一份商业文献，但在20世纪70年代杨氏标点此书时，因
徽商研究尚未充分展开，故而此书的内容及其学术价值并未得到应有的认
识。此后，涉及典当业研究领域的学者，也未对此作过系统、深入的探
讨③。此外，哈佛燕京图书馆另藏有《至宝精求》《玉器皮货谱》和《银洋
珠宝谱》三书，也是反映清代典当业经营的相关文献，与《典业须知》应
属于同一批文书——这是杨联陞教授所未曾注意到的。有鉴于此，本著拟
结合其他典当业文献（包括私人收藏的一批徽州文书），对上述四书（尤
其是《典业须知》），作一具体而微的综合性探讨。首先从内容结构上论
证《典业须知》和《至宝精求》《玉器皮货谱》以及《银洋珠宝谱》同属

---

① 《食货月刊》复刊第1卷第4期，1971年7月，第231页。2004年，笔者在撰写本文
的过程中，偶然承哈佛燕京图书馆沈津先生提及，杨联陞曾提供《食货复刊》抽印本等，尚
存哈佛燕京图书馆善本室。为此，笔者查阅此件，看到抽印本上题"汉和图书馆惠存/（杨
联陞）敬启"；另见一信封，上书："May 17,1955/杨联升借去/ 437 贸易须知/439 典业须知"。
汉和图书馆即哈佛燕京图书馆的前身，《贸易须知》未见该馆著录，此书内容由王秉元所
著《贸易须知辑要》和《秘传神巧戏法录》两部分组成。由此可见，"二齐文书"中相关的商
业文书究竟有多少，仍有待于今后进一步的探索。

② 仅见《食货月刊》稍后"杨联陞教授来信"中提及《典业须知》印刷上的小误数处。
今查《中国现代学术经典》"洪业 杨联陞卷"中的《杨联陞先生学术年表》和《杨联陞先生
著述要目》（河北教育出版社，1996年版，第927—933页），均未见有相关的著述问世。

③ 现有研究徽州典商的论文，如王廷元《徽州典商述论》（载《安徽史学》1986年第1
期）、王世华《明清徽州典商的盛衰》（载《清史研究》1999年第2期），范金民、夏维中《明清
徽州典商述略》（载《徽学》第2卷，安徽大学出版社，2002年版），均主要利用正典、实录、
碑刻、族谱、方志、文集和笔记等，勾勒徽州典商的概貌，并未利用典业文书详细讨论典业
的内部管理。其他研究典当业的论著，间或利用到《典业须知》，如赵连发《中国典当业述
评》（石室出版公司，1978年版），论中国典当业在历史社会金融中所担任的角色时曾利用
《典业须知》讨论典当业的内部组织，但该文并非专门讨论徽州典当，且误将该书视作"南
京惟善堂经营之典当业创办人发给各从业人员"的文字；刘秋根《中国典当制度史》，曾利
用《典业须知》一书，较为详细地讨论清代中期典当内部的劳动分工状况，但同样也不是
从徽商研究的角度加以探讨（上海古籍出版社，1995年版，第87—92页）。

一个文书群，其次利用《典业须知》研究徽州典当业的经营文化和典当业者的社会生活，最后对《典业须知》所反映的典商心理，作一初步的文化分析。在研究角度上，除了考察经营规范、商业道德之外，本著更关注对典商社会生活史的探讨①。

一、《典业须知》《至宝精求》《玉器皮货谱》和《银洋珠宝谱》

(一)《典业须知》

《典业须知》亦作《典业须知录》，文中纪事有"咸丰乙卯"（即1855年，咸丰五年），故其编纂的年代应在清代后期。其序称："吾家习典业，至予数传矣。自愧碌碌庸才，虚延岁月。兹承友人邀办惟善堂事，于身闲静坐时，追思往昔，寡过未能，欲盖前愆，思补乏术。因拟典业糟蹋情由，汇成一册，以劝将来。不敢自以为是，质诸同人，金以为可，并愿堂中助资邗〔刊〕印，分送各典，使习业后辈，人人案头藏置一本，得暇熟玩，或当有观感兴起者，则此册未始无小补云尔。"该序下署"浙江新安惟善堂识"。惟善堂是徽商在杭州开办的善堂之一②，作者出身典当业世家，可能于暮年在杭州主持或襄办惟善堂事务。另外，在《典业须知》正文的"谆嘱六字"中曾提及："金陵为繁华之地，近日学生习气，专以好吃好穿为务，银钱不知艰难，吃惯用惯，手内无钱，自必向人借贷，屡借

---

① 囿于史料，以往从社会文化史的角度研究徽州典商社会生活的成果较少。笔者此前利用婺源方氏的信函，对此作过初步的探讨。参见王振忠：《徽州社会文化史探微——新发现的16～20世纪民间档案文书研究》第四章之三《民国时期上海徽州典当商生活一瞥》，上海社会科学院出版社，2002年版，第499—519页。

② 现存的相关文书有《新安惟善堂征信录》及《新安惟善集六安材会征信录》等。关于《新安惟善集六安材会征信录》，详见王振忠：《清代、民国时期江浙一带的徽馆研究——以扬州、杭州和上海为例》（载熊月之、熊秉真主编：《明清以来江南社会与文化论集》，上海社会科学院出版社，2004年版）。此外，有关新安惟善堂的资料，在民间收藏中亦时有所见，如2003年由北京图书馆出版社出版的《故纸堆》丙册中，就收有一张同治十年(1871年)六月十七日重建惟善堂厝捐收单。

无还，借贷无门，则偷窃之事，势有不能不做。"由上述这段文字看来，作者似乎是对金陵典业中人的不良习气有感而发。据此推断，他很可能在接手惟善堂事务之前，曾从业于金陵典铺。而从该书序文、署名以及正文的内容（如文中多次提及"我新安一府六邑""吾乡风俗"和"吾乡俗语"等）来看，《典业须知》的作者出自徽州，当为江南一带徽州典当业界的耆宿无疑。因此，可以将《典业须知》一书，作为研究徽州典当业的重要文献。

《典业须知·勤务》对典业中学徒的日常生活规范作了说明，文中开列了学徒在闲暇时间应当阅读者，其中就包括《典业须知》之类的书籍，这说明"典业须知"实际上是一种泛称，应为典当业中颇为普遍、提供初学者从业门径的一类书籍。

(二)《至宝精求》

《至宝精求》，封面除书名外，题作"翠竹轩郑记"。首列"珠谱序"，先是论珍珠的价值，接着谈珍珠鉴定之不易，说："每见世之称具眼者，各挟一谱为规，往往有得有失，或近或远，非拘牵于往价，即模棱于两端，不几贾胡为千古独步也哉！"这是说——珍珠的鉴定端赖于行家的眼光，但各人的眼光自有高下，对于当时行情的了解亦见仁见智，所以常常出现言人人殊的状况。有鉴于此，作者接着说："吾友眉山经营翘楚，鉴赏颇精，博采群识，订成一谱，问序于余。愧余荒谬少文，焉敢妄喙？然见其分门别类，各有品题，较重量轻，纤毫必晰，且究其出产，度其体势，以定其价值之多寡，持此应世，可鲜暗投之消矣。殆所谓珠之指南者，非耶？"值得注意的是，该序下署时间、地点及序作者分别为"康熙丙戌［戌］端月题丁鄂郡客舍/天都澹庵题"。康熙丙戌即康熙四十五年（1706年），而"天都"则是徽州歙县一带的别称。因此，《至宝精求》的作者是一位字或号"眉山"的人，为徽州人"澹庵"的朋友。

书中除珠谱外，还有其他一些内容，如"宝石论""银色辨要""评银色法规"和"量木头码尺寸法诀"等，均与商业经营相关。其中有看宝石的秘诀："祇列珠名三样看，白洁时光与常行。但见糙黄狠跌价，上串分团百换宽。白糙鲜明五十换，阴阳一面四五间。惟有大珠难定价，五百千头觅利难。常行猜疑算八折，时光九因定无差。坚心推详牢拴记，传神会意任君参。"这些，显然都是业中人士的经验之谈。

(三)《玉器皮货谱》

《玉器皮货谱》内里题作"玉器皮货绸料价目谱"，封面有"共两本"的字样。揆诸实际，书中的前一部分讨论玉器，后有"玉纪原叙"，稍后继以杜文澜的跋；后一部分则分别记载有关皮货、绸料方面的内容。其中，"玉纪原叙"曰："昔先子博学好古，尤精赏鉴，闻有古玉，不惜重赏购求，其辨别真伪，虽暗中摸索，亦百无一爽。性趋庭时尝蒙指示，得粗知梗概。既而浪游南北，援先子辨王（玉）之法，与玉相证，凡生平所见，无一不相印合者，益信先子格物之学为不可及也。道光壬午自楚归省，先慈手一箧付性，曰：'此汝父一生心力易产所置，将留以待进呈者，皆三代物也，汝其慎守之！'性跪受检视，得古玉八十一事，光怪陆离，五色具备，洵至宝也！年来落拓鄂渚，煮玉无术，载米①八十一玉尽归质库中。性不肖，不克仰承父②志，读书自立，又弗来恪守旧物，负罪实甚③！顷邵君香伯书来，属作《玉纪》。性不学，何能有所撰述？然右王④之原委，知者稀，辨者寡，既有所闻，苟秘而宣不（不宣），不将终于埋没耶？用是录先子之语，参考群书，择其言之信而有征者，汇集成卷，以应香伯之命。所纪皆实，非躬亲历试著有实效者概不书。所冀博雅君子加以正定，俾先子毕世苦心孤诣，不致湮没而无传，则私愿足矣。己亥花朝前一日江阴陈性书于八十一玉山房。"有关江阴陈性之生平阅历，同治三年十二月（1864—1865年）秀水杜文澜有较为充分的描述。据杜氏记载，

———————————

① 1992年12月由书目文献出版社出版的《古玉考释鉴赏丛编》，收有《玉纪》刊本（见该书第883—909页），题作："江阴陈性原心述，秀水杜文澜少舫校。"刊本"米"作"来"。

② 刊本作"先"。

③ 刊本作"深"。

④ 刊本作"古玉"。

陈性"喜谈兵,尤好玉成癖",落魄�北,撰有《阴符经注》《剑说》和《玉纪》诸书,太平天国以后不知所终。前序中的"道光壬午",即道光二年(1822年),由此推断,序文所作时间"己亥"当为道光十九年(1839年)。

(四)《银洋珠宝谱》

封面亦注明该书"共两本"。因书中后一部分的"银经发秘"前有四张空白,推测原书可能分为两册,后经重新装订而成一册。其内目主要有:"首饰论""试金石""金器""满洲首饰捷径""折银法例""学看本洋板式""估看鹰洋法""鹰洋论""看英洋板式""银经发秘""各珠定价之由""珠目""湖珠论"和"看金珠诀"等。该书前部的"首饰论""试金石""金器"和"累丝"等部分,与浙江省图书馆所藏的《典业必要》中相关部分之文字大同小异。如《银洋珠宝谱》中的"累丝"曰:"徽妙累丝出于旌德人之手,其金只有四呈,项高者不过六呈。"而后者则作:"徽州每出于旌德人之手,其金只有四呈,顶高者不过六呈。"可见,"项"当为"顶"。相比之下,抄本《银洋珠宝谱》的文字更多讹误。除了有关珠宝首饰外,书中还有不少银钱鉴定方面的内容①。

《典业须知》《至宝精求》《玉器皮货谱》和《银洋珠宝谱》四书中抄录的文字颇多讹误②。从上揭的简略著录可见,四书或为徽商编纂,或与徽州人有关。四部书的字迹相当接近,抄录文字的纸张也完全相同,而且同属于哈佛燕京图书馆的"二齐文书"(即齐耀珊、齐耀琳文书)。其中有明确纪年者为"同治三年"(1864年),应均为晚清以后之钞本。从其内容上看,四部书涉及的门类,与一般典当业文书的结构极为相似。

---

① 如"估看鹰洋法":"每日黎明起,将真英洋十余元,以一元放在左手中指,以一元拿在右手大指、次指、中指三指之尖,掉换敲撞十余次,耳听声音,目观神色,翻阅边面,一一留心,先看第五朵总花纹是何板,次看鸟面边道如何,每日换看十余元,且要眼光收在洋面上及边道,更在心与洋合而为一,每晨学看,不过月余,即可学会。"

② 如《典业须知》一书中"阁典"应作"閤典","祐"应作"佑","裔籍"应作"商籍",等等。

哈佛燕京图书馆所藏典业四书与其他典当文献内容结构之比较

《典务必要》	《当行杂记》	《当谱集》	《当谱》	《成家宝书》	哈佛燕京图书馆所藏典业四书			
					《典业须知》	《至宝精求》	《玉器皮货谱》	《银洋珠宝谱》
幼学须知	当行论	自序、当行论说					玉纪原叙	
珠论	珠子类	看素珠身子价目、看素珠价目	珠石评论	珠石广类、珠石评论规则、看广珠		珠谱		论珠名、湖珠、各珠定价之由、珠目、湖珠论、看金珠诀、苏谱
宝石论	看宝石规则	宝石类、玉器类			论宝石、宝石类要		玉器论、论宝石、宝石类要	
论首饰					满洲首饰捷径、首饰密诀			首饰论、满洲首饰捷径
毡绒		(毡绒)	毡绒氍等物	羽毛广类				
字画书籍	看字画谱,天下驰名写画名人							
布货	看衣规则	布数,看衣规则、论绣蟒袍朝元类、布帛等类		皮货细毛各色、看皮臊地道规则				
绸绢	各省绸缎花样别名	(绸绢),素缎类	(各省绸缎)、绸缎出处	绸缎出处			各色绸料大约价目	
皮货		每张之数、每件用皮之数	皮货细毛地道规则、皮货细毛各色				皮货论、皮货录	

续　表

《典务必要》	《当行杂记》	《当谱集》	《当谱》	《成家宝书》	哈佛燕京图书馆所藏典业四书			
					《典业须知》	《至宝精求》	《玉器皮货谱》	《银洋珠宝谱》
看金规则类	看洋钱规则各类					金器、附银色辨要、吊水称金法、评银洋色法规、各省宝银色		折银法例、学看本洋板式、估看鹰洋法、看英洋板式、银经发秘
看磁器规则	(古磁)							
		看铜锡类	锡铅亦有次第、金银铜铁锡铅之出处	看锡规则				
		(木材类)					量木头码尺寸法诀	

上表所列诸书中，《典务必要》（原藏浙江省图书馆）和《当行杂记》刊载于《近代史资料》总第71号。而《当谱集》《当谱》和《成家宝书》，则收入《中国古代当铺鉴定秘籍》①。其中，《当行杂记》与《当谱集》的内容颇多雷同，虽然一部年代为乾隆二十四年（1759年），另一部则为光绪二十四年（1898年），但显然是出自同一母本之作。《银洋珠宝谱》则与《典务必要》内容相近，也同样是出于一个祖本。

---

① 国家图书馆分馆：《中国古代当铺鉴定秘籍》（清钞本），"国家图书馆古籍文献丛刊"，全国图书馆文献缩微复制中心，2001年版。除这三种外，该书另收录《论皮衣粗细毛法》和《定论珍珠价品宝石沉头》两种。哈佛燕京图书馆所藏吴晓铃编《双楮书屋考藏珍本》（该书未见出版社，当为编者吴晓铃自己刊印而成，并赠哈佛燕京图书馆收藏）中，收有两册典当业文书：第八册未有书名，编者显然未知为何书，但从其内容上看，实为典铺所用的"当字"。而第十二册书名为《当谱》，其中记载多如"火狐腿子，袍料用皮一千四百卅张，银七百两"之类，首页有编者题记曰："可名之为皮货衣物谱，或价钱表皆可，内并无当字，各行皆可用之，非专为当行也。"实误！这显然是因为编者不了解当铺经营所致。笔者亦收藏有一种典当商业秘籍——《□在其中》（徽州文书抄本），封面除书名外，题作"耀记"，并有印章。内容有"看珠诀""湖珠论""吊银饰法""看银呈色汇"和"皮货略"等。

　　而从典当秘籍的内容结构来看，《成家宝书》一书末尾有诗曰："当谱何人作，无一不品量。珠石分地道，绸缎较宽长。皮葛滔滔论，金银细细详。假真能辨否，学者漫收藏。百物全知价，千般尽晓名。闲时常议论，忙处不分明。休恃枕中秘，且看柜上宗。有如未见过，且莫抖机灵。"①可见，典当秘籍涉及的门类非常广泛，稽考珠宝贵贱，斟酌首饰高低，举凡珠石、绸缎、皮葛和金银之鉴别等，都属于典当书籍应有的内容。一般说来，典铺中均设有"管首饰"一职，主要是鉴别金银珠宝古董等项。事实上，像《典业须知》描述的那类典铺，珠宝金银②和皮货绸料③显然也是他们的重要业务之一，这也从一个侧面说明上揭四书应同属一个系统。

　　从上表的内容结构对比来看，典当业秘籍基本上可分为两种类型：一种是综合性的著作，既涉及典铺管理的理论，又包括典当业务经营的专业知识；另一类则是专门性的著作，即只包含典当业务经营的专业知识。《中国古代当铺鉴定秘籍》所收诸书，除了《当谱集》一书中的少数内容涉及典铺的管理外，其他的主要都是技术层面的具体操作。而哈佛燕京图书馆收藏的典业四书，除了典当业务技术层面的专门知识及具体操作外，还涉及大量典铺管理方面的内容，其中，《典业须知》不仅内容最为丰富，而且还是明确标明为徽商撰著的典业文献，对于研究徽州典当业以及"徽州朝奉"的社会生活，具有重要的价值。

① 国家图书馆分馆：《中国古代当铺鉴定秘籍》，"国家图书馆古籍文献丛刊"，全国图书馆文献缩微复制中心，2001年版，第495页。

②《典业须知》："管首饰，亦要识得珠宝之真假，价值之若干，所当下之金银首饰，须逐件过目，恐柜友未曾看出，将假作真。且柜外之匪徒甚多，仍有银匠，专做假货来当。如一次看出，即关照通柜，隄（提）防下次，倘若看不出，而柜友又不知，源源而来，收之不尽，直至满货之时看出，而假物业经收当，其延祸不浅矣。"《典务必要》亦指出："此书名为《典务必要》，所有稽考珠宝贵贱，以及首饰高低，乃至前辈老先生已费一番斟酌，细叙书中，使后学童蒙一目了然，大为简便。"

③《典业须知》："卷包……再要练眼色……预备上柜之用……至于皮货，有布包，内须衬纸，怕走风虫蛀，取时若有虫蛀伤，非但赔钱，口舌不免，即便此货满下，衣客看价不起，此即东人之亏折也。又有颜色绸缎女衣，其滚条之处及领口，均要刮面糊而成。领口总有头油，当时不显，每至霉天，即行发出，若不用纸隔好，发斑（斑）尽现，取当之人，定不肯依，岂不又多口舌，而满下亦看不起价，此亦东人之亏折也。"

最后应当指出的是，与该四书同归于"二齐文书"群的，还有《李乾命日记》（抄本），而后者则是晚清典当商的文书。故此，笔者颇疑该典当业四书为李乾命所有。基于种种原因，笔者无从窥见"二齐文书"的全貌，所以尚难对此作出判断以证实或证伪。

二、清代典当业经营及典业中人的社会生活

明清以来，徽商的经营活动立足于乡党[①]，明末休宁人金声曾说：歙县和休宁两县人"以业贾故，挈其亲戚、知交而与共事，以故一家得业，不独一家得食焉而已，其大者能活千家、百家，下亦至数十家、数家"[②]。典当业的情形亦复如此。譬如，美国波士顿赛伦市（Salem）碧波地博物馆（Peabody Essex Museum）中，有一座原来坐落在徽州休宁黄村的徽派老房子"荫余堂"，房屋主人是活跃于汉口和上海等地的典商[③]。据说，在历史时期，黄村一村均以典当为业[④]。这显然也是因乡情族谊的纽带，使得血缘、地缘和业缘几近三位一体。此一事实，可以成为金声上述论断的一个

① 藤井宏：《新安商人的研究》，傅衣凌、黄宗焕译，载《徽商研究论文集》，安徽人民出版社，1985年版。

② 金声：《金正希先生文集辑略》卷4《与歙令君（庚辰）》，明末邵鹏程刻本，载《四库禁毁书丛刊》集部第50册，北京出版社，1997年版。

③ Nancy Berliner, *Yin Yu Tang：the Architecture and Daily Life of a Chinese House*, Tuttle Publishing ,2003.

④ 碧波地·益石博物馆荫余堂中，展有一典商的信底（题作"中华民国念一年国历拾式月 吉立"），目前所能见到的仅有两份家信，其一曰："父亲大人膝下：敬禀者，自廿五夜在俄租界七码头拜别以后，屈指算来，今日可以平安抵沪。当夜男与关祥式人，返典已九点多钟，即将自己事作毕，遂行就寝……当晚并收到伯生舅寄与大人一信，今已随禀奉上矣。男在典中，一切事件当加勤慎，请勿悬念可也。肃此敬禀，顺请金安。男振鑫谨禀。"其二曰："母亲大人膝下：敬禀者，前月廿四日奉上安禀，谅投慈鉴矣。辰维福祉绥和，阖庭集吉，定如下颂。男在汉，眠食均叼平安，诸事自当专心学习，请放心可也。裕生侄于前月廿四安抵汉口，大人搭来夹鞋式双，盐荀豆一包，茶叶一包，均照……"据了解，在荫余堂拆卸、搬迁过程中，美方曾发现包括上述信底在内的一批徽州文书（可能有一百余件册）。作为徽州文书的研究者，笔者对此颇有兴趣，但2003—2004年在波士顿期间却无缘得见，只被告知"它藏于另外一个地方"。

极好注脚。

当时，徽州典商在江南一带颇为著名，俗谚有"无徽不成典"的说法。《典业须知》对于徽州典当商的活动，有着相当生动的描述：

> 窃我新安一府六邑，十室九商，经营四出，俗有"无徽不成市"之语，殆以此欤！况复人情蓁厚，乡谊尤敦，因亲带友，培植义笃，蹈规循矩，取信场面。兼之酌定三年一归，平日并无作辍，人之所取，盖因此也。所以学生带出习业，荐亦甚易。用者亦贪喜其幼龄远出，婚娶始归，刻苦勤劳，尽心于事，人因是益见重矣。①

这一段话说的是：在商贾之乡的黄山白岳之间，因乡情族谊深厚，典业中人往往相互吸引。所以相对而言，对学生（学徒）的推荐比较容易——这应当也就是明清以还江南典当业中多徽州人的原因所在。具体说来，从推荐者的角度着眼，被荐人都是其亲戚朋友的子弟，彼此知根知底，一般能够保证人品端方，让他们循规蹈矩。而从被荐者的角度来看，父母长辈总是谆谆教诲他们："须知谋一典业，大非容易，真如登天之难，务宜守分，莫负荐者。"②这里的"大非容易"，与前文所说的"荐亦甚易"，其实是一个问题的两个方面：一方面，在桑梓情浓的徽州乡土氛围中，透过广泛的人际网络和无远弗届的商业网络，推荐亲朋故旧以及提携后进，的确是再自然不过的事；但另一方面，随着人口的增长，各行各业内外的生存竞争愈趋激烈，而典当业又是传统社会中上好的职业之一，从

---

① 《典业须知·敦品》。
② 《典业须知·保名》之三。

这个意义上来说，谋一典业营生亦实非易事①。故此，典中耆宿循循善诱："诸同人皆要饮水思源，当初荐生意之时，何等情面？承朋友之情，极力保举，方有今日，该如何报德之处，亦当铭感不忘，断不可温饱而忘其初。倘再有亏空、犯典规之事，累及经手，丢工夫，赔银钱说话，此皆称所作所为，于心何忍？即成狗彘不若也。颜面攸关，不可不察，慎之慎之！"②"颜面"亦即面子，在中国人的立身处世中至关重要，它关乎个人、家庭乃至宗族的声誉，一旦行事乖舛，丧失脸面，不仅会丢掉饭碗，甚至还会为亲朋好友所唾弃。另外，从典当业者的角度来看，"人年弱冠，时为出泥之笋，培植得好，则修竹成林"，换言之，那些学生因年纪较小，可塑性很强。尤其是因为尚未婚娶，无家事之拖累，故而能够让他们恪守本职，刻苦务工经商。前述的所谓三年一归，"三"字应当并非确指其数，诚如《典业须知·保名》所说的那样："吾乡风俗，学生出门，或隔七八年，或越十数年，待其习业成就，归家婚娶。"学生在这七八年或十数年中，完全是在远离父母、家庭的典铺中生活、劳作，受典中耆宿的管教，他们与桑梓故里的联系，通常只有通过信客捎带的家书③。

---

① 徽州文书得源号《杂支》（封面除书名外，题作"光绪庚寅年杏月立"），收录有不少江南典当商的家庭信函，其中即有引荐学生方面的内容，如其中一封："信禀母亲大人膝下：今汪振文来苏，携至安信，得悉玉体安康，合家清吉，儿怀喜慰。承谕达生内弟回家近况，着男即为代觅生意，不拘何业，总以安插为是。母亲嘱咐，理当如此。奈目下时势，万分艰难。况男无甚知交，寻觅生意，竟如上天一盘（般）。况达生天性懒惰，更难寻觅，只好慢慢留心托人也……"类似的内容颇多，反映了当时激烈的从业竞争。原书私人收藏，对于该书的详细研究，笔者拟另文探讨。

② 《典业须知·典规择要》。

③ 关于典铺学生的信底（即书信汇编），迄今尚遗留不少。仅笔者收集到的，即有歙县上丰宋氏盐商家族文书中的《尺牍》，原书无题，为漕家河典当学徒书信；《雁迹鱼踪》，光绪十四年（1888年）漕家河"恒益典"书信；等等。歙县上丰宋氏是清代著名的徽商，在清代前期，两淮八大盐务总商中，即有上丰宋氏一族。太平天国以后，上丰宋氏仍然活跃于长江中下游一带，从事盐、茶等诸多商业。

（一）徽州典业中人的社会生活

1.人情关系网络中的典业学生

根据20世纪30年代对豫、鄂、皖、赣四省典当业的调查，"四省典当中用人最多者，达五十一人，平均每家亦达二十七人，规模不可谓不大。依职务言之，学生最多，外缺中缺工人等次之，内缺又次之，于此颇可证明典业用人，偏于利用待遇轻微之学生，助理中缺之职务"①。虽然上述记载调查的是民国时期的典当业，但即使是在更早的清代，典业中人以学生为数最多，应当是断无疑义的。故此，《典业须知》中的绝大部分内容，主要便是针对学生而言的。这在不少典业文献中均有类似的情形，如浙江省图书馆收藏的《典务必要》，开首即有《幼学须知》一节。根据《典业须知》及《幼学须知》之类的资料，我们可以了解典铺中学生的社会生活。

徽州俗谚素有"前世不修，生在徽州，十二三岁，往外一丢"的说法，生动反映了大批少年外出谋生的一般状况。徽州文书抄本《缮集碎锦》②中有题作"芸苏"所作的《题戒出外习业认真为之》：

> 偕兄共伴别徽邦，骥尾同船到异邦，海外奢华虚乐地，英边京式假排场。
>
> 竭力尽忠能有益，闲游浪荡岂无伤，冀尔咬牙安且吉，受师食指恍而康。
>
> 逢呼随口忙回答，得暇当心习算盘，馆内读书宜记忆，店中干事莫荒唐。
>
> 生涯业就机缘久，本领功成饭碗长，练达世情为俊杰，早知时务

---

① 中国农业银行委托金陵大学农学院农业经济系调查组调查编纂：《豫鄂皖赣四省之典当业》，"豫鄂皖赣四省农村经济调查报告"第四号，金陵大学农业经济系印行，民国二十五年（1936年）六月，第18页。

② 封面除书名外，题作"胡佛珍肆"，1册，私人收藏。

是芬芳。

　　　结友交朋凡择善，性和品重勿刚强，虽然几句平常话，仔细思量意味长。

　　上文以诗歌的形式，对徽州人外出务工经商，作了概括性的描摹。从徽州少年搭船到外埠，谈到面对纷繁复杂的外部世界应当如何自我把持，接着鼓励少年咬紧牙关，在店中应手脚勤快，忠于职守，苦练算盘，结交良朋。这些虽说都是一些平常话语，但对于学徒而言却是意味深长。这样的内容，在《典业须知》"保名"条中，也有类似的概括："……还思弱岁告别之时，为父母者无限离愁，依依难舍，此情此状，不堪描摹。即至音问传来，枝栖安适，高堂悬念，乃得稍舒。父母爱子之心，子可一日忘乎？为子者须时时以亲望子之心为心，守家教，顺师长，睦同班。遇事勤苦稳重，气宽量大，肯吃亏就是便宜，肯巴结就是本事，视人事如己事，自始至终，清清楚楚，不用人烦心，久之人固加重，自家亦造出本领，父母闻知，且欣且慰。"倘若我们将上述的谆谆教诲，与现存的徽州典当业学徒书信比照而观，不难发现，前述的描摹相当生动且贴近事实[①]。事实上，《典业须知》似乎也抄录了一些家书。如在详细叙述了"出外谋生"所当遵守的"五戒"之后，作者继续说："今次出门，迥与前次不同。今次成人受室，一切皆学大人之所为。典中出息虽无多，以'节省'二字守之，自然绰绰有余。年头岁底，不得寄空信回家。银钱一毫不可与人苟且，此生意第一件最要紧。余无他嘱，仔细思之，日夜记之。"这里非常具体地提到了"今次"与"前次"两次"出门"之不同，并且明确说到被告诫者现在已"成人受室"（亦即结婚成家了），据此，这显然是一份具体的家书无疑。从这一点上看，《典业须知》一书并未经过系统的整理，有

---

　　① 歙县上丰宋氏盐商家族文书中，有典当铺学生的家信，其中都是报平安的文字，如："字禀父、母二亲大人膝下：是日信足抵店，得接△日所发训示，并布鞋两双，均照收到。欣知福体康安，为慰下怀……男在典，一切自当遵谕，谨慎从事。身子亦赖粗安。请勿远念是荷。适因足催，匆匆肃此，敬请金安，余惟珍玉不戬。"原书私人收藏。

些部分的资料还比较原始，未经修饰。

在《典业须知》一书中，作者不断地从正、反两方面谆谆教诲——从业表现的好坏，关乎家庭的信誉和名声："劝尔后生，人人都要学好，自己多少荣耀，父母多少光辉，荣辱两途，宜早醒悟。"①在传统社会，父母培养儿子，无非是让他们成家立业，能独立面对生活。因此，一旦儿子在典业中立定脚跟，且到了一定年纪之后，"即亲朋戚党，亦极意赞扬，有女之家，托友委冰，目为佳弟子焉。选择佳偶，亦甚易易。及归家之日，倚闾者欢欣而迎，亲友亦来探望，一时各各答拜，恭敬非常，实为父母增光者也"②。看到儿子既有了典业中的好职位，又娶得中意的媳妇，亲朋好友自然艳羡，而为人父母者更觉无上荣光。

以上是从业成功、显亲扬名的方面，而反面教材显然亦不乏其例。《典内竹枝词》就写道："诸公莫自误声名，有坏声名人便轻。高不成来低不就，将来难以自为情。"③对此，《典业须知·保名》有很好的解释："若不肯习好，不安本分，不知谋业之难，得一枝栖非易，自己以为家中衣食丰足，不在乎此。一朝失业归家，父母赧然不容，势必投奔戚好，究复谁怜？捶胸追悔，有业不学，归来受辱，走出无路，家门难入，或亲族见之不忍，做好做歹，转劝父母收留。若再想习业，荐引无人。能痛改前过者，凑或（或凑）积资本，开设滚当，架人局，开设小押；其次小贩肩挑，强糊其口，甚有改悔，恶习渐长，朽木难雕，家声玷尽矣。"书中反复为那些迷途恙羊痛下针砭，以期他们能积迷顿悟：

> 父母生尔一身，须知为父母争光。做出下流事来，父母听见羞愧，自己终身名节已坏，到那时回头，悔之已晚。不若粗布衣，菜饭饱，积得几文，寄归家内，一以慰父母之心，一以免自己浪用。④

---

① 《典业须知·节用》。

② 《典业须知·保名》。

③ 《典业须知·典内竹枝词》。

④ 《典业须知·谆嘱六字》。

夫人生在世，能得替父母争气，立志成人，必要事事谨慎，饮食起居，皆要有节。凡有益于身心者，则敏勉为之；无益于身心者，则痛戒不为。人年弱冠，时为出泥之笋，培植得好，则修竹成林，培植不好，则成为废物。①

所谓"废物"，亦作"弃物"。对此，《典业须知·保名》之二有非常形象的比喻：

吾乡俗语：当铺学生尿壶锡。谓无他改，乃弃物也。凡在典学生，务概守分，得能一生始终到老，就是真福。若不守典规，竟无出头之日，何也？另改他业，势所不能，只因从初习惯成自然：关门自大惯，一派充壮惯，目看排场惯，耳听阔气惯，吃惯穿惯，懒惯用惯，高楼大厦登惯，粗工打杂使惯。如改他业，嘴头呆钝，全无应酬。不晓场面，不知世故，居处不能遂心，使令又不遂心，吃不遂心，穿不遂心，又无本事，不能得大俸金，用不遂心，有多少委曲于心，以致难改他业。若或强而图之，无非东不成西不就，误此一生，是谁过耶？劝尔后生急早回头多是路，切莫船到江心补漏迟。

"吾乡俗语"应当是指徽州俗语，迄今，在昔日以典业专精的休宁当地，仍有"当铺店倌夜壶锡，除了当店没饭吃"的俗谚②。这句话在江浙一带也被说成"徽州朝奉锡夜壶"，意思是说用锡做夜壶，锡便成了废料，不能再改制成其他的物品了，因为经尿液长年浸泡，那股腥臊气再也消除不掉了。这一俗语，是比喻典业中人因养尊处优，一旦失业，便难以在困境中东山再起。

由于荐引凭借的是人脉，依靠的是乡情族谊，倘若被荐者在典业中表

①《典业须知·出外谋生当守五戒》。
② 休宁县地方志编纂委员会编：《休宁县志》卷31《谣谚 传说》第二章《谚语》，"安徽省地方志丛书"，安徽教育出版社，1990年版，第567页。

现欠佳，甚至沾染上各类恶习，则不仅损害了引荐人之信用，使得当事人在社会上难以立足（如再就业的极端困难），而且也极大地影响到父母的声誉。所谓"养不教，父之过"，人们往往会将儿子的失败，归因于父母的失教。关于这一点，《典业须知》就指出："呜呼！此皆人子也，落地之时，爱如掌上之珠，望其长大成人，出人之上，谁料至此不肖乎？愿尔后生习业，精益求精，万勿半途而废，免卖回乡之名，以玷辱慰父母也，斯为孝子矣。"①所谓"免卖回乡之名"之"卖回乡"，是指徽州俗语中的"卖茴香豆腐干"——"茴香"谐音回乡，"卖茴乡豆腐干"亦即失业的意思。抄本《缮集碎锦》中有题作"芸苏"所作的《戒子出外习学生意》：

央亲带尔往衢乡，腊鼓声中催启行，惟望认真操字艺，莫辞劳瘁战商场。

与朋言语须和顺，执己性情恐损伤，馆内读书宜记忆，店中干事莫仓皇。

循规蹈矩知深浅，作嫁依人辨短长，总要咬牙争志气，好教荐首焕容光。

当思易耨深耕苦，务念披蓑戴笠忙，此去若能常警省，免遭傍笑卖茴香。

绩溪人胡适曾指出：在传统徽州社会，凡人长到了十三四岁，读完《开宗明》《天文》和《梁惠王》之类的书籍后，不少父母便不叫儿子读书。穷苦的庄稼人，便叫儿子帮着父母干活，一天辛苦到晚。此外的人家，儿子到了十三四岁，便叫他"出门"——也就是送到店铺中学生意，这叫"当学生"②。出门当学生固然辛苦，但较之躬耕陇亩的披星戴月、日晒风吹，显然不可同日而语。故此，前述的芸苏告诫子弟应想到田间农

① 《典业须知·保名》。

② 胡适《徽州谈》，原载 1908 年 11 月 14 日《安徽白话报》第 5 册，后收入欧阳哲生编：《胡适文集》第 9 册，北京大学出版社，1998 年版，第 545 页。

作之辛劳，咬紧牙关争一口气，做出成绩，让"荐首"（推荐人）有面子，并提醒说"卖茴香"是为旁人耻笑、令人难堪的情境。

根据费孝通的看法，中国乡土社会以人情作为支撑。徽州人具有极强的契约意识，但与此同时，乡土社会的信用——人情，也同样是构筑商业网络的重要因素。这不仅表现在族谱的修纂上①，而且，在从业竞争中的相互荐引也是以人情作为基础的。费孝通指出：中国乡土社会的基层结构是一种"差序格局"，在以自己作为中心的社会关系网络中，从己向外推以构成的社会范围是一根根私人联系，每根绳子被一种道德因素维持着。社会范围是从"己"推出去的，一是亲属（亲子和同胞），与此相配的道德要素是"孝"和"悌"。另一是朋友，与此相配的是"忠"和"信"。概乎言之，孝、悌、忠、信是私人关系中的道德因素②。因此，不仅士大夫讲究修齐治平，即使是一般人，也要以"修身为本"——这是差序格局中道德体系的出发点。学徒只有循规蹈矩，勤奋劳作，才能报答父母，取信荐首（朋友）。换言之，学徒的表现（亦即修身）绝不是单纯私人的问题，而是牵扯到社会关系网络中的每一个人。

2. 从典铺规章看典铺学生的社会生活

在清代，各地的徽州典当铺都制定有规章条例，据此可以从一个侧面了解典铺学徒的社会生活。《典业须知》即是最为详细的一种，不过，鉴于《典业须知》已全文刊载于《食货月刊》复刊，可供研究者方便利用，而笔者收藏的典当业抄本《习业要规》则未为学界所知，是相当珍贵的一种史料，故此，以下全文抄录《习业要规》，并与《典业须知》相互比对，择要逐条分析：

（1）在典中习学，必先谨言静性，勿可多嘴多涉［舌］，是为要紧。须思慎言寡尤，不惹人厌。

---

① 关于族谱编纂和商业网络的关系，参见日本学者臼井佐知子《徽商及其网络》一文，载《安徽史学》1991年第4期。

② 费孝通：《乡土中国》，北京大学出版社，1998年版，第33—34页。

（2）每日侵早，最要夙兴出来，勿可贪眠好睡。

（3）起卧即要出房，扫地抹桌，俟同前辈，搬运铜钱，发赴柜内，勿可避而不前。

（4）当门开后，即要停在柜内，以听呼唤。接票寻包，必须先上出楼，再行到楼寻货，亦宜快速为是。勿可与同伴相争，凡事必要让人，切勿自恃蠢性。

（5）晚间俟典内公事毕后，诚宜习学字算，必须以每夜学字几页，学算几遍，总要作定格式为主，勿得借此谈说，自骗自身，自误将来终身耳。

（6）每遇胜会，新年过节，勿可与同伴外游。即前辈率汝同嬉，亦要善言推辞，只就说我是学生，不敢奉命，既承前辈美意，容当日后再为奉陪。目下只好在典看守门户，兼可应酬公事，又好习字算。如此回答，一则不拂前辈之欢心，又可取悦执事之意悦，岂不美哉？

（7）食物不可好吃，每日切宜留心谨记，勿得瞎吃乱食。切勿与人赌胜吃物，不但有伤身体，且关多病多痛，惟祈加意是幸。

（8）在典习学事务，言难尽嘱，所有各色随时事件，并客来侍奉照应，均要刻刻在心，叫即上前，必须遵听前辈指使，是为至要。

（9）自己身体，务要随时小心。天时或寒，即要衣裳穿暖；稍有燠热，亦不可就脱。春间总宜暖热，夏天不可贪凉，秋天更要小心，冬令多着衣裳，递［逐］日必须时刻谨慎为主。

（10）银钱二字必要慎重，能得有日补缺出息之钱，自宜存贮，切不可妄用。试思千里在外，只为银钱而来，积少成多，将来可圆家室，勿得虚靡妄费，总宜自知。"艰苦"两字，最关紧要。至于他人之钱，意外之物，非我所有，切勿生心妄想，须要□光明来清去，否则苟且之为，最属下流人也，尤宜思之慎之。

（11）凡遇有人往徽，必托前辈先生代写平安信稿，自当照样正楷端写安信一封，烦恩带家，免贻亲虑是嘱。

《习业要规》最后指出："以上嘱咐言语计列数款，务宜按日看读一遍，毋得忘记。不但有益身心，则此亦可成其规矩也。"上述的11条，对典铺学生的行为规范，作了比较全面的概括，这与《典业须知》的相关条款颇可比照而观①。

如第（2）条和第（3）条要求学生夙兴夜寐，辛勤劳作。《典业须知》亦曰："少年初出习业，凡事宜勤，心要细，遇事争先，莫退人后，未知者不防（妨）勤问。"②该书中的"谆嘱六字"之首，即为"勤"，"勤则有功，做事须同人前，不可偷懒"。作者认为，勤怠俭奢是子弟贤否的重要标准，关于"勤"的标准，他有一个基本的定义："晨起先于他人，闲暇无事，检点各件，是谓能勤。"学生清晨即起，先要添好砚水，备好笔墨，整理帐（账）棹，把废纸断绳收拾齐整，扫地帚灰，将各事做好，然后一齐在柜内等候开门，见票寻货。"勤"是一切行为准则的基础，"惟勤生俭，惟俭愈勤"，学生只要勤俭，则对于衣服及其他一切物质条件，自然都不会嫌朴憎陋，过分计较。相反，倘若"自甘懒惰，遇事退后，然习染渐深，亦将典规失守，致误大端"。学生如果失去了勤俭这一最基本的要求，那么，他离"卖茴乡豆腐干"的境地也就不远了。有鉴于此，《典业须知》出外谋生当守的"五戒"之第三戒，就是戒"懒惰"——作者认为那些"终日悠悠忽忽，不肯操习正事"的人，"一生成为废财（物？），到老不成器，晚矣"。对此，《典业须知》警告说："进典甚难，安知出典之甚易哉？"③每个典业学生都应如履薄冰，如临深渊，三思而后行。

第（4）条提及与典中同人的关系。根据《典业须知》作者的提示，当时典当业中供奉的是关圣帝，提倡"忠义"二字。具体说来：对于东家，要"食人之禄，忠人之事"，"替东家出力，报效东夥"，这就是"忠"。歙县上丰宋氏盐商给自己在湖北蕲春漕（家）河镇"恒益典"中从

---

① 《典业须知》中，也有《典规择要》，其序曰："凡创典业自必精明练达，毋待赘言，今因暇座无聊，鄙言粗陋，略举一端，以备采择。"

② 《典业须知·防误》。

③ 《典业须知·勤务》。

业的儿子——"安儿"的信中，曾引用当时的一句俗语："为臣者尽忠，为子者尽孝，做夥计者尽力"，说的也就是这个意思。至于对待同事，则"须明大义，痛痒相关，疾病相顾，亲如昆弟，始终如一，可保永好"，这就是"义"。同事之间，切忌以自我为中心，自大骄人。典中耆宿谆谆告诫说——人们往往很容易只看到别人的不足，却不能清醒地意识到自己的缺点，只有将要求别人的心思来要求自己，以宽恕自己的心思宽恕别人，才可以对许多事心平气和。要学张公九世同居，心中常存一个"忍"字，彼此相互礼让，那么，同事间即使是聚首一生，也可以免除诸多口角争端①。同事之间应当以和为贵，遇到不同意见，能让一言，即可相安无事。在同一典当业中谋生，就像是同锅吃饭一样，是前世的缘分，不可意气用事。同事相处，应当像搭船一般，切莫认真，"人生在世，无不散之筵席"，如果两不相让，发生争端，"破口挥拳，成何体统"？一旦发生这种纠纷，追根溯源，人们只会认为两个人都有过错②。晚清江南徽州典当商"得源号"信底《杂支》中，曾提及一位典业伙计叫"考生"，即因为"性情不好，动辄滋事，有违典规，大有辞歇生意局面"。因此，《典业须知》在谈到出外谋生当守的"五戒"中，第一就是戒性情，"性情宜温柔，待人和气，则事事讨便宜，人亦肯与你交好，受益匪浅"；第四是戒好胜，"凡好勇斗狠，有伤身体，皆不可为，且言语之间，均不能好胜，言语好胜，最易吃亏耳"；另外，"凡与人往来，出言吐语，必要柔声下气，人即有怨于你，见你满面和气，那人心里纵有嫌猜，已可冰消瓦解"。这些，都是与同事相处的行为准则。还有，倘若自己得到升迁，更不可趾高气扬，得意忘形。譬如，"查当新升到卷包，此时却比小管高，莫将旧伴轻看待，喝出呼来作小妖"③。小管、查当和卷包，都属于"学生"范畴，须循序渐进，依次晋升。宋氏盐商一再告诫儿子："凡事尔能做得即做去，切不可在同事面前夸功，自不招怨，尔须谨记在心。"

---

① 《典业须知·虚怀》。

② 《典业须知·典规择要》。

③ 《典业须知·典内竹枝词》。

第（5）条中说业余时间要操习本领，不可浪费光阴。字算等是典业中人的专业技能，所谓"算盘书字银洋，件件要精，五者缺一，吃亏非小"①。一般认为，倘能掌握各类技能，则升迁就是迟早的事情——"不拘内外俱烂熟，另眼相看势必然"②。故此，必须勤学苦练基本功以臻完善，通过提高个人的专业素质，以期将来能自立成人。《典内竹枝词》这样写道："收门以后有余闲，纵有余闲莫要顽，学算学书皆有益，勿教提笔向人难。"③根据《典业须知》的描述，典中大门每天于晚饭后九点钟上锁。所谓收门，可能是指生意结束之后，想来应早于晚上九点钟。总而言之，在生意结束到睡觉之前的这一段时间，便成了学生苦练专业知识和技能的黄金时段。对此，《典业须知》也有类似的劝诫："至日中本分要事干毕，或观正书，或阅阴骘文、典业须知、应酬尺牍等书，或学字临帖，或照医书修炼膏丹，以行方便，不独能渐学出本事，亦修身养性之基也。"④可见，学习书算不仅是出于职业的考虑，而且它还可以锻炼人的毅力，消磨时光，舒缓紧张情绪，怡情养性。具体说来，"晚饭后无事，用心先学草字，学得能写，将来缺升写帐，我之胆即不怯也。日间有暇之时，要学卷包，先学单件卷起，渐渐加增，此皆分内应效之事。做一行即要学一行，总之学得本领，件件皆能，此即生意人之饭碗也。晚间暇时，再将算盘请前辈指教，须要自己用心。算盘乃人之根本，此断不可不操练精熟也。算盘、草字皆熟，然后习正字。再有往来书札，亦要学在心上，用字亦要周详，将来书信来往，总要自己而学，何能转托他人。况字乃人之外表，总要有规矩，飞舞猖狂，不成字体，旁人见之，口虽不言，而心中有议论也。当铺伙计称为呆物，言谈世务分毫未有，所以改业而不行。每见把持不坚之辈，一朝失业，闲居困守，别样生意，又不能做，本业又难

---

① 《典业须知·炼技》。《五陵习要》称："读书之要者，文章也；生意之要者，算法也。得闲时，必须勤习精熟。盖算者，买卖之纲领。《算经》云：为人不知算法，犹如皓月无光。可不勉而尽心学乎？"该书为徽州商业文书抄本，私人收藏。

② 《典业须知·典内竹枝词》。

③ 《典业须知·典内竹枝词》。

④ 《典业须知·勤务》。

觅，缩头狼狈，呼救无门，皆前不肯学所至也。必须将本业各件习学理熟，能上柜做生意，方算学成。若半瓶醋之中班，一朝歇手，苦不堪言矣"①！歙县上丰宋氏盐商在给"安儿"的信中指出："……先生跟前领教，必要服小殷勤。小官中必须和气待人，见事必须要抢上前去做，不可躲懒。日间无事时，在柜台前后寻点小事做做，切不可躲去后面游嬉。夜间可以习学书字算盘，归除乘法。须要学得精熟，心里要时刻想想做人处世之道、将来如何养家活口之法。典中中班的事，柜台上的事，管楼、管事的事，该系如何做法，问（扪）心想想，能与不能，如其不能，凑要追想此中道理，务要学得能做方可……"他一再要求"安儿"在典中"专心生意，习学书字见识"，一定要"真正习学得见识高明，事理通达，写算皆好"，以期出人头地。习字的目的有二：一是学习草字，为的是将来缺升写账，负责会计，或专写当票②；二是为了自己日常写信之用。在当时的一些店肆中，除了学徒的晚间自学外，一些商界耆宿应当也为他们开讲善书、信书等。譬如，陛洪夫子为"商界中道学君子也，早年得志，年未而立，即为杨商经理，克练精明，老成可靠，居停恃之为左右手"，他以"立己立人凭孝弟，希贤希圣作根基"自期，每"晚膳毕，呼集中班、学生，以善书、信书讲解指导，或识解信，越者换以医卜星相，教人孜孜不倦，所谓学不厌、教不倦也"③。文中的"信书"，是指写信人誊录的书信底稿，有的"信书"实际上也成了供初学者摹拟的书信活套，这样的"信书"在徽州文书中颇有所见。

---

① 《典业须知·典中各缺慎言择要》。

② 写票据显然需要经过一定的训练。清黟县商人程国佀在《履扬自述平生及妻王氏事迹》现身说法，说自己在道光"七年，十八岁。自身长大，羞愧做学生之事，一心学练写票，向来小胆，间或书票算错，司事讲话，脸即通红，幸得诸黟指教。……九年，二十岁。更用心习练写票，每日笔不离手，指甲搦管迂了，至夜上簿间忙时，票亦算错，客帮持票来行，何表兄问是那个写的，别人答系余书。表兄切嘱以后小心，勿卤莽，越骇越错，嗣后大着胆直书而去，一毫不错"。据此，程国佀经过三年，才胜任写票一事。关于《履扬自述平生及妻王氏事迹》一书，参见王振忠：《老朝奉的独白：徽商程国佀相关文书介绍》，载《华南研究资料中心通讯》第29期，2002年10月15日。

③ 光绪九年（1883年）《劝世兄十则》（陛洪先生作），徽州文书抄本，私人收藏。

第（6）条，不可外出嬉戏游玩。《典业须知》说："无故不可出门，倘遇正事要行，必须告诸内席，事毕早归，不可轻入茶坊、酒肆，不可结伴同游，尤防物议，自坏声名。"①书中"出外谋生，当守五戒"的第二戒说是"戒嬉游"，认为："嬉则废正事，且多花钱，放荡心性；游则荒荡，近小人，为君子所不齿。"典业中的这项规定，主要是防止学生在外出时乱花银钱，养成纨绔习气，甚至结交匪人，赌博抽烟，嫖妓宿娼，败坏典业形象，进而影响乃至危及典当铺的安全。所以典当业规三令五申严格规定："诸同人毋许在外游荡，不准花柳，如其察出，即行辞解"②，为防微杜渐，"典中诸同人，无事不得出门闲荡，以荒正事"③。《典业须知》中描绘的反面形象，几乎都与嬉戏游玩有关。如"敦品"条曰："今者人心不古，半皆游手好闲，不知重事，甘心败事，不顾声名，好者见累于歹人"，这些"轻薄儿"，"务在讲究，摆空架子，好穿好吃，好嫖好赌，好吸洋烟，好交损友，看得东家银钱认作己物，忘了本来面目，不念父母养育之恩，虽家徒四壁，两手空空，还要大摇大摆，装出大老官身段，弃尽典业规模、诚实样子"，作者指斥他们为"下等之人"，认为典中同人应敬而远之④，并由"会馆出场驱逐，俾贤愚勿混，一振规模"。

第（8）条，学生在典铺之中，一切行动皆须听从前辈指使，应诚心敬意，虚心请教。所谓前辈，"凡典中长我一缺之人，长我十年之人，皆谓之前辈，或有事相委，必要尽心尽力，做得停停当当，无有一毫批驳，还要每事如此，则将来运至时通，执权行道，自然每事细心思维，有始有终，心力皆勤，必少遗误悔尤也"⑤。由于典当一业具有很强的专业性，初学者需要学习各类技能，逐渐积累知识和经验，方能循序渐进。因此，论资排辈实属自然。《典业须知》特别强调谦虚，"谦则受益无穷"，"凡做学生，则典中自执事以次，皆系尔之前辈，行坐起居，以师礼待之，遇事

① 《典业须知·保名》之三。
② 《典业须知·典规择要》。
③ 《典业须知·典规择要》。
④ 《典业须知·远虑》之四。
⑤ 光绪九年（1883年）《劝世兄十则》（陞洪先生作）。

请教前辈，而你能虚心请教，则人自然肯教。你学得本领，系你终身受用，人偷不去，人骗不去。无论有祖业无祖业，只要自己有本领，将来就可立身扬名"。

第（10）条，涉及学生个人的经济问题，谈到对银钱的开销，应当注意储蓄，不得浪费。对此，《典业须知》也有诸多规定。典中学生补用之后，就有薪水出息。薪资方面，是每月发给俸金①。典业之职员，必经学徒阶级，而后方能列入中班，升驻外缺、柜上与内缺等职②。俸金随着职务的升迁而加增："一事精通百事能，岁金渐渐可加增，果然勤谨无差错，不待多年即可升。"③在这方面，学生似乎没有自由支配薪金的权力。学生每月出息若干，交由管楼先生记账收管。如需添置衣裳鞋子，则应禀告管楼先生，由后者决定如何处置，倘若并非急需，则不得乱用④。考虑到学生年幼无知，往往会误以为银钱来得很容易，用起钱来不自觉地会大手大脚，所以必须让他们每人立一账簿，登记银钱出入，月终检查。这样做的好处是防止他们"养成骄心，衣食求美，弃旧爱新"，暴殄天物⑤。倘若学生家中有大事急需用款，可以与典中的执事商量，暂时借用，陆续归还。但不能让学生私自挪用，以致亏空⑥。《典业须知》一书引古语云："顺风逆风，在马上时当防失足。"作者建议：每次收入倘若有一千，用出时只可有七百，必须严格以此为标准，"日计不足，月计有余，后日创基立业，门楣大振，未可量也"。典业耆宿之所以教育学生将薪资储蓄，主要是出于以下几种考虑：其一是可将积少成多的银钱汇回故乡，孝养父母。《典业须知》举了一个反面的例子，说"有一等人，未娶亲前，家中又不望他

---

① 《典业须知·典内竹枝词》："按月才能起俸金。"

② 中国农业银行委托金陵大学农学院农业经济系调查组调查编纂：《豫鄂皖赣四省之典当业》，"豫鄂皖赣四省农村经济调查报告"第四号，金陵大学农业经济系印行，民国二十五年（1936年）六月，第21页。

③ 《典业须知·典内竹枝词》。

④ 《典业须知·典规择要》。

⑤ 《典业须知·节用》。

⑥ 《典业须知·典规择要》。

家计，身边稍有积蓄，不无讲究穿吃，本分伙食之外，兼添私馔，以为可用之不尽，未尝思及娶亲生子，日用浩繁。岂知父母年老家居，临所望儿子能以思前顾后，庶残年有輋（靠）。"①——这是未成家者的例子，当事者不注意储蓄和节约，自然会让父母失望。而成家者更不应铺张浪费，不顾身家："况吾等离乡背井，别亲抛妻，迢遥千里，所为何事？无非糊口养家。既是因此而来，银钱应当看重，不可轻易浪费。不要出门一里，忘记家里。愿诸君子，凡穿一衣，食一味，当思家中父母能有是否，方敢自衣自食。鲜衣美食，人所共爱，亦要福分消受。若是勉强为之，须防折尽平生之福。"②所谓出门一里，忘记家里，在休宁当地也有类似的俗谚，称"过着七里笼，忘记家里穷"③，"七里笼"亦即七里泷，为新安江畔的一个地名，时常见于明清以来徽商编纂的路程图记中，这句谚语是比喻徽商出外忘家，寓含劝诫之意。其二是提防典业中人养成纨绔习气，"爱穿须要费多钱，粗布衣裳便可穿，试想银钱容易否，恐钱用尽费用旋"④；"按月才能起俸金，银钱可见是难寻，除添衣服无多用，莫务浮华枉费心"⑤。一般来说，徽州人素来节俭，但从僻野的皖南山乡来到繁华富庶的江南各地，涉世未深者难免会被纷繁的外部世界所诱惑，故此《典业须知》特别强调对学生银钱出入的管制，以防微杜渐。其三是"积谷防饥"式的传统思想，亦即防止一朝失业之无靠。"世间惟重银钱，囊橐充盈，人皆看重，莫谓年壮来路甚易，任意挥霍，倘若一朝失业，落寞家园，求他最难。人之有钱，犹鱼之有水。手无积蓄，贷于亲朋，本利难偿，年复一年，自身难了，连累儿孙。不如善于节省者毕生安适也"⑥——这是见于《典业须知》"远虑"条的文字。所谓远虑，是劝典业中人应从长计议："大丈夫处

① 《典业须知·远虑》。

② 《典业须知·远虑》之四。

③ 休宁县地方志编纂委员会编：《休宁县志》，安徽教育出版社，1990年版，第567页。

④ 《典业须知·典内竹枝词》。

⑤ 《典业须知·典内竹枝词》。

⑥ 《典业须知·远虑》之二。

世，何用求人？幼而学，壮而行，惟勤惟俭，自食其力，何得俯首求人也？然当在平日节省耳。银钱入手真非容易，用去当易行来难，不可轻忽之也。先拾［贤？］云：惜衣惜食，非但惜财兼惜福。求名求利，终须求己莫求人。数语当谨记之。"①关于"惜衣惜食，非但惜财兼惜福"，这句话在《典业须知》中反复出现过两次。《典业须知·知足》："凡人处得意之境，就要想到失意之时。譬如戏场上，没有敲不歇之锣鼓，没有穿得尽之衣冠。有生旦，有净丑，有热闹，就有凄凉。净丑，就是生旦的对头；凄凉，就是热闹的结果。仕途上最多净忍［丑］，官［宦］海中易得凄凉，通达事理之人，须要在热闹之中，收锣鼓罢，不可到凄凉境上，解带除冠。这几句道［逆］耳之言，不可不记在心上，铭记为望。"作者将人在典铺从业，视作人生舞台上锣鼓声喧、衣冠穿戴的热闹之境，因此必须预先想到解带除冠之后必然的落寞与凄凉。

典当业中的这些规定，主要是认为学生远离父母，初入生理之门，往往茫无见识，倘若缺乏必要的监护，嬉心顽性，在所难免②，所以典铺有义务对之严加约束。典当业中由先生管理，诚如《典内竹枝词》所称："自出书房进典门，搬包查当代管盆，典中也有先生管，各样条规要恪遵"；"先生即是管楼人，指教严明最认真，莫要自轻常打骂，诸凡事情要留神"③。"管楼"也叫司楼，是"众学生之领袖，教化子弟，最关紧要……众学生皆要拘管，每日上楼巡察数次，恐学生有皮顽偷懒等事。盖学生年幼，童性未除，初经习学，生赖师资，所有做错事件，明白告知，警其下次。若其不改，然后晚饭后无事，平气仔细教导，将逐日事件一一示知，伊亦自知其过，再加薄责，亦无怨词。俾得改过自新，不致仍蹈前辙也"。上丰宋氏盐商也一再告诫"安儿"，要想方设法听从典中管事的管教和约束。

---

① 《典业须知·远虑》之三。

② 上丰宋氏盐商在一封给"安儿"的信中指出："尔今年亦十九岁，闻尔依然好嬉顽钝，仍是小孩习气，不肯用心学正经本领，以至管事及老前辈之人，皆不喜欢于你。"

③ 《典业须知·典内竹枝词》。

除了对学生的约束外,《典业须知》中还有不少涉及典业中人福利待遇的条款。如饮食方面,柜友可以自己买菜吃,而小管(官)只能由典内供应。所以在平日,典中拨给一定数目的银钱,"每日每顿,该钱多少",由专管伙食者监督厨房厨子做荤素各样菜肴,严防厨子克扣①。遇到佳节,每桌发酒四斤,规定不准多添,这主要是考虑到"酒能乱性,亦能壮胆,不可饮多"②。一般认为,但凡胆大妄为以及各种下流之事,往往是在酒后做出。譬如,酒后胡言,浮谈戏谑,尖言利语,讨人便宜,谈人闺阃暧昧之事③,极易引发纠纷。在作息方面,规定典中同人每年告假两个月,回家省亲,不得超期逾限④。学生一般不准出门,倘若遇到家中有要事,则必须禀明管楼先生,告假半日或一日,而且必须"着司务送去,伊家中着人送来,不得私自单走"⑤。学生间或有小病应当外出就诊的,也"须与司务同去同来,不得逗遛他事"⑥。上述种种,对于衣食住行以及作息等诸多方面的规定,不可谓不够严密。

(二)徽州朝奉的心理及其禁忌

徽州民间素有"徽州朝奉,自保自重"和"徽州朝奉,自家保重"等俗谚,根据胡适的说法,"徽州朝奉"一词,最早专指当铺里的朝奉,到后来则泛指一切徽州士绅和商人⑦。此处的徽州朝奉,取其前一种含义。

1.徽州朝奉与民间社会心理

明代以来,徽州典当商闻名遐迩,俗有"无徽不成典"的说法。万历三十五年(1607年)六月乙未,河南巡抚沈季文指出:"……今徽商开当

---

① 《典业须知·典规择要》。

② 《典业须知·典规择要》。

③ 《典务必要》。

④ 《典业须知·典规择要》。

⑤ 《典业须知·典规择要》。

⑥ 《典业须知·典规择要》。

⑦ 唐德刚译注:《胡适口述自传》,华东师范大学出版社,1993年版,第3页。

遍于江北……见在河南者，计汪充等二百十三家。"①明末徽商汪箕，居北京，家赀数百万，典铺数十处②。当时，北京、河南和山东等中国北方地区，也有大批徽州典当商活跃其间，这显然与明代徽商在北方频繁的经济活动息息相关③。不过，及至清代，随着南北经济格局的变化，徽州典当商的活动开始主要集中在江南各地。乾隆六十年（1795年），山西学政幕僚李燧曾指出：当时全国各地的典肆经营业者，"江以南皆徽人，曰徽商；江以北皆晋人，曰晋商"④。民国时期的乐颜氏《书信》亦指出："愚思典业，吾乡之人胜在江南，不利于江北。"⑤这虽然是民国年间徽州人的看法，但在一定程度上应当也反映了晚清以来的社会现实。

在江南各地的徽州典商，很早就引起世人的瞩目。云间（今松江）焦袁喜撰《此木轩杂著》卷8载，明弘治年间，江阴汤沐任石门知县。当时，"徽人到邑货殖，倍取民息，捕之皆散去，阖境称快"。这一事件说明，官府对徽州典商的取缔，得到了民众的普遍拥护。焦氏在此之后接着说："徽人挟丹圭之术，折秋毫之利，使人甘其饵而不知。日以朘，月以削，客日益富，土著者日益贫，岂惟石门一邑而已，盖所至皆然也。使夫长民者，尽若汤侯之深计远思，尽为蟊贼于民间者务尽去之，其德不亦溥乎？"作者在这里指出：早在弘治年间，徽州典商之朘削百姓，不只是石门一县独特的现象，而是江南各地的普遍情况。焦袁喜赞赏汤沐的做法，认为是深谋远虑的壮举。不过，他似乎也注意到民众颇为矛盾的心态："虽然，在今日则又有可论者。徽人所为货殖者，典铺也。土著之人既贫甚矣，无典铺则称贷之路穷，而沟壑之患不在异日而在目前。孰与彼之取什一二之

---

① "中央研究院"历史语言研究所编：《明实录 115 明神宗实录 卷四一八至四三八》，1966年版，第8200页。

② 《明季北略》卷23《富户汪箕》，商务印书馆，1958年版，第508—509页。

③ 根据笔者的研究，明代徽商在河南开封一带的活动极为频繁。参见王振忠：《〈复初集〉所见明代徽商与徽州社会》，载《徽州社会文化史探微——新发现的16~20世纪民间档案文书研究》，上海社会科学院出版社，2002年版，第20—92页。

④ 李燧、李宏龄：《晋游日记 同舟忠告 山西票商成败记》卷3，黄鉴晖校注，山西人民出版社，1989年版，第70页。

⑤ 《先高祖与曾祖书》，载《书信》，徽州文书抄本，1册，私人收藏。

息者，犹有所济，而不至于大困乎？故曰通其便，使民不倦，是所望于上之大有权执者。而一郡一邑之长，其所济盖犹小也。"①显然，焦袁喜也不得不承认典铺在调剂民生方面的作用，认为倘若将典铺完全禁绝，土著百姓就会更加竭蹶困窘，转徙沟壑之患将立竿见影。其实，对于如何对待徽州典商在明清时代一直引发激烈的辩论。明嘉靖年间徽州籍官僚方弘静曾指出："质铺未可议逐也，小民旦夕有缓急，上既不能赉之，其邻里乡党能助一臂之力者几何人哉？当窘迫之中，随其家之所有，抱而趣质焉，可以立办，可以亡求人，则质铺者穷民之筦库也，可无议逐矣。"②出自歙县的方弘静，对于典当商在民间日常生活中的作用有着中肯的评价。不过，这条史料也揭示了事实的另一侧面，亦即反映了江南民间对典当商人的仇视。

典当商与盐商、木商号称"闭关时代三大商"，徽州启蒙读物《日平常》这样描摹此一行当："开典当，真个稳，获得利兮容得本，估值当去无几赊，生意之中为上顶。"③典当生财有道，是诸般生意中的上好行当，典业中人的身价自然亦水涨船高。首先，进入典铺从业需要专人介绍。其次，典铺中的职员，都是由学生出身的一步步做上来的，他们熟悉典铺中的各项业务手续与相关技术（如银钱进出、典物保管等，这些均较一般商店的情况要复杂得多）。故而只要没有特别的过失，常能长期任事而不被更换，于是，典业中人在传统商界中自成一体，其他外行人几乎无从插足。最后，典业中人的待遇比起其他店肆的要好④。另外，进出典铺者形

---

① 《此木轩杂著》卷8，第16页下—17页上。参见刘应钶修、沈尧中纂，嘉兴市地方志办公室编校：万历《嘉兴府志》卷15汤沐民传，上海古籍出版社，2013年版，第268页。

② 顾起元：《客座赘语》卷5"三宜恤"条，"元明史料笔记丛刊"，中华书局，1987年版，第163页。

③ 《日平常》为徽州文书抄本，可参见《徽州商业启蒙书〈日平常〉研究》，载王振忠：《徽州社会文化史探微——新发现的16~20世纪民间档案文书研究》，上海社会科学院出版社，2002年版，第330—349页。

④ 以上两点参见中国农业银行委托金陵大学农学院农业经济系调查组调查编纂：《豫鄂皖赣四省之典当业》，"豫鄂皖赣四省农村经济调查报告"第四号，金陵大学农业经济系印行，民国二十五年（1936年）六月，第21页。

形色色，不仅有现时的下层民众，而且还有先前的富商大贾。而当进赎出的典物亦各式各样，既有廉价的什物，也有价值连城的物品。这使得典业中人的眼界往往很高，"典业之中，进出之大，人皆谓大行大业，见闻多广，天然出色，事事皆能"①，由于见多识广，故而典业中人"关门自大惯，一派充壮惯，目看排场惯，耳听阔气惯，吃惯穿惯，懒惯用惯，高楼大厦登惯，粗工打杂使惯"。综上所述，无论是求职门槛、从业技术、日常待遇，还是阅历的人物、经手的物品等，典业中人均独具特色，故而在社会中具有相当显著的地位，相当于现代社会中的"白领"。这种独特的地位，使得典业中人天然地具有高人一等的心理。

而在典当交易的过程中，典当业者与出典人作为两造，后者或因生活窘困，或因一时难于周转，而将财物出典于当铺。一般说来，出典人完全处于弱势的地位。相比之下，典铺外观崇垣环围，门禁森严，再加上典内高高的柜台，典当业者居高临下，更是凸显了其人在此类交易过程中的强势地位。这就塑造了典当业者独特的心理，极易滋生出对弱者的鄙视。民国时人叶仲钧所撰《上海鳞爪竹枝词》中有《当几铟》："世上贫民最可怜，东西拿去换铜钱。当商执物高声问：'究竟汝须要几铟？'"这首竹枝词，形象地刻画出徽州朝奉颐指气使的口气。而另一首《徽骆驼》条则这样写道："朝奉狰狞赛恶魔，徽州籍贯最为多。高居柜上头垂下，又似双峰屎骆驼。"这是民众心目中徽州朝奉的形象。揆诸史实，竹枝词并非夸饰不实之辞。民国时期，据对豫鄂皖赣四省典当业的调查显示：

> 农民典押衣服，多属应急，实逼处此，无可奈何。然羞恶之心，人皆有之，苟典当方面之营业人员，对此等顾主之来，稍示和气与同情，羞恶之念，得以稍息，融洽实多。惟据调查结果，典当方面，什

---

① 《典业须知·炼技》。

九不然，对于持粗笨衣物前来典押者，常示傲慢之色，令人难堪。①

典当业者的傲慢，显然容易引发社会弱势群体的不满心理，以致出现对徽州朝奉的种种负面印象。"徽州朝奉脸"意指冷冰冰的脸色，而"徽州朝奉口气"则意味着自夸的口吻，均为世人所痛恨。《此中人语》曰："近来业典当者最多徽人，其掌柜者则谓之朝奉。若辈最为势利，观其形容，不啻以官长自居，言之令人痛恨。"②典铺领有官府颁发的"行帖"（典帖），各级衙门经常将各类公积金发典生息，故而典铺往往以"奉旨开当"自居。《绘图最新各种时调山歌》辰集中收录的《新刻三十六码头》，首句有："正月梅花报立春，文武官员在北京，当朝里奉徽州去，油车小工出长兴。"其中的"当朝里奉徽州去"，在另一册《新编百草梨膏糖全本》中作"当典朝奉徽州出"，都是指从事典当业的"徽州朝奉"。两句文字的对应，恰恰反映了典业中人以官商自居的心态，由此亦可以理解前述种种令人痛恨的举措神态。

除了典当业者独特的心理外，典当经营中的一些具体做法，也常常引发出典人的不满。如典当业者在登记典当品时，往往冠以"破烂""碎废"等恶劣字眼，殚精竭虑地将典当品描绘成不值钱的物品，借以避免日后因典当品损坏而引发的纠纷。"虫伤、鼠咬、霉烂等项，皆系各听天命，毫无责任。此种规定，各典皆明白载于当票之上，千篇一律。即有变故发生，物主亦无置喙余地。虫伤、鼠咬、霉烂，本所难免，故典质人之损失，有时有出于意料之外者"③，这自然也会引起出典人的不满。另外，

---

① 中国农业银行委托金陵大学农学院农业经济系调查组调查编纂：《豫鄂皖赣四省之典当业》，"豫鄂皖赣四省农村经济调查报告"第四号，金陵大学农业经济系印行，民国二十五年（1936年）六月，第105页。

② 程趾祥：《此中人语》"张先生"条，载广文编译所编：《中国近代小说史料汇编》，广文书局，约1981年。

③ 中国农业银行委托金陵大学农学院农业经济系调查组调查编纂：《豫鄂皖赣四省之典当业》，"豫鄂皖赣四省农村经济调查报告"第四号，金陵大学农业经济系印行，民国二十五年（1936年）六月，第83页。

由于生意上的争执，有时还会酿成纠纷乃至官司。典当柜台是最容易引起争端的地方，常因"一言不合，暴怒横加，两不相让，争端而起。每有微末之事，至成讼案"①。在这种情况下，典铺也往往难逃仗势欺人之嫌。

当民众的怨恨郁积到一定的程度，就会通过各种渠道加以宣泄。于是，徽州朝奉被称为"鑞夜壶"（亦即锡夜壶）、"卵袋朝奉"②等，当铺伙计被称作"呆物"，正如盐商被称作"盐呆子"（见《儒林外史》）一样，成为世人憎恨、讥讽的对象。对此，《天籁集》中收集的一首江南民谣可作注脚："龙生龙，凤生凤，麻雀生儿飞蓬蓬，老鼠生儿会打洞，婢妾生儿做朝奉。"虽然这指的是全体徽商，但典商首当其冲，则是毋庸置疑的。晚明凌濛初所著《初刻拍案惊奇》第十五卷中对于"徽州朝奉"的刻画，更是入木三分："却说那卫朝奉平素是个极刻剥之人，初到南京时，只是一个小小解铺，他却有百般的昧心取利之法。假如别人将东西去解时，他却把那九六七银子，充作纹银；又将小小的等子称出，还要欠几分等头。后来赎时，却把大大的天平，兑将进去，又要你找足兑头，又要你补够成色，少一丝时，他则不发货。又或有将金银珠宝首饰来解的，他看得金子有十分成数，便一模一样，暗地里打造来换了。粗珠换了细珠，好宝换了低石，如此行事，不能细述……"③类似于此的描摹，在明清以来的小说、俗曲中屡有所见。如在江苏太湖中的洞庭东山，就流传着一首《虫名十二月花》："十一月里茶花开，红头百脚摆擂台，蛤蟆有点勿服气，灰骆驼卜笃跳上来。十二月里蜡梅黄，跳蚤居然开典当，瘪虱强横做仔臭朝奉，老白虱上来当件破衣裳。"这首民歌，亦见于王翼之《吴歌乙集》，作："跳蚤有做开典当，瘪虱强要做朝奉，白虱来当破衣裳。""（老）白虱"亦即虱子，"红头百脚"指蜈蚣，而"灰（徽）骆驼"则为徽商（尤其是徽州典铺中的头柜朝奉——俗称徽老大）之习惯性称呼。从小说、民谣、俗谚

① 《典业须知·典中各缺慎言择要》。

② 游戏主人纂辑、粲然居士参订：《笑林广记》卷11《讥刺部》"朝奉"条，齐鲁书社，1998年版，第201页。

③ 凌濛初：《初刻拍案惊奇》卷15《卫朝奉狠心盘贵产，陈秀才巧计赚原房》，青海人民出版社，1981年版，第259—260页。

中，今人不难读出昔日民众的愤懑之情。

2.典当业之禁忌及"福"的观念

为了约束典当业者的行为，或典当业者出于自律的考虑，民间社会乃至典当业耆宿都从因果报应的角度，谈到典当业的禁忌。《典业须知·达观》：

> 语云："衣落当房，钱落赌场。"不知爱惜，糟蹋最多。在此场中，最易造孽。尔等后生，现习典业，身居大厦之中，日在银钱丛里，丰衣足食，谁晓艰难？大凡典业，过处全在包房，踏进包房，尽是孽地。孽根从幼所积，幼小无知故也。凡习典业者，无好收场，无好结果。何故也？只因眼界看大，习以为常，视人家当进货物，如同草芥，轻弃字纸，随心所欲，不知物力维艰，不知来路非易，孽根渐积，日久年深，相德表尽，根本全弃，以致有妖（夭？）年者，有终老无子者，造（迨）至醒悟，追悔已迟。惟望后之君子，责在包房，做一日事，尽一日心，见物惜物，见字惜字，不辞劳苦，勤于检点。出了包房，过就无分。所谓衙门里面好修行，是好作福之地，切莫弄巧贪安，自为得志，糟蹋过甚，天理难容。愿我同人，勤修所职。现在之福，不可不惜；将来之福，不可不培。惜福延年，家门吉庆。太上曰：祸福无门，惟人自召。能如是存心，天必赐汝以福耳。

这里谈到典当铺中的包房，就像衙门中的幕馆一样，都是造孽之地。这主要是指典业中人，往往不爱惜他人的典当物，随便放置乃至糟蹋，常常造成出典人不必要的损失。因此，典业耆宿主张：修身行善，积德惜福，均应从包房开始。有鉴于此，书中另有"惜福"条，具体指出积德惜福的途径，换言之，也可以说是从业的规范："凡卷包，必须留心，估值看价，为将来升柜地步。衣物上手，务要心存天良。当进之货，视如己物。遇好绸衣，细心翻褶，当衬纸者用纸衬好，当包纸者务用纸包，切切莫糟蹋。无论取去满出，一无风渍，方见诸君存心厚道，忠恕待人，获福无量。柜上解草索麻皮钱串，均可答用，莫嫌费手，暗中掷弃。须知物力维难，在东家虽不计此，而自伤阴德甚大。存箱纸或有极破，而不可再用，遇有包小好包者，将此破纸包之，亦是惜福之道。久存此心，天必顺之。至于錄牌，宜惜刨花，非惜花也，惜字也，务必细心收拾入炉。各处字篓，朔望扫包楼时，随将字篓带下，检入字炉。且满货卖客，向有旧章，衣不解带，提衣不让，典规皆同。凡遇器皿、铜锡等项，不可损坏，或原来有盘盖千头等物，务必寻齐配好，此亦心存忠厚之道。若遇衣客遗下物件，检必归还，切莫贪小，致败名节，务宜慎之。再者，栈房之米谷，极易狼藉，职司其事，宜常勤扫，须知一粒之成，亦关农力。""栈房之米谷"，可能是指当时常见的徽州"米典"。在此处，作者谆谆教诲典当业者要将心比心，将他人之物视同己物，爱惜铺中的典当物，不要暴殄天物。有鉴于此，卷包时应格外小心，细心照料，不能贪图便利，随意掷弃零散物品。"早晨归包，务必认真，不可将就，虚行故事。现今存箱包多，架上务要整齐。铜锡等物，须得摆好，不可损伤。切莫贪懒，勤力惜物，可获延身。倘若贪懒，糟蹋人家货物，天损阴德。包弄有牌落地，务望认真追查挂好。地下小票，随手捡入字篓，每逢包房，概设字篓，以便而放，且归回楼，必须看明某字千百号头，归于原处，切勿贪懒，因其顶仓费事，随意乱归，以了门面。取票复到，忘记何处，误事不小"[1]。这是说，在典当物品保管中，什么样的物品应放置于何处，都有固定的程序和层次，不应当随意放置。否则，一旦错乱，倘若再遇到柜上忙中出错，随手发出，典铺自然必须赔偿，受累非浅。另外，《典业须知》还建议，寻包务必用梯，有时遇到脚跟借力，应当找一件经得起践踏的粗衣垫在脚下，不可不分好歹地糟踏货物。

在《典业须知》中，还不时涉及敬惜字纸的观念，作者告诫学生晨起洒扫，见字纸应随手捡入字篓，"倘能存心敬惜字纸，胜于求福名山"[2]。根据梁其姿的研究，惜字积德以求功名的想法，从明代中后期起开始普

---

① 《典业须知·细心》。

② 《典业须知·体仁》。

遍。而且，随着善书的流行，惜字的习俗愈趋盛行。对于农工商贾而言，惜字能带来禄运的阴德。清初苏州彭定求著有惜字会文，倡议禁止铺家用字纸包装货物，禁止用有字的纸做鞋、窗扇、雨伞、烛心之类，并劝商家用花样代替字号，禁止人用字纸作还魂纸，甚至禁止在磁器底部描字等①。善书对于人们坐卧起居等日常生活的各个方面均有重要的影响，而在《典当须知》中，"太上曰"之类偶尔也见诸字里行间，而阴骘文之类的善书更是被极力推荐的读物，因此，惜字求福的观念自然是深入人心。

针对典业中人往往有颐指气使的陋习，《典业须知》还专门提到处理与顾客关系的问题："凡升柜缺，初临场面，切宜仔细，可免错误。宽厚待人，且多主顾。见妇女勿轻戏言，遇童儿更要周到。柜上发货，包内小票务概模出，乡人无知，最多糟蹋。……若是乡间路途遥远，取赎少带钱文，为数无几，红熟紫钱，何方帮用，自留买物，未见大亏。再或缺少数文，周全处亦是方便。在我所亏无几，省人周折，都是善事。如遇侮金、铜冲当等情，可恕即恕。及至鸣之地保，警其将来，亦一善处之法。柜外闹事，不执意经官，厚道待人，阴德遗与儿孙也"②。另一处也有类似的说法："同柜诸友，第一要顾生意为最。性气仍要和平，不可拣精择肥，大小皆是生意。况当典柜台，乃是非所在，不如外人之意者多，口角争端，在所不免。当此口角，不可认以为真，要知与外人不过片刻之聚，立时分散，何必用血气之勇而不相能？即让一句，亦就了事，言语平和些，亦可不争。假有小钱不多者，其来人路远，又何方（妨）拣（减）些以成其事，此所谓得方便处行方便，亦获福之一道也。假若不然，芥子之微，弄得不了，典中望下不去，必须经官，而后带累东家，花费银钱，同事大众不安，彼时却悔当初，已忱及矣。慎之！慎之！"③上述两条都指出：典务生意最重要的是在柜上，生意之大小，是否有争端，都是由此而起，故

---

① 梁其姿：《施善与教化：明清的慈善组织》，联经出版事业公司，1998年版，第139页。

② 《典业须知·体仁》。

③ 《典业须知·典中各缺慎言择要》。

而为典铺中的关键所在。因此，"徽老大"（头柜朝奉）要宽厚待人，不可调戏妇女，对于儿童更要好好接待。对于那些见识不多的乡下人也要妥善处置，即使取赎时少带了一些钱，倘能省其来回奔波的周折，也是善事一桩。至于因争执引发的纠纷，不要轻易告到官府，这也是厚道积德、为子孙求福的善事。早在明末，金坛典质铺俱系徽商，"典利三分，银水等项几及五分"①。根据民国时期的调查，典业职员"恒利用种种陋规，以维持待遇微薄者之生活。如存箱费每元一分，足利按息百分之二，公抽月息，找零小扣，获利提成等等，均可积少成多，年终分润。是以典业中之职员，薪资虽每月数元，或每年数十元，而其生活，尚颇裕如者，即因薪金以外，尚有若干收入之故也"②。与此同时，"典押者除担负规定利息之外，尚有种种费用，需于当入时或赎出时缴纳。此种费用，常不列叙于票据之中。如存箱、皮纸、足利等费，及找头之任便折合等，均为旧典业中公开之剥削。以数额言，对个别之典押人，虽属有限。而究有欠于公道，更不啻加重利息也"③。《初刻拍案惊奇》中卫朝奉，其刻剥取利的手法之一即与此有关。换言之，由于在典当经营中，除了规定的利息之外，还有存箱、皮纸、足利和找头等费，这些费用成为典业中人的额外收入，因此，路途遥远的出典人倘若少带了钱文，典业中人如能酌情处理，其实对于典当业者本身影响甚微。此种临事斟酌与人方便，自然可视为典业中人

---

① 计六奇：《明季南略》卷16《金坛大狱》，中华书局，1984年版，第500页。

② 中国农业银行委托金陵大学农学院农业经济系调查组调查编纂：《豫鄂皖赣四省之典当业》，"豫鄂皖赣四省农村经济调查报告"第四号，金陵大学农业经济系印行，民国二十五年（1936年）六月，第21页。

③ 中国农业银行委托金陵大学农学院农业经济系调查组调查编纂：《豫鄂皖赣四省之典当业》，"豫鄂皖赣四省农村经济调查报告"第四号，金陵大学农业经济系印行，民国二十五年（1936年）六月，第104页。李燧、李宏龄曾指出："吾辈八口嗷嗷，点金乏术，不得不倾箱倒箧，尽付质库。伊乘其窘迫也，而鱼肉之。物价值十者，给二焉。其书券也，金必曰淡，珠必曰米，裘必曰蛀，衣必曰破。恶其物，所以贱其值也。金珠三年、衣裘二年不赎，则物非己有矣。赎物加利三分，锱铢必较。名曰便民，实间阎之蠹也。"（李燧、李宏龄：《晋游日记　同舟忠告　山西票商成败记》卷3，黄鉴晖校注，山西人民出版社，1989年版，第70页。）

的积德求福之道。另外，虽然说遇到纠纷，典业中人往往"自仗门槛高，遇事有东家出场，送官究治，俱走上风"①，但从因果报应的角度来看，那样做却是于阴德有损。

除了学生、外缺等外，对典当业中的许多人，都有从业规范上的要求："厨房上灶，杀生害命，颇不忍心。虽然既充此事，不能无此为，亦当思其痛楚，虽是天生供人所食之（物?），而痛楚与人无异，心存慈念，各思其道也。但此非富户家可比，若无故杀生者，其不多害性命，倘有事不杀生者，断不行也，亦不过戒其少杀而已矣。"②这是针对典业中的厨子而言。另外，"凡下灶须要敬重五谷，不过遭（糟）遢，要知农为国本，食乃民生，粒米皆须爱惜，有剩下粥饭，或和于众吃，或自己热食，尔能敬惜，天必祐（佑）之。每见挑浆水者，将上面清水煎去，其底尽是粥饭，上天垂鉴，必然震怒。但尔只图目前多卖几文，全不顾无穷之孽，天之报施，定然饿死，可不畏欤"③。在清代，惜谷与惜字一样受到社会的提倡，当时有惜谷会，倡议人们捡拾地上的谷物。有的惜字会也兼办惜谷，亦即所谓"双惜会"④。此种观念及举措也显然影响了典业中人，《典

---

① 因取赎时短利而引发的纠纷，在徽州文书中屡有所见，如《清代前期歙南诉讼案底》（抄本1册，书名据内容暂拟）中有《告打抢》："为鼓噪灭门事。生员鼓噪，别诉无门。身徽民，投治延津开典。Δ月Δ日，遭学霸周万钟代隔县乔南汀取当，短利相嚷，架言殴打，生员倡率百人打入当铺，一家老幼惊逃，银钱、当包任凭抢掳一空，教官、捕官劝谕不止。目今店系官封，无辜灭门绝户，包揽取当，讨至滔天，上告。"该书为清康熙、乾隆、雍正三朝歙南的诉讼案卷，少量涉及徽州邻近的浙江淳安和本省宁国府泾县。计65份诉讼案件，后附硃语12类。有时，典当交易的双方甚至是同族至亲，但仍会发生激烈的冲突。《新安吴氏宗谱》中即有一例："广鑫公名庆来，字心儒。……村中设有典铺，本以便族人缓急。而豪猾者因年值荒歉，肆行强索。公为人仗义轻财，而族人竟一再索之不已，聚众数百，蜂拥典铺，持刃伤人。族中之抱不平者，将凶徒捆缚，公不得已鸣于官，惩其首恶，宽其胁从，而强人因之敛迹，家业得以不坠者，公之力也。"该事件发生的年代在太平天国前后，《新安吴氏宗谱》为吴锡维所修，1册，光绪年间活字本，安徽省图书馆古籍部藏。

② 《典业须知·典中各缺慎言择要》。

③ 《典业须知·典中各缺慎言择要》。

④ 梁其姿：《施善与教化：明清的慈善组织》，联经出版事业公司，1998年版，第143页。

务必要》："五谷最宜珍惜，不宜作贱抛弃。诗云：'锄禾日当午，汗滴禾下土。要知盘中餐，粒粒皆辛苦。'"①另外，对于典当东家，惜福之道则有如下述："夫典东承受先人之业者，当思祖德之勤劳，尝念父躬之克老。孜孜岌岌，以成其事；兢兢业业，以励其志。前人创之维难，后人守之不易，常怀此念，永保其身，方不失贻谋裕后也。而骄奢淫佚，暴殄天物，花柳聚赌，游荡乌烟，断不可染。须交有益之朋，杜绝无益之友，方成高上其志也。且尔既为典东矣，典例亦要宽厚，虽不过丰，亦不可刻薄，当思夥计之劳，不可不存厚道。思我虽有财力，而无人力者，事难成全。而夥计虽有人力，而无财力者，亦难生计。所以两心相念，合而为一，方能共济其事。况夥计一人生意，举家仰望，衣之食之，皆赖于此，倘然衣食难敷，家中老幼啼饥嗷寒，而伊愁肠百结，于生意即减去精神也。所以总要中和之道，待人存厚，方为贵也。能存厚道待人，天必祐（佑）之，以福赐尔子孙，将此业多开数代，即报复耳，岂不乐哉！"②东家既要修身自好，不可骄奢淫逸，又要处理好与伙计的关系，不应刻薄待人。"盖做人之道，须存心忠厚，行事谦和，始可致福"③。总之，典当东家应心存厚道，只有如此，方能富身润屋。

概乎言之，《典业须知》一书受当时的善书影响甚深，始终贯穿着因果报应的思想。关于这一点，以下还将专门涉及。

三、余论

其一，清代徽商在各种生业中，都留下了诸多文书，从中颇可窥见徽商的经营之道。譬如，婺源墨商的《徽墨、烟规则》（抄本），对墨业中人的日常生活及其管理，均有详尽的说明④。从前述的分析可见，《典业须

① 《典务必要》。
② 《典业须知·典中各缺慎言择要》。
③ 《典业须知·务实》。
④ 王振忠：《晚清婺源墨商与墨业研究》，载复旦大学历史系编：《古代中国：传统与变革》，复旦大学出版社，2005年版，第249—278页。

知》亦有这方面的内容。20世纪30年代的调查显示，当时鄂皖赣各省内的当铺，不论股东与伙友，均以来自徽州者为数最多。"徽帮典当，因以形成一部份特殊之势力。其营业方法，大都以牟利为前提，故利率较高，陋规颇繁。……对于顾主，责任甚轻，缺乏妥实之保障。惟其内部组织严密，极得典无废人，人无废事之旨趣，尚有可取之道在耳"①。据研究，在长江中下游一带，典当业的人事组织有徽帮式、宁波帮式和绍兴帮式等几种代表性的典当业组织。其中，"以徽式典当的组织最为严密，责任明晰，合于管理精神"②。典无废人，经营管理的制度化，应是徽州典当商经营文化的一个特点。刘秋根认为：《典业须知》等书反映的分工体系，是中国典当业传统劳动分工的最高水平③，显然是颇为中肯的评价。

《典业须知》说，"典内同人数十"，说明徽州典当铺的规模多达数十人。清代歙县唐模许翁一家在江、浙各地开设典铺40余所，各类营业人员总计不下2000名④。平均估计，每爿也就是数十人。"凡副楼、副事二缺，大典有之，此乃中缺之类，帮扶照应各事。已若副楼，倘有许多事件，相帮照应，楼上寻包晒皮货，乃出货许多事件；若副事则在内相帮，照应各事，看守银钱账房而已，无他事也"⑤。作者主张"要立法严明，典内同人数十，稽察难周，况人心不一，性情各别，立法严明，众所最服，即不敢作妄为之非，免却许多烦恼，此所谓得人者昌也"。的确，从《典业须知》中的诸多内容来看，典当业中有严格的规定。如过错处罚及赔偿，《典内竹枝词》吟咏道："号头花色看分明，设有差讹过不轻。典中赔赏都有例，任他亲戚不徇情。"⑥另外，《典业须知》中，还有不少涉及典当行

---

① 中国农业银行委托金陵大学农学院农业经济系调查组调查编纂：《豫鄂皖赣四省之典当业》，"豫鄂皖赣四省农村经济调查报告"第四号，金陵大学农业经济系印行，民国二十五年（1936年）六月，第2页。

② 潘敏德：《中国近代典当业之研究（1644—1937）》，"台湾师范大学历史研究所专刊"，1985年版，第142页。

③ 刘秋根：《中国典当制度史》，上海古籍出版社，1995年版，第91页。

④ 许承尧：《歙事闲谭》（上），黄山书社，2001年版，第569页。

⑤ 《典业须知·典中各缺慎言择要》。

⑥ 《典业须知·典内竹枝词》。

业的禁忌。一是典当中人不能将自己的衣物典当在本典，"诸君在典，倘遇急需，切莫将自己衣物当在本典。做相好者，名分攸关，嫌疑宜避，一般认利，不若当于他典，以杜傍言"①。凡有同事"在本典当衣物件，察出立辞"②。二是应当杜绝"情当"。所谓情当，也就是朋友的衣物典当，"奉劝诸公，切莫滥交，东家将本生利，当不容情，人所共知，情当一端，大痴于己。满下贴包，责有攸归。朋友原在五伦之一，急难通融有之，情当切不可也"③。除了情当外，还有一种"信当"。所谓信当，是指出典人仅提供一件价值大大低于贷款的抵押品而进行的借贷。"柜友不得徇情信当，若经估不值，应削本多寡无辞"④。根据规定，司楼对于每天当下的衣件、皮货大宗，都要检阅其是否货真价实，这主要是防止柜上的"情当"或"信当"。倘若觉得有所未妥，该削本若干，将会警告柜上，让他们不再犯错。三是"楼上衣货，不得私自借穿，察出立辞"⑤。每逢满当，应当原包下楼，不准在楼上私自折看，将自己衣件挑换，如有此弊，查出立即辞退⑥。四是"典号不得与人借用，倘同人与外人往来，银钱票据，不得私用典号，一经察出，追悔无辞"⑦。此外，"典中不准吸乌烟，察出立辞不贷，或在外面亦然"⑧；"典中赌具不准进门，虽正月初间，亦不准赌钱"⑨。吸食大烟和呼卢喝雉，均在禁止之列。这些，显然是想从制度层面防微杜渐，以保证典业的正常运作。

其二，因果报应、积善销恶的观念在典业中广泛存在，成为行业的从业道德和从业伦理。换言之，也就是将道德教化与职业规范有机地结合在一起。

---

① 《典业须知·防弊》。

② 《典业须知·典规择要》。

③ 《典业须知·择交》。

④ 《典业须知·典规择要》。

⑤ 《典业须知·典规择要》。

⑥ 《典业须知·典规择要》。

⑦ 《典业须知·典规择要》。

⑧ 《典业须知·典规择要》。

⑨ 《典业须知·典规择要》。

　　梁其姿通过对惜字会运作的研究指出：在明清人的观念中，行善的目的有二：一是可以教化社会，二是可以帮助积德以改善本身及子孙的命运，所有符合这两项条件的，均可称之为行善。①行善积德与商业规范相结合，成为制约人们行动的指南。清代以还，江南一带素有"无徽不成镇，无绍不成衙""徽州算盘，绍兴刀笔""徽州朝奉，绍兴师爷"之说。皖南的徽州与浙东的绍兴，均是文风发达之处，读书人科举不成，或转而从商，或弃学入幕。在幕业中，"作幕吃儿孙饭"，成为绍兴师爷的心病②；而在徽州典当中，也有类似的恐惧，《典当须知·贻福》曰："人到中年，或因子嗣艰难，追怨典业习不得者，往往有子［之］。……或谓典业习不得者，因自未知其得过人处耳，皆由幼年贪懒，糟蹋人家货物，不惜字纸，纵性欺人，自仗门槛高，遇事有东家出场，送官究治，俱走上风，因此而骄，故意糟蹋，天之报应，而绝其后。或由此乎？"这实在是相当耐人寻味的社会现象。在传统社会，不孝有三，无后为大，子嗣艰难，被视作应得孽报。而典铺、幕馆均被视为造孽之地，因此，如何惜福积德便成了业者共同关心的话题。以幕馆为例，据研究，明清时期的一些善书有其特定的劝诫对象，如居官、幕客和胥吏③，幕客与胥吏、居官一样，都是当时社会上的强势群体，因此需要自我约束，以期修行寡过。在清代徽州盐商聚居的扬州，石成金著有《传家宝》，其中的《消灾免劫积福积寿积子孙积科第券》有"幕友不费钱功德"和"公门人不费钱功德"，前者有："不欺东君""不倚官势""不想昧心钱"和"不作亏心事"等。④这些，实际上涉及从业者的专业规范和个人修养的各个方面，其间贯穿着"积福"

---

　　① 梁其姿：《施善与教化：明清的慈善组织》，联经出版事业公司，1998年版，第144页。

　　② 参见王振忠：《绍兴师爷》四之（一）《梦魇——轮回报应的恐惧》，"区域人群文化丛书"，福建人民出版社，1994年版。

　　③ 参见游子安：《劝化金箴：清代善书研究》，天津人民出版社，1999年版，第175—192页。

　　④ 石成金撰集：《传家宝三集》卷1《功券第四》下册，天津社会科学院出版社，1992年版，第765页。

的观念。与幕客相似，典当业者显然也是当时社会上的强势群体，而《典业须知》中的诸多内容，不啻为度人警世的"典业不费钱功德"。其实，在徽州典当最为专擅的休宁县，当地流传的传家格言，也可以从一个侧面印证典当业的观念。清海阳竹林人录《座右铭类编》（漱经斋藏版），首先抄录《太上感应篇》《文昌帝君阴骘文》《关圣帝君觉世真经》和《朱子治家格言》，其次则分门别类，罗列了"好生""善恶""祸福""报施"等多种箴言警句，如主张"命自我作，福自我求""吾本薄福人，宜行厚德事；吾本薄德人，宜行惜福事"①。民国年间出版的《休宁陈研楼先生传家格言》第九也有"培福德"，提倡"阴德须向生前积，孽债休令身后还"。陈研楼认为："现在之福，积自祖宗者，不可不惜；将来之福，贻于子孙者，不可不培。现在之福如点灯，随点则随竭；将来之福如添灯，愈添则愈明。"具体而言，需要做到几点，如"勿谓一念可欺也，须知有天地鬼神之鉴察；勿谓一言可轻也，须知有前后左右窃听；勿谓一事可逞也，须知有身家性命之关系；勿谓一时可逞也，须知有子孙祸福之报应"②。对于日常生活规范，亦有"昔人云：谁知盘中餐，粒粒皆辛苦。吾辈安逸而享之，岂可狼藉以视之乎？明理惜福之士，当体察之"。这与《典业须知》相关文字如出一辙。他还认为，子孙与先世有着一一对应、必然的因果关系，"凡欲子孙隆盛者，除积德之外，无他道也。盖德厚则贤贵之子孙生，不期兴而自兴，无德则放荡之子孙生，虽与千万镒不能守也，区区财产，何济于事"，因此，"有好儿孙方是福，无多田地不为贫"。关于努力行善、积德求福的观念，《典当须知·贻福》中提供了具体的例证："如能忠厚存心，爱惜人物，敬重字纸，穿吃各样，种种爱惜，屡见吃当饭者，孙、曾数代，谨事一东亦多也。如金君厚堂，太先生之嗣君，字少堂，于咸丰乙卯科举人，于浙江裔［商］籍。此岂非爱惜人物，存心忠厚，天之报施不

---

① 《古愚老人消夏录》卷20《座右铭类编上》"祸福"条，第1页上，哈佛燕京图书馆藏。

② 《休宁陈研楼先生传家格言》，上海三友实业社，民国二十六年（1937年）四月一日出版，哈佛燕京图书馆藏，第50—53页。

爽乎？"而该书序文曾指出："兹承友人邀办惟善堂事，于身闲静坐时，追思往昔，寡过未能，欲盖前愆，思补乏术。因拟典业糟蹋情由，汇成一册，以劝将来。"这与总述生平、告诫后人的《病榻梦痕录》之情况颇为相似[①]。

原载《中国学术》第25辑，商务印书馆，2009年版，有改动

[①] 嘉庆元年（1796年），著名的绍兴师爷汪辉祖指出："古人晚节末路，不忘箴敬，往往自述平生，藉以考镜得失，亦行百里者半九十意也。"见《汪辉祖自述年谱二种》第1册，北京图书馆出版社，1997年版，第1页上。

太平天国前后徽商在江西的木业经营

——新发现的《西河木业纂要》抄本研究[①]

"盐商木客，财大气粗"，这是旧时流行于江南的一句谚语。在传统时代，木商与盐商、典当商一起号称"闭关时代三大商"。在徽州当地，"盐商木客，珠宝典当，徽州老乡，靠之发家"，素为人们耳熟能详。不过，由于资料的零散，在此前的徽州研究中，较之盐商、典商等，木商的研究最为薄弱[②]。

在明清时期的徽州，虽然一府六县皆有木商，但其中又以婺源木商最为著名。晚清《各省物产歌》有"安徽省，土产好，徽州进呈松烟墨，婺源出得好木料"之俗谚[③]，明确指出婺源木材与徽墨一样闻名遐迩。而经营木材的商人，亦以婺源人最负盛名："徽多木商，贩自川广，集于江宁之上河，资本非巨万不可，因有移家上河者，服食华侈，仿佛淮扬，居然巨室，然皆婺人。近惟歙北乡村，偶有托业者，不若婺之盛也。"[④]席丰履厚的徽州木商，不仅将来自西南和华中各地的木材源源不断地运往长江三角洲，而且还侨寓南京上新河一带，竞逐奢华，其豪侈程度甚至可以与著

---

① 2012年6月19日，笔者应邀参加国际木文化学会、上海木材行业协会组织的上海木材流通历史回顾座谈会，其间，数位木业耆宿就传统时代的木业经营做了回顾，一些术涉专门的解说令人获益良多。

② 关于徽州木商研究的学术史，参见王振忠：《徽学研究入门》，复旦大学出版社，2011年版，第22—23页。

③ 胡祖德：《沪谚外编》，上海古籍出版社，1989年版，第88页。

④ 江依濂：《歙风俗礼教考》，载《歙事闲谭》，黄山书社，2001年版，第603—604页。

名的扬州盐商相提并论。这些木商，以婺源人占多数。

就明清史研究而言，迄今为止，有关长江中下游木材流通的基本状况已有一些研究成果，而围绕着徽州木商的经营活动，亦已出现不少概述性的研究。不过，以往的研究多是透过对方志、文集、征信录等史料的爬梳，借以拼合出木材流通和木商活动的基本轮廓。而近年来徽州民间文献的大批发现，不仅为此一研究提供了诸多具体而微的专题史料[①]，而且亦填补了木商研究的区域性空白，有助于相关探讨的进一步深入。有鉴于此，本文拟以《西河木业纂要》为主，结合其他民间文献和实地调查，对19世纪中叶徽州婺源木商在江西赣州等地的活动，作较为细致的揭示。

一、《西河木业纂要》所见徽州木商的经营规范

《西河木业纂要》抄本1册，书的前面部分有对出门经商的经验总结。该书开首之《出门须知》即曰：

> 夫物之生，自有时用，人生既长，当为良谋，此乃天地间自然之理。惟人不以培养而成事业者，未之有也。或谋事于江湖，或出游于他方。离别之时，无不悲思。行囊衣物，每多有遗。心欲出外，宜早检点，庶免临时，得此失彼。登道步履，滔滔往前，切勿走急。逢亭歇息，不可久延，起身之时，回视再看。过店便饭，毋饥负行。孤身道左，谨记多言，面生之人，慎勿理会。甜言蜜语，更宜提防，女子色淫，切莫仰窥。投宿店中，观其门道，小心窥探。会账与钱，不可短少，出店点点，以免回转。若夫登身附载，食宜饱，衣宜暖，毋饮

---

① 如由笔者整理、校注的《我之小史》（安徽教育出版社，2008年版），即是晚清民国时期婺源木商世家纪实性的章回体自传。此外，与徽商在清水江流域木材贸易相关的佚名无题路程抄本、《木商便览》（书名据内容暂拟）抄本等，亦是有关徽州木商的珍稀文献。参见王振忠：《徽、临商帮与清水江的木材贸易及其相关问题——清代佚名商编路程抄本之整理与研究》，载《探索清水江文明的踪迹——清水江文书与中国地方社会国际学术研讨会论文集》，巴蜀书社，2014年版。

酒打睡，毋逼勒开舡。娼妓赌钱，犹［尤］宜自禁。同伴客友，和气为先。交接往来，克己以待。停泊埠岸，不可远离。拽牵走风，安静坐中。夜间住舡，切莫多言。沿途贼匪，行窃不已。总之，出路艰难，小心为上。穷途远涉，朴实为佳。若能砺砥琢磨，而经纶自然广大，其事业亦可易于成也已矣。

此处主要阐述出门经商的几点经验：一是出门时要仔细清点物品，不要丢三落四。在这方面，徽州文书中经常出现的"起马单"或"起马折"等，即登录需要携带出门的物品清单。二是在外旅行，应当注意作息时间，不要受各色人等的诱惑，与人交往要以礼相待，和气为先。这些，都是外出务工经商的旅行常识。

《西河木业纂要》接着有"托众人"条，这是指选择经商伙计的标准：

> 或择于族党，或选于亲朋，必须察其工夫，考其经纶，果不下于者，便可托之。若身体有恙，性气偏小，衰老懒惰之人，不可聘用。而赌博贪花、嗜酒闯祸者，虽有十分手段，而终不可用也。但于外地短雇人手，必须稽其来历，根脚明白，方可收用。其辛俸论功升赏，斟酌给付，毋使人吃亏，毋恣意勒加，各安其分，以待后明。

所谓经纶，在传统时代通常是指政治才能，而在这里则是指为人办事的能力。此处的经验分为两部分：一是从家乡带出的伙计，自然是从族人或亲朋好友中选择。具体的要求是要挑选那些有本事、身体健康而且性情较好的人，对于嗜赌好色、酗酒闯祸之人，即便很有本事，也不能聘用。二是在外地暂时雇用的人手，则要将其来历审查清楚，才可以留用。给付手下人的工资，要论功行赏，不要让他们吃亏，也不能受其要挟而被迫随意加薪。

前文述及，长江中下游的木商以出自婺源者最负盛名。而《西河木业纂要》一书，即由婺源木商所编纂。其中，有不少内容都反映了婺源木商的经营活动。例如，书中对于木材经营，就有一段精彩的总结：

> 从来货殖者，义称管、鲍，师尊端木，其所获者，妙手经济，料事之圣才也。惟我木业，一年之计，图买维艰，筹卖更难。采揭于豫章，运售于江淮，逾岭涉川，莫不尽尝，三关税课，岂容挂欠？计之生意总源，种种支消，好歹全在买山之际。头差人手，关系匪轻，务要着其精力，深加筹算，斟酌无亏，成交可矣。否则另寻，切勿忽略！

这里，首先提到要师法管仲、鲍叔牙和端木赐等商界前贤，精诚团结，理财经商。接着说木业经营，买卖两个环节都非常重要，亦相当艰苦。其中透露，《西河木业纂要》的作者在江西从事木业经营，将购得的木材运往长江下游一带销售，所以说"采揭于豫章，运售于江淮"。木商沿途跋山涉水，历尽艰辛，而且还要缴纳不少关税（"三关"应指姑塘、芜湖和龙江）。考虑到其间的种种开销，所以盈亏之关键在于木材经营的初始阶段——也就是"买山"时必须精打细算，考虑周全，绝对不能吃亏，方可成交。对此，晚清徽州启蒙读物《日平常》就曾提醒："为木商，最获利，水里求财岂容易？虽然造化赖五行，也要经营会算计。拼青山，须仔细，百千万数划估值，兑价开山择吉辰，议字拼批要先立。"①木材贸易有赖于水路运输，故曰"水里求财"，其生意盈亏要看个人的造化。所

---

① 《日平常》抄本。关于该书，目前所见者计有三种不同的抄本。对此，笔者最早利用在徽州发现的一种抄本，发表有《徽州人编纂的一部商业启蒙书——〈日平常〉抄本》（《史学月刊》2002年第2期）一文。其后，安徽学者王巧珍、孙承平利用当地的另一种抄本，作《徽州商业启蒙书〈日平常〉的补充研究》（《黄山学院学报》2005年第4期）。数年前，笔者在徽州再度觅得第三种不同的抄本，可以对此前的研究作进一步的分析（已另文探讨）。三种抄本的文字颇有不同，例如，前述的文字即作："为木商，最获利，水里求财岂容易？虽然造化赖五行，也要经营会算计。看青林，务精细，岭脊[脊]湾坑踏界至，数目分厘估得清，拼得便宜自称意。"尤其是后二十余字，可以作为徽州木商经营中"买山""看山"经验之注脚。

谓拼青山①，与此处"买山"的意思大致相同。而"头差人手"，是指最早与山主交涉的木商代理人，有时亦称之为木商"办手"。

接着，《西河木业纂要》介绍了"买山"的详细程序，其中之一是如何选择"主家"和寻找拥有木材的山主：

> 至于投主，务选的实。带领之人，更宜厚道。入见山主，便问姓名，探其言语，伪诈信实，可知一半。必先问明山场地名土名、四方界址、清业混业、典质力分等项在心，然后前去观看。

"主家"也叫主人家，是指江西当地有山林且有权势的实力人物。木商投靠主家之后，其一切行动和利益，皆能得到保障②。《西河木业纂要》中有"主人家饭账，每日约银壹钱，谢礼任客出手。主人家送兄伙，每位肉壹斤"的记载，据此可知，"主家"或"主人家"应是居中代客经营，抽取佣金，大致相当于木行的角色。上揭这段话，说的是要找到踏实的"主家"，而且带路的介绍人更应当厚道。等见到山主时，先要问其姓名，在寒暄中通过察言观色，摸清其人的底细。具体说来，应当首先问清楚山场的地名、土名，山林的四方界址，该山林究竟是其单独的产业还是与他人的共业。此外，还有山林经营中是否存在着典质，山主与栽手分成的比例（所谓"力分"，有时亦写作"力坌"，是山林经营中常见的专有名词）等。将这几项了解清楚之后，再行前往看山：

---

① 《敕修浙江通志》卷106《物产六》衢州府条下引崇祯《开化县志》："开（衢州开化）地田少，民间惟栽杉木为生，三四十年一伐，谓之拼山。……闻诸故老，当杉利盛时，岁不下十万，以故户鲜逋赋，然必仰给于徽人之拼山盈，而吴下之行货勿滞也。"沈翼机等撰，乾隆元年（1736年）重修本，台湾华文书局，1967年版，第1767页。

② 关于这一点，参见常州市木材公司所编《常州木材志（1800—1985）》（1986年打印稿），第83页。常州是长江下游最为重要的木材集散地之一，自明代以来，当地徽帮婺源木客就相当活跃，此种情形一直持续到晚清。因此，《常州木材志（1800—1895）》中对活跃在江西的婺源木客经营方式之描述，可以作为解读《西河木业纂要》的重要参考。

凡入山，先看其源头、水口，桥路、堆场、堰塘远近为先。再观本山之高低，平浚之阔狭，湾坎培塔，土名砂冲辨明。再看从脚采起，拦培梭织，巡视降脊，细细科算，各及某约数目，暗记（？）□开折合符，然后斟酌做盘，辛勿粗疏潦草，恃己眼精，执一成交，致贻后悔。

这里概述了看山的基本经验——入山后，要先考察山的源头、水口。因为在传统的山间盆地，其空间格局通常是"上至源头，下至水口"，弄清了源头和水口，便能了解此一空间的基本结构及其内部容量。此后，对木材储存的空间、运输条件等，也都要先期考察清楚。由于木材从山上搬运到最近的河流，完全依靠人力。倘若距离太远，沿途缺乏通道，就必须临时搭建天桥，这就是文中提及的"桥路"。至于"堆场"，是临时存放木材的空地，而"堰塘"则是利用小溪的自然条件拦河筑坝，蓄水放排。这些，都应当事先规划好。然后再看山地内其他各种条件（如地形、地貌等），也要仔细斟酌，避免因考虑不周而匆促成交。接着，作者谆谆告诫经营者："山场有窝藏逼浅之不同，木有疏蜜［密］之辨别。"这是说山场的纵深格局有所差异，山林的疏密程度亦多有不同，不能为表象所迷惑。在这里，他还列举了几种常见的情况，如："其山面有木者，而进林及稀疏似有数，细蜜［密］点起即无数，此乃接客山也。"这是说进山时正对的部分有不少树木，但里面的树木却比较稀少。此种山场，会让粗心的木客产生错觉，误以为林木茂密，故称"接客山"。此外，还有"上宽下狭者，名曰扇叶山。无坎无湾，定然平常，切勿可买。若有湾坎平塔，木植蒙蜜［密］者，宜细看之。山面褊小而入广，大山定是湾内生湾，塔上起坎，乃是百叶山也，其中藏货，宜留神详察。又有内尖外长一片之局，名曰抬旗山，非无码子，而并少正货"。这里提到了"扇叶山""百叶山"和"抬旗山"等名目，各种形态的山场，其间山木之蓄积量皆各不相同，应当仔细观察，做出合理的判断。这些总结，显然是木商在长期的经营实践中摸索出来的经验。

以上是"看山"，主要缕述了对各种山林的总体观察。《西河木业纂要》继而论述了看木材的诀窍，"夫观木者，必须取其青森肥圆长直老结绢皮者为佳，其尖短扁曲空巴嫩槽，断不可买"。揆诸实际，木业界素有"病态让篾"的规矩，所谓"病态让篾"，是指凡是木材上出现"空、疤、破、烂、腰鹤、鸡腿、糟口"者，均在围量时需打折处置①。因此，为了减少损失，木商在产地就需认真观察木材的形态和质量。而对于采伐树木的条件，作者也指出："山脊峻险，河路崎岖，税业混杂，难免争讼，若余无加倍赢余，虽见公道，终必受其累，宜耐性往别处寻，毋动火而生燥，设或轻为，悔无及矣。"一般说来，愈是深山密林中的杉木，木材的质量愈是上乘，但这样的美木良材，往往愈难以搬运转输。如果山水形势过于险恶，再加上税业情况复杂，极易引发纠纷，就必须慎重考虑。对此，作者的建议是——应当耐心地再前往其他地方，去寻找更为合适的拼山场所。否则，倘若过于急躁地轻率决定，则将追悔莫及。不过，一旦决定了购买某处山木，就要加紧砍斫转运——"倘生意买成，则要安排缆索，备办粮食，催倩斫头，协众管工，斫做挪放，赶快争行。汲次人手，宜用的实，心勤吊缚，恐防洪水骤至，漂流木植，小人换窃，加意捉〔提〕防，地棍匪徒，随处皆有，惟宜和气相交，情理相待，见势下棋，自不受人牵掣耳"。也就是说，买山生意做成，就要安排捆扎木材的缆索，准备必需的粮食等，聘用可靠的人手赶紧将木材砍下，迅速转运出山。如此作为，主要是为了避免夜长梦多——防止洪水的突然来临，以及小人之偷梁换柱。对于沿途的车匪路霸，也要时刻小心提防。应当心平气和地与各色人等接触、交往，因势利导，以免受制于人。"汲"是书中常用的一个字，显然是指通过水路运送木排之意。

做完上述总结，作者最后指出："若能豫〔预〕先绸缪，无往而不遂其所欲也。后之习斯业者，尚加勉焉！"看来，《西河木业纂要》的作者对于书中论列的商业经验颇为自得。此处提到"后之习斯业者，尚加勉焉"，

---

① 《汉滩木业规则》，转引自常州市木材公司所编《常州木材志（1800—1985）》，第216—218页。

显然说明该书系木业耆宿为后来的从业者所编的一册商业书。

在对木业经营的总体规则作了分析之后，《西河木业纂要》随后收录了大批商业运营中涉及具体操作的必需文类。例如，"看山拼树，提剔通山，先谈价目，后起契文"①，订立契约是所有交易过程中的必要程序。对此，《日平常》的一种抄本亦提及："兑价开山择吉辰，议字拼批要先立。"所谓拼批，也就是拼山的契约文书。关于这一点，《西河木业纂要》中的《拼青山契文》就这样写道：

> 立出拼青山浮木契人△县△都△图△姓△名，今有 承祖己置 清业杉木一局大宗，坐落土名△处，其山东至，南至，西至，北至，佑（右？）件四至，界内杉木、杂木、苗竹，尽数出拼与徽婺△客△号名下为货，凭中三面估议时值价银若干，其银照数收足，当收若干，或匀作几时兑楚。其木自今出拼之后，则听买客前去开山砍伐，搬运无阻。未卖之先，与本家内外人等，并无重张交易。如有拦阻不明等情，是身自理，不干买客之事。今欲有凭，立此出拼文契存据。

"拼青山"亦作"拼山"或"买山"（拼，今婺源人读若"判"②），是指木商包下某处山场悉数购买其中山林的行为。上揭的契约，就是当地的山主将木材出售于徽州婺源木号的《拼青山契文》。从中可见，婺源木商是在此处收购杉木、杂木和苗竹。行文中出现的"△处"以及"东至""南至""西至""北至"等，都说明这只是一个契约活套或格式合同。类

---

① 晚清民国佚名无题启蒙读物，"做木"条，抄本1册，私人收藏。

② 此一读法，似亦有典籍依据。陆人龙著、陈庆浩校点《型世言评注》第16回《内江县三节妇守贞，成都郡两孤儿连捷》记载："还有个木商是徽州人，拿了几千银子在这里判山发木……"（新华出版社，1999年版，第280页）"判山"之俗写亦即"拼山"。另，东鲁古狂生编辑《醉醒石》第4回："此女姓程，家居衢州府开化县郭外，原籍婺源，其父程翁，是个木商，常在衢、处等府采判木植，商贩浙西、南直地方，因此住在开化。"（《古本小说集成》第32册，上海古籍出版社，1990年版，第116页）

似的契约活套，在《西河木业纂要》一书中所见颇多。例如，购买了山上的树木之后，必须将之砍伐，这就有《山断包揽》一式：

> 立承揽包约人△△，今托中揽到某客名下杉木一宗几块，坐落土名某处，三面言定包砍、包做、搭桥、开路，挪至某处落堆，平头打眼，交卸订定，硬断无加，每根工食银若干，点根算数，楸子两折一算。自今包揽之后，则行雇夫进山，起蓬兴工，砍做搬运，一应包赶于某月内齐全交卸，决不短少人工，致延时日，并不设计增添。如有异言情弊，听凭公论。所是身等人工滋事，失误、损伤、不测之祸，悉听天命，俱系身等承当，不干客人之事。其工食银两，任客随时给付，决不强支冒透。今欲有凭，立此包揽字约存照。

此一包揽就是承包者负责将山上的木材悉数砍下，经去枝、剥皮等，使之成为干形之木材，然后抬扛下山。此后，还得将这些木材从水路运出山外。对此，《水断包揽约》曰：

> 立承揽包约人△△，今托中揽到某客名下杉木一宗，坐落某处，硬断无加，自工自食，扎做小水，开河筑堰，放至中淤某处，改扎长簰，放至河口某处交卸。订定每甲根工食银若干，照数给算，当支领银若干，余者任客随时给付。自今承包之后，则行催工前去兴工开河，赶水撑放，包于某月内搜河齐全交卸，决不断（短）少人夫，致延时日，并不在途换窃。如有增揩异言，听凭执约公论。身等人夫，倘有疏虞不测，关乎天命，是身自理，不干客人之事。倘有一路失落木植，并与发票尺寸根数不符者，照依顶木赔偿无辞。恐口无凭，立此包约存照。

"甲""根"皆是木材的计量单位。木商雇人从山上砍伐木材，由人夫将之肩运至最近的小溪畔，在木材的兜部穿孔，用小木棍及竹制扎蔑联成数根或十多根，由山间小溪运往山外，为了运输方便，是先扎成"小排"，到达河道较为宽阔处，再改扎成"中排"或"大排"。有时，从山间到河边没有现成的水路可用，便需要以人工开河筑堰。《水断包揽约》商定了负责由水道运输木材的基本报酬，对包揽运输者的责任作了严格的规定，规定他们应在预定的时间内完成任务，并不得中途偷梁换柱乃至失落木材。另外还约定，在运输过程中，倘若发生人身意外，也由他们自己担负全责。这些，具体涉及缔约双方的权利、义务及违约责任等。

婺源木商从事木材砍伐，目的当然在于转手贩卖，而这种买卖可以发生在木材砍伐和运输的任何阶段。例如，《西河木业纂要》中，就有一份《买平水熟木契》：

> 立出卖在山熟木契人，某处△姓△名，今有原买某姓青山浮木一宗，共计大小若干根，业经砍伐做皮成器，为因盘缴无措，情愿将此熟木，央中出卖与……

在上揭的契约中，"平水"是指市场上现成的木材。而"熟木"与"浮木"二者相对，后者指自然生长的原木，前者则指砍伐下来的木材。此处的《买平水熟木契》，系指木材已经砍伐下来，但还没有转运出山，因拼山者后续的资金不到位，故而只能央求中人，将此熟木转卖他人。

当然，正常情况下是木材转运出山，运至木号之后，再开价出卖给其他的客户：

> 徽婺某号名下为货，当三面议定时值价银若干两，或言明点根算数，楸子或两折一送客，当收银若干，或一并收足。其木自今出卖之后，则听买客前去盖印，搬运无阻。未卖之先，并无重张交易。如有挂欠不明等情，系身自理，不干买人之事。所有随山用木桥板零碎，

以及篷用傢伙物件，俱在卖内，决不异言反悔。今恐无凭，立此卖契为据。

这是婺源木号的文书活套，反映了徽商颇为强烈的契约意识。根据此前的实地调查，木号由徽商自本经营，与代客买卖、抽取佣金的木行有所差别。上揭的契约提及，木材买卖交割之后，由木客前去盖印，亦即以镌有木号名称的钢质"斧印"，沾上红色印泥，在每根木材头部敲上"ΔΔ斧记"的独家印记[①]。

二、徽商在江西赣州一带的木业经营

在长江中下游的木材贸易中，来自江西的木材素称为"西木"。西木以产地言，约可分为三大区域，即赣江、抚河和修水三大流域。其中，又以赣江上游的产量占绝大多数。这些西木之来源，主要出自江西南部的赣南和吉安等地。此一区域崇山峻岭广布，著名的武夷山、罗霄山和南岭等绵延境内，再加上地属亚热带气候，雨量充沛，木材的产量极为丰富。在这一带，木材素有"关上""关下"之分。自赣州北运的杉木，要经过储潭关方能下行。职此之故，凡是在储潭关以上的叫"关上"，反之则叫

---

① 关于"斧印"，根据张应强、胡腾所著《锦屏》，他们曾在贵州清水江流域的加池村姜绍铭家，见到其祖上传下的一把"斧印"。"斧印"似一铁铸榔头，装有木质把手，通常一端铸有斧印持有者姓氏，另一端铸有其名字或木号。("斧印"之图，见《锦屏》，生活·读书·新知三联书店，2004年版)徽州木商是活跃在清水江流域的"三帮"之一，而关于"斧印"的记载，早在明代的徽州文书中即已出现。例如，《成化五年祁门谢玉清控告程付云砍状纸》(《徽州千年契约文书》宋元明编卷1，花山文艺出版社，1991年版，第186页)中，就有"当用谢字斧号印记，状投里老"的字样。晚清民国时期詹鸣铎的章回体自传《我之小史》，提及他从事木业经营的二弟之斧印取"家和万事兴"之义，简称"和兴"。(詹鸣铎著、王振忠整理：《我之小史》第11回《禀父书清言娓娓，接弟信文思滔滔》，安徽教育出版社，2008年版，第192页)我们虽然没有证据说明木号"斧印"的惯例一定来自木业经营源远流长的徽州，但倘若像一些贵州学者所说的"斧印"为清水江流域之独创，那恐怕离历史事实更远。

"关下"。"关上"之木，又有"东关"和"西关"之分。赣江是江西省的主要河流，上游赣州集左章右贡二水，故名赣江。贡水支流桃江、梅江两岸森林茂密，龙南、虔南、定南、会昌、瑞金等地的杉木都沿着贡水运至赣州集散，称为"东关"。章水支流上犹江两岸的崇义、营前、集龙，以及章水沿岸的南康、大庾等地之杉木，亦至赣州集散，称曰"西关"。这些木材，下江人统称其为"关上西木"。此类木头木质坚韧，为西木之上品。

至于"关下"，则有"上龙泉"和"下龙泉"之分。吉安府龙泉县今为遂川县，境内之河流有遂江和蜀江，而遂江又分左、右两支流，后二者在县城西南之阳关滩汇合，再由万安之罗塘湾流入赣江。至于蜀江，则经衙前、桥头以及泰和马家洲等地汇入赣江。附近区域所产的杉木，凡是在县城集散、沿遂江经罗塘湾出口入赣江下运的木材，叫"上龙泉"。凡是在泰和县境马家洲集散并最终汇入赣江者，则叫"下龙泉"（见图1）。龙泉一带，早在五代时期，即是官方采伐木材的重要地点。北宋乐史编纂的《太平寰宇记》记载："龙泉县，本吉州太和县龙泉乡什善镇地，伪唐保大元年析龙泉、光化、遂兴、和属等四乡置龙泉场，以乡为名，采择材木之故也。显德七年升为县。"①可见，龙泉最早是因采择木材而设场，后升为县。龙泉县杉木产量最多的是县境北部的蜀水流域，而蜀水流经的衙前市，据说在明代曾是开采皇木的钦差大臣官衙之所在，因此而得名为"衙前"。此地系"关下西木"之第一集散地，素有"木都"之美称。木业经营中广泛通行的"龙泉码"，也就渊源于吉安府之龙泉县。

---

① 乐史撰，王文楚等点校：《太平寰宇记》卷109《江南西道七》，中华书局，2007年版，第2218页。

图1 "西木"的种类与徽商在江西之木业经营

"龙泉码"是计算圆杉木的一套法则，通行此种计算方法的区域包括湖南、湖北、江西、安徽、江苏和浙江等省。它是根据圆杉木周围的大小来编成的一种数码，用来计算和代表圆杉木的体积数量。每一根圆杉木，其周围在市尺七寸以上者，每半寸便有一个固定的数码，这种数码之总称亦即"龙泉码"。龙泉码以"两"为单位，"两"以下分别为"钱""分""厘""毫"，皆是十进制①。龙泉码之历史源远流长，一般认为，它是明末吉安府龙泉县五斗江村郭氏父女首创，特别是郭维经之女郭明珠，是龙泉码创制的主要角色。她在总结前人木业计量经验的基础上深入思考，进而发明了龙泉码，后来出嫁到泰和县马家洲肖家之后，又进一步加以修改和完善。

及至清代，龙泉码又有了进一步的发展。当时，"双溪溪水接罗湾，百里沙滩九曲环，估客船通南北岸，浮桥横亘在中间"②。"双溪"也就是

---

① 艾中全：《木业的古老度量衡制度——龙泉码》，《木业界》1940年第1期。参见《遂川林业志》，1997年版，第131—138页。

② 杜一鸿：《龙泉竹枝词》，见孙煜华、孔煜宸编注：《江西竹枝词》，学苑出版社，2008年版，第199页。

吉安府龙泉县的左溪河和右溪河，二河在县城附近汇为遂江，而"罗湾"亦即上、下龙泉的分界点罗塘湾。竹枝词状摹的那些南来北往之估客商船，运输的货物大宗显然便是龙泉的竹木。根据乾隆时代《龙泉竹枝词》的描摹，"秀洲洲前多老树，北乡寨上好杉山，绞排出水下流云，买得京滩细崽还"[1]，频繁的竹木贸易，极大地促进了当地的经济繁荣。乾隆初年，徽州木商汪、戴两朝奉到当地经营龙泉木，为了适应龙泉木的实际需要，他们更精密地改进了龙泉码价[2]。关于汪、戴两朝奉的传说由来已久，并且在木业界广为流传，有的甚至认为他们就是龙泉码的创始人。不过，无论如何，这都在不同程度上反映了徽商对于江西木业的重要影响。

在这种背景下，赣南和吉安各地也自然成了婺源木商麋集鳞聚之区。不过，有关这方面的情况，迄今为止所知甚少，目前在婺源方志中仅能找到寥寥数条零散的史料[3]。而《西河木业纂要》中收录的几种商编路程，则集中反映了木商在当地的经营活动：

（1）"赣州府至南安府旱路程"（见图2）：

乙丑年，赣州主家刘孔谕，翁子圣坤城，侄圣毕墉。

出南门至大码头过渡　十五里至　黄金渡　过渡卅里至　潭口　卅

---

[1] 杜一鸿：《龙泉竹枝词》，见孙煜华、孔煜宸编注：《江西竹枝词》，学苑出版社，2008年版，第199页。

[2] 见李贻格：《江西遂川杉木林区兴衰史》，《农业考古》1990年第1期。另据《常州木材志（1800—1985）》记载，江西遂川衙前徽婺帮木客常驻砍伐青山，为时最早。（第29页）

[3] 康熙《婺源县志》卷2《疆域·风俗》："婺远服贾者，率贩木，木商以其货，寄一线于洪涛巨浪中。"（康熙三十二年（1693年）刊本，成文出版社，1985年版，第232页）后代的方志还指出，婺源木商的活动中心主要是在江西。对此，民国《重修婺源县志》卷11《食货五·物产》记载："贩木筏者，皆取杉材于江右。"（《中国地方志集成·江西府县志辑》，江苏古籍出版社，1996年版，第233页）例如，董昌瑷"买木南赣，遇水涨，漂失过半，抵苏出售，罄以还人"（民国《重修婺源县志》卷45《人物十二·质行五》，第98页）。婺源游山董自勉"贩木赣州，溺亡"（民国《重修婺源县志》卷52《人物十七·节孝二》董自勉妻汪氏条，第302页）。

五里至，有店

　　南康县　卅里至，属南安辖　　**贤女塘**　卅里至，有店　　**新城**　十五里至，有城池，有店

　　小溪城　十五里至，有城池，有店　　**田新城**　十五里至，有城池，有店　　**青龙墟**　十五里至，有店

　　黄龙墟　廿里至，有店　　**南安府**　首邑大庾，并辖南康、上犹、崇义（广东、湖南交界），过梅岭至广东南雄州，旱路壹伯［佰］二十里，近一天早到

图2　赣州府至南安府和集龙墟陆路示意

　　从赣州府至南安府，虽然是旱路，但基本上是沿着章水沿岸谷地行进。从《西河木业纂要》的内容来看，"乙丑年"应是清同治四年（1865年），而刘孔谕等人则是徽商在赣州开采山木时所接洽的"主家"。这一路程及其相关记载，显然是作者对同治四年一次从商经历所作的记录。关于当年的情况，《西河木业纂要》中还收录了一份示谕：

　　南安府黄出示晓谕事。照得南郡本地竹木，前系众志局经理，以三十株抽取一根。嗣因择期建造文昌宫，改归府署收缴。其时适值本府卸事，致未兴工，当经前府出示，暂行停抽在案。查文昌宫有关祀

典，且旧岁郡城被围，城上奎星阁亦遭焚毁，亟宜次第兴工建造，惟工程浩大，所有前项竹木，自应照旧由府收缴，以备工用。在商贩所抽无几，易于为力，而地方工程不无小补。除另派府书经收外，合行出示晓谕，为此示仰郡城及商贩人等知悉，尔等嗣后贩运竹木到境，务须按照旧章，凭行抽取，勿得以小作大，以多报少。倘有通同朦混，定即提案究罚。承办之人，亦毋得藉端扰累，致干并究，各宜凛遵毋违，特示。

这是江西南安黄姓知府①颁布的一个谕令，要求木商按三十抽一的比例，捐助建造文昌宫及太平天国时期因兵燹战乱而遭焚毁的奎星阁。上述的史料末了注明："同治四年二月二十六日示。是时我邦〔帮〕程怡裕、程永源集各邦〔帮〕数字号具公禀。"这个说明的前半部分是上述晓谕出具的年份，后半部分则指出针对此事徽帮程怡裕、程永源汇集各帮的木商字号公同上禀，请求官府俯恤：

具禀△△、△△等，为镂晰苦衷，恳恩俯恤，以招怀远事。商等远途贸易，奔投治下，或由一二千里，或由七八百里，近悦远来，愿被仁风。慨自遭变而后，日食不给，奚暇经营？旧岁以来，蒙大宪扫除妖氛，四民安业，商等咸集腋以成裘，或典质而作本，愿藏于市以谋生计。迨至采办，山价之资倍其半，雇工之值增其半，厘金有数十余款，赣关有税，大姑有关，芜湖、龙江又有关，各处报效，为数甚钜。前奉宪示抽竹木一款，以济文昌宫、奎星阁之费，足见为国为民，以公济公，如包、郭之复生也，商等岂敢有违？但所入甚微，所出甚大，心虽有欲，力实难周。况今夏水涨旺之期，正值木牌放行之际，承人之本而来，不能空囊而归。倘蒙宽宥之恩，俯怜商旅，不但近者沾雨露之深恩，而远者共仰日月之光辉。为此沥求大人秦镜高

---

① 经查，此人即主修同治《南安府志》的知府黄鸣珂。

悬，甘棠遗爱，开三面之网，施一念之仁，俯察蚁忱，恩施异赤，万代朱衣，戴德上禀。

太平天国以后，徽州木商在赣南的运营成本大为增加。徽商以赣关、大姑塘、芜湖、龙江等处各关均抽有税，希望南安官府收回成命。结果，"禀未收，绅董出身劝捐洋二百四十元，抽款撤"。这是上述禀文后的小字说明，反映出此一事件的最后处理结果——亦即由徽商一次性地捐资，来代替三十抽一的额外税收。其中的"△△""△△"，应即程怡裕、程永源，也都是徽州婺源的木号。

除了与官府交涉的来往档案之外，《西河木业纂要》中另收有几份文件，反映了婺源木商在南安府一带的纠纷，这些文件也与徽商程怡裕有关：

> 程怡裕放小水讹诈，大庾县控为斩堰截缆，故害商木，课厘皆空，亟求究办，以安商命事。商等远来治下，采办木植，恐河道阻碍，前经请示通明，不意仍有藐法地棍△△，趁洪水泛长，竟将生号作堰之水斩断，吊簰缆索并截，致使存塘木植数十余甲荡没无踪，商本无归，课厘两误。似此特地欺异，商路难通，为此亟叩宪大老爷饬差提究，以安商旅，以全课厘。朱衣万代，戴德上禀。
>
> 五月廿八复禀，为抗票不遵，害商玩法，课厘全空，叩严提究事。切生于本月十六日，以斩堰截缆一案，具控魏科仔等，当蒙饬差提究。讵料特强玩法，刁谲异常，公然抗拒，匿不到案，并声言生到其地，持刀恣杀，既陷生本，又害生命。彼处木植尚存八千有余，生不敢盘，设遇不测，本何归原？冤何诉伸？似此凶恶，甚于豺狼。科特地利，把持有人，生苦异乡，患难谁保？为此逼迫，不得不再叩恩大父师迅赏差提，严拿到案，剪莠安商，以亦［翼］生命，以全课厘。万代朱衣，载［戴］德上禀。

大庾县为南安府首邑。从上述两份禀状可见，徽商程怡裕于某年的五月十六日和五月二十八日，分别两次向大庾知县控告当地一个叫魏科仔的人，后者将其为运输山木所筑的堰以及缆索等加以破坏，致使木号存放在当地的数十余甲山木被洪水漂走，损失惨重。为此，程怡裕向官府上控后，大庾县即派差役前往提究魏科仔等人，但遭到后者的消极抗拒。魏氏甚至扬言，倘若该木商再到当地，将性命难保。这陷程怡裕于极度困窘之境地，因为当地还存有砍伐下来的八千余根山木，现在由于受到魏科仔等地头蛇的威胁而难以运出，本钱悉数尽失。所以程怡裕请求官方介入处理，以保护木商的合法权益。

对此，官府下达了一份谕令：

> 大庾县陈谕魏科仔等族知悉：案据徽婺木商监生程鉴具禀，来治采办木植，讵有地棍魏科仔等勒诈不遂，趁河水泛涨，将作堰之水斩断，吊簰缆索剁折，荡散无踪，等情到县。据此，客商买运木植，岂容棍徒将木簰斩断，致使荡散？除票饬差拘外，合行谕饬，为此谕仰魏姓族长及地保人等知悉，立即遵照，尔等速将程鉴木植赶紧查起，照数交还，本县或可恩宽免究。倘魏科仔等仍敢抗不交还，即唯尔等是问。该族等当查起交还缘由，赴案禀覆，以凭察夺，毋违，特谕。

这是大庾知县严词要求魏科仔的家族及当地的地保，负责将婺源木商所有的木材悉数交还。

关于此事的后续发展，前引第二份文件的末了附有一段小字的说明：

> 批：现已饬差提究，一面再行严拿，毋庸砌词耸渎。<u>因词内有"恃地利，把持有人"，致批"毋庸砌词耸渎"。复追二犯到案，押数月，河路自是获安。</u>

上揭文字的前一部分，为大庾县官府的批语。后一部分（划线处）是程怡裕本人对处理结果的推测及说明。从禀状来看，程怡裕书写诉状的水平较高，颇能耸人听闻。这当然并不奇怪，程怡裕应是木号之名，其本名为程鉴，具有监生的身份（详下）。在明清时期，徽州"健讼"之风炽盛，徽商多贾而好儒，在这种背景下，具有监生身份的商人，通常同时也是诉讼方面的行家里手，对于书写诉状、打官司等一般都颇为内行[①]。他们往往会将状词写得耸人听闻，以便提高官府受理的概率。对此，各级官府也心知肚明，所以在认定基本事实的基础上，又批"毋庸砌词耸渎"。此外，上述的文字还对最后的处理结果作了记录——亦即魏科仔等二人被捕，拘押了两个月，徽商运输木材的河路此后也得以畅通无阻。

（2）"赣州府至集龙墟旱路程"（见图2）：

出西门至洋梅渡，过渡廿里至　欧塘　十里至　兜坑　十里至

无头　廿里至　塘江墟　十五里至，有巡司，大市镇　油罗塘　过河，十里至

土墙围　十里至，有店　铺前　十里至　黄沙圩　过河十五里至

上犹县　十里至，南安辖。有走清湖圩闸水，江口长潭出　丛树坪　十里至　水幹　十里至

枫树坝　十里至　源坑　十里至　江口　廿里至

长潭　过河，十五里至　杰坝　十五里至　石玉　十里至

石榴坑　过河，十里至　过埠　十里至圩场　古木口　过河廿里至

高坌　廿里至　麟潭　十里至　花山　廿里至

古亭　卅里至　枫洲　十五里至　集龙　属湖南郴州直隶州桂阳县

集龙墟属湖南省郴州的桂阳县，位于县东七十里，同治年间是"逢一

---

① 参见王振忠：《十九世纪跨省民事诉讼案件的处理——以〈土豪余进生谋夺押产、飞税胧印、截夺租谷、毁苗械劫、盗卖玩法全案〉为中心》，日本国文学研究资料馆主办"近世东亚的纠纷与文书"国际学术研讨会论文（2012年11月25日），载《9—19世纪文书资料の多元的複眼的比較研究（2012年度年次报告书）》，人间文化研究机构，2013年3月。

六日”为墟，当地“山多田少，全赖木植以资民食”①。从赣州府到集龙墟虽然也是旱路，但基本上是沿着上犹江沿岸西行。

除了上述的商编路程之外，“赣州府至集龙墟旱路程”还提及某年前往集龙墟的经历：

> 乙丑年主家鸿顺店庚裘金买，用二分花边，每元过集平七二，水断刘宗清送至赣淤，每根廿文左右，在集淤楸簰伙食在内，买生意各蓬，均要搭料，花槁、桥板、木器傢伙、大小篾缆。
>
> 三江口至赣州府，水路六十里，系集龙、南安两河合口之处。自此以下，则无车矺。路上亭二门云：消烦息困，逸去劳来。

文中的“淤”即滩地，是指木排在江滨的停靠地点和交易场所。“集淤”亦即集龙墟的滩地，而“赣淤”则是赣州停放木排之处。该处的“乙丑年”，是指同治四年（1865年）。此次经营，是与集龙墟的“主家”鸿顺店庚裘金交易。在文中，作者缕述了木材经营时的开销、度量衡等，甚至饶有兴趣地记录了沿途所见的一处路亭对联，所谓消烦息困，逸去劳来，显然让旅途奔波的徽商颇多感触。

对于在湖南集龙墟经商，《西河木业纂要》一书还指出：

> 凡在集龙办生意，人事浇鄙奸诈，诸宜精细留心，幸毋大意。凡看在山熟木，合式者买成，立即着兄伙放印，根数记明，马木若干，写交单水账，必要写明有多送客，少照扣，何日包送至集湘口字样。否则以小换大，多则藏匿马木，少则搀入小木，以尖作正，延不赶运出河，致误水次，种种弊端，难以枚举，当事者临事慎之！

徽商外出经商，对于异地的风俗（按照时下的说法，这关乎当地的投

---

① 《赣邦集龙办生意放水，被放坑讹诈，具公禀益将司底》，见佚名著《西河木业纂要》抄本。

资环境）颇为留心，这在诸多的商编路程中皆有反映。不过，由于体例上的原因，商编路程对于各地风俗的记录大多简明扼要，点到即止。此外，也有一些徽商对于经商地点的风俗，撰有专文论述①，颇具史料价值。上揭一段是说集龙墟民风浇薄，在当地从事木业经营者应事事小心。具体说来，凡是在山上看好成熟的山木，只要谈妥生意，就应当立即打上斧印，记明马木若干，写下交单水账，注明何时运至交割地点。倘不如此，则会被人以小木材换大木材，或藏匿马木，以次充好。如果不赶运出水，误了汛期，也会造成很大的麻烦。其中每步皆有陷阱，需格外小心才是。

在这种背景下，徽州木商在集龙墟与当地人发生冲突也就在所难免。《西河木业纂要》中就有几份文书，反映了婺源木号在当地的经济纠纷。其中之一是《本号王广和于同治四年在桂阳集龙墟办生意，被断头偷换正木词底》：

> 具投状人徽婺王广和号，投为险奸欺异，误课坑商，叩公理论，裕课通商事。被：邱发瑜，余候补②。本号四月初三日承主庚鸿顺店中庚腾芳、刘宗清等，议买邱发瑜元顺印花皮正木一宗，计价洋叁百五十七元正，比立水帐为凭，成后付价，放木交号。讵意发立心阴险，惯甘下流，以多写少，以小调大。号伙成太往山查看，见元顺印正木大小四十一根，又广和印大木二一、十八、十八、十六共四根。盗势若此不究，将来国课何供？异商难通，不得不叩公质贵府知事先生尊前施行。

这是同治四年（1865年）婺源木号王广和在桂阳集龙墟从事木业经营时与当地人发生的纠纷。所谓词底，是指投状人在递交投状之同时自己誊

---

① 晚清民国徽州人詹鸣铎，在其所著的章回体自传《我之小史》中，就对活跃于景德镇的各地人群，有着极为生动的描摹。清代歙县芳坑江氏茶商江耀华也不例外，他曾抄录《茶庄竹枝词》，对屯溪的茶业运销及相关风俗，也有栩栩如生的记录。而在义宁州，他亦撰有（或抄录有）反映当地风俗的大段文字。

② 此处的"余候补"三字，可能是指所列的被告者尚有其他人。另外，该投状的天头处，尚有横写的一"证"字，应是抄录者尚未将相关的证人列上。

录的内容底稿。此一投状说的是婺源王广和木号通过集龙墟鸿顺店的庚腾芳、刘宗清等人，购买邱发瑜的山木数十根，结果被后者虚写木植根数，以小调大。为此，王广和投诉邱发瑜的卑鄙行径。文中的"元顺印"，亦即邱发瑜的斧印，"广和印"则是婺源木商王广和的斧印。这份"词底"末了注明："后经公理论，原木归还外，罚洋充公。"

除此之外，书中还记录了另一次的纠纷，那就是《赣邦集龙办生意放水，被放坎讹诈，具公禀益将司底》：

> 具公禀局绅△△△，为不平则鸣事。衅因郭汝郁与邱发盛合伙在塥头等处，买有杉木二万余根，亟今作坎出流，被林伦奎放断坎水十余处，阻陷其木，经生等往看属实，查其情形，并无干碍，原系讹诈起见，伙同何忠远等叠次放坎，以为奇货可居。附思集龙地方山多田少，全赖木植以资民食。兹遭藉坎讹诈，商贾从此绝迹，不颁究惩，惟恐效尤日炽。为此公禀仁廉作主，俯赐周公之剑，惩奸除诈，四民衔结以报，生等咸占厚德，上禀司主老父台台前。

与此相关的另一份文书为"各商公禀"：

> 具公禀异商△△等，为兴利除弊以安商贾事。民籍徽州、江西，来治集龙地方采办木植，近有无耻之徒，游手好闲，专以油火讹诈为生涯，其往往受害者难以枚举。兹有林伦奎等，藉坎讹诈郭汝郁等，叠次放坎，阻陷其木，以为奇货可居，不颁究惩，异商受害难堪，盛世如同化外，仁里变作互乡。为此公同匍叩仁廉作主，伏乞西伯之仁，以救异乡之孤客，而除就地之恶弊，望光上禀司主老爷台前。

这两段资料是说，郭汝郁和邱发盛等江西、徽州木商，在集龙墟一带购买杉木二万余根，被当地人林伦奎多次设置障碍，阻碍山木外运，为此，木商具禀，希望某局士绅为之出面解决，而某局士绅又据此向官府上禀。徽州民间文书之书写，素有约定俗成的减笔写法。因此，标题中的"赣邦"应为"赣帮"（就像前述南安知府示谕中的"我邦""各邦"一样），"司底"应即"词底"。该两段史料颇为耐人寻味，其中提到"赣帮"以及"民籍徽州、江西"等，说明徽商与江西商人似乎是结合在一起外出经商。类似的情况，也见于反映清水江木材贸易的商编路程中[①]。

（3）"瑞金县至赣州府水路程"（见图3）：

瑞金县　八十里至　会昌县　六十里至，属赣州　骆口塘　六十里至　芝麻塘　六十里至　宁都州河口　廿里至　雩都县　七十里至　兴国县河口　廿里至　信丰县河口　廿里至　七鲤镇　十里至　赣州府　首邑赣县

图3　瑞金县至赣州府水路示意

① 关于这一点，详见王振忠：《徽、临商帮与清水江的木材贸易及其相关问题——清代佚名商编路程抄本之整理与研究》，载《探索清水江文明的踪迹——清水江文书与中国地方社会国际学术研讨会论文集》，巴蜀书社，2014年版。

这条由瑞金县至赣州府的水路程，由瑞金县经贡水西南行，至会昌县，再西北行经雩都到赣县。所谓宁都州河口、兴国县河口、信丰县河口，分别是指梅江、潋江水、桃江水汇入贡水的入口地点，这三条河分别流经宁都州、兴国县和信丰县，故在路程中均作为地名出现。

该条路线行经的贡水沿岸，早在六朝时期就已有木材采伐的记载。据《太平寰宇记》所引《舆地志》："虔州上洛山多木客，乃鬼类也。形似人，语亦如人，遥见分明，近则藏隐，能斫杉枋，聚于高峻之上。与人交市，以木易人刀斧，交关者前置物枋下，却走避之，木客寻来取物，下枋与人，随物多少，甚信直而不欺。尝就民间饮酒为诗，云：酒尽君莫沽，壶倾我当发，城市多嚣尘，还山弄明月。"[1]《舆地志》为南朝梁陈时人顾野王所著，上述的记载反映了公元6世纪的情形[2]。稍后，当地还广泛流传着兴国上洛山之木客，"自言秦时造阿房宫来此，因食木实得不死，尝就民间饮酒赋诗"[3]。据明代人指证，上洛山在兴国县西南四十里[4]。在此背景下，方志中更收录了不少与此相关的《木客吟》。这些，有不少虽属荒诞不经之言，但也从一个侧面折射出当地木材贸易之兴盛。此外，同样是在兴国县西南四十里，同治《赣州府志》还记载：

> 会昌安石堡地名田坑，产巨杉，有木客某贸为材，既伐，三年不得达于河。一夕，梦一白衣伟人告曰：吾兄弟五人，欲栖于此，子能

---

[1] 乐史撰，王文楚等点校：《太平寰宇记》卷108《江南西道六》虔州赣县条，中华书局，2007年版，第2176页。

[2] 亦见顾野王：《舆地志辑注》卷15扬州南康郡"上洛山木客"条，上海古籍出版社，2011年版，第360页。

[3] 光绪《江西通志》卷180，赵之谦等纂，光绪七年（1881年）刊本，华文书局，1967年版，第3873页。需要指出的是，"木客"一词的含义在传统时代有着相当大的差异。早期记载（如《越绝书》《水经·渐水注》等）中的"木客"，是指伐木工人。唐宋时期的"木客"，主要是指在山林中从事砍伐的江南土著。及至明清，"木客"则是木商（尤其是进山采买的木号）之代名词。

[4] 嘉靖《江西通志》卷34《赣州府》，嘉靖四年（1525年）刊本，成文出版社，1989年版，第5415页。

为我建庙，当为子达木于河。某许之，果大水，木达于河。然所经田禾悉被湮没，乡人咸诟厉某。某又密祝之，夜复梦神告曰：易耳，弗忧。一夕风雨大作，水逆涌而上。雨止，则前所湮没者，填塞如故。是年秋，竟大稔。此俗呼田坑为填坑，迄今水东建富心庙祀焉。①

会昌县，也位于"瑞金县至赣州府水路程"沿线。文中"白衣伟人"所说的"兄弟五人"，可能与宋代以来的五通信仰密切相关。据南宋洪迈《夷坚志》记载："大江以南地多山，而俗機鬼，其神怪甚傀异，多依岩石树木为丛祠，村村有之。二浙、江东曰五通，江西、闽中曰木下三郎，又曰木客，一足者曰独脚五通，名虽不同，其实则一。考之传记，所谓林石之怪夔罔两及山獚是也。……变幻妖惑，大抵与北方狐魅相似，或能使人乍富，故小人□□好［迎］致奉事，以祈无安之福。若微忤其意，则又移夺而之他。遇盛夏，多贩易材木于江湖间，隐见不常，人绝畏惧，至不敢斥言，祀赛惟谨。"②根据当代学者的研究，南宋时期的五通神嗜利重欲且多兽性，它吸纳了同发源自徽州婺源、名号又与五通近似的五显信仰，被世人形塑成欲念甚重同时又知悉、掌握人间诸事的五通神格，在崇拜上形成了近于契约签订的特殊法式——许多当事人经由入梦、魂游或对答等方法，直接与五通神商谈并确认契约内容，立下约定。因此，在五通神人格建构中，立约中代价与收益间的对等关系，成了此类故事的主要思维及中心内容③。对比之下，上揭同治《赣州府志》讲述的故事，显然也具备了互蒙其利的概念，与《夷坚志》中的诸多个案颇相类似。此外，此一故事实际上反映的是木商经营活动中时常遭遇的两难境地。根据木业经营的通常做法，木材从山上砍伐下来之后，都是用人力背负至小河边，利用小河之水，"横河作堰蓄水，开放冲出，名曰撑堰水，以水源之大小，而定蓄

---

① 同治《赣州府志》卷78《杂记》，第1452页。

② 洪迈：《夷坚志·夷坚丁志》卷19《江南木客》，中华书局，1981年版，第695—696页。

③ 黄东阳：《利益算计下的崇奉——由〈夷坚志〉考述南宋五通信仰之生成及内容》，《新世纪宗教研究》第9卷第4期，2011年6月。

水之迟早，到大河旁，再绞木筏下放，名曰大筏"①。但因作业程序中的开河运木②，交通运输与农作耕耘往往不能兼顾，平时为了农田水利，有些水塘总是关闭蓄水，要逢到固定的日子方才开闸放水以利运输。在这种情况下，木商采办货色，买卖进货，除了虔诚祈求天降甘霖③之外，有时，也会通过花钱打通关节，让木排尽早出口，赶运至下江市场。在此背景下，木商与当地土著发生纠纷便在所难免。此种情形，可以与前述的诉讼案件比照而观。事实上，无论是在章水沿岸婺源木商程怡裕被人"斩堰截缆""放小水讹诈"，还是赣帮商人郭汝郁、邱发盛在集龙墟被土著"放断坎水十余处，阻陷其木"，都在不同程度上反映了此类纠纷。对比诉讼案卷与方志中讲述的灵异故事，显然可见两者昭示的事实并无二致，只不过两造的调停人，一是官府一是神明罢了。揆诸实际，前述故事之所以想请出神明作为调停人，显然折射出此类纠纷颇为常见，而对其处理往往亦相当棘手。

（4）"赣州府至湖口县水路程"（见图4）：

赣州府	廿里至	储塘	东，四十里至		
五索滩	六十里至	良口	东，六十里至		
大王庙	六十里至	万安县	东，卅里至		
罗塘湾	西，卅里至，	此处上龙泉河口	泰和县	西，七

① 萧家璧:《苏皖木材出产地——遂川——现阶段木材之厄运》,《裕民（遂川）》1943年第4期。

② 除开河外,即使是由陆路运送木材,亦需经过他人地盘。中国社会科学院历史研究所收藏整理《徽州千年契约文书》(宋元明编)卷1《成化十一年祁门洪社宽借路文约》(花山文艺出版社,约1991年,第199页),即与木材运输有关。另,贵州清水江文书中也有类似的例子,例如民国二十五年（1936年）十月二十一日《吴志科、吴茂易砍木讨路字》和民国二十七年（1938年）八月二十六日《姜纯熙、姜文忠、姜秉魁砍木讨路字》(张应强、王宗勋主编:《清水江文书》第1辑第2册,广西师范大学出版社,2007年版,第164、166页)。

③ 《西河木业纂要》中收录有一副《祈雨对联》:"四海雨滂沱东涧水流西涧水,五方雷霹雳南山云接北山云。"从中似可见木商之盼雨情殷。

武溪河口　　西　　神岗山　　西，十里至，此处小江河口，内由安福县河，柘田、陈山出木，由安福转永宁县。双江口出木，由永宁转。罗浮街出木，由罗浮转武溪、山内、相州等处

吉安府　　西，卅五里至　　吉水县　　东，十五至［里］至

三曲滩　　西，十五里至　　白沙驿　　十里至

富口　　十里至　　童江湾　　十五里至

长簰　　十五里至　　峡江县　　西，十五里至

仁和　　廿里至　　新淦县　　东，卅里至

河埠　　廿五里至　　石口　　十里至

太阳洲　　十五里至　　三湖　　西，五里至，至临江府十五里

永泰　　东，五里至　　浦滩驿　　十里至

临江府河口　　西，十里至　　樟树镇　　东，十里至

凉伞洲　　卅里至　　丰城县　　东，卅里至，锚船在此处叫

龙头山　　西，十里至　　小江口　　十五里至

张武渡　　廿里至　　市槎　　东，廿里至

河旧［泊］所　　西，卅里至　　生米罐　　西，廿里至

江西省　　东，十里至　　纲埠　　五里至，东河往饶州

王家套　　十里至　　樵舍　　西，卅里至

三湾　　卅里至　　昌益　　东，卅里至

三洲头　　卅里至　　吴城　　西，卅里至，至此处落淤浇捆

火烧洲　　中，十里至　　琵琶脑　　十里至

珠玑　　西，十里至　　老爷庙　　东，廿里至

南康府　　西，十五里至　　谢司港

铁柱石　　东　　青山头　　东

狗头石　　西　　大姑塘　　西，至此安泊，过关纳税

女儿港　　鞋山　　中

白虎塘　　文昌洑　　东，十里至

湖口县　　南，至柘矶十里

图4 赣州府至湖口县水路示意

这是从赣州府出发,沿赣江北上,前往湖口县并汇入长江的水路程,此乃传统的赣江——大庾岭商路的一个重要组成部分。文中的"储潭"亦写作"储塘"或"储潭塘",是划分上、下关木的界限。自赣州北流约20公里,自储潭开始至万安遂川江口数十公里的河段中,山势陡峭,河道自然落差大,滩多流急,形成著名的赣江十八滩。另外,该水路程亦明确指出,罗塘湾是划分上、下龙泉的界限。"神岗山"条下提及吉安府安福县的"陈山木"①等,以及永宁县一带出产的木材,亦通入泸水、禾水汇入赣江。在神岗山,小排被改成中排,沿赣江而下,迄至吴城镇再扎成大排。吴城镇一带也有赣江沿岸木排停靠及交易的滩地,故称"至此处落淤浇捆"。所谓浇捆,应指改扎木排,亦即将中排改扎成大排(俗称"过江排")。大姑塘在九江东南35里,东濒鄱阳湖,清时设有巡检千总守备驻

---

① "陈山木"为西木中的精品,同治《安福县志》卷4《食货·物产》:"木有松柏枫樟梓栗槐柳,山谷中杉木尤多,其产陈山者,性坚不裂。"(《中国地方志集成·江西府县志辑》,江苏古籍出版社,1996年版,第72页)

防，又分设九江钞关，凡由此经过的商货均需纳税。此后，大排经鄱阳湖出湖口，沿长江而下集中到南京上新河。至此，再扎成小排或中排转运至常州、丹徒等地发售。

上述四种路程，皆以赣州为起点或终点，这说明编纂《西河木业纂要》的婺源木商之经营活动系以赣州为中心。

除了四条商编路程之外，婺源木商以赣州府为中心的活动，在书中还有其他方面的记载，例如：

赣州缆厂，东关李命锬、子泰亨起，乙丑年算账底，广和号

行江　每丈一钱六分　六十　每丈一钱二分　悼簹　每丈六分

连半　每丈一钱五分　四十　每丈一钱正　挍湖　每丈五分

草把　每丈八分　扎篾　每百皮四分　青皮脑索　每条一两二钱

黄皮脑索　每条八钱　簧柴　每把一分　苗竹　每根五分

三花　每扛二钱四分　冷蓬　每块四钱　遮巴　每块二钱

以上均是河平，九五折实，八八兑客平，其客平照曹平，每百两少四两，合九六扣，实曹。

据道光《赣州府志》记载："郡邑列肆而居者，皆远乡大贾，土人业微业，利微利，以役手足、供口腹而已。若行货，惟杉木一种，尚有能运至他省者，余则寥寥。"[1]这是说赣州城中从事商业的，都是来自异地的贾客，其中当然也包括徽州商人。当地的土著只是依附于前者，干些腿脚奔忙的力气活聊以谋生而已。赣州一带只有杉木可以运往其他地区，此外的特产相当之少。关于杉木，同治《赣州府志》亦载："赣产杉木，故木材最多，江省各郡多取给于此。"除了木材之外，苗竹也是木商贩运的对象，

① 道光《赣州府志》卷20《风俗》，道光二十八年（1848年）刊本，成文出版社，1989年版，第1420页。

"赣属椅桌箱簟,多以竹为之,郡人藉以为业,列肆皆是"①。由于捆扎木排需要专门的篾缆,这些篾缆要由专业的缆厂以手工制成。缆厂依附于木业而存在,故在木材运输的重要集散地,多有缆厂存在②。上述史料中提及的"广和号",应当就是同治四年(1865年)在湖南桂阳提交投状的婺源木商王广和号。"乙丑年算账底",是指该年的账目底稿。其中有不少专业术语,如"草把",即草把缆(这是扎筏主要的用缆)。此外,还有不少因术涉专门而难以尽悉。不过,大致的内容是王广和号向赣州缆厂(老板是位于东关的李命镞等人)购买运输木材所需的各种材料之费用清单,其中,也注明了使用的度量衡(如"河平""客平"和"曹平"等)。此外,书中还提到同治四年与"西关刘相遐厂""赤坑坪谢家缆厂"等的交易。其中,乙丑年的"赣州断头"中还提及:"做排每日中时,每人贴水酒一升,算帐日两放簰,共贴花红猪尾洋叁元。"这是在赣州扎排时的相关开支记录。

根据木业界的惯例,西木撑至赣州,并小排为中排,因此,赣州成为西木的重要集散地。中排撑至江西吴城,再并中排为大排,由吴城经湖口,然后再沿长江运往下游各地。对此,《簰务杂要》对赣江沿途的放排("排"亦写作"簰")惯例,有诸多记载。例如,其中的"兄伙壹路神福",就是将对翻山越岭、放排闯滩者的犒劳一一记录在案。对照当代人的追溯,旧时排上数十个工友的食品,除了油、盐、米、柴等事先购备外,排上还养有几头生猪,备有磨制豆腐的工具,做豆腐供工友们食用,而生猪则是为犒劳宰食之用。杀猪摆酒,犒劳工友,称为"做神福"③。有关此类"神福"的描述,在几乎所有的商编路程中皆有详略不一的记载。由于这些神福已成约定俗成的惯例,故而在徽州启蒙读物中,也有

① 同治《赣州府志》卷21《物产》,同治十二年(1873年)刊本,成文出版社,1970年版,第431页。

② 据张嗣介对赣州木材集散地七里镇(即《西河木业纂要》中的七鲤镇)之调查,当地的非农业人口基本上是以前从事运排、扎排、打缆的工人,或经商贩木的商人。见氏撰《赣南明珠——七里镇》,载《南方文物》2001年第4期。

③ 常州市木材公司:《常州木材志(1800—1985)》,第124页。

"神福火食，一并其中，每名言定，该钱几多"的描摹。此外，《西河木业纂要》对于其他的有关开销，也有不少描述。值得注意的是，文中还提及"接本婺上下溆客友"，所谓溆客友，应当是指在水上放排者。而"本婺"的字样，说明这些放排师傅，也是从徽州婺源聘请而来。

当时，婺源木商在江西赣州购得的木材，都是运往长江下游贩卖。故而，《西河木业纂要》中有"姑塘关江西簰例""芜湖关例""芜湖关湖广簰例"和"龙江关例"等。其中，"姑塘关江西簰例"之后注明："乙丑年十月初七簰抵姑塘，主家程大年，带伙宋炳中及弓抓手老彭，上簰较则"，"乙丑年"也就是同治四年（1865年），姑塘主家亦即与该木商交易的木行，从姓名上看，程大年也应是徽州商人[①]。所谓伙和弓抓手等，应是木业经营中的商厮商伙。此外，"芜湖关例"和"龙江关例"后分别注明："道光十七年江西簰长""道光廿年江西簰长"，这些应当说明《西河木业纂要》的作者早在太平天国战争之前就已开始从事木业经营。

四、余论

根据20世纪40年代的追忆，在太平天国前后的长江中下游地区，"徽帮之盛，甲于当时，富与盐商埒"[②]。而在徽帮木商中，婺源木商的历史至少可以追溯到南宋时期。一个重要的旁证是，宋代婺源的五通庙市，很可能即与当地发达的木业贸易密切相关。及至明清时期，木业更成了婺源商人专擅的一种行当。在江南的不少地方，木业中人只有学会几句婺源方言，方可显示自己是吃木行饭的正统出身。在长期的商业实践中，婺源木商积累了相当多的商业经验，也留下了不少相关的商业书，而《西河木业纂要》就是其中相当重要的一种。从内容上看，该书之中虽有一些原始文

① 明清时期，凡是木材运输的集散地，多有婺源木商侨居。譬如，乾隆刻本《三田李氏重修宗谱》卷18："佛辉……生康熙丙辰，随姑家于湖口作木商。"（引自"爱如生大型数据库·中国谱牒库"，唯此数据库误标该谱作《安徽歙县三田李氏重修宗谱》，三田在徽州婺源，而不在歙县）

② 芦隐：《南京上新河木业志》"人物志"，《木业界》1940年第1期。

书的辑录，但从总体上看显然也经过较为系统的整理。兹将其主要内容归纳列表如下。

《西河木业纂要》主要内容

序号	分类	内容(加括号者原文无标题,系笔者根据其内容概括拟定)
1	商人书	出门须知、托众人、(概说)
2	契约格式	卖契、承揽包约、出拼青山浮木契、出卖在山熟木契
3	实例	赣州缆厂、赣州断头、乙丑年上龙泉银贯龙平纹八八兑、乙丑年十一月梱浅搁鲫鱼洲前江中之黄洲头种鱼锚尺寸
4	路程	赣州府至南安府旱路程、赣州府至集龙墟旱路程、瑞金县至赣州府水路程、赣州府至湖口县水路程
5	关例	姑塘关江西簰例、芜湖关例(道光十七年)、芜湖关湖广簰例、龙江关例(道光廿年间)
6	与官方文书来往	同治三年五月在两江总制曾中堂进禀、六月复禀、六月十五日批、八月初四日又禀、八月十四日批、江苏木厘新章四则、南安府黄出示晓谕事、具禀△△△△等为镂晰苦衷恳恩俯恤以招怀远事
7	诉讼案卷	程怡裕放小水讹诈大庚县控为斩堰截缆故害商木课厘皆空亟求究办以安商命事、本号王广和于同治四年在桂阳集龙墟办生意被断头偷换正木词底、赣邦[帮]集龙办生意放水被放坎讹诈具公禀益将司[词]底
8	专业算法	姑塘算捆法、姑塘切片算法、甲子年怡泰号姑塘关簰算法、湖口厘卡完厘算法、簰务杂要、兄夥壹路神福、簰务傢伙、湖广码子单、龙泉码价单
9	生活经验	延年广嗣说、保身立命要诀(附录行房戒期)、禁坟白蚁法、祈雨对联、医方杂要
10	娱乐	(文字九连环)、(两地书)、藏头诗、猜字蜜[谜]语、四件花名

以上十个方面的大致分类，其内容皆围绕着婺源木商以赣州府为中心的活动而展开。其中提及的姑塘、芜湖、龙江，都是西木需要经过的几个重要关卡。清代各工关主要征收竹木税，其征收方式各有不同，可分为量排量筏、按木径围、按木定价、按木核价折征、按木植实物等征收形式。通过九江关、芜湖工关、龙江关的竹木，大的都扎成排筏，小的则捆成把，故而过关时需要丈量竹木排筏征税，采取量排量筏的方式[1]，这些都可见上揭笔者归纳出的"专业算法"部分。此外，该书中的"生活经验"和"娱乐"部分，虽然与经商没有直接的关系，但此类的内容也为明代以

---

① 邓亦兵:《清代前期关税制度研究》,北京燕山出版社,2008年版,第208页。

来徽州商人书和商业书所常见。

关于《西河木业纂要》一书，尚有几点值得进一步讨论：

其一，从历史交通地理的角度来看，近年来，民间文献的大批发现，为历史地理研究展示了一个新的窗口。具体而微的徽州文书，可以让我们在一个更小的尺度范围内细致探讨交通地理的相关问题。在清代，江西最为重要的物产为"赣州之木，景镇之磁，宁州之茶，宜黄、万载之夏布"①。其中，作为西木重要组成部分的"赣州之木"占有重要的地位。赣州地处赣江上游，章、贡两水汇合而为赣水，此处河谷宽阔，周遭漫布着低丘、岗地。此外，上犹江发源于湖南省汝城县东岗岭东南麓，流入集龙墟后进入江西，经崇义、上犹县境，于南康县三江口附近汇入章水干流，再由章水注入赣江。总之，以赣州为中心，向北、东、西和西南，分别有四条河流。而《西河木业纂要》中涉及的四条路程，即利用贡水、赣江水道以及沿着上犹江、章水河谷地带的陆路。由于是以赣州为中心，《西河木业纂要》中的"西河"二字，当于赣州当地求之。关于"西河"，明代刑部右侍郎刘节曾撰《两关船桥记》："两关何？赣郡两关也。赣郡有两关何〔河〕，章水西注曰西河，贡水东下与章水合曰东河。"②据此，则书名中的"西河"应指章水。这里，有一点需要稍作解释。在《西河木业纂要》中，除了"赣州府至湖口县水路程"之外，其他三条路程中的两条（"赣州府至南安府旱路程""赣州府至集龙墟旱路程"）皆与章水有关。书中虽然也提及"瑞金县至赣州府水路程"，但这似乎不是作者重点经营的线路。因为与前两条旱路程相关的，还都同时出现有诉讼案卷——这说明该两条旱路是婺源木商实际活动的线路。而"瑞金县至赣州府水路程"，仅仅是简单地罗列地名而已。另外，在赣州一带代客贸易的木行，主要分布于西河、南外和杨梅渡③。可能正是这些原因，该书被命名为"西河木

① 《申报》光绪十一年九月三十日（1885年11月6日）。

② 嘉靖《赣州府志》卷11《艺文》，《天一阁藏明代方志选刊》第38册，上海古籍出版社，1982年版，第18上—18页下。

③ 谢宇杨、邱启瑞整理：《赣南木材行业史话》，载中国人民政治协商会议赣州市委员会文史资料研究委员会编：《赣州文史资料选辑》第2辑，1986年版，第115页。

业纂要"。

其二，从徽州商业书的发展形态来看，《西河木业纂要》是专业色彩极为浓厚的木业商书，可看作商业书编纂过程中的一个阶段性产物。在该册商业书中，除了一般的木业经营技巧之外，还抄录了四条以赣州为中心的商编路程，与此同时，行文中也还出现了具体的年代（如同治四年）和具体的人物，并有与木业经营相关的诉讼案卷抄存。这些，都反映出此一商业文书是具体商人根据个人从商经历所做的记录，内中据此虽然也提炼出一些一般性的原则，出现部分抽象性的论述，但总体上看仍然不是一部已编纂完成的商业书，基本上可视作商人个体保存的一种备忘录。不过，也正因为这一特点，使得《西河木业纂要》的史料价值别具一格。因为以往所见的商编路程通常都较为简单，我们对于作者及其相关的时代背景往往知之甚少。而《西河木业纂要》中既有商编路程，又有相关的营商规范、契约文书等，同时亦可较为确切地了解该书作者的区域背景，故而有助于我们将商编路程放在具体的商业环境中去认识，而不是仅仅将之视作交通地理中诸多枯燥地名的简单串连。

其三，从徽商（特别是婺源木商）研究的角度来看，书中也提供了重要的线索。1967年，日本学者重田德曾指出："徽商的代表性行业——盐、典当业，在尚未完全衰败之前，便向新兴的以茶、木业为代表的新阶段转移。因此，这并不是单纯的衰败过程，而是一个新阶段的展开过程。而且随着这个过程的展开，徽商本身也在构造方面发生变化，这就是婺源商人的抬头。"[①]重田德的研究，是以民国《婺源县志》为主要素材，探讨清末的徽州商人与婺源商人。而从《西河木业纂要》一书来看，徽商在木业中的经营活动不仅由来已久，而且婺源木商对于太平天国以后木业新章的制订具有重要的影响。具体说来，该书收入有同治三年（1864年）五月婺源木商李坦向两江总督曾国藩递交的数份禀文。这份禀文题作"具禀安徽婺源县职员李坦，禀为木簰出江，恳请明定税厘章程，以便遵行事"，从中

---

① 重田德著，刘淼译、陈支平校：《清代徽州商人之一面》，载刘淼辑译：《徽州社会经济史研究译文集》，黄山书社，1988年版，第447页。

可见，李坦是位有身份的婺源木商，他在禀文中指出："职现与戚友已运江西木簰计有二纤，约木码四千余两"，所谓木码四千余两，是指龙泉码的计量单位，可见其人及亲戚朋友所做的木材生意颇具规模。李坦在禀文中提到，当时的木业经营中，以江西、徽州以及两湖商人占主导地位。这些木材或采自湖南，或采自江西，均于九江、芜湖、龙江三关纳税。咸丰三年（1853年）金陵被太平军攻占以后，长江水路中梗，商运不行。直到九洑洲被清军收复，才开始陆续有客商贩运木材，但其中的绝大部分都是广东、宁波商人与洋商相勾结，在洋关纳税，使用洋商旗号运输木材，这样可以在通过厘卡时免收厘金。后来，其他的木商也纷起效尤。其中也有不得已的地方，因为木簰较重较笨，没有船舵，难以操作停泊。一经投关完厘，需要耽误很长时间，所以都愿意悬挂洋旗以避免麻烦。李坦指出："目下苏、常皆复，金陵亦指日可下，各处房屋毁败，复兴需木必多，值此水涨之时，木商争思贩运，一苦扬关以下厘金过重，一苦沿江卡多，木簰笨重，非比他物可以处处停泊。"有鉴于此，他请求曾国藩明确重定章程，减少征收税课厘金的环节，以便商人转运。六月初四曾国藩批示："安徽七卡厘金，归湖口之二套口完纳。每木百根，总完厘银三两，其苏省厘金，候咨漕督部堂、苏抚部院酌定，总数归于一处完纳，改折售卖处所，如无总完厘票，即于补交正厘之外，加三倍议罚。"此后，李坦先后于六月和八月初四，复禀"为遵批再陈下情事"和"又禀为湖水日枯，木簰深厚，渐难行运，恳请早定厘税章程，以便遵行事"。对此，曾国藩亦两度批示，最后同意"姑准湖口二套口厘内酌减一成，以示体恤"，并于八月十四日，正式公布了《江苏木厘新章四则》。由此可见，婺源木商对于太平天国以后木业规章的重新修订与确立，亦有重要的影响。这一点，尚未见有其他的文献记载。

其四，从传统商帮研究的角度来看，《西河木业纂要》所提示的徽商与其他商帮的关系，亦颇值得关注。此前，木业界一般认为，太平天国之后，经营西木的婺源木商为其他商帮所取代。例如，芦隐所撰《南京上新河木业志》一文就指出："木号原称山客（即进山贩运者之谓），曰婺源帮，次曰临清帮，又次曰西帮，即山西帮。洪杨后，西帮绝，徽帮灭，湖北帮专贩苗木，临清帮改苗入赣，专营西木。追踪而往者，有南昌帮及赣州、赣南、信丰三帮。"①而《常州木材志（1800—1985）》也认为：清代中叶，江西丰城一些官家之后也经营木材，与婺源人在龙泉衙前争夺采伐木材地盘，老牌徽帮不是新兴洪都帮的竞争对手。有的逐渐被淘汰，有的转营坐商木行，有的改往湖广、贵州②。但从《西河木业纂要》及其他相关的史料来看，此一结论显然过于简单。《申报》1926年8月27日《最近江浙木材业之概况》即曾指出："西木产自赣南各属，又以赣州之上为最佳，销路以常州为总汇，常行徽婺、临江两帮，多有自行进山采办者，由产地运至吴城编制成簰，转运南京入口。"另外，《申报》1933年1月23日《最近江西主要产物衰落一瞥》："临江及徽帮营西木者，大多囤积，无从销售。"这说明即使是在20世纪二三十年代，徽州婺源商人仍有在赣南活动者。结合《西河木业纂要》一书的记录可知，商帮之间可能并不完全是此起彼伏的竞争关系，特别是在共同面对经商地的土著居民时，彼此之间有时也还会有相当的合作。在这方面，徽商在江西赣南、吉安一带的活动，就提供了一个较好的例证。

原载《历史地理》第28辑，上海人民出版社，2013年版，有改动

---

① 芦隐：《南京上新河木业志》"行帮志"，《木业界》1940年第1期。
② 常州市木材公司：《常州木材志（1800—1985）》，第32页。

《唐土门簿》与《海洋来往活套》

——佚存日本的苏州徽商资料及相关问题研究

明清时期徽商在海外的活动，以往的研究多集中在明代中叶（特别是"海禁"和"倭寇"的问题上）。20世纪50年代，日本学者藤井宏曾认为：明清时代徽商的海外贸易活动以王直的活动为其顶点，明末以后走向衰落，到清朝则主要倾其全力经营国内商业[①]。1984年，松浦章发表《清代徽州商人与海上贸易》一文，利用海事资料（主要是汪姓铜商的史料），首次揭示了清代徽商利用沿海来扩大其商业范围，并以巨额资本进行海外贸易的事实，这是专门研究清代中日贸易中徽商史迹的主要论文[②]。此外，管见所及，零星涉及的学者还有山脇悌二郎、刘序枫等。不过，从总体上看，清代徽商在海外活动的情形仍然不甚了了。本文通过介绍两份徽商史料——《唐土门簿》和《海洋来往活套》，收集中日两国的随笔、笔记、碑刻、墓志、族谱和尺牍等资料，勾稽清代中日贸易中的徽商史迹，考察苏州、徽州与日本的经济、文化关系。通过上述的研究我们不难看到：明清时期东南地区徽商的文化活动，带有强烈的商业动机，并不仅仅是一种附庸风雅的行为。重新透视这些活动，应当置诸整个东亚贸易的背景中去考察。

---

① 藤井宏：《新安商人的研究》，傅衣凌、黄焕宗译，载《徽商研究论文集》，安徽人民出版社，1985年版，第245页。

② 松浦章：《清代徽州商人与海上贸易》。赵中男译、薛虹校，载《徽州社会经济史研究译文集》，黄山书社，1988年版，第457—472页。

一、《唐土门簿》介绍

《唐土门簿》全文约800余字，见于日本"内阁文库所藏史籍丛刊特刊"第三《视听草》①四集之三，第380—382页。全文如下：

> 戊寅正月 门簿
>
> 元旦
>
> 　　汪八老爷 印 文琪　　申衙前
>
> 天后宫王法师　　邻 独慎西字号
>
> 　　　　郭大爷 印 龙图　　　　邻 置器店
>
> 吕相公 印 成蓬
>
> 　　申大老爷 印 瑶　　苏州府差贺
>
> 谷大爷 印 志斌　　　麒麟巷
>
> 江大爷、叶大爷 印 启垣、裕祥　　　嘉利
>
> 金大爷 印 律和
>
> 　　　汪大爷　本川
>
> 程大爷　君怀
>
> 　　　徐大爷　德纯
>
> 孙大爷　云卿
>
> 　　　蔡大爷　佩川
>
> 汪二少爷 印 士镗　　申衙前
>
> 　　　汪老爷　印 永增　　义慈巷
>
> 　　谷六爷　印 志敏　　麒麟巷
>
> 李太爷　印 景峄　　元和县差贺
>
> 程太爷　印 永圻　　长善浜

---

① 《视听草》系江户时代幕臣宫崎成身所编，汲古书院，1984年版。

初二日

汪老爷 印敬　　　木梳巷

邹师爷 印本　　　六宅巷底丑衖

夏大爷 印大梁　　洞泾桥内染坊

黄、李相公 印永龙、秉智　邻 信茂布店

毛相公 印士坤　　对邻置器店

江逢科相公　　　西邻银匠店

罗映浩相公　　西邻

汪捷大爷　　　邻 东阳

张运贤相公　　后邻

许大模、周鸿志 相公　　　邻 日丰

吴大爷 印锡禄　　源通

程七爷 印振国　　猛将衖

江大少爷 印启堂　　黄家巷

潘继勋总管　　寓打线巷聚星栈

陈国樑大爷　　打线巷聚星栈主

程大爷 印锡祚　乾裕

许大爷邦基

沈大相公 印广和　南水衖口

周大爷 印 正楷

吴二太爷 印维枋　张广桥 飞帖

郑相公 印朝相　　如意栈

汪十二老爷 印文玢　殳家墙门

陆大爷 印芮　　　承志当东邻

汪大爷 印炯　　　佳山塘新桥下塘外小桥大悲庵前

汪二老爷 印元炜　六宅巷口

洪二少爷 印兆麟　石塔头

顾大爷 印 兆熊

陈书竹、毛学仁、方良翰三位大爷 万成药行

陶大爷 印 奕照 南濠谈家巷祗园庵西嘉利行

周大爷 印 克谦 殳家墙门口

何大爷 印 熠 李继宗巷内徐墙衔

赵大爷 印 元湘 潮源糖行

杨四老爷 印 思远 菊花亭

沈大爷 印 传玉 通义号

程大爷 印 守增 虎阜太子坞头

陆二爷 印 大琛 马路

颜大少爷 印 崇燿 江村桥

初三日

沈绍文、袁荫椿、黄朝钟三位大爷

潘大爷 印 钫 德利药行

张昌国、钟桂大爷 聚吉号

洪大少爷 印 兆麒 百花巷

钮大相公 印 文桂 猛将衔底外小桥东

杨与仪大爷 神仙庙西口杨万和毡店

周大爷 印 文璧 圆照衔

郑大爷 印 季堂 裕全栈

吴吉泰、管恒丰大爷 恒丰麻袋店

赵大爷 印 承燕 南濠南水衔口

郑大爷 印 耕堂 兴化会馆

金六爷 印 溥 葱菜河头

程大爷 印 澜

邱福林相公 叩贺 筹盘巷

颜二爷 印 懋錡 江村桥

孙五爷 印 大润　　　永兴衔

　　杨大爷 印 元培　　　施家浜源顺钱庄

盛大爷 印 应魁　　　潮盛糖栈

二、对《唐土门簿》的初步考释

（一）名称、年代及内容

（1）"唐土"是江户时代（1603—1867年）日本人对中国的习惯称呼，如《唐土名胜图会》《唐土训蒙图汇》《唐土行程记》和《唐土俗谣》等。而"门簿"，据清嘉道年间吴县人顾禄的描述：

> 男女以次拜家长毕，主者率卑幼，出谒邻族戚友，或止遣子弟代贺，谓之"拜年"。至有终岁不相接者，此时亦互相往拜于门。门首设籍，书姓氏，号为"门簿"。①

这种正月于门首设"门簿"的做法，在东南一带极为普遍。如在杭州，清人舒绍言等所撰的《武林新年杂咏》一卷中，也有"门簿"一条：

> 贺客沓至，设门簿书姓名，簿签标曰"留芳"，或曰"题凤"。铺家设籍门外，以红笺束葱茎松段压之，取葱茏松茂之意云。②

显然，"门簿"也叫"门籍"，亦称"题名录"③，该条之下收录有多

---

① 顾禄：《清嘉录》卷1"正月·拜年"条，上海古籍出版社，1986年版，第5—6页。

② 《丛书集成续编》第155册"集部"，上海书店出版社，1994年版，第91页。

③ 仁和姚思璋《门簿》诗曰："奔走真如织，涂东又抹西。金兰从簿点，凡鸟到门题。家有一编置，名应千佛齐。（原文小注：亦谓之题名录）还看飞帖在，彩笔未曾提。"

首有关门簿的诗句①。清钱塘人吴存楷的《江乡节物诗》中，也有"门簿"之诗，其注曰：

> 设簿门外，来贺者书名其上，不入门，并不投刺，亦有用名纸者，多不亲至。②

这是江南的情形。又如在江北，真州（即今江苏仪征）一带，也有设门簿的做法：

> 主人高第纵深闳，讵比慈恩寺里行。
> 底事薰风吹若醉，认来塔下自题名。③

不仅南方如此，北方亦有类似的风俗。清人李静山的《增补都门杂咏·风俗门》中，有一首拜年诗这样写道：

> 家家名柬贺新年，门簿书来住址全。
> 惟有工商尤简便，全从门隙递红笺。④

迄今，昔日的门簿原件在上海图书馆仍有收藏。据陈先行、郭立暄和侯怡敏整理的《上海图书馆善本题跋选辑史部（续二）》记载，其中就有沈曾植所辑的《沈氏门簿》抄本。据1951年张元济的跋文称："世人知有蓝皮书、白皮书，不知前清京师时尚有黄皮、红皮两种本子。……红面者，京官宅子之门簿，阍人记每日来访之客之姓名住址及来访之原因，或

---

① 其中一首周心罗的《门簿诗》这样写道："推排甲乙依新历，比例春秋仗小胥，点鬼不劳勤吐握，求郎何必尽迁除。"

② 《丛书集成续编》第52册，上海书店出版社，1994年版，第805页。

③ 惕斋主人：《真州竹枝词》，引自雷梦水等编：《中华竹枝词》第2册，北京古籍出版社，1997年版，第1382页。

④ 引自雷梦水等编：《中华竹枝词》第1册，北京古籍出版社，1997年版，第225页。

见或否，有时并及其官职及与主人之关系，以备酬答之用。二者均为居官者每日必读之物。"其后的冒广生跋称："中国礼俗，尚于往来。老辈于寻常宾客，若过五日不答拜，则谓为不敬，此门簿之设之所由来。"[1]

另外，上述《唐土门簿》中的吴二太爷之后，写有"飞帖"的字样。据《清嘉录》曰："有遣仆投红单刺至戚若友家者，多不亲往；答拜者，亦如之，谓之'飞帖'。"[2]对此，袁景澜的《吴郡岁华纪丽》也有类似的说明[3]。

《唐土门簿》之前的一份资料，题名为"兰妇（文政十二年长崎到着妇人肖像并赞，刊本）"。"兰妇"是指一位荷兰人的妻子，文政十二年相当于清道光九年（1829年）。在江户时代，长崎是"锁国之窗"，只允许中国和荷兰商船来日贸易，故而两份资料胪列在一处，应当都是与长崎贸易有关的史料——据此推测，《唐土门簿》应是来航长崎的中国商人所持有的一份人名簿册，其内容反映了与该商人有关的苏州批发商之姓名与住址。

（2）《视听草》的作者宫崎成身之生卒年代不详，但他活跃的年代在弘化四年（1847年，清道光二十七年）到安政五年（1858年，清咸丰八年）前后。因此，《唐土门簿》提及的"戊寅年"，当指清乾隆二十三年（1758年，日本宝历八年）或嘉庆二十三年（1818年，文政元年），从《门簿》中可考的人名汪永增（详下）来看，似乎以嘉庆二十三年较为合适。

印：《唐土门簿》中"印"的后面是人名，这在《明安调方记》中也

---

[1] 上海图书馆历史文献研究所编：《历史文献》第四辑，上海科学技术文献出版社，2001年版，第26—27页。今阅《沈氏门簿》1册，为北京"琉璃厂东门外桶子胡同龙文斋"所印，封皮及首页为红色，封皮上印有"门簿"二字，并用毛笔书写"口口年岁次癸卯新正吉"。首页首行书"爵禄齐加，福寿连绵"八字，其下的格式及内容与《唐土门簿》相似。按：门簿仅是正月门首所设之籍，故张元济所谓门簿为"居官者每日必读之物"，可能有误。

[2] 顾禄：《清嘉录》卷1，上海古籍出版社，1986年版，第6页。

[3]《吴郡岁华纪丽》卷1《拜年飞帖》："元旦，男女以次拜家长毕，出谒邻族亲友，互相往来拜贺，曰拜年。其不求见面，而但通谒者，则遣童仆分投名纸，曰飞帖。或于门间设簿籍，令来客书姓名，曰门簿。"（第8页）

有例证。《明安调方记》是记载日本明和、安永年间（相当于清乾隆中叶）长崎贸易之经营方法、商业习惯的史料。书中有"唐印纸"（即收录唐人印章的纸），载有"裕通""张伯""伯石"和"元隆"等，与《唐土门簿》相似①。

（字）号：即商家的字号②。《明安调方记》载有"缩绵印"和"纱绫印"。"缩绵印"中，有"天锡字号""德隆""泰来号"和"咸须字号"等；"纱绫印"中有"天锡号""天吉号"和"鼎昌字号"等。后者最后还注明："元吉选置／定织上　增润濮院大花绸　程合顺号选置　谦吉号。"③

（二）地名分布

《唐土门簿》中所见的地名，都是苏州的地名。如"殳家墙门"，据嘉道年间吴县人顾禄的《桐桥倚棹录》描述："在新桥西。"④而据江苏省苏州市地名委员会所编《苏州市地名录》（以下简称《地名录》）则作：在"山塘街至知家栈。"又如，资料中有许多带"衖"的地名，如丑衖（今作丑弄，据《地名录》，丑弄在潘儒巷至混堂弄）、猛将衖（今作猛将弄，据《地名录》，猛将弄在卫道观前至混堂巷）、圆照衖、南濠南水衖口和永兴衖等。据《桐桥倚棹录》卷7"场衖"曰："吴人呼小径曰衖，应是弄之

---

① 《长崎县志》史料编第四，吉川弘文馆，1965年版，第534页。

② 关于字号，参见苏州博物馆、江苏师范学院历史系、南京大学明清史研究室编：《明清苏州工商业碑刻集》"后记"（洪焕椿著），江苏人民出版社，1981年版，第397页。

③ 《明安调方记》，《长崎县志》史料编第四，第495页。松浦东溪著《长崎古今集览》卷13"唐国通商之事"中，也有"濮院绸"。（见森永种夫校订："长崎文献丛书"第2集第3卷，长崎文献社，1976年版，第364页）据樊树志的研究，濮院大花绸当为濮绸之一种。濮绸自元代就已著名，明清时代，"海内争夺濮院绸"，乾隆时人沈廷瑞说濮院镇上的绸行有京行、建行、济行、湖广和周庄之别，"而京行为最，京行之货，有琉球、蒙古、关东各路之异"。（转引自《明清江南市镇探微》，第412页）据《明安调方记》，则濮绸还曾行销日本。另，乾隆二十四年（1759年）苏州画家徐扬的《盛世滋生图》画卷，共画有230多家市招的店铺，其中就有"濮院宁绸"的字样（见马里千：《吴·苏州·苏州城》，载《中国历史地理论丛》1992年第4期）从姓氏上看，程合顺似当为徽商。

④ 顾禄：《桐桥倚棹录》卷7，上海古籍出版社，1980年版，第102页。

误。《篇海》：'宫中别道曰弄。'《字汇》：'衖,巷也。'"①显然,这份资料反映的地名完全是苏州一带的。根据对清代苏州城市景观的地理透视,棉布"字号"及为棉布加工的踹坊和染坊,都因水运之便,而集中在阊门外的上、下塘,这与本资料中的一些地名之分布也颇相吻合②。

(三)《唐土门簿》所见徽商

《唐土门簿》透露了众多的商业内涵,涉及染坊、布店、银匠店、毡店、麻袋店、糖栈、药行、当店、钱庄和置器店③等。其中的"嘉利""启垣""裕祥"之类的字样,显然是商栈的名称。在江户时代的漂流民史料中,类似的名称屡有所见。就在这份《唐土门簿》之前几页,《视听草》收有一份《通船货册(天明八年申三番南京船)》④:

　　通船货物
　　计开
　　一元丰锦绉,十卷,计四百匹(内留染印花十匹)
　　一天吉花绸,七卷,仝一千四百匹
　　……
　　一同盛元青线缎,三箱,仝一百廿匹
　　……
　　一元丰哔叽,五箱,仝五十匹
　　……

---

① 顾禄：《桐桥倚棹录》卷7,上海古籍出版社,1980年版,第102页。
② 高泳源：《古代苏州城市景观的历史地理透视》,载《历史地理》第7辑,上海人民出版社,1990年版,第70页。
③ 民国十三年(1924年)五月十五日立有《吴县布告保护置器业集德公所碑》,见王国平、唐力行主编：《明清以来苏州社会史碑刻集》,苏州大学出版社,1998年版,第321页。
④ 《视听草》四集之三,汲古书院,1984年版,第371—372页。天明八年(1788年)即清乾隆五十三年。

一义昌花毡，廿捆，仝六百条。

此船的船主为"南京船主"程赤城（当为苏州徽商）等人。以上的"天吉"，亦见《明安调方记》及《琼浦偶笔》[①]。而"义昌花毡"，与《唐土门簿》中的"杨万和毡店"，可以比照而观。另外，文化六年《巳七番通船货物》中，开有"万和红毡五拾卷"[②]，可能即杨万和毡店所出的红毡。

其他的如"潮源糖行"和"潮盛糖栈"，应当是潮州人所开的糖栈[③]；"万成药行"和"德利药行"，显然也与中日贸易有关[④]。

综上所述，《唐土门簿》所见的商业内容，主要有布匹、糖和药等。其中的商栈，颇像在浙江乍浦出现的那种"商问屋"（即批发商店）[⑤]。其中反映的商业内涵，与大略同时的苏州铜商资料也完全吻合。对此，18世

---

① 平泽元恺：《琼浦偶笔》卷6《交易》，第154页。

②《视听草》四集之三，汲古书院，1984年版，第376页。文化六年（1809年）即清嘉庆十四年。

③ 松浦章曾指出：在对日贸易的港口乍浦，糖货半数取给于寓居当地的广东潮州商人。见《清代前期の浙江海关と海上贸易》表1"浙江海关·乍浦搬入货物表"，《史泉》第85号，1997年1月。

④ 乍浦商人杨懋功《癸卯（1843年，道光二十三年）仲冬将之琼花岛（长崎）月夕乘潮东渡回望观山感而赋此》诗，有："赤铜药物互通市（岛产赤铜，官商往采以供鼓铸），百余年来货殖腾"之句。（原载沈筠《乍浦集咏》，转引自冯佐哲：《略述清代中日文献典籍交流》，载《清史论丛》，辽宁古籍出版社，1993年版，第229页）根据汪鹏《袖海编》的记载，日本人当时的寿命很短，60岁就是上寿，"崎人服药，每味不过一二分，至三四分为重剂矣"。（王锡祺《小方壶斋舆地丛钞》第10帙，第272上页）所以经常向中国人请教长生之道。《琼浦偶笔》卷2记载，徽商汪永（绳武）对药剂之事十分在行，作者平泽元恺还向汪鹏讨教。另，日本学者今井修平著有《江户中期における唐药种の流通构造——幕藩制流通构造の一典型として》，载《日本史研究》1976年第9期；永积洋子著有《唐船输出入品数量一览（1637—1833年）》"解说6·输入品の变迁"，第27—28页；松浦章著有《清代大黄の贩路について》，载《关西大学东西学术研究所纪要》23，1991年3月。

⑤ 松浦章：《乍浦の日本商问屋について——日清贸易における牙行》，载《日本历史》第305号，1973年10月。参见徐明德：《论17—19世纪乍浦国际贸易港》，载《中日文化论丛——1994》，杭州大学出版社，1996年版，第56页。

纪《漂着唐人滞在中日记》记载：

　　本船于去年七月间，装傤纱紬、缎足（引者按：当为"疋"，即
"匹"的异体字）、药材、糖货等物，到长崎贸易明白，所配条铜等货
回唐，开列于后。计开：
　　一条铜，一海带，一海参，一红菜，一鲍鱼，一铜罐，一鱼翅，
一铜盆，一柔鱼，一漆器。
　　以上所傤货物申报
　　乾隆陆年十二月　日
　　南京商人　徐惟怀
　　　　　　　骆西翰
　　通船人名单 计开
　　徐惟怀，年四十五岁，苏州府，祀三官斋。
　　骆西翰，年三十三岁，仝，仝。
　　程万元，年二十五岁，仝，仝。
　　……

　　上述的徐惟怀、骆西翰二人，题作"江南苏州吴县采弁铜务商人徐惟
怀、骆西翰"。该份资料在另外一处出现的"南京商人"之下，则有3个人
的署名，即顾振廷、骆西翰和程万元①。其中，程万元从其姓氏上看，可
能是一位徽州商人。

　　事实上，《唐土门簿》中所见最多的，应当就是徽商（指迁居苏州的
徽州商人，本文提及"苏州徽商"的场合，均同此例），特别是汪、程二
姓。另外，可能是徽商的还有江、潘、洪、吴等氏（见表1）。关于苏州的
徽商，以往学者已屡有涉及。本文即在此基础上，进一步收集资料加以
探讨。

---

① 载《冲绳县史料·前近代5·漂着关系记录》，冲绳县立图书馆史料编集室，1987年
3月发行，第96—97页、108页。

表1 《唐土门簿》所见姓氏数（出现2次及以上者）

姓氏	汪	程	周	江	吴	沈	郑	杨	谷	金	孙
数量/次	9	6	4	3	3	3	3	3	2	2	2
姓氏	李	黄	毛	张	许	潘	陈	陆	洪	赵	颜
数量/次	2	2	2	2	2	2	2	2	2	2	2

（1）汪氏：《唐土门簿》中出现的汪姓商人共有9名，即汪八老爷（文琪）、汪大爷（本川）、汪二少爷（士铠）、汪老爷（永增）、汪老爷（敬）、汪捷大爷、汪十二老爷（文玢）、汪大爷（炯）和汪二老爷（元炜）。由于手头缺乏完备的汪氏族谱资料，笔者未能一一找出这些商人的相关资料。不过，其中可考的人名有一位——汪永增。

《唐土门簿》中的汪永增住义慈巷，据《地名录》记载，位于今宝莲寺至上塘街，这里属明清时代最为繁华的商业区。关于汪永增，管见所及，山胁悌二郎在《长崎の唐人贸易》中就曾提及："继程洪然的汪永增，是程洪然的姻戚，似乎也是淮北的盐商。他的任期到嘉庆二十一年（1816，文化十三）为止。"[①]后来，松浦章对之作了进一步的考察。根据他的举证，嘉庆二十年十二月二十一日（1816年1月19日）一艘中国船漂落到琉球中山朝统治下的大岛，琉球官方调查说："据装商汪小园等禀称：园等系江南苏州府长洲县商人……商局主汪永增，蒙各大宪奏准，往东洋采办洋铜，以资六省鼓铸。"而据中国方面的记载："汪小园系江南休宁县人，代伊堂兄官铜商汪永增官船前往东洋……"松浦章认为：汪永增是休宁人，居住在苏州府长洲县，显然是汪局办铜官商无疑。他在经营中日贸易期间，共派出11艘船前往日本长崎，嗣后，可能是由于其他官商的取而

---

① 见《长崎の唐人贸易》第二部分之十四《办铜官商と十二家额商》，第186页。

代之，汪永增遂退出了长崎贸易的舞台①。

除了汪永增外，《唐土门簿》提及的其他几位汪氏，应当也都是苏州徽商。据清人董国华所撰的《资敬义庄碑记》：

> 吴中自明建有申庄、陈庄，文定、文庄之为也。厥后闻风起者，曰戈，曰陶，曰潘，曰江，曰丁，曰汪，尝为海内先焉。②

其中的汪氏义庄，苏州《吴趋汪氏支谱》卷首收有冯桂芬的《汪氏耕荫义庄记》，文曰：

> ……今义庄之设遍天下，吾吴为公（引者按：指范仲淹）故乡，闻风兴起者宜益众。乃素封有力之家，奚啻百十数，而合郡城之广者，仅十余族。嘻！盖其难也。封翁汪小村、紫仙两先生，奉尊甫中议大夫雨村先生遗命，谋于族，倡义庄之议。从子蝦庭封君等若而人，咸欣然从之，捐常稔田一千亩有奇，又麋白金千流，于郡城西偏申衙前购屋一区，建宗祠，立耕荫义庄，春秋缝祀，岁月要会，咸于是乎集……③

吴趋汪氏迁自徽州歙县的坦川，文中建立耕荫义庄的"郡城西偏申衙前"，也见于《唐土门簿》中的汪八老爷、汪二少爷名下，由此可以肯定

---

① 松浦章：《清代徽州商人与海上贸易》，赵中男译、薛虹校，载《徽州社会经济史研究译文集》，黄山书社，1988年版，第470—471页。关于中日贸易中的徽商汪氏和程氏，以往学者多有涉及：松浦章《长崎贸易にぉける在唐荷主について——乾隆—咸丰期の日清贸易の民商》，载《社会经济史学》第15卷第1号，1979年6月；刘序枫《清日贸易の洋铜商について——乾隆—咸丰期の官商、民商を中心に》，"办铜官商一览表"，载《九州大学东洋史论集》15，九州大学文学部东洋史研究会，1986年12月。
② 《程氏支谱》"碑记录"，清程为炬等撰，光绪三年(1877年)续修资敬义庄活字印本，日本东京大学东洋文化研究所藏。
③ 《吴趋汪氏支谱》(清汪体椿等撰，宣统二年重修，耕荫庄活字印本)第1册，卷首，第1页上，藏东京大学东洋文化研究所。

此二人确系徽商。

（2）程氏：《唐土门簿》中出现的程姓商人共6名，即程大爷（君怀）、程太爷（永圻）、程七爷（振国）、程大爷（锡祚）、程大爷（守增）和程大爷（澜）。

上述的程大爷有4名，程七爷有1名，显然来自不同的家庭。1997年，笔者查阅了东京大学东洋文化研究所的几部程氏家谱①，仅找到1位与《唐土门簿》相同的人名，即程澜：

> 澜（元台子），字安波，号衡斋，太学生，州同衔，钦族旌义行，给予"乐善好施"字样，奉旨建坊，春秋祭典……乾隆辛卯十一月二十日生，咸丰丙辰二月初四日卒，年八十六。②

大致说来，族谱中某人被誉作"乐善好施"，一般都与商人的身份有关。而且，从年代上看，似乎也颇相吻合。

明清时期，从徽州迁居苏州的程氏支派很多③，从事与海外贸易相关的商人应当不乏其人。据抄本《新安篁墩程氏世谱》（序于同治十年）卷4"山斗派"之下记载：

> 一世，迁吴始祖，讳鑭，字逸亭，顺治初年避难来吴，布业起

---

① 除了前引程为烜《程氏支谱》外，还有以下几部：《程氏宗谱》14卷，清程忠託等编，同治六年（1867年）存子堂活字印本，2帙16册；《新安篁墩程氏族谱》不分卷，清程熙等撰，钞本；《新安篁墩程氏世谱》不分卷，清程熙等撰，序于同治十年（1871年），钞本；《新安程氏支谱》6卷，清程曤等编，光绪三十一年（1905年）续修刊本，成训义庄刊，1帙6册；《程氏宗谱》20卷首1卷，民国程士杰等编，1924年伊洛堂木活本，全5帙30册。

② 《程氏支谱》第三册，"与仁公嗣子墨林公房世系图"。

③ 据《新安程氏支谱》（光绪三十一年续修刊本）记载，徽州歙县程氏有一支在明嘉靖年间迁往苏州。而据下引抄本《新安篁墩程氏世谱》（序于同治十年），则休宁山斗程氏于清顺治初年（或康熙年间）始迁苏州。光绪三年《程氏支谱》"世系图"载，一世暘（明宏治丁巳生，"宏治丁巳"即弘治十年，1497年，卒年无考）由徽州休宁之苏溪迁居苏州府城。后两派虽同出休宁，但迁徙时间不同。

家，为迁吴祖。

......

三世，讳梿，淑子，更名洽孙，字越庭，号桐溪，往来日本国贸易，家财巨富。乾隆年 月 日生，娶金氏，卒葬观音山。有四子，炳仁、炳义、炳礼、炳信。

据《新安篁墩程氏族谱》可以看到山斗迁吴程氏在明清时期的世系变化情况。（见图1）

```
一世    二世    三世         四世          五世        六世
鑭 ── 淑 ── 梿 更名洽孙 ─ 炳仁 ──── 嗣子 泰基
                         炳义 ────     泰基
                         炳礼 ────     承基 ──────── 熙
                         炳信 ────     荣基 止


六世    七世    八世
熙 ──── 鄧 ──── 保炘殇
               德寿
        通 ──── 保炜殇
        隆 ──── 德恩更名
```

图1 山斗迁吴程氏世系

关于一世祖程鑭，《新安篁墩程氏世谱》的作者程熙（六世）说："吾五世祖逸亭公康熙间从新安休宁山斗来吴，布业起家，居金闾南城下，后因子孙渐增，迁至城中。"[①]始迁年代虽有歧异，但亦明确指出，从山斗迁居苏州的程氏是从事布业的徽州商人。其中，有人在乾隆以后因中日贸易而累赀钜万。

关于苏州的布商，范金民曾指出："（在苏州）从事布匹贸易的主要就是徽商，其人数及其财力甚至在当地的苏州商人之上……布店字号的自明入清由松江转入苏州，反映了苏州布业地位的愈益重要，也反映了苏州

[①]《新安篁墩程氏世谱》卷3"续钞谱序"。

徽商的势力在不断增大。"①在苏州徽州布商中，程、汪二姓为数至多。今据碑刻资料列表2如下②。

表2　苏州徽州布商中的程、汪二姓

布商总数	程氏	汪氏	年代
21	9	1	康熙九年(1670年)
76	19	8	康熙三十二年(1693年)
69	15	6	康熙四十年(1701年)
72	17	2	康熙五十四年(1715年)
43	14		康熙五十九年(1720年)
45	9		乾隆四年(1739年)
8	2	2	乾隆十三年(1748年)
24	4	2	道光十二年(1832年)

上述道光十二年的碑文，写明"发新安会馆竖立"（原碑均立于苏州阊门外的新安会馆）；乾隆十三年碑文中出现的商人共8名，徽商占6名，而且，汪、程二姓都是徽商。康熙九年的碑刻中，还出现了"徽州布店"的字样。因此，在本文中，笔者将来自苏州的程、汪二氏，一般都判定为徽州人，其中纵有个别误断，但想来总体上离历史事实不会太远。

三、苏州徽商与长崎

（一）苏州与日本的经济、文化联系

苏州是东南一带传统上的文明渊薮，虽然明初的一系列政策曾导致姑

---

① 范金民：《明清时期苏州的外地商人述略》，见《长江三角洲地区社会经济史研究》，第221—222页。参见张海鹏、王廷元主编：《徽商研究》，安徽人民出版社，1995年版，第99—101页。

② 苏州博物馆、江苏师范学院历史系、南京大学明清史研究室编：《明清苏州工商业碑刻集》，江苏人民出版社，1981年版，第53—54页、55—57页、62—65页、65—67页、69—71页、74—76页、80页、301—302页。

苏闾里萧条，生计凋敝。但自从成化以后，随着徽商等各地商人的纷至沓来①，苏州日趋繁盛，吴俗奢靡，号称天下之最。明代中叶以还，"苏人以为雅者，则四方随而雅之；俗者，则随而俗之"②。这种东南地区文化中心城市的地位，及至清代仍然牢固地保持着。清人金安清曾说：苏州铜商与扬州、汉口之盐商、广东之洋商以及江苏的州县，"其挥霍大半与河厅相上下"③。河厅是指设于清江浦（今江苏淮阴）的河政衙门，当时奢侈之风极盛，史称"南河习气"；扬州、汉口盐商的生活方式，史称"扬气"或"盐商派"④；铜商与之相颃颉，足见其与盐商、河政之转移天下风气，可以相提并论。

明清时期，苏州之"苏"（亦称苏意），本身就是江南时尚的代名词。早在明代嘉靖、隆庆、万历年间，张翰（1510—1593 年）就指出："四方重吴服而吴益工于服，四方贵吴器而吴益工于器。是吴俗之侈者愈侈，而四方之观赴于吴者，又安能挽而之俭也。"⑤及至清乾隆年间，社会上流传着"苏州样，广州匠"的谚语。所谓"苏州样"是指苏州手工业产品式样新颖，深受全国各地人们的喜爱⑥。"本号向在苏州"，历来是商品货真价实的商店之代名词。

江户时代的日本人，不遗余力地悉心模仿中国文化。因此，苏州在他们的心目中，也占有重要的地位。江户中期地理学者、长崎人西川如见（1648—1724 年）在所著《增补华夷通商考》中，将苏州所在的"南京"

---

① 关于在苏州的各地商人之活动,范金民在《明清江南商业的发展》一书中,有比较详尽的研究。

② 王士性:《广志绎》卷2《两都》,第33页。

③ 金安清:《水窗春呓》卷下,中华书局,1984年版,第41—42页。

④ 参见王振忠:《两淮盐业与明清扬州城市文化》,载《盐业史研究》1995年第3期;王振忠:《明清徽商与淮扬社会变迁》,生活·读书·新知三联书店,1996年版;邹逸麟、王振忠:《清代江南三大政与苏北城镇的盛衰变迁》,载《庆祝王钟翰先生八十寿辰学术论文集》,辽宁大学出版社,1993年版。

⑤《松窗梦语》卷4《百工纪》,第70页。

⑥ 邓淳:《岭南丛述》卷32,第10页,转引自段本洛、张圻福:《苏州手工业史》,江苏古籍出版社,1986年版,第115页。

（即南直隶），称为"唐土第一の上国也"；对于苏州，则状摹为"城廓民家繁荣の地"①。文政元年（1818年，清嘉庆二十三年）八月十五日，江户后期历史学家、儒者赖山阳（1780—1832年）西游长崎，作有《中秋后一日杨西亭馆举观月会闻西亭新娶》诗，曰：

> 旅馆良宵且宴娱，红灯绿酒小姑苏，
>
> 对门秋柳笼烟月，忆到云鬟香雾无。②

"小姑苏"亦即"小苏州"。以往常常将一地繁华比作"小苏州"或"小扬州"，这里显然是形容长崎唐馆的繁华，由此亦可折射出苏州在日本人心目中的地位③。

当时，虎邱山塘有嘉惠局，主管日本铜务。关于苏州的对日铜务，清代中叶翁广平（1760—1843年）在《吾妻镜补》中也记载道：

> 自康熙六十年间，定例于苏州立官、民两局。其领帑银以采铜者，曰"官局"；其以己财、货物易铜而转售卖苏局以资鼓铸者，曰"民局"。各造四大船，每船约容万斛，于嘉兴乍浦所开船，每船办铜

① 西川如见著,饭岛忠夫、西川忠幸校订:《日本水土考·水土解弁·增补华夷通商考》,岩波书店,1997年版,第73页,75页。

② 德富猪一郎监修,木崎爱吉、赖成一共编:《赖山阳全书·诗集》卷11,文政元年,国书刊行会,1983年版,第232页。

③ 长崎寄合、丸山两町的游女"有通华音能昆曲者"。(《野语》卷8,转引自中村久四郎《唐音考》第2回,载《史学杂志》第28编第12号,1917年12月)日人武元质《琼浦竹枝词》有诗曰:"十三入馆学吴声,清客多情苦教成,婉转歌喉桃萼绽,鲜花一朵可怜生。"原注曰:"一朵鲜花,姑苏新曲。"(《诗集日本汉诗》第15卷,汲古书院,1989年版,第324页)"一朵鲜花",当指辑于乾隆中叶的《缀白裘》打花鼓小戏中的"一朵鲜花",日本人据此演绎成和式的"唐人踊"(唐土俗谣"九连环"),参见浅井忠夫:《唐人呗と看看踊(附田边尚雄述〈九连环之曲と看看踊〉)》,载《东亚研究讲座》第54辑,东亚研究会,1933年版,东京国立音乐大学图书馆藏书;青木正儿:《本邦に传入られたる支那の俗谣》,载《青木正儿全集》第二卷,第253—265页。

千箱……①

当时，许多从事中日贸易的商人都定居于苏州，故而有"苏州铜局商人"的惯呼②，而苏州亦遂与日本产生了广泛而密切的联系。享保元年（1716年，康熙十五年）撰成的《崎阳群谈》③卷8有"中华十五省府县等之大概"，其中的南京（按：指明代的南直隶，清代的江南省）条下，列有苏州的物产：

小间物道具（引者按："小间物"指妇女用的化妆品小百货）花细 绫机 木棉 锦闪段 织物类 药种 栉 扇子 针④

江户后期的汉学者大田南亩（1749—1823年）在所撰随笔《一话一言》卷21"茶膏"条中记述：

长崎　　より茶膏を贈れる箱の中に

姑苏南濠南新巷底顾蕴玉秘制槿花茶膏，工味精奥，四远著名已久，近有棍徒将廢料混充发卖，今特刻此，庶免士商致误。

又香囊の箱の中の纸には

不二价……⑤

---

① 转引自冯佐哲、王晓秋：《从〈吾妻镜补〉谈到清代中日贸易》，载《清代政治与中外关系》，中国社会科学出版社，1998年版，第10页。另，金安清《东倭考》亦曰："一曰官局，一曰民局，皆归苏州府及总捕同知管辖。"（转引自同书，第115页）另据松浦章《清代前期の浙江海关と海上贸易》表1"浙江海关、乍浦搬入货物表"，从中可见，日本的东洋铜、洋货等，都是从乍浦经苏州转往各地的。

② 道光《厦门志》卷8《番市略》，《中国方志丛书》第80号，第145页。

③ 中田易直、中村质校订，日本史料选书，近藤出版社，1974年版。

④ 日本小叶田淳《中世日中交通贸易史研究》指出：嘉靖年间，日本使臣曾购入苏州铁针。转引自藤井宏：《新安商人的研究》，傅衣凌、黄焕宗译，载《徽商研究论文集》，安徽人民出版社，1985年版，第250页注28。

⑤ 吉川弘文馆《日本随笔大成》别卷，第3册，第214—215页。

"不二价"至迟自明代中叶便是苏州的商业招幌[1]，而且也是长崎贸易中商人所惯用的口号。如《明安调方记》中出现的长崎"恒兴字号"，就有"王万丰/不二价"的字样（王万丰当为商人或商号的名字）[2]。

自南宋以来，中国就有"上有天堂，下有苏杭"的说法，苏州和杭州显然也令亦步亦趋的日本人心神向往。《得泰船笔语》中有一段苏州人江芸阁与日本儒者野田笛浦（秋岳）的对话：

[芸阁云]：山水之胜，莫过于日本矣。现在如本处琼山（引者按：即长崎）明媚秀丽，在我唐山所罕见。

[秋岳]：琼山之胜寻常耳，我邦山水，以仙台松岛为第一，比之唐山西湖，未知孰刘孰项也。

[芸阁云]：可恨可恨，贵邦邦禁森严，不能一游其地，（医烟霞疾）也。

[秋岳]：西湖之胜，淡妆浓抹，好于晴而奇于雨，髯太守岂欺我哉！仆曾垂延（涎）于其地，而奈官法森严，虽欲从之，未由也已。我邦松岛八十八岛，而每岛一奇，奇一一出意外，若使先生观之，山增其高，而水加其深耳。然先生之不能到松岛，犹仆之不能到西湖，抑亦二家阙典也！[3]

歆羡之情，溢于言表。在这种情势下，日本人甚至要求中国商人将西

---

① 如苏州商人吴宽"亦尝与人贸易，物无二价"。转引自上揭坂元晶氏论文，第80页注（26）。

② 《长崎县史》史料编第四，第497页。

③ 《文政九年远州漂着得泰船资料》，关西大学出版部，1986年版，第524—525页。日本多有"小西湖"之称，《鸭东四时杂词》第一首"赋鸭东水第四桥景致"，就有："水明山媚夹名区，一带烟岚入画图，也是销金锅上景，不妨呼作小西湖。"鸭东在京都。"上野为东京五公园之一，园侧有湖广数十亩，残冬水涸，土人名曰小西湖。"（何如璋：《使东杂记》，见《小方壶斋舆地丛钞》第10帙，282上）从中可以看出日本人对西湖的艳羡。

湖水和苏州土运来日本，以供他们作画①和烧制瓷器。《长崎市立博物馆资料图录》②中，就列有不少用苏州土烧制的陶瓷（见表3）。

表3　用苏州土烧制的长崎龟山烧

顺序	瓷器	铭文
第13	龟山烧木下逸云染付煎茶碗	庚寅秋九以唐山苏州之土制于长崎龟山逸云
第26	龟山烧苏州土梅图染付焖瓶	万延二年以唐山苏州之土崎阳龟山制
第27	龟山烧苏州土焖瓶	以唐山苏州土龟山制之
第28	龟山烧苏州土盖物	以唐山苏州土龟山造之
第30	龟山烧苏州土染付花生	以唐山苏洲[州]土崎阳龟山作之

“龟山烧”原是12世纪末至14世纪前半期日本冈山县玉岛市八岛龟山一带制造的无釉陶器③。而长崎的“龟山烧”，显然有模仿中国陶瓷的痕迹④。值得注意的是，这里一再标明是用“唐山苏州土”烧制，无疑是为了表明瓷器虽然是在本地烧制，但仍然是“进口组装”的，从根本上说还是“西来正脉”⑤！这些，显然反映了江户时代的日本人对于中国文化，特别是苏州物品的羡慕。当时，苏州的桃花坞年画中，有着不少来自西洋

---

　①　皆川淇园作诗并序曰：“偶获唐山商沈养山舶载来杭州西湖水一小壶于摄僧海音，而以其水作西湖图及他书画数十幅，为之作歌：西藩贤侯（大村侯）好风流，喜奇尝透海外舟（命译司神代某令沈载来），斟来三斗西湖水……请将此水磨墨汁，写出二堤烟柳稠……”见《淇园诗文集》诗一，“近世儒家文集集成”9，ぺりかん社1986年版，第405页；参见藤田经世：《校刊美术史料续篇》第4卷，校刊美术史料续篇刊行会，1985年版，第68页，藏早稻田大学中央图书馆；中村久四郎：《近世支那に及ぼしたる势力影响》第4回，载《史学杂志》第25编第7号，1914年7月。

　②　《长崎市立博物馆资料图录》ⅳ，工艺编Ⅱ，长崎市立博物馆，1995年版，日本国会图书馆藏书。

　③　见新版《角川日本史辞典》，朝尾直弘编，角川书店，1996年版，第228页。

　④　参见《崎阳谈丛》“龟山烧”“今龟山烧”条，防府史料保存会，1963年8月，第8页。江户时代在从中国传到日本的“九连环”曲，经日本人的消化和变异，成为大和式的歌舞，即“看看踊”，这在龟山烧中也有反映。现存有“唐人踊（龟山烧，九连环染付中钵）”。染付也就是蓝釉花纹的陶瓷器。

　⑤　大田南亩：《一话一言》卷19“渡来天神赞”，“日本随笔大成”别卷第3册，第141页。

的影响①，这与中日贸易当有着密切的关系；而日本的浮世绘（特别是长崎浮世绘），更是受到桃花坞年画的深刻影响②。日本师宣所作的《绘本风流绝畅图》，即模刻新安黄一明的《风流绝畅图》。

在清代，苏州与日本两地的学者一直保持着密切的联系。例如，顾禄（字总之，一字铁卿）著有《颐素堂诗钞》6卷，附《清嘉录》12卷，道光五年（1825年）付刊，梓成于道光十年（1830年），次年即随中国商船传入日本。道光十二年（1832年），顾禄远道托人带扇头题诗及画，赠予日本学者朝川鼎，并请他为《清嘉录》题词。后者积极商洽擘画，另一学者安原宽也对全书加以校订，最终于道光十七年（1837年，天保八年）在日本翻刻了《清嘉录》③。今早稻田大学中央图书馆古籍部，就藏有和刻本线装书《清嘉录》（江户下谷御成道书肆青云堂英文藏梓）。其书扉页上右题"方斋安原先生校"，中题书名"清嘉录"，左则有一段日文，大意是说：此书记述唐土年中行事，民情风俗——可见，与《清俗纪闻》颇相类似，对于治学和作诗均颇有助益。此则广告式的说明，也见于江户时代的其他出版物上。《清俗纪闻》成书于宽政年间（相当于清乾隆时代），是记述18世纪90年代前后南中国庶民日常生活和风俗文物的重要史料，深受日本人的重视。此处将《清嘉录》与《清俗纪闻》相提并论，足见日本人对吴趋风土民情的向往。对此，日本大洼行（天吉）诗序云：

① 莫小也：《乾隆年间姑苏版所见西画之影响》，载《东西交流论谭》，上海文艺出版社，1998年版，第215—229页。

② 如乾隆三十二年、三十三年（1767年、1768年，明和四年、五年）一艘乍浦船和一艘定海船，分别从中国运往日本版画176卷和15000枚，类似的记载屡见于永积洋子编《唐船输出入品数量一览（1637—1833）》。以上两例，见该书第153页、155页。

③《清嘉录》来新夏"前言"，"明清笔记丛书"，上海古籍出版社，1986年版，第5页。另，顾禄《酒春秋》1篇，收入江户时代的《视听草》九集之十，第87页。《柳桥诗话》卷下："清人顾铁卿寄贻善庵先生诗扇，曾蒙借观，背写牡丹一朵，著色轻松，雅致可掬。盖顾氏临池绘事之妙，可并见焉。"并录其近制诗1首，见第418—419页。其实，早在和刻本《清嘉录》刊行之前一年，日本人出版的著作中就已经引用《清嘉录》了。《柳桥诗话》（序于天保七年，1836年，道光十六年）卷下，第414页："和合神图，昉于近世，家家挂壁，祷祀维虔焉。或云：顾铁卿《清嘉录》所谓和合寿星，即此也。不知然否。"

予读顾总之先生《清嘉录》，艳羡吴趋之胜，梦寐神游，不能忘于怀也。比先生书近作七首，赠朝川善庵以求序，并征我辈题词，因和原韵，并编次录中事，臆料妄想，率成七首，梦中呓语，敢步后尘？聊博齿粲而已！

另外，日人田穀（稻香）亦作诗曰："翻得新编阅未休，居然岁月观苏州……柳风春暖扶桑晓，一枕亏君到虎丘。"表现出对苏州的无比艳羡。此外，贞享三年（1686年，清康熙二十五年），日本水户藩甚至委托中国商人到苏州招聘儒者①。

在大阪，也出现了刻意模仿苏州的景致。诗曰：

夜半乌啼月落后，闲床美睡梦将回。
吾侪不是枫桥客，何厌钟声枕底来。

这明显是用唐诗《枫桥夜泊》的文意。注云："寒山寺在福岛东北……盖用姑苏城外之寺名者，以有古钟也。"另外，日人田中乐美、田中显美所撰《大阪繁昌诗》②卷中有诗云："碧水分流十字中，东西南北四桥通，家家列肆沽烟管，常唤往来田舍翁。"注曰："……桥南卖烟管，然竞买者非都人士，特村汉野主矣已。一肆招牌，有清人程赤城笔（此烟管肆，在桥北）。"

烟草原产于美洲大陆，当地原住民自古以来作为药草使用，吸烟是宗教仪式的一种。庆长年间（1596—1615年，明万历后期）传入日本，后来又由日本传到朝鲜和琉球。中国分别从北、南两路，自朝鲜和琉球传入烟

---

① 参见徐邦庆：《近世中日文化交流探微——以〈存诚长崎笔谈〉为中心》，载《华冈外语学报复刊号》，1994年5月。长崎县立图书馆藏抽印本。
② 该书脱稿于万延元年（1860年，清咸丰十年），文久二年（1862年）增补。

草①。在江户时代，吸烟在日本非常盛行。乾隆年间客游日本近20年的杭州徽商汪鹏，在所撰的《袖海编》中说：

> 席地而坐，通国皆然，有及阶、及席之风。屋内遍铺毯踏眠，客至无拱揖之烦。坐定，主人则以烟盘置客前，听客自取。盘列火炉、烟盒、唾壶各一，呼烟为"淡巴菰"，烟筒为"几世留"，一室中恒列数架，人各授一。②

《清嘉录》的作者顾禄，还和褚逢椿合著《烟草录》③，在日本也相当著名。清道光五年（1825年，日本文政八年），得泰船从浙江乍浦港出航，驶往日本长崎，途中陡遇风浪，被迫漂流到骏河口远州榛原郡下吉田村（今静冈县），当地官员骏府知事羽仓外纪（名简堂）与得泰船上船主杨启堂、财副朱柳桥和刘圣孚等人笔谈，谈话记录即著名的《清水笔语》④，其中有如下这番对话：

> 水烟筒新制？［简］
> 有来已久。［刘］
> 水烟筒为杀烟毒么？［简］
> 食水烟清心明目，而无火毒。［刘］

---

① 《(缩制版)日本风俗史事典》，弘文堂，1994年版，第399页；参见冯佐哲：《中日饮食文化交流述论》，原载《中华食苑》第1辑，收入《清代政治与中外关系》，中国社会科学出版社，1998年版，第160—161页。

② 王锡祺：《小方壶斋舆地丛钞》第10帙，第271页上。《松阴快谈》卷4："今俗人人靡不喫烟，宾客即坐，寒暄未了，袖间出烟具，喷为云雾，满塞一室。或含烟缓吐，以戏儿童，市肆制烟具，可谓极侈矣。"（"日本诗话丛书"第4卷，第431页）江户时代的某些职人（即手工艺人）有"たばこ休"，即时时的小工休。（见缩制版《江户学事典》，弘文堂，1995年版，第243页）

③ 《烟草录》为《颐素堂丛书》之第4种，见宇贺田为吉著《医学烟草考》，隆章阁，1934年版，早稻田大学中央图书馆"洋学文库"。

④ 《视听草》二集之六，第162页。

烟草出何州？［简］

烟草出于兰州、广东二处为佳。［朱］

……

这大概说明，烟草虽然来自美洲，又传自日本，但当时中国出产的烟草和水烟筒，似乎都比日本出产的要好，中国人的吸食方式也为日本人所模仿。于是，我们在诸多日本浮世绘中，都能看到中国人叼着烟管的形象[①]。而上述为大阪烟管肆题写招牌的程赤城，应当就是一名徽州商人。

(二)中日贸易中的苏州徽商

关于程赤城，松浦章作有《乾隆时代の长崎来航中国商人——汪绳武·汪竹里·程赤城を中心に》[②]。此处在其基础上进一步勾稽史料。

程赤城，经常自署为"吴趋（有时误为吴超）程赤城"[③]，吴趋是苏州的吴趋坊，此处代指苏州。此人是苏州铜商，在江户时代的日本非常活跃，也大名鼎鼎。不仅大阪有他书写的匾额，而且他还为日本学者长久保赤水等人的著作作序，是个典型的亦儒亦贾的商人[④]。在不少日本人眼中，程赤城俨然是个饱读诗书、见多识广的大儒。皆川淇园在《书程赤城画竹赞及谢角鼎治疾牍后》一文中指出：

> 阿波大谷子顺所藏吴超程赤城书二纸，其一竹赞……余闻程航海来者有年，初未能书，居长崎学书，后大进。今观此卷，真贾舶中之

---

① 如樋口弘编著：《长崎浮世绘》242"大清人散步の图"、270"老若の唐人"、300"清朝人の图"等，味灯书屋，1971年版。

② 载《呷哑》1978年6月30日。

③ 《长崎名胜图绘》(饶田西畴文、打桥竹云图)卷4，有《(无凡山)和韵》一诗，作者题作"吴超程赤城"，"吴超"当是吴趋之误。《长崎名胜图绘》为朝仓治彦所编，"日本名所图会"15，角川书店，1983年版，第183页。

④ 参见周振鹤、鹤间和幸：《长久保赤水和他的中国历史地图》，载《历史地理》第11辑，上海人民出版社，1993年版。

铮铮者矣。①

当然，对于程赤城，也有不同的评价。有人认为来舶诸人不过是些商贾，程赤城也不例外。长野碻《松阴快谈》（序于文政庚辰，1820年，嘉庆二十五年）卷2：

> 新井白石经世之才，可比贾太傅、陆宣公，如诗文，特其余事耳。著述赡富，皆俚言国字，而识见超卓，考据精博。其豪迈英特，盖千古一人耳。岂可与世之龌龊腐儒，同年而谈焉哉！西土舶商来长崎者，动辄欺瞒邦人。程赤城，亦舶商也。长崎译官问赤城曰："贵国近日有何奇物？"赤城妄言曰："有橄榄鸟，形状大小皆似橄榄，因以得名。"译人咤以为奇，因屡托赤城舶载。赤城笑曰："聊相戏耳。"先是，林珍、何倩、顾长卿共来长崎，时有大高坂芝山者，质以文章，皆曰："子之文，韩（愈）、柳（宗元）不能过焉。"是其为侮弄也明矣。大抵渠黠者蔑视我，以为不学无知，因侮弄以供笑资。邦人不察，扣以诗文，奉其言以为金科玉条，岂不谬哉？近舶商某生，亦颇黠者也，极口讥物服诸子之诗。其言妄诞无据，其所作亦拙劣，不足为物服之奴也。邦人之寡陋者，妄信之，以为是西土之人言，必有据矣，是弗察之甚者。夫唐宋元明名家论文，犹未免有差谬，明桑悦、祝允明论文，皆肆口横议，历诋韩（愈）、欧（阳修）不遗余力。闻者但嗤其妄而已。况舶商海贾，岂可信哉？——西土书生犹且陋劣如此，况商贾哉？②

程赤城在享和三年（1803年，清嘉庆八年）曾招他的同乡胡兆新米日，从胡、程二人的姓氏及同乡关系来看，胡兆新当系侨寓苏州的徽州人。关于后者，据西琴石所著的《长崎古今学艺书画博览》载：

---

① 《淇园诗文集》卷7，"近世儒家文集集成"9，ぺりかん社，1986年版，
② "日本诗话丛书"第4卷，第385页。

胡兆新：清人，与稼圃同来，亦善书画。①

稼圃即江大来（字泰交，稼圃是他的号），"清人，文政五（年）来，一洗书法时习，本帮南宗中兴"②。据《长崎事典》风俗文化典载，江稼圃是长崎画派中南宗的开山祖，长崎画系中有江大来一系。当时，中国船主经常根据日本人的要求从江南招来各种人才，而同乡往往是船主挑中的上选人物③，江稼圃与胡兆新同船抵达日本，从其姓氏来看，此人似乎也应是徽州出身者。对于江稼圃，野田笛浦所著的《得泰船笔语》中有一段对话曾提及：

[秋岳云]："余闻之于崎人，江稼圃本武人，破产不为家，遂经商于长崎。"

[（朱）柳桥云]："非武人也，稼圃家本饶裕，（后）因消乏，于六旬时，始往长崎经商，然非其宿志也。"④

①《长崎古今学艺书画博览》，艺苑丛书，明治十三年（1880年）刊，藏东京大学东洋文化研究所，第30页。关于胡兆新，佐藤成裕《中陵漫录》卷12，有"清医胡兆新"条，见吉川弘文馆"日本随笔大成"第三期，第271页。另，《西游日簿》（稀书复制会1926年5月印刷，早稻田大学中央图书馆藏书）中有程赤城的对话："余姓程，名霞生，字赤城，号柏塘，唐山江苏人也，在此贸易已历十六年。"

② 据长崎县教育委员会1989年3月发行的《中国文化と长崎县》第146—147页，江稼圃于1804年（文化元年，清嘉庆九年）初次来日。

③ 根据乾隆晚期李斗《扬州画舫录》的记载，徽商往往从家乡请来画家、文人。后者受徽商的资助，并为他们作画。例如黄山画派的代表画家石涛在扬州居住期间（1692—1702年），就有歙县丰南人吴焵吉（字尚中，号晴岚）和歙县岑山渡人程浚（号肃庵）为其经济后援人。（参见新藤武弘：《在日本的黄山画派作品及其研究》，载《中国绘画研究论文集》，上海书画出版社，1992年版，第776页）这种情形，在当时长崎的商人中应当也不例外。

④《文政九年远州漂着得泰船资料》，第506页。

对于江稼圃的籍贯，《长崎画史汇传》①说：他自己记作是苏州人，而《古画备考》又说他是杭州临安人。明清时期，由于"占籍"和"商籍"情形的存在，徽州商人常常来往于江、浙一带，所以文献叙及某人籍贯时，便经常会出现歧异。如歙县大阜潘氏，既有商籍杭州者，又有著籍苏州者②；嘉道年间扬州盐务总商黄至筠，其籍贯也有甘泉和仁和（甘泉、仁和分别系江苏扬州府和浙江杭州府的附郭县之一）的不同记载③，从这一点上看，江稼圃的情形与此颇相类似。另外，《长崎画史汇传》曾记载：明治五年（1872年，清同治十一年），长崎人冈田篁所在上海逗留，想知道江稼圃是否仍有子孙健在。经查访，找到苏州人江子山。他与江子山的对话收在《沪吴日记》明治五年三月二十日条：

> 昨日传者云：子山先生即是江大来先生之令孙，敢问果然否？（篁）
> 大来先生，却不晓得。敝处本家在吴地，止有一支，合族在安徽
> 歙县。意大来先生，是系于金陵之江姓者，恐昨传者之误。（江子山）

江子山认为，"大来先生出于同姓，则固是一系也"④。虽然他"不晓得"江稼圃是否是自己家族一支的成员，但既然在苏州江氏只有一支，而且是出自徽州歙县的。而江稼圃又的的确确是苏州人，所以出自徽州的可

---

① 古贺十二郎：《长崎画史汇传》，大正书堂刊，1983年版。

② 《大阜潘氏支谱》（潘志晖、潘承谋编辑，1927年铅印本）卷首"凡例"："我家原籍歙县，迁居吴郡。谱中于两省地名，但注某州县，不注某省，明著籍也。至先世以业鹾试杭州商籍，只属寄籍，遇浙江地名仍系以省。"参见该书卷4"世系考"各传文。

③ 关于徽商户籍的变动，臼井佐知子《徽商及其网络》和《徽州汪氏家族的迁徙与商业活动》已有涉及。参见王振忠：《明清徽商与淮扬社会变迁》，生活·读书·新知三联书店，1996年版，第39页和第55页注（76）。

④ 《长崎画史汇传》其五"来舶诸家"，第530—531页。

能性应当是很大的①。江稼圃"世称以为舶来四大家"（另三人为伊孚九、费汉源和张秋谷）之一②，他的作品为日本人大量收藏③。

在江户时代，江稼圃的弟弟江芸阁也相当著名④。《长崎古今学艺书画

---

① 江是徽州的一个大姓，江南一带的江姓，大部分是从徽州迁出来的。何炳棣曾经根据自己对徽商的研究以及胡适的看法，指出："汪氏、鲍氏、程氏和江氏，如果不是全部，至少有大部分，无论官方注籍何处，很可能都是来自徽州地区。"见《明清社会史论》第六章，哥伦比亚大学出版社，1980年版。参见何炳棣：《科举和社会流动的地域差异》，王振忠译，载《历史地理》第11辑，上海人民出版社，1993年版，第305页。据日本学者小叶田淳《唐人町について——近世初期の支那人来住归化の问题》(载日本历史学会编集《日本历史》1947年10、11、12号)一文载，日向(今宫崎县)都城唐人町内，正保年间(明清之际)入津的唐人子孙，有济阳惣左卫门；幕末在住者，则有济阳八十八、济阳银助、济阳兵藏、济阳十助、济阳休右卫门和济阳松太。"济阳"是江氏的郡望，中国人将江改作济阳，是为了入乡随俗，归化日本，此乃当时的一般惯例。(关于这一点，详见王振忠：《契兄·契弟·契友·契父·契子——围绕着日本汉文小说〈孙八救人得福〉的历史民俗背景解读》，1998年8月苏州社会史学会第七届年会论文，后修改发表于台湾《汉学研究》第18卷第1期，2000年6月)徽州江氏，比较著名的族谱有歙县的《济阳江氏族谱》(道光十八年刊本)，乾隆年间烜赫一时的扬州盐务总商江春，就是该族成员。从事长崎贸易是具有厚利可图的一项事业，大抵中国物品一成，到日本可以取得五成的价格；及回舶所载货物，又可以一成换得二成。"故铜商之豪富，甲于南中"。(《东倭考》)据冯佐哲、王晓秋的描述，"乾隆五十一年开始，清政府决定对兼营盐、铜的商人，每一盐引免收二钱银子，用来作为到日本办铜的奖励"。(见《从〈吾妻镜初〉看清代中日贸易》，第110页)于是，扬州盐务总商汪、程二姓，其族人都纷纷涉足办铜事务。从这一点上来看，乾隆年间盐务总商江春，应当也有族人从事该项事务。事实上，江春与中日贸易的关系非常密切。他本人著有《随月读书楼时文》，"随月读书楼"是江春在南河下街(徽州盐商聚居区)所建的书楼，他的甥孙、乾嘉学派主将——阮元，就是在随月楼中，看到舶载而来的《七经孟子考文》。(日本人山井鼎所作，据徽商汪鹏《袖海编》称，此书是他从日本购得，"传之士林"，后来又收入《四库全书》)

② 《长崎画史汇传》其五"来舶诸家"，第518页。

③ 详见《青湾茗宴图志(附:书画展观录)》，4册，明治八年(1875年,清光绪元年)镌，山中篁村堂藏版，早稻田大学中央图书馆藏本。据新藤武弘的描述："在日本，京都的住友泉屋博物馆，以及大阪高槻市桥本末吉先生为首的各位收藏家们所藏的明清绘画中，有不少是黄山画派画家们的优秀作品。日本的中国美术史研究人员把这些画家称之为新安派、安徽派，或者是黄山派画家，并在艺术上给予高度的评价。"见《中国绘画研究》，第767页。

④ 《视听草》九集之七，收有《唐馆笔语》(戊子九月十日)，一位日本人说："余在江都(即今东京)闻江芸阁先生之名，仰慕非一日。"(第577页)

博览》第30页载："江芸阁，清人，诗书家。"江芸阁，名辛夷，字芸阁，号大楣，苏州人，从文化到天保初年（相当于清嘉庆、道光年间）作为船主来长崎。据说他的绘画不怎么样，但书法很好，字是学董其昌的。有一幅图片描摹长崎的"唐人及其书画清谭会"[①]，从中可以看出，"姑苏城外人"江芸阁的行书非常有名。他是长崎一带最著名的中国商人之一，又是一个风流才子，与长崎游女（也就是日本妓女）——丸山花月楼之袖笑的交往，为世所艳称[②]。在日本人的心目中，江芸阁还是一个非常博学的人物[③]，名越左源太所著《南岛杂话——幕末奄美民俗志》前篇，就讲到两种植物（真珠兰和柘楠木）以及一种鸟类（韦贵由奴），都是江芸阁鉴定的[④]。

与程赤城一样，江芸阁也经常为日本人作序。江户时代模仿袁枚《随园诗话》而作的《柳桥诗话》载：

> 《拈花集》一卷，凡五律百三十余，咸系唐贤集句，乃篁园野村先生所撰也，册首系以清商江芸阁、朱柳桥之二序。

江、朱二人，都曾出现在野田笛浦的《得泰船笔语》中。据后者所著

---

① 越中哲也、大户吉古编："江户时代图志"25《长崎·横浜》（1976年10月15日），第122页"长崎书画展观册"。《竹田庄师友画录》卷上："崎镇每岁春秋两次修书画会，一时善书画者，无士女少长咸到，如各国文人逸士亦闻风来会，满堂喧填，云蒸霞蔚，大极一日之欢矣。日后收所获之诸幅，著录作者姓名籍里，更为一册，镂梓分送四方也……"（转引自古贺十二郎：《丸山游女と唐红毛人》前编第二章第三节"丸山游女及び其附近"，长崎文献社，1995年再版本，第139页）此段资料所述年代为天保元年（1830年，清道光十年），正是江芸阁活跃的时代。

② 文政元年（1818年，清嘉庆二十三年）赖襄西游长崎，逗留当地3个月，作《次韵江大楣（芸阁）邹星岩诗》等诗，见《赖山阳全书》诗集，第232—233页。参见增田廉吉：《长崎にぉける赖山阳と江芸阁》，《长崎谈丛》第8辑，1931年4月；古贺十二郎：《丸山游女と唐红毛人》前编第3章第6节"唐人行の游女"，第662—665页；上野日出刀：《长崎に游んだ汉诗人》，中国书店，1989年版。

③ 《唐馆笔语》，《视听草》九集之七，第556页。

④ 国分直一、惠良宏校注，平凡社出版。

的《海红园小稿》序载：野田笛浦与舶来长崎的清朝商人之中的佼佼者——朱柳桥、江芸阁二人切磋学问，"终使柳桥避舍，芸阁束手，何其快也！"也就是说朱、江二人全都甘拜下风，令日本人扬眉吐气。《海红园小稿》为野田笛浦的诗文集，施加评点者仅朱柳桥、赖襄（山阳）和江芸阁。其中，赖山阳为江户时代著名的儒者。此书末之跋文，亦由江芸阁撰写。另外，《（日本古今名家诗文）圭玷新评》第三集《和汉诸名家评》[①]，其中的诗文作者都是日本著名的儒者，如野田笛浦、赖山阳等；诗文评者则首列清人朱柳桥和江芸阁，日本方面则有赖山阳、篆崎小竹和菊池五山等人。

江芸阁和江户时代的许多人都有来往。美浓人杉山千和所作的《大垣杂诗》曰："名声昔日达姑苏，诗画双雄匹敌无。满腹经纶忧国事，果然日本女丈夫。"其下自注曰："江马细香女史善诗画，清客江芸阁尝寄诗激赏焉。女史颇抱忧园（国？）之想，斋藤拙堂翁唤为女丈夫。"[②]显然，江芸阁在仰慕中华的日本闺阁诗人中，也颇有名气。另外，嘉永二年（清道光二十九年，1849年）新镌的《浪华四时杂词》中，也有《酬江芸阁》一诗："江称浪速最宜梅，地近伊丹殊好语，他日避秦能遂志，渔舟乘兴一寻来。"

综上所述，程赤城、江稼圃、江芸阁诸人的作为，也很符合徽商"贾而好儒"的性格特征。

除了上述文献资料外，长崎的碑刻资料，也提供了一些从事海外贸易的徽商资料。同治三年（1864年，元治元年）长崎《重修悟真寺碑序》，记载了当时参与捐资者的名单：

协德号 裕泰号 （岭）南帮 程稼堂 丰兴号 益昌号 沈荣春 程缦云福泰号 泰记号 （裕诚）号 泰昌号 长益号 裕兴号 裕丰号 敦和号 德记

---

① 藏早稻田大学中央图书馆。

② 《日本竹枝词集》中卷，竹东散史校辑，歧阜华阳堂，1939年版，伊藤信编辑兼校订，藏早稻田大学高田早苗记念研究图书馆，第46b页。

号 永兴号 广隆号 陈维泽 杨应祥 森大号 冯镜如 林云逺 程四德 李南圑 黄汝烈 振成号 静远堂 （修）□礼船 联兴号 恒裕号 黄汝芳 唐让臣 秦香田 何普光 吴□山 何牧野 严槐村 叶添使 傅（筑）岩（林）芝山 钱（艇）（夫） 张云亭 王克三 徐雨亭 周彬如 叶紫廓 （傅）芝卿 万成号 万源号 同昌号 戴金炎 吴癸恬 （路）□（香） 邓□□ 程登□ 郑□（喜） 陈彦□ 黄金（林） 黄（如）成 欧阳（典）□ 振□（林）□ （使）

碑末题作："大清同治三年甲子九月 董事 程稼堂 林坤良 李白西（郑）勤（喜）□□□ 傅从光 欧阳达三 □登 □□□祥。"悟真寺当即徽商汪鹏《袖海编》提及的"吾真寺"，寺后瘞孤之所为苕溪（湖州）人钱君惠首创，可见与三江帮有密切的关系。上述碑文中，既有商号的捐资，又有个人的捐资。此外，参与"损（捐）金"的还有程振新[1]。他与前述的程稼堂、程缦云、程四德和程登□等人，应当都是徽商。

长崎保存的几方墓志，也有徽商的史料[2]：

> 徽州府 皇清故汪炳府君之墓 道光十五年五月初二日卒，午三番船，孝男福官奉祀。（据《灵鉴录》，为休宁县人）
>
> 安徽歙县 皇清故德昭府君项公之墓 道光十一正月念一日卒 寅十番船炮手 孝男福庆奉祀。
>
> 清故观洪吴公之墓，光绪十三年十二月十六日去世，江南徽州府歙邑人。（据《灵鉴录》，为歙县南乡人）
>
> 徽州府 皇清待赠吴四桂府公之墓 道光六年丙戌六月初三日未时卒，男寿官拜。

---

① 福宿孝夫、刘序枫：《长崎市稻佐山の悟真寺·国际墓地唐人における古碑类及び相关资料の解读》，《长崎华侨研究会年报》第3辑《长崎华侨史稿（史·资料篇）》，1987年3月15日，第13—15页，日本长崎县立图书馆藏书；参见福宿孝夫、刘序枫：《长崎市の悟真寺·唐人墓地关系资料の补正と追录》。

② 宫田安：《兴福寺の唐人墓地》，《长崎华侨史稿（史·资料篇）》，第87—89页。

兴福寺即三江帮（三江指江南、江西和浙江，江南包括江苏和安徽）隶属的"南京寺"。另外，日本学者宫田安《崇福寺の唐人墓地》，也收录了二方墓碑①：

江南徽州府休宁县子明除（引者按："除"当为繁体字"孙"之讹）公之墓 大清雍正三年岁次 乙巳仲春初三日立。（雍正三年即1725年，日本享保十年。墓地记簿上写着：子明孙公享保十乙巳2月初7日巳3番内中街）

明 新安歙邑德光方公之域 明历丙申岁 仲春望日（明历二年即1656年，当南明永历十年，清顺治十三年）

以下，根据大庭修、松浦章等学者编纂的相关资料集，结合本文的其他史料，将中日贸易史料中出现的一些徽商（或推测可能是徽商）的人名加以整理、论列（见表4）。

表4　清代中日贸易中程、汪等徽州人之史迹

姓名	籍贯	备注	资料来源
程楚臣		活跃于元禄(康熙)年间	《江户时代における中国文化受容の研究》，第526页
程敏公		活跃于元禄(康熙)年间	同上
程坤如		元禄九年(1696年，康熙三十五年)南京船船头	同上书，第170页
程弘玉		元禄十三年、十四年(1700年、1701年，康熙三十九年、四十年)南京船船头	同上
程方城		正德元年(1711年，康熙五十年)，南京船主	同上书，第33页
程益凡		十二家额商，享保十四年(1729年，雍正七年)已见，活跃于文化、文政、天保、弘化、嘉永(嘉庆、道光)年间	《唐船进港回棹录》《割符留帐》《长崎的唐人贸易》

① 载《长崎华商泰益号关系资料》第2辑，长崎华侨研究会年报1985年号，长崎华侨研究会编，长崎县立图书馆藏书。

姓名	籍贯	备注	资料来源
程慎恩		宽延元年(1748年,乾隆十三年)六番船头	《江户时代における中国文化受容の研究》,第167页
程监生(字玉田)	金阊(即苏州)	活跃于宝历、明和(乾隆)年间	《古画备考》卷49《崎阳悟真寺内墙塔碑志》
程国锟(涧南、剑南)	松江	号竹泾,又号云间,申江人,南京船主,活跃于宝历、明和、安永(乾隆)年间	《古画备考》卷49《长崎画人传》,《宝历三年八丈岛漂着南京船资料》,《唐船宿町顺》
程闲南		活跃于安永(乾隆)年间	《唐船宿町顺》
程冀若		活跃于明和、安永(乾隆)年间	同上
程赤城	苏州	活跃于安永、天明、宽政、享和(乾隆、嘉庆)年间	《割符留帐》
程敬伦		与程赤城同时出现	《西游旅谭》卷3
程养拙		曾与程赤城一同到长崎,活跃于安永(乾隆)年间	《唐船宿町顺》
程奇堂		活跃于天明(乾隆)年间	同上
程荣春		十二家船主,活跃于宽政(乾隆)年间。	《割符留帐》,第7页
程万元	苏州	乾隆六年	《漂着唐人滞在中日记》
程洪然(天和)	歙县	淮北盐商兼办铜官商,活跃于文化年间(嘉庆十二年至十七年)	《长崎の唐人贸易》,第185—186页
程廷梅		文化(嘉庆)年间,书长崎“集贤祠”扁额	《长崎名胜图绘》卷2下
程德逊	新安		同上书,卷1
程子延		活跃于天保、弘化、嘉永、安政(道光、咸丰)年间,长崎在船船主	《割符留帐》《唐船风说书》
程稼堂	苏州	活跃于咸同年间,长崎在留船主	《割符留帐》《重修悟真寺碑序》
程缦云	苏州	同治三年	《重修悟真寺碑序》
程四德		同治三年	同上
程登口		同治三年	同上
程振新		同治三年	同上
程泓	歙县岑山(渡)		《长崎画史汇传》第557页,《古画备考》卷25“名画”,第1052页

姓名	籍贯	备注	资料来源
汪公民		活跃于元禄（康熙）年间	《江户时代における中国文化受容の研究》，第526页
汪相廷		贞享三年（1686年，康熙二十五年）	《存诚长崎笔谈》
汪复楚		活跃于享保（康熙、雍正）年间	《唐船进港回棹录》
汪虞上		享保十年（1725年，雍正三年）到长崎	同上
汪伯先（光？）		活跃于明和（乾隆）年间	《唐船宿町顺》
汪永（绳武）	新安	活跃于明和、安永（乾隆）年间	《古画备考》卷49《长崎画史汇传》
汪鹏（竹里）	杭州（徽州）	活跃于安永（乾隆）年间	《古画备考》卷49
汪桐峰		活跃于安永、天明（乾隆）年间	《唐船宿町顺》
汪永增	苏州府长洲县（休宁）	淮北盐商，活跃于嘉庆年间	《清代徽州商人与海上贸易》
汪晴川	杭州	活跃于宽政、享和（嘉庆）年间	《视听草》四集之十，第176页；《割符留帐》
汪小园	苏州府长洲县（休宁）	活跃于文化（嘉庆）年间	《割符留帐》
汪松棠		活跃于嘉庆年间	同上
汪松巢		活跃于文化（嘉庆）年间	同上
汪介春		活跃于文化（嘉庆）年间	同上
汪炳（符）	休宁	生于宽政十年（1798年，嘉庆三年），天保六年（1835年，道光十五年）	《兴福寺の唐人墓地》
汪执耘		活跃于文化、文政（嘉庆、道光）年间，长崎在留船主	《割符留帐》《唐船风说书》
汪竹安		活跃于文化、天保（嘉庆、道光）年间	《割符留帐》
汪福官	休宁	汪炳之子，天保六年（1835，道光十五年）	《兴福寺の唐人墓地》
汪循（修）南		活跃于文久、庆应（同治）年间	《长崎幕末史料大成》5开国对策编

续　表

姓名	籍贯	备注	资料来源
吴圣	休宁	贞享四年(1687年,康熙二十六年)	《清代徽州商人与海上贸易》
吴观洪	歙县南乡人	文政十年(1827年,道光七年)生,明治二十年(1887年,光绪十三年)卒	《兴福寺の唐人墓地》
吴四桂	徽州府	酉八番得泰船,文政九年(1826年,道光六年)卒	同上
江稼圃	苏州	活跃于文化、文政(嘉庆、道光)年间	《德泰船笔语》等
江芸阁	苏州	活跃于文化、文政(嘉庆、道光)年间	《割符留帐》
黄龙	新安	字云升	《古画备考》卷49
黄宣	新安	号玄斋	同上
方德光	徽州歙邑	明历二年(1656年,顺治十三年)	《崇福寺の唐人墓地》
方济(西园)	旌德(一说徽州)	活跃于安永(乾隆)年间	《清代徽州商人与海上贸易》
鲍允谅		享保二年(1717年,康熙五十六年)入港	《唐船进港回棹录》《华夷变态》
鲍颖升		活跃于享保年间,为信牌持有者,多次将信牌让给其他南京船主	《唐船进港回棹录》《唐船风说书》
项德昭	歙县	宽政四年(1792年,乾隆五十七年)生,天保二年(1831年,道光十一年)卒	《兴福寺の唐人墓地》
项福庆	歙县	项德昭子,寅十番船炮手	同上
沙起云	新安	有《万寿春林》等诗	《长崎名胜图绘》卷4
胡兆新	苏州	享和三年(1803年,嘉庆八年)随同乡程赤城来日	《长崎画史汇传五·来舶诸家》
孙子明	徽州府休宁县	享保十年(1725年,雍正三年)	《崇福寺の唐人墓地》

说明:1.仅一、二见的,直接写于何年出现;有多年出现的,则写"活跃于某某年间"。

2.籍贯如包括祖籍和现籍,则括号内为祖籍。

3.上述的人名可能会有重复,一种情况是,如《唐船宿町顺》中的"王竹里"和王桐峰,当即汪鹏(竹里)和汪桐峰,这是可以轻易判断出来的(明代王直也称汪直,亦为一例)。但有时却殊难断定,如"程闲南"是否就是"程剑南(涧南)"?两人活跃于同一时代,而且从读音上看,也有这种可能,但因没有进一步的资料,所以只能另列。另外一种情况是,船主的名姓、字号颇多,在不同场合出现,所以有时难以断定。

上述的程氏计有27人（不包括下引《视听草》中出现的家属），汪氏有19人，吴氏3人，江氏、黄氏、方氏、鲍氏、项氏各2人，胡、孙诸氏及其他各1人（见表5）。有些人虽然我们无从判断他们的原籍，但从彼此之间的关系中，应当仍可作些推测。例如，山胁悌二郎曾指出：淮北盐商程洪然有可能与额商程益凡是一族[1]。大庭修也指出：元禄年间的程坤如、程弘玉二人，有可能是同族（父子或未可知）。他们都是南京船船头。大庭修引《增补华夷通商考》的解释说，船头分两种：一为货主亲任并随船渡海；一是货主不随船，由其亲戚代理船头来航[2]。另外，松浦章《清代徽州商人与海上贸易》一文，曾指出来航长崎的汪执耘、汪介春、汪松巢等人，都与在苏州的汪氏船主、徽商汪永增有着密切的关系。根据明人金声的说法：徽州人往往"以业贾故，挈其亲戚知交而与共事"，这种立足于血族乡党的商业经营，在中日贸易中大概也不会例外。因此，表中所列诸人，如果不是全部，至少绝大部分应当都是徽州商人。

表5 表4中姓氏数的统计

姓氏	程	汪	吴	江	黄	方	鲍	项	胡	孙	其他
人数	27	19	3	2	2	2	2	2	1	1	1

从年代分布来看，从顺康雍、乾嘉道一直到咸丰、同治、光绪年间，都有徽商活动的身影（特别是程氏，一直赓续不绝）。（见表6）松浦章曾指出：清初展海令发布后不久，徽州商人就已混迹于沿海商人之中，以经营海外贸易牟取利润。贞享三年（1686年，康熙二十五年）在长崎与锅岛直条的侍官菅存诚笔谈的汪相廷，就有可能是徽州人。当然，由表6所见，显然以乾嘉道年间为数最多。而这一时期，也正是徽商及淮浙盐务最为繁盛的时期。民国《歙县志》卷1《舆地志·风土》曾说：

邑中商业以盐、典、茶、木为最著。在昔盐业尤兴盛焉，两淮八

---

[1] 《长崎の唐人贸易》，第185页。

[2] 大庭修：《江户时代日中秘话》，徐世虹译，中华书局，1997年版，第168页、170页。

总商，邑人恒占其四，各姓代兴，如江村之江，丰溪、澄塘之吴，潭渡之黄，岑山之程，稠墅、潜口之汪，傅溪之徐，郑村之郑，唐模之许，雄村之曹，上丰之宋，棠樾之鲍，蓝田之叶皆是也。①

表6　表4中的年代统计

年代	顺康雍	乾嘉道	咸同光	不明
人数	15	34	8	5

岑山渡程氏，在清代前期曾产生过数名两淮盐务总商（顺治年间的程量入，康熙年间的程之韺和程增等）。此后，乾、嘉、道三朝的盐务"首总"，也分别为徽州人黄源德、江广达、洪箴远、鲍有恒和黄瀛泰等人②。对照表4，程、汪、江、鲍诸姓族人出现在海外贸易的活动中，也就并不让人感到奇怪了。

不过，上述62人中，直接记载或可以判定是徽州人的仅17名（占比超过四分之一）。可能的原因有以下两点：其一，对于江户时代的日本人来说，徽州毕竟是内陆鲜为人知的一个山区（除了徽墨、歙砚③的名气很大外），而这些徽商的侨寓地苏、杭一带，对于日本人来说，显然更具吸引力。自报家门者，自然也就更具自豪感④。其二，诚如臼井佐知子所指出的那样："乾隆末年以后，有关徽商的记载减少了……这个变化，主要是当时有相当多的徽州人向以江、浙为中心的各客商地移居，并在那里定

①　民国《歙县志》卷1，《中国地方志集成·安徽府县志辑》第51册，江苏古籍出版社，1998年版，第41页。

②　参见陈锋：《清代盐政与盐税》，中州古籍出版社，1988年版，第34页；王振忠：《明清徽商与淮扬社会变迁》，生活·读书·新知三联书店，1996年版，第34—35页。

③　歙砚见长野确《松阴快谈》卷4，第108页；徽墨见中川忠英《清俗纪闻》卷2"居家"，"东洋文库"70，平凡社，1982年版，第56页、153页。关于徽墨，详见下文。

④　江户时代的一些日本人认为"唐商多瞒人，言说不足信也。"（《琼浦偶笔》卷2），事实上一些商人往往夸大其实，如姓朱的就自称是朱熹的后裔（《得泰船笔语》中的朱柳桥，就自称是"贤人文公后裔"），这是姓氏上的自我炫耀。而自称吴趋或金闾人，除了确实是侨寓地外，应当也还包含着一层炫耀的意味。

居下来。"①苏州是当时布业的中心，徽商中的许多人都是从抱布贸丝发财致富的，而且苏州还是办铜官、民商局之所在。故而上述的籍贯中自称来自苏州的有10名（另有杭州2名、松江1名），显然并不多么令人费解。

有理由相信，上表所提供的徽商名单是极不完整的。因为在长崎贸易中出现的商人，如文献中频繁出现的其他姓氏（吴氏、黄氏、潘氏、胡氏和洪氏等），都有可能是徽商。但除了上述明确指明者之外，却无法得到确证。不过，即使是这样，如此众多的徽州人出现在清代的中日贸易中，还是给以下所引的一份尺牍，提供了再好不过的注脚。题作"星源汪文芳宗淮"所辑的《增补书柬活套》，其中有一份《海洋来往活套》：

> 海天辽阔，不获时通信息，罪歉良深！而异乡身体，惟宜珍重自爱。早眠晏起，强饭加衣，乃旅人之大方法，幸祈垂意焉！异域风土，非可久羁，惟愿顺时自重，稍可如意，即当归棹，毋使故人望洋而忆也。阻被汪洋，徒切怀人，水天遥远，能不依依？回浪千层，萍踪如许奔波。飞舸一叶，形影相随天外。梦寐思维，君其亦同此离别情乎？奔走天涯，原图觅利，言旋须速，不可以异乡花草为恋。海阔天空，思情如缕，水远音积，离想若割。何日再睹光仪，聚首谈心，

---

① 臼井佐知子：《徽商及其网络》，载《安徽史学》1991年第4期，第21页。关于这一变化，笔者称之为"侨寓徽商的土著化"，见王振忠：《明清徽商与淮扬社会变迁》，生活·读书·新知三联书店，1996年版，第58—74页。当时断言："至迟到乾隆年间，以侨寓地为中心重建宗祠，如果不是扬州盐商中普遍的现象，那至少也是相当多的一种情形。"（第71页）1996年10月，笔者于黄山屯溪老街购得抄本《（歙县）岑山渡程氏支谱》（残本6册）。据该书第4册"量能公"传文，康熙十六年（1677年）以前，程氏就已在扬州创建宗祠了，这似乎可以看作侨寓徽商土著化倾向的重要标志。

以舒积悃耶？汪洋迢隔，鱼雁难通，惟有临风怀想而已！①

"星源"也就是徽州的婺源。据波多野太郎的解题："《增补书柬活套》：四卷四册，汪文芳编，扫叶山房刊，刊行年月不明。"扫叶山房在苏州，星源汪文芳当为汪氏一支的成员。所谓活套，是一种尺牍范本，供各类人写信时模拟、套用。"海洋来往活套"显然是大批徽州人从事海外贸易背景下的产物，它凸显了清代前、中期徽商在苏州与日本贸易方面的重要角色。

《海洋来往活套》中的"奔走天涯，原图觅利，言旋须速，不可以异乡花草为恋"，是说商人在长崎的沾花惹草。日本内阁文库保留有一封江户时代中国妻子写给在长崎经商的丈夫的一封信——《沈门何氏书启》，收在《视听草》二集之六。信封上这样写着："内安信一封/言佩相公台启/铁研 清进室/沈门何氏拜书。"也就是沈言佩的妻子何淑贞寄给丈夫的一封信。她写道：

> 荷钱贴水，堤柳鸣蜩，遥想相公与时多福、贵体康泰为慰。兹启者，自别以来，倏经四月有余，家中翁、言②两大人玉体全安，无庸挂念也。至于朝夕侍奉左右，妾虽不才，自当留心。其一切诸务，妾自料理。再儿辈教书，虽有先生教诲，然妾亦当日夕勉励，大女安吉。女婿今春闹得第进士，是为万幸。但妾近闻相公在崎迷恋烟花，

---

① 《增补书柬活套》一书，收入日本学者波多野太郎所编《中国语学资料丛刊尺牍编》第3卷，1986年不二出版。其中，《海洋往来活套》见该书第382页。按：《增补书柬活套》一书在徽州所见颇多，抄本、刊本均有，兹举数种为例：1.封面题作"新增见心集"，光绪庚子年，徽城文林堂梓行。但里面却作"新刻通用尺牍见心集目录"，徽城程聚文堂梓行，安徽省歙县档案馆藏。2."新刻通用尺牍见心集"4卷，光绪年（1881年）刻本，4册，上海图书馆古籍部藏。3.抄本，见屯溪老街。次页有三行字："太苍州 云卿程记/道光贰拾捌年岁次戊申季夏 立[谷]旦/咸丰元年岁在庚戌月。"抄本中出现两次"太苍"的字样。"太苍州"当即太仓州，这显然是一个徽商的抄本。

② 《古画备考》卷25"名画"引此文，作《唐妇尺牍》，此处作"姑"，甚是。见第1051页。

使妾亦为未信。因相公在家，凡事皆有斟酌，况飘洋渡海，莫不为名为利，岂又如是耶！妾在家独挑寒灯，操持拮据，亦莫不为家业计。乞相公切不可贪亦（恋）闲花以失素守，千祈三思布行，则家门幸甚！妾书中言语，倘有冒犯，犹祈宽宥为感！余再叙，专此须诣。

近安！

上

言佩相公 清鉴　贱妾淑贞敛衽启

六月初七日冲。

"相公在崎迷恋烟花"，就是指商人在长崎与游女的交往。何淑贞何方人氏，从信中无从判定。不过，这应当反映了商人家庭中比较普遍的一种情况①。徽商汪鹏的《袖海编》曾指出："（长崎）港口中流有山如拳，俗名换心山。货库前有桥，名落魂桥，言唐人经此心变魂销，挥金如土矣。"这或许是模仿自徽州祁门目连戏中对凡人踯躅黄泉途中的场景——根据郑之珍的铺张渲染，人死了之后要通过一座桥，这座桥就叫作"奈何桥"，此乃生人和死鬼的阴阳之隔。而在当时，在一般人的心目中，日本是"天朝"之外的一个异域，长崎作为进入"异域"的窗口，故有"换心山"和"落魂桥"之场景。

在长崎贸易中，不少商人往往在本土已经有了妻子，但因为经常在日本经商，所以在长崎也有比较固定的游女。《得泰船笔语》中日本人野田笛浦曾问："杨兄有妓么？"船主杨启堂回答说："引田屋丝萩，试以日本字写之：伊登巴义（いとはぎ）。我二十岁往崎港，共走九次经营，一切帐（眼）目在崎，不得安乡。"②根据汪鹏的记载，当时的丸山游女往往为中国商人"谨出入，握筹算，若将终身焉……大抵居客馆，俨然伉俪"。

---

① 笔者收藏有晚清徽州民间商业文书抄本《便蒙习论》，其中有一封《答夫书式》。另外，笔者收藏的《妻寄夫书》抄件（歙县上丰宋氏盐商家族文书之一），以及明末清初游戏诗文（复印件，原件徽州凌氏收藏）等，均有相似的内容。

② 《文政九年远州漂着得泰船资料》，第513页。

也就是替后者操持家务，就好像是他的妻子一样。这种情况非常像中国苏州一带"两头大"的婚俗①。也就是经商的缘故，妻子长期不能在身边，往往在经商的地方另外再娶一个。程子延与游女歌琴，程赤城与游女夕梅，江芸阁与游女袖咲、袖扇等，都是为日本人所艳称的著名的浪漫故事②。

太平天国时期的战乱，对苏州造成了很大的破坏，极大地打击了苏州徽商的势力。程氏原先在苏州虎邱东山滨建有"二夫子祠"，咸丰兵燹之中被毁，"各派裔孙散居他处"③。以前述山斗迁吴程氏世系图中所列诸人来看，四世程炳信、五世程承基和六世程熙，其妻妾汤氏、杨氏、苏氏和王氏等，均在兵燹中"殉难"④。《新安篁墩程氏世谱》卷4有《旌表录》，其中载有贞烈节孝总祠（建葑门内平桥南）传单，从中可以看出当时死亡之惨烈。该书作者程熙因"避至乡间"，辗转逃难而得苟免。光绪《程氏支谱》的作者程为烜也指出："庚申之乱，先君子在城殉难，族中之殉难者亦复不少，余各流离迁徙，死伤殆半。"⑤从日方史料来看，"流离迁徙"者之中，先前从事海外贸易的一些徽商，显然因便得以携家挈眷逃往日本。日本人小栗宪一著《丰绘画史》卷下"千夕田"条曰：

> 清国毛贼之乱，吴中人遁逃，舶来于长崎者不少，多携带古书画，售以取给。⑥

这是指太平天国时期，很多苏州人逃到长崎。日本人纳富介次郎所撰的《上海杂记》中，就有一位中国秀才提及，当时有不少难民去了日本长

---

① 褚人获《坚瓠戊集》卷1"弃旧恋新"条曰："诗云：'不思旧姻，求我新特。'诗刺弃旧恋新。……今三吴所号为'撞正'者也，俗谓之'两头大'。"

② 见古贺十二郎《丸山游女と唐红毛人》前编第三章第六节"唐人行の游女"。

③《新安篁墩程氏世谱》卷3《金阊花步里经懿祠事略》。

④《新安篁墩程氏世谱》卷3《山斗派》。

⑤《程氏支谱》，光绪三年"续修支谱"序。

⑥ 小栗宪一著，全3册，早稻田大学中央图书馆藏本，卷下。

崎①。另一位日本人日比野辉宽（号欢成）在问及兵燹战乱中的赤县神州何处最为安全时，祖籍徽州婺源的苏州人汪春龄（医生、商人）回答说，除了广东、四川和云南没有"长毛和捻匪"之外，还有"最安逸"的"东洋"；他还说自己"有五家亲友，皆于去年搬去"。日本人进一步问道："东洋属何州？"春龄说："东洋有唐人会馆，我国贸易者甚多，英国人亦去，想是地名也，弟未曾到过。"②可见，此处的"东洋"应即日本③。万延元年（亦即上述的庚申年，1860年，咸丰十年）五月廿五日，程稼堂家族10人和仆人2名（见下），共计12人，乘美国蒸汽船到达长崎，得到长崎奉行冈部骏河的允许上陆并入了唐馆。

　　　　本妻生物（引者按：当为惣）领 缦云 廿九岁

　　　　次妻生长女 庆珠 十三岁

　　　　同（引者按：指次妻）次女 增珠 十岁

　　　　初妻生二男 长星，八岁

　　　　次妾生三男 长丰 七岁

　　　　右长丰生母 苹芝 三十三岁

　　　　缦云本生惣领 泰兴 八岁

　　　　同二男 泰隆 八岁

　　　　妾腹生三男 泰顺 五岁

　　　　泰顺生母 桐梁 式十七

　　　　以上拾人

---

① 冯天瑜：《"千岁丸"上海行——日本人一八六二年的中国观察》，第316页。

② 《没鼻笔语》坤，见冯天瑜：《"千岁丸"上海行——日本人一八六二年的中国观察》，第407页。

③ 荒濑桑阳《崎阳谈丛》有"唐人书家乞料"条，说唐人避"天德之乱"扶老携幼到长崎者约有千人。防府史料保存会，1963年版，第24页。日本的"江户军谈"多将太平天国革命描绘成一场"明清战争"，如青卫主人的《清明军谈》就叙述明代唐王后裔朱华，发起复兴明朝的大业，建年号天德，故"天德之乱"，就指太平天国。参见王晓秋：《近代中日文化交流史》第3章，中华书局，2000年版。

仆赵发　　　　　　　同周起祥[①]

程稼堂其人是十二家船主之一，也是长崎在留船主[②]。其中的程稼堂和程缦云，见前引《重修悟真寺碑序》。从中可以看出，程稼堂名列董事之榜首，显然是三江帮的主持人，当系徽商巨子无疑。

光绪三十四年（1908年）第三十刻《（徽宁）思恭堂征信录》中，就保留有两份神（户）（大）阪三江公所及上海徽宁会馆旅榇交涉的相关文件。第一份是上海官方给徽宁会馆董事的谕文，该谕文根据驻日神户正理事官黎氏的文移，要求徽宁会馆接纳来自日本神户三江公所中华山庄的客商灵柩。其后附有神阪三江公所首事的公启：

> 敬启者：据为奉宪谕运回旅榇以安旅魄而正首邱事。窃照本帮同人，或商或工，在神病故，历厝义庄，诚恐年久暴露，兹特酿资，附搭英商轮船运回上海。除禀叩理事府照会租界会审分府，谕令该柩原籍会馆公所，按照后开各柩籍贯、姓名验收，至执照者。
> 计开　范立森　安徽徽州府休宁县人。
> 光绪九年十二月　日神阪三江公所首事公启。[③]

由此可见，晚清时期，尽管江南商务中心已由苏州向上海转移，中日贸易也发生了诸多变化，其中仍然可见休宁商人活动的踪迹。

---

① 藤川贞：《安政杂记》，"内阁文库所藏史籍丛刊"36，第16册，史籍研究会，1983年版，第497页。另，古贺十二郎《丸山游女と唐红毛人》后编第八章第三节《异国女渡来の禁废撤后唐美人、唐少女の渡来》第206—207页，亦引类似资料，但文字略有差异。

② 《唐船风说书》万延元年，载大庭修：《唐船进港回棹录、岛原本唐人风说书、割符留帐》，第258页。

③ 光绪三十四年（1908年）第三十刻《（徽宁）思恭堂征信录》，第32页上。思恭堂藏版，王振忠收藏。

(三)中日贸易在徽州的投影

《海洋来往活套》中的鱼雁传情，也引发人们将目光投向徽州本土。明清时代既有众多的徽州人从事海外贸易，这应当不能不在徽州当地留下一些痕迹。在歙县，潘世镛《大阜十六咏》之一有"李王庙"：

> （庙）在村东，其蔚公与族人同建。康熙乙亥，公特铸大鼎以镇庙。鼎有款识，乾隆间家君与族人同修。嘉庆甲子，榕皋伯归里，为理斋兄祈嗣于神，有应，特酬香案一具。

> 烈烈李开府，南宋将帅臣，十年成大捷，身后为明神，神功保赤子，灯火时时新，大鼎镇古庙，吾颂作鼎人。[①]

根据日本学者滨岛敦俊的研究："……这些土神（引者按：指李王等）大都有保护海运、水运的传说，说明江南农村与东亚海上世界有着结构性的关联。"[②]李王庙在徽州歙县等地多有所见[③]，而且随着大阜潘氏迁居苏州，族谱中亦记载了苏州的李王庙。虽然徽州的李王庙与江南各地的是否相同或相似，仍有待进一步确证，不过，明清时期的徽州，也确实与东亚

[①]《大阜潘氏支谱附编》卷十《文诗抄》，23a。另据钟瑞的《歙行日记》："乃诣村口李王庙，神为南宋中兴将，讳显忠。康熙间七世祖倡建此庙，并铸大炉，乾隆中重铸，今又毁。余就墙阴，摩挲其款识，庙旁茶亭已废，仅留壁上'汔可小休'四字。亭后关帝殿尚在，其僧即领取公费，置备茶汤者，亦进拈香，乃返。"（同前42下）大阜潘氏在苏州的一支，显然也与海外贸易有关。《歙县迁苏潘氏家谱》卷4《家传·先室吴夫人小传》记载："夫人字慰之，别字慧珠，舅氏正卿公长女，我母吴太夫人之胞侄女也。……泊舅氏航海至日本数年，夫人陟岵瞻望，心常戚然……"（第38页上）另，《大阜潘氏支谱正编》卷6《敷九公支四房南有公支》："二十八世，宗聿暄公……生于清雍正二年甲辰九月三日，卒于清乾隆三十九年甲午正月十日。……女三，一适汪阶霄，一适王日桂……"王日桂可能即赴日办铜商人之一。

[②]《近世江南海神李王考》，见张炎宪主编：《中国海洋发展史论文集》第6辑，第217—248页。

[③]李王祖殿即在歙县大阜。参见王振忠：《抄本〈三十六串〉介绍——清末徽州的一份民间宗教教科仪书》，载《华南研究资料中心通讯》第十四期，1999年1月15日。

的海上世界有着密切的关联。藤井宏曾引万历《歙志》中有关歙县漆器的记载："其上者，欲追果园厂，而旁之窜入日本国。"进而推断说，徽州的漆器曾输往日本①。果园厂是明永乐年间在北京皇城内的果园厂建立的御用漆器生产作坊，代表了明代早期（永乐、宣德时期）漆器制作的高超水平，乾隆皇帝《咏永乐漆盒》诗有"果园佳制剔朱红"之句。歙县漆器"欲追果园厂"，显然说明了制作水平的高超。根据张荣的研究，当时果园厂从南方征集了一批制漆高手，其工艺也就有来自日本者②。高濂《燕闲清赏笺·论剔红倭漆雕刻镶嵌器皿》载："穆宗（隆庆）时，新安黄平沙造剔红，可比园厂，花果人物之妙，刀法圆活清朗。"③清吴骞《尖阳丛笔》载："明隆庆时，新安黄平沙造剔红，一合三千文。"④黄平沙即黄成（号大成），作有《髹饰录》，此书是明隆庆年间的著名漆器著作，代表了当时漆器工艺发展的最突出成果。道光十七年（1837年），徽商吕松年捐房13间作为苏州的漆业公所，显然反映了徽商在苏州漆业中的地位⑤。

通过在苏州的徽商和其他江南各地的海商，不仅徽州的漆工，而且新安的墨工也与日本结下了不解之缘。关于这一点，从宽政二年（1742年，乾隆七年）刊行的《古梅园墨谱》及安永二年（1773年，乾隆三十八年）春刊的《古梅园墨谱后编》⑥中可以窥其端倪。

《古梅园墨谱后编》唐方传制中有一方"神仙墨"，题作"用唐山漆取

---

① 见藤井宏：《新安商人的研究》，傅衣凌、黄焕宗译，载《徽商研究论文集》，安徽人民出版社，1985年版，第155页。

② 张荣引《嘉兴府志》："张德刚，父成，与同里杨茂俱善髹漆。剔红器，永乐中日本、琉球购得，以献于朝。成祖闻而召之，时成已殁。德刚能继父业，随召至京，面试称旨，即授营缮所副，复其家……"见张荣：《漆器型制与装饰鉴赏》，中国致公出版社，1994年版，第136页。下引《论剔红倭漆雕刻镶嵌器皿》一文指出：徽州人方信川模仿日本漆器的制法。并说："如效砂金倭盒，胎轻滑，漆与倭无二，今多伪矣。漆器惟倭为最，胎胚式制亦佳。"（36上）

③ 黄宾虹编：《美术丛书》第3集第10辑3册。

④ 转引自张荣：《漆器型制与装饰鉴赏》，中国致公出版社，1994年版，第162页。

⑤ 见张海鹏、王廷元主编：《徽商研究》，安徽人民出版社，1995年版，第104页。

⑥ 关于《古梅园墨谱》，松浦章《乾隆时代の长崎来航中国商人——汪绳武·汪竹里·程赤城を中心に》一文已有涉及。

烟，按明大玄氏/秘方造，古梅园珍藏"。关于古梅园墨，《得泰船笔语》中的中国商人朱柳桥说："日本古梅园墨上品。"据《文政九年远州漂着得泰船资料》中田中谦二先生的译注——古梅园在奈良市椿井町，是现存的制墨老铺。另外，汪鹏在《袖海编》中亦曾指出："日本贡墨最佳，其官工为古梅园和泉椽，世制贡墨。"《古梅园墨谱》的御墨图式：

日本官工古梅园和泉椽松井元泰监制，
大清乾隆辛酉岁次新安凤关詹受天镌。

章末曰："右数品之墨印，清国徽州印工汪君奇，新安印工詹受天，以彼地铁梨木雕刻。泉州恪中龚氏将来，予特蒙官许得求焉，故此墨为家制第一品。"后面还有"新渡唐墨"（也就是刚从中国舶来的墨）二方，一为"御"墨，一为"官"墨。前者题作"用日本古梅园家制油烟煤/大清官工程丹木监造"，所谓官工，当指承办宫廷御墨的墨工（如下文的曹素功）；另一方题作"用日本官工古梅园家制松烟煤/大清官工程丹木监造"。作者松井元泰还说：

右二品大小四种。元文己未（引者按：1739年，乾隆四年）秋，予在崎港日，以家制之松油二种煤，附归帆之唐客。庚申（1740年，乾隆五年）冬，徽州官工程丹木以唐胶剂制墨数十挺（梃）远寄，是予家百世可宝。以吾国煤所制之唐墨，前世未闻有之，谅可谓在下之珍墨乎，故登谱者也。……

另外，"唐方式"中还有"徽方真墨（元文已未清人面授/日本官工古梅园贞文制"和"浙江徽墨"的字样。据宽保二年（1742年，乾隆七年）松井元泰《新制墨谱跋》曰：

南都盖吾邦之墨薮也，墨匠世业而家砻户琢，超轶诸方。元泰碌厉数世于斯，未尝得华邦之传以为恨。壬子（享保十七年，1732年，康熙十年）冬，禀乎崎之官厅，得通书于浙江郎亭陈氏、福建秋埜龚氏，受其真法，然后依法精制，乃赠其墨数丸，薪其评论，犹如尝天厨一脔，而未便便矣。己未秋，蒙官许自赴西州，滞留崎港，见于清客之解墨法者九员焉。朗亭既扬帆，唯秋埜观止矣。且又附疑问数条于归舶，以寄于徽州官工曹素公、游元绍、詹子云，往复款曲。三子盖当世之名家云。

曹素公当即曹素功（圣臣，室名"艺粟斋"），是徽州岩寺镇人。与汪近圣、汪节庵和胡开文并称清代四大制墨名家，有"天下之墨推歙州，歙州之墨推曹氏"之誉。康熙南巡时，他携带得意之作进献，深受青睐，御赐"紫玉光"一名。"紫玉光"为36锭的集锦墨，每锭图案为黄山一峰，拼合则成为一幅完整的黄山图，为曹氏墨的代表作。此后，曹素功墨业更加兴旺，乾隆年间移店至苏州，长期包揽贡墨生意[1]。詹子云（乾一氏，室名"文鉴斋"），据尹润生的描述，清代徽州制墨，为歙县、休宁和婺源三县，婺源制墨家中，以詹姓为数最多，如詹鸣岐、詹文魁、詹成圭、詹方寰、詹衡襄和詹子云等[2]。《古梅园墨谱》后编，有新安人黄云升题的《满庭芳·奉咏古梅园藏墨寄赠元汇词台郢正》，以及申江程剑南、金闾程玉田等人的题词。《古梅园墨谱后编》有安永二年春汪鹏的跋文："笔时乾隆三十七年岁次壬辰嘉平月，杭郡竹里汪鹏。"汪鹏携带此书回到中国，他的钱塘同乡梁玉绳，就曾从他那里观赏到此谱[3]。后来，扬州盐商马曰

---

① 季家宏：《黄山旅游文化大辞典》，中国科学技术大学出版社，1994年版，第333—348页。参见尹润生：《墨林史话》，紫禁城出版社，1993年版，第96页。据《青湾茗宴图志》，日人收藏有"詹成圭制气叶金兰"墨。

② 尹润生：《墨林史话》，紫禁城出版社，1993年版，第142页。

③ 松浦章引梁玉绳《瞥记》七《杂事》（《清白士集》卷24）："仝里汪翼沧（鹏）三至日本，携归其国松井氏墨谱一帙。所造墨数百品，佛足碑墨为最。余于汪处见之，小楷科式皆精。汪云：有王衍墨长寸余，阔八分，两头如圭。凡误书文字，不假刀水，直以墨就误处磨之，一扫无痕，惜购不得。"他认为，"松井氏墨谱一帙"当即《古梅园墨谱》。

琯（徽州祁门人）门下的食客——厉鹗（钱塘人），也曾在扬州看到该谱，并作有《试灯前一日同人集赵谷林小山堂观流求国官工松元泰新刻墨谱用山谷松扇韵诗》[①]。

可见，从《古梅园墨谱》的形成及其流传来看，它与徽商及徽州的墨工，有着千丝万缕的联系。

歙县柘林（结林）是明代嘉靖年间海商头目、"徽王"——王直的故里。"柘林"这一地名非常耐人寻味。根据饶宗颐的考证，广东潮州和浙江都有"柘林"的地名，不仅与海上交通有关，而且这两处地名也都在嘉靖年间的倭患中，频频在文献中亮相[②]。因此，笔者认为，王直的故里也叫"柘林"，似乎并非偶然的巧合，可能有着海外贸易的背景。其实，类似的例子可能还有不少。例如，作为海上三仙山之一的"瀛洲"，这样的地名竟然镶嵌在绩溪大地上，是否也会引人遐思？让人将内陆山区的这一方水土，与海洋产生出某种联想？

事实上，在休宁，当地人从事海上贸易，早在明代就相当有名。众所周知，明代中叶的"倭寇"中，有不少人是徽商。迄今，在日本长崎的福江、平户等地，还流传着不少有关王直的传奇故事。其中，尚存于五岛列岛的"六角井户"（用六块石板圈成的水井），据说就是王直根据中国的技法挖掘而成的[③]，它与徽州本土[④]以及徽商"殖民地"——扬州城中所见到的那种水井，极为相似。明休宁吴子玉《茗洲吴氏家记》卷10《社会记》嘉靖三十一年（1552年）二月条："讹言徽商私通夷货，致边患，朝廷不时来屠灭，以故邑子逃窜，椎埋之徒乘机剽剟，久之而后息。"也就是说，

---

① 载厉鹗：《樊榭山房诗文集》下，第1232页。另，日本人北静庐《梅园日记》（弘化二年刊）卷5有"古梅园墨谱"条，认为因墨谱有琉球国程顺则所写的古梅园墨赞，故厉鹗将作者误作流求官工。见吉川弘文馆《日本随笔大成》第3期，第12卷。

② 关于潮州及浙江的"柘林"，见饶宗颐：《柘林与海上交通》，载《文化之旅》第61—69页。

③ 县别シリーズ42，《乡土资料事典（长崎县·观光と旅）》，人文社，1976年版，第126页"五岛列岛"。

④ 参见俞宏理、李玉祥：《老房子·皖南徽派民居》下册，江苏美术出版社，1993年版，照片310，江西婺源思溪的六角水井（清代）。

当时谣传徽商私自从事与日本的贸易，以致造成中国东部沿海的倭患，朝廷要派兵来杀徽州人，所以休宁县人纷纷四处逃窜，一些无赖之徒借此机会到处抢劫，过了很久才平息下来。这虽然是虚惊一场，但由此亦可见，休宁一带从事海上贸易者当为数不少①。

在《茗洲吴氏家记》描述的年代，苏州一带的货物及工艺，在日本非常走俏。据友野瑛著《锦天山房诗话》下册"益田助"条载：

> （益田助）字伯邻，号鹤楼，称助右卫门，其先相州人。北条氏据八州日，世掌财货交易、卖买估价、督察奸非、催驱赋徭事。国初，徙相州豪于都下，其高祖友嘉率其族而来，遂为江户人。初，永禄丙寅有吴舶来泊三浦，友嘉奉北条氏命，掌其事，因受五灵膏方于吴估，试之果验，求者日多，遂致财巨万。②

永禄丙寅即1566年（永禄九年，明嘉靖四十五年），当时还是日本的室町时代后期。此前的一段时期，正是王直等徽商及"倭寇"活跃的年代，同时又是江南一带社会鉴赏风气发生重大转变的时期。这无疑将促使我们将徽商、苏州（吴俗的核心地带）以及日本三者，联系起来加以考察。

关于这一点，笔者在此提出一个值得进一步探讨的问题：明代中叶以还，徽商在江南一带大规模地收集文物，曾经引起整个社会鉴赏时尚的变迁。一般认为，徽州人大量收购古玩字画，主要是出于对士大夫生活方式的盲目模仿，在文人士大夫的眼中，他们不过是些附庸风雅的暴发户，收购和鉴赏古玩，一向被认为是富裕了的徽商不事生业、玩物丧志的一种表现（许多人认为，这是最终导致徽州盐商衰落的一个重要原因）。其实，

---

① 明清时代,有不少来自海外的物品流入徽州,如明方承训的《复初集》卷11有《蛮刀》和《蕃扇》诸诗(第690—691页);《春在堂诗编》卷2记载,晚清朴学大师俞樾曾在休宁汪村处馆,当地一位家资浩大的商人汪紫卿收藏古玩甚多,曾将自己珍藏的木纸出示给俞樾。关于这个木纸,俞樾指出:"其实木也,而薄如纸,可以受墨,但不能卷耳,云出东洋。"(第26页下—27页上)这些史实,或许可以作为徽州商人与海外贸易关系的旁证。

② 友野瑛:《锦天山房诗话》下册,《日本诗话丛书》卷9,第393页。

倘若从中日贸易的背景去考察，便不难看出，日本的古玩鉴赏风尚是与中国江南一带密切联系在一起的①。徽商大批收集古玩字画，即使是赝品亦在所不惜②，应当并不是人们通常所以为的那样——是暴发户不识货、附庸风雅的表现，而真正的目的实际上仍然在于盈利。换言之，追求文人趣味的江户日本人（可能还有朝鲜、越南等汉文化圈内人）才是真正的"冤大头"③。因此，徽州人"近雅"或附庸风雅的背后，实际上有着深层的

---

① 沈德符《万历野获编》卷26《玩具·时玩》："玩好之物，以古为贵，惟本朝则不然，永乐之剔红，宣德之铜，成化之窑，其价遂与古敌。……始于一二雅人赏识摩挲，滥觞于江南好事缙绅，波靡于新安耳食，诸大估曰千曰百，动辄倾囊相酬，真赝不可复辨，以至沈唐之画，上等荆关，文祝之书，进参苏米，其敝不知何极！"（第653页）而日本浅野长祚在《漱芳阁书画铭心录》"凡例"中则记载："书画好尚，岁改月变。今姑举一端言之：五十年前专尚文、祝、沈、唐，不重宋元之迹，是宋元之迹，所以湮没不多传也。后文、祝、沈、唐真迹，渐又渐灭。于是明末清初诸名迹，始重于世……"（第1页上一下）

② 方承训《复初集》卷14《苏人草书仿晋，间有类真，徽人独爱焉，不吝重金赠写》："独有徽人偏笃爱，重金无吝购娱珍。"（第55页）沈德符亦指出："比来则徽人为政，以临邛程卓之赀，高谈宣和博古图书画谱，钟家兄弟之伪书，米海岳之假帖，滉水燕谈之唐琴，往往珍为异宝。吴门、新都诸市骨董者，如幻人之化黄龙，如板桥三娘子之变驴，又如宜君县夷民改换人肢体面目。其称贵公子、大富人者，日饮蒙汗药，而甘之若饴矣。"（《万历野获编》卷26《玩具·好事家》，第654页）

③ 钱泳《履园丛话》九《碑帖·伪法帖》："吴中既有伪书画，又造伪法帖，谓之充头货。……各省碑客买者纷纷……而官场豪贵之家不知真伪，竟以厚值购之，其价不一……嘉庆初年，有旌德姚东樵者，目不识丁，而开清华斋法帖店，辄摘取旧碑帖，假作宋、元、明人题跋，半石半木，汇集而成，其名曰《因宜堂法帖》八卷、《唐宋八大家帖》八卷、《晚香堂》十卷、《白云居米帖》十卷，皆伪造年月姓名，拆来拆去，充旧法帖，遍行海内，且有行日本、琉球者，尤可嗤鄙。"（第256—257页）旌德是最靠近徽州、宁国府辖下的一个县份，清代中日贸易中的商人也有来自此处者（如方济）。关于这一点，得到了日本史料的证实。浅野长祚《漱芳阁书画铭心录》卷1："董思白书画当时既多赝笔，况在吾邦存于今日者？顷观万福寺藏西僧所斋者，大异所闻，唯京商三井氏所藏唐诗七截本较近其。昔者崎尹牧野成杰好思翁，以旧藏示舶客江芸阁，且属曰：'将来赛此迹者。'芸阁熟视曰：'无之。'虽或曰遁辞，亦可见其真迹之少也。"（第15页下）董思白亦即明代著名画家董其昌。同书卷1："元四大家真迹，传于我邦者绝少矣。梅华道人之笔，时传一二耳。至王叔明、倪云林，绝所不得窥一斑，偶有者金赝造。"（第16页下）可能是买的假货太多，日本人也渐渐有了经验。江户时代"宽政三博士"之一——古贺精里就在自己的著作中一再揭露此种行径。譬如，《精里全书》卷18《题清人诗卷》："凡舶来墨迹，系有名人，大抵赝作也。"（第343页）卷19《题书画帖》："书画工则有名，有名则其迹难得，而有赝作以给售者；

商业动机。进而一点，从中外文化交流的角度来看，清代扬州等地的徽州
商人招养食客，资助文人，校雠书籍，从而在淮、扬、苏、杭一带形成了
"郁郁乎文哉"的文化气氛，应当也与这层商业动机息息相关。太平天国
以后，江南一带"提倡风雅绝无人"，这与海外贸易及鉴赏风气的嬗变有
关。因此，研究江南社会文化，应当置诸整个东亚的背景中去考察。

原载《江淮论坛》1999年第2期、第3期、第4期，后收入《'98国际徽学
学术讨论会论文集》，安徽大学出版社，2000年版，有改动

（接上页）拙则无名，无名则无所用赝，工之赝不若拙之真远矣。"（第357页）在同卷《题西
人画卷后》一文中他还进一步披露："琼浦货卖西土名人书画，大抵系赝物。尝闻彼中有
伪笔户，专应副乍浦海舶之请，率村学究、秋风客为之，俨然相承，恃以生活，亡论唐宋以
上，乃至文衡山、沈石田、祝京兆、董容台，近世王阮亭、沈归愚之类，每岁赍到不可为量
数，皆是物也。此固奸商射利之常态，不足深究。"（第350页）"琼浦"也就是日本长崎，而
"西土"则是指中国。古贺精里的这段记载，与前述钱泳之描述恰可比照而观。由于假货
众多，一些日本人对于中国书画鉴藏甚至走向极端，反其道而行之。对此，浅野长祚在
《漱芳阁书画铭心录》"凡例"谈及书画好尚之后指出：由于奸商的作伪，"世人亦眼中无
珠，胸中无识，恐受其欺也。往往获名姓不闻，或无款印者，以为得计。然此二者，亦安保
其一一非赝手也，可谓计之下下者。甚者并名人真迹疑之，实书画之一大厄也。然狡商
技俩，机械百出，故在今日，鉴别之难，慧眼如炬者，不免有千虑一失，可不惧哉！"（第1
页下）

徽州区域社会研究

《复初集》所见明代徽商与徽州社会

20世纪四五十年代，日本学者藤井宏博士在撰写徽商研究的奠基之作——《新安商人的研究》时，主要利用的是明人汪道昆《太函集》中丰富的徽商史料。其实，在明代，类似《太函集》这样的明人文集并非绝无仅有。譬如，北京图书馆收藏的明代万历刻本《方郊邮复初集》36卷（存31卷）[1]，便包含诸多关于徽商及歙县民情风俗方面的记载，具有极高的史料价值。笔者以为，这部尚未受到学界重视的明人文集[2]，其重要性或许并不亚于《太函集》。笔者拟以该书为基本史料，结合实地考察及收集到的相关文书，从社会文化史的角度，对明代徽商的活动及歙县城乡社会生活作初步的探讨。

一、方承训的家世背景及《复初集》之叙事模式

《复初集》题作"新安方承训"撰。关于歙县方氏宗族，唐力行、方

---

① 《四库全书存目丛书》集部第187、188册，齐鲁书社，1997年版。

② 管见所及，刘祥光《中国近世地方教育的发展——徽州文人、塾师与初级教育（1100—1800）》（载《"中央研究院"近代史研究所集刊》第28期，第1—45页，1997年12月）及常建华《明代宗族祠庙祭祖的发展——以明代地方志资料和徽州地区为中心》（载张国刚主编《中国社会历史评论》第2卷）等文引用过《复初集》中的部分史料。

光禄、陈智超、赵灿鹏及韩国学者朴元熇等均有专文或曾涉及①。根据《新安大族志》的记载，歙县大族方氏共有结林、罗田、瀹坑、黄墩和潜口诸派。其中的瀹坑派条下曰：

> 郡南二十里，玄英先生后日承威者避黄巢乱迁此。自瀹迁居者，八世日子华，迁瀹潭；曰贞献，潜口；九世日安忠，迁沙溪。

笔者收藏的徽州文书抄本《真应庙祀产》②附录十二派，记载有与方承训有关的二派：

> 瀹坑派：迁瀹潭、沙溪、潜口。
>
> 　　　　居本里，外上门，外中门，外下门，里上门，里下门。
>
> 瀹潭派：铺前门，里中外门，大园门，中山门，坑上门。

瀹坑派和瀹潭派均是歙县柳山方氏在明万历三十六年（1608年）缔结的"十派合同"中的成员③。

关于瀹潭方氏之迁徙及定居，方承训在《江湛》一诗中指出："余始

---

① 唐力行：《徽州方氏与社会变迁——兼论地域社会与传统中国》，载《历史研究》1995年第1期；方光禄：《淳歙方氏宗法组织上层结构浅论》，载《徽州社会科学》1999年第3期；陈智超：《新发掘出的徽州文书——方元素信件介绍》，载《'98国际徽学学术讨论会论文集》，安徽大学出版社，2000年版；陈智超：《〈美国哈佛大学燕京图书馆藏明代徽州方氏亲友手札七百通考释〉导言》，载《中国史研究》2000年第3期；赵灿鹏：《美国所藏明代尺牍旧主方用彬家世表微》，载王鹤鸣编《中华谱牒研究》，上海科学技术文献出版社，2000年版；朴元熇：《从柳山方氏看明代徽州宗族组织的扩大》，载《历史研究》1997年第1期；朴元熇：《明清时代徽州真应庙之统宗祠转化与宗族组织——以歙县柳山方氏为中心》，载《中国史研究》1998年第3期；朴元熇：《明清时代徽州商人与宗族组织——以歙县柳山方氏为中心》，载《安徽师范大学学报》1999年第3期。

② 徽州文书抄本，1册。

③ 见朴元熇：《明清时代徽州真应庙之统宗祠转化与宗族组织——以歙县柳山方氏为中心》，载《中国史研究》1998年第3期。唯"瀹"字作"汨"，据歙县人告知，如今"瀹"俗仍作"汨"。

祖子华公，自歙瀹源逾桐岭，卜筑瀹江之潭家焉，迄今五百载矣。"根据其他资料的记载，方子华卜居瀹潭，时间是在两宋之际①。子华迁居瀹潭之后，即开始了开发活动②。随着人口的繁衍，瀹潭方氏一族分为数门，方承训属于其中的"清白门"③。对于自己的家世，方承训在《先君状》中描述道：高曾祖父方谦童、曾祖父方社员和祖父方聪，"三世踵袭，隐什一，兢兢守世业"。"什一"是指农业，看来，方氏祖辈三代均以务农为业。其中，方谦童"虽受什一，蓄富饶，仓粟至红腐不可胜食，财缯盈箧笥，即善贾者不及公赀远甚"。这句话的意思是说，方谦童虽是个以田产经营致富的地主，但其富裕的程度却远远超过那些通过从商获益者。不过，明代中叶以还徽州"以服贾代蓄畜"的风气愈趋盛行，到了方太乙（方承训之父）时，"矜矜微具资斧，偕伯祖廷珂公贾汴上，起家数千金。阖门诸昆弟子姓竞偕受贾，贾子钱，间加公数十倍"④。这里的"伯祖廷珂公"是方承训的从伯祖方廷珂，他是瀹潭方氏一族中首位前往开封经商并致富的家族成员（详见下文）。文中的"公"，则是指方太乙。也就是说，到方太乙及其下一代方承训一辈时⑤，方家的资产已达数万金，成为"大饶"之家。

除了父系一支外，方承训的外祖父家也是歙南的大财主——汪显出于星源（即婺源）大坂，祖父时徙居瀹岭之麓。"始甚昌阜盛大，田产甲南

①《复初集》卷22《寿从叔景宜翁七十序》："余族自宋徽宗时，靖康搆乱，海内骚动，始祖子华公自瀹川井坞徙居瀹潭北涯，历世久远，树祠牌坊……"（第96页）

②《复初集》卷1《古诗·江湛》："莫高匪山，植之封之。其封伊何，杞梓漆松。爰艺黍菽，爰食爰供。豺虎斯遁，猿狄靡踪。维禾维木，或或蓉蓉。肇基自祖，百世其宗……"（第568页）

③《复初集》卷24《重新清白堂记》："高皇帝定鼎金陵，以统一海内。余徽属三辅迩地，群邑乡落丛居，民众者一族星列为数门，鲜少者仅集一门，门必有正堂，叙伦且接宾也。余族散六门，余门之堂，自始祖大使公以清白垂名……"（第110页）

④《复初集》卷28《先君状》，第143页。《复初集》卷36《迎兄柩至武林祭文》也指出："余先君……起家数千金。"（第234页）

⑤据《复初集》卷2《燕京歌》描述：方承训的兄长也"商梁园而儒燕京"，可见最早也是在开封一带经商。（第572页）

乡，世受什一不贾，迄公世愈益饶盈"①。"南乡"也就是瀹潭所在的歙县南乡。

方承训本人也是商贾中人，他曾自称："余以子钱故，出游淮。"② "子钱"是贷与他人取息之钱，指的可能是从事放贷。方承训本人有"远游十载客，岁月一何长"的自述③，可见其人从商的生涯似乎并不太短。另外，《复初集》卷7有《述愤三十五首》，主要是作者对个人生平抒发的诸多感慨。其中的第23首曰：

> 薄田原已隘，所藉有市行。
> 少年朋不戒，故业苍反黄。
> 长江臭厥载，市门空其房。
> 昔以忝温饱，今以忧稻梁 [梁]。
> 离离供什一，言之断中肠。④

这是说瀹潭一带地狭人稠，方氏倚赖商业为活。"臭厥载"一词见《尚书·盘庚篇》："若乘舟，汝勿济，臭厥载。"这一词汇在《复初集》中曾多次出现，以意度之，一般是指长途贩运失败的意思。从诗中透露出的讯息来看，到方承训时，他家的商业似有中衰之势，故而其人颇有"大化每不齐，我生当其艰。缅怀畴昔历，追感泪潺湲"之感慨⑤。

此外，方承训的亲族兄弟辈，也以从商者居多。（详见后附表一）

综上所述，方承训出身于徽商家庭，本人亦曾从事过商业活动。对此，《四库全书总目提要》也这样描述：

---

① 《复初集》卷31《外祖汪公传》，第184页。《复初集》卷28《先母状》："余外大父世居瀹岭之麓，派出星源大坂，家世受什一，田腴饶裕……"（第150页）

② 《复初集》卷25《二殇记》，第129页。

③ 《复初集》卷6《远游篇》，第615页。

④ 《复初集》卷7，第629页。

⑤ 《复初集》卷7《述愤三十五首》之三十五，第630页。

　　《复初集》三十六卷，明方承训撰。承训号郊邶，徽州人。是集
乃承训所自编，前有万历癸未自序，称家世役什一，不趋仕进，盖贾
人子。又称间以玉献，即被摈斥弗用，盖终于不遇之士也。①

　　方承训为商人后裔，已为前述记载所证实。至于方承训终身未第，则
见诸其人的自述②。

　　《复初集》的卷22《序》、卷23《碑》、卷24、卷25《记》、卷27《墓
志》、卷28、卷29、卷30《状》、卷31、卷32、卷33《传》、卷35《书》和
卷36《祭文》，保存有许多方氏亲族等徽商的传记，非常翔实地记录了徽
商的商业贸易、行为方式、价值取向以及文化追求等诸多方面的内容。从
其中的徽商传记来看，方承训的写作有着比较固定的叙事模式。他特别宣
扬那些"以义获利"③"用义贾利"④的"儒商"，虽然不能排除字里行间
洋溢着的"为亲者讳，为尊者讳"之可能，但由于方承训具有很强的商业
头脑，他笔下的徽商事迹（特别是对开封徽商、苏北新安镇鱼商、杭州酒
商和南京徽商之经营方式等方面的记载）颇为生动，有不少为以往史籍所
未见。因此，其学术价值也就格外引人瞩目。

---

　　①《复初集》卷9，第237页。

　　② 参见《复初集》卷3《琴操·思亲操》（第573页），卷7《述愤三十五首》之八、十五（第
628页），卷9《自述歌》（第658页）和卷36《释业告先考文》（第232页）等。

　　③《复初集》卷29《洪次公状》，第168页。另，"长君（张廷芳）贾汴上，创法经始，专
壹以义取利，不锱铢计。"（《复初集》卷22《张次君六十寿序》，第103页）

　　④《复初集》卷22《李处士六十寿序》：李德桂"善用义贾利……庄乡古称淳里，俗趋
渐薄，日骎骎且漓矣。……其乡世受什一，曾未远服贾，翁以力田作起家，而济以贾。始
挟微资斧游梁，不急操锱铢，……今老白首，缗蕃不能胜其算，粟红不能胜其盛，则义之为
也。游道交矜己诺，每每知委重，即授之千金不问，其出入诚天授，非苟然而已也。"（第
102页）

二、《复初集》所见明代中后期歙县的生活环境

(一)经商风气之蔓延

歙南地处山区,在明代,这里的山林经济相当发达。方承训有《欲上邑大夫丈山未果书》,对当地的山林经济有着详细的描述①。《复初集》卷31就记载了一位曹姓富翁,"缗钱巨万金,尤饶山木,木子钱冠邑以南"②。歙南下濂人程涓"善治生业,不凿智,不苟取,而利日盈饶。里中山林多,絜原隰高下裁田,度林圃广旷丰夷,栽植树艺,茶漆栎栗榉梨之利,岁致数十金,子钱积千余金矣"③。显然,这些人利用地利从事木植贸易获利甚巨。木商是当时的商贾巨子,"非千金以往不克胜",其资金规模相当可观④。

从《复初集》提供的史料来看,在明代中后期仍有一些人主要依靠力田所入甚丰,亦颇感怡然自得⑤。但更多的记载则表明,不少人单纯以农耕为活,只能维持着较低的生活水准⑥。对此,《复初集》卷9有《新安歌三首》,对于徽州的生活环境,有着极为生动的状摹。其一曰:

① 《复初集》卷33:"夫山利取给薪木为子钱,大率山一亩,经四寒暑雨露,樵薪始能支刀任爨,价值缗钱壹两之七,或壹两之五,无能当树艺产。二载子钱,一岁较之,不能当赋什之二,或什之三,或什之四,混浠莫酌,概以丈地式丈之,等一齐赋,民何堪焉!"(第229页)

② 《复初集》卷31《吴茂才传》,第188页。

③ 《复初集》卷32《程处士传》,第202页。

④ 《复初集》卷29《曹居士状》,第159页。

⑤ 《复初集》卷31《姚茂成公传》:姚茂成,"歙南查川人也,自东越余姚徙居查川。舍面川倚山,川环其舍,川流里之半入大江。相传川之南,宋有查姓者居,国初徙居吴,今在吴为著姓,以故川犹然以查名。……公里居不盈五十人,皆从公约束,敦孝弟,力田服贾,靡外慕,然受什一者什八,业皆温润盈饶,皆习公德不忘。……今子孙犹业什一,仍饶盈靡替。"(第185页)

⑥ 如《复初集》卷28《从叔景迁公状》:"配孺人王氏,王世受什一,家乏歉。"(第158—159页)

　　土隘民丛谷不支，辟山垦堑苦何悲。

　　风雨夜行山坞道，秋成不丰犹餐草。

　　猛虎毒蛇日与伍，东方未明早辟户。

　　一岁茹米十仅三，麦稃杂粮苦作甘。

　　深山峻岭茅屋潜，竟年罕食浙海盐。①

　　这是说徽州地瘠人稠，粮食严重不足，每年能食用稻米的日子很少，主要是靠麦稃杂粮充饥。住的是简陋的茅屋，有时终年都难得吃上昂贵的浙盐——该诗是对一种普遍情形的描摹。至于具体的例子，《复初集》即曾描述一位经商不利、务农为生的农民之窘境：

　　公姓吴氏讳员，父世居薛岸，受什一不贾，贾即不利，每每摧折。时携母钱出贾，绝无子钱，或并母钱沦没，公帖帖安心愉如也。力其耕，耕所入足糊口，然仅仅可食五人。耕暇，入山樵采以佐耕。佐犹不给，复事渔以佐。犹不给，缆舟以佐。泊如也，坚决不事称贷，间称贷，月必以母钱三分之一供所贷者，不足供不已也……②

　　"薛岸"可能也就是现在的薛口岸，位于瀹潭下游。从上述记载可见，薛岸人吴员，力耕所得仅足糊口，为了谋生，还需以樵采、捕鱼以及操舟等补贴家用，有时甚至还要向人告贷。显然，类似于此的农民实际上是挣扎在贫困线上。对此，方承训有一首《嗟饥歌》，曰："稼兮穑兮，植无敛兮。黍兮稷兮，饥不餍兮。"③这应是对农耕生活无可奈何的一种嗟叹。

　　脆弱的小农经济，使得下层民众经不起频繁发生的灾荒之冲击。《邑侯陈公感霖传》曾记载16世纪后期徽州发生的一次旱灾：

---

① 《复初集》卷9，第660页。

② 《复初集》卷29《吴处士状》，第172页。

③ 《复初集》卷2，第572页。

　　万历十有一载（1583年）季夏，徽郡六邑咸苦亢旱，歙愈益甚：溪谷涸流，田畴日骎骎燥，而旱魃愈益煽其虐，炎焰灼灼，气勃勃如焚，且也竟宵不润露泽者几二旬，黍稷就槁，若亡其生。饥民嗷嗷，奔走道路，失所天矣。……邑内方神群公靡不遍祷，犹然不雨……①

　　旱灾导致的作物歉收，使得原本粮食供应便已极度紧张的徽州更是雪上加霜。由此引发的饥荒，更是下层民众生存中必须时常应对的严酷现实。饥荒年份，农民只得依靠挖掘蕨葛等聊以果腹。有时连蕨葛都被挖掘净尽，那就只能坐以待毙了②。譬如，《散谷传》就记载，明代隆庆二年（1568年）五月，歙县发生大饥荒，特别是南乡的饥荒程度更为严重。当时，一向安分守己的方姓居民为了糊口，在将蕨葛挖掘殆尽之后，几乎偃仆沟壑者竟达数十家之多③。对此，方承训后来追述说："昔在隆庆戊辰，岁大饥，居民嗷嗷，几不存活。"④

　　与此同时，明代中后期徽州的土地关系，也呈现出一种动态的变化与发展："产无定主，业靡常沿。迩者朝夕易，稍远者二三载易，远者终其身易，又远者延子易，尤远者传孙易。患生弗测，食不糊口，朝金业而暮属之人矣……高皇帝时清册，迄今二百余年尔，克守墓址者百一，遐守土田而世其业万无一。"⑤"高皇帝"指的是明太祖朱元璋。这段话的意思是：从明初到方承训生活的万历年间，为时不过200多年，但能守住先人

----

　　①《复初集》卷32，第204—205页。对于此次旱灾，《复初集》卷20有《邑侯陈公感霖赋》（第83页）。另，《复初集》卷1《古诗·彼苍》曰："悠悠彼苍，板板厥常。旱魃为虐，下民其狂。山川涤涤，焚炽且昌。焦我田畴，槁我稻梁……"（第568页）

　　②歙县当地有谚曰："岁丰粉偏盈，歉翻寡。"一首《蕨粉》诗云："采山薇可羹，濯水粉随良。跛白饥毗饱，苗丹脆更香。凶年惊实少，大有庆餐强。民窭曾锄试，苍苍意渺茫。"（见《复初集》卷12，第714页）民国《歙县志》卷3《食货志·物产》："蕨粉产于邑南及黄山源。"（《中国地方志集成·安徽府县志辑》第51册，江苏古籍出版社，1998年版，第108页）

　　③《复初集》卷33《散谷传》，第212页。

　　④《复初集》卷29《从嫂鏒孺人状》，第169页。

　　⑤《复初集》卷26《金业说》，第134页。

产业的却寥寥无几。这一点，恰好印证了当地的一句俗谚——"产历千岁，徙主八百"①。在这样一种地瘠人稠且财产关系变动不居的生活环境中，不少原先固守着土地的人，愈来愈感到缺乏一种安全感。于是，越来越多的人只能选择外出经商。对此，嘉靖《徽州府志》描述道：

> 徽之山，大抵居十之五，民鲜田畴，以货殖为恒产。春月持余赀出贸十二之利，为一岁计，冬月怀归。有数岁一归者。上贾之所入，当上家之产；中贾之所入，当中家之产；小贾之所入，当下家之产。善识低昂，时取予，以故贾之所入，视旁郡倍厚。②

从现存的方志来看，嘉靖《徽州府志》对风俗的描述，较弘治《徽州府志》之记载发生了重要的变化。弘治《徽州府志》的风俗部分，主要是引用前代方志、文集中的相关辞藻，对徽州风俗仅作只言片语式的勾勒。如有关商业风俗，弘治《徽州府志》就引"旧志"中的"间事商贾"一词一笔带过③。而嘉靖《徽州府志》则对徽州人之经商习俗作了全景式的描摹。考虑到方志对民俗的记载，可能稍微滞后于事实发生的时间，那么，明代中叶确实是徽商崛起的重要时期。

徽商崛起于明代中叶，以往论著颇多涉及。其实，有一点此前学者似乎都还没有注意到——当时官府的赋役制度对于徽州人的经商活动，如果不是重要的政策导向，那至少也起着推波助澜的作用。嘉靖时期生活于休宁一个僻远山乡的吴子玉，在《丁口略》一文中指出：

①《复初集》卷28《从叔太礼公状》，第154页。

② 嘉靖《徽州府志》卷2《风俗》，《中国方志丛书》华中地方第718号，成文出版社，1985年版，第256—257页。按：上述的记载，实际上出自吴子玉之手，后者作有《风俗志》，仅开首作"民故不能齐事田畴，要以货殖为恒产……"，以下文字略同。（参见吴子玉《大鄣山人集》卷31《志略部》，《四库全书存目丛书》集部第141册别集类，齐鲁书社，1997年版，第608页）

③ 弘治《徽州府志》卷1《地理一·风俗》，载《天一阁藏明代方志选刊》第21册，上海古籍出版社，1982年版，第10下页。

> 徽役夫丁则，丁口算秋米灌输。丁五口算米一石，出口赋钱，徭役故令甲也。嘉靖十七年，休宁县知县傅灿，从巡抚都御史欧阳铎会计。傅建白，以休、歙二县民多贩贾，减丁二，以三丁折米石，而婺、祁、黟、绩四县，五丁折如故。

嘉靖十七年即1538年。虽然休宁和歙县百姓对此苦不堪言，一些地方人士也疾声力呼，要求取消这种不平等的重赋，但均没有结果[①]。类似于此不公平的赋役负担，在明代并非绝无仅有[②]。《复初集》卷11《嗟户岐散》曰：

> 征利殊过猛，美产苦盈差。
> 岐户繁蜂蚁，潜名避虎豺。
> 政苛民慑蛋，室敝囊怜骸。
> 噩噩无怀远，纷纷国事乖。[③]

在这种背景下，与从商相比，歙县和休宁二县民众之农耕，从获益的角度考虑便显得事倍功半——"贾之赢可百倍农，而无把铫椎耨之劳烦苦也"[④]。因此，经商风气在歙县各地的迅速蔓延，应当与此有着很大的关系。

徽商的大批出现，歙县风俗也随之发生了重要的变化。万历《歙志》将歙县风俗的嬗变，比喻成春夏秋冬四个季节的变化。关于这一点，已为

---

① 《大鄣山人集》卷31《志略部·丁口略》，第606页。
② 从隆庆至万历初年，徽州府发生的"丝绢分担纷争"，即围绕着作为税粮项目之一的丝绢8700余匹（折银6000两）应当如何负担的问题而产生的纷争，也是以歙县负担最为繁重。参见日本学者夫马进《试论明末徽州府的丝绢分担纷争》一文，载《'98国际徽学学术讨论会论文集》，安徽大学出版社，2000年版。
③ 《复初集》卷11，第680页。
④ 《大鄣山人集》卷41《吴长君行状》，第718页。

学界所熟知，毋庸赘引。不过，与此差相同时的方承训也指出：

> 凡邑以西，靡然乡风矣。嗟乎！始徒卜居者亦夥矣，趋名忘实。或广室盈业，而赀率匮竭不充，始作祖犹然，旋故庐者什之三；又或勤俭得天，起家盈饶，不能正轨为孙子先，而碌碌疲财，仅足终身者，尤不少也；又不然，徒盈富盛，终没身，无能督过孙子经术儒业，崇礼教之谓，何如彼等者什之九……①

这一段话是描述歙县西乡一带的民风。此外，在歙县的其他地方，风俗亦多有变化。如"庄乡古称淳里，俗趋渐薄，日骎骎且漓矣"②；江德光"世居邑南之磨坞，……族姓寡，违邑三里许，犹仍市风，公独治家孝且严，事长恭顺，以淳朴率其族，绝市嚣气习"③。此条史料说明，即使是在当时的歙县乡间，商业气氛也已相当浓厚了。关于这一点，我们还可以举一个例子详细说明。据《庄公状》记载：

> 公姓庄氏，讳伯鲸。父世居邑阳源，族甚大巨，有内外族，公族当外族，尤蕃衍，为邑中孤独姓。世世受什一，家业壤坎，无资斧具，不贾，然心窃慕贾，不喜供什一业，旦暮忧思焦劳，莫知所出。于是携缗三钱，忻然出就贾。族中咸非笑之，公独长往不顾。行至薛川，买舟游武林。薛川庙神，素称灵效，靡徇人觖望，公祷吁神相示，□谓业且忻忻起，公心自亦怪之……④

"阳源"的具体地望不详。但从上述的记载来看，"薛川"是外出的渡口，应即薛坑口，故而阳源也应在南乡瀹潭的下游一带。这段记载形象地

---

① 《复初集》卷33《黄封君传》，第214页。
② 《复初集》卷22《李处士六十寿序》，第102页。
③ 《复初集》卷33《江德光传》，第219页。
④ 《复初集》卷29《庄公状》，第173页。

反映出在从商风气的冲击下，世代务农之歙县农民心理上的躁动。当然，从常理上推断，可能最先出现的一种现象是——亦农亦贾的农民日渐增多。譬如，歙县龙弯人叶豫世代务农，崇尚朴素，偶尔出外经商。"贾不时而耕有常，屡贾泗水，归即治农业，著田间冠裳，笠不释体。往来农、贾不常，农居什六，贾居什四"①，仍然是以农业为主。歙南结林人王之臣，"世受什一，有隐德，间服贾"②。从上述的两个例子来看，亦农亦贾者的目的是以贾补农，务农仍是主业，从商只是帮贴经济的辅助手段。但这样做的结果往往是获利不丰，甚至仍然难以摆脱贫困的命运。如叶豫"贾迄老白首，未尝积中人十家之产，得子钱即散之。其为农，仅仅克食六人或五人。……时或食衣不给，不以告人，淡如也"③。"中人十家之产"也就是百金的标准，显然，叶豫经商到老而资金积累还颇为有限，务农只能安贫乐道，勉强糊口。

揆情度理，当以商补农无从摆脱贫困时，许多人便理性地选择了弃农经商。如歙县庄乡人李氏世代业农，未曾远行服贾。及至李德桂一辈，才"以力田作起家，而济以贾"，后来挟带微薄的资本前往开封从商，这才发家致富④。方辅"受什一服贾，递相出入，然农多于贾，其本业也。……弱冠即远贾……"⑤"远贾"亦称遐贾⑥，是相对于"迩贾"而言的，这是根据距离徽州本土之远近来区分的。歙县城内的坐贾，当然也是"迩贾"的一种。如周世宁，"父世居新城隍侧，历代韬隐，强力田孝弟，不业贾，隐居里族，居市嚣坐贾，而家每盈余。迩出贾者什四，家愈益盈"⑦。"出贾"也就是指"远贾"。大致说来，亦农亦贾者多是"迩贾"，可能多是利

---

① 《复初集》卷29《叶处士状》，第161—162页。

② 《复初集》卷32《王主政公传》，第193页。

③ 《复初集》卷29《叶处士状》，第161—162页。

④ 《复初集》卷22《李处士六十寿序》，第101页。

⑤ 《复初集》卷27《从叔社辅公墓志铭》，第141页。

⑥ 《复初集》卷32《王主政公传》载：歙县结林人王之臣，"世受什一，有隐德，间服贾，先封公崛起遐贾，不切切操利权，能起家千金"。（第193页）

⑦ 《复初集》卷33《周隐君传》，第217页。

用农闲时外出经商，以便就近往返；而"远贾（遐贾）"则多已是专业的商贾了。

(二)歙南瀹潭的交通与商业

瀹潭村边的小河名瀹源，村前新安江中有一深潭，故名。根据方承训的描述，歙县瀹潭一带"石山巍巍多（?）苍松，石溪萧萧风动水，……山隈茅屋丛千间，江干钓舟依柳倚"①，是典型的依山傍水之山乡社会。当地方氏"潭居子姓千余"②，人口呈逐渐增长之势③。在这种人地关系的紧张压力下，方氏的经商活动便逐渐展开。

2000年6月20日，笔者曾到这一带实地调查。清澈的江水，映衬着崭新的徽派建筑，瀹潭村即位于新安江西岸。历史上，瀹潭虽然是僻处歙南的一个山村，但它的对外水路交通却颇为发达，明代徽州对外交通最为重要的水路之一——新安江水路就经过这里。《新安谣》曰："新安江行难，三百六十滩。一滩增一丈，徽郡迥天上。石险水迅，一尺万仞。篙师肩倒，柁老足悬。搉舟柝檣，归客仓皇。涨流顺水，瞬息千里。"④这是对自新安江下游溯流而上的描摹。而由徽州沿新安江而下，明末清初西陵憺漪子所编的《天下路程图引》中有"徽州府由严州至杭州水路程"：

> 本府。梁下搭船。十里。浦口。七里至梅口。三里至狼源口。十里至瀹潭。五里至薛坑口。五里庄潭。五里绵潭。五里蓬寨。五里九里潭。五里深渡。……⑤

① 《复初集》卷9《题瀹江山水画图》，第653页。同书卷6《江潭》："逍遥江潭水，荡荡驾扁舟。鲸鲤潜渊跃，凫鹭逐浪浮。崖南诸栖雁，江北有咆彪。归檣奏奇瑟，去帆歌别讴。羽觞娱丰膳，耳目快神谋。"（第602—603页）

② 《复初集》卷25《井坞墓记》，第125页。

③ 《复初集》卷24《重新中山书屋记》："今子姓愈益繁多于建舍日十之五。"（第112页）

④ 《复初集》卷5《古乐府》，第578页。《复初集》卷6《江潭》，第602—603页。

⑤ 杨正泰校注：《天下水陆路程　天下路程图引　客商一览醒迷》，山西人民出版社，1992年版，第360—361页。

明人黄汴的《天下水陆路程》之"休宁县至杭州府水"也有类似的记载：

> ……溪南。草市。黄墩。烟村。岑山渡。共六十里。浦口。五里梅口。至府。陆路十里。上昧滩。下昧滩。箸潭。薛坑口。绵潭。共三十里。深渡。……①

此处的"箸潭"当即瀹潭，"薛坑口"也就是薛坑口。对此，笔者收藏的徽州文书抄件《杭州上水路程歌》中有更为详细的记载：

> 篷寨绵潭载酒游，漳潭藏壁［璧］玉者多。
> 薛坑口市虽人静，长夜犹闻扣角歌。
> 篷寨 五里 绵潭 五里 漳潭 五里 薛坑口 五里
> 沫滩清浅忧云多，闷坐舱中唤奈何，
> 半夜瀹潭星灿烂，晓来洪水水滂沱。
> 沫滩 五里 瀹潭 五里
> 南源梅口水潺潺，宜雨宜晴六月天，
> 午梦醒来新雨歇，夕阳浦口听鸣哇［蛙］……②

交通的便利与否和社会风气之开通或闭塞有着直接的关系。事实上，在新安江水路途经的（南）溪南、岑山渡、雄村、漳潭和瀹潭等地，都是明清文献中徽商出现次数较多的村落。对于当时的经商风气，方承训的《新安歌三首》之二指出：

---

① 杨正泰校注本，第240—241页。
② 参见王振忠：《新近发现的徽商"路程"原件五种笺证》，载《历史地理》第16辑，上海人民出版社，2000年版。

徽郡歙休商山高，逐末江湖□浪涛。

辞家万里轻其远，云贵蜀广日策塞。

多钱善贾暴客惊，无钱单客负担行。

黄河冰冻守孤舟，斗米不济窖口谋。

江汉乘风舟且覆，侥倖能生十罕六。

君不见下塘亿万富家翁，坐获子钱何伟雄！①

　　"商山"是休宁的一个地名，徽州民间素有"歙县西〔两〕溪南，抵不上休宁一商山"之谚，说的便是此处因商人外出众多、席丰履厚而闻名遐迩②。上述诗句，生动地状摹了徽人外出经商无远弗届的勇气，商海浮沉之艰辛，以及致富者的豪放。此外，《复初集》中留存的大批离别诗，抒发了天涯游子与闺中思妇之间的情感，栩栩如生地展示了一个商业社会的民情风俗，更折射出当地经商风气之浓厚③。

三、《复初集》所见徽商在南北各地的活动

　　有关明代徽商在全国各地活动的情况，以往著述中虽已有不少论列。但《复初集》提供的史料或更为翔实，或填补了区域研究的空白。其中，徽商在开封的活动，即远较此前所知的其他史料更为详尽、生动。

---

①《复初集》卷9，第660页。

② 崔莫愁：《安徽乡土谚语》，黄山书社，1991年版，第16页。

③ 如《复初集》卷9《客子行》："杲杲阳景翳未光，萧萧晨风吹我裳。仰观飞鸟翔云汉，俯视游鱼戏河洋。嗟嗟客子不得宁，行役各在天一方。始出杨柳依依茂，今兹白露已凝霜。居人式微歌未返，游子黍离叹愈伤。顾言王臣同此役，率土无咏北山章。"（第650页）参见《复初集》卷6《离诗三十三首》（第595—599页）、《拟赠妇诗》和《拟妇答》（第609—610页）及卷9《之子行三首》（第650页）等。

（一）开封①

开封在史籍中亦称"大梁""汴梁""汴上"，是北方的重要城市②。明人张瀚所作的一篇重要的人文地理著作——《商贾纪》即指出：

> 京师以南，河南当天下之中，开封其都会也。北下卫、彰达京圻，东沿汴、泗转江、汉。车马之交达于四方，商贾乐聚。地饶漆、絺、枲、紵、纤、矿、锡、蜡、皮张，昔周建都于此。土地平广，人民富庶，其俗纤俭习事，故东贾齐鲁，南贾梁楚，皆周人也……③

开封在明代北中国城市中的重要地位，也得到了方承训的证实：

> 大梁北方一都会也，巨贾所聚，而山陕东西、大河南北，咸倚办市货财，以故巨贾每雄坐大梁，燕京、四省皆取足焉。④

---

① 日本学者藤井宏《新安商人的研究》一文，曾对明代徽商的活动范围作过详细的描述，但对北方徽商的活动较少涉及。如关于明代开封的徽商，仅见有下述的几条资料：(1)汪道昆《太函集》卷41《明故任子鲍子为先生状》，提及大梁(开封)的居贾鲍氏。(2)《太函集》卷67《明赠承德郎南京兵部车驾司署员外郎事主事江公暨安人郑氏合葬墓碑》，提及"北贾青齐梁宋"的歙人江氏。(3)《太函集》卷46《明诰封恭人顾母杨氏墓志铭》，提及杨氏出资，"授族人之善贾者，贾大梁，岁计其赢，取以自给"。(4)附言注3，引《龙图公案》卷4"石碑"条，记载河南开封城内开布店的徽商汪成的事。(载《徽商研究论文集》，安徽人民出版社，1985年版)国内学者的研究，基本上也与之相似。如张海鹏、王廷元主编的《徽商研究》(安徽人民出版社，1995年版)，所讨论者就主要集中在徽商在长江流域的经营活动上。

② 关于明代开封的城市经济，傅衣凌作有《明代开封城市性质的解剖——〈如梦录〉读后记》，原载香港《抖擞》第43期，1981年3月，后收入《傅衣凌治史五十年文编》(中华书局，2007年版)；韩大成《明代城市研究》第二章中也有涉及"开封"城市的内容(中国人民大学出版社，1991年版，第66—72页)，但上述二文均未涉及明代开封的徽商。

③《松窗梦语》卷4，"明清笔记丛书"，上海古籍出版社，1986年版，第73页。

④《复初集》卷28《从伯母鼎孺人状》，第145页。

方氏的说法，反映了徽商眼中的明代开封城市。"燕京、四省"当指北直隶、山西、陕西、山东和河南，可见，开封是上述诸省中最为重要的商业枢纽，那里集中了南北各地的豪商巨贾，其中自然也有众多徽商的足迹。

最早前往开封从商的方氏成员是方承训的从伯祖——方廷珂，他出身于务农世家，后来因小本生意获利，开始依靠借贷而远贾他乡：

> ……持单钱小试贾，即能蓄息子钱，于是动心遐贾吴、越、淮、汴矣。苦歉资斧具，乃钜称贷五十金出贾。人或取笑之，曰："五十金，中民五家之产也。即贾不利，奈何胜返母子钱邪？"公坚决往贾，即非笑不顾。以金博货财，济黄河，乃臭厥载归。称贷如初，又复子钱鲜少，不利贾，又复归称贷，辄不利，辄称贷，盖十余载往矣。乃叹曰："巨富恒晚成，良贾不始利，奈何因噎废食邪！"持贾愈益坚。年四十余，复称贷百金往贾，辄贾辄利。不三年，发家数百金。乃归构宇舍，余不仍百金，复称贷百金以济盈，专壹贾汴上不游移。不数年，发家千金。又不数年，饶盈万金。时春秋仅六十九。[①]

前文述及，所谓遐贾，亦作"远贾"，是指远距离的贸易活动；"臭厥载"，意谓商业未曾获利。从上述的传记中可以看出，方廷珂以借贷50金出外经商，屡战屡败，屡败屡战，百折不挠，终于发家致富。据载，方廷珂席丰履厚，不仅在歙南一带首屈一指，而且，即使是与歙西平原上那些以盐、典起家的巨腹商贾相比，其富裕的程度也毫不逊色[②]。

方廷珂的长子早逝，次子方起子承父业，三十余岁即家居歙县，前后30年间未曾到开封经理商业，而只是核算从那里汇回的商业利润。"佐贾几二百人，人各尽其能，效其力"[③]，所谓佐贾，当指协助方起从商的贾

---

① 《复初集》卷31《从伯祖廷珂公传》，第179页。
② 《复初集》卷31《从伯义士起公传》，第185—186页。
③ 《复初集》卷31《从伯义士起公传》，第185—186页。

客，其人数竟然将近200人。正是由于他们的同心协力，方起才得以息隐林下，在徽州过着悠闲的生活。方起之子方鐩（方承训从兄）也继承父业，"少年挟赀大梁园"①。对此，方廷珂常说："是不坠余汴业矣。""汴业"也就是方廷珂所开创的开封商业，可见他对方鐩的青睐。方鐩弱冠游汴上，"不数月，即谙贾事，即老于贾者，皆推让长公。谓长公不苛细，无童心。凡来汴市错货，咸趋长公肆。长公善服人，人以故归之，卒踵珂公迹不异"②。"长公"是明代徽州人对长子的尊称（方鐩为方起长子），从记载所述来看，方鐩在开封从事的商业，其兴盛程度并不亚于他的祖、父辈。与方起一样，方鐩"年四十，即谢贾所，以子澜足倚办贾事，每岁稽絜总裁而已"③。

此外，方景仁（方承训从伯）自弱冠起就喜欢经商，跟从叔父方廷珂到开封从商。据说，其人"识大体，不兢缁铢，四方辐辏争趋公所。不数十年间，起家几万金。……与余先君同贾汴上，分财弗纤较。曹偶或不给，公辄出己有佐之。佣值间莫能充齎用，公变以己财足之，夥侪感激，咸不兢。而汴上雄贾肆，称方氏冠诸市矣。逮家居，四方来汴者，必询公何在，即今犹昔，虽老谢汴、越归犹然"④。文中的"余先君"，是指方承训的父亲方太乙，显然他是与方景仁合赀经商。从上引的史料来看，方氏徽商在开封商界颇有名气，商业经营也很受欢迎。

至于徽商在开封经营的项目，从《复初集》中所见者主要有木棉。如方承训的从叔方太齐，"弱冠同余先君贾汴上，肆莫能与公伯仲。始贾杂行，杂行莫之先；后贾木棉，木棉亦莫之先。贾数年，悉解旭公贷，无锱铢遗矣"⑤。"旭公"即方太齐的父亲，这段话的意思是说：方太齐先是与方承训的父亲方太乙一起在开封坐贾，商肆颇具规模，为旁人所不及。他最早是从事"杂行"（当指日用百货），后来又经营木棉。因经商致富，遂

---

① 《复初集》卷9《挽鐩公诗》，第652页。
② 《复初集》卷32《从兄鐩长公传》，第194页。
③ 《复初集》卷32《从兄鐩长公传》，第194页。
④ 《复初集》卷28《从伯景仁公状》，第144页。
⑤ 《复初集》卷28《从叔太齐公状》，第151—152页。

还清了父亲先前所借的贷款。《复初集》中另有一位徽商的事迹，也是贩买木棉的例子：

> （张茂鲸）年三十，始思出贾花实。公素不谙木棉美恶，游汴道，逢贾侪同贾木棉者，宿贾也，简精美自贾，以恶即杂臭坏，悉贾之同贾什七矣。迨至泖贸布，同贾以恶者归公，拟同贾者不逮什七矣。迨至泖贸布，同贾精者悉先博获子钱什二，忻然归，不公顾。公独坐泖一月，农交日闲，余功属织，织多布且美。时棉穰甚大匮乏，独公穰存，持布博穰，丛丛每兢趋公所。公独坐受高价，子钱倍母四矣。[①]

从这一个案可以看出，徽州商人从汴梁购买木棉，而到江南购买棉布。日本学者西嶋定生曾推论，早在明初，河南南部的棉花种植业就已发达[②]。由此看来，明代江南与华北地区棉纺织品市场流通的主要格局是北棉南运和南布北运[③]，在这一过程中，徽商显然起了重要的作用。

除了棉布，徽商还从事纻帛买卖[④]和借贷[⑤]。从《复初集》的记载来看，在开封的徽商中，既有行商又有坐贾。行商的例子详见下文，而坐贾则如方太华，他"远居汴、固镇所，娶姬不归者几一纪"，方氏的姬妾为汴人，方太华年届四十就已去世，"汴上遗孤三人"[⑥]。固镇在河南武安县西，"纪"是古代纪年的单位，一般以12年为一纪，则其人显然是长期定居于开封、固镇一带了。方承训的从叔方景用亦"纳侧室汴邸"，倘若不

---

① 《复初集》卷31《张伯升公（传）》，第187—188页。

② 见藤井宏：《新安商人的研究》注121。

③ 参见张海英：《明清江南商品流通与市场体系》，华东师范大学出版社，2002年版。

④ 如方承训的从弟方烨就是在开封的"纻帛贾"。（《复初集》卷32《从弟宜川丞烨君传》，第200页）

⑤ 如方证"货资斧具，远贾汴上，息子钱，汴上永希公宿业，口业就圮，弟犹思振之，业蒸蒸就起"（《复初集》卷32《从弟证君传》，第202页）。方证为方启训从弟，从事的是借贷。

⑥ 《复初集》卷29《从叔母太华孺人状》，第169—170页。

是坐贾，想来也一定时常活跃于开封一带①。

揆诸史实，方氏等徽商以开封为据点，在北方市场占据一席之地。

当时，从南方前往开封的道路主要有几条，其中之一为"南河道"。关于南河，明黄汴《天下水陆路程》卷5有"淮安由河南［南河］至汴城水"，南河也就是淮河：

> 淮安。十里湖口闸。十里移风闸。十五里清江闸。十五里福兴闸。十里新庄闸。十里淮河口。北去徐州。西南五里马头。六十里洪泽驿。三十里石灰窑。三十里龟山。三十里泗州。六十里旧县。十五里龙窝。三十里山冈。三十里双沟。三十里浮山寺。三十里五河县。三十里小溪湾。三十里三岔。三十里青泥湾。十里凤阳府。三十里十里溜。二十里长淮溜。三十里半步溜。三十里怀远县。北往亳州。二里荆山。禹王庙。二十里马头城。三十里断窑。三十里洛河。三十里石头铺。三十里泥岔。三十里下蔡。三十里寿州河口。三十里焦冈。十五里笋椿河。十五里至正阳。西十里八里躲。六十里颖上县。六十里江口驿。四十里钓鱼台。十里张家溜。二十里大溜。五里颖州。河南兵宪驻扎。十五里白庙。十里泗河铺。六十里太和旧县。四十里界沟驿。二十里纸店。三十里王霸溜。十里槐方集。十五里王昌集。二十里富坝口。南至南顿五十里。北十里新站。八里牛家埠。五里颖息坡。南下水四十里至南顿。北二十五里周家店。十五里李方店。三十里西华县。一百二十里李家潭。四十里朱仙镇。起车。四十里至汴城。

原书自注曰："淮安由南河（即淮河）至汴城，水不甚险而有神溜。……荆山去亳州之上，黄河稍长不时，夏有河走不测，冬有冰轮之忧。舡户谋客，可防。虽有舡伴，亦宜谨慎。溜者，水急之总名，南方曰

---

① 《复初集》卷22《从叔景用翁七十寿序》，第97页。

滩，北方曰溜。北河之溜不一，惟此颖州之溜，如江南之碣，水高而楼，自上而倾下，重舡不能上。……岁时迁徙不定……"[1]

关于"北河"，《天下水陆路程》卷5"淮安府由北河至陕西潼关水路"，其中就提及从淮安到开封的路程：

> 本府。水。六十里清河县。七十里桃源县。六十里古城驿。六十里宿迁县。六十里直河口。六十里邳州。六十里新安驿。六十里房村驿。七十里徐州。二十里铜山。二十里茶城。十里耿山集。五里进溜沟。二十里张村站。二十里豆腐店。二十里孟新村。五里黄河。三十里旧丰县。二十里赵村。十里小溜沟。二十里双楼儿。四十里单县河口。十里黄冈楼。三十里马家口。十里韩家口。十里郑家口。十里锁口。十里榆林集。二十里土山。十里八里湾。十里杨进口。二十里流通集。三十里孙家湾。二十里纸店。二十里植胜马头。十五里唐家湾。十里谷阳。十里汝庄。三十五里草店。二十里马家口。十里王家楼。陆路。四十里至汴城。

自注曰："右淮安由徐州至汴城为北河，即黄河，走塞不定。今至黄家楼起车，陆路四百里至河南府，……北直隶各府，辽、蓟边客货，皆由漕河而去，止于临清州、河西务、张家湾起陆。……陕西、河南二省、大同、宁夏等边，苏、杭客货皆由南北二河而上，至汴城、王家楼或孙家湾起车。至陕西者，或自南京大江至汉口换船，由襄阳府淅川县入武关至西安等府……"[2]

除此之外，还有几条（如图1所示）：一是由巢县到汴城。这条是陆路，但当时的路程记载："自颖州至大名府，响马贼出没不时，难防。"[3]

---

[1] 黄汴：《天下水陆路程》卷5，见杨正泰校注本，第148—149页。这条路程在明西陵憺漪子《天下路程图引》卷2中，又作"清江浦由南河至汴梁水路"，第457—458页。

[2] 杨正泰校注本，第150—151页。

[3] 黄汴：《天下水陆路程》卷5"巢县由汴城至临清州陆路"，杨正泰校注本，第163—164页。按：引文标点略有调整。

二是"扬州府至山西平阳府路"经过汴城。这条路"自宿州至汴城，有响马，宜慎"①。三是"徐州西至汴城路"。但徐州至马牧，"响马多"②。这说明响马贼是陆路沿途商卖中的顽症。方承训的从弟方良材，就曾让人从开封携带千金同其他商贾一起到杭州买货，中途却被"暴客乘快响马尽夺之"，只得向官府报案。几经周折，官府才将罪犯缉拿归案，并追回赃款③。

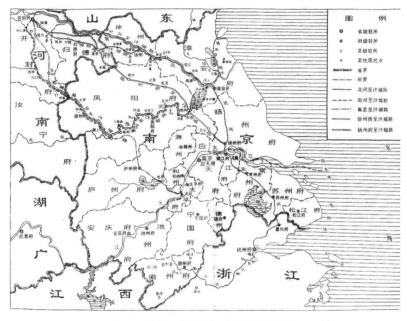

图1　明代南北交通与徽商活动简图

综合分析上面的5条道路，3条陆路虽然有响马，但毕竟是陆路，行路还较为稳妥。而2条水路，尽管"由淮安南北二河而去者，有船户谋客、黄河水走之防、过坝之劳"④，但一般说来，在近代交通工具出现之前，大批货物的水运成本最低，且用时最少。当然，就两条水路而言，彼此之

---

① 黄汴:《天下水陆路程》卷6,杨正泰校注本,第169—170页。
② 黄汴:《天下水陆路程》卷6,杨正泰校注本,第179页。
③ 《复初集》卷32《从弟良材君传》,第197—198页。
④ 黄汴:《天下水陆路程》卷5"南京由大江至陕西西安府水陆",杨正泰校注本,第155页。

间也有很大的差别。对此，方承训认为：

> 自汴浮江南，河流大都雄二：倚北曰河水，河即神禹所导九河
> 也；倚南曰淮水，淮即禹所导淮也。淮流汪洋浩瀚，大与河偕，而逶
> 迤夷缓，又甚太殊于河。河流迅疾，奔腾汹涌，自天丕降，险莫能
> 测。然江南贸货，由河达汴，刻期可至。第每每臭厥载，仆当七、
> 八。由淮乃延缓，羁二、三月，始能溯汴而载，百全无虞。凡卑卑胆
> 弱怯者，终其身货载不敢突冒河险，惟谨驯驯由淮道而已。①

"河水"亦即北河，"淮水"也就是南河。相比之下，由于北河水路危
险，甚至容易血本无归，所以一些商贾望而却步②。然而，不少徽商却在
高额利润的驱使下，不惜冒险。其中有一些人失败了，也有一些人获得成
功。如方廷珂曾"以金博货财，济黄河，乃臭厥载归"③，也就是以失败
告终。而方作为人倜傥，不拘小节，他将南方货物运销开封时，总是沿北
河逆流而上。即使"有一臭厥载"，也毫不畏惧，仍然是沿着北河行进，
从来都不经由南河。他常常说："覆不覆，命也。即曲谨，如命何邪！"④
歙南阳川人庄明侃"冲阴驾峻，若履坦夷"，他常常"视险如安，蹈危若
易"，举凡金陵、武林、三吴、维扬、湖阴（即芜湖）和江南各地所买货
财，全都经由北河运往开封，"犯雄涛，冲巨浪，出没神迅，百涉百全"，
以至于"汴邸所蓄金钱不能胜其枚，货错不能胜其贮。凡汴上巨贾称曰饶
者，皆不翁过也"⑤。据载，其人"浮飘巨河四五十载，而卒获保完不一
败"。上述的几个例子均说明，将南方货物通过北河直接运往开封，往往
可以节省时间，即时把握商机，从而获得巨额的利润。当然，这需要从商

---

① 《复初集》卷33《庄长君传》，第210页。

② 到开封经商的方承训之兄长就始终不走北河。（《复初集》卷29《从兄作公状》，第
166页）

③ 《复初集》卷31《从伯祖廷珂公传》，第179页。

④ 《复初集》卷29《从兄作公状》，第166页。

⑤ 《复初集》卷33《庄长君传》，第210页。

者有足够的勇气和信心。

(二)苏北

清代前期施闰章在《学余堂文集》卷10中指出:"歙人之游处江淮者,户相比也。"①这可以说是对明代中叶以来歙县人在江淮一带活动盛况的概括性描述。关于这一点,也得到了《复初集》中相关记载的印证。如歙西向杲下市人黄裕"贾淮扬盐筴,遂以盐筴起家数万金,蕃子姓,椓室宇,以礼严肃闺门,闺门雍穆,遂成巨卿。即邑中雄里,不封君家世过也"②。此人以淮扬盐业起家数万金,是当时的巨富之家。歙东梅墅人黄坤与兄长天与同在淮南活动,他们认为:"扬(州)黄氏盐筴籍,余族籍也。"于是就试扬州,"籍名郡博士,凡督学使君行县,仲子即居高等一二人,为维扬诸生嚆矢,执经问难丛门墙,大江以北门下士,皆不仲子若也。""仲子"也就是黄坤。后来,黄坤子侄也随之就业扬州,"戏就试,辄居高等,均籍名博士"。所以方承训认为:"黄氏伯仲季寄产于徽,而实奕叶于扬。"③歙县新城人方宜也以淮盐为业,"累世饶盈,公善修息,发家千金"④。歙县新城人黄节,其父世代从事医、贾二业。"医术冠海内,贾称良"。黄节本人也精于医术,喜欢远出经商,出入徐、淮之间。后来长期居住在徐州一带,从事民间借贷。⑤另外,方承训的外戚唐汉也在仪真一带经营借贷业务⑥。

当然,诚如歙县人汪道昆所指出的那样:"吾乡贾者首鱼盐,次布帛,贩缯则中贾耳。"⑦徽商在苏北主要还是从事渔盐之业。关于两淮盐业中的

---

① 《学余堂文集》卷10《吴母胡孺人七十寿序》,《文渊阁四库全书》第1313册集部别集,台湾商务印书馆,1983年版,第120页。

② 《复初集》卷33《黄封君传》,第214页。

③ 《复初集》卷32,《黄氏昆仲传》,第206—207页。

④ 《复初集》卷28《新城方宜公状》,第156页。

⑤ 《复初集》卷30《黄处士状》,第177—118页。

⑥ 《复初集》卷31《唐处士传》,第183页。

⑦ 《太函集》卷54《明故处士溪阳吴长公墓志铭》,《四库全书存目丛书》集部117册集部别集类,齐鲁书社,1997年版,第650页。

徽商活动，一向是此前徽学研究中的重点，对此，学界的成果已相当丰硕。相比之下，徽商在苏北渔业经济中的作用，以往的研究则甚少涉及。

在明代，苏北各地有着纵横交错的河流，星罗棋布的湖泊，东面还有烟波浩渺的海洋，蕴藏着丰富的渔业资源。以宝应县为例，方承训就有《泛宝应湖赋》：

> ……斯水族而丛蓄，大者或吞舟兮，纤者亿万其族，渔艇莫可枚举兮，晋童实夥于寰区，微商资以糊口兮，巨贾亦受其多福……①

此赋状摹了宝应湖中丰富的渔业资源，以及前来该处经营的小贩巨商各得其所。从方承训在苏北一带的阅历来看，这些小贩巨商，应当主要指的是徽州鱼商。

在古代的技术条件下，食用鱼之保鲜是个颇为棘手的难题。通常的做法是在鱼产丰收时，使用大量食盐加以腌制。据林正青的《小海场新志》卷5《腌切》记载：

> 自夏徂秋，渔汛之期，采捕渔船，需盐腌切，例分司发印票于场，渔船请领官票者，在场验明海关照票，赴团采买。……盐一桶腌鱼八百斤。本团鱼行三户，每年约用二百桶。五月为鲚鱼汛，六月鲻鱼汛，八月则腌鱼止，而海蜇之用盐尤多。②

林正青虽为清代乾隆时人，但他的记载应当可以作为明代两淮鱼、盐二业关系的佐证。为了节约成本，鱼商常常集中在盐场附近，从事食用鱼的加工和运输。因此，在淮北盐场及淮碱的运输线上，徽州鱼商相当之

---

① 《复初集》卷20，集188，第75页。

② 林正青：《小海场新志》卷5，《中国地方志集成·乡镇志专辑》第17册，上海书店出版社，1992年版，第215页。

多。歙县岑山渡程氏就有不少人迁居海州、安东等地①，他们主要从事的便是鱼盐贸易。

关于苏北鱼商的活动，明代徽商所编路程图记中，有颇为详细的记载，如黄汴《天下水陆路程》卷5"瓜州至庙湾场水"即曰：

> 小安丰至朦胧五十里，盐徒卖私盐为由，实为强盗，谨慎！装鱼船必由此道，带银客或由淮安府陆路，骡马九十里至马洛，又九十里至庙湾。本场客造船出海取鱼，过小满，大沙鱼浮水上，吞鱼鳖即沉下，难网。但贪鱼多，不知水广，非智力所能取，益者少，损者多。客店草篱茅舍，无夜盗之虑，有火延之防，夏疫宜慎。②

庙湾和安丰均是明代淮南的盐场，渔盐之业颇为兴盛。而在淮北滨海地区，也活动着不少盐商和渔客。《天下水陆路程》卷5"海州安东卫飘海至淮安府"记载：

> 虚沟营。一百八十里 高公垛。一百二十里 云梯关。一百八十里 六套。六十里 安东县 九十里 至淮安府。

其后注云："云梯关有军防海，鱼客因省船费而由此道。鱼船水手即爬儿手，包撑盐徒也，家住六套、七套。胶州飘海亦由此来。海风不定，遇风虽易亦险，无风难期，客当别路可也。盐徒捉客，许以米赎。夏疫宜避。亦有飘至太仓，收刘家河者，安命之客，此路勿行。"③可见，黄河口的云梯关一带，是渔客经常出没的地方。另外，《天下水陆路程》卷6"淮安府至海州安东卫路"亦曰：

---

① 参见徽州文书抄本《岑山渡程氏支谱》"岑山渡派转迁于外辑略"，私人收藏。
② 杨正泰校注本，第152页。按：此段史料原书句读似可斟酌，笔者在引用时已作调整。
③ 杨正泰校注本，第153页。

本府。渡黄河。九十里安东县。三十里金城。四十里对江口。五十里白头关。四十里张家店。三十里大依山。六十里新坝。五十里海州。新坝。三十里塔儿湾。三十里南城。三十里大村。五十里墟沟营。三十里渡海岛山。有庙。

其下自注:"至海州,或自大依山六十里至板浦,渡海五十里至海州。本州六十里至安东卫。属山东。右路晚不可行,盐徒甚恶,夏有热疫,宜慎。墟沟营飘海转尖至淮安……淮北守支盐商,聚于版浦、新坝二场。"① 版浦(当即板浦)、新坝二场盐商较多,根据明史的常识,其中也就有不少徽州商人。而这在《复初集》中,即有相当详细的记载。其中,特别是有关新安镇徽商的记载,尤其令人瞩目。

新安镇即今江苏省灌南县。明嘉靖中叶以后,由于黄河全流夺泗入淮,苏北不少地方桑田变为泽国,此后,湖区面积大为增加②。在新安镇附近,就有面积辽阔的涟湖,其中即盛产鱼类。对此,方承训在《湖兴五首》之五中指出:"涟城鱼窟属天功,浪暖波平水族雄。"③"天功"是指涟湖自然天成,完全是大自然的鬼斧神工所致。万历八年(1580年),方承训跟随宗弟方应前往涟湖。他的《游涟湖记》一文描述道:

涟湖跨州邑三方,环围百余里,产诸嘉鱼,饶利无穷,资斧未足给者,籍籍凭恃糊口……④

---

① 杨正泰校注本,第165页。

②《复初集》卷14有《涟城河水冲淹,小民获渔利,而巨室土田乃淤尽,则甚病矣,感作》:"大河归海涟增愁,庐舍田场尽泛舟。巨室赋租鱼鳖窟,细民罾网食衣谋。秋风吹水波千顷,春涨盈湖泪几派。两利俱存祈阜足,湖深土见复何忧。"(第42页)

③《复初集》卷14,第40页。

④《复初集》卷25,第119页。另一篇《泛涟湖赋》曰:"设罩网以取鱼兮,群万艇而成罗。疾号声以大呼兮,扣舟舷若浩歌。讶鳣鲤之蔽网兮,惊鲲鲵之盈艖。即巨舰之不胜兮,虽庐舍亦莫如之何……"(《复初集》卷20,第70页)

这是说涟湖面积辽阔，地跨安东、沭阳和海州三州县，鱼类丰富，资本不那么充裕的下层民众也可以借此谋生。至于涟湖盛产的"嘉鱼"之种类，方承训《涟湖歌送宗弟之安东》诗这样写道：

> 涟湖湖水跨三丘，安东沭阳逮海州。
>
> 百里空阔汇不流，鲲鳙鲤鲫谁水俦。
>
> 清风落日帆丛游，月明渔舟漂与谋。
>
> 三月桃花鳞万里，九月菊涩蟹盈楼。
>
> 取鱼击棹歌春幽，罝虾泛杯醉素秋。
>
> 之子乐水不驱驺，野老耽山窥虎彪。[1]

《涟湖十二韵》更描绘了淮鱼运销各地的情形[2]。由于涟湖独特的生态环境及获利机会，许多徽商都趋之若鹜。据明隆庆《海州志》卷2记载当地的风俗说："土虽广远而瘠薄，海产鱼盐，民多逐末，故田野不辟，米粟不丰，小民不出境事商贾，不习工艺，虽本土贸易之事，亦皆外来人为之，故民多贫。"[3]这批"外来人"，绝大多数应当都是徽州商人。《复初集》卷33《方长公传》，就记载了方承训宗人、徽州鱼商方应的发迹：

---

① 《复初集》卷9，第653页。另，《复初集》卷14有《淮海中三月产节蟹，味与江湖季秋蟹同佳而中膏丰隆，形差殊焉。色彩刺锋亦略异，第时暖气蒸，不可淹醉》诗。(第43页)

② 诗曰："有水咸鱼跃，兹湖独轫雄。涯团三辖阔，流与九河通。天地迷云水，波涛险飓风。桃花三月浪，鲖口一屯蜂。罜罶联纴织，鲸鳍满舰艨。鲨鲭何悉数，鮪口岂劳量。厌饫滋吴汴，腥膏彻犬戎。纵观遐巨海，垂钓眇孤蓬。口味沾黎庶，鱼盐颂海东。晋河空美对，蜀穴岂嘉同。春暮携竿饵，宵中醉酒筒。寡枭无与弋，去去不张兮。"(《复初集》卷13，第9页)"厌饫滋吴汴"，显然是形容涟湖鱼类行销范围之广。另一首《淮郡南沟北湖具足鱼贸事甚殊》曰："二湖春暖足嘉鱼，贾客奔驰道异庐。昌水乘舟迎钓叟，沙渠坐旅待鱼车。孤帆飘泊风波夕，联舍枭卢博塞舒。四顾寥寥成独卧，谁知夷坦乐居诸。"(《复初集》卷14，第39页)

③ 隆庆《海州志》卷2《风俗》，"天一阁藏明代方志选刊"第14册，上海古籍出版社，1981年版，第20页上。

（歙县新城人方应）曾大公、大父咸贾涟湖鱼，以故长公亦贾鱼。……长公生当家诎不莸，廩坎二十年未鱼饶。年四十余，复携资斧不盈四金，独往涟贾鱼。时涟鱼大昌炽，视常时赢什七，鱼丛盐寡，于是鱼愈益贱，侔粪壤。长公母钱即微，得鱼视价，盈四十金矣。其岁江鱼诎，湖即鱼夥，不损价，于是获子钱十金，并其母盈五十金，长公愈益矜矜自持……[1]

方应为鱼商世家，长期在涟湖一带活动[2]。上述的记载是说，由于某年涟湖鱼大丰收，盐少鱼多，鱼的价格低迷。与此同时，当年的江鱼数量较少，丰收的湖鱼恰好弥补了因江鱼减少而留出的市场份额，以至于湖鱼贸易相当有利可图。于是，方应便从区区4金开始，发展到了50金，再到后来"饶千金"。这一事例，反映了小商贩成长为大商贾的过程。对此，《方长公传》进一步总结说：

歙邑鱼贾多矣，上饶者五六千金，次饶者千金，又次百金，又其下者数十金，或数金，皆贾鱼。其所获子钱，母益寡，子愈益盈，何以故？母寡而运筹捷也。[3]

由此可见，在涟湖从事鱼业经营，资金规模不一的鱼贾均能获利，即使是资金少的人，如果经营得当，也能迅速致富。《复初集》对歙县鱼商的记载特别详细，对于我们研究苏北区域的社会、市镇发展等方面，均提供了极其珍贵的史料。

---

① 《复初集》卷33，第221—222页。

② 《复初集》卷6《宗弟久处涟》："环翠高无极，遥望见涟湖。之子在千里，山川阻且殊。……君钓此湖鲈，……相思逾十载……"（第601页）

③ 《复初集》卷33，第221页。

（三）南方各地

《复初集》中还记载有与开封徽商贸易相关的江南诸多城市的史料。如《庄长君传》就记载，"凡金陵、武林、三吴、维扬、湖阴、江南诸郡所市货财，悉济河达汴"。从《复初集》的相关传记来看，以方氏为主的徽商，"族同戚，贾同贷"①，以开封为中心的北方贸易为主线，其商业网络覆盖了江南各地。其中，芜湖是颇为重要的一个城市。

1.芜湖

芜湖别名"湖阴"，是长江沿岸重要的工商业城市。它离歙县距离不过400余里，4—5天即可到达②，是大批徽商麇聚的重要城市③。从《复初集》的记载来看，方承训的岳父唐东山，就是活动在芜湖的徽商。据《外父唐公墓碑》记载：

> （外父唐世钺）家邑新城，世受什一。年十六，商湖阴校前，遂徙家焉。相知交游，皆荐绅学士。初至湖，贷母钱，坐收子钱，三年子钱无所获，并母钱间无所偿，公忻然取券焚之，卒坐窘不怨。复更业市布染，积十余年，起家千金。④

对此，《外父唐公偕孺人合葬墓志铭》的记载更为详细：

---

① 《复初集》卷22《从叔祖廷闻翁七十寿序》，第91页。

② 《复初集》卷22《外母六十寿序》，第91页。方承训曾"发潭水越四日至湖阴"。（见《复初集》卷22《外父七十寿序》，第95页）

③ 关于徽商与芜湖的基本概况，参见王廷元《论明清时期的徽商与芜湖》（载《安徽史学》1984年第4期）和王振忠《同善堂规则章程——介绍徽商与芜湖的一份史料》（《安徽大学学报》1999年第4期）。另，民国《黟县四志》卷6《人物·孝友》查邦达条："在芜湖，与同乡倡复徽州会馆及徽州马头。"（《中国地方志集成·安徽府县志辑》第58册，江苏古籍出版社，1998年版，第73页）民国《芜湖县志》卷13《建置志·会馆》："徽州会馆，康熙间建在西门内索面巷，额曰'天都文献'。"（《中国地方志集成·安徽府县志辑》第38册，江苏古籍出版社，1998年版，第47页）

④ 《复初集》卷23《外父唐公墓碑》，第108—109页。

外父姓唐氏，讳世钺，字汝器，歙城人也。弱冠徙居湖阴，遂为湖阴人。……祖、父世受什一，居郡城中，迁徙不常。年十二时，二亲已殁，依叔父居邑北沙溪，……知湖阴属贾辐辏所，于是勤劳为资斧具，出游湖阴，居三年，积四十金。……年十九□携余外母汪氏同居湖阴，斋用渐饶，游道交日广□。于是，湖阴富人遂出奇赀为母钱，同外父贾，贾所获子钱，与外父中分之，外父坚辞不受，欲鼎足析，富人竟受半。外父愈益勤贾，富人愈益富，遂为莫逆交……①

方承训岳父唐世钺在芜湖从事子钱业和染布业，起家千金。因经商而携妻迁居芜湖，并在当地纳了二房姬妾，最终葬于芜湖。所生的一位女儿，也嫁给侨寓芜湖的歙县人鲍守愚②。与唐世钺同姓的唐辙，也是迁居芜湖的商人：

……歙郡城人也，父徙居湖阴，今遂为湖阴人。父母立墓，犹然遐举在歙。老人坐贾湖阴间，跨江南北事田事，逢岁有年，子粒盈饶，不能胜其藏。……以贾属诸子，……诸子咸继贾如老人业，而季子文箴君，髫年即不喜治生业，顾独嗜攻经术，经术为湖阴诸生嚆矢，老人亦喜佐之。戏就湖邑大夫试，遂置高等二人，湖诸生于是忌其才，卒沮止之，靡就督学使者试。老人笑曰："余邑籍仍故，岂独湖阴可试邪？"于是明年归歙邑试，亦置高等，藉名博士，凡督学使者行县，咸置高等，食校禄，望与计偕，声著家邑，溢湖阴。……老人贾不以子钱美奇入其心，其事南北田，亦即不以子粒丰稔入其心，

---

① 《复初集》卷27，第137—138页。另外，《复初集》卷22《外父七十寿序》："徙湖阴贾，起家几千金。……于是挈家远徙湖阴单贾，贾日饶余，岁时丰腆。……公坐湖阴衢市，不锱铢计子钱，市货者视他市者愈益多，而子钱不逮他市十之五。……芜湖当京畿要道，槐塘族士子应试，族贾出入，旦暮馆谷不倦，或道路遐迩，资斧不具，公悉济之，有睦德矣。"（第95—96页）

② 《复初集》卷23《外父唐公墓碑》，第109页。

以故老白首愈益强健过壮时。……诸子皆便湖阴贾利，利重不可徙。顾以家为寄居，无家归心，遂以老人卜瘗湖阴北山。余省外父所，闻老人谋之外父曰："湖阴贾即便宜，寄也；家邑谋食衣即艰，数百年无兵火忧，家也。余与兄老白首，宜徙寄归家矣。"……老人自歙徙湖阴，仅仅具资斧，不数十年，遂起家千金，田产跨江南北，乃因其所为湖阴人，而老人心无一日不欲归歙，守祖宗之旧，而寄湖阴之贾，卜筑卜葬，仍仍在歙，志斯慰矣。竟未归，而卒葬于湖阴……①

这里有两点值得注意：一是学界以往主要关注徽商在粮食流通中的作用，但对徽商直接投资粮食生产，则甚少顾及。上述记载表明，自明代以来，迁居芜湖的歙县商人，就在当地购置田庄，投资粮食生产和贸易②。歙商唐辙的田产竟地跨长江两岸，显然是较大的徽州粮商。二是尽管第一、二代歙县移民对于故乡颇有感情，但到他们的下一代，便已逐渐将生活的重心转移到了芜湖。他们将父辈的尸骨葬于芜湖，并在当地参加科举考试，从而逐渐完成了徽商从祖籍地缘向新的社会圈的转移。

在芜湖的徽商之经营活动，还与北方的商业贸易息息相关。从《复初集》的记载来看，山东有不少徽州人的足迹，如詹文斗"祖、父贾齐鲁间"③；方洪，"随先君居山东贾地"④。前述在开封购买木棉和在江南购买棉布的徽商张茂鲸在获利之后，也曾在芜湖从事商业活动：

　　……复携二百余金，贾山东枣。比山东枣大美，与公同贾枣者，

---

　　① 《复初集》卷32《唐老人传》，第195—196页。

　　② 这种情形，在清代仍屡见不鲜。笔者手头有清嘉道年间的徽商信底《来往书柬》（抄本），内容涉及徽州粮商在巢湖流域的经营活动，其中就提及徽商直接投资当地的粮食生产。另据江巧珍《徽州盐商兴衰的典型个案——歙县江氏〈二房赀产清簿〉》（载《安徽师大学报》1999年第3期）一文，歙县江村江氏盐商在和州也有不少田庄，笔者据以推测，可能也与粮食贸易有关。

　　③ 《复初集》卷32《詹山人传》，第197页。

　　④ 《得初集》卷32《方师传》，第192页。

亦宿贾也，亦以配恶，戏公如前贾棉穰者。然公持实心，亦悉贾其恶。偕至湖阴，彼精者亦蚤归矣。公独坐湖阴待价。会其岁，山东枣独奇美，河南枣拟宿岁鲜十之七，冬春之交，枣果又复大乏，增价愈益胜泖所棉穰，公忻然大笑曰："奈何棉穰之利复见邪？"又获子钱倍母之三矣。公大喜，笑失故音，……凡贾即利，利即奇美，起家万金……①

当时，从开封经巢县到芜湖，有"汴梁由正阳至芜湖县陆路"②。这条见诸徽州商编路程图的途程，应是当年南北商业交往的一个佐证。

2.杭州

"奇山秀水称天堂，姑苏之表独推杭"③——这是徽商眼中的杭州。明代杭州是两浙蹉务中枢，方氏族人就有在当地从事盐业者。如方松祖父从事浙盐经营，"起家数千金，饶盈数世，善修业而息之，以故逮公世愈益丰足，不服贾而膏腴给资用矣"④；又如方震"代受什一不贾，然以良农起家，逾中人数十家产矣。先君天斌公年四十，犹然坐治什一业，乃忽然崛起，出游武林。武林盐筴贾所聚也，邑富贾时与天斌公同舍，倚公事，遂大奇之，于是同天斌公贾盐，起家千金。公承斌公业，愈益修息，于是益大蓄母子钱利，起家万金。凡坐浙中盐策，皆莫公逮矣"⑤。歙县新城人汪烨"曾大父以下，世贾浙盐称钜富，富雄新城，衮广厦宇，父叔盛藉爵，即新城诸巨室弗逮也"⑥。除了盐商外，《复初集》中所记载的歙县酒商，为以往史籍所罕见，具有特殊的史料价值：

（方录）弱冠不事一业，什一遨游江湖，游倦，憩钱塘江浒止焉，

① 《复初集》卷31《张伯升公（传）》，第187—188页。
② 西陵憺漪子:《天下路程图引》卷2，杨正泰校注本，第468—469页。
③ 《复初集》卷9《武林行》，集187，第660页。
④ 《复初集》卷29《族兄松公状》，第163页。
⑤ 《复初集》卷30《族兄震公状》，第177页。
⑥ 《复初集》卷31《於潜令汪公传》，第183页。

心有所寄寓，深不可测。戏为醴馆，笑玩息子钱，……馆设未盈月，而浙水东西嘉、湖、苏、杭诸郡，凡经武林者，靡不嗜其美，造其庐。未半岁，名著江南，逮两广、巴、蜀。又岁余，闻京师，饮者多至千百为群，□纳子钱不轻。自天壤剖泮以来，醴馆未始有也。辽远地即无事武林，亦且牵车驰马，专壹奔公醴舍，饮醇茹旨。甫期年，获子钱盈五百金，公犹戏视之，略不蒂其心，心实有注向，而显暴布露。……今其子若兄骎骎克自成立，迈迹起家数千金，族中业金无能出其右者。①

上述记载显示：歙商方录到杭州开设酒馆业，闻名遐迩，获利甚巨。自从其酒家名扬海内以后，杭州继起效仿的酒家很多，他们都偷偷地想模仿方录的酒味。不过，当时到杭州饮酒者，都一定要问方录之酒馆所在，常客也必定要到方录的酒馆饮酒②。后来，方时济子承父业，也在杭州开设酒馆，虽然生意较方录时有过之而无不及，但所获利润，却仅仅是方录时的十分之六。到方录孙子方良材时，便不再继承祖、父事业，而是转而赴开封经商，从事开封与杭州的南北贸易。从其一次购货所携资金来看，经营的规模相当之大。结果，方良材"盈饶致数千金，且倍蓰醴钱矣"③。也就是说，从事南北贸易的收益，远远超过了开设酒馆所得。

不少坐贾杭州的徽商，从事的是北方贸易，故而与开封等地有着频繁的商务往来。如前述方承训的从弟方良材，就曾从开封让人带千金往杭州买货④。又如歙县漳潭人张泽世代务农，是依靠田产致富的地主。到他这一辈时出外经商，专门从事杭州和淮、汴各地的贸易。"少壮时，同所亲贾起家千金"，及至50余岁，则专门在杭州充当坐商，"拈财货浮迅汴上，乃起家万金"⑤。方承训的从弟方美早年也曾与兄长在开封经商，因受到

① 《复初集》卷31《从叔祖录公传》，第181页。
② 《复初集》卷29《从叔时济公状》，第162—163页。
③ 《复初集》卷32《从弟良材君传》，第197—198页。
④ 《复初集》卷32《从弟良材君传》，第197—198页。
⑤ 《复初集》卷33《张处士传》，第210—211页。

排挤，后来独自在杭州坐贾，"武林业骎骎起，所入子钱逾寻丈远甚"，"起家数千金"。因长期在杭州，遂在当地购置园池花卉，自得其乐①。有的徽商则是先在杭州从商，继而远贾开封②。

从《复初集》提供的例子来看，在当时的杭州，似乎充满了各种各样的机遇。书中记载的诸多事迹，有不少洋溢着浓厚的传奇色彩。例如，前述的徽商庄某，就以一钱半起家万金，成为世人艳羡的成功范例：

> ……既登舟，偕舟富人贾亦且诣武林，与公语，即大奇公才不浅鲜，遂盟约，与公同贾钱塘江。释舟，复以前缩之半，作书数行缄归家，一家尽骇，曰："持缩三钱出贾，复岐其半归内。顾念家，谓贾何？"人复非笑之。富贾重公才，且习色相，愈益爱公，相前途且远大非常，即出千金，偕公贾，富贾坐武林总裁而已，不问公钱缩出入，盟约曰："偕贾获子钱，矢心中分。"公谢曰："什分三，已越分。望不祥，敢分其半，愈益不祥。"富贾谓公曰："余出缩之母，公□缩之子，子母一也，又何辞焉？"公于是悉心偕贾子钱，每每倍蓰他贾，贾一年子钱几六百金。富贾遵前盟，分公钱。明年，公发家千金。越数年，盈万金矣。富贾坐获子钱，深德公。公不事母钱，而盈余大获不赀之利，愈益感铭富贾不忘，终身深相结交，为莫逆交，老白首矢日不相忘。两家子孙亦深相结交，不忘本也。凡公族出贾者，皆莫能出公右。公犹然不敢骄侈，若曩昔贫乏时。……一族尽骇，藉藉叹美，曰：以缩三钱之半，数年而业饶万金，不横取，不过凿，而循循端致，是遵何德哉？自天地剖判以来，不恒见也，殆上苍财星陟降耶？抑亦先世积善盈满而报之暴邪？果贾材高峻，尤出良贾表，而人莫之逮邪！③

①《复初集》卷32《从弟美君传》，第196页

② 如歙县县城人江文选就"初贾武林，……继贾汴上"。(《复初集》卷33《江处士传》，第221页）

③《复初集》卷29《庄公状》，第173页。

庄某通过给富人充当经纪人，由一钱半起家，历经数年的努力，发家至万金，再一次提供了徽商小本经营起家的成功例子。

3.金陵

明人张瀚在《松窗梦语·商贾纪》中指出：

> 自安、太至宣、徽，其民多仰机利。舍本逐末，唱棹转毂，以游帝王之所都，而握其奇赢,休、歙尤夥，故贾人几遍天下。①

这里的"帝王之所都"，指的是南京。当时的南京，有不少徽州的坐贾。《复初集》中的《杨老人草亭记》，就生动地描摹了一位徽商在金陵的活动：歙人杨勋，从其父亲起，就徙居金陵江东门外上清河，"遂贾清河二世矣，起家万金"。为人"好行其德"，凡歙县人到金陵，皆由他供给食宿。他的住所称为"守庵"，意思是"守厥世德，且守所遗钜金"。在守庵之南构草为亭，草亭离长江不超过百步，江水汪洋浩瀚，一望无际，故而草"亭之景以水胜"，草亭四面皆栽植有奇花异卉：

> 金陵，中国之奥区也，奇异丛聚，靡所弗备，公博采之，疏艺于园亭。当园之中，环亭皆池也，池水流无停，何以故？引江入池，泄池流入江也。池蓄嘉鱼，鱼游池，从容跳跃。宾至，仿佛濠梁，取诸鱼乐。亭之表，池环焉；池表，花卉环焉；花卉槛外，庑舍环焉。舍精且洁，富润屋也。其中图书玩器渊如也，焕如也，济济如也，森森如也。亭虽□草，愈益□□，雅拙殊瓦盖远甚，何以故？盖则草也，栋梁则楠也，不事绘事，愈益耀目，修丈之五，博倍之。冬寒翼以窗，暑月易窗以帘。亭南面江，恍惚亭浮中江，浑若水阁楼船。园南垣则女，何以故？高则隐江也，以故园垣东、西、北三面独高，南面省三面什六，远观于江，犹观于海也。天朗则水天一色，风则波涛汹

---

① 《松窗梦语》卷4,第74页。

涌，鸥鹭翔集，豚鱼浮没，帆樯往来，山川隐映，俨然一奇画图也。亭景万色，莫可图象，其博也，几容百人。……夫斯亭以水胜，而紫荆诸山环绕西南，古木苍翠，晴景绿色映亭，亭景愈益佳矣。嗟乎！乐莫大于奇山水，坐傲斯亭，山水显荡，入目奇矣。而池水花卉，又复色色可爱。构一草亭，而众美备集，奇之奇者也。

在明清时代，东南各地的不少徽商皆建有各种园亭，以往一般认为其主要功能是供豪商巨贾修身养性、闲适自娱，反映了商人阶层在积累财富的同时，也追求文人士大夫的生活方式。其实，从歙县杨氏的例子来看，园亭的构筑，与徽商的经营活动亦密切相关。《杨老人草亭记》记载：

> 老人坐蓄江南百货，凡北贾者，皆争趋老人所，以故老人无一日无□宾，亭无一日无盛筵。老人得宾而富愈益盈，亭得老人而名愈益彰于南北。……老人义以取利，仁以集贾，礼以接宾，智以知足，日与宾客饮醉草亭，享其遐年，斯善用奇矣！①

显然，徽商杨勋为经营江南百货的金陵坐贾，他构筑精美舒适的园亭，很大程度上是为了招徕南北客商。"义以取利，仁以集贾，礼以接宾，智以知足"的思想，始终贯穿在《复初集》中的诸多传记里。其中所体现出的徽商之"贾道"与"游道"，尤其值得我们重视。

方承训还作有《杨处士传》：歙县人杨垕，自其祖、父徙居金陵江浒，遂为金陵江浒著姓。他继承祖、父"坐贾良业，业不出金陵，而岁收子钱千余金"。对照前述的《杨老人草亭记》，杨垕当为杨勋之子。据载，其人善于经营，"南北大贾皆奔趋处士所"。其中的诀窍是"处士馆谷供帐食饮，与诸坐贾丰腆异远甚矣。故南北贾咸愿凭处士主程，大与处士结欢盟契，以故贸易愈益绳绳不绝"。这也与杨勋以园亭招诱南北客商的做法一

---

① 《复初集》卷25《杨老人草亭记》，第117页。

脉相承。较之杨勋，杨垕似乎还专注于高利贷经营。当时，周围人都向杨垕借贷母钱。根据金陵的惯例，"子钱称其母"，杨垕"皆捐却不取"，仅收什二之利，有的达不到什二，他也不计较，甚至连子钱都不收。贫者都得到他的恩惠，在金陵清河一带备受称赞。传称，清河商贾以德行著称者，无出其右①。除了营商之外，杨垕还注意结交缙绅官僚。"凡郡中荐绅学士之官金陵，悉与处士知交，处士即不事寒暑浮沉，以故荐绅愈益雅重处士高义，即金陵名公卿，皆推毂处士高义，频顾处士江涯草亭，歌咏纪述，珠玑盈轩"②。

四、《复初集》所见徽商对明代社会的影响

徽商活动对于东南城镇的发展，具有重要的影响。对此，《复初集》所见新安镇的发展，尤其引人注目。

(一)徽商与侨寓地城镇的发展——以鱼昌口、新安镇为例

方承训曾作有《冬日思涟湖》一诗，描摹了徽州鱼商在涟湖的活动情景：

> 冬仲冰初结，涟鱼蓄愈多。
> 罦瞳闲不事，鲫鲤草成窝。
> 岸岸栖庄贾，艟艟荷笠蓑。
> 芦斋煨颗芋，酒肆臑脾鹅。
> 六物需春试，单钱待腊过。
> 旧朋缸满卤，新信水飘波。
> 浮海无前险，眠涂绝后轲。
> 万重山迴阻，千里水徒歌。

---

① 《复初集》卷33《杨处士传》，第217—218页。
② 《复初集》卷33《杨处士传》，第217页。

鸿便音传友，梅繁色映坡。

椒盘鱼忆味，岁首鹩飞梭。^①

诗中的"庄贾"一称于《复初集》中所见颇多，如《寄宗弟应君钓涟湖十二韵》有"庄贾卢群豹，行商弋鲜禽"^②，《送友人冬往涟湖》有"行商多内顾，庄贾独浮揸"^③。可见，"庄贾"是与行商相对应的，当指鱼庄的坐贾。当时，鱼庄的徽州坐贾麇集之处称为东、西鱼昌。对此，《湖兴五首》之一曰：

春水弥湖草漫齐，东昌西口贾盈堤。

嘉鱼泼泼群于跃，响节哓哓鼓若鼙。

红杏影摇新景媚，白鸥翔集故江栖。

渔人籍籍滋罾罩，烟市银鳞作菜鲑。^④

"东昌西口"也就是涟湖附近的东、西鱼昌。所谓鱼昌，"湖鱼于牣称名昌"^⑤。出于商业经营上的需要，不少徽商长期侨寓在涟湖附近。方承训有一首《秋风行送友人之淮》诗，曰："秋风萧瑟吹兼葭，淮水巨涛尔念家。晨朝驱车迷白露，江上芙蓉已不花。黄山有家淮有室，山松苍翠淮无橘。二天风土各成佳，君兹两存归且逸。"^⑥虽然"淮方风景迥殊徽"^⑦，但许多徽州商人却是"黄山有家淮有室"，他们在异域殊方竭力营造出一种浓郁的乡土氛围，这显然促进了当地市镇的发展。对此，《游涟湖记》就对徽商集居的新安镇有着生动的描述：

---

① 《复初集》卷13，第17页。

② 《复初集》卷13，第19页。

③ 《复初集》卷13，第15页。

④ 《复初集》卷14，第39页。

⑤ 《复初集》卷14《涟湖岁产鱼，兹岁独少甚，老白首云罕见》，第41页。

⑥ 《复初集》卷9，第661—662页。

⑦ 《复初集》卷14《海州涟城旦暮风飘迅》，第41页。

（新安）镇辖海州，而徽贾丛居贾鱼，以故称新安镇。镇□当湖口，违五里则湖矣。湖口夷坦，歙贾烟爨稠密，名曰东鱼昌。曰鱼昌者，谓鱼产而昌炽也。贾皆有□，饶者构瓦舍，次构草舍，草舍居什七，舍盈五六百间，□□市，市不鬻鱼鲜，何以故？庄贾日以舟泛湖，就渔翁市鱼鲜，皆尽取也。……西鱼昌义所同也，贾舍支〔只？〕东鱼昌什七，中三十里湖汇为高家浦，浦贾支〔只？〕鱼昌十六，瓦、草舍亦称之。凡倚湖浒贾鱼绩者，若昌口、家浦者百数，殆不若三方成一都会也。贾皆歙民，民皆携母钱，饶者千金，上饶者五千金，次饶者五十金或二十金，下者亦持中人一家之产，又其下则五六金、四三金，亦能捷往来□趁糊口，鱼之利民也如此。凡湖皆产鱼，惟涟为巨，故鱼惟涟为多；凡湖属淮地者，皆容贾资，惟涟贾居最。①

方承训自称，写作该文是为了"著邑贾之多云"。由上记可见，徽州的庄贾从渔翁手中贩来鲜鱼，再转手卖出。苏北的诸多湖泊都盛产鱼类，而涟湖的商人获利最巨。而这些商人，都是来自歙县的徽商。另一首《鱼昌口夜户不闭》曰：

> 歙贾鱼昌树市丛，四方团水绝枭雄。
> 柴扉不掩如邀月，寝户疏防祗袭风。
> 鲢鲤慢藏惊俗美，稻粱云集似年丰。
> 村居形胜偕斯险，比屋熙熙帝世同。②

由于徽商的鳞集麇至，鱼昌形成了颇具规模的村落。虽然当地的房屋既有瓦房也有草舍，但是以草舍居多。这一方面说明从事鱼贾的歙县人，可能大多是资金有限的下层民众。另一方面，可能还与歙县人的生活观念

---

① 《复初集》卷25，第119—120页。
② 《复初集》卷14，第41页。

有关。譬如，方应"诸弟咸长涟湖，习湖利，忘家邑业。长公（方应）日夕谕之曰：'湖即利贾所耳，家即土瘠，祖宗旧也，奈何忘祖宗之旧，而以贾为家邪？'诸弟咸化长公，思归奠基本，以涟为行贾所"①。显然，不少歙县人虽然生长于涟湖之滨，但对桑梓之地仍然颇为惦念。因此，他们始终将涟湖看成暂时栖身的场所。或许正是出于上述原因，当时的新安镇"鱼昌口芦舍鳞次，瓦室百一"②，这与徽州粉墙黛瓦的村落景观迥然有别。

如果我们再结合清代的记载，更可看出明代徽商活动对新安镇发展的影响。对此，乾隆四十四年（1779年）冯仁宏所撰的《新安镇源流》记载：

> 大明洪武登极之初，虑大族相聚为逆，使各道武员，率游骑击散，谓之"洪军赶散"，子孙相承，传为世例。传至嘉靖，适奉旨赶散，而苏之阊门周姓，常之无锡惠姓以及刘、管、殷、金，皆被赶散，来到朐南芦苇荒所。遂各插草为标，占为民地，以作避兵之计，后渐人烟日繁，乃诣州请为民，州牧载入版图，是为里人。

> 其地荒凉，惟出鱼虾，南有鱼场口，亦产鱼虾。有徽之商民，因就其地，以业鱼盐，日积月累，知其所可居，相居十余人，欲就鱼场口立镇焉。内有程客名鹏者，歙之养[庠]生也，乃议曰："我等为子孙计，须土壮地肥，后世盖房架屋，令其坚固，亦可久远耳。"众然之，相与称土。鱼场之土轻，镇之土重。众喜，浼人向惠、周、刘等里人共议，以重资契买其地，契载卖与徽客某名下，因迁而暂居。里人以鱼虾交易米酒等物，客民共议，立一集，名"脱采集"，亦取每月相聚之义。其客民归之者暂[渐？]繁，隆庆六年（1572年），再购里人之地，立街立市，取名"新安镇"，盖以徽州唐名歙州，宋名

---

① 《复初集》卷33《方长公传》，第222页。

② 《复初集》卷14《鱼昌口芦舍鳞次，瓦室百一》，第39页。当然，也有的徽商在当地构筑园亭，如《复初集》卷12《题宗弟感君鱼昌湖亭二首》（第733页），即是。

新安，以镇名新安者，是不忘本也。万历二十四年（1596年），镇势成立，里人不悦，欲易名"朐南镇"，讼之于州，州牧周公璇新视之，见其规模壮丽，状若长蛇之势，以成功不毁，劝里人罢讼，里人不许，商民程鹏率众御之。逮至崇祯九年（1636年），州牧陈维恭定案，命名新安镇，盖镇名拘讼凡四十年，始于隆庆六年，成于万历二十四年，定于崇祯九年，始分五庄八牌，各办各差云云。

在对徽州历史沿革之追溯中，"宋名新安"的说法明显有误。而文中的"鱼场口"，当即《复初集》中的鱼昌口。据《新安镇志·街市》记载，"新安初立之际，原系商民每购里人之地逐段入册，而成镇焉。于是街为商民之居址，庄为农人之田里，而各经营之市，亦随各地而贸易也"。后来街分8牌，环列5庄，东西、南北广袤各19里，东北至西南24里，西北至东南19里，乾隆中叶，各牌街市共有2705户，计15619人，渔盐之业相当繁荣①。徽商以其移民众多、席丰履厚，在人口和财富方面迅速超过了当地土著。对此，苏北《灌南县志》收录的《汪应铨巧改楹联》之故事，形象地反映了此种趋势：

> 清乾隆三十一年（1766年），新安镇文昌阁落成，安徽客民题一副对联："迁黄山半点秀气，镇东海一郡文风。"本地文人当即涂去"迁"、"镇"二字。安徽人十分气愤，随诉讼公堂。
>
> 有一年，新科状元汪应铨路过新安镇，邀全镇文人到文昌阁，汪对众人说："我等文人应该相重相爱，不宜相轻。"遂改书楹联："分黄山秀气，振东海文风。"众人齐声叫好，从此主客籍文人言归于好。②

上述故事实际上反映了徽州人在土著化过程中与当地百姓的纠纷，"迁黄山半点秀气，镇东海一郡文风"折射了徽商的势力；而"分黄山秀

---

① 乾隆《新安镇志·户口》，灌南县档案馆、方志办藏打印本。
② 灌南县地方志编纂委员会编：《灌南县志》，江苏古籍出版社，1995年版，第660页。

气，振东海文风"，亦体现了徽州移民对当地的影响，以及侨寓商人与土著关系的逐渐融洽。

（二）徽商与侨寓地文化——以开封为例

徽商所到之处，都非常注意与缙绅交结。如徽商庄明侃"贾所所知交，皆名公卿大夫。而名公卿大夫，习公高义，益多公长者，愈益重徽贾多奇材矣"。前述的"贾所"，是指庄明侃在开封经商的场所。另外，原来他在歙县的居舍，距离府城90里，因其"交道广博，不遑奔驰"，所以特地在府城另置别业，以便交游。当时，"舍靡日无宾，宾靡时无筵"，他所交结者，都是一时著名的缙绅大夫、山林高士，没有什么无名小辈，其人的名声也因此远播于江南各地①。另一名徽商庄明伋，其父伯鲸从事吴、汴贸易，"起家万金"。他本人入辟雍为太学诸生。后来贾游汴上，经理商务收支。据载，他每日与方承训的哥哥方元经诗歌倡和，结社缔盟，谈论盛唐八大家诗，"日骎骎媲美唐矣"。他的"游道日广"，知交皆当时的名公卿，其"奇才峻行"也多受到后者的推崇。与此同时，他在开封的商业经营却每况愈下。对此，庄明伋却毫不在意②。与庄明伋诗酒应酬的方元经，据说从小就有特殊的气质，读书"手不释卷"，在开封旅邸建有"心远堂"，"日与商贾而杂沓兮，心实闲寂而不移"③。他时常与名公卿结社倡和，谈论诗歌。凡所登览游玩，皆有吟咏④。"著诗声梁、宋间"⑤，也就是他所作的诗歌在河南北部及东部一带颇有名气。当时，开封的名进士李少泉对之青睐有加。

在开封，方氏还与皇亲贵族交往颇多。张瀚《松窗梦语》卷2《北游纪》记载："至大梁，为汴会城，古之洛阳，中建周王府，城郭人民咸整

---

① 《复初集》卷33《庄长君传》，第210页。
② 《复初集》卷28《庄州佐状》，第150页。
③ 《复初集》卷20《心远堂赋》，第76页。
④ 《复初集》卷22《刻先兄诗集序》，第94页。
⑤ 《复初集》卷28《先君状》，第144页。

齐富庶，而冠裳礼义，犹近古先彬彬之遗。"①明代的一些藩王颇为风雅，他们刊印的书叫"藩府本"。譬如，周藩（周宪王朱有燉）喜欢文学和书法，收集有古代名法书，雕刻了《东书堂法帖》。他自己撰写的《诚斋乐府传奇》，成为音乐和戏剧中的名著②。另外，博平王安滧尝辑《贻后录》和《养正录》诸书。而且，他还勤于治生，"田园僮奴车马甚具，宾客造门，倾己纳之。其时称名德者，必曰博平"。镇平王诸孙、镇国中尉睦楔（字灌甫），"被服儒素，覃精经学，从河洛间宿儒游"③。他们与"贾而好儒"的徽商颇为投缘。方承训就曾作有《怀中尉翁十韵》："周府贤宗室，巍亭道德尊。文章词口匹，礼乐献王存。宗学群英俊，伦坊挺翰华。……名园花卉异，侠客狗鸡奔。求制门盈履，传书扇布村。"④该诗对藩府宗室之文雅以及与鸡鸣狗盗之徒的交往，作了艺术的展示。方承训从兄方作长期在开封，为人侠义，常常与缙绅大夫"棋酒相欢适，诸荐绅大夫皆重公，乐与公知交，而周藩王孙莫不延颈交焉"⑤。隆庆二年（1568年）夏五月，歙县大饥，方氏籴米赈饥，周王赐"三世尚义"扁加以褒奖⑥。当时，与王府交往的徽州人应当尚有不少⑦。

随着南北商业贸易的繁盛，纷至沓来的徽商之间，也弥漫着颇为儒雅的气氛。据《佘处士传》记载：

（岩镇人佘大问）喜攻儒术，得其精，顾不乐就有司试，日与知

---

① 《松窗梦语》卷2，第25—26页。

② 参见谢国桢《明清时代版本目录学概述》，原载《齐鲁学刊》1981年第3、4期，收入阳海清主编、中国图书馆学会学术委员会古籍版本研究组编《版本学研究论文选集》，书目文献出版社，1995年版，第329页。

③ 《明史》卷116《诸王列传》，中华书局，1974年版，第12册，第3569页。

④ 《复初集》卷13，第19页。

⑤ 《复初集》卷29《从兄作公状》，第166页。

⑥ 《复初集》卷33《散谷传》，第212页。

⑦ 民国《歙县志》卷10《人物志·方伎》就记载有明代的江炫，"性机巧，少为周王府供事，得秘传烟火之法，人物故事及禽鱼飞跃，幻若天成"。（《中国地方志集成·安徽府县志辑》第51册，江苏古籍出版社，1998年版，第438页）

交结社，倡和诗歌，诗知宗唐，尤得盛唐风骨。出游大梁，与余兄元经公及郑子阳缔莫逆交，时号三俊，声著大梁矣。大梁李少泉公日推毂三公奇才，多处士等博雅。李少泉者名士，……官至少卿，有《山藏集》传世。处士即服贾汴上□多，而往往游吴越佳山水，所至专壹题咏，凡名苑□寺，必招朋分韵赋诗，不遗余兴。而名荐绅公卿，咸乐与处士交游。何以故？重处士才也。处士家世以诗闻岩镇，大父、父、叔咸有诗集传世。名公卿乐为之序，脍炙都邑。处士诗学渊源，余兄与郑子阳每每并造处士庐谈论不辍。处士家居，不屑治家人生业。日坐潜虬书室，攻古诗辞，非重事不出，日与社友分韵成题，独造诗室，商贾中每攻诗者，多师处士，处士亦乐与谈，导人入于善，竟老白首。①

由上述可知，歙县岩镇人佘大问、方元经和郑子阳②，号称"三俊"，与开封官僚李少泉③诗酒倡和。李少泉是开封的名进士，有《山藏集》传世，与诸多徽商均有交往④。此外，在开封一带颇为活跃、贾而好儒的徽商还有几例。如吴仲启，随从方承训的叔父出贾越、汴一带，历十余年，稍稍起家致富。他的商业活动以在开封一带为最多，故而他所交游的多是开封缙绅。他们与吴仲启结社讲诗，手不释卷。开封当地的富人李百林，

① 《复初集》卷33《佘处士传》，第212—213页。

② 《复初集》卷33《郑山人传》："郑山人，名九夏，字子阳，师山先生后裔，而信之公伯子也。信之公博学嗜古，有诗传世，……山人学藉渊源，诗知宗盛唐，日与周藩中尉西亭翁诗相倡和，西亭翁每推毂山人，奇其才，山人名播大梁矣。……其书黄庭坚，即深知字画者莫能辨王郑雌黄也。汴上张君路，以绘画倾海内，山人朝拜之夕，即能图其意如路君然，即路君亦啧啧称羡山人，曰：'吾技南矣。'然山人染山水，尤专壹效慕沈君周，以故山人写染山水人物，亦倾海内，称神品，而尤著声大梁。何以故？大梁荐绅学士知交多也。于是邑中称山人三绝，谓字、诗、画咸峻绝，人莫与侪侪矣。……山人与余兄元经公及岩镇佘子裕缔知交，结诗社，日相倡和，俱以诗鸣邑都，然得山人力居多焉。……山人壮岁遨游西北，西北名山登览题咏无遗，而晚岁尤耽东南吴越诸郡佳山水，日娱乐游泳[咏]……"（第216—217页）

③ 关于李少泉，方承训作有《阅李氏山藏集》诗。（见《复初集》卷14，第35页）

④ 《复初集》卷28《先兄状》，第156—157页。

也喜好儒业，门下馆客常有数十人，常常招待吴仲启。李百林长子康庄，与吴仲启特别熟悉，经常与吴仲启谈诗，"犹然宋元调"①。方景汉弱冠随从方起"游吴、汴"（应当也就是到吴、汴一带经商），当地与他知交者，都是缙绅学士之辈。方氏一族子姓，"每每谈诗，皆化翁之属也"，也是受他的影响②。

（三）徽商与歙县城乡的社会生活

方承训《新安歌三首》之三曰：

> 下塘富室天侔福，新安之富何碌碌，
> 子钱跋涉阻且艰，即欲灌园窘诸山，
> 食衣温饱辄为足，醪膳局促坐无裬，
> 出门孤使供其役，惭彼前护后拥赫，
> 富传十世花无园，田盈千亩草其门，
> 君不见南翁起家亿万金，木床本质犹布衾。③

这首诗说的是一些徽商虽然挟赀钜万，却仍然是布衣本色④。尽管徽州人以"俭啬"著称，但徽商的致富，对歙县城乡社会生活产生了重要的刺激。

首先，个别徽商的致富，带动了家族其他成员的共同致富，从而大大地提高了明代中叶以还徽州村落社会的生活水准。以瀹潭方氏为例，首位前往开封经商的方廷珂致富后，"凡族中子姓稍习贾者，悉携汴上偕贾，

---

① 《复初集》卷33《吴处士传》，第219页。
② 《复初集》卷31《从叔景汉翁传》，第190页。
③ 《复初集》卷9，第660页。
④ 如徽商方稷榴虽然"起家万金"，但仍"甘心疏淡，不侈华丽，衣不袭帛，食不兼味，专壹朴素，为孙、子先，其起居与庸众人无异"。（《复初集》卷22《瀹川族兄稷榴翁八十寿序》，第105页）

携济几百家，悉起家千金，皆公（按：指方廷珂）之惠也"①。这使得瀹
潭这个歙县小山村的富裕程度颇为引人瞩目。方承训有《喜瀹川族里新宇
连云》诗这样写道："宗家华构霭连云，甲乙氤氲瑞气㷊。轮奂薆薆征德
润，图书籍籍烂人文。"②诗歌从一个侧面反映了瀹潭的村落景观。富裕的
徽商在桑梓之地济急周乏、鸠工构祠、夷衢建桥，诸多善举前人论述颇
多，在《复初集》中亦不罕见，毋庸赘论。下面我们仅据方承训的记载，
对瀹潭方氏的富裕程度稍作估测。在《复初集》中，经常提及的是"中人
之产"③，从列举的例子来看，所谓中人之产指的就是"十金"的概念。
前文述及，在明代中后期，徽州人的经商分为"迩贾"和"遐贾"，"迩
贾"的利润较低④。方承训在方文三的传记中写道："曩余族贾迩所，曾未
起中人什家之产。"显然，一般在徽州近地致富的小康之家，都在百金左
右（只有出入三安、致富千金的方文三是个例外），而"遐贾"获利则较
多。前往开封的自然都是遐贾。方起每年的收益为2500金⑤，而方廷闰每

①《复初集》卷31《从伯祖廷珂公传》，第179页。

②《复初集》卷14，第34页。

③ 见：《复初集》卷23《外父唐公墓碑》（第109页）、卷24《重新清白堂记》（第110页）、
卷24《辟汪洋港路记》（第112页）、卷24《瀹潭宗祠记》（第111页）、卷25《他山石井记》（第
118页）、卷25《远济桥记》（第128页）、卷25《本里大墓记》（第126页）、卷25《后冲山墓记》
（第127页）、卷28《从叔太齐公状》（第151—152页）和卷29《从嫂鏒孺人状》（第169页）。

④《复初集》卷28《从伯祖母廷贵孺人状》：方廷贵"家世受什一力田，孺人躬井白，勤
女红，不遗余力，駸駸蓄资斧具，佐廷贵翁偕诸昆仲服贾汴上，或迩三安贾子钱，渐饶
裕。……晚岁，子汉既就业，起家千金"。（第146页）方文三"世受什一，……服贾密迩邑，
恒出入三安间。三安人皆多公长者，大与结交，……公贾独殊群商，群商每奔竞逐，获有
子钱，公顾徐徐坐贾，不事奔竞逐逐，卒有子钱，独雄昂群商，以逸坐享腴利，群商习公久，
亦不逐逐奔竞，化公之深也。凡贾货脱徙，获子钱什二即自足，曰：母一而子二，亦已盈
也。从鲜以浸多，未为晚也，骤而横金不祥。卒起家千金，曩余族贾迩所，曾未起中人什
家之产，公独安迩贾致千金，比称百一，而公犹然朴素。……今子若孙产业缗钱愈益昌
炽，倍公时什九，然皆公所贻留也"。（《复初集》卷31《从伯文三公传》，第181—182页）显
然，一般说来，利润的大小与经商之远近有关。

⑤《复初集》卷24《北麓亭记》，第113页。

年的收益为 1000 金①。

方承训将"饶"（富裕程度）分成"上饶（大饶）""中饶（次饶）"和"稍饶"："环堂而居者，户不盈三十，……大饶者尽三十无一，次饶者十一，又其次者十二"②。这指的是方承训所在的清白门之情况。而在《瀹潭宗祠记》一文中，他又估计说："合族之稍饶者十五，中饶者十三，上饶者十一二"，这指的则是瀹潭方氏一族的情况③。当时，参与建祠的方氏"子姓千人"④。倘若结合方氏家庭各表的记载，大致可将"上饶"定为数千金至万金，"中饶"为千金，而"稍饶"为百金至数百金，则明代歙县瀹潭方氏一族的富裕情况大致有如下表：

等第	占总数的百分比	人数	资金规模
上饶	1%—2%	10—20人	数千金至万金
中饶	3%	30人	千金
稍饶	5%	50人	百金至数百金

换言之，明代歙县瀹潭方氏有十分之一的人达到了"稍饶"及以上的水准。结合前引以开封贸易起家的方廷珂"携济几百家，悉起家千金"的记载，"稍饶"以上的实际比例可能还要再高些。假如此种估测不误，则徽州的富裕程度在安徽省长江两岸各府中显得相当突出。关于这一点，方承训在《籍别驾视歙篆序》中的一段话可作注脚：

> ……徽处丛山中，民人稠，产寡且瘠，视他郡曾不能以万一，然每饶裕雄宁、池、太、庆诸郡者无他，本歉而争趋末者夥也。操末俭

---

① 《复初集》卷25《远济桥记》："绵桥匪五百金莫成，成则功不朽，岐岁子钱之半，蔑不济矣。"（第128页）

② 《复初集》卷24《重新清白堂记》，第110页。

③ 《复初集》卷24《瀹潭宗祠记》，第110—111页。

④ 《复初集》卷24《瀹潭宗祠记》，第111页。关于瀹潭方氏的情况，《复初集》卷25《井坞墓记》："今潭居子姓千余。"（第125页）

缩，以为衣食业……①

另外，方承训的《兴义亭碑》还指出：徽州在万山之中，"民饶百二，巨饶千一"②。按照这个标准，瀹潭方氏家族的平均富裕水平不仅远高于宁国、池州、太平和安庆各府，而且也高于徽州的整体水平③。在明代，由于徽商的出现，不少村落的生活水平都较为富裕。如休字孚潭，明季"率皆温饱，其以钜富称者十数家"④；黄宾虹在与族人黄昂青的信中也指出："……我族自唐宋以来，极盛于元明。徽人商业创始于有明嘉靖，……至于明季，商业大盛，始由木商而典而盐，非不饶富生色，为各省各郡邑所羡称。"⑤故而黄氏聚居的潭渡一村，至明代中后期亦臻于极盛⑥。对此，康熙《徽州府志》卷2《风俗》原注曰："明末徽最富厚。"⑦这说明晚明徽州村落生活之富裕，应是比较普遍的一种现象。

其次，晚明以来的徽州不少村落多温饱之家，资金的积累具有一定的规模，特别是那些首先致富的商人所提供的借贷资本，成为刺激大批徽商外出从商的动力。在徽商资本中，借贷资本是最为重要的一种资本，它使得徽州社会更具活力。从《复初集》的记载来看，当时徽州民间的借贷资

---

① 《复初集》卷22，第87页。

② 《复初集》卷23《兴义亭碑》，第107页。

③ 当然，方氏一族内的贫富分化仍然相当严重。对此，《复初集》卷23《兴义亭碑》："余族去邑二十里，栖瀹水之涯，山植水产，每兼资之，然无藉者举族不能无。……于是就居东构屋婴垣，垣内舍数十间，横沿丈之十有四，缩沿尺之百有三，庖厨蔬圃，靡不悉备，可居百四五十人。析四百亩之三，岁收子租，给诸人子租，每月分给之。衣冬夏人各三年易一通，贫死无棺者，无论居舍与否，咸布之，举族无填沟壑者矣。"（第107页）

④ 许显祖：休宁《孚潭志》卷3《风俗》，《中国地方志集成·乡镇志专辑》第27册，江苏古籍出版社，1992年版，第288页。

⑤ 上海书画出版社、浙江省博物馆编：《黄宾虹文集·书信编》，上海书画出版社，1999年版，第255页。

⑥ 参见王振忠：《黄宾虹〈新安货殖谈〉的人文地理价值》，载《历史教学问题》2000年第5期；王振忠：《清代一个徽州村落的文化与社会变迁——以〈重订潭滨杂志〉为中心》，载《中国社会变迁：反观与前瞻》，复旦大学出版社，2001年版。

⑦ 《中国方志丛书》华中地方第237号，第2册，成文出版社，1975年版，第441页。

本主要有以下几类：其一是宗祠基金。如方廷曦与方太乙一起经营宗祠事务，聚敛了母钱300金，"复駸駸蕃息五千金，祠事聿成，祀禴有所"①，也就是将准备修祠的公共基金出贷，获得利息。其二是村社的借贷资本。如方廷贵"乡族齿繁，里中社割肉，出纳母子钱，每艰其人。公秉簿数十年，割肉均平，子钱大蕃息，卒无兢，宗祠亦以办社蓄"②。其三，也就是最多的一类，则是个人借贷。在这方面，《复初集》中有相当多的例子：

> （1）族里贫剧妇，往往叩大母（方承训祖母）贷母钱，……逮征，复却子钱弗受，以故族里咸德大母恩。③
>
> （2）乡邻时时求孺人（方承训从嫂）贷母钱，孺人无难色，比返，则又却子钱不受，并母钱无旋者，亦省之。④
>
> （3）贫者求贷母钱，公（从伯方景迪）亦量絜多寡贷之，卒不能供子钱，公亦不苛计。⑤
>
> （4）族邻贫窭，每每贷母钱，隐君咸酌以应，卒不能供子钱，或并母钱无偿，隐君卒无芥蒂。⑥
>
> ……

不少经商者在积累了一定的财富之后，就回家以借贷为生。例如，歙县查川一带，"富者贷出母钱，以子钱生息，坐敛盈"⑦。方良材积赀数千金后，他的族人多向他借贷母钱⑧。方朴的祖父，以从事浙盐贸易发家数千金。此后，他的父亲就守在家里以借贷母钱为生，获利甚巨，终身不再

---

① 《复初集》卷37《从叔祖廷曦公孺人张氏汪氏合葬墓志铭》，第140页。
② 《复初集》卷27《从伯寿官廷贵公二孺人合葬墓志铭》，第140页。
③ 《复初集》卷27《先大母墓志铭》，第137页。
④ 《复初集》卷29《从嫂鏎孺人状》，第169页。
⑤ 《复初集》卷29《从伯景迪公状》，第171—172页。
⑥ 《复初集》卷33《周隐君传》，第217页。
⑦ 《复初集》卷28《姚处士状》，第148—149页。
⑧ 《复初集》卷32《从弟良材君传》，第197页。

外出经商。继承祖、父遗产的方朴也不出外从商，虽然到他这时，已有两代不再外出经商，但其富裕程度却越来越高，远远超过了以前。据说，他从事借贷，对于利息不曾锱铢必较，所以远近前来借贷的人愈来愈多，而来偿还本息的也络绎不绝。对此，方承训认为，方朴以借贷为生，是"以逸享逸，殆亦天授，非人力也"①。当时，借贷资金较低的利息一般是"什二"。譬如，歙县查川人姚升"每每母钱出贷仅征什二"，于是远近前来借贷母钱者越来越多，而他所获得的利息也就相当可观②。歙西槐塘人唐汉偶而也以母钱坐贾，所取子钱最多的也不超过什二。有的人连什一也不能偿还，他也不斤斤计较③。歙县县城人江文选以远出杭州、开封经商，"起家数千金"。有人向他借贷母钱，考虑到对方是个穷人，他很快答应了，并且不计较子钱的多寡。据说，"郡中富室皆靡然向风慕效矣"④。这说明当时徽州的富贵之家，大都涉足借贷活动。方承训在《徙社宽大地足栖神为坛告文》中写道：

> 比岁以来，年多不登，元元匮食，婴儿病疹且麻，而天年夭绝，户口流亡，商贾旦暮焦心劳苦，而不获缙钱，出贷母钱，并子钱捐弃，□然无所收入，盗贼纷纠，元元无以安其生，民甚苦之。⑤

这里是将"商贾"与"出贷母钱"者并列，这说明出贷母钱者在徽州占有重要的位置。而民间出外商贾（特别是那些小本经营者），往往是以借贷资本作为商业活动的原始资金。方氏中的巨富方廷珂，就是经过多次借贷经商而发家致富的。经商风气的蔓延为外部诱因，村落宗族内部借贷途径之多样化，则为徽州人外出经商的内部保证，从而刺激了一代又一代的徽州人外出经商。由经商积累起的借贷资本，又反过来刺激了进一步的

① 《复初集》卷30《族兄朴公状》，第176页。

② 《复初集》卷28《姚处士状》，第148—149页。

③ 《复初集》卷31《唐处士传》，第183页。

④ 《复初集》卷33《江处士传》，第221页。

⑤ 《复初集》卷36，第232页。

经商活动——这在明代的徽州形成了一种良性的循环。

最后，明代中后期歙县乡村的富裕，使得徽州的各个阶层均沾其余润，这促进了各种职业的发育和成长。清代前期许楚在《拟〈徽州府志〉小序》中指出：

> 郡地介万山，生齿蕃庶，厥土骍刚，鲜脂泽，壤瘠且隘，田不得称膏腴，民不得称上农，合郡计亩而炊，不逾月而甑尘矣。民生其间，势必轻去其乡，以贾代耕，所由来也。即士之上者，亦未免出走而耕砚，次耕术，又次耕技。夫砚与术、技，皆田也，徽民岂有幸哉！[①]

所谓耕砚、耕术和耕技，显然包括塾师、医生和堪舆之士等。从《复初集》的诸多记载来看，在当时的徽州，从事各类职业者均极为活跃。对此，方承训在《别驾吴公墓碣》中指出：

> ……且士居乡授业，卒以赞礼起家肥盈，厚遗孙子；农值大有年，多收麦谷黍菽，积乃仓二三载不匮竭；工挟一艺若梓人类画工，于堵而绩于成，受其值，拟众工大半，以夸耀间里。贾之良者，钱缗不能胜其藏……[②]

在方氏笔下，塾师、农民、手工艺人（木工、画师）和商人等，各得其所。的确，我们在《复初集》的诸多记述中，时常可以看到江西、浙江以及本地堪舆师的活动，本省安庆的木工也纷纷前来徽州谋生[③]。当时，新安医学高手林立，僧、道阶层也颇为发达。特别是随着明代中叶以后徽

---

① 许楚：《青岩诗集》卷8《序》，康熙五十四年(1715年)许象缙刻本，见《四库未收书辑刊》伍辑第27册，北京出版社，2000年版，第97页。

② 《复初集》卷23，第108页。

③ 《复初集》卷23《高大父谦童公孺人张氏潘氏朱氏墓碑》："高大母安庆桐城朱族也，幼倚邑西梓工，归年十八。"（第106页）

州人文的蔚然兴起，富裕的徽商不惜花费千金修建教学设施①，高薪延聘塾师，遂使徽州及其邻近地区，出现了不少塾师世家。

塾师 徽州人素有"贾而好儒"的特征，有的人认为："农不习儒，是卤莽稼穑也；贾不习儒，是顽冥贸易也。"②因此，他们非常重视子弟的教育③。除了一些徽商子弟在父祖辈经商的异地求学之外④，更多的人还是在本土接受教育。方承训所作的《江湛》诗中，就有：

> 爰建家校，宾师秩秩。
>
> 礼仪卒度，策艺卒律。
>
> 遵养再世，文孙继起。
>
> 眵中鸲候，帝眷斯密。
>
> 载锡之服，绯鱼紩紩。
>
> 范教孔光，徂今靡轶。⑤

---

① 《复初集》卷30《族兄震公状》：方震"尤好儒业，岁不吝百金，馆谷学士，督过其子，三子皆治以术，馆宇值千金费，园池庐厨悉备，公欲延四方名诸生偕子丽业……"（第177页）

② 《复初集》卷33《江德光传》，第219页。

③ 《复初集》卷30《黄处士状》：徽商黄节"尤喜儒业，即在江湖，卷帙不释手。督过二子经术，日夕较课盈缩，不吝多金，招致名师躬化之"（第177—178页）。凌珮"尤好儒业，建书堂，延名士，日夕督过诸子姓业，诸子咸籍名博士，复上辟雍博士。……长公卒未几，是为万历壬午，侄子任君遂与计偕，赐对公车有日矣，皆长公先后之也。长公为人恺悌慈仁，遇诸侄逾己子，惟佐之嗜学，无令服贾，食饮衣服师赀，皆倚办长公，而诸弟若靡闻知，其诚笃类如此"（《复初集》卷33《凌长公传》，第213—214页）。"余从兄鏻公博询明师，督过子侄。余推毂季君，季君馆毂从兄所三十余载矣，老白首卒不忍释"（《复初集》卷33《星源程季君传》，第215页）。方信"居家肃然，督过诸子姓儒业，子孙皆师有行，化公之属也"（《复初集》卷28《从叔祖寿官信公状》，第145页）。歙县龙弯人叶豫"即终其身，粟帛不盈饶，日催困尼不愉快，犹然喜督过子儒业。贾泖水，令子受经术高士，馆谷资斧具竭力供之，子依知交，戏出邑试辄有名。……即农贾坐凶年，子粒靡收，钱缗臭厥载，公应馆谷如常时，无暴窘，不以其故而懈子业……"（《复初集》卷29《叶处士状》，第161—162页）。

④ 如詹斗文"祖、父贾齐鲁间，山人遂从齐鲁受师，业儒术，然齐鲁儒术，卒莫能逾山人"（《复初集》卷32《詹山人传》，第197页）。

⑤ 《复初集》卷1《古诗·江湛》，第568页。

上述的诗句，显然反映了方氏族人对延聘宾师的礼遇。类似于此的情形在徽州人中颇为普遍，适应这种需要，徽州各地都形成了一批塾师世家。当时，婺源的塾师特别有名。康熙《婺源县志》记载：

> 民俗俭负气，讼牒繁，不善服贾，十家之村，不废诵读。士多食贫，不得已为里塾师，资束修以自给，至馆百里之外不惮劳。①

上述的文字显然是对明代以来情形的追溯。关于这一点，得到了《复初集》的印证。在婺源的塾师中，游氏一族外出游砚的人数特别多。《星源游侍郎公传》曰：

> 先生生当家末造，族钜，皆受什一力田，又多出为童子师，鲜业儒术，公崛起，攻经术，为族倡，治经为诸生嚆矢，凡左右邻乡习经术诸生，皆从公游讲业。……公族为星源大姓，与大坂汪族钜相伯仲，而荐绅不逮，始与公偕诸生者千一，……迄公老白首，诸生居族什五……②

游氏一族文风颇盛，他们在取得初级功名后，往往外出游砚。譬如，游逊就是个秀才，他攻读经术，家族因此而开始繁盛。"门下讲业士丛盈门墙，其赞修典腴，自大江以南皆莫茂才若也。……即边隅远地，咸轻道里辽远，负笈携书门墙，且暮习薰雅德。"③游三泉是星源济溪人，家世为耕读世家，曾祖父、祖父和父亲都在歙县设帐，"邑学士多宗之"④。除了游氏之外，婺源江德彰也在方承训从兄方镐家做塾师，历时长达"二

---

① 康熙《婺源县志》卷2《疆域·风俗》，《中国方志丛书》华中地方第676号，成文出版社，1985年版，第226页。
② 《复初集》卷31《星源游侍郎公传》，第182页。
③ 《复初集》卷32《星源游茂才传》，第203页。
④ 《复初集》卷31《星源游师传》，第191页。

纪"①（也就是二十几年）；婺源溪源人程练主要是在歙县和休宁一带设帐，"知交皆歙、休名士"。特别是在歙县，他在方承训家及方氏宗族中充当塾师，前后长达40年之久，所纳姬妾甚至还是方氏家族的养女②。

除了婺源人之外，歙南小溪的项氏也是塾师世家。据《项茂才传》记载：项化中居住在歙县南乡的小溪，当时，"里多句读师"，项"家甚贫，无中家产"。项茂中总角之时，就教许多童子句读，所得报酬赡给家用。此后，他更加努力地攻读经术，"深于《易》，为《易》诸生嚆矢"。于是，受业者愈益增多，收入也愈益饶裕，成为歙县南乡一带门下学生最多的一位塾师③。另一位歙南小溪人项元表，是方承训的启蒙老师。他"以童子师终其身，为句读师嚆矢"。"凡问字乞书者，屡屡盈其门，书赘多束修，岁书赘什六，求修什四，业骎骎裕"。他设帐的范围不超过七乡，以定潭居多，其次是昌溪，再其次也就是瀹江一带。门下的生徒，常常多达七八十人。传载，小溪项氏一族有十余人，均世代以童子师为业。在歙县各族中，项氏一族"户诗书礼乐"，句读师最多。而在项氏一族中，句读师"业精且多生徒"，又没有人能超过项元表。族中句读师，有的找不到馆地，项元表就常常为之推荐。碰到门下生徒太多，也分给其他人一些。他设帐授读长达50余年，"起家几千金"④。

此外，其他的一些塾师也颇值得一提。如歙县岑山人范廷忠，终身为瀹潭和北岸二乡塾师，"凡邑南乡师规条模则，绳尺教庋，为四乡师嚆矢，化公之属也"。所授生徒多达百人，凡出其门下，后来都成了歙县各地的塾师⑤。方承训的老师方洪是歙县岩镇东溪人，门下经生多至六七十人。其所到之处设帐授徒，门庭若市。据载，在他初年，父亲经商不利，"贾无中人三家产"。及至其晚年，"赘礼繁夥，起家至千金"⑥。歙县黄埠口

---

① 《复初集》卷22《寿星源江处士六十序》，第101页。
② 《复初集》卷32《星源程居士传》，第199页。
③ 《复初集》卷33《项茂才传》，第208页。
④ 《复初集》卷32《项处士传》，第200—201页。
⑤ 《复初集》卷27《明故处士范公墓志铭》，第142页。
⑥ 《复初集》卷32《方师传》，第192页。

人曹鏵弃儒授徒，门下之士愈益增多，于是专一设帐授徒，"因资生，生日益饶"①。歙东长径里人胡沛然门下生徒众多，"起家千金"②。上述这些都是专业的塾师，而有的人只是在未中举之前充当塾师，如唐泽"为春秋诸生嚆矢，诸史百家书靡不精究，门下士常数十百人，宁、池、太、严诸郡治春秋经，从讲业者愈益多"③。

综上所述，小溪项氏一族，竟有十余人从事童子师业，从他们获取的报酬来看，也与经商所得利润差不多。之所以如此，显然与明代中后期徽商之崛起所引发的文风兴盛以及皖南的富裕程度有关。而塾师的大量出现，又反过来促进了徽州文风的兴盛④。

医家 在徽州历史上，"新安医学"相当著名。所谓新安医学，是指徽州一府六县（歙、休宁、绩溪、祁门、黟县和婺源）自宋代至清末出现的、颇具影响的医家群体⑤。其中，明代医家群体的出现，显然与徽商的崛起有关。方承训著有《张国医状》，讲述了当时的歙县东门，徽州一府六县的名医麇聚，"东门医，天下医莫能出其右。何以故？弱可使强，羸可使壮也"。状主张国医，是歙县东源人，为医学世家，其父特别精通艾灸，"起死人多矣，著声邑郡"。国医承家道秘传，精于《本草》《素问》，也在东门坐医。他的医术，是东门医师中最高的，据说达到了"夭可使寿，死可使生"的水平，故而前来求医者络绎不绝，"旦暮安车结辙，良马软舆盈门"。为此，人们往往称国医为"秦越人复生"。所谓秦越人，也就是战国时的名医扁鹊。当时，徽州六县之缙绅大夫以及府县的守令监司，都饮食国医的药剂，因其效果便捷，又没有副作用。歙县人认为，只有国医才操持着死生寿夭之权。歙县的遐迩乡落，处处都留下了国医的足

---

① 《复初集》卷29《曹居士状》，第159页。

② 《复初集》卷33《胡茂才传》，第211页。

③ 《复初集》卷31《唐侍郎公传》，第178页。

④ 《复初集》卷29《曹居士状》："邑中讲礼，多从居士游。邑中暴者昔攻礼仅百二，每以居士为嚆矢，居士不隐其精，敷布肯綮，不遗余力，于是，邑中治礼经倍蓰曩昔十之三矣。"（第159—160页）

⑤ 参见王乐匋：《新安医籍考》，安徽科学技术出版社，1999年版。

迹。每到之处，无不立马见效，他也乐此不疲。徽州其他五县的人听到他的声名，都前来找他看病问诊。特别是每年五月五日，四方前来接受针灸的人千百成群。张国医"剂艾所获，半以供子孙馆谷，裕如也。起家数千金，不计锱铢苟细"。他的长子后来也子承父业①。除了坐医外，有的徽州医师还外出游医。如歙县新城人黄节，其父世代从事医、贾二业。"医术冠海内，贾称良"。黄节本人也精于医术，喜欢远出经商，出入徐、淮之间②。歙东梅墅人黄天与精于星舆医卜，曾经出游淮南，"舟舣维阳（引者按：即维扬，指扬州），维阳人争趋伯子所，就活其生"。后来，他就在扬州行医，"发家数千金"③。

在明代，徽州商业的兴盛，使得一些席丰履厚的徽商更加重视养生之道。与此同时，侨寓各地的徽商开设的诸多药局，也对医学人才产生了一定的需求。再加上海外贸易中药品需求量的不断加大，更刺激了徽州医学的发展，以及医家队伍之扩大。

堪舆师　方承训撰有《地理心法序》④，从中可以看出，徽州民间对堪舆之术颇为迷信⑤，民间有不少痴迷于堪舆术者。如方承训的从叔方时清，晚年就专门研讨堪舆之术，他听说江西老人精《青囊经》，但却足不出郡邑，于是便特意持书远道造访，与之相谈一年多，终于得其精髓⑥。方承训的另一位从叔方济，也特别喜谈堪舆之术。江西、两浙业青囊者，与之

---

① 《复初集》卷39《张国医状》，第170页。

② 《复初集》卷30《黄处士状》，第177—178页。

③ 《复初集》卷32，《黄氏昆仲传》，第206页。

④ 《复初集》卷22，第96—97页。

⑤ 《复初集》卷28《叔父状》："余舍亲族诸门地独高，堪舆术谓必获环垣佐之，延袤拥庇，内植竹荫，始可帖帖然居美。叔父旦暮百计，积母钱为具。"（第149页）《复初集》卷29《从伯景迪公状》："（方景迪）尤最喜堪舆家言，凡地土色稍温润辄礜之，义所当举，即需金多无难色。"（第171—172页，参见《复初集》卷25《后冲山右墓记》，第128页）另，《门前植竹歌》曰："前江碧水喜之玄，仍訾南山对未专。青囊授秘丛植竹，苍翠森森沙浮旋。"（《复初集》卷9，第660页，参见《种竹隐山记》，第119页）

⑥ 《复初集》卷30《从叔时清公状》，第175—176页。

过从甚密①。当时，江西的堪舆师相当著名。他们经常出入于歙县，与当地的堪舆师切磋交流②。有的设帐授读之塾师，往往也兼业堪舆。如前述的项化中就嗜习堪舆，其水平据说还超过了江西那些业青囊术者③。

僧道　随着明代中后期徽州商业的发展，民间宗教也相当发达。④以道教文化为例，徽州休宁的白岳——齐云山道教中的玄帝，成为徽州民间顶礼膜拜最为重要的神灵之一。歙县人模仿齐云山的宫观体制，也在当地塑造了类似的道教名山：

> 今郡西五里许，椎峙佳山形胜，当齐云十之四，于是呼兹山曰西云山，建宫宅神，称西云岩，宫制视白岳修博半之。……休有齐云，歙有西云，……是岩也，天巧居十之七，而人力所构居之三。⑤

在佛教方面，"郡邑鼓吹雄诸郡，鼓称定光，吹称万山，江南以鼓吹莫能雄其右。而道士之鼓吹，又万山诸羽流莫能雄其右。郡羽流以万山重，万山又以道士重，实为黄冠嚆矢"⑥。一些寺庙宫观，还成了文人缙绅设帐授徒的场所⑦。

在佛道等民间宗教发展的背景下，徽州各地也形成了一些特定的民俗。如徽州民间素有"休宁县的山头婺源的官"，指的便是齐云山虽然是

---

① 《复初集》卷29《从叔时济公状》，第162页。

② 《复初集》卷31《姚茂成公传》："……七八岁业喜谈青囊术，旦暮诵《青囊经》《葬经经理》，精其奥不遗余力，江右诸以青囊术鸣者诣歙，公每抵掌与谈，皆自以为弗公过也。……公所业堪舆与江、浙诸谈者迥殊，似受秘诀。"（第185页）

③ 《复初集》卷33《项茂才传》，第208页。

④ 关于徽州的民间宗教，日本学者川胜守作有《明清时代徽州地方的宗族社会与宗教文化》一文，载《'98国际徽学学术讨论会论文集》，安徽大学出版社，2000年版。另可参见阿风：《从〈杨干院归结始末〉看明代徽州佛教与宗族之关系——明清徽州地方社会僧俗关系考察之一》，载《徽学》2000年卷，安徽大学出版社，2001年版。

⑤ 《复初集》卷24《西云岩记》，第114—115页。

⑥ 《复初集》卷33《周道士传》，第222页。

⑦ 《复初集》卷31《吴老传》，第189页。

在休宁县境内，但山上的道士均由婺源人充当。而在歙县东峰，"凡生产男二，必以一男出齐民俗，入释羽流"①。这使得寺庙宫观的人群，也就有了相当稳定的来源。这些寺庙宫观以及相应的僧道人群，显然与徽州商业兴盛所提供的资助有关②。

上述的塾师、医生、堪舆师乃至僧道，其谋生手段无疑均是"耕砚""耕术"或"耕技"。从中可以看出，这批人中，也有发家千金至数千金者，也就是相当于中等人家百家至数百家之产，这是相当引人瞩目的一种社会现象。

五、结语

"徽学"研究之深入和拓展，有赖于新史料的收集和细致研读。本文以《复初集》为基本史料，不仅研究了徽商的经营活动，而且对徽商与明代歙县城乡社会生活，也作了比较详细的微观研究。在此，最后简要总结一下《复初集》一书的史料价值。

首先，《复初集》详细展示的明代徽商活动之地域，较以往所知有很大的突破。"生当游九州，死当没九泉"，这是方承训的一首《挽歌》③。而今读来，不啻为当年活跃于全国各地的"遍地徽州"之一曲挽歌。在以往的明代徽商研究中，万历时人谢肇淛的一段描述令人耳熟能详："富室之称雄者，江南则推新安，江北则推山右。"④虽然这是就两大商界巨擘的桑梓之地而言，但"江南""江北"之划分，再加上此前所见史料之限制，

---

① 《复初集》卷31《吴老传》，第189页。

② 李日华：《蓬栊夜话》载："休邑有智尼，拥高赀，与贵室往还，深垣密扃，虽白昼莫能窥也。"（《四库全书存目丛书》史部·传记类第128册，第122页）文中的智尼，显然是受到富商的布施及资助。这种情形，在明代中后期的徽州可能不乏其人。晚清时人认为："歙多名山，昔又最富，故各处有寺观谈佛法者。"（刘汝骥：《陶甓公牍》卷12《法制·歙县风俗之习惯》，载《官箴书集成》第10册，第583页）可谓一语中的。

③ 《复初集》卷5《古乐府》，第582页。

④ 《五杂组》卷4《地部二》，《历代笔记丛刊》，上海书店出版社，2001年版，第74页。

使后来的诸多学者仅仅注意到徽商在南方的活动情况，而对徽商在北方各地的活动所知甚少。有鉴于此，《复初集》提供的诸多史料，其学术价值便格外引人瞩目。

其次，《复初集》不仅对于我们以往未知的徽商生业——渔商，有更多的揭示，而且，倘若我们再结合清代的《新安镇志》，便可以对徽商与东南市镇的兴盛有更为细致的了解，从而为明清以还"无徽不成镇"的谚语增添一个生动的范例。

再次，《复初集》所反映的徽商经营理念也值得我们重视。徽商的"贾道"与"游道"相辅相成。其中，特别是园林与徽商经营的关系，尤其耐人寻味。与通常所认为的不同，徽商构建园林，并不完全是附庸风雅的文化表达方式，而是与其经营方式紧密地联系在一起[①]。

最后，《复初集》对于歙县地域社会的揭示，也较以往更为详细。乾隆《歙县志》卷1《舆地志·风土》记载："邑东毗迤绩溪，俗朴俭，鲜园林山泽之利，农十之三，贾七焉。南分水陆二路：陆南即古邑东也，山多田少，食资于粟，而枣、栗、橡、柿之利副焉；水南则贾善奇赢，士农并厘然错出矣。北擅茶舛之美，民半业茶，虽女妇无自遐逸。惟西乡土壤沃野，家号富饶，习尚亦视诸乡为较侈，而尚气节，羞不义，则四境维均也。"[②]这大致反映了清代乾隆以前歙县境内的地域差异。不过，囿于史料，此前我们对于明代歙县南乡的情况所知甚少。《复初集》的记载，则为人们生动地展示了县域内的微观地理差异。

---

① 数年前，笔者即曾指出：明清时代，徽商人批收集古玩字画，也与海外的鉴赏风气及贸易密切相关。换言之，徽州人"近雅"或附庸风雅的背后，实际上有着更为深层的商业动机。此种情形，与园林构建之与商业经营如出一辙。参见王振忠：《〈唐土门簿〉与〈海洋来往活套〉——佚存日本的苏州徽商资料及相关问题研究》，原载《江淮论坛》1999年第2期、第3期、第4期。

② 乾隆《歙县志》卷1，《中国方志丛书》华中地方第232号，第122—123页。关于这一点，民国《歙县志》卷1《舆地志·风土》也有类似的论述。

附表一　方承训亲族经商概况

姓名	称呼	从商地点	经营种类	资金规模	资料来源(卷帙、页码)
方太乙	父	汴上		"起家数千金"	卷28《先君状》,第143页
方太二	叔父	武林			卷28《叔父状》,第149页
方廷珂	从伯祖	越、汴间		"饶盈万金"	卷27《先大母墓志铭》,第137页;卷28《先君状》,第143页;卷31《从伯祖廷珂公传》,第179页
方廷贵	从伯祖	三安、淳安、吴越、汴上	"与锱铢市利"	子汉"起家千金"	卷27《从伯寿官廷贵公二孺人合葬墓志铭》,第140页;卷28《从伯祖母廷贵孺人状》,第146页
方廷闰	从叔祖			"家累千金",后其子景宜、景用,"起家至万金"	卷22《从叔祖廷闰翁七十寿序》,第91页;卷28《从叔祖廷闰孺人状》,第147—148页
方廷曦	从叔祖		蓄母钱获子	"中晚岁金盈数千金"	卷27《从叔祖廷曦公孺人张氏汪氏合葬墓志铭》,第141页
方信(廷玺)	从叔祖	大梁		"以贾起家千金"	卷28《从叔祖寿官信公状》,第145页
方录	从叔祖	武林	醴馆	"甫期年,获子钱盈五百金"	卷31《从叔祖录公传》,第181—182页
方鼎	从伯	大梁		"克襄厥考,起家万金"	卷28《从伯母鼎孺人状》,第145页
方起	从伯			"发家数千金",一说"起家数万金"	卷24《瀹潭义屋偕仓记》,第113页;卷24《北麓亭记》,第113页;卷31《从伯义士起公传》,第185页
方景仁	从伯	汴上		"起家几万金"	卷28《从伯景仁公状》,第144页;卷29《从伯景仁孺人状》,第164页
方景迪	从伯	遂安		"不十年,发家数千金"	卷29《从伯景迪公状》,第171页

续 表

姓名	称呼	从商地点	经营种类	资金规模	资料来源（卷帙、页码）
方文三	从伯	三安		"起家千金"	卷31《从伯文三公传》，第181页
方社辅	从叔	远贾		"起家饶赢"	卷27《从叔社辅公墓志铭》，第141页
方太齐	从叔	汴上	杂行、木棉	"起家不盈五百金"	卷28《从叔太齐公状》，第151—152页
方鼎	从叔			"佐严君（方廷珂）起家万金"	卷29《从兄元恩公状》，第160页
方景实	从叔	淮、汴，后坐贾武林		"起家数百金"	卷32《从叔景实公从兄铣翁传》，第203—204页
方景用	从叔	淮、汴		"子钱缗逾万金"	卷22《从叔景用翁七十寿序》，第97页
方太礼	从叔	汴上、泖地			卷28《从叔太礼公状》
方世良	从叔	武林	米	"起家至三千金"	卷28《从叔良公状》，第147页
方景递	从叔	苏、松			卷28《从叔景递公状》，第158页
方永希	从叔	姑苏、汴上			卷29《从叔永希公状》，第160页
方时济、方良材	从叔、从（兄弟）	钱江	醴肆	"发家数千金"	卷29《从叔时济公状》，第163页
方氏（时清父）	从叔祖	严			卷30《从叔时清公状》，第175页。
方时清	从叔	汴上、金陵、闽		"起家不盈千金"	卷30《从叔时清公状》，第175页
方景汉	从叔	吴、汴、武林		约数千金	卷31《从叔景汉翁传》，第190页；卷6《赠从叔景汉翁》，第609页
方天彬	族兄			"发家千金"	卷22《族兄天彬翁六十寿序》，第104页
方错	从兄（弟）	坐贾淮、汴		"起家千金"	卷27《从叔社辅公墓志铭》，第141页。
方元威	从兄			"起家万金"	卷22《从嫂炼孺人七十寿序》，第104页
方稷榴	族兄	严、建、桐、徐、河		"起家万金"	卷22《渝川族兄稷榴翁八十寿序》，第105页

姓名	称呼	从商地点	经营种类	资金规模	资料来源（卷帙、页码）
方松	族兄	淮		"公大父贾淮盐，起家数千金"	卷29《族兄松公状》，第163页
方朴	族兄	武林	盐	"大父公崛起，出贾浙武林盐筴，发家数千金"	卷30《族兄朴公状》，第176页
方震	族兄	武林	盐	"贾盐起家千金"，"母子钱利，起家万金"	卷30《族兄震公状》，第177页
方铣	从兄	汴上			卷32《从叔景实公从兄铣翁传》，第204页
方作	从兄	淮、汴	南货		卷29，《从兄作公状》，第166页
方鐩	从兄	汴			卷32《从兄鐩长公传》，第194页
方澜	从侄	汴上			卷29《从嫂鐩孺人状》，第169页
方美	从弟	汴上、武林		"起家数千金"	卷32《从弟美君传》，第196页
方良材	从弟	汴上		"盈饶致数千金"	卷32《从弟良材君传》，第197—198页
方烨	从弟	汴上	纻帛		卷32《从弟宜川丞烨君传》，第200页
方证	从弟	汴上	息子钱		卷32《从弟证君传》，第202页
方钧	从弟	汴上、丹阳、歙县		"起家千金"	卷33《从弟元任传》，第209页
方明德	从侄				卷33《长髯道人传》，第218页
方应	歙县新城	涟湖	鱼	"饶千金"	卷33《方长公传》，第221—222页
唐钺	外父	湖阴	高利贷、布染	"起家几千金"	卷22《外母六十寿序》，集188，第91页；卷22《外父七十寿序》，第95页；卷23《外父唐公墓碑》，第108—109页；卷27《外父唐公偕孺人合葬墓志铭》，第137页

姓名	称呼	从商地点	经营种类	资金规模	资料来源(卷帙、页码)
吴仲启	妹夫	汴上		"发家千金"	卷29《妹氏孺人状》,第171页
吴珠	从妹夫	汴上		"发家数百金"	卷28《吴母珠孺人状》,第153页

附表二　《复初集》所见其他徽商史迹

姓名	住所	从商场所	经营种类	资金及利润	资料来源
汪氏	歙县章祁		盐	"以盐筴起家千金"	卷22《从娣六十寿序》,第99页
张双泉		吴、越、淮、汴			卷22《张处士六十寿序》,第100页
李德桂	歙县庄乡	淮、汴			卷22《李处士六十寿序》,第102页
张廷宪	黄备				卷22《张次君六十寿序》,第103页
佘氏	歙县岩镇			"金多不能胜其算"(介于数千金至数十万金间)	卷24《瀹潭义屋偦仓记》,第113页
黄氏	歙县竦堂			"盈数十万"	卷24《瀹潭义屋偦仓记》,第113页
杨勋	歙县	金陵	江南百货	"起家万金"	卷25《杨老人草亭记》,第117页
姚氏	歙县查川			"起家千金"	卷28《姚处士状》,第148—149页
庄伯鲸	歙南阳川	吴、汴		"起家万金"	卷28《庄州佐状》,第150页
方宜	歙县新城	淮	盐	"发家千金"	卷28《新城方宜公状》,第156页
庄伯鲸	歙县阳源	武林		"明年发家千金,越数年盈万金",后来"益逾万金"	卷29《庄公状》,第173页
叶豫	歙县龙弯	泖水		"不到百金"	卷29《叶处士状》,第161页
洪滋(之父)	歙南洪川	檇李	盐筴		卷29《洪次公状》,第168页

姓名	住所	从商场所	经营种类	资金及利润	资料来源
黄节	歙县新城	徐	医、贾（子钱）		卷30《黄处士状》，第177页
汪烨	歙县新城	浙	盐		卷31《於潜令汪公传》，第183页
唐汉	歙西槐塘	仪真	借贷		卷31《唐处士传》，第183页
张茂	歙南绍川	汴上、泖、湖阴、金台		"起家万金"	卷31《张伯升公（传）》，第187页
方氏	歙县岩镇东溪人	山东		"罢于贾，贾无中人三家产"	卷32《方师传》，第192页
王氏	歙县结林			"起家千金"	卷32《武林周师传》，第192—193页
唐辙	歙县县城	湖阴	坐贾、田事	"起家千金"	卷32《唐老人传》，第196—197页
詹氏		齐鲁			卷32《詹山人传》，第197页
张泽	漳潭	武林、淮、汴		"起家千金"，后又"起家万金"	卷33《张处士传》，第211页
程敬亲	邑东关荷池		盐筴	"起家数千金"	卷32《程处士传》，第198页
佘大问	岩镇	汴上			卷33《佘处士传》，第212页
凌珮	歙北沙溪	广德、建平、吴中、青阳		"起家万金"	卷33《凌长公传》，第213—214页
黄裕	歙西向杲下市	淮扬	盐筴	"起家数万金"	卷33《黄封君传》，第214页。
程鹗	歙南五渡岭	吴门			卷33《程长公传》，第215页
周世宁	歙县新城隍侧	吴、越、淮、沛	刀笔、业贾		卷33《周隐君传》，第217页
杨㞕	歙县	金陵江浒		"岁收子钱千余金"	卷33《杨处士传》，第217页
吴仲启	歙县绍川	越、汴			卷33《吴处士传》，第219页

续　表

姓名	住所	从商场所	经营种类	资金及利润	资料来源
江德光	歙南磨坞			"起家至数百金"	卷33《江德光传》,第219页
张凤鸣	歙南东源				卷33《张处士传》,第220—221页
江文选	歙县县城	武林、汴上		"起家数千金"	卷33《江处士传》,第221页

附表三　其他职业概况

身份	姓名	籍贯	经济状况	资料来源
塾师兼医生	江德彰	星源(婺源)		卷22《寿星源江处士六十序》,第101页
塾师	范廷忠	歙县岑山		卷27《明故处士范公墓志铭》,第142页
塾师	曹鋒	歙县黄埠口		卷29《曹居士状》,第159页
塾师	方洪	歙县岩镇东溪	"起家至千金"	卷32《方师传》,第192页
塾师	程练	星源		卷32《星源程居士传》,第199页
塾师	胡沛然	歙东长径里人	"起家千金"	卷33《胡茂才传》,第211页
塾师	程季君	星源(婺源)溪源人		卷33《星源程季君传》,第215页
塾师	吴仲启	歙县绍川		卷33《吴处士传》,第219页
塾师	陈鸣凤	武林		卷29《武林陈师状》,第165页
塾师	吴完	歙县绍川	"空空如也"	卷31《吴茂才传》,第188页
塾师	游三泉	星源济溪		卷31《星源游师传》,第191页
塾师	周山	湖州德清		卷32《武林周师传》,第192—193页
塾师	游逊	星源济溪		卷32《星源游茂才传》,第203页
医生	黄天与	歙东梅墅	"发家数千金"	卷32《黄氏昆仲传》,第206页
医生	张溯	歙县东源	"岁所入囊数百金" "起家数千金"	卷39《张国医状》,第170页
塾师、堪舆、日者	项化中	歙南小溪		卷33《项茂才传》,第208页
塾师	项元表	歙南小溪	"起家几千金"	卷32《项处士传》,第201页

身份	姓名	籍贯	经济状况	资料来源
堪舆	姚茂成	歙南查川		卷31《姚茂成公传》,第185页
山人	郑山人(九夏)	郑师山后裔		卷33《郑山人传》,第216—217页
讼师	周世宁	歙新城		卷33《周隐君传》,第217页
道人	方明德	歙瀹川		卷33《长髯道人传》,第218页
道士	周道士	绩溪		卷33《周道士传》,第222页
释僧	吴老人	东峰		卷31《吴老传》,第189页

　　原载《徽州社会文化史探微——新发现的16—20世纪民间档案文书研究》第一章,上海社会科学院出版社,2002年版,有改动

明清鼎革前后的地方社会与族姓纷争

　　日记是记录作者个人生活及见闻的一种史料，通常以逐日记录的方式呈现，不过，也有一些日记并非每日记录，而只是在有事值得记录时方才撰写，其间隔或则数日，或则数月，有的部分甚至远隔一年。在近年来发现的徽州民间文献中，这几种形式的日记都颇不罕见。譬如，明清鼎革之际的《应星日记》，就是非逐日记录的日记。

　　2001年11月，笔者赴安徽省绩溪县上庄镇宅坦村考察，购得当地编纂的《旺川古今》一书，发现其中收录有节选的《应星日记》，展读之余，深感其极具史料价值，后承宅坦村村长胡维平先生的帮助，复印到曹助铨转抄的《应星日记》。复印件计26页，前两页为民国三十八年（1949年）曹助铨的说明：

　　　　我在童年，记得每于夏夜，与二三邻近学友桥畔乘凉，或以溪沿散步，往往听到族中长老闲话明末清初时族人和旺山石姓有剧烈村战，关于这些地方英雄事迹，使我听到最欣然入耳，而所谈者，未能其竟，仅大概略知。后悉曹、石二姓纷争事，我二十三世祖应星公日记中记载甚详，在当时搜稿难得。作商后十载，于兹春间还乡，一日，诚诰（洪卿）、诚之（虞臣）二长，于居易轩偶谈起应星公为博学儒士，我族康熙丁未修谱，公力最多，而对地方大事，最喜勤记。时正当鼎革之初，乱贼纷纷，似较目今尤甚，日记事实已隔三百余年，堪可作地方史料，并云其原稿在春木（乐静）师长处珍藏，嘱我可向借观阅。我惟顾该稿可贵，诚恐不能轻易借人，故趋字托伊兄春余（惬诚）公前去（与我共贾凫山，凤交谊厚），略（云）：乐静吾师，应星公日记原稿，请借一观，知珍藏之本，绝不转借他人。得复：该记原稿遗失多年，深惜不可再得。并蒙指示：含章伯有节略抄本，可向步端侄处借阅，益可同受。复托诰公借来，果见其中记载地方事很多，所恨己事未录，而对纷争一节，记载最详，使后人阅者，顿知始末。今将该记全部抄录于下，并另查星公一名士达，字聚所，一字显卿，号近斗，又号拱宸，为我二十一世祖琏公之孙，二十二世叔祖世元公之第三子也。公对地方建设事及"曹石纷争"，在场族人派别、年龄、性情及每人大概，查以补志篇后。

民国三十八年己丑夏部三助铨识于凫山。

从上述的说明来看，抄录《应星日记》的曹助铨是民国时期的一名徽州商人，曾服贾凫山（在安徽省旌德县）。《应星日记》一书，前一部分记载了从明万历四十三年（1615年）至清朝顺治九年（1652年）38年间旺川村所发生的重大事情。除少数年份无可考外，几乎每年均有事记，一些年份甚至是逐月逐日地记录。后一部分附录的《曹石争杀原委》，记录了南明弘光元年（1645年）发生在七都一带的大规模宗族械斗。这些内容，生动地展示出17世纪前中叶绩溪西部的社会历史，是反映基层社会实态的珍贵史料。1999年7月，曹立鸿将之收入《旺川古今》（旺川老年人协会编，"绩溪徽学丛书"（六），1999年版），但在收入时，对之作了删节，即"将不宜于村与村之间团结的文字删除"①。

从谱牒资料来看，《应星日记》的作者曹应星为康熙六年（1667年）

---

① 在民间文献的整理和出版方面，一些当事人对于人际和村际关系的考虑有相当多的禁忌。笔者此前收集到的徽商自传体小说《我之小史》，其学术价值相当之高（关于该书的概貌，参见王振忠：《从徽州到江南：末代秀才的生活世界》上、下，载《读书》2006年第8期、第9期），但抄稿本所有者却对其中有关婺源世仆制的描摹极为敏感，坚决要求在出版时予以删削，也是唯恐在当代会引起不必要的纠纷。

旺川《曹氏宗谱》之主纂,据曹有光的谱序称,其人"素志好学,沉酣典故,而于余族之事尤为详识博考,性质直,不喜妄附荣利。其修谱一以祖宗手录墨本为据,而又考证于安厝之坟茔、碑铭之纪述。务期传信,不敢存疑。上至大九公,下逮今日之童孙幼子,源流支派,分晰详明,生殁婚娶,考核精至","可谓殚厥心力"[①]。《应星日记》后附《曹石争杀原委》,叙述了二姓争杀的过程。在这场曹石相杀的纠纷中,曹应星是当事人之一,故而对于整个事件的来龙去脉非常清楚。有关官司诉讼过程中的种种使费,也记录得相当详尽。

一、绩溪七都旺川村的曹氏家族

旺川地属绩溪七都,"七都"有广、狭二义,广义的"七都"是指绩溪县七都所辖地域范围内的各村,清乾隆《绩溪县志·舆地志·隅都图》中七都所辖各村如下:"旺川,石家,暮霞,曹村,黄会山,湖西村,阳干,李家,叶村,大塥土,中潭,庙子山。"清抄本《绩溪县城市坊村经理风俗》[②]第16课《七都》亦曰:

> 七都首村是旺川,石家暮霞曹村连,
> 湖西村与大塥上[③],后村上坦杨桃坑,
> 黄会山前庙子山,叶村李家及田干,
> 鲍家寺后并中屯,胡家土党与上田冲,
> 下舍潘家又乾村,仍有地名江塘冲。

《绩溪县城市坊村经理风俗》为乾隆以后的抄本,可见,"七都"在乾

---

① 民国《曹氏宗谱》卷1《康熙族谱原序一》。

② 1册,绩溪县图书馆藏。

③ "上"乾隆《绩溪县志》作"土",《中国方志丛书》华中地方第723号,成文出版社,1985年版。

隆之后所辖的村落仍在分置和增加。但旺川为七都之首村，这一点并未有所改变，所以一般人又称七都之首村——旺川为七都，此乃狭义之"七都"①。

清乾隆五十九年（1794年）曹文埴的《拓建旺川曹氏宗祠碑记》记载：

> 绩之旺川一世祖大九仲经公，与埴之一世祖大十仲纲公，及祁之一世祖大十一仲维公，兄弟也。……我族□始祖大九公迁绩，五传伯四公来旺川，披荆斩棘，未有宁居……因之基业财产，宏开学昧，创祖屋，奉香火，崇祭祀。又三传仕孙公等，创造宗祠，严立祖规。于时未登仕籍，凡一应钟鼓楼阁以及门楣阀阅、石鼓槽门之制未备，惧僭也。自时厥后，敦尚诗书，加意显扬，初由佐贰杂职小试经纶，而志第公由大学晋秩益王府长史，志宁公三登贤书，由镇平县令升武定府推官……

曹文埴是徽州歙县雄村人，进士出身，曾为户部尚书，为清代前期著名的官僚。这一段文字主要提供了两个方面的信息：其一，绩溪旺川曹氏与歙县雄村曹氏出自同一祖先；其二，在"仕孙公"之前，还只是将香火设在祖屋内，亦即只有香火堂。根据乾隆《绩溪县志·方舆志》的记载，大族与小族的很大区别之一为是否建有宗祠②，因此，旺川曹氏在绩溪县西部地域社会中原属小族，这一点应当没有什么疑问。"仕孙公"之后，曹氏虽已"创造宗祠，严立祖规"，但对于与之相匹配的相关礼制仍不敢

---

① 胡士云、曹兰芬：《说七都》，载《旺川古今》，第13页。

② 乾隆《绩溪县志》卷1《方舆志·风俗》曰："邑中大族有宗祠，有香火堂，岁时伏腊，生忌荐新，皆在香火堂。宗祠礼较严肃，春分、冬至鸠宗合祭，盖报祖功，洽宗盟，有萃涣之义焉。宗祠立有家法，旌别淑慝，凡乱宗渎伦，奸恶事迹显著者，皆摈斥不许入祠。至小族则有香火堂，无宗祠，故邑俗宗祠最重。又各有宗谱，支派必分昭穆，以序高曾云礽，世系千年不紊，故皆比户可稽，奸伪无所托足。"（第81页）可见，宗祠和香火堂是区分大族和小族的标志之一。

擅用。这说明在明代旺川曹氏宗祠刚刚创建不久，连家族成员也自感与大族的身份尚有相当大的距离。另据曹诚谨《民国会修曹氏统宗谱启》：

> ……赵宋三迁至绩［文泽公长子大九公宋初由婺至绩，是为曹氏迁绩之始］，枕会山而襟昆水，以旺名村［先进登三圣之巅，遥望我族曰：此兴旺地也，因以旺川名村］。造祖屋而奠宗，其灵在井枋［卜居后先造祖屋，为奠安香火之所，屋后有灵井，大旱不竭，旺川发源地也］。明嘉靖谕民间建宗祠，祀始祖列宗，大拓丕基［我族宗祠创造于前明，遵嘉靖谕旨，先进煞费苦心焉］。清顺康计派下登科第已数人，故老重修家乘［先进孝廉志宁公、六行公，进士有光公皆与修宗谱，时在明季清初］。断自大九公为始迁之祖［有光公偕本派儒生应星公及同宗进士鸣远公先后考派，著有《统宗序》及《辨疑》四则，断自大九公为一世祖，群疑始释］。群以康熙谱为世守之书［明嘉靖谱多遗漏，万历谱多附会，经康熙谱厘正详明，始成一家之信史］……①

这进一步说明，曹大九迁居绩溪是在宋初，而旺川曹氏始建宗祠，是"遵嘉靖谕旨"。所谓嘉靖谕旨，当指嘉靖十五年（1536年）明代家庙祭祖礼制方面的改革。此次改革引发了民间修建宗祠祭祀始祖的高潮②，也正是在这种背景下，旺川曹氏不失时机地建造了宗祠。不过，在上述的这段记载中，作者曹诚谨对于明代的两部族谱颇不以为然，认为它们不是遗漏多多，便是附会连连③。故而在他所编的《曹氏宗谱》中，虽然收有万历

---

① 《旺川古今》，第271—272页。

② 关于嘉靖十五年祭祖令与徽州宗祠的发展，参见常建华：《明代宗族研究》，上海人民出版社，2005年版，第77—83页。

③ 早在康熙年间，曹氏族人就指出："吾旺川始祖大九公自宋兴卜居兹土，阅今将六七百载，相传先世有谱，而中叶佚焉，茫不可考。忆二三十年前，曾见族中录一祇本，附会可笑，心窃疑之。"（康熙十二年曹有光《会修新安曹氏统宗谱序》，载民国《曹氏宗谱》卷1，第6页上。《曹氏宗谱》为安徽省黄山学院收藏）

谱的部分内容，但基本上未见嘉靖谱的多少痕迹，证之以前文曹氏"惧（怕）僭（越）"的记载，显然，在明代，旺川曹氏的宗族组织应当仍处于调整之中。

前揭曹文埴的《拓建旺川曹氏宗祠碑记》指出：曹氏一族"初由佐贰杂职小试经纶，而志第公由大学晋秩益王府长史，志宁公三登贤书，由镇平县令升武定府推官⋯⋯"也就是说，族中成员最初主要是出任一些佐贰杂职，直到曹志第和曹志宁二人时，情况才稍有改变。曹志第初任山西藩幕，后摄交城、禹县两县事。曹志宁于崇祯三年（1630年），在北闱中举人第102名，荐选河南镇平知县，后升云南武宁府推官。尽管长史、推官在明代官僚体制中并非显职，但这显然极大地激励了旺川的曹姓族人。为此，他们"敦尚诗书，加意显扬"。旺川村内早于万历四十七年（1619年）就由曹志让、曹志宁等捐赀起造了文昌阁，祈愿阖族文运昌盛。崇祯十二年（1639年），又立文昌会，族中参与文昌会的读书人共计30人，每人出银5钱。此后，即使时逢兵荒战乱，旺川曹氏也仍然弦诵不辍，在科举方面孜孜努力。功夫不负有心人，晚明清初，族内"入学"和"补廪"的记载络绎不绝。对于入学者，族众照例要"送彩仪"，并在"祠内演戏开贺"。

而在另一方面，清代以前，旺川曹氏并没有显赫的家世，以及多少现实的科举奥援。因此，他们积聚实力的手段主要是在商业上的崭露头角。上揭乾隆末年曹文埴的《拓建旺川曹氏宗祠碑记》提及："因之基业财产，宏开学昧，创祖屋，奉香火，崇祭祀。"其中的"基业财产"，从族谱、方志资料来看，应当就是指从事商业经营积累的财富。

明清时期，绩溪需要从皖南以及浙西的其他产米区输入粮食，在这一过程中，出现了一些粮商。生于明成化十三年（1477年）的旺川人曹显应，便是一位著名的粮商，他在歙县县城开设了万年米行。嘉靖三十七年（1558年），84岁的曹显应去世，两个儿子继承父业，生意经久不衰，相继在歙县深渡、街口、浙江淳安县城、威坪镇和昌化等地开设了万年米行分号。而从《应星日记》来看，清初曹氏在旺川村内还开有当店①。

曹显应父子等热心于各类公益事业。譬如，歙县城北扬之水上的万年桥，据说就是由曹氏为主捐资兴建。他们还出资铺设了从旌德西乡至绩溪县临溪码头的石板路，七都的文济石桥、延福石桥，八都羊须坑石桥、马鞍山岭路及乐安亭，崇福寺佛堂和茗堂庵、县城城隍庙，以及长安镇道路等。曹氏父子在旺川家乡建有义仓，济困扶贫，购置学田，资助村民子弟读书。曹永辅还在绩溪县城西关，建造了一处艮山书屋，供读书人住宿膳食②。曹显应的曾孙志让，在从七都到府城的路上修了一座太乙桥③。旺川西北有黄山余脉大会山，杨桃岭位于大会山主峰以西，是歙县和绩溪通往旌德西乡的交通古道，"蚕丛荆棘，行者艰焉"，为此，旺川曹世科独力修砌石板路十余里，遂成康庄④。从修桥补路的诸多善举中，可见旺川曹氏一族在经济上的崭露头角。

《应星日记》万历四十五年（1617年）条载："是年县报大户领银买官谷。毓葵伯、敏莳叔二人名目"。崇祯八年（1635年）九月，"又饬大户买官谷"。"毓"字为曹显应的曾孙辈，可见，在17世纪前期，旺川便有"大户"闻名于绩溪。从中，更可看出旺川曹氏一族的经济实力。

二、《应星日记》所见晚明清初的徽州社会

虽然万历《绩溪县志》和康熙《绩溪县志续编》尚有传本存世⑤，但我们对于晚明清初的绩溪社会了解相当有限，特别是对旺川这样的僻野荒

---

① 顺治五年（1648年），"后光浩又钩［勾］结石可献、张三等三十余人，夜劫曹村，天明至村内劫掳，毓柏叔当店一空，可献等各无所得，遂去"。

② 曹健、洪树林：《粮商曹显应》，载《古代商人》，"徽商系列丛书"，黄山书社，1999年版，第98—102页。

③ 曹志宁：《太乙桥碑记》，乾隆《绩溪县志》卷1《方舆志》，第49页，"太乙桥"条。

④ 曹健：《杨桃岭探幽寻古》，载《旺川今古》，第152页。

⑤ 万历《绩溪县志》存于安徽省图书馆、绩溪县档案馆，而康熙《绩溪县志续编》则存于绩溪县档案馆和县志办公室。

陶更是所知甚少，而《应星日记》恰恰可以在一些方面弥补此类的不足。

(一)晚明清初民众的日常生活

乾隆《绩溪县志》卷1《方舆志·风俗》记载："绩溪隶于徽，而田畴不逮婺源，贸迁不逮歙、休宁，其土瘠，其民勤，虽与沃壤为股肱，而思忧思劳，独戋戋乎有唐魏之遗焉。"同卷"风俗"引曹有光县志序曰："绩邑于徽称最小，而特当入徽之冲，绩邑与歙为接壤，而独受多山之累，且南辕北辙，惟绩鲜挟赀之游人，而山压水冲，偏绩有难耕之确土。"①这些，都反映了绩溪土瘠民贫之困境。绩溪是缺粮的县份，对于当地的粮食作物，乾隆《绩溪县志·食货志·物产》仅有简单的记载："谷之属，秈谷，杭谷，橘谷，大麦，小麦，乔麦，芝麻，豆，粟，穄。"而《应星日记》则记载有多年的粮价及其他的食物价格（详见下表）。

年份	小谷	占谷	(小)麦	(黄)豆	猪肉	牛肉
万历四十五年			每斗6分3厘			
万历四十六年	每勺8分					
万历四十七年	每勺8分					
万历四十八年（泰昌元年，天启元年）	每勺8分		每斗7分3厘	每斗9分		
天启元年	每勺1钱		每斗8分5厘			
天启二年	每勺9分		每斗8分5厘			
天启三年	每勺8分	1钱	每斗7分			
天启四年	每勺9分5厘	1钱	每斗7分2厘			
天启五年	每勺1钱3分	1钱3分	每斗8分			
天启六年	每勺1钱4分	1钱5分	每斗7分	每斗1钱		
天启七年	每勺1钱2分	2钱3分	每斗7分	每斗1钱		

① 乾隆《绩溪县志》卷1《方舆志·风俗》，第81页。

年份	小谷	占谷	(小)麦	(黄)豆	猪肉	牛肉
崇祯元年	每勺1钱	1钱2分	每斗7分8厘			
崇祯二年	每勺1钱2分	1钱2分	每斗9分	每斗8分		
崇祯三年	每勺1钱1分					
崇祯四年	每勺1钱1分					
崇祯五年	每勺1钱5厘					
崇祯六年	每勺1钱2分		每斗1钱			
崇祯七年	每勺1钱3分		每斗1钱			
崇祯八年	每勺1钱		每斗1钱			
崇祯九年	每勺1钱3分5厘					
崇祯十年	每勺1钱3分		每斗1钱			
崇祯十一年	每勺1钱2分5厘					
崇祯十二年	每勺1钱					
崇祯十三年	每勺1钱6分					
崇祯十四年	每勺3钱6分					
崇祯十五年	每勺3钱6分					
崇祯十六年	每勺1钱5分					
崇祯十七年	每勺2钱					
宏光元年	每勺2钱					
顺治三年	每勺3钱3分					
顺治四年	每勺4钱					
顺治九年	每勺4钱		每斗2钱6分		1角	6分

从上表所载粮价来看，晚明时期旺川一带的谷价涨跌不一，一般都在8分至1钱6分之间波动，总体上则渐趋上扬。不过，到崇祯十四年（1641年），突然飙升至3钱6分，稍后略有回落，到顺治九年（1652年），则升至4钱。占谷的价格，只见于天启三年（1623年）至崇祯二年（1629年），一般都在1钱至1钱5分波动，只有天启七年（1627年）涨到2钱3分。小麦的记载虽较占谷为多，但也显得断断续续，一般都在6分3厘到9分之间徘徊，直到崇祯六年（1633年）才超过1钱，及至顺治九年（1652年），则涨到每斗2钱6分。黄豆的记载只见有4年，都在崇祯二年（1629年）以前，与其他的粮价趋势一样。由于顺治五年至顺治八年的所有粮价完全缺乏，我们推测这一段时间内粮价的可能走向——顺治九年社会安定下来，才有谷、麦乃至有此前未曾见诸记录的猪肉和牛肉之价格，空白期的价格可能较顺治九年要高，而顺治九年的价格或许只是社会渐趋安定之后的价格。

由于徽州的粮食供应取自境外，粮食输入主要有几个途径。明末江天一在《厘弊疏商稿序》中指出："吾郡处万山中，所出粮不足一月，十九需外给，远自江、广数千里，近自苏、松数百里而至，纳钞输牙，舟负费重，与所挟赍准，以故江南米价徽独高。然自数境来者，杭、严两府，实司咽喉……"①因此，其粮价之波动，既有江浙一带的影响，又有着绩溪本地的因素。江浙一带的动乱，直接影响到粮食的供应。而地方不靖，也会给运道的畅通带来不便，从而导致粮价的上涨。"自芜湖至徽，一路群盗肆劫，商旅昼断"，崇祯二年（1629年）设徽宁兵备道，移驻旌德县②。顺治二年（1645年），江天一在《老竹岭募修石关小引》中指出："……老竹岭为新安入浙大门户，孔道四出，较他途为扼要。……岭之半有新桥，四面僻路，皆为伏莽之窟，仅一线往来，势不能飞越，巨商大贾，每值归

---

① 《江止庵遗集》卷1《序》，《四库未收书辑刊》第6辑第28册，北京出版社，约2000年版，第209页。

② 乾隆《绩溪县志》卷1《方舆志》，第21页。

途，靡不惊心动魄，时遭劫掠之苦……"①明清鼎革之际的兵燹战乱，显然也会对粮食的运输形成威胁。

除了交通路线外，自然灾害通常情况下也对米价有所影响。曹志宁《太乙桥碑记》："乡之人因进余曰：庚辰、辛巳岁大歉，斗米千钱，我邑弱者多菜色称莩，豪强不免斩竿为盗矣。"②一般来说，影响米价的灾害主要是水旱之灾，而从万历四十三年（1615年）至顺治九年（1652年）计38年间，大旱有3次③，大水有1次④。崇祯七年（1634年）"六月，大水"，但灾害对米价的影响似乎并不大。这只能说明绩溪的粮食主要依靠外地供应，所以本地的灾害对于粮价之影响微乎其微。

民以食为天，粮食供应是民生的基础，在此基础上，人们还要追求精神层面上的需要，而民间频繁的信仰活动，便是人们寻求心理寄托的一个途径。乾隆《绩溪县志》卷1《方舆志》引万历旧志曰："近士大夫丧祭遵文公家礼，不用浮屠，然民间尚多沿旧习者。"⑤从《应星日记》的描摹来看，晚明清初旺川一带的民间信仰活动极为活跃（详见下表）。

编号	时间	活动内容
1	天启三年	六月,三王庙做善会,兴福僧俱去做道场
2	天启五年	七月,大旱,通都至登源祖殿求雨
3	崇祯元年	二月,造众社屋。八月,众接关爷上座
4	崇祯六年	九月,接五显菩萨,分作五柱,大分柞公辅公为二柱,二、三、四分各一柱
5	崇祯七年	正月,众邀立子社

---

① 《江止庵遗集》卷7《引》,《四库未收书辑刊》第6辑第28册,北京出版社,约2000年版,第350页。

② 乾隆志卷1《方舆志》,第49页。

③ 天启五年(1625年),"是年七月,大旱,通都至登源祖殿求雨"。顺治三年(1646年),"本年秋收大旱"。顺治九年(1652年),"是夏大旱,通都求雨"。

④ 崇祯七年(1634年),"六月,大水"。乾隆《绩溪县志》卷1《方舆志》另载有两次水灾："顺治五年七月,大水冲圮桥梁数处,田地千余亩";"七年五月,大水漂没田地千余亩"。(第27页)但可能没有影响到旺川。

⑤ 乾隆《绩溪县志》卷1《方舆志·风俗》引,第81页。

编号	时间	活动内容
6	崇祯十一年	十一月,龙吟阁迎文昌神登座
7	崇祯十三年	正月,接汪公大帝(分五柱出神)
8	崇祯十四年	五月,村中做戏,并做道场,系保麻痘。六月,做瘟斋,接观音大士。斋官应锡兄等七人,头首五十二人,每丁出银式分式厘,每灶出面半斤
9	崇祯十六年	十二月,因上年江西流寇未窜入本境,演戏还愿
10	崇祯十七年	六月,祠内接观音,做保安善会,共壹千六百柒拾式丁,每丁出银壹分。七月,迎太子老爷,照旧分五柱。十月,兴福寺造观音楼
11	顺治元年	七月,因兵乱不下旌德,在三王庙做斋
12	顺治二年	六月,三王庙做善会。十一月,祠内做安土道场
13	顺治五年	十一月,做还愿戏,为兵乱稍平事
14	顺治七年	正月,五显、汪公放灯
15	顺治九年	是夏大旱,通都求雨。七月,七、八两都请王乌庙德轩道士求雨,十三发檄文,十五登台,未时得雨。郭县主给"道法自然"匾,兵备道给"道可格天"匾,旌德令给"施泽保民"匾

此类的祭赛活动,或在曹氏宗祠内部展开,或以村社乃至乡都协作而行。有的规模相当之大,如明崇祯十四年(1641年)六月,"做瘟斋,接观音大士"。据该条后的"计开丁数":

珙公壹百式拾肆丁　乡公玖十柒丁　　　科公陆拾叁丁

元公壹百式十式丁　瑠公壹百壹拾五丁　　增公陆拾肆丁

㮣公叁百拾陆丁　　二分壹百式十式丁　　三分壹百〇五丁

四分柒拾捌丁　　　中门壹百壹拾五丁　　下门式百式拾捌丁

外姓壹百五拾丁　　家人叁百式十式丁　　毕姓叁拾壹丁

汪家柒拾壹丁　　　上田冲壹百肆拾陆丁　杨桃坑壹百五拾四丁

姑婆冲肆十丁　　　下舍式拾壹丁。

此处所开丁数计4445。另据上表所示,崇祯十七年(1644年)的保安善会，也有1672丁参与。

绩溪民间有"七都观音八都会"之谚，乾隆《绩溪县志》卷1《方舆志·风俗》："闰年，民间十日致斋，建善会，造龙舟，分方隅祀五帝以禳疠疫。"嘉庆《绩溪县志》卷1《风俗》追述先前的风俗曰："闰年于六月中，阖城卜日致斋造瘟丹，分方隅祀五方神，并祀张睢阳殉难诸神，名曰善会。"而清抄本《绩溪县城市坊村经理风俗》第34课亦有类似的表述。另根据当代人的追忆，旺川为七都之首村，每逢农历闰年的六月中旬，都要举行为期10天的赛会，称为"六月会"。该六月会的内容主要有三个方面：一是观音会，亦即置观音阁于曹氏宗祠的正厅上，以迎接观音大士降临人间，护佑一方百姓，解难消灾；二是太子会，以纪念隋末汪华——汪公大帝的第三太子汪达，颂扬他舍身保卫家乡的精神；三是善会，又称"船会"或"保安善会"，主要是纪念唐朝安史之乱时，死守睢阳10个月，以保全江淮的张巡（东平王）、许远（乾胜王）等英烈。①以上参与此次瘟斋接观音大士之活动的人丁竟有4445②，可见其规模之大。南明弘光元年（1645年）六月起曹氏与邻村石氏的相互仇杀，即因此而起（详后）。

(二)明清鼎革之际乡土社会之纷乱图景

明清鼎革，在绩溪方志上有所反映。乾隆《绩溪县志》载：

（崇祯）十七年甲申三月，闯贼李自成陷北京。五月，福王称帝于南京，明年改元弘光。

顺治二年乙酉。徽州府：五月，大兵南下，弘光出亡，改直隶为江南。九月，总兵张天禄入我府，前修撰金声死之。绩溪县：重建县正堂景苏堂、脉石亭、赞政厅、大有库、谯楼，预备仓更名常平仓。

六年己丑。绩溪丈量田土。

---

① 参见曹尚荣《昔日旺川的"六月会"》，载《旺川古今》第156—160页。
② 文中所列"计开丁数"之总和与末尾的"共计"不合，疑有缺漏。

上述县志的记载颇为简略。相比之下，《应星日记》的描述则更为详细：

> （崇祯十七年）四月间，北京凶信，祠中为崇祯帝起灵，生员、监生、耆老、排年哭拜三日始除服。
>
> 七月，众议下南京效劳科缺，共去十一人。次年，南京失守，俱逃回……
>
> 宏光元［二］年四月，宏光出亡。七月，福建立隆武帝。……九月间，兵至泾县考坑，村中人心惶恐。各家打窖，藏衣谷等物。二十一日，兵至杨滩扎营。二十二日，过镇头，守兵四散乱逃。中午，过翚岭，至县校场，捉了金翰林、江天一，送至南京。二十三日，下府众官俱逃去。温四府自刎后，我村中人渐渐回家。十月，大兵又上徽州。五都杨滩等处焚掳一空，殉屋，折毁棺木作马槽用。十一月，……因兵乱，各家打窖动土。

对于明末清初的动乱，绩溪旺川人除了做斋、演戏、酬愿、打窖藏物外，还采取了不少应对措施：一是练兵习武。徽州历来就有习武的传统。早在明嘉靖年间，知府何东序就议行保甲，以备防守。万历二年（1574年），兵备道冯某令每一里中选有身家德行二人，充为捕诘官，于地方选子弟兵20名，逢五逢十练习技艺一次，余日各安生理，一遇有警，鸣锣为号，子弟兵、保甲人等各赴捕盗官处，齐集应援。[1]崇祯五年（1632年）十一月，"熊知事奉上谕团练乡（兵）六十名，着各乡助饷"。崇祯八年（1635年），"本县熊知事着报营长，阁［阖］众请教师在祠内习武，并习练枪棍"。二是邀会集社自卫。弘光二年（1646年），"闻都内人纷纷逃避"，旺川曹氏族人立"保身会"，而后来与他们对立的一方——张、曹、石、汪四姓，则立"忠义社"[2]。据《应星日记》记载，稍后，"族人又立

---

① 乾隆《绩溪县志》卷4《武备志》，第124页。

② 忠义社中的曹姓非旺川人，而主要是七都的中潭人。

一会，名尚义社；家人立信义社名目。尚义社：光嵩、光文、光韬等八十余人。信义社：文光、社保、大林、寄社、观盛共式百余人"。此处的"族人"，显然是指旺川曹姓，而"家人"似指曹氏的佃仆。三是加强巡更。崇祯十七年（1644年），"众议造栅门，因世风不靖，以便巡更"。做斋、演戏还愿，主要是满足人们在动乱时期对安全的心理需要。而练兵习武等，则是为了自保身家，但这也为地方社会的纠纷埋下了伏笔。

顺治二年（1645年）五月，清兵南下。休宁义士金声起兵抗清，绩溪人舒应登等响应。夏，金声修丛山关并率军据守，相持数月，大仗13次。九月，清兵绕道新岭攻绩溪县城，金声率兵回援，因原明御史黄澍乘夜开城降清，金声被俘，就义于南京①。

在清军进入徽州的纷乱之际，乡土社会出现了失序的状态。顺治三年（1646年），旺川一带传闻徽州府东山营闻知七、八都尚有多数人未剪发，"有不服清廷者"，"要发兵来剿"，于是"各家惊惶"。一时间，土匪肆虐。不仅是盗贼，甚至连族中之不肖也"起会抢谷"。官兵更是借机频频勒索②。与此同时，地方上固有的矛盾借着官府权力之真空而暴露出来，在这种复杂的背景下，发生了"曹石争杀"之惨剧及缠讼多年的纠纷。

纠纷的起因是弘光元年（1645年）六月的保安善会。该月二十二日，三王庙合都做保安善会，二十二至二十四日净街，二十五日登舟。当时，由中屯冯社寄为斋官。中屯亦即前述的中潭（"屯""潭"音近而讹），为

① 绩溪县地方志编纂委员会：《绩溪县志》，黄山书社，1998年版，第15页。
② 顺治三年（1646年）正月，"刘总镇带兵在县，族人议去送礼。粮一石，出银六分，妇人出米一升，典出银一两。共送去米三石式斗，猪肉一百二十斤，酒三坛，礼银十式两。又送各官兵丁，共杂用银九两〇七分"；二月，"邵三爷同刘总镇带兵来县，调查不上粮钱，并捉拿土匪，用银百余两"；五月，"刘总镇带兵过上洪溪，至张家讨火引路。有看田水人叫众人奔逃，官兵转来，住于祠堂。共用银拾三两，妇人出米一升，又男妇出粿一个"；"毓柏叔为伊侄应锋被杀，于三月间借山轿一乘过旌德，被旌人见之，认轿上有'太乙'名字，说：'柏叔是贼，要捉拿。'速回家，诣祠内，送刘总镇银一百式十余金"；"许村起灶[社]兵百人，……带二百余人住青山塘，又至村中挟饷银数十两"；顺治五年（1648年）"三月，清明日，田将官、丁捕衙、陈巡司带马步兵并快手弓兵二百余人来捉土贼，扎营后头山，光浩等逃走，捉住应鑽、七老二家妻小，带至祠内，各用银若干，始得放出"。

绩溪七都所辖的一个村落。而"斋官"是指庙会中的主事者，每年由各村轮选值事。当值斋官的主要职责是筹备庙会，带头捐献、劝募、主持庆典、演戏挑选剧目等。据说，推选斋官的办法各村不尽相同，有的地方以三十岁（而立之年）者当值[1]，因此，斋官往往血气方刚，容易因琐事发生纠纷。

保安善会的程序有净街、登舟等。在登舟时，因僧人通济未点光就下溪，被众议罚纸。当时旺川的曹应岩"管总，私护僧通济"，引起忠义会（由石、张、曹、汪诸姓组成）之首领、中屯人曹宗启等的不满，他们天天在庙中寻事起衅，并殴打曹应岩。此后纠纷愈演愈烈，到送圣烧菩萨时，旺川村中保身会的曹光京等百人，各带兵器前往观看。而对方的曹宗启、石可褒和张世俊等，也都持有兵器。等到送神结束，双方彼此互杀。旺川人先行退场，对方见旺川村人心不齐，曹宗启赶来，将旺川村的曹光圣背上斫了一刀，后者逃回旺川。

二十九日，与旺川对立的一方——石可英等在庙中议事，要罚旺川村银1000两，后由曹宗旺出来调处，曹毓柏、曹应试和曹应星三人答应支银10两，对方回信不肯，而且指名要取曹应锡、曹星老、曹应参三人的首级。当日中午集合千余人，在下曹村祠坦上搭台，石可英、曹宗启为将，汪显龙为军师，张世杰为先锋，杀到旺川村文昌阁边，烧了曹光祖、曹应星、曹星老、曹光衡、曹光星、曹应锡、曹应参等住屋8堂。当时，附近的八都、五都人见火光烛天，都来劝和。在势力悬殊的情况下，旺川村人被迫答应支银500两、猪10只、米10担。及至夜间，曹应参、曹应锡和曹星老等人集议，"誓不甘心，难平气愤"，纷纷召外人相助。于是，他们召集族中并家人四五百人，又往冯村、坦川汪姓雇七八十人。曹光浩还出县请友助社数十人，请来城内大灶兵40余名，共同抵御对手。

次日，石可英等人分兵五路，把守各处要隘，双方形成僵持局面。相持到午后，因对方到曹村吃饭，去者大半，旺川村人杀出，斩人焚屋，大

---

① 胡家禔、张正奕：《绩溪县民间徽戏活动的衍变》，载《绩溪文史资料》第1辑，1985年6月印刷，第135页。

败对手。从此，村中昼夜防守。石可英与曹宗启等下府告状，旺村人亦下府批详。当时，争杀双方都向官府呈词，如旺川的呈词曰：

> 具禀曹宗祠为土寇焚劫事。缘七都大寇石槐芳子可英、可褒，富豪数万，恶霸一方，白占田产，强夺房屋，淫人子女，逼收良民，实属罪大恶极。今值国家鼎革，乘机倡乱，胆敢聚集大盗曹宗满、吴守文、汪显龙、胡世倚、张世俊、王元勤、高四老、张显老、曹宗启、祝百子、僧海松等，并协从十余人，于前廿九日登台，拜曹宗满、宗启、世俊、元勤为将，拜显友为军师，海松、百子、世倚为先锋，可英自称为主帅，各执兵器，将我村团团围住，并放火烧屋八宅，恣行劫杀，刺伤多命，族畏其凶，莫敢与敌。于次月初一又复提刀威吓，逼饷银五千两，分兵五路，要首级三颗。幸三、四、五、六、八都并市坊大社数十人齐动公愤，来兵救援，陈杀张世俊、祝百子、王元勤、僧海法等，仍渠魁未歼，余党奔窜，希图复聚再举。诚恐一族生命莫保，伏乞转申府道，急剪寇党，以甦一方之命，为此激切控告。

呈词将对方指作"土寇""寇党"，声称这些人是借"国家鼎革，乘机倡乱"。而石可英等的呈词则是《为仇谋倡乱夥寇焚劫杀命屠尸生死冤惨奔叩救剿事》，也同样是以"倡乱"作为攻击对方的借口。

不过，此时正值天下扰攘之际，弘光政权自顾尚且不暇，自然无法管到绩溪七都一隅。在无法以武力战胜对手的情况下，解决的途径只能是通过部分官员和乡绅的调解。如闰六月二十日，"贼党至歙县，赂官洪明伟、生员洪子升及洪洪魁、黄在田等四十余人来村胁和，我族义不与和。七月，又托县中棍党生员周调鼎十余人讲和，并全中屯张家正觉寺整酒赔礼，接应台兄、福老弟全去。是后，石、张家人才敢归家。八月中秋，族中家人往张家看戏，石、张又整酒请文兴、观盛等三四十人"。此处的"赂官""棍党"等，为砗语中常见的词汇，是民间诉讼中丑化对手的蔑称。从中可见，在剑拔弩张的情况下，私下的间接接触与沟通仍时断时续。

顺治二年（1645年）"九月大兵南下"，清政府在绩溪建立了政权。不过，清军入徽之初，政权并不稳定。顺治二年，舒家巷人舒国琦（塾师）之侄，夜持菜刀，越墙入县衙，杀死清首任知县侯宪武。县署诓报泾县窜匪袭衙，侯抵抗身亡，并建侯公祠、墓[1]。顺治八年（1651年）"正月，县办保甲，又出示收关税"。顺治九年（1652年），"我村（旺川）议做栅门并巡更、防守。应锡弟立排门册簿，日夜点查。毓柏叔请众斯文赴县，请县主申文与胡总镇，求发兵六十名。以三十名扎三王庙，以三十名扎杨林桥。后贼党闻请官兵至，逃入旌德及歙县行劫。又大盗叶风老在嗣后打劫，保正王监邀众至庙头山捉出插死，余盗逃歙。府内发兵，杀死五六十人，地方渐平"。顺治九年三月，"郭县主至八都，会二府捉盗，转回至我村，斯文进见，公举毓柏叔馆祠内，为约正，光宇侄为约副，光宪、嘉昌、光大、光冕、应日韦、应助、光贤、光朋诸人为甲长，应禄为保正"。顺治九年"六月，二府奉院差下乡，点十家排，九年分户晓单"。顺治十年（1653年），知县朱国杰编立门牌，金点保正、甲长，严饬举行[2]。此时，清朝官府通过先后任命的约正、约副、甲长、保正等，编立门牌，从而完成了对地方社会秩序的重建。

与此同时，曹、石双方仍在为先前的仇杀而哓哓不休。顺治三年（1646年）六月，在"曹石相杀"事件中殒命的祝百子之母朱氏，将旺川曹大老、曹应锡、曹应参、曹应星、曹应祥以及与之相关的胡姓二人（胡观祥、胡世盖）共7人，告上徽州府及道院，前后共5状，缠讼数载，旺川方面花费在该场诉讼官司中的费用多达500余两。双方你来我往，旺川曹氏的诉词为《为逆党漏网反肆唆诳事》，而祝家之催词《为财势抗藐恩赏手提事》，曹氏催词为《为奸党抗延恳恩赐审事》。到当年八月，曹氏抄出的官府参语："审得去夏以世变迁，人因恣纵奸究，从而播弄，聚众结社，名为御乱，实为倡乱。其中彼此竞力，互相擅杀，种种为非，莫可穷

① 绩溪县地方志编纂委员会：《绩溪县志》，黄山书社，1998年版，第15页。
② 乾隆《绩溪县志》卷4《武备志》，第124页。

诘。"四年二月，祝氏又以《为杀人大冤事》复告按院，并发府刑厅严审究报。二月初十日抄出参语：

> ……审得曹大老、石可英等，盖乡民之雄黠者，当新安未顺之日，各招集多人，名曰立社，以保乡村，实阴寓不轨，用抗王师，所以亡命之徒，恒争先附入，称戈比干，希快一时。文武岂知负固之罪，未彰于天讨，先受祸于萧墙。祝阿朱之子祝百子，因以为石氏之先锋，肆虐曹姓，无厌之求，已寒村人之胆。曹非弱族，同有社党，自擅雄尊，安敢相忘于无敌乎！故百子纵为血气之勇，罔识进退之术，众溃之后，身毙重刃，此自作之孽，咎谁与归？祝阿朱之仇恨于大老等，以俗人之见论之，未为蔓及，究所由来，百子乃可英之羽翼，可英虽未杀百子，而百子实因可英而死也。倡乱作祟，王章难贷，奈系赦前往事，不敢为明旨违，亦不应为阿朱悯也。但于茕茕老妇，衣食无资，姑于曹、石两姓量断养瞻〔赡〕银四十两，以斩葛藤。惟大老、可英等结社起衅，各拟一杖不枉。

在这里，官方将"曹石相杀"事件定性为"阴寓不轨，用抗王师""倡乱作祟，王章难贷"，令旺川曹大老、石家石可英合出养赡银40两，支付给曹石冲突中毙命的祝百子之母祝阿朱。四月，旺川曹毓柏到徽州府赎罪，并支给祝阿朱银20两。但到十六日，石可英又到按院告状，将曹大老、曹应锡、曹应星、曹应祥等人列为被告。五月，旺川曹氏再次下府诉词，石可英托刑厅书手江承元讲和，"使费对认"。十九日，双方同至汪王庙"对神剪生为誓"，再立议约：

> 立议约人石联桂、曹大老、应锡等，原因祝百子前年夏月身死，其母祝阿朱控告按院，送刑厅蒋四爷台下审，于曹、石二姓各断给主银廿两，致石因给主复告按院，亦蒙送刑厅老爷台下，其给主银，业已遵断完纳，凭众亲友劝谕调息，二各输诚，洗心明神。和息之后，

两不得怀挟私仇，所有告和纸罪使费等用，二各均出，此系两愿，如有反悔者，凭亲友议罚银卅两助修城隍、汪王庙宇。今恐无凭，立此议约二纸，各收一纸为照。

　　顺治四年五月十九日立议约人石联桂、曹大老、应锡、应祥、应星
　　居间　　石廷桂、曹正仁、江百符、章茂
　　代书　　汪万盈

七月，刑厅蒋四爷申按院参语：

　　审得石联桂、曹大老僻处乡陬，结社连横，悯不畏法，于新安未定之初，皆如是也。事由大老与石姓为难，致毙祝百子之命，业经前案，念系往事有赦，姑于曹、石两姓量给养瞻［赡］银四十两与百子之母，以斩葛藤。岂料联桂尚不输诚，又复滋此讼乎，联桂健讼无厌，法宜严惩，念伊亲生员陈其泰等具词哀恳，联桂、大老姐供，姑开一面，以广宪仁，特其好事生端，渐不可纵，石联桂拟杖以儆，犹属宽政也。

在清初动辄触及夷夏之防的复杂背景下，涉讼双方最终通过官府裁判了断。顺治五年（1648年），旺川曹氏族人光浩等结党，勾结石可献、张三等人各处行劫，"贼党出县禀官，都推委于罪恶，曹姓人请官给告示，饬三姓同剿我村，灶丁票已印下"。此处的"贼党"，是指旺川曹氏的老对手石、张、汪等。显然，这些族姓仍然希望挟官府之威剿杀曹氏。对此，旺川曹氏以行贿官府和自清门户双管齐下，迅速将一场灭顶之灾消弭于无形。不过，由此可见，七都一域各族姓间的紧张关系仍在延续。

三、余论：族姓纷争与地方社会秩序之重建

徽州是个宗族社会，在明清鼎革之际，除了主佃的矛盾斗争之外，徽

州一些宗族之间的恩怨纠葛亦导致激烈的冲突。各大族姓利用明社既屋出现的真空，寻找攻讦对方的借口，这使得此时的乡土社会呈现出动荡不安的态势。以往，学界对于徽州宗族之间和睦共存的常态描述得较多，而对族姓之纷争，尤其是大规模的械斗较少涉及。就明清之际的社会变动而言，徽州佃仆的反抗和斗争为人所熟知，但对易代之际宗族间的仇杀以及引发的相关问题却不甚了了。绩溪民间文献《应星日记》抄本，恰恰为我们提供了此类场景的真实画面。从中可见，阶级矛盾与宗族纠纷，应是17世纪中叶地方社会纷乱图景的不同侧面。族姓双方在剧烈冲突之后，最终仍然依循民间社会固有的路径——通过民间调解和官府裁判加以解决，但新兴的清朝基层政权视此一阶段的族姓纷争为反清活动之一环，因此，在夷夏之防的政治背景下，族姓之间的仇杀最终得以迅速平息。

在"曹石相杀"历史事件中与旺川曹氏对立的一方——旺山（亦即石家）石氏，在七都一带算是源远流长，该族自称系北宋开国功臣石守信的后裔，所祀奉者为宋代歙县"主簿迁公"。尽管主簿只是专掌簿书事务之吏，但在七都这样的僻野荒陬，祖先中出现这样一位人物，也算得上是地方社会中历史悠久的"名族"①。事实上，与徽州其他地方那些谱系脉络明晰之大族林立的状况不同，明末清初的七都，各个族姓的地位都还有着提升为"大族"或沉沦至"小族"的空间，地方社会之主导权鹿死谁手尚未可知，这自然加剧了彼此之间的竞争。而通过"曹石相杀"这样的纷争和械斗，各个族姓大概都感受到了空前的压力。于是，为了"内衅共弭，外侮共御"②，宗族的整合过程得以加速。就曹氏家族而言，康熙年间，旺川曹氏修成了完整的族谱，对先前认识混乱的祖先系谱做了考证和梳理，重新统一了认识，借以凝聚族姓的归属感，并颁布了四十字排行诗和"积阴德、惇孝养、重迁葬、端蒙养、尊师道、慎嫁娶、睦亲党、励名节、

---

① 现在收藏于安徽省博物馆的明代《武威石氏源流世家朝代忠良报功图》，画面系统地描绘了北宋功臣石守信及其祖先英勇抗敌屡建战功的事迹，原藏于石家的石氏宗祠。参见绩溪县地名办公室编：《安徽省绩溪县地名录》，1988年版，第49页）

② 曹有光：康熙旺川《曹氏宗谱》序。

崇朴俭、黜异术"的十则《旺川家训》，制定了一系列符合"大族"身份的礼仪。稍后，又参与会修《新安曹氏统宗谱》①，通过同宗之间的联系，特别是与歙县雄村曹氏②的联系，由著名官僚曹文埴（乾隆二十五年进士，官至户部尚书）撰写《拓建旺川曹氏宗祠碑记》，确立了自己在地方社会坐标中的位置，从而跻身于清代绩溪西部社会的大族之列，及至乾嘉时代。乾隆和嘉庆《绩溪县志》均记载，七都一带的宗祠主要有：

> 曹氏宗祠，在旺川；
>
> 曹氏宗祠，在曹村；
>
> 曹氏宗祠，在湖西村；
>
> 程氏宗祠，在会川；
>
> 石氏宗祠，在旺山，祀宋歙邑主簿迁公；
>
> 张氏宗祠，在墓葭；
>
> 李氏宗祠；
>
> 曹氏宗祠：在中潭，祀新宗公。

在这里，宗祠之分布，在很大程度上反映了清代前期族姓在地方社会中的分布状况，折射出宗族势力的盛衰。从中可见，七都的宗祠计有7个，首村旺川曹氏已与旺山石氏、中潭曹氏等一样，共同成长为具有相当影响力的大族。而当各个宗族皆已得到较充分的发展，则地方社会中各个族姓间的势力便得到了暂时的平衡，紧张关系得以舒缓。除了间歇性的磕磕碰碰（如诉讼纠纷）外，更多的便呈现出彼此和睦相处的"有序"状态。

原文题作《从〈应星日记〉看晚明清初的徽州乡土社会》，载《社会科学》2006年第12期，有改动

---

① 明清时代有关联宗的详尽研究，参见钱杭：《血缘与地缘之间——中国历史上联宗与联宗组织》，上海社会科学院出版社，2001年版。

② 据明戴廷明、程尚宽等撰《新安名族志》，曹氏位列当时的名族之一。曹氏于33世彦中时迁雄村，明代成化以后科甲辈出，为簪缨望族。

大、小姓纷争与清代前期的徽州社会

——以《钦定三府世仆案卷》抄本为中心

　　有关明清时代皖南的世仆问题，学界已有颇为丰硕的成果①。不过，可能是囿于资料的限制，以往的研究论著除了关注明清之际的"奴变"之外，大多聚焦于主家与个体佃仆之间的矛盾与冲突，而对以群体形式出现的大姓与小姓之间的纷争、对抗，个案研究仍然相当有限②。

　　十数年前，笔者在皖南收集到一册徽州文书抄本《钦定三府世仆案卷》③，该书记载了清朝嘉庆年间发生在婺源的一桩大、小姓互控案件。书名所称的"三府"，是指皖南的徽州、宁国和池州④。该书对于我们研究徽州的"世仆"及相关问题，具有比较重要的史料价值。

　　《钦定三府世仆案卷》开首收录了余姓"谨述葛、胡两姓豢仆跳梁讦讼究结颠末"，接着的是都察院咨文，并有从刑科抄出的安徽巡抚、都察院左都御史和礼部尚书等人的相关文件，记载了这桩大、小姓互控案的前后过程。据抄本注明：此"案经三十余载，卷宗繁重，难以尽刊，谨摭其

---

① 参见邹怡：《徽州佃仆制研究综述》，载《安徽史学》2006年第1期。

② 管见所及，在这方面最详尽的研究，为陈柯云所撰《雍正五年开豁世仆谕旨在徽州实施的个案分析》一文，载《'95国际徽学学术讨论会论文集》，安徽大学出版社，1997年版，第116—150页。

③ 以下凡引自该书者，基本上不另出注。另，本文所引文书，凡未注明出处者，均系私人收藏。

④ 乾隆三十四年(1769年)，安徽按察使曛善提出新建议，将雍正六年(1728年)条例所定政策的有效范围扩大到池州府。参见经君健：《清代社会的贱民等级》，浙江人民出版社，1993年版，第242—243页。

略于左"，也就是说，笔者手头的这册《钦定三府世仆案卷》，实际上只是该起大、小姓互控案卷宗的选摘部分[①]。

《钦定三府世仆案卷》中的"世仆"二字，明确指出两造之间具有"主仆"关系[②]；而"钦定"二字，则以确定无疑的权威方式，说明此一名分已成"铁案"——这当然是大姓余氏的立场，这是我们利用此一文本从事该项研究时应当清醒意识到的一点。

一、葛、胡二姓与余姓诉讼案始末

据《钦定三府世仆案卷》讲述：葛、胡二姓"世佃余田，世住余屋，世葬余山，世与仆人结婚，实系余姓世仆"。明代中后期，余氏族中的"先达"——吏部尚书余懋衡、工部尚书余懋学、礼科给事中余懋孳、四川布政使司余一龙和大理寺正卿余启元等，"请有执照，凭邑主印信确凭"。自明代至清朝嘉庆年间，两姓"供役无异"。清乾隆三十四年（1769年），葛子辉和胡胜等人"跳梁兴讼"，贡生余澄源等控理，经官府审结，以"住屋、葬山均系余业，断令葛、胡两姓轮供祭役"——这是葛、胡二姓与余姓的第一次兴讼。

所谓跳梁，是清代徽州大姓对小姓争取良民身份行为的习惯性蔑称。根据上揭余氏的讲述，余姓为官宦世家，而葛、胡二姓自明代以来即因佃田、葬山和住屋而与之形成主仆关系。对此，其后的《都察院咨文》有更为详细的引述：被控的葛祥五、胡廷高、葛子辉等人，"自明代迄（今），俱葬余家坟地，共计八十多冢，所住各房屋，亦系余姓产业，供值祠祭薪

---

① 2010年1月，香港中文大学卜永坚博士与劳格文教授在婺源收集到1册刊本（残，包背装，书口处的篇名题作"钦定例案"，其下另有"乐义堂"字样），该书的内容即《钦定三府世仆案卷》之一部分。同年9月，笔者指导的博士生李甜在安徽省图书馆亦找到同样的文献，即清人余泽山所辑《奏请钦定徽宁池三府世仆例案》（嘉庆十年（1805年）刻本，1册，编号：2：43639）。

② 是否具有"主仆"关系，是本案论争的焦点，故本文从一开始就避免使用"主仆"这个词，而以大、小姓相称。

爨等役，据称实系余家世仆，有前县印照、葛姓服字及堂册粮票等可凭。于乾隆三十四年间，葛子辉等不肯服役，余元旭赴县、府、藩臬、总督各衙门具控，经批饬讯详有案"。

值得注意的是，此次兴讼的时间是在乾隆三十四年（1769年）。根据经君健的研究，清朝政府曾先后颁布几个条例，目的是区分世仆与佃仆，并将佃仆开豁为良。第一个条例颁布于雍正五年（1727年），其立意是将皖南佃仆分为两部分：一部分同世仆（即奴婢），另一部分"文契无存，不受豢养"的同凡人。此后，雍正十年（1732年）定有第二个补充条例，力图通过将大户、小户之间的关系改变为主佃关系、房东房客关系来解决皖南佃仆问题。第三个则是乾隆三十四年（1769年）安徽按察使暧善的新建议，该建议提出——判断世仆与佃仆的标准之一"有无文契"之"文契"，必须是卖身文契。《钦定三府世仆案卷》中葛、胡二姓与余姓的第一次诉讼，就是在这种背景下展开的。虽然余姓声称曾于明代"请有执照，凭邑主印信确凭"，但似乎亦颇为含糊。而从《钦定三府世仆案卷》来看，葛、胡二姓并无卖身之契，倒是确定无疑的，这是引发此次纠纷的症结所在。

此次兴讼，是因葛、胡二姓不愿再为余姓服役而发生纠纷，结果以二姓的失败而告终。尽管如此，葛、胡二姓对余姓的抗争始终没有停歇。葛、胡二姓在拒绝为主家服役的同时，又希望参加科举考试、捐纳官职，致使他们与余姓的矛盾更为激化。前文曾述及，雍正五年（1727年）的条例将皖南佃仆分为两部分，其中规定"文契无存，不受豢养"那部分人的身份与凡人相同。此条例生效之后，一些小姓成员便自行参加捐考，而原先自居为主家的大姓则竭力维持先前的关系，并殚思竭虑地将与小姓的关系明确界定为"主仆"关系①。嘉庆元年（1796年），葛祥五、胡廷高等人"妄思奉报老民，希邀顶戴"，经乡约余宗义上禀制止。稍后，这二人又"混请立约"，复为生员余元旭所控。当时，藩宪批示："葛、胡两姓住葬

① 经君健：《清代社会的贱民等级》，浙江人民出版社，1993年版，第241页。

余业，实系余姓祖仆下贱，饬县革约。"不过，县令李某^①却将葛、胡二姓所葬坟地，"作为捐给义冢"。至嘉庆四年（1799年）间，葛、胡二姓又与余姓彼此互控，"亦经讯明断结在案"，也就是仍以二姓的败诉结案。嘉庆五年（1800年），"葛子辉等又番［翻］前案，据供勾通该府书吏汪焕，并婺源县李令，颠倒前详，将所葬坟地作为捐给义冢，曲为狡卸"。因为凡是"葬主之山，佃主之田，住主之屋"者，均为主家世仆。葛子辉等人将二姓所葬坟地作为捐给义冢，显然是为了避免让自己"葬主之山"的前提成立。

嘉庆七年（1802年），生员余元旭让侄子余泽山"以葬实仆真等事"，赴都察院具控。都察院"咨行督宪审详"，派人赴婺源县摘印，提审李县令。不久，又委令徽州府同知鸣歧会同该署县孔广燮，于嘉庆八年（1803年）二月二十五日诣勘坟地百有余冢。此时，根据余氏的描述，"葛、胡二姓揣知情亏，顿起毒谋，自焚自杀，诬陷余姓"。其具体经过简述如下：

胡从政因葛、胡两姓历年来被余氏讦讼受累，心怀不甘，于当月二十八日晚回家，邀同葛世忠至葛连元家，当时参与商议的还有葛贞元、胡时心、葛八、葛观福、葛爱连、葛岩、葛且、葛新福和葛旦。他们得知余晰等人次日将走山场回家，而村口双坑桥为其必经之地，于是商议拦住其人加以殴打，以泄心头之恨。此外，胡从政又想到葛三官家有三间四面无邻的房子，他主张将其烧毁，借以诬告余姓放火，图谋陷害。胡从政与葛世忠商议之后，得到后者的首肯。二十九日上午，葛聚、葛连元、胡桂香、葛李氏一起在村口守候。不料余晰等人早已听到风声，另行绕山路而去。仅有余鹤亭一人从该处经过，葛保扯住余鹤亭，被后者挣脱，夺路而走。众人尾追不及，葛早坐在田边歇息。他的无服族弟葛新福，因未与余姓打架，起意做伤图赖。葛早情愿做伤，于是，葛新福掏出身上所带小刀，在葛早脑后划伤五道，结果葛早喊痛，睡卧田内。与此同时，葛保因痰病发

① 经查，李某即李金台，山西灵邱人，举人，嘉庆四年（1799年）到任，嘉庆七年在任病故。见光绪《婺源县志》卷13《官师志》，光绪八年（1882年）刊本，《中国方志丛书》华中地方第680号，成文出版社，1985年版，第1033页。

作，滚跌沟内喘气。当下，葛世忠赴葛三官家燃火点放。其时，正碰上县令孔广銮勘山回署，胡从政赶至途中举报。孔氏亲自前往扑救，结果是焚烧房屋三间。葛聚、葛贞元、葛连元、葛八、葛岩、葛爱连、葛观福、葛新福、胡时心、胡桂官等，均因村内起火，一起前往救援。只有葛保的缌麻服侄葛旦和葛李氏下沟扶起葛保，后者声言病重难受，自知不能久活，情愿让葛旦弄死自己，以便"图赖余姓"，并嘱将其木主入祠，永远祭祀。葛旦应允，遂令葛李氏解下腿上棉带，葛旦捧起葛保头颅，葛李氏将棉带由颈下穿过，围绕咽喉，两人分别带头用力扯勒，当场将葛保毙命。当时，葛旦的胞兄葛大听到动静来看时，发现葛保已经气绝身亡。他们以葛保被余姓殴毙于途中，上告至婺源县，饬传刑仵候验。葛聚先将葛旦扶回家中，等候验伤。当晚，葛旦因伤痛难受，埋怨葛新福做伤太重，扬言明日见官，"定将做伤有碍讼事、起意致死、灭口图赖余姓"一事说出去。看到这种情形，胡时心等人同赴葛旦之族弟葛贞元家相商。当时，葛旦之族叔葛观福也走到葛聚家，被要求相帮弄死葛旦，对此，胡时心、葛观福满口应允，只有葛贞元在旁听闻，畏惧不敢吭声。葛聚等同往葛旦房内，葛观福托言看伤，乘空捏其肾囊，葛旦负痛滚落床下，胡时心畏惧不敢动手，葛聚即用手闷住葛旦之口，按住咽喉，葛观福压其腿上，将裤扯落，用手捏碎左肾子，葛旦当即毙命。事后，大家将结果告知葛世忠，葛世忠以葛旦并非自愿舍命，不应致死，颇有埋怨。葛聚则回答说，事已至此，不如图赖余姓。葛世忠随将葛聚出名，书写呈词，诬控余晰、余双，喝令余佃殴毙，经该县验明尸伤，究出实情，"佥称葛、胡二姓讦讼受累，合族怨毒已深，俱思设计陷害"。结果，除了葛旦、葛观福、葛新福出逃外，葛聚、葛李氏、葛世忠、胡从政、葛贞元、葛大、葛连元、葛八和胡桂官等人都分别受到严惩。

以上案件的详细过程，源自刑科抄出的相关文件。案件的处置时间是在嘉庆八年（1803年）九月三十日之后，当时规定"余元旭等控案，应候该督审拟到部，另行核覆"。对此，《钦定三府世仆案卷》中，有嘉庆十年（1805年）的相关判决。其中之一为都察院左都御史英善的奏折，个中提及，嘉庆八年六月，两江总督费淳等人主张："葛子辉等委系先世种余姓之田，葬余姓之山，与例载安徽省徽州、宁国、池州三府细民，有先世佃田主之田，即葬田主之山者，不在开豁之例相符，未便因其退佃拆屋，即行开豁，以启贞［负］恩效尤之渐。当饬令葛、胡两姓之人，遇余姓春秋祭祀，轮派照料，以符例义而息讼端。"不过，安徽省署臬司宋镕则牌示婺源县，"以葛、胡两姓并无卖身之契，余姓不得视同仆役，如有报捐应考，不许余姓拦阻"，结果出现了意见分歧。余泽山"以例示两歧"，再次前往京城呈诉。为此，英善等认为："臣等查佃田、葬山不准开豁之例，原为徽、宁、池三府佃仆，自其先世服役已久，祖宗俱葬田主之山，受恩尤重，是以特设专条，载入例册，永远遵行，初不关身契之有无也。若皆有卖身文凭，即不待葬山，而已无可开豁，例义甚明。况原告余泽山遗失契之故，已据诉有先人笔迹为据，而葛、胡两姓之祖宗，现葬其山，即无论（为佃）为仆，均系不准开豁之人。若仍许其报捐应考，良贱无分，不但余姓不服，且与例义有违，事关名分，未便稍涉两歧，致滋讼蔓。"他希望将此"钦定添入例册，仍令该省巡抚照议结案，毋许翻异，以归画一"。这份奏折，在嘉庆十年二月十六日具奏，随后奉旨交礼部"查明例案，妥议具奏"。

接着的是该年三月十二日礼部尚书恭阿拉的"遵旨议奏"，恭阿拉指出："臣查乾隆三十四年臣部议准安徽省徽州、宁国、池州三府细民，亦有小户附居大户之村，佃种大户之田者，不得压为佃仆，其种田主之田，居田主之屋，现受田主豢养之人，应查其先世是否典身、卖身，抑或投靠服役，分晰详报核议。至田主自有之山，因其世服佃役，听其先人殡葬，较诸现受豢养者恩义更深，不应在开豁之例等语，臣等行查户、刑二部例案相符。今民人余泽山所控葛、胡两姓，既据前督臣审明，佃余姓之田，葬余姓之山属实，且据呈出原册，称葛、胡两姓世与余姓仆人结婚，其出身微贱可知，前督臣议以仍供余姓春秋祭祀之役，实为存名分起见，已属通融办理，但并无准其报捐应考字样。乃该署司，率准其报捐应考，以致复行争控，流品攸关，自当申明例禁。"他"参酌旧例"，主张"嗣后安徽省徽州、宁国、池州三府细民，除仅佃田、住屋，并非典身、卖身者照旧开豁，仍准考试报捐外，其有佃田主之田，葬田主之山，且与仆人结婚者，虽年久身契遗失，仍以世仆论，并不准其充当地保、社长等差。如家主念其辛勤恭谨，准其赎身，情愿放出为民，令其先行报官，并咨部立案，俟其放出三代后所生子孙，许与平民一体考试报捐，以示限制。倘有再行翻控者，严加治罪，庶为恭顺者开自新之路，为桀傲者严反噬之防"。恭阿拉还主张以"办理舛错，致滋案牍"的罪名，处罚安徽省提刑按察使及婺源县令①。嘉庆十年三月十四日，礼部将相关结果，知照安徽巡抚、学政等。

二、对大、小姓互控案两造的分析

这起大、小姓互控案发生在婺源北部浙源乡沱川里十六都。《钦定三府世仆案卷》出自余氏之手，所述的"图赖"细节是否属实无从查证。但上述的官司诉讼，显示了大、小姓互控引发的纷争极其残酷的一个侧面。在案中，有自愿献身者，也有无辜被杀者。对于此类现象，早在晚明，王士性在其所著的《广志绎》卷2《两都》中就曾指出："山居人尚气，新都健讼，习使之然。其地本勤，人本俭，至斗讼则倾赀不惜，即官司答鞭一、二杖参差，便以为胜负。往往浼人居间。若巨家大狱，至推其族之一人出为众死，或抹额叫阙，或锁喉赴台，死则众为之祀春秋而养子孙。其人受椎不死，则傍有死之者矣……""新都"亦即徽州，前述的葛保，自愿让人杀死，以便图赖余氏，"并嘱将其木主入祠，永远祭祀"，可以说是《广志绎》前揭记载的一个绝佳注脚。

互控案中的大姓为沱川理坑余氏。理坑初名里坑，后取余光耿为村人余懋衡、余懋学题匾"理学渊源"而改称理坑②。据婺源县志可见，明清时代沱川理坑余氏为簪缨世家，历代科举功名不断。早在北宋政和八年（1118年），沱川余道潜就中了进士。此后，宣和六年（1124年）、南宋绍

---

① 此据《钦定三府世仆案卷》，另，笔者手头还有相同内容的抄件1份。
② 婺源县地名委员会办公室编印：《江西省婺源县地名志》，1985年版，第21页。

兴五年（1135年）、淳熙十一年（1184年），均有余氏族人考中进士。南宋元明时期，余氏族人受到荐辟者亦相当不少（详见下表）。

年号	人物	事迹经历	出处
南宋绍兴	余德忱	上舍待补	光绪《婺源县志》卷7《选举四·荐辟》
元大德	余宜高	以明经授杭州路学正	
	余德润	宣州路教谕	
至大	余苏翁	举文学，授衢州教谕	
至正	余元启	举文学，明经书院山长，知州荐擢池州路判	
明洪武	余公顺	三十年举人材，敕往江西勘问胡党，又差蕲、黄督干，事后以母老乞归养，再辟不起	

从现存于美国哈佛大学燕京图书馆的"《婺源沱川余氏族谱》"①来看，余氏自宋代始迁至婺源沱川，宋元时代在文化上开始崭露头角，出现了一些在地方上颇有势力的人物。明初，余氏以财力担任粮长，应是当地较有影响的大户。与此同时，亦因仕宦开始走向全国②。明代弘治二年（1489年）以后，余氏族人考中举人、进士的不胜枚举，几乎每一世代皆有人科举及第，从而成为婺源著名的望族。《钦定三府世仆案卷》中提及的几位余氏族中"先达"，即吏部尚书余懋衡、工部尚书余懋学、礼科给事中余懋孳、四川布政使司余一龙和大理寺正卿余启元等。其中，余一龙为嘉靖四十四年（1565年）乙丑科进士；余懋学字行之，为隆庆二年（1568年）戊辰科进士；余启元为万历二年（1574年）甲戌科进士；余懋衡字持国，号少原，为余懋学从弟，万历二十年（1592年）壬辰科进士；余懋孳为万历三十二年（1604年）甲辰科进士。嘉靖四十二年（1563年）春，余氏始营祠宇，并大批购买土地。明万历年间，余懋衡等人主持坟茔禁碑的确立，余懋学亦著有《沱川余氏世纪》，这显然是对家族世系的重新梳理。及至天启年间，余懋衡又撰《余氏宗祠约》，对宗族制度作了详

---

① 今按：哈佛燕京图书馆所藏的余氏资料，著录为"《婺源沱川余氏族谱》"，其实，该书并非族谱，而是一册家族文书，故将书名打上引号。

② 参见王振忠：《明以前徽州余氏家族史管窥——哈佛燕京图书馆所藏〈婺源沱川余氏族谱〉及其史料价值》，载《徽学·第六卷》，安徽大学出版社，2010年版。

细的规定。民国《重修婺源县志》卷7《建置五·宫室》，记录有婺源县境内著名的民居，其中有关沱川的民居共有28栋，在沱川的余氏宗祠计有14所。直到现在，沱川理坑的达官宅第（如余懋衡的天官上卿府第、余维枢的司马第、官厅和九世同居楼等），仍是婺源县境内保护比较完整的民居建筑。[①]这些，都是婺源余氏昔日辉煌的一个见证。

而诉讼的另一方，即被指为世仆的葛、胡二姓，他们系婺源县小横坑人。小横坑距离大姓余氏所在的理坑约14里（见下图），以小坑（溪）水横贯村前而得名。该村系由兰溪县葛姓建村，至二十世纪八十年代中叶，已历二十代。当时有15户，计73人。相对于同时期理坑的240户、915人[②]，仍属当地的小姓。不过，从上述的《钦定三府世仆案卷》中，我们看到，葛姓虽系小姓，但仍有自己的祠堂。

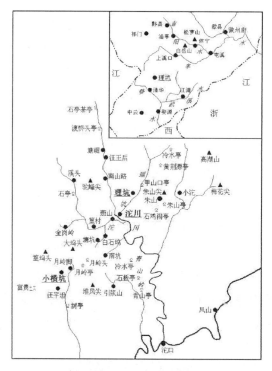

婺源县理坑、小横坑周遭形势

---

① 参见婺源县文联:《婺源风物录》,1986年版,第42页。

② 婺源县地名委员会办公室编印:《江西省婺源县地名志》,1985年版,第21—22页。

从现存的婺源县志中，我们无法找到葛姓的任何资料。不过，《钦定三府世仆案卷》最后收入余赞贤所撰的《螺蛳赋》，这是一篇讽刺性的短文，从中却颇可窥见葛姓的相关背景。关于螺蛳，休宁民间有"狗肉上不得台盘，螺蛳上不得果盘"的俗谚。①民国《重修婺源县志》这样描述："本作蠃，田蠃生水田岸侧，壳有旋文如髻，肉视月盈亏，亦曰螺蛳，可干之食。蜗蠃形似蜗牛，泥入壁中，数年尚活。"②婺源虹关善堂刊刻的《镜心甲子宝诰》中，有《劝人勿食螺蛳》条。显然，在徽州人的眼里，螺蛳是至贱至微之物。对此，许绪祖的《禁螺丝小引》曾指出："螺丝，水族之至微者也，而取之者动辄盈千累万，皆曰：是蠕蠕者，初何关于物命哉？吾且日噉焉而不足惜耳。呜呼！天地间蠢然而动者，莫非命也，苟以其至微而忽之，则凡天下之弱者皆可食，而小者皆可毙矣。"③显然，这是从善书的角度对世人的一种劝诫。此处的"螺丝"，亦即螺蛳，是自然界的弱者、小者，以之来比喻徽州社会中的小姓，显然是再为恰当不过的了。当然，这里的"螺蛳"，也有更为直接的含义。螺蛳亦作"螺司"，晚清何润生所撰《徽属茶务条陈》中曾指出："徽属种茶者名曰山户，……其茶卖于螺司，聚有成数，然后贾于行号。螺司者，山中贩户之俗称也。"④这虽然是晚清的资料，但"螺司"的称呼应由来已久。因葛、胡二姓基本上是从事茶业的小商小贩，故而余赞贤以《螺蛳赋》为题，对之加以讽刺。

《螺蛳赋》的作者余赞贤，显然是《钦定三府世仆案卷》中大姓余氏的一个成员，《螺蛳赋》开首即有"客有遂［逐］蝇头之利，逞蜗角之谋，

---

① 休宁县地方志编纂委员会编：《休宁县志》卷31第2章《谚语》第2节《俗谚》，安徽教育出版社，1990年版，第566页。

② 民国《重修婺源县志》卷11《食货五·物产》介之属，《中国地方志集成·江西府县志辑》第27册，江苏古籍出版社，1996年版，第230页。

③ 休宁《孚潭志》，《中国地方志集成·乡镇志专辑》第27册，江苏古籍出版社，1992年版，第305页。

④ 宜今室主人编：《皇朝经济文新编》，《商务新论》卷7，载《近代中国史料丛刊》3编第29辑第284册，文海出版社，1987年版，第191页。

负水鸡之名，不寻正业，摘飞虫之脚，甘向下流者"，所谓甘向下流，显然是指葛、胡二姓地位之卑下。而在文末，又有"尝见蛇想吞象，象想吞蛇，惟有贪心不足，乃有报应；试看鱼有鱼路，鳖有鳖路，当改业而莫蹉跎。休说螺蛳做得也，独不见老相变骆驼乎"。"鱼有鱼路，鳖有鳖路"，是当地的俗谚①，这可能是指葛、胡二姓报捐一事。因此，《螺蛳赋》一文，应是对葛、胡二姓生活状态的细致描摹，尽管余赞贤在铺张中，极尽丑化之能事，但还是约略可见二姓的经济状况：

　　……得财东而借其声势，作贩子而善彼营求。出门则撑肩窝而驮哨马，议价则咬耳朵而卖私牛。银用九三，越拣越丑；秤加二五，不稳不休。蛇蝎不如，放良心于脚板底；猪狗尽骂，挂招牌于额角头。概而称之曰螺蛳客，其泥里来，水里去，也有由来矣。夫鸟鸣四月，茶事初忙，合几夥计，扯大排场。争抢风头，走户家而擎饭袋；要赶日脚，写屋契而错赏囊。样子银不满三石驳五石驳，拉水账那怕十庄八庄。至手则皮皮眼生，打扛不得；投行则介介面熟，欠尾何妨？发海水而揽生意，真是"螺丝壳里做道场"也。更有听事虫村村赶到，密嘴蟹处处当先，探行情之忽起忽落，查广信之当然不然。手段甚高，夺老麻雀之食；眼睛不瞎，赚死老鼠之钱。平生不做乌鱼，遇便宜定要分张一半，有时会捉肥鹤，定主顾便云牵补。明年凿鳖锥骗人吃苦，装鼠寨随时剪边，所以大家相戒："拾螺蛳要隔三垭田"也。迫其送货交庄，大遭品驳，螃蟹钳则黄梗未抽，虾蟆点则焦叶已确。其末重也，谓是偷出上筛；何蒂多乎，疑他混入老朴。猪屎沃狗屎，货不对□；大虫吃小虫，冤同抱璞。此号里之批评，都讲"一斗螺蛳三斗壳"也。若是者未必发财，徒多讨气。虽效瞎眼猪之乱碰，总没功劳；即云三足猫之所长，已伤脾胃。这回总扯得直，狗脑之屎不停，今日也□起来，鳖子之银不费。上算盘而九折，剩也不多；数卵

---

① 休宁县地方志编纂委员会编：《休宁县志》卷31第2章《谚语》第2节《俗谚》，有"鱼有鱼路，虾有虾路，老蟹（螃蟹）无路打横爬"之谚。（第566页）

子而一双，几乎可畏。好似"清水煞螺蛳，没一点味"也。自古道：见兔放鹰，犹有差池之失；将虾钓鳖，须放算计之差。茶贡、茶监之捐，荣华有限；茶行、茶号之倒，落败云何。白狗自当□，真死得苦；乌龟莫笑鳖，也差不多……

这段描写颇为隐晦，文字也多有令人费解之处。其中提及的"凿鳖"①或"乌龟""鳖"等，都是骂人的话。特别是"鳖"字，历来就与世仆有关②。《螺蛳赋》以四个有关螺蛳的俗语，状摹二姓的经济状况。"螺丝壳里做道场"，螺丝壳，形容地方很小，道场，旧时僧道的拜忏、打醮，比喻客观条件不具备，事情难以办成，这里是诅咒二姓从事的茶业成不了大气候。"拾螺蛳要隔三坵田"，是指二姓通过探听行情等，与同行展开激烈的竞争，从而让同行退避三舍。其中的"广信"，应当是指广东一带的茶叶行情。因婺源与广东的茶叶贸易极为兴盛，故广州茶业行情之涨落，直接影响到婺源当地的经济和生活。"一斗螺蛳三斗壳"，是指二姓送的茶叶质次。而"清水煞螺蛳，没一点味"，则是说二姓从商的利润有限。前面提及，螺蛳亦作螺司，是山中茶叶贩户的俗称。而在歙县和婺源都曾发现的《屯溪茶市竹枝词》中有："有钱老板总辉煌，半是书香半客商，还有螺狮难脱壳，也抠水脚做洋庄。"③这份资料的年代虽然较晚，但显然亦反映了有清一代的基本情况。这说明，有些"螺蛳客"，也直接开办茶行、

---

① 婺源末代秀才詹鸣铎的《我之小史》中有一人物，绰号叫"宋凿鳖"，从小说来看，显然是骂人的话。"且说我的父亲生平有一大仇家，就是宋凿鳖，按凿鳖鉏著名恶物，东凿西凿，定凿得人家不太平。"见詹鸣铎著、王振忠整理：《我之小史》第7回《同扣考羞归故里，痛落第哭往杭州》，安徽教育出版社，2008年第1版，第140页。

② 詹鸣铎著、王振忠整理：《我之小史》第6回《王母大闹隆记行，詹家仝控逆仆案》载："跳梁就是褪壳，俗称褪壳为鳖。现在骂他是鳖，他气得狠。"

③ 胡武林：《〈茶庄竹枝词〉赏析》，载《徽州茶经》，当代中国出版社，2003年版，第172—176页。《茶庄竹枝词》为歙县芳坑江氏茶商文书之一种，胡氏认为：此文是"歙县儒商江耀华，以其经营茶叶的亲身经历，用徽州俚语写成……"。但笔者在婺源的一批文书中，也发现文字内容完全相同的《屯溪茶市竹枝词》，由此推测，该文在晚清茶商中颇为流行，江耀华可能只是抄录者，而非亲自创作者。

茶号，做起洋庄的生意。《螺蛳赋》最后是说，因捐考而导致茶行、茶号濒临倒闭。不过，从中可见，葛、胡二姓以茶叶经营为生，开有茶行、茶号。就其从事的职业来看，这两姓中的不少人已是徽商，但他们仍然在为自己的法律身份苦苦挣扎。

三、围绕着雍正开豁谕旨展开的大小姓纷争

在清代，婺源是大、小姓纠纷极为严重的地区，相关的文献亦相当不少。对此，清代的婺源方志指出："乡落皆聚族而居，多世族，世系数十代，尊卑长幼犹秩然，罔敢僭忒……主仆之分甚严，役以世，即其家殷厚有赀，终不得列于大姓。或有冒与试者，攻之务去。"① 从雍正年间一直到晚清时期，此类纠纷在不同的地区持续不断。如婺源文书抄本《告词》② 中，就收录有雍正年间的《豁世仆文》：

> 江南徽州府正堂加一级纪录九次沈为钦奉上谕事。雍正五年七月二十一日奉布政使司石宪牌，内开雍正五年七月初七日奉安抚部院□宪牌，内开雍正五年六月初五日准礼部咨祠祭司案呈。雍正五年四月廿七日抄出，奉上谕：朕以移风易俗为心，凡习俗相沿，不能振拔者，咸与自新之路，如山西之乐户，浙江之惰民，皆除其贱籍，使为良民，所以厉廉耻而广风华也。近闻江南省中，徽州府则有伴珰，宁国则有世仆，本地呼为细民，其籍业下贱，几与乐户、惰民相同。又

---

① 乾隆《婺源县志》卷4《疆域六·风俗》，《中国方志丛书》华中地方第677号，俞云耕等修，清乾隆二十年（1755年）尊经阁刊，二十二年改正定本，成文出版社，1985年版，第365页。光绪《婺源乡土志》第6章《婺源风俗》第74课《风俗举要》，董钟琪、汪廷璋原著，王鸿椿校正，婺源畅记公司出版，光绪三十四年（1908年）刊本，成文出版社，1985年版，《中国方志丛书》华中地方第681号，第59页。民国《重修婺源县志》卷4《疆域七·风俗》，也有基本雷同的文字，见第113页。

② 《告词》1册，诉讼案卷抄本，其中除了少量抄录其他地区的诉讼案件外，反映的主要内容都是徽州婺源。

其甚者，譬如两姓相等丁口、村庄，而此姓乃系彼姓伴珰、世仆，凡有婚丧之事，此姓即往执役，有如奴隶，稍有不合之处，皆得加以捶楚。迨究其仆役起自何时，则皆茫然无考，非实有上下之分，不过相沿恶习耳。朕得诸传闻者，若果有此等之人，应予开豁为良，俾得奋发向上，免致污贱终身，且及于后裔。着该抚查明，定议具奏，钦此。遵相应行文，该抚定议具奏可也，等因。到部院准此，拟合就行，仰司照牌，备咨事理，即便转饬各府县，将该属所有伴珰、世仆本地呼为细民，凡有婚丧即往执役，如有不合，即行捶楚之处，逐一细加查察。如有此等之人，应予开豁为良，定议详报，以凭核夺。此系特奉上谕，该司务要确查妥议，毋得游移率覆，致干未便，等因。到司奉此，合插双羽马递，转饬查议。为此仰府官吏照牌事理，即便转饬各属所有伴珰、世仆云云，应予开豁为良。限文到十日，定议详司，以凭檄夺，详院具奏。事干特奉上谕，该府务须确查妥议，毋得一例泛视游移，率覆迟延，致干严参。文到，先将此等伴珰、世仆，本地呼为细民，凡有婚丧之事令往执役之处起于何时，因何有此名色，此等之人现在作何事业，刻即一并确查，星飞驰报。如迟延，定提经承责革，等因。该县星差健役，县妥议画一，具文嵩差详府，立等转详藩宪，转院具奏。事干特奉上谕查议要件，该县务须躬亲速办，毋得泛视游移，率混迟延，致逾部限，定将该县迟延职名详揭。文到，一面将此等伴珰、世仆云云，作何事业，星飞确查，一并驰报，部限严迫，亟宜寓目，勿以寻常催檄视之，该县定干参究，仍差拿经胥重处详解，断不宽贷，慎速火速，须牌。

右仰婺源县准此。

雍正五年七月廿三日发 　　　廿七到。

上揭《豁世仆文》层层传达，反复强调其紧迫性。接着，《告词》一书又指出："雍正六年四月奉诏旨开豁世仆，无身契豢养者为良。"由此可见，雍正五年四月二十七日发出的《谕世仆文》，三个月后，即七月二十七日就到了婺源①。从目前所见的资料来看，大约在一年之后，引起了婺源当地的极大反响，此后，大、小姓或主仆纠纷便持续不断。《告词》一书中，有《龙尾程仆禀词》：

> 为顶礼皇仁，伏叩宪泽，恳恩批据，早拯溺民事。普天均属赤子，身等遭压沉沦，沧桑尚有变更之期，弱民岂无超拔之日？伏乞身等自耕自织，衣食原不依人，何堪乃子乃孙，奕裔长为执役？况身族祖居金竹，先世曾列簪缨，谱系昭然，宗支炳据。寒落龙尾江姓肘腋，势压欺凌，俨如奴隶，始为强弱异势，渐即良贱殊途。正欲翘首望天，切虑置身无地。恭逢圣天子道赞乾坤，明并日月，洞知伴珰、世仆名色，独有徽、宁居多，特沛恩纶，尽行开豁。又际宪天大老爷悉知婺俗，审慎逐详，草木昆虫，同沾雨露。但富户强邻，蛮近法远，皇恩既沛于半载之前，身等尚沉沦于九渊之下，受之固不心愿，拂之又惧祸胎。为此迫叩宪天老爷准赏恩批，恳赐执照，庶皇仁一沛，覆盆便得见天，宪渝弘施，苦海早登彼岸，功同再造，顶祝无疆！

这份文书没有明确提及具体年代，不过，文中有"皇恩既沛于半载之前"，则时间当在雍正五年的下半年。龙尾以江姓为大姓，早在《新安大族志全集》所列婺源大姓江氏的游坑条下，即有龙尾一派。而程姓，则是当地的小姓。所谓肘腋，是比喻切近的地方。程氏指出自己沦为世仆的过程，亦即先是因"强弱异势"，继而变成"良贱殊途"。如今朝廷的一纸谕旨，让他们看到了摆脱困境的希望。现在的形势，已让他们不甘心继续像先前那样备受奴役。不过，他们也清醒地意识到，违抗江姓的意愿，亦将引发极为严重的后果。为此，程氏请求官府赐予执照，保护他们免受奴

---

① 这种情况，在徽州一府六县大致相同。如在休宁，谕旨从发布到传达至基层组织，也共用了3个月左右。参见陈柯云：《雍正五年开豁世仆谕旨在徽州实施的个案分析》，载《'95国际徽学学术讨论会论文集》，安徽大学出版社，1997年版，第133页。

役。当时的官批作:"世仆、伴珰之名色,已蒙抚宪分晰具题,静候明示遵照,尔各安本业,切勿趁此寻事。"由于雍正五年的第一个条例中,对于附居佃田的小户问题并未涉及①,官府对于"世仆""伴珰"的界定也还在逐步摸索的过程中,故而希望程氏安守本分,静候官府的具体处置。尽管如此,程姓还是持续不断地奋起反抗,接着的一文提到:

> 投到……
>
> 为吁宣皇仁,恳饬宪禁,烛诬超豁,奕世镂恩事。窃□族繁人盛,不无凌替之时;源远流长,讵忘本支之自?况沐皇恩浩荡,卑贱悉拔沉沦;尤沾宪禁森严,寒微讵容欺压?缘身祖本篁墩,派由金竹,谱系原自昭然,宗支向来不紊。第上世丁单力薄,住龙尾以佣耕;因江姓势焰财雄,居虎肘而被屈。身等愚不识书,拙颇知字。昨仰金示,伏读部议,内开查小户附居大户之村,佃种大户之田,本系良民,名为世仆,自属相沿恶习,应严行禁止,毋许大户欺凌,违者炤冒认良人为奴治罪。今△等名列宫墙,世叨簪绂□□不读律,岂耳弗闻新例之严,逞势尤思逞习。讵目弗瞻宪条之□,乃犹肆诬耸听,混招配之名,更造谎欺天,捏载歃血之事。不思部覆明条,称有因贫帮工,配人家婢女者,所生子孙,不得谓之世仆。纵使招配果真,今亦应邀超豁之例,何况胆玩滥开,尽属风影之谈耶!至诳称歃血盟神,有何实据?宪批灼见肺肝矣,何苦为此海市蜃楼,大干宪令而不知耶!切思婺邑程姓,俱出唐工部尚书讳湘之后,传世十四派,城居绅者最多,身实支裔,并非混冒,为此粘图呈电,伏乞宪天老爷俯鉴宗支,或明唤讯,或传访察,洞悉身等久被阴霾,今幸仰瞻天日,推皇仁以超豁,饬宪禁以开恩,雪招配之诬,审歃血之妄,依律反坐,惩诬肃习,则不特子孙戴沾于万世,而祖宗亦佩恩于九泉,哃结上禀。

---

① 经君健:《清代社会的贱民等级》,浙江人民出版社,1993年版,第240页。

此份文书为程姓某人所作，其中所述，反映了程、江二姓的激烈互控。双方就程姓是否"因贫帮工，招配婢女"展开辩驳，这显然是因为——雍正五年曾对世仆有过一个定例，"汉人家生奴仆，印契所买奴仆，并雍正五年以前白契所买，及投靠养育年久，或婢女招配已生子者，男属世仆，永远服役，其女婚配，悉由家主"①。很明显，如果"招配婢女"属实，则程姓应为江姓世仆，即家奴及家生子，是典型的奴仆。此外，个中提及的"歃血盟神"，无论如何，都反映了程氏反抗江姓的力度。此后，《告词》中又有一《禀执照》：

> 为吁恩赏照，永戴不忘事。窃惟皇仁如天，雨露普沾，庶汇宪恩似海，汪洋广纳众流，凡叼覆帱之中，悉戴高厚之沾。身等祖系篁墩，派源金竹，谱牒可查，坟墓可识。缘一世因贫佣佃，侨居东乡龙尾，蹇落江姓肘腋，积被威压，代遭势凌。少壮稍有□力，群呼迫以佣工；子弟非乏聪明，禁锢不许识字。长共指为世仆，永□［不？］齿于齐民。甚且鞭挞交加，钤束最紧。男婚女嫁，非禀命不能自专；东作西成，虽竭劳任其虐取。百苦备尝而莫诉，千年负屈以难伸。兹际皇仁浩荡，宪泽高深，沐烛□□垂光，蒙犀审而超豁。第江族绅衿济济，势焰以财雄；户口林林，更丁强而力壮。身等出入必经其门，动遭凶手；烟灶悉附其约，恒触威严。前△△等躬被殴打，并受重伤，曾于△月△日招赴案下，蒙恩赐验。身等仰体宪天无讼沾化、好生深仁，俱已负回调治，不敢烦渎天心。第恐日后往来，身等自当惴惴奉法，不敢多事。而江姓族众弗体宪慈，递加横杀，势难立命，为此冒叩宪天老爷始终全恩，批赐金炤，永杜欺凌。身等男妇老幼晨夕焚祝，愿皇图巩固于万年，而官爵高升于一□，奕世感恩。上禀。

---

① 光绪《大清会典事例》卷158《户部七·户口》，见《清会典事例》，中华书局，1991年版，第1009页。

　　程姓再次呼吁官方批赐开豁执照，以便避免江姓的欺凌。文中提及，在龙尾一带，江姓无论是功名、财力还是人口规模，皆占绝对优势，而程姓的烟灶均附于江姓。因为此次互控，族中有人惨遭毒打受伤等。关于程姓此次反抗的结局如何，《告词》一书并没有进一步的史料记载。不过，此一案例反映了雍正谕旨下达后的半年至一年半之内，便有不少小姓奋起反抗大姓的压迫。

　　此后，类似的事例屡有所见。乾隆刻本《三田李氏重修宗谱》①中有《雍正己酉理田族仆跳梁苍林自纪》，包括《前讼纪》《后讼纪》《结讼纪》和《讼平畔仆序并诗》四个部分，记录了雍正七年（1729年）前后发生在婺源的佃仆反抗。《前讼纪》记载，雍正七年，"逆仆王瑞生等凭党唆煽，妄行跳梁"，"逆成等借端放赖，凶横异常"。后来经李苍林上控，而"群叛俱平"。不过案结三年之后，"逆志复炽，挈家远逃"，经过追捕及借助官府的权势，主家李氏有效地镇压了佃仆的反抗。从上述的记载可见，大、小姓之间的纠纷有着多次反复的过程。在婺源上溪源一带，佃仆原先负责为主家搭桥、看守山林和演戏等。此外，遇有各类兴作，则出钱出力，捐输木材，等等。雍正八年至九年（1730—1731年）间，因"开豁徽宁世仆恩例，各仆狂妄"，他们拒绝为主家搭桥，不再在迎神赛会时抬佛轿、接戏箱等，不再为祠堂鼓吹执役。而主家则通过加收田租、侵葬仆坟及凿去石壁（可能是密谋反抗的聚集地）、阻止外村佃仆串连"悍叛"等手段，逼迫佃仆再次就范②。类似于此的佃仆反抗，在当时的婺源乃至整个徽州均颇不罕见③。此类佃仆的反抗与斗争，在婺源各地始终存在，并

---

　　① 婺源《三田李氏重修宗谱》，国家图书馆分馆编《中国国家图书馆藏早期稀见家谱丛刊》第12种，据清乾隆间刻本影印，线装书局，2002年版。

　　② 参见王振忠：《徽州村落文书的形成——以抄本〈新安上溪源程氏乡局记〉二种为中心》，载《"历史档案的多国比较研究"成果年次报告书（平成16年度）》，日本，平成16—19年度科学研究费补助金基盘研究（A）（2）［课题番号：16202013］，大学共同利用机关法人人间文化研究机构、国文学研究资料馆档案学研究系，研究代表者：渡边浩一，2005年3月。中文本摘要发表于《社会科学》2008年第3期。

　　③ 参见王振忠：《历史地名变迁的社会地理背景——以明清以来的皖南低山丘陵为中心》，载《史迹·文献·历史：中外文化与历史记忆》，广西师范大学出版社，2008年版。

一直延续到晚清时期。

《钦定三府世仆案卷》记载的大、小姓互控案件，其年代为嘉庆八年至十年间。正是因为类似于理坑与小横坑这样的大、小姓互控案层出不穷，故而清朝皇帝于嘉庆十四年（1809年）发布上谕：

> 安徽省徽州、宁国、池州三府，向有世仆名目，查其典身、卖身文契，率称遗失无存，其服役出户年分，无从指实，遇有捐监、应考等事，则以分别良、贱为辞，叠行讦控。而被控之家，户族蕃衍，不肯悉甘污贱，案牍繁滋，互相仇恨。所有该处世仆名分，统以现在是否服役为断。若远年文契无可考据，并非现在服役豢养者，虽曾葬田主之山、佃田主之田，著一体开豁为良，以清流品。①

这份上谕，以当时"是否服役为断"，不再纠缠于小姓的祖先是否"葬田主之山""佃田主之田"，这显然是对此前条例的重大修正。

葛、胡二姓与余姓的纠纷，以大、小姓冲突的形式出现。关于大、小姓，新编《婺源县志》指出："本县村落多聚族而居，有些较大的村庄有'大姓'、'小姓'之分。称为'大姓'的，祖先多系当官的贵族，其家奴后裔即成了'小姓'。在封建制度下，'大姓'统治'小姓'，规定'小姓'男人不得读书求仕，女子不得缠足，不能与'大姓'人家通婚，只能嫁给外村'小姓'人；凡'大姓'人家婚姻喜庆和殡葬，均由'小姓'人抬轿、抬棺、鼓吹等，谓之'下等事'。"②这种说法并不完全准确，其实，小姓的来源以及大、小姓之间的关系往往相当复杂。大、小姓之分在于人丁的多寡，势力的旺衰，以及相关形势的此消彼长。小姓与大姓的对抗，以群体的形式出现，使得何为"世仆"的界定显得极为复杂。小姓甚至有

---

① 光绪《大清会典事例》卷158《户部七·户口》，见《清会典事例》，中华书局，1991年版，第1009页。

② 婺源县志编纂委员会编：《婺源县志》第22篇第71章第2节《习俗》，档案出版社，1993年版，第535页。

自己的祠堂、社屋，他们与大姓有的并未订有契约，他们为大姓服役，常常只是经济上的依存关系以及习惯使然。明代以来，随着商品经济的发展，不少小姓成员外出务工经商，对于大姓的依赖日益减弱。在此背景下，如何界定大、小姓之间的关系，能否将一些小姓视作大姓的"世仆"，往往不能一概而论，这取决于他们相互之间的具体关系，以及一地一时的相关形势。

从《钦定三府世仆案卷》来看，这桩主仆名分诉讼案虽以葛、胡二姓的失败而告终，但此一案例反映了大、小姓纷争的激烈。这些纷争，都围绕着雍正时代开豁贱民的诏旨而展开。关于开豁贱民，前文提及，清朝政府曾先后提出几个条例，目的是区分世仆与佃仆，并将佃仆开豁为良。这几个条例，前后历时百余年，反映了官府有司为区分良贱而逐渐探讨的一个过程。在此过程中，良贱之间的区别其实颇为模糊，端赖于官方和民间各色人等的不同理解及相关的形势。在这种背景下，地域社会中的人们利用这种模糊的区别，纷纷出而追求己方利益的最大化。一方面，一些见多识广的徽州世仆和佃仆奋起反抗，借此机会拼死一搏，这就是一些大户眼中的"脱壳"或"跳梁"；而另一方面，大姓出于维护既得利益，产生了严重的焦虑和危机感，他们急不可耐地界定那些实际上没有明确主仆关系的族姓身份，这也就是一些小姓指责的"诬良为贱"，从而激化了徽州族姓、主仆之间的纷争，引发了诸多诉讼案件①。雍正年间歙县章祁（瞻淇）的纷争如此，此处婺源理坑一带的情形亦复如是。

揆情度理，在特定的地域范围内，大、小姓之分，并不一定存在定居先后的差别②。但大姓通常总是占据着交通要道，控制着当地最为重要的生产和生活资源。小姓则因其经济实力微弱，以及迫于形势，对大姓产生某种依附，为他们服役。不过，明代中叶以还，随着经商风气在徽州的逐

---

① 参见王振忠：《历史地名变迁的社会地理背景——以明清以来的皖南低山丘陵为中心》，载《史迹·文献·历史：中外文化与历史记忆》，广西师范大学出版社，2008年版。

② 被汪姓指为世仆的小姓章氏，即最先定居于歙南章祁，汪姓反客为主，通过地名的雅化（章祁→瞻淇），企图抹去原住民章氏的痕迹，进而陷章氏于世仆之境。

渐蔓延，不少原先的小姓，逐渐积累起相当丰厚的财富。根据叶显恩的研究，清代以来，特别是清代中叶之后，主家对佃仆的控制趋向松弛。佃仆可以退佃，有的还可以外出打工。休宁茗洲《葆和堂需役给工食定例（功善抄存）》中的"搭桥撑船"条曰："尔等有在外生意者，各出酒资三分。"①显然，已有不少佃仆得以外出经商。从《螺蛳赋》来看，小横坑一带的葛、胡二姓亦颇有赀财。类似的情形，在徽州还有其他的例子。歙县文书抄本《得心应手》中有一些主仆纠纷的案卷，如《奴仆欺主》：

> 禀为弑主挈逃，大逆号诛事。理莫大于尊卑，分莫严于主仆。逆奴积庆等，祖遗世仆，供役有凭，尾大跳梁不法，家寒奴欺，前究有案。今正月廿三日，藉势鸥张，擒身禁逼，箍议挟赎，嗔身不从，势挈子女，席卷背逃。身觉追踪，带归子女，逆伏党威，咆哮弑主，幸△救证。似此履冠倒置，变乱纲常，风化攸关，号天急剿，究弑主（引者按：此处似缺一字），以振纲常，诛大逆以维风化，永定尊卑，伦法两赖，上禀。

接着的一份《告逆仆》：

> 纲常倒置，罪不可活事。世仆等生居主地，死葬主山，历祖迄今，供役永唤。岂逆仆陡发多金，妄思脱壳，欺主衰弱，挟还父书，结党逞威，着婢做命，横行三五家，惊传数村乡，△△等证。切思贫亦主，富亦仆，一定纲常；仆分卑，主分尊，岂容倒置？况天大逆灭主，匪同势败奴欺；聚声成雷，尤在虎视狼顾。将来为祸不少，现在近火先焦。哀恳仁宪签差，刻下速拿，急救汤火，不独小民安枕，抑且大纲攸关。

---

① 叶显恩：《明清徽州农村社会与佃仆制》,安徽人民出版社,1983年版,第334页。

另外，还有一份《逆仆公呈》：

　　叛主已属骇闻，告主实难缄口，纲常倒置，公叩维风事。齐民素严主仆，盛朝首重尊卑，最大纲常，难容倒置。族内有仆△△等，向来服役，从无异言。现今粮税纳于主户，门牌附于主家，远近周知，保甲册据。讵仆△等父子习棍，肆行无忌，凤日日间亲主之懦弱，今敢抗役以逞凶，△当即鸣公。逆仆反潜诳，牵主多名，不遗老幼。伏读大清律例，凡奴婢骂家长者绞，况敢行凶？凡奴婢殴家长者斩，况复诬告？叛主之肤痛惨，薮法之效尤诚滋，若不急请两观，必致群薮三尺。为此公呈宪台，火迅雷威，肃彰法纪，正主仆以定尊卑，培纲纪以厚风俗，则挽推在于一主，扶纲全赖二天，为此具呈，须至呈者。

　　这里指出的“奴仆欺主”，显然是因为随着“逆仆”参与商品经营的增多，他们积聚了为数可观的财富，甚至超过主家，经济实力的雄厚，使得他们日益不满于自身低微的身份。于是，借着雍正开豁贱民谕旨的颁布，他们纷起反抗。从前述主家口中的“横行三五家，惊传数村乡”，以及“聚声成雷”等描述来看，此时世仆的抗争，虽然没有明末清初“奴变”的规模，但也表现出极强的暴力色彩。

　　上揭《逆仆公呈》中提到：“粮税纳于主户，门牌附于主家，远近周知，保甲册据”，涉及徽州基层社会的组织结构。小姓在里甲、乡约编制方面通常是依附于大姓，乾隆《婺源县志》卷3《疆域志·坊都》载，十六都原有三图，康熙二十九年（1690年）以后增至四图，其下所辖之村有：理源、郭村、燕山、篁村、东坑五村（俱离城九十五里），黄村、江村、双桂、莒源、源口（俱离城九十里），水路（离城八十五里），车田，岭下（俱离城八十里），沙田，椿源，塘汇，金溪，梧村段。其中，并未见有“小横坑”的地名。关于前述的都图村落，民国《重修婺源县志》对十六都所辖村落的记载，与上揭者大同小异，唯最先记录的五村作：“沱川（有理源、郭村、燕山、篁村、东坑等五村）”，可见，沱川当系片村名。另据《江西省婺源县地名志》记载：小横坑"以小坑（溪）水横贯村前取名。在鄣村西南5.5公里的山坞内。"由此推测，沱川为片村，小横坑则是附属于该片村之下的鄣村。另外，对于十六都以下的图甲编制，《婺邑户口都图》抄本[①]记载如下表。

图、甲	1图	2图	3图	4图
1甲	余世茂	张 文	洪起元	吴文起
2甲	余有功	余士彬	吴守祥	汪肇滕
3甲	余一同	余均承	黄大昌	江吴程
4甲	余永成	余两盛	吴盛汪	洪 兴
5甲	胡惟中	余世德	洪 吴	吴友胡
6甲	余均一	余永昌	洪三凤	洪金成
7甲	余容甫	余庆大	余茂宗	吴盛贵
8甲	余嘉兴	俞昶盛	洪口德	汪宗远
9甲	余方生	俞正昌	黄文交	吴文高
10甲	朱继周	俞仁芳	汪 王	吴胡昌

从上表可见，十六都共4图，计40甲，其中有15甲为余姓独编，占三分之一强。其他可见的姓氏，为胡、张、俞、洪、吴、黄、汪、江和洪等。个中，胡姓既有单独编甲者（如1图5甲的"胡惟中"），又有与他姓合编者（如4图5甲的"吴友胡"，4图10甲的"吴胡昌"），但唯独没有葛氏。可见，葛氏在图甲体制中并未占有一席之地。

再从宗族分布的情况来看，婺源十六都计有沱川余氏宗祠、友松祠、效陈祠、孝子祠、名贤祠、耆贤祠、古公祠、真儒祠、孝思祠、松阳祠、启正祠、学古祠、大中祠、沱川余氏宗祠、东坑朱氏彝叙祠、水路吴氏至德祠、吴氏敦睦祠、双柱胡氏笃义祠、岭下王氏宗祠、椿源江氏余庆祠、汇川吴氏让德祠、车田洪氏宗祠和吴氏宗祠。其中，余氏计有2个宗祠和12个支祠。此外，其他的各姓（如朱氏、吴氏、胡氏、汪氏、江氏和洪氏

---

① 书中提及的年代有顺治和康熙，最晚的一处提及康熙十五年（1676年）。但从十六都四图的建置来看，该书反映的时代应在清康熙二十九年（1690年）以后。

等），也都各有祠堂。在《钦定三府世仆案卷》中，虽然也提到葛姓的祠堂，但在婺源的县志中，并未见有该祠堂的任何记载。

另外，婺源县十都原有三图，万历二十年（1592年）增至四图，康熙二十九年（1690年）增至五图，其下的村落有：上、下溪头（离城百一十里），龙尾、外庄（俱离城一百里），晓起（离城八十里），芦头（离城八十五里），上泓源、萃源、泓坑（俱离城九十里），湖边、湖村、井坞、新屋、大碣（俱离城七十五里），东岸、西岸、北山源（俱离城一百里），城口（离城百一十里），桃源（离城百二十里），方思山、洪源、桐源、清源（俱离城百三十里），东溪、斗垣、枣木土太、龙池土太、朝阳土太（俱离城百四十里）。另据《婺邑户口都图》抄本，十都以下的图甲编制如下表。

图、甲	1图	2图	3图	4图	5图
1甲	叶汪兴	程茂新	程煌春	胡芳生	汪先裕
2甲	叶宗美	程永兴	程汝同	洪 朝	汪陈昇
3甲	汪应全	程公五	程汝振	洪遇春	陈汪鼎
4甲	叶众云	程显一	程文曜	孙国用	周江戴
5甲	江汪华	程永思	程 廷	孙义兴	姚万昌
6甲	江建勋	程永芳	程志昌	曹启先	汪有承
7甲	叶中宪	程文兴	程尔炽	江永昌	吴汪鲍
8甲	叶江仍	程如珪	程时泰	洪叶鼎	吴江胡
9甲	叶鸾俊	程日兴	程万兴	吴汪詹	程 浩
10甲	叶汪时	程万二	程鸣阳	胡 先	吴毕兴

该书另载十都万安乡，其下仅列有溪头、龙尾和外庄三处。溪头系程姓聚居[1]，龙尾则为江姓聚居[2]。上揭的图甲编制中，5图50甲之内，程姓计占有21甲，特别是2图和3图，全都是程姓，这显然是上、下溪头程姓所立。江姓单独编立者，仅有2甲（即1图6甲的"江建勋"、4图7甲的

① 参见王振忠：《徽州村落文书的形成——以抄本〈新安上溪源程氏乡局记〉二种为中心》，载《"历史档案的多国比较研究"成果年次报告书（平成16年度）》。

② 参见王振忠：《清代前期徽州民间的日常生活——以婺源民间日用类书〈目录十六条〉为例》，载《明清以来长江流域社会发展史论》，武汉大学出版社，2006年版。

"江永昌"），另有与他姓合编的甲。与葛氏相似，龙尾程氏在图甲体制中亦无一席之地。

乾隆《婺源县志》卷5《宫室·建置五》记载的祠堂，十都以下有上溪头程氏宗祠、下溪头程氏宗祠、龙尾萧江宗祠、萃源陈氏宗祠、外庄叶氏宗祠、贞烈祠（叶氏）、湖溪孙氏宗祠和晓川汪氏世叙祠。由此可见，虽然在十都之内，分布有大族——上、下溪源的程姓，但龙尾程姓显然与之并无关系，他们只能含混地说："祖本篁墩，派由金竹，谱系原自昭然，宗支向来不紊"，却无法提出更为清晰的世系传承。

由于"粮税纳于主户，门牌附于主家"，小姓生于大姓的屋檐之下，自然不得不仰人鼻息。不过，也有一些小姓虽然单独立有粮户，但仍被压为世仆。2002年1月，笔者在屯溪某古玩店中曾抄录到一份文书：

> 二十八都六图歙南潘村，今将豪恶潘□…思玉等势恃巨族，强压良民为贱，身等号（？）……府主正堂加三级纪录九次青天大老爷台下犀审惩恶，全参利录，电览。
>
> 审得李细六、胡初寿、胡社开等，皆应遵例开豁之细民也，向被潘姓压为世仆。本年正月初一日，祠首潘思禄、潘思玉率同子侄潘秋香、潘秋梅等多人，到细六家勒令服役，适细六不在，遂殴打胡初寿，次日复寻殴细六，以致胡、李拒殴，而胡社开等亦伤及潘承基，俱抬验，有伤在案。庭讯之下，李、胡两家各有自置基业，立有粮户，即与潘姓交易契券，亦无主仆名目。至于佃地分租，赁基纳税，乃贫民食力安分，并非空受豢养，止有业、佃之别，何得势压为仆，鞭挞服役？本应以违例按究，姑念奉文伊始，杖潘秋香、秋梅，以为违例者戒。潘思禄年老，李细六带伤从宽，遂（？）释，胡社开、胡社庄（？）等党护，打伤潘承基，亦予一杖不枉，悉遵例予以（？）开豁为良，立案。
>
> 雍正七年二月　日参。

所谓奉文伊始，是指当时距离雍正五年开豁世仆谕旨的执行，还为时未久。另外一份文书，是"二十八都六图具禀人李细六"的禀文：

> 禀为违旨压良，抄家杀掳民命，号辜拟追剪岁事。泣身异民，祖居扬州乌衣巷，阀阅名家，自祖寄寓天治歙南潘村地方潘姓千丁（？）大族腋下，已经五代，人单孤弱，守分躬耕，身住栖巢承祖自造之屋，祖葬身家自置坟山，归户印契，册税可查，受业输粮，印附可验。身因异寄孤民，寒落势族胯下，凡事忍受欺凌，力莫与竞。讵有势豪潘秋香，与身向有角口，遂订成仇，无题报泄。霹于本月初一，哨统族凶潘秋梅、潘昆贵等数十余人，各执铁梭枪棍，拥杀身家，无凭无据，忽指身系伊姓族仆。胆敢违旨，强压纯良，倚靠人众，势挟服役。不从，势仗武劣潘应元虎坐身室，喝令无论男妇，概遭械杀，破脑命门，俱受重伤，举家垂危呼吸，尽将室内衣器、过岁食物去刂抢一空，恶尤盗叛。保甲十家，俱系潘姓一族，袖手傍观，见不救护。仅有邻人胡初寿、胡社华等拼救，并被殴伤，可审。获遗铁梭凶具，现据。四路械扎，无许扛伤探验。身迫无奈，黑夜逾山，偷命奔城哭控。宪驾公出征粮，无门泣愬冤迫。初三以违旨压良等事，匍匐府墀，号门哀告，恩蒙府宪唤入面讯，验实男妇械伤，赏准开印提宪。豪见府准，号急掉伯潘思玉等装捏假伤，于初四日蔽诳军宪，份批拘讯。压良为贱，不共大冤，幸宪驾旋，急号作主，押辜保命，依旨拟追，殁存再造，切冤泣禀。

> 特授本县正堂加一级老爷施行。

> 被犯：潘思玉、潘思禄、潘应元、潘秋香、潘秋梅、潘昆贵、潘岩寿、潘伯儿、潘观超、潘弘基、潘瞎贵、潘佛松等。

> 干证：胡初寿、胡社华。铁梭。

> 雍正己酉年正月　日具　禀人李细六。

李细六的禀文自称："祖居扬州乌衣巷，阀阅名家"，据此可见其人或代书者应略通诗书,只是有名的"乌衣巷"是在南京而不在扬州。而从"李细六"的名字来看,他显然属于无知识阶层,与他站在同一立场上的干证胡初寿、胡社华等人①,从名字上看,亦属于徽州的下层民众无疑。这批文书中另有雍正七年正月歙县二十八都六图胡社开、胡社孙、胡社回的诉状,从中可见,胡姓来自绩溪,自称是"诗书之家",迁往歙县务农。此外,尚有雍正八年(1730年)四月二十八都六图何文茂状告潘氏的诉状。据上揭文书,李、胡两家各有自置产业,在这批文书中,亦见有雍正五年七月《付业户》,其中写道:"二十八都二图公正潘兴祝……计税地税肆分,土名村末低土垂,……见业二十八都六图六甲胡社干,金业凭票,黄册上税。雍正五年七月 日公正潘光启发金票,经手希宪、楚王、志高。"显然,李姓等人皆立有粮户,并非潘氏的世仆。不过,保甲仍与潘姓氏族编列在一起,这使得他们极难摆脱潘姓的控制。在徽州,保甲的设置,往往是由大姓各自设立一保,其仆人或细民小姓则归辖大姓保甲之下。由于以上诸方面的原因,在许多情况下,大、小姓的关系一旦形成,往往根深蒂固,难以改变,诚如龙尾程氏所言"富户强邻,蛮近法远"。在此情势下,小姓往往难于摆脱大姓的控制。

四、结语

围绕着雍正开豁谕旨而展开的大、小姓纷争,应当置于较长时段的区域社会变迁之背景中加以探讨。明代中后期,徽州的各个宗族加强了内部的同族统合。《新安大族志》《新安名族志》等谱牒文献的出现,是对既有强宗巨族状况的客观反映,与此同时,它们又在徽州划定了一个"名族"或"大族"的标准,从而奠定了徽州一府六县境内宗族分布的基本格局。此种基本格局,犹如一个绘制清晰的坐标,凡是在该坐标上有清晰定位的

---

① 从经眼的大批契约文书来看,以"社""灶"命名的人物,多是徽州的下层民众。

族姓或人群，就是地方上的大姓，否则，便成了孤立无援的小姓①。大族志、名族志中罗列出的标准及族姓之地域分布，实际上也是区分大、小姓的一个指标。凡是能与其中提及的谱系相对接者，通常情况下就不会被他人视作小姓。因此，我们看到，在徽州，许多族姓频繁地联宗、会谱，以确定自身的身份认同，这也是保证自己不致沦为小姓的一种努力。即使迁往僻野荒陬，一些族姓还是与迁出地的宗族保持着密切的联系②。因为，从谱系关系来说，大姓一定是来历清晰的，以强宗巨族为其背景，而小姓则往往无法追溯其先世的谱系③，他们在小区域的生存竞争中孤立无援，无法获得周遭宗族的认可。譬如，在《新安名族志》中，葛姓亦有绩溪双古井一支，但小横坑的葛姓迁自浙江兰溪，与绩溪名族葛姓并无关系。他们在与大姓的纷争中，由于得不到同族（或至少是虚拟的同族）其他支派的支持，故而只能联合其他小姓予以抗争，由于势力悬殊，总是位居下风。因此，大、小姓之分，不在于某一族姓的祖先是否"贵族"，而在于该人群是否置身于庞大的宗族关系网络中，得到其他各支派的支持和庇护。关于这一点，我们只要看看那些凡是涉及不同族姓之间的诉讼，往往

---

① 当然，宗族社会的形成是一个长期、动态的过程，大族志、名族志奠定了徽州宗族社会的基本格局，但在一些偏远地区，各个族姓的地位并无明显的高下之分，相互之间的关系亦仍然极不稳定。各个族姓能否成为各该地域中的名族或大族，除了凭借自身的实力之外，很大程度上亦取决于他们能否成功地与明代中后期业已存在的名族或大族相整合。参见王振忠：《从〈应星日记〉看晚明清初的徽州乡土社会》，载《社会科学》2006年第12期。

② 譬如，徽州素有"天下汪，四角方，南吴北许，东叶西汪"的说法，"天下汪"是指汪姓在徽州首屈一指，"四角方"则指方姓无处不在，即使是偏陬僻隅，亦有他们的分布。歙县何川的方姓，该处极为偏僻，村落体量极小，土地硗瘠，当地并无财力和空间建造祠堂，但他们却与迁出地——歙县苏村的方姓，保持着密切的联系。附近六亩山的鲍氏，情况亦相类似，虽然山路异常崎岖难行，但他们与棠樾鲍氏保持着密切的联系，每年都定期前往扫墓、祭拜祖先。这些族姓虽然僻处一隅，人数有限，呈点状散居，但他们均以强宗巨族为倚靠，绝不会被别族视作小姓。关于何川等地的情况，据笔者手头的一批文书及与劳格文教授2009年9月13日的共同调查。

③ 程姓在徽州本应是大姓，但前述龙尾的程姓，显然无法找出清晰的世系，因此，他们在与大姓江姓的纷争中，显得孤立无援。

会牵扯到各个宗族的诸多支派，就可以清楚地了解到。

雍正五年开豁世仆谕旨的颁布，对于徽州宗族社会产生了剧烈的冲击。此后，渐具实力的一些小姓，纷纷通过各种手段寻求奥援，以期尽快摆脱大姓的控制。晚清婺源秀才詹鸣铎在《我之小史》第6回《王母大闹隆记行，詹家全控逆仆案》曾载：庐坑詹家是当地的大族，原先有九姓世仆，为詹氏抬轿子、吹喇叭。后因故挣脱了詹氏的控制，不再为后者服役。再到后来，"渐次立约，益发不遵约束，而我族内犹羁縻之勿绝，未许抗颜争长。前两年西乡甲道修谱，逆仆以数百金前往，贿通张某，做鱼目混珠之事。某邑廪生为甲道的斯文领袖，贪而无耻，竟受他的贿，而以伪谱应之。那年张氏宗谱迎接入村，如张开辈都穿外套，戴纬帽。有张社且戴亮晶晶的金顶子，道他有个鳌九品云"①。

揆诸史实，詹鸣铎所在的庐坑下村是庐坑片村中大姓詹氏聚居的主要村落之一，而附近的张村、西山下等地，历史时期原本是小姓张氏、余氏等居住的地方。这些小姓可能由来已久，早在北宋方腊造反时，庐坑詹光国就对同族詹芝瑞和詹彦达说："吾族中子弟可用者不下三十人，佃客仆隶可用者不下百二十人。二兄为佃仆之倡，我率子弟从之。"②从乾隆年间编纂的《新安庐源詹氏合修宗谱》卷末《庐源宅图》来看，当时即有西山下张姓伙佃、余姓伙佃、汪姓伙佃、戴姓伙佃、上李伙佃、下李伙佃、上余伙佃和单姓伙佃，除去重复的姓氏，共有张、余、汪、戴、李和单计6姓，他们负责抬轿子、吹喇叭、做傩戏。道光年间，他们以何种方式摆脱大姓詹氏的掣肘，《我之小史》中仍然语焉不详。不过，上述引文中的"渐次立约"，是指张姓单独设立乡约，这显然是摆脱大姓控制的第一步。婺源庐坑詹氏眼中的"九姓世仆"中之张姓，之所以能最终摆脱世仆的地位，关键在于他们与婺源西乡的甲道张氏通了谱。甲道张氏是婺源的大族，从《新安名族志》来看，张氏各支派分布于徽州歙县的汉口、岩镇、

---

① 按：2008年出版的由笔者整理校注的《我之小史》，曾应作者后裔之请求两度删节（具体说明详见该书"后记"，第369—370页），此处引文则恢复原貌。

② 《新安庐源詹氏合修宗谱》卷首《詹氏忠勇世家记》，第29页下。

黄备、佳口、绍村、张家村、定潭、良干、漳潭，休宁的岭南、张村、渔滩、古楼巷、石磴张村、杭溪，婺源的甲路、游汀、临溪、绯塘、邑中，祁门的塘头、宣化坊、东南隅、石坑、长培，以及绩溪的北门等。其中，婺源甲路的张氏源远流长，据说在唐代乾符年间因避黄巢造反迁居黄墩，黄巢失败后始迁甲路。上揭婺源的游汀、祁门的石坑、绩溪的北门、歙县的良干等支派，均迁自甲路。庐坑张氏是否真的通过贿赂的方法不得而知，但他们的确与甲路张氏通了谱，从而与徽州其他的张氏宗族成功对接。有此强宗巨族作为后盾，庐坑的张姓便不再是小姓。

　　小姓摆脱大姓掣肘既多成功的例子，亦不乏失败的案例。譬如，在婺源虹关，当地流传着小姓江氏攀附大姓的故事。这个故事说的是虹关小姓江氏，为了攀附大姓，四处寻找同姓大族，以期通谱联宗，后来辗转找到江人镜（婺源晓起人，道光年间中顺天乡试，光绪时曾任两淮盐运使）。江人镜便到虹关，找到当地大姓的詹氏祠堂。詹氏早已得知江人镜来意，遂热情接待他，并派一位女仆为之倒茶。当江人镜问起当地江姓的情况时，詹姓回答说：刚才倒水的女仆便是江姓。江人镜闻言，就不再往下问了，回到当地，即在祠堂前竖立一块石碑，大意是告诫后代永远不要与虹关世仆江氏交往。詹氏以巧妙的方式，暗示了虹关江氏的地位，而虹关江氏摆脱大姓掣肘的图谋也因此而落空[①]。《告词》中龙尾程氏亦自称："婺邑程姓，俱出唐工部尚书讳湘之后，传世十四派，城居绅耆最多，身实支裔，并非混冒，为此粘图呈电，伏乞宪天老爷俯鉴宗支，或明唤讯，或传访察。"显然，他们也是为了摆脱小姓的身份，开始到处联宗。不过，他们"粘图呈电"的证据是否充分，大概将取决于"城居绅耆"能否同意接纳他们为同宗。而雍乾年间歙县章祁（瞻淇）的小姓章氏，在与同村大姓汪氏的诉讼时，也四处寻找同宗，以构筑足以与强宗巨族抗衡的宗族网络。

　　这些例子都说明，徽州自明代中后期形成宗族社会以后，任何人群都

---

　　① 此据婺源虹关詹庆德老先生讲述。

必须置于宗族所形成的社会网络中，唯有如此，才会有清晰、完整的宗族脉络，一旦遭遇外部的挑战，才能获得必要的援手。否则，在地域社会弱肉强食的生存竞争中，势单力孤，就很容易沦为小姓。换言之，徽州人重视修谱，绝非仅仅在于一般意义上的身份认同，或者像一些学者所说的重在构筑商业网络，更重要的还是基于现实生存的迫切需要。

原载《江南社会历史评论》第 3 期，商务印书馆，2011 年版，有改动

明清以来徽州的保安善会与"五隅"组织

一、明清以来徽州的保安善会

保安善会是流行于皖南的一种傩俗，简称"善会"，是徽州民间迎神赛会中较为重要的一种。

关于保安善会，明代嘉靖《徽州府志》卷2《风俗志》就曾记载："闰月之岁，绩有善会禳疫。"此篇《风俗志》虽然记述的是徽州一府六县的民俗风情，但谈及"善会"，则专以绩溪为例，这说明在16世纪，绩溪的善会极为典型。关于绩溪的善会，明末清初绩溪旺川一带的《应星日记》就记载：

> 天启三年，……是年六月，三王庙做善会，兴福僧俱去做道场。
> （崇祯十七年）六月，祠内接观音，做保安善会，共壹千六百柒拾弐丁，每丁出银壹分。
> （弘光元年）六月，三王庙善会……

明末崇祯十七年（1644年）旺川曹氏宗祠所做的保安善会，参与的人数多达1672丁，规模颇为庞大。同书还记载，弘光元年（1645年）六月廿二日三王庙合都做保安善会，二十二日至二十四日净街，二十五日登舟，后因故诸姓发生大械斗①。以上三条可见，"善会"或"保安善会"的时间均在当年的六月。

及至清代，乾隆《绩溪县志》卷1《方舆志·风俗》记载："闰年民间卜日致斋，建善会，造龙舟，分方隅祀五帝，以禳疬疫。"②嘉庆《绩溪县志》卷1亦云："闰年于六月中，阖城卜日致斋，造瘟丹，分方隅祀五方神，并祀张睢阳殉难诸神，名曰善会。十一日，为张睢阳诞辰，坊市分五土之色，制花灯，□遍三夜，日出瘟车，以驱疫疠。"③此处亦明确指出，绩溪的保安善会，是在闰年的六月份举行。清代乾隆以后的《绩溪县城市坊村经理风俗》第34课亦曰："闰年于六月中，阖城卜日致斋，造龙舟，分方隅祀五方帝，并祀张睢阳殉难诸神，名曰善会。"④宣统元年（1909年）绩溪当地在对岁时风俗的记录中写道："闰年六月中，各乡村卜日致斋，造瘟舟，分方隅祀五方神，并祀张睢阳殉难诸神，名曰善会。城中现已革除。"⑤因龙舟的制造是为了押送瘟神出海，故民间亦有"瘟舟"之称，善会也就有了"瘟舟善会"的说法。前引清末的记录，接着在对神道的调查中又指出："按其所崇者，是睢阳殉难诸义士，而附会为瘟神，其舟用竹木为架，以雷万春为大王，以南霁云为小王，站立艒首舟尾，大王蓝脸，小王红脸，较别像为大，腔〔船〕内盛以石块，重近百斤，少年有力者争抢此神，满街跳舞，各村各社，多有此会，几如镇江之天都〔都

---

① 《应星日记》为绩溪旺川发现的民间抄本，关于该书，可参见王振忠：《从〈应星日记〉看晚明清初的徽州乡土社会》，载《社会科学》2006年第12期。

② 清陈锡等修，赵继序等纂，清乾隆二十年（1755年）刊本，《中国方志丛书》华中地方第723号，成文出版社，1985年版，第82页。

③ 嘉庆《绩溪县志》卷1《舆地志·风俗》，清清恺等修，席存泰等纂，清嘉庆十五年（1810年）刊本，《中国方志丛书》华中地方第724号，台北，成文出版社，1985年版，第38页。

④ 清抄本，藏绩溪县图书馆。共40课，后半从第25课至第40课为风俗，历述绩溪岁时节俗。绩溪县村都提及乾隆志，故此书当为乾隆以后之抄本。

⑤ 刘汝骥：《陶甓公牍》卷12《法制科·绩溪风俗之习惯》，见《官箴书集成》第10册，黄山书社，1997年版，第619页。

天]。"①与此差相同时，绩溪人胡适，亦曾于清末写过十数回的章回小说《真如岛》，其中的第6回提及徽州府绩溪县下泉村的善会②，与此处的描摹颇相吻合。1929年12月，绩溪旺川人曹诚英在国立中央大学农学院编辑的《农学杂志》特刊上，发表了《安徽绩溪旺川农村概况》的调查报告，其中也提及保安善会的做法。旺川与胡适故居上庄毗邻，也是前揭《应星日记》反映的地点。这些，都与明代的记载一脉相承。另外，新编《绩溪县志》记载，就整个绩溪而言，保安善会的会期一般为3—5天，但在胡适的故乡上庄一带较长，前后10天左右。会前要请篾扎师打龙舟，糊以棉纸，染以黄色，并画水浪、鱼虾等，每艘龙舟长约1.5丈，有24舱和36舱之别，其中各置大小菩萨24尊或36尊。通常是在船头立大王雷万春、小王南霁云，其大小与真人相似。而在舱中，则安置张巡、许远相对而坐③。

当然，保安善会不仅是绩溪一地的风俗，在休宁，清人俞鸿渐就曾描述过此种"异俗"：

> 休宁之汪村，每岁四月十三日起至十五止，有名打标者，盖为逐疫设也。其俗先期召巧匠，剪纸糊神像二，高大几倍于人，状极狰狞可畏。一蓝面者曰大王爷，即唐雷万青也；一白面者曰二王爷，则南霁云也。于祠堂中，洁正室奉之。届期，除地筑台，召名班演剧，远近来观者络绎不绝。村中人家家素食，五鼓，祠既开，老弱男妇毕至拈香。日中，则择健者数人，双手擎神像以出，巡行村中，导前树后，击鼓鸣钲，虽极偏僻处无弗到。好事者叠五色纸剪之，伺神所到，掷之空中，光彩陆离，耀人心目。方糊神像时，并糊纸船一，帆

---

① 刘汝骥：《陶甓公牍》卷12《法制科·绩溪风俗之习惯》，见《官箴书集成》第10册，黄山书社，1997年版，第622页。

② 详见王振忠：《少年胡适及其早年小说〈真如岛〉》，载《读书》2008年第11期。按：胡适为安徽省绩溪县上庄村人，《真如岛》中的"下泉村"，从命名方式来看与此颇相契合。（"上庄"亦称"上川"，"上"与"下"相对，"川"与"泉"同类）

③ 绩溪县地方志编纂委员会编：《绩溪县志》，黄山书社，1998年版，第1054—1055页。

樯、楼橹及篙工、柁工俱全，中奉张睢阳公像。事毕，乃移南、雷二像，供船首尾，送水侧焚之，云疫鬼将游西湖，故请睢阳公及两将军率之往也——其俗如是。至打标之名，则不知何所取。即问之汪村人，亦有耳熟而不能详者。又闻此会，一名保禾，盖藉以祈年，故兼供观音大士，仗佛力以致绥丰，然毕竟逐疫其正意也……①

俞鸿渐（1781—1846年）为清嘉庆二十一年（1816年）举人，曾任知县，后在常州等地设馆授徒。根据他的自述，道光十四年（1834年），他前往常州处馆，主家叫汪樵邻。此人显系徽商，俞鸿渐应当是因这层关系，而出游过徽州。因此，在他的《印雪轩随笔》等书中，就有不少与徽商及徽州风俗相关的内容。此后，俞鸿渐之子、晚清朴学大师俞樾，亦与休宁汪氏保持着密切的联系。俞樾在其《春在堂诗编》卷2中，就有《打标》一诗：

> 有唐张睢阳，正气干云宵。即今对遗像，凛凛寒生毛。
> ……
> 独念南与雷，两君人中豪。面受城下箭，指断筵前刀。
> 城破等死义，大节皆无桡。鬼岂有大小，分别真徒劳。

上揭最后四句注曰："船中奉唐张睢阳以逐疫，而以雷万春为大王，南霁云为小王，神像大小因之。"俞樾于道光二十五年（1845年）秋天前往徽州，馆于休宁汪村（亦即充当徽商汪氏的家庭教师）。此后"萍踪岁岁客新安"，每年都是二月前往，十一月返归，前后历时6年②。他所撰写的《打标》诗，状摹的是休宁之保安善会。此外，其《曲园自述诗》亦曾

---

① 《印雪轩随笔》卷3，第16页下—第17页上。清道光二十七年（1847年）刻本，复旦大学图书馆藏。

② 详见王振忠：《朴学大师俞樾眼中的徽州风俗》，载《徽州文化研究》第2辑，安徽人民出版社，2004年版。

吟咏："四月汪村例打标，锦棚歌舞闹昕宵。村夫子亦欣然出，去看梨园笑叫跳。"

在毗邻绩溪的歙县，保安善会的做法也相当普遍。清乾隆时人方西畴的《新安竹枝词》有："赛会保安甘破费，花筒纸爆不论钱。"该诗状摹的就是歙县一带的保安善会的运动。与此差相同时的吴梅颠，在其所撰之《徽城竹枝词》中也写道：

1. 闰年做会为禳灾，华严龙舟锦绣堆。色按五方装五帝，轰天动地鼓声来。

2. 箫鼓中流光烛天，闰年费钞倍常年。满城人尽持灯出，争向水滨看亮船。

3. 通真封号与通灵，三四排行太子神。捍患御灾最灵感，多将香木肖其真。

4. 神降肩头酒态狂，步行之字扭腰忙。夜归倒散（随从人等夜饮之名）酒味苦，煮用黄连充药方（村人能治劳伤）。

5. 黄杨闰厄信祥禨，处处村乡尽享祈。肖像张王与南八（即南公霁云），选人贾勇提乌棋。

6. 送神待宴倚风斜，道士居然称帅爷。拇战藏钩俨宾主，蟒袍角带顶乌纱。

7. 嶙山出会神骑马，披绣裙为锦障泥。卤簿铺陈无队伍，百余花伞百余旗。

8. 竦口当年北野县，保安做会名为善。虔诚无敢食荤腥，犯此令人多不便。

上述8首，描摹了保安善会的种种情态。第1首也提到"闰年做会"，目的是"禳灾"，届时要造龙舟，祭祀五帝。第2首也是说闰年时，要看驱瘟的仪式——登舟。第3首、第5首则是说举行保安善会时，必须抬出三、四太子和张巡以及南霁云的神像。关于这一点，与新编《绩溪县志》中的描述比较相近。唯一乍看有点奇怪的是——其中提及"三、四太子"，因为在歙县民间，直到现在仍然流传着唐太宗追封汪华九子为"一、二、三太子，四、五、六诸侯，七、八、九相公"的说法。通常认为：一、二、三太子神像极小，四、五、六诸侯无神像，七、八、九相公神像高大。竹枝词中出现的"三、四太子"，似乎与此不相吻合。不过，在清代，确实也出现过三、四太子的神像。20世纪50年代，安徽学者石谷风在徽州从事民间工艺征集工作，于岩寺歙业的桂芳斋老花纸店内，找到一批罕见的明代以前纸马原版片40余块，其中就有"三、四太子尊神"，这与《徽城竹枝词》的描述恰相吻合①。此外，第4、6、7三首，描述了迎神赛会时的各种场面以及执事人等的种种样态。第8首则是描写竦口一带保安善会的禁忌。竦口位于歙县东北部，地处双竦河口，公元654年至770年曾于此地建北野县，故曰"竦口当年北野县"。

对于歙县的保安善会，乾隆《歙县志》卷1《风土》记载：

> 四月，郡邑奉各神像，遍巡坊市，钲铙震天，各乡落厢隅以次至，逾月而罢，日善会。西乡则夏秋之际，扎造龙舟，装饰彩绘，磔牲醑食，号曰保安。

此处提及"各乡落厢隅以次至"，这与后文将要讨论的"五隅"有关。相同的记载，也见于道光《歙县志》。这里将"善会"与"保安"分而为二，分别是在四月和夏秋之际举行。不过，到民国《歙县志》中，二者就合称为"保安善会"了：

> 傩礼俗尚不齐，乡党好事为之也。……夏秋之际，制龙舟，装饰彩绘，磔牲醑食，号曰"保安善会"，崇其神曰太子，并奉张、许二

---

① 石谷风：《徽州木版年画》，天津人民美术出版社，2005年版，第20页。该书收集的一些木版年画，对于考证徽州民间信仰的流变极有助益。只是作者对徽州的民间信仰似乎了解有限，故常以中国大传统的一般认识，去诠释徽州的小传统。

公，会终之夜，燔其旗于所居之下游，名曰"送圣"。

简单地说，举办善会是为保佑居民安宁，故而称为"保安善会"。保安善会亦简称为"保安会"，如在歙县岩镇（今属黄山市徽州区），晚清时期有一副《大埠头戏台联》曰：

> 岩镇保安会，以大埠头始，以绣衣里止，年例然也，故谓之开门、关门云。（通街七十二保，相传由此处开门）[1]

举行保安善会时通常需要演戏，关于这一点，《上渡桥戏台联》指出："岩镇对河保安会傩而不戏，垂六十年矣。庚戌七月，居民江若徐有志复旧，毅然输巨赀，选新庆升一部以张之，豪举也。台临水，据练江上游，会始初五，迄初七，盖立秋后一日云。"[2]

关于歙县的保安善会，清末的调查亦指出：

> （歙县）年例有保安会，数年开光一次，游神演戏，科敛丁口，其所供奉者不一，大约五瘟、大王、小王及汪公、八、九相公居多。[3]

> （歙县）至下流社会则好以迎神为事，其逐年一行者，有保安会。[4]

> 敛钱演戏，名曰保安，此神权时代之作用也，今非其时矣。[5]

---

① 《龙山楹联汇稿》，第8页上—8页下，此书刊本藏歙县档案馆。另，笔者收藏有此书之抄本。

② 《龙山楹联汇稿》，第14页上。

③ 刘汝骥：《陶甓公牍》卷12《法制科·歙县风俗之习惯·神道》，见《官箴书集成》第10册，黄山书社，1997年版，第582—583页。

④ 刘汝骥：《陶甓公牍》卷12《法制科·歙县民情之习惯·集会结社之目的》，见《官箴书集成》第10册，黄山书社，1997年版，第580页。

⑤ 刘汝骥：《陶甓公牍》卷4《批判·礼科·歙县附贡汪文瑞呈批》，见《官箴书集成》第10册，黄山书社，1997年版，第492页。

上述的第1条指出，保安善会的经费来源是科敛人丁，供奉的神麻有五瘟、大王、小王及汪公、八、九相公。第2条说保安会是"逐年一行"，并未专指闰年六月一行。第3条虽然说保安的做法已时过境迁，但在事实上，此种做法后来仍持续了相当长的一段时间。

关于保安善会，在族谱中也有一些记载，歙县《石潭吴氏宗谱》①中就有专门的"庙会"一节，提及：

> 闰月之年，每逢夏己卯日，大举善会，纸糊龙舟，以乘瘟部诸神，供五帝，恭迎太子、观音。期前三日，斋戒禁屠，意甚虔诚。届期香烟特盛，四方遥远来集者亦复不少，盖平日有生疾病者，辄祈太子，俗名许设粥，届期而酬愿也。是会也，计五日夜斋场，道人为之，而以太子尊神（在？）场镇压，日换衣数起，或坐装，或立而武装，种种形式，如戏装焉。非常在，自然灿烂，俗名扎靠。相传演安禄山作乱事，太子尊神能镇诸邪，故尊敬之。其末日即己卯日，开五色旗，即五隅五帝之旌帜也。古有五隅之阵，今道人扮安禄山，假演拒敌李、郭，偷劫五方阵，卒被获。既获，即宰羊，盖以开河道、戮豕血，以展旌旗。羊即杨妃，豕即禄山，此摩［模］仿之意也。五旗者，青旗属思善，白旗属至善，黑旗属坚善，皆春晖祠所辖也。红旗属立善祠，黄旗属叙伦祠，因善会而分也。

在歙县石潭，举行善会的时间固定在"夏己卯日"。从上述的记载可见，当地将五隅、五帝与古代的五隅之阵相提并论，并将保安善会与安禄山、杨贵妃的故事联系在一起。文中提及五旗分属于春晖祠下的三派以及立善祠、叙伦祠，这应即五隅的划分，只是更为详尽的细节不得而知②。

---

① 民国19年(1930年)春晖堂木活字本，上海图书馆谱牒研究中心藏，此谱承李甜同学提示，特示致谢。

② 此外，当代徽州的一些史志资料中，也有回忆性的文字，如苏绍周：《篁墩保安会兴散记》，载《屯溪文史》第5集，1996年版，第60—63页；《歙南雄村的"保安善会"》，稿藏歙县地方志办公室。

为了了解更为细致的内容，我们不得不求助于徽州文书的记载。

二、徽州文书所见1941年歙县大梅口的保安善会

十数年前，笔者在歙县收集到两册文书抄本，即《阁村保安会开会记录》和《保安善会五隅科钱簿》。二书封面除书名外，前者另有"值事西隅 前门管账／民国卅年辛巳四月五立"，后者则有"西隅前门司账／民国叁拾年五月吉立"字样。由此可见，保安善会的主持人应当是轮流做东，民国三十年（1941年）轮到西隅东门的汪氏正伦堂（祠堂）主持。

该两册文书涉及的地域为大梅口，属歙县南源口乡。"口"是口岸之义，在新安江畔，凡有码头之处往往称"某某口"。此处因村庄较大，古多梅树，且靠新安江，故名①。前述文书反映的是1941年徽州保安善会的步骤程序及具体操作，显然可以弥补史志资料之未备。

（一）1941年保安善会的组织、经费筹措

《阁村保安会开会记录》一书，详细记录了1941年保安善会的组织和经费筹措。该书开首即曰："民国卅年闰六月大年，保安会本隅吾祠管账，邀请本隅四管，先行讨论，请帖于下。""大年"也就是闰年，故绩溪荆州的保安善会亦作"大年会"②。《阁村保安会开会记录》书中抄录的请帖曰：

> 迳启者，本年阁村保安会轮着敝祠主持，定于本月二十八日，敬请贵祠耆老驾临敝祠，互相提议，勿吝玉趾，至纽公谊。此致ΔΔ堂，汪正伦堂启。

另一份《请东、南、北、中隅帖》：

① 歙县地名委员会办公室编：《安徽省歙县地名录》，1987年印刷，第17页。
② 今人汪汉水撰有《荆州"大年会"》，载《荆州遗韵》，2009年版。

为阖境保安会事。请于阴历四月初一，假坐遇金庵开会，提议届期聘请贵隅耆老出席，实深感荷。

保安会值年西隅公启。

此次会议由西隅的汪正伦堂负责，称"保安会值年西隅"。在四月初一日，五隅代表齐至遇金庵讨论，当时参加的人名如下：

方隅	姓名	身份
东隅	汪贤	桥东族长
南隅	汪帝帝	田干族长
	汪老皮	里门里
	江	江祠族长
西隅	孙理卿、孙顺连、汪桂、姜好妹、姜癞痢、汪永福、汪泰生、汪寿福、汪继云、汪灶龙	
北隅	江	
中隅	胡寿福、汪春生	
	姜全仕	头名香首
	胡荣辉	二名香首

从上表来看，参加会议的既有族长，也有一般的族众，另外还有2名香首。当时讨论的议题如下：

一、讨论坛场，胡族长言：从前租堆楼时，言明做会擅让。

二、讨论作场，江祠长云：前租桐油堆楼时，亦定做会迁移，让做作场。

三、神前讨箸后，六月或八月胜箸，准八月即择期。

上述的"江祠长"即江祠族长。歙县的保安善会是在夏秋之间，故而由神前讨箸决定日期，最终决定定于八月，此次会议还决定了迎神赛会的具体程序及时间安排。另"议出圣牌，约每出洋叁元，因物价油、米较前轮贵三五倍、十倍不一，纸扎、木匠、竹匠、道士亦必昂贵，须将此四项讨价，加以约计。香烟、纸、油、菜、柴、米包、麦粉、肉、鸡、猪头等再议，配科圣牌云云"——这是讨论圣牌的价码，亦即以颁发圣牌筹措资金，用以支付迎神赛会的各项开支。

如果从四月初一开始筹划起，到八月初八迎神赛会开始，前后有四个多月的准备时间。其具体的人手安排，五隅统共派出的25人，均通过抽阄决定：

方隅	职司	备注
东隅	管香灯 司厨 管帅旗连打标 管财宝连打纸 乡办	江大眼 江福寿 汪灶钰 汪永和 汪西祥
南隅	管香灯 司厨 总甲 参抬头 烧茶	
西隅	管账 管香灯 司厨 管督旗 挑茶水	前门 外姜 住后 大宅 后门
北隅	管香灯 司厨 管财宝连打纸 接送道士箱连送茶饭 又　又　又	
中隅	管香灯 司厨 司茶酒 挑饭水连洗菜 城办	
其他	传锣议事	社首 2名

社首也称社老，当即青舟社的社首。四月二十六日又开会，集合四隅

12人①议定经费，"议定道士价洋壹百五十元，连斋簿六本，五隅报纸两，对河源头水口报纸、坛场报纸卅二张，共六十八张，在内。议定木匠六指司做龙舟、五帝架、驳舟架，督旗下构五猖牌，沙旗构帝旗，构帝牌，计法币壹百念元"——这是请道士和纸扎师傅的相关费用。接着，《閤村保安会开会记录》收入《五月初一日发圣记录》：

  青舟社 发圣牌壹位

  坛场胡祠 发圣牌壹位

  前门正伦堂 发圣牌壹位

  大宅佑启堂 发圣牌壹位

  住后叙和堂 发圣牌壹位

  鲍门 发圣牌壹位

  心本堂 发圣牌壹位

  里姜存德堂 发圣牌壹位

  孙家德懋堂 发圣牌壹位

  外姜耕善堂 发圣牌壹位

  上楼上汪慎德堂 发圣牌壹位

  溪塝头汪慎友堂 发圣牌壹位

  上田干汪敦义堂 发圣牌壹位

  下田干汪承恩堂 发圣牌壹位

  桥东汪敦叙堂 发圣牌壹位

  作场江叙伦堂 发圣牌壹位

  城门里汪承荣堂 发圣牌壹位

  程家土党程恩养堂 发圣牌壹位

  下汪汪叙德堂 发圣牌壹位

  遇金庵 发圣牌壹位

---

① 东隅：汪贤；南隅：汪老皮、汪；本隅(即西隅)：孙顺连、汪灶法、汪贵、汪永福、汪寿福、汪佛良、汪灶记；北隅：未到；中隅：胡寿福。

关帝庙　　发圣牌壹位

对河江本源堂　　发圣牌壹位

以上圣牌二十二位，不科圣牌钱。

文中的"对河"，即小梅口。可见，此处的保安善会，是大、小梅口联合举办的。其中提及的青舟社、坛场胡祠、前门正伦堂[①]、大宅佑启堂、住后叙和堂、鲍门、心本堂、里姜存德堂、孙家德懋堂、外姜耕善堂、上楼上汪慎德堂、溪塝头汪慎友堂、上田干汪敦义堂[②]、下田干汪承恩堂、桥东汪敦叙堂、作场江叙伦堂、城门里汪承荣堂、程家土党程恩养堂、下汪汪叙德堂、遇金庵、关帝庙、对河江本源堂，共22个单位，这些单位要么是各姓的祠堂，要么是青舟社、遇金庵和关帝庙。从五月初一日发圣记录来看，参加保安善会的共有18族以及社、庵、庙。所谓不科圣牌钱，是说这22个单位是发起者或协办者，他们得到一块圣牌是不需付费的，但从另一方面来看，这显然也说明，颁发圣牌是整个活动筹措资金的一种方式。关于筹措资金，《保安善会五隅科钱簿》还有详细的账目记录：

方隅	总数/人	族姓	各姓人数/人
东隅	111	汪	50
		江	45
		胡	6
		王	5
		方	1
		程	1
		黄	1
		姜	1
		项	1

①　同时收集到的有正伦堂光绪元年正月吉立《改用收租管年总登》（抄本）、正伦堂民国丙寅年立《清明祭祀支丁簿》。按：本文所引文书，凡未注明出处者，均为私人收藏。

②　同时收集到的有民国十六年八月新立的《汇议》（汪敦义堂）、民国三十五年《货源》。以上均系抄本。

方隅	总数/人	族姓	各姓人数/人
南隅	90	汪	52
		江	20
		程	9
		胡	4
		黄	2
		刘	1
		孙	1
		王	1
西隅	152	汪	92
		姜	23
		孙	19
		江	7
		鲍	3
		方	3
		黄	3
		程	1
		胡	1
北隅	66	江	47
		汪	8
		孙	3
		方	2
		曹	2
		孟	1
		朱	1
		胡	1
		油坊	1
中隅	60	胡	29
		汪	21
		江	5
		洪	1

方隅	总数/人	族姓	各姓人数/人
中隅	60	梅	1
		许	1
		凌	1
		王	1
总计		478	

上述的《保安善会五隅科钱簿》抄本，除书名外，题作"西隅前门司账/民国叁拾年五月吉立"，"吉"亦即"一"的另类表达。可见，《五月初一日发圣记录》与《保安善会五隅科钱簿》反映的时间相同。发有圣牌的22位不科圣牌钱，故加上这22个单位，正好是500的规模。从账册来看，每人的收费基本上都是大洋4角。征收钱款的时间则起自七月一日，迄至八月十日。从《保安善会五隅科钱簿》中，可以看出各隅姓氏的分布。

姓氏排序	族姓	总数/人	大致比例
1	汪	223	0.47
2	江	124	0.26
3	胡	41	0.09
4	姜	24	0.05
5	孙	23	0.05
6	程	11	0.02
7	王	7	
8	方	6	
8	黄	6	
10	鲍	3	
11	曹	2	
12	孟	1	
12	朱	1	
12	洪	1	

姓氏排序	族姓	总数/人	大致比例
12	梅	1	
12	许	1	
12	凌	1	
12	刘	1	
12	项	1	

其中，东隅、南隅、西隅均以汪姓为数最多，北隅（小梅口）则以江姓占最多数。另外，从总体上看，汪姓计223人，接近总数的一半，在大、小梅口占据了绝对的优势，他们分别隶属于大梅口不同的11个祠堂。江姓为124人，占总数的四分之一强，分属于大、小梅口的2个祠堂。胡姓为41人，姜姓为24人，孙姓为23人，程姓为11人，这些姓氏虽然人丁多寡不一，但他们均有各自的祠堂。其中，姜姓甚至还分为里姜和外姜。题作"宏农浮梦樵记"抄录的《新安歙邑都图式》中，三十七都七图和九图之下，均有"梅口"的地名，后者并于"梅口"之下注明："王、江、汪、胡、张五姓。"《新安歙邑都图式》一书为清乾隆以后的抄本，该书的特别之处在于——在记载了都图村落之后，有的还记录了村落中的族姓分布，这对于我们了解都图里甲的编排，以及与相关宗族的关系，提供了不少便利。其中提及的各姓中，原先列于首位的王氏，在《保安善会五隅科钱簿》中只有7名，所占比例微乎其微，在当地亦未见有相关的祠堂。此外，列于最末的一姓——张姓，在《保安善会五隅科钱簿》一书中则全然未见，这当然可以解释为是清代民国时期长期发展的结果。

(二)保安善会的程式

据《阁村保安会开会记录》记载，歙县大梅口四月初一日议定的迎神赛会之具体程序及时间安排如下：

八月初八夜，神进坛场；

初九净街；

初十；

十一日起首；

十二日行香安帝；

十三日禳①火登舟；

十四游船（起土安灶）；

十五游船；

十六送帝；

十七送圣。②

    这份记录比较简单，我们不妨参考一下现有的其他文书记载。由于保安善会的做法具有比较固定的程式③，在一地相关文献不足的情况下，可将各类相关文献放在一起，借以拼合出大致清晰的轮廓。

    关于保安善会的程式，歙县文书抄件《胡埠口保安善会法事》④有如

---

  ① 此应是"禳"的俗字。

  ② 保安善会送神时，无关人等应当躲避。《徽州歙县诉讼案卷集成》（原抄本无题，据内容暂拟）第2册中，就有"具书人石山下诉为纠党酿祸，闯门毁掳，围殴伤重，懦弱难生事"。其中提及："缘强邻塘里阁村做保安送神，身子正楚在坞头油榨内佣工打油，于初六夜歇工回家路过，讵塘里恶等△△，反嗔怪子不早躲避，以为故意挡道，要将身子捆打，身子惊急奔逃，幸未遇害。而恶等犹不肯休，反藉端以滋事。诘朝即至身村投词，声言要身罚出数洋，方肯寝事，否则定遭毒手。奈身家贫无措，以致未遂其欲。恶等复于初十日下午纠党多人，大肆咆哮，蜂拥而来，闯围身门，将身家内动用什物打毁一光，随将值钱物件并栏内耕牛牵掳而去。身有胞兄长开，又系伊托之原中，出为理阻，反遭暴打一顿，顶破血流伤重，命见垂危，似此凶横甚于发匪。况塘里距身村只三里许，素称野蛮，并恶等结有十三太保，声势赫赫，远迩知名。而左近惯遭鱼肉，虽身村叠遭毒害，每多不敢声张。今纠党围殴，肆行毁掳，皂白不分，则身家断无生理矣。为此迫不得已，据实叙情，伏诉自治文会绅董老先生台鉴，仰求公论，赐甦保蚁命以生全，遏蛮凶之立至，免祸患于将来，则鸿恩永感无既，谨诉。"这就是太平天国以后因保安送神引发纠纷的一个案例。

  ③ 绩溪的情况亦与此相类似。"从定坛起会，相继登舟、安圣、安五方、唱船、抢载、禳星、设粥（祝）、收圣、禳火、收火、祭旗、待宴、送圣等会议"。（绩溪县地方志编纂委员会编：《绩溪县志》，黄山书社，1998年版，第1055页）

  ④ 散件1份，抄录于黄纸正、反两面，乙亥年当为光绪元年（1875年）或1935年。

下的记载：

> 胡埠口今将保安善会法事列上于后：
> 初之日
> 铺设道场，净坛解厌，申文发牒，奉送公文，安神许愿；
> 弍之日
> 一、九龙荡秽，迎接观音，观音请醮，迎圣开启
> 　　　　　　恭迎大王，瘟司下界，恭迎五帝，行香摆道
> 　　　　　　五帝点光，五隅安位，五帝请醮，散花光临
> 　　　　　　讽诵妙经，百户问安，安神定位；
>
> 三之日
> 一、九龙法水，三官请醮，百户早安，午供中呈
> 　　　　　　圆经送经，五帝请醮，禳火灭荧，往返离宫
> 　　　　　　百户晚安，青华焰口，安神施食；
>
> 四之日
> 一、荡秽除氛，万灵大醮，禳星永命，拜奏表文
> 　　　　　　大设和悦，五方解咒，百户问安，大犒猖兵
> 　　　　　　安神施食；
>
> 五之日
> 扫净尘坛，百户问安，洞渊请醮，五帝请醮
> 接舟到坛，大王点光，接圣登舟，游船试水
> 祭舟顺水，安奉定位；
>
> 六之日
> 清洁坛场，奉送观音，五帝请醮，五隅起帝
> 接帅点将，迎接七圣，待茶奏乐，发牌放标
> 摆阵游旗，文书打标，开操祭旗，各家收圣
> 道场满散，祭赛花灯，禳瘟设粥；
>
> 终之日

打扫晏席，主帅安席，土地下呈，铺司下书

晏待天兵，送圣回天复命，洗恩锡福祯祥；

开天符　　总本　　榜文　　文书

十供献　　五帝牒　　土对（二百五十对，左右）　　押牌

禳星谱　　星主关　　船引　　和合敕

三界关　　五帝牌　　挂函（十一）　　方函（六）

中界关　　五帝牌　　法事单　　六神牒

五隅谱　　斗牌正坛十三　　表文

五隅榜纸卅弍张

头门四张画八仙

白沙湾榜纸水口四张

　　　　村头庙四张

对河村头四张

胡埠村头佛堂庙四张

水口庙四张

　　　胡埠口保安善会，乙亥年七月初弍日写至十一日止，拾三日卯辰时发鼓，至十九日周圆。

　　　在策具单

　　胡埠口位于歙县南部的胡埠口乡，地处深山区，街源河经皖浙交界处的街口汇入新安江。此处的保安善会共7天，比大、小梅口的10天要短，但其组织方式显然也是按五隅进行。其中提及的一些内容，如"打标""开操祭旗"等，与当代人回忆的许村"六月一"庙会等的情形亦相吻合。另外，如"土地下呈，铺司下书"等，现存有相关的文书。譬如，笔者手头的1935年《泰山召帅》科文，首先为一段唱词：

　　凛凛威风透天光，鬼魅闻知心胆寒。

　　援请大帅来下马，欢天喜地下坛场。

日吉时良天地开，温公大帅下坛来。

是日今时祭犒后，收买代人永除灾。

正直无私纠察神，玉皇有令下凡尘。

阴阳判断无私曲，铁笔一下不顺情。

擂鼓三咚到坛霆，捉拿代人替灾星。

弟子供奉来引接，主火铁笔有神明。

大圣　帅威感应天尊

接着之后是一份科仪：

伏以道通天地，妙运阴阳，吉凶皆赖于神明，祸福全凭于祈祷，是日仰劳符官土地、里域正神。想到以来，为吾传奏，弟子虔诚，稽首下拜，以今奉道，告度泰山求寿信士△△，有此一端情由，百拜上请供养，唵吽吽。一执天门开，二执地户烈［裂］，三执万神降。……雷霆都司号令，执如心火，十方三界，顷刻遥闻，道香一炷，发鼓三咚，万神感应，以今全请，玉皇台前，左桶右边，显圣铁板、抚拘铁汉，温大元帅部下，小瘟元帅，温、李、铁、留、杨、康、张、岳、孟、韦十大太保，绣毬郎君，薛、纪、许、黑四大副帅，太立三千、甲马吏兵、收买代人使者、捉生替死神祇、温公大帅，腾云驾雾，走马飞云，焚香初召，火速来临。……东岳温元帅，助我救神明，展开宜挽弓，放出神光会。如要不听我，桃木山上行，我在左右立，火速现金身，急急如东岳泰山，天齐大生，仁圣皇帝法旨，令召温公大帅，速降坛庭。

温公大帅，开点神光，

若不开点，接请三声，

召请温大将军，谅已来临，下赴前坛，敬上菜酒，礼行奉献。（敬菜盒酒） 温公大帅，请上美酒。

接着唱道：

温大将军身挂腰牌大将军，奉勅玉旨下坛庭，凛凛威风下临坛。手执着，金枯大将、蚕鎚大神，下赴临坛。

继而又有对白：

〔又〕 大帅吓，我今起请，望来临，收买代人替灾星。拜请着，大帅威灵。

〔又〕 请你下马皆感应。向来酒礼，三奠告毕，所有疏文，洗耳恭听。

〔念疏纸〕 谨备疏文，冒干上听，宣读完周，化贡宝马长钱，金银利市钱财，焚火炼化，献上温公大帅部下、小温元帅，一同领纳钱财，到于扬州，收买代人，顶替弟子，替度灾迍。天雷认认，猛虎加兵，温公大帅，起马登程，手拿财宝扬州去，捉拿代人到坛庭。

（外召代人） 不及细载。

〔铺司下公文〕 我是浙江杭州府城隍司纪老爷差来的铺司，今日都天大力元帅，有马牌前来。俺老爷差俺，迎接列位大王、老爷，观看西湖景致，沿途打听，在于徽州△府△县△都△图△地方，特来迎接。无令不敢擅入，故此在外面喧闹。

〔介〕 吾问你你可有家书？

〔介〕 有家书在此。么〔没〕有家书，难道我（冒）名前来撞酒吃不成？

〔介〕 你有家书，代〔待〕俺前去通知，元帅有令，方可传进。

[介]　待我通报。启禀元帅，外面有一家人，无令不敢传进。

[帅]　可有家书？

[介]　他说是有家书。

[介]　既有家书，叫他息了锣声，放他进来。

[介]　晓得。息了锣声，传你进去。

[介]　是！报，铺司进。

[介]　笑。

[介]　好所在！果然好所在！

[唱]　（驻马听）步入丹墀，为下公文到这里。迎接温皇圣，阆苑群真合成灵，愿王返驾奏天庭，赦宥众等合门俱宁静，即便登程。

[又]　大家同看西湖景。

[又白]　大王老爷在上，小铺司叩头；陪神老爷在上，小铺司叩头；城隍老爷在上，小铺司叩头。

[介]　呔！

[介]　元帅老爷，你不晓得？说什么城隍老爷？

[介]　我家杭州，乃［那］个城隍老爷，面相仝他差不多，是小铺司冒渎了，得罪元帅。老爷在上，小铺司叩头。

[介]　你今日是乃［哪］里来的？

[介]　小铺司是杭州纪老爷差来的。

[介]　你是纪老爷差你前来，可带得家书么［没］有？

[介]　有家书一封。

[介]　这有家书，你到大王老爷案前，下了公文，再来领赏。

[介]　晓得。

[介]　这是纪老爷有书一封，多多拜上张老爷、老相公。自从杭城分别后，不着将来又一春。从别之后，并无音信。娘娘家中，产生麒麟太子，喜浓浓；因此上，命小人到坛庭，下公文，迎接大王，观看西湖景，三杯两盏，即便登程。

[又白]　陪神老爷，我家老爷有书，多多拜上。

[介]　元帅老爷，俺纪老爷有书，多多拜上，乃书皮上，有诗为证。

[唱]　山外青山楼外楼，西湖歌舞几时休。暖风曛得遊人醉，莫把杭州作汴州。

[白]　是吓。

[介]　果然一字无差。铺司，你可会吃酒？

[介]　小铺司吃酒，吃得五壶半醉，十壶正好。

[介]　吩咐拿酒来，赏铺司吃。

[介]　帅爷吃的罗汉酒。

[介]　怎说？

[介]　小铺司吃的乃［那］酒，乃嘴一脂［张］开，岂不是像个罗汉？我们杭城卖的上好的酒，葡桃录［绿］、竹叶青、状元红，上好吃的老酒。

[介白]　铺司，你吃了酒，将你杭城的西湖景致，细说一番，有何不可？

[介]　领命！我的讨反［饭］傢伙，乃［哪］里去了？原来在乃［那］里。你是个好人，要是到我杭城之内，待我做个东道，请你列位朋友。你们内中，也有到个［过］杭城的，你们各位朋友听着，待我道来：

说起西湖景致，天下一十三省，到处闻名。乃［那］钱塘江，湖来滚滚，六和塔接近江边；朝天门上，有铜壶滴漏，定昼夜十二时辰；吴山上，有精奇十面；四周围，有十二座城门，城中有三十六座楼楼殿阁。又有三十六条柳巷，七十二座广寒宫。军门前旌旗闪色［烁］，察院内翠柏苍松，石牌坊重重叠叠，歌管楼（台）密密层层。闹洋洋六街三市，静悄悄白屋朱门。吃的是上府的白米，烧的是下八郡的柴薪。旧府改作上林院，李华英金榜题名。楼［按］察司贡院相近。三年出考一次举人。弥教坊上好酒饭，吃一飧价银一分。大林巷汗巾手帕，回回堂水粉胭脂，丰大桥大样油纸，每一张价艮二分。白马庙上好的雨伞，每一把价艮六分。清河坊油衣出卖，打铜巷美目佳人。钱仲泉，驰名的香扇，出卖与南北两京。混音乐天下第一，帖一张百病除根。正阳门通了海宁，草桥门人来不绝。北门关，通了南北二京。涌金门于坟求愿，少保庙可问前程。青波门西湖景致，通病船来往纷纷。昭广寺，卖的僧衣僧货，叔宝塔隔在近邻。关帝庙烧香不绝，岳飞坟万古忠臣。湖南有一个静佛寺，五百尊罗汉金身，三尊大佛，唐朝勒建，年年有施主斋僧。六条桥上桃红柳录［绿］，俱般有"十里荷花满乾坤"。

［介］　诗曰："十里西湖景致奇，微风吹动水依依。桃红柳录［绿］君相问，晓月玲珑归甚迟。"

［介］　归甚迟。

［又］　俺家住，近湖西，睡到日高三丈起，醒来依旧醉如泥。启元帅，诸般景致说不尽，略说中间一二分。迎接大王归天府，方见西湖彩色新。西湖景致说完了。元帅乃［那］日，小铺司在西湖边经过，遇见一夥人，在乃［那］里打长拳、舞短棍、插标枪。内中还有一个人，手内拿着一个东西，放出去一丈长，收将来手内藏，瓜又不是个瓜，梨又不是个梨，启禀元帅，乃［那］是个什么东西？

［介］　乃［那］是个流星。

［介］　元帅吃了三钱大黄，因此上，迎接大王，流星去也。

［介］　你是旱路来？是水路来？

［介］　我是水路上来的。

［介］　你是水路上来，可有什么湍名么有？

［介］　杭城上来，湍名有，待我略道几个：

（滩名总录）

　　　　紫埠滩　桐庐湍　牛泥滩　严州府上来

　　　　马石滩　风蓬湍　牙旗滩　铺驲湍

　　　　雪溪湍　常浦滩　返堦湍　赖牛滩

　　　　下内湍　石邦滩　朱池滩　杨溪湍

山河滩　江村湍　仓后滩　四觞湍

小溪滩　杨树滩　进闲湍　木樨滩

高港湍　下炉滩　塔竹滩　凤凰湍

罗喝滩　下绝湍　故事湍　新船滩

淳安县上来的湍名　　　　杨滇湍

猪口滩　牛栏湍　乌村滩　下慈湍

上慈湍　下锡滩　中锡湍　上锡滩

油瓶湍　青弯滩　云头湍　威坪湍

杨家滩　和尚湍　火筒滩　管界湍

到了徽界街口　　笤幕滩　八郎湍

尾　湍　天镇湍　牛　滩　横石湍

山茶滩　磨船湍　三港湍　骷髅滩

大川湍　舟头滩　白石湍　长　滩

汪公湍　大儿滩　防塞滩　绵　湍

漳　滩　箬竹湍　姚村滩　金　湍

汪龙滩　麦　湍　梅口湍　丰村滩

庙儿湍　铁索滩　七里湍　林村滩

仰月湍　到了徽州府（金钱花）

〔又白〕　小铺司跪在堂前。

〔介〕　大王休得迟延。

〔又〕　顺风顺水快开船，急急去，莫迟延。

〔又白〕　启上元帅，小铺司有个计儿，与你猜一猜。

〔介〕　什么计儿？

〔介〕　乃〔那〕个人家，造了一间房子，叫了一个家人去，接个泥水匠。乃〔那〕个泥水匠，家内的人，回他不在家了。

〔介〕　此话怎说？

〔介〕　小铺司，在乃〔那〕大河边，专等候了。

〔又下〕

　　　　［又加滩名］

　　余景滩　　森村滩　　余岸滩　　叶干滩

　　吉林滩　　松村滩　　义程滩　　朱家村

　　梅口滩　　南源口　　麦滩　　金滩

　　姚村滩　　薛坑口　　张潭滩　　绵潭滩

　　深渡　　九沙滩

　　　　［直下］

　　　　［回杭］

　　上述的科仪及小戏，以新安江为背景，故有滩名。其中的梅口滩，即在大、小梅口一带。小铺司以西湖景致相夸耀，科仪与插科打诨的小戏相交融，既娱神又娱人。根据明初的法令，在交通要道，凡15里设急递铺1所，每铺设铺兵4名，铺司1名，负责递送沿途公文。《泰山召帅》中的小铺司，即模仿人间的急递铺。他以新安江下游的西湖美景，引诱温元帅急速启程沿江而下。

　　与此相关的科仪，还有另一份佚名无题抄本。该书因系辗转传抄，且为蠹简残编，文字颇不连贯雅驯。该书全本要目分为"设粥""请十庙""大王出身""船出水"和"铺司"等，内容也是以新安江沿岸为其活动空间，展示了"收瘟摄毒满船装，安奉龙舟来供奉"的迎神赛会场景。其中，有一段叫《大王出身》，吟唱的便是张巡、许远困守睢阳的历史故事，歌颂二人的奇勋伟绩、孤忠劲节。书中的大段铺叙中，亦穿插着徽、杭二地的相关内容。该书的第1章《设粥》中有：

　　　　家家户户送财宝，拜送大王上天堂。

　　　　海河船头大王招风起，船尾小王把舵摇。

　　　　两般［船］水手齐用力，摇橹荡桨往苏杭。

　　　　三百六十有名滩，滩滩去去［处处］有人家。

　　　　过了一滩又一滩，转了一湾又一湾。

杭州有过［个］西湖景，西湖景里好风光。

杭城土地来迎接，迎接大王到杭城。

饯送大王归大海，流恩锡福降祯祥。

徽州素有"一滩高一滩，一滩高一丈。三百六十滩，新安在天上"的俗谚，形容旧时新安江水路交通之艰险。根据前引《石潭吴氏宗谱》，"设粥"是酬愿的一种方式。另外，佚名无题科仪抄本中还有《铺司》一节：

山外青山流［楼］外流［楼］，杭城歌舞几时收［休］，暖风吹得由［游］人醉，变［便］把杭城作片舟［汴州］。

一大青山水连天，白水忙忙［茫茫］多是船，重山不见神仙出，周公来问打鱼船。

［白］打叹［探］军情事，分为夜不收，日间重草内，黑夜过山头。

［唱］戴月披星，昼夜驰驱，不暂来此新安郡，即［急］忙下马问原因，听其情报喜音，纪爷命我来传信，飞捷前来报信音。

［白］凡［烦］你通禀一事：杭州府出门关十五里到卖鱼桥，进了混塘卷［巷］，四十里到余杭县，余杭县起程，三百式十到徽州府，十里、五里俱有村郭、市镇，说不尽，有两句总语听我道：一自余杭旱路走清山，并五柳、西寺、前王到北［化］龙、对石、镇东、方园口、昌化、义桥、手□司、朱村、结口到车盘清风岭、水玉岭头，老竹木盘到叶桥、三羊坑，过三跳岭、鸡子里、齐武，过苏村、余坑、山后、七贤桥、方村、北岸、大佛、蔡坞口、章岐、周［稠］木、七里头、新安关进府守也。有两句总语听我道来：一自鱼梁坝，百里至街口，八十淳安县，茶源［园］六十九，九十沿［严］州府，钓台同胪［桐庐］首，同子关富扬［阳］，三结［折］龙光［垅江］口，徽州至杭州，水程六百有。说不尽西湖景致，天下一十三省，到处奇名……

此处的《铺司》，其所铺叙者，将徽州至杭州的水、陆两道都包括在内，同样也是以新安江流域为其背景。其中的《水程捷要歌》①，亦见于该书的《船出水》章。在明代以来的商编路程中，水路即"徽州府由严州至杭州水路程"，陆路则是"杭州由余杭县至齐云岩陆路"的绝大部分路线（至徽州府为止）②。（见下图）

① 明末清初西陵憺漪子（汪淇）所编《天下路程图引》卷1"徽州府由严州至杭州水路程"所附《水程捷要歌》："一是渔梁坝，百里至街口。八十淳安县，茶园六十有。九十严州府，钓台桐庐守。木童梓关富阳，三浙坺江口。徽郡至杭州，水程六百走。"（杨正泰校注：《天下水陆路程　天下路程图引　客商一览醒迷》，山西人民出版社，1992年版，第361—362页）

② 西陵憺漪子（汪淇）所编《天下路程图引》卷1"杭州由余杭县至齐云岩陆路"中的部分线路如下："杭州府　出北关门，过湖州墅，共十九里。　至卖鱼桥。在混堂巷搭船。四十里至　余杭县。　起旱。十里　丁桥铺。远。十里　青山。远。十里　五柳。十里　西市。　十里过河至钱王庙，即凌村铺。二里　金头。七里　化龙铺。　十里　横塘。　十里至藻溪。　十里　戴石。远。十里　镇角头。　十里　方员铺。十里至太阳铺。　二里　太阳桥。八里　芦岭铺。十里　昌化县。十里　白日桥。远。　十里　手口＊检司。远。前面有三条小岭，俗称画眉三跳。十里　朱柳。有东平王庙，递年七月二十里起大会。　十里　颊口。远。十二里　车盘岭脚。远。路崎岖。过才人岭，至顺溪。四里　杨家塘。六里　界山。有活王分界圣迹。七里　老竹岭脚。三里　老竹铺。七里　老竹铺。七里　叶村。三里　王干巡司。十里　中岭。无店。十里　杞梓里。三里　齐坞。七里　苏村。八里　斜干桥。二里　蛇坑。十里　山后铺。无店。五里　郑坑口。五里　七贤。五里　方村。二里　北岸。二里　大佛。七里　蔡坞口。三里　章祁。十里　稠木岭。三里　七里头。七里　徽州府。……"（杨正泰校注：《天下水陆路程　天下路程图引　客商一览醒迷》，山西人民出版社，1992年版，第373页）上引《铺司》一节中所述的沿途地名，虽然写法上更加俚俗，但与此一商编路程可以比照而观。

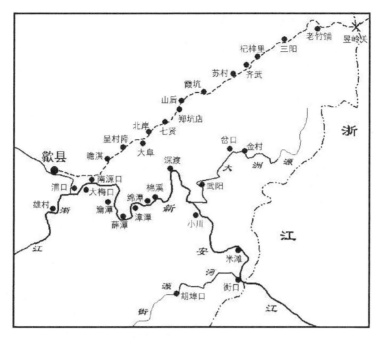

徽州至杭州水、陆两道交通图

此外，抄件《胡埠口保安善会法事》中还提及"船引"，这在徽州亦有发现。笔者手头有《登程船引》抄件，颇为罕见：

> 钦差瘟部都督宪府大堂张，为出巡世界，检察庶民，经过沿河旱道，须备神夫、轿马、舡只等项，护送 本部 上奉玉旨，今行水路，禁止私造舡只，即贩私货，令行立拿究治。今照得江南徽州府绩溪县杨山乡高风里厚儒社内预禳保安善会，特备龙舟、花篮、彩旗，饯驾回天，请旨颁恩，赦尔等之愆，赐将来之福，灾消祸散，名利两全，须至牌引，合行通用，如违即拿，重究不贷，速速！
>
> 须至牌引者。
>
> 中华民国　　年　　月　　日吉时发行
>
> 引　右仰舡神，送至杭州钱塘县富春驿投缴。

《登程船引》中提到的"杨山乡"，辖有五都、六都，与旺川、上庄一带的七都、八都壤境相接，趋尚略同。而从水系发育的情况来看，分别流经杨山乡、旺川和上庄的小溪共同汇入大源河，并辗转流入扬之河，最后进入新安江、钱塘江，一直到达下游的杭州，这种共同的流域背景，更促成了彼此的风俗大同小异。也正是在此种背景下，这一带的保安善会，才会出现《登程船引》这样的文书。《登程船引》实际上是模仿新安江上官府出巡的行舟，将瘟神押送出徽州境内，一直送往下游的杭州府，最后"龙舟花灯归大海"，实际上也就是将之驱逐出海。

以五隅为迎神赛会的单位，在歙县并不罕见。徽州文书抄本《联句总集》中有"保安会场各隅联扁"，其中曰："四境沐深恩岁稔时和聊借笙簧酬帝德，五隅蒙盛泽民康物阜且资歌舞答神庥。"而抄本《芳义明录》中的"神联"，亦分东、南、西、北、中五隅①。举行保安善会时，需动员五隅内所有的人参与。抄本《据帖杂集论说》②中，就有《六月会修路帖》，其中写道：

> 具帖为关照事。缘吾村保安善会，择于本年六月初一日迎接观音，所由之路荒芜难行，急于修理。兹订于本月十六日，凡属支丁，按丁齐往，年满十五岁以上，六十岁以内，各无推诿，特此关照。

由于绩溪的保安善会均放在闰年的六月，故亦称曰"六月会"，此处是为了举行迎神赛会而预先发帖，号召村民参与修路。另外《善会派物帖》曰：

> 具帖为关照事。缘吾村保安善会，择于本年六月初一日迎接观音，各户派火把一个，或幡或铳。若有铳者，则不派幡；如有幡者，

---

① 此外，反映晚清歙县南乡社会生活的《献廷公酬世文墨遗稿》抄本中，亦有相当详细的《做保安会五隅演戏联匾》，该书首页题作："黟侯六十六世孙献廷公酬世文墨遗迹，宣统元年初秋次男德坤谨抄。"

② 抄本1册，封面除书名外，另铃有"程志仁章"方章一枚。书中提及的"上源""茶源""里洪坑""外洪坑"等地名，均位于今绩溪县大源乡。

则不派铳。至期，一概男丁各执其事，另外派灶头一名，齐皆上路，各无推诿，特此关照。公具。

这是对每家每户所派的物品。另外，还有《善会拖猪帖》：

具帖为关照拖猪事。阖村议定，由八名起猪人，依老路净街而行，闲人毋许乱拖，若敢故违，罚洋廿元正，特此关照。

所谓依老路净街而行，说明保安善会均有一定的路线①。（见下图）在歙县大梅口，《阖村保安会开会记录》载：

先齐集社庙，由社庙出发，走社路，总甲、参抬头、两香首、两社老鼓锣，青舟社头旗搞□吉锣至坛场，胡祠粘圣牌壹位，改打□锣鼓出行，再由社路至西隅花园内发圣牌，现收圣牌钱，再发前门，大宅、住后挨发，转头发中隅、南隅、东隅，再过河，直到源头转头，发江本源堂，再各家，随科圣牌钱。转身来邀道士及各值事，再至胡祠安圣。用八斤烛一对，全红纸壹刀，箍香壹子，大锭五对，一百边②一串，水酒壹碗，安毕回社庙，用照前香烛、纸锭、炮竹安主坛，上坐。（再各分熟肉、酵饼、腐角、腌熟鸡子、水酒，此注）

---

① 如篁墩的保安会，老菩萨（程忠壮公）之出巡路线就是由篁墩到草市，过江到南溪南，由此到王村、烟村、虹梁、马岭、罗田然后返回篁墩庙堂。（见苏绍周《篁墩保安会兴散记》，《屯溪文史》第5集，1996年版）
② "边"即"鞭"（鞭炮）。

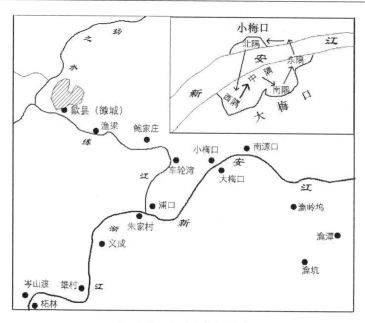

大、小梅口保安善会巡游图

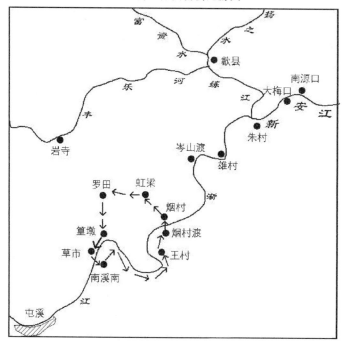

篁墩保安会巡游路线图

上文括号中注明安圣后的分熟肉、醇饼、腐角、腌熟鸡子和水酒等。此外，《阆村保安会开会记录》中的另一处，亦记有类似的内容：

> 两社老；
>
> 两香首：姜全社、胡荣辉；
>
> 道士：目好；
>
> 五隅行头，共二十五名；
>
> 共卅名，分肉七斤半，市秤；
>
> 　　　分饼卅个，计灰面　市，七斤半；
>
> 　　　分腐角六十块，每人结洋一分六厘；
>
> 　　　分水酒卅碗；
>
> 　　　分腌鸭子六十个。

以上的食品，显然是犒劳社老、香首、道士和五隅行头等。另外，迎神赛会时的具体人手安排，主要由轮值的西隅出力：

> 大小众科钱　二名
>
> 铺设看隅　四名
>
> 烧茶挑水　乙①名
>
> 城乡办 连管才［财?］　乙名

《保安善会五隅科钱簿》中亦记录了参与保安善会的各种角色：

> 司厨、管香灯、总甲、参抬头、花篮、小鼓、小锣、管财宝、驼主坛
>
> 安圣人手：道士、总甲、参抬头、花篮、鼓、锣
>
> 堆沙打标人手

---

① 在民间文书中，"乙"即"一"。

收圣人手：道士、总甲、参抬头、花篮、小鼓、小锣、管财、两社老驼主坛

送圣人手：道士、总甲、参抬头、花篮、小鼓、小锣、管财宝、驼主坛、背纸篮、雇驼龙舟壹名。

"做事人"共有道士8位、社老2位、香首2位、五隅执事人5位、帮忙人5位和管账1位。这里提及的"打标"①，在俞樾笔下亦有提及，至于具体的做法是否相同，不得而知。不过，对于人手的安排②，具体是通过抽阄的办法决定的（详见下表）。

程序	分工	人数/人
安帝	抬汪王祖	4
	驼老大［太］子	1
	驼新太子	1
	驼关帝	1
	驼张飞	1
	驼钟馗	2
	驼五帝	2
	驼帝旗	1
	驼头旗	1
	香首	1
	清道飞虎旗4面	4
	蜈蚣旗4面	4

① 关于打标，根据许九益《许村"六月一"庙会情况简介》（歙县地方志办公室卷宗40）介绍，歙县许村六月初一的庙会，由东、南、西、北、中五大方轮值。"初三日下午打标，在石德东边的广场上，按五大方各方的地段，赛放鞭炮。在燃放鞭炮的同时，各方、各村、外村等平时许愿的户，将大肥猪赶来广场，杀猪放血还愿。只将猪杀得半死，让它边跑边流血，血尽猪倒，看谁家的猪跑得最远，最远最吉利。猪倒地后，由指挥发令，各方举着棉布制成的色旗赛跑，从广场上起，跑到水口庵，谁先到，谁得胜。五方到齐，再用香纸焚化祭旗，然后解散"。转引自蔡思潮：《从明清歙县民众宗教生活看中国传统社会》，安徽师范大学硕士研究生毕业论文，1995年4月。笔者按：许村的东、南、西、北、中"五大方"，即绩溪和歙县其他地方的"五隅"。

② 此处只是简单的人名记录，但由人手的安排来看，保安善会的规模相当之大。根据苏绍周《篁墩保安会兴散记》回忆，参与篁墩保安会的巡游队伍约有300人。（《屯溪文史》第5集，1996年版）

程序	分工	人数/人
安帝	神伞2把 大绸旗1面 挑鼓 打鼓 打钹 打尖镲 打锣	2 2 1 1 1 1 1
火良火	乌旗、刀旗、花篮、大鸡、水桶、 打锣、打鼓	
安灶	乌旗、刀旗、花篮、托盘、起土、 打锣、打鼓	
送帝	抬汪公 驼关帝、张飞、两太子 驼钟馗 驼五帝 驼帝旗 驼头旗 香首 清道飞虎旗 蜈蚣旗 神伞 大纺绸旗 管鼓钹 管财宝	4 4 2 2 1 1 1 4 4 2 2 5 1
念五行头坛场值事	总甲 参招头 管帅旗连打标 管督旗 管财宝连打纸 管香灯各隅1人 司茶酒 城办 口办 口[司?]厨各隅1人 挑饭水连洗菜 挑茶水 烧茶 接送道士箱连送茶饭 管账	1 1 1 1 2 5 1 1 1 5 1 1 1 2 1

此处提及保安善会安帝、送帝时的神庥，主要有汪公、关帝、张飞、两太子、钟馗和五帝。所谓两太子，根据书中其他部分的说法，一是老太子，一是新太子，不知是否即三、四太子？但总体上看，该次保安善会中的神庥并不太多。对此，我们不妨对比一下其他的相关文书。晚清民国徽州日用类书《酬世汇编》①卷7《期书、继书、阄书、关书》中，有一包揽议约，是有关保安善会的：

> 立包揽议约人绩邑南门外△△△，今身揽到大洲源金村宅上十年一次保安善会纸扎一宗，计开观音大士莲座一架，五隅五帝并坐骑五只，龙、凤二舟并拨舟一只，香亭一架，平台一架，烟火一个五套，以上几宗所有装束诸神，以及戏文菩萨，另开有单存照。凭中三面议定工价钱陆拾捌仟文正，今身揽来合倩有名司务，不惜工本，用心承做，不得草率了事。所有火食、灯油，均身自包承值，其生菜、柴火，东家津贴工价，陆续支付，准期做就应用，毋得误期。如有误期以及了〔潦〕草塞责、生枝发叶等弊，凭公理究。恐口无凭，立此包揽议约存照。
>
> 　　　　　　　　谨将诸神开列于后：
> 　　　　　　　　观音座架上
> 　　　　　　　　观音大士、金童、玉女三位，三官上帝，胡元帅
> 　　　　　　　　韦驮，灵官，汪公大帝
> 　　　　　　　　城隍土地，灶司，关老爷
> 　　　　　　　　值符，五谷神，土地
> 　　　　　　　　财神、九相公二位
> 　　　　　　　　太子，社公
> 　　　　　　　　社母，东平王

---

① 《酬世汇编》抄本共10册，为20世纪50年代歙县大阜吕龙光所编的民间日用类书，其内容在时间上上自清同治、光绪，迄至1954年。反映的地域，除了歙县外，还涉及绩溪、旌德和浙江严州府建德县西乡等处。

以前均用裱绫压线

五帝五尊并坐骑五只（披袍现甲，裱绫压线）

龙舟三十六位（五三裱绫压线，水夫听做）

凤舟二十四位（五夫人裱绫压线，水夫听做）

拔舟一只

平台一个三间，菩萨戏文、武两套，听做

香亭一个（均用裱绫压线，菩萨照例）

五瘟七位

烟火一个（五套）

大洲源发源于皖浙边境老山西侧，在岔口一带西流汇入新安江，因河口有大沙洲而得名。歙县有好几个金村，但上揭契约中的"金村"，应位于岔口与周家村之间，地处大洲源北岸。契约中谈到当地举行10年1次的保安善会，前往绩溪南门外聘请纸扎师傅，做了大批的纸扎。其中提及"五隅五帝"，与绩溪方志中有关"分方隅祀五帝"的记载恰相吻合。除此之外，《酬世汇编》中的另一份《善会戏关》又载：

立戏关人金村首事人△△、△△等，今因散舍例有十年善会一坛，共戏十本八阕足，今特请到浙江同春贵班前来唱戏，三面言定，计价洋壹百零伍元正，其戏箱并行李，准于十月十八日扛到，以备十九正日扮八仙迎接观音，不得有误。其戏准于二十五日出东，风雨无阻。所有火食并胭脂、水粉、颜料、台里烛火，一应贵班承值；台外烛火、柴菜，东家承值。其接箱脚陆路四十里，水路式拾五里为紧，如过四十以外，贵班津贴扛箱工钱，不得异言。其戏不得误期，如有误期，凭公议罚，恐口无凭，立此戏关为据。

类似的戏关，亦见于另一册民国时期的日用类书抄本①。这份戏关，也同样是大洲源金村10年1次的保安善会之契约。其中提及，保安善会时，需前往浙江聘请同春贵班前来演戏助兴。上述的两份契约，可以作为大梅口保安善会之参考。

(三)民国时期徽州保安善会的困境

清末民国时期，随着新知识的普及，愈来愈多的人主张破除迷信，减少迎神赛会的破费。宣统元年（1909年），绩溪当地在对神道的调查时就指出，瘟舟善会"城中现已革除"②。在此背景下，一些地方的保安善会，受到了部分村民的抵制。如篁墩保安善会，就因罗田方槐三的带头抵制而于1922年偃旗息鼓。及至抗战前后，徽州百物腾贵，民间的祭祀活动都受到了相当大的影响③。另外，来自行政方面的压力乃至干预也愈来愈强。这些，都造成了徽州各地迎神赛会的普遍困境。

从现存的文书来看，大梅口1941年的迎神赛会也一波三折。《阆村保安会开会记录》记载，六月初二，西隅发帖，邀请各祠耆老定于六月初五下午开会，帖底曰：

> 敬启者，缘阆村保安善会，原议照旧进行，迄县政府鉴于时势，百物皆贵，严禁迎神赛会在案，为此邀请贵隅、贵祠耆老，于本月初五日下午驾临遇金庵公同讨论，从检妥善办法，藉答神恩，届期请出席为荷。
>
> 西隅公具。

---

① 抄本1册,何莲塘抄录。书中的卖契,内有"自前清移居徽歙大洲 △△△ 地方"之句,大洲应即大洲源一带。

② 刘汝骥:《陶甓公牍》卷12《法制科·绩溪风俗之习惯》,见《官箴书集成》第10册,黄山书社,1999年版,第619页。

③ 如民国三十五年(1946年)《继福公清明簿》(抄本,笔者收藏)中谈及散胙法时就指出:"旧列十碗,兹因战后物资高涨益炽,公议粉干、山粉、猪肉、酒包、鲜笋,五样双上。"

六月初五日下午开会，参加者共18人，代表了梅口的18族①。六月初十再开会议，当时发帖称：

> 为大梅口保安会经县政府禁止后，另拟改小办法，呈请贵公所备文，连同原呈，特祈县政府核示遵由。呈为大梅口地方，凡逢闰月之年，例有建设保安之举，演剧酬神，祈求人口清吉。但鬼神之为物无形，自可属诸迷信，乃大梅口为一较大农村，人烟稠密，文化薄[薄]弱，而知识份子、公正士绅因农工妇女不暗[谙]国法者居多，主张利用鬼神制止一般愚顽蠢动，挺[铤]而走险，所以补助国法之不及。今年农历闰月，以致保安援例举行。钧长本村人士，地方民意，习俗相沿，知之已稔。业因县府对于本村今年保安予以取缔，布告禁止，地方民众顿萌不安状态，尤其一种保安观念最深之男女，谣惑频传，恐滋事端。保安值事人已于农历六月初五日召开全村会议，提案停办保安而符禁令，到会人俱各三缄其口，哄然而散。初十日，续开会议，佥谓村大人众，死亡疾病，无月无之，如果保安废止，此后死亡疾病之家疑鬼疑神，必归咎于消灭保安者之身焉，可不加顾虑？由是全村十八族，每推代一人，公同改善废除办法，演戏而崇禁令，设坛供像，安戢众心。为此公民等相应联名，具告改善办法，呈请钧长关怀桑梓，迅予备文，附同原呈，转请县政府俯念民情，准予改办而慰众望，实为公便，谨呈三谊镇长汪转歙县县长马。
>
> 汪永福、汪桂、程金荣、汪锦春、姜老炳、孙顺连、汪永德、汪雷祥、汪寿池
>
> 公民：胡寿福、汪贤荣、汪灶德、汪根泰、江全庆、江百有、汪和银、姜志通、汪天福

---

① 胡致和堂，寿福；上楼上，汪慎德堂，小恶（即永清）；溪塝头，汪慎友堂，根泰；河北，江本源堂，百有；前门，汪正伦堂，永福；住后，汪叙和堂，锦春；大宅，汪佑启堂，桂；里姜，存德堂，志通；外姜，耕善堂，老炳；孙家，德懋堂，顺连；孙家，心本堂，灶法；上田干，汪敦义堂，和银；下田干，汪承恩堂，寿祺；城门里，汪承荣堂，尼姑（天福）；程家土党，思养堂，尼姑；江叙伦堂；桥东，汪敦叙堂，贤；下汪，叙德堂，雨祥。

1941年，歙县全县划为1镇（即歙县的驻地徽城镇）、3区，下辖41个乡（镇）。其中，三谊镇驻地就在大梅口，属王村区管辖。此处提及，大梅口的"文化簿［薄］弱"，当地应当没有处理跨宗族事务的文会组织①，五隅由全村18族，每族推代1人组成。此帖中有"迷信""公民"等字眼，颇为时尚。但与此同时，帖中亦指出：神道设教，对于维持地方社会的稳定，具有极为重要的作用。及至六月十四日，轮值的西隅再次发帖贴在墙上：

> 五隅公共保安，因禁令已成僵局，急宜如何挽救，以洽众望。迭经两次集同五隅开会，奈各讷不发言，致无效果。今定农历六月十五日下午三时开第三次保安，为［维］持会地址：遇金庵。一出聘本镇镇长，大、小梅口各保长加入，商榷解决难题。事关公众清吉，请各隅、各祠准期赴会，提具意见，同心协力，共济时难，此启。
>
> 五隅保安会西隅办事处。
>
> 又请梅溪保长孙理卿、梅中保长江涛、梅瀹保长汪一言、梅川保长江系吕。

这是让五隅代表与乡镇保甲一起，探讨妥善的解决办法。七月七日，又发出《大、小梅口五隅拾八族通知书》：

> 为通知事。五隅公共清吉保安会政令禁止后，猝成绝境，人心均感不安，经过五隅会议两次，设法挽救，卒无效果。特约农历六月十五下午三时，假遇金庵续开第三次保安维持会，函聘镇长暨各保保长参加，互商挽救办法。事关贵隅人民清吉，相应敦请贵保长准时出席参加，戮力维持，一致挽救为荷，此致 ΔΔ 保长 ΔΔΔ。

---

① 当然，徽州文会的形态、功能并不完全相同，有的文会仅是文人诗文聚会的组织，有的则是处理地方事务的基层组织。此处是指后一种形态，但并不排除当地有文人诗文聚会的组织。

汪、江、胡、孙、程、姜氏十八族联合保安维持会。

关于18族联合保安维持会，亦作"五隅十八族维持保安联合会"，笔者手头另有1941年7月的《签名册（附会议录）》①：

到会名单：镇长汪自信

梅溪保保长孙理卿　到

梅中保保长江春涛　胡长根代

梅岭保保长汪一言

梅川保保长江繁臣

桥东汪敦叙堂

下汪汪叙德堂

上田干汪叙义堂　和银

下田干汪承恩堂

　　　　江叙伦堂

城门里汪承荣堂　庆元

程家土党程思养堂　金荣

门前汪正伦堂　永福、寿荣

大宅汪佑启堂

住后汪叙和堂

　　　　心本堂

里姜存德堂

外姜耕善堂　润生

孙家德懋堂　子代

河北江本源堂　受一代　国治　爱日、受一代表

上楼汪慎德堂　永清

---

① 抄本1册。

　　上溪塝头　　汪慎友堂　　春生代到　　福善

　　胡叙和堂　　胡寿福　　知

　　东隅总代表　　上东隅　　汪贤荣

　　　　　　　　　下东隅　　江全庆

　　南隅总代表　　汪和银

　　西隅总代表

　　北隅总代表　　江受一

　　中隅总代表　　汪春生　　胡月林

　　这也是由镇长主持，保长参与，与五隅代表、各祠堂代表共同商议的。除了上述的签名册外，会议录上只有简单的三行字：

　　提议案

　　　　县府禁保安会

　　　决议事项

　　最终结果如何未见记载。不过，由此寥寥十数字，却可见旧知与新学之间的矛盾，以及民间习俗遭遇行政压力时的尴尬。

三、徽州的"五隅"

　　从上述的诸多文书中，我们注意到了"五隅"的提法。乾隆年间有一位就任萍乡知县的胥绳武，就写过一首《萍乡竹枝词九首并序》："五隅年例扮迎春，忙煞城中城外人，所幸太平毛个事，颟随衡去跳傩神。"这里也指出，迎春时五隅有跳傩神的迎春仪式。不过，此处的"五隅"，究竟是以五隅的方式来组织的迎神赛会，还是说五隅只是县城关隅的另一种称呼，并不清楚。

　　不过，在徽州的一些县，五隅是区分方位的一种方式，清抄本《绩溪县城市坊村经理风俗》中，对绩溪县城的五隅，作了详细的解说：

课	坊市	隅、街巷
第一课	东坊市	东街口，司谏坊，东关亭，仁慈坊，大理坊，里仁坊，义井坊，小东门，东作门，白石鼓
第二课	南坊市	南街口，总督府，觉今园，水圳塝，大司城*，程家巷，染巷桥，南门头，孔家庙，晏公庙
第三课	西坊市	西街口，周家巷，葛家巷，积庆坊，西关，木牌坊，西察院，集贤坊，新西街，项家桥，登云坊，崇德坊，世科第，画锦里，西成里，中巷，眉昆阁，麻山关　官社坛，堡坞岭，进贤门
第四课	北坊市	官巷口，美俗坊，乐安坊，翰林第，清河坊，白鹤观，北门头，舒家巷，任家巷，张家巷，崇贤坊，太和坊，颖川坊，导泉坊
第五课	中坊市	太平坊，中正坊，中和坊，遵义坊，台宪第，福泉坊，遵亲堂，处仁坊，中心堂，尚书府，仁寿坊

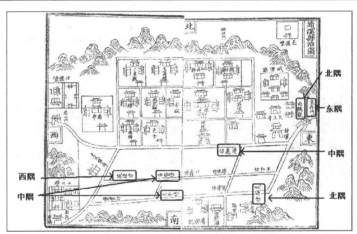

明弘治《徽州府志》所见绩溪县治五隅图

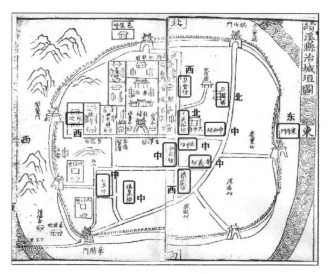

明嘉靖《徽州府志》所见绩溪县治五隅图

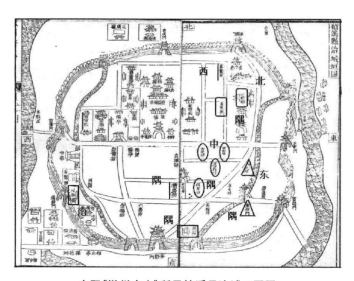

康熙《徽州府志》所见绩溪县治城五隅图

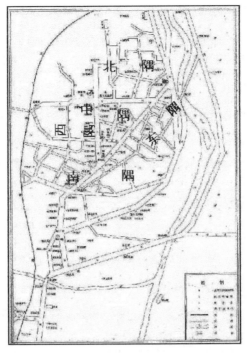

绩溪县城五隅图

对此，嘉庆《绩溪县志》卷1《舆地志》亦载，城内坊市共十一图，分五隅①。《绩溪县城市坊村经理风俗》一书的第6课《宋坊市》指出："宋朝坊市分五隅，坊名之数共有七，归德、崇贤与崇仁，连城、敦礼并清宁，仍有一坊曰临河。"此处提及的"宋朝坊市分五隅"，在宋代亦有其他地区的佐证。

当然，在徽州文献中，一府六县的其他县份，城内更多的是四隅之划分。明代万历《歙志》"邑屋表"就指出："城居之户编为四关四厢，四隅中有图焉。"至于这四隅，即：东南隅（图二）：十横街，翀山巷，太子堂前；西南隅（图二）：南街，新安卫前，城隍庙，南公馆，旗纛庙边；东北隅（图三）：东门头，里仁巷，上北街，永丰仓前，府学前，黄荆岭，倪家巷；西北隅（图二）：小北街，穆家坦，府前。右四隅共九图。此外，《歙县都图地名及各图字号》中有东关五图、西关二图、北关二图、古关

───────

① 嘉庆《绩溪县志》卷《舆地志·风俗》，第324—325页。

二图、东关隅二图、西关隅二图、东北隅二图、西北隅二图。可见，东关隅、西关隅、东北隅和西北隅，合为县城四隅。在休宁，抄本《休宁县都图字号乡村地名便览》也指出："在城四隅。"其中，东北隅共三图，西北隅共二图，东南隅共三图，西南隅共二图。上述的二县，都只出现过四隅的说法，只有绩溪的情况有点特殊。《绩溪县城市坊村经理风俗》第34课指出："闰年于六月中，阖城卜日致斋，造龙舟，分方隅，祀五方帝，共祀张睢阳殉难诸神，名曰善会。"县城中的五隅，后来结合"五方帝"的信仰[①]，组织而为保安善会。

除县城内的五隅划分外，在县城之外的广大乡村，也有五隅的划分。前述的歙县大梅口，不仅有五隅之划分，而且在五隅之下，有的更细分为上、下二隅。譬如，根据1941年7月的《签名册（附会议录）》，大梅口的东隅，就分作上东隅和下东隅。除此之外，根据今人汪汉水的讲述，在绩溪荆州一带，参加"大年会"的中节（今上胡家、下胡家两个行政村）范围内的所有村庄，分为五隅：

东隅：坑里、下胡家、老屋下、洪家庄

---

① 除了县城外，乡村的五隅亦与祭祀五帝密切相关。民国时期歙县日用类书(何莲塘抄录)中有一《作会祭五帝文》："伏以天心丕显，群瞻霄汉重光；帝运亨昌，共庆车书一统。作善乃降祥之本，偕五隅而冀望休祥。嘉会礼之征，越十载而循行古礼。兹者岁星当柔兆之次，月令值孟冬之辰，祥占吉日，敬告尊神，肃具斋供，虔修祀事。青、黄、赤、白、黑，五色本自成文；东、西、南、北、中，一堂何妨并列？惟愿在旁在上，骏惠覃敷；更期同气同声，鸿恩广播。四民敦居首，歌髦士之攸宜；百谷用告成，咏农夫之克敏。居肆擅公输之巧，经商追端木之风。从心所欲，群黎共庆生成；有感皆通，庶汇均叨化育。动植飞潜殊其性，随遇能安；刚柔燥湿异其宜，因材以笃。且喜降魔伏怪，仰仗神威；还祈逐疫驱邪，宏施法力。魑魅从兹远循，祯祥自此频添。无灾无害，同游仁寿之天；有幹有年，各满篝车之愿。清酌三巡，办香一炷，统希藻鉴，曷任葵倾，尚飨。"当然，除了五帝外，五隅中祭祀的，也有其他的神庥。譬如，晚清徽州歙县三十都八图金村日用类书抄本中，就有题作"做会用"的《观音大士祭文》，其后的《善会祭文》作："大清光绪ΔΔ年岁在丙戌小阳月庚申朔月越祭日ΔΔ之辰，坛下五隅信士弟子等，谨以香帛清酌庶馐之仪，稽首百拜，致祭于南无大慈大悲救苦救难广大灵感观音大士慈尊之神前而言曰：'……慈值小阳之月，适占中澣之辰，爰集五隅庶姓，会酬十载深恩，先三日而持斋洁静，历一旬而顶礼虔诚……'"

中隅：里庄村

南隅：铁坞、铁坞庙土干、东山、石桥头、塘坞口、石壁山脚、横坞、柯子山

西隅：上胡家、里杨村、外杨村

北隅：钱家坞、凹塘里、下村垱①。

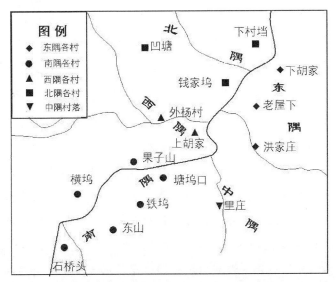

绩溪荆州保安善会——"大年会"五隅示意图

类似于此的乡村的五隅划分，还有其他的例子。前引的《酬事汇编》卷5有一科仪：

> 维大清光绪二十二年岁次丙申小阳月壬戌朔越祭日庚辰之期，金村坛下五隅信士弟子等，谨以清酌庶馐香帛之仪，稽首百叩，敢昭告于南无大慈大悲救苦救难观世音大士慈尊之座前而言曰：伏以士以大名，念切慈悲而大发；音胡观得，心存恻隐以观人。拯斯民于急难之中，捍巨患于方隅之外。慈航期普渡，施一片之婆心；觉路喜宏开，置群生于道岸。林居紫竹，闻揭谛而共出迷途；座拥红莲，冀皈依而

---

① 汪汉水：《荆州"大年会"》，载《荆州遗韵》，2009年版，第91页。

咸成正果。在昔修身养性，三味潜通；而今救困扶危，万灵不爽。顾慈尊既广施骏惠，而众姓爰同沐鸿恩。歌髦士兮攸宜，毓秀舒翘，待鹿鸣之高唱；咏农夫兮克敏，仓千箱万，欣鱼梦以频占。经商坐贾，腰缠万贯之赀；执业呈能，艺擅百工之巧。四民已叨其护佑，百族尤荷夫帡幪。动植飞潜，各安其性；刚柔燥湿，胥适其宜。既幸灾褫疫耗之咸除，还蒙福祉祯祥之叠赐。于斯厚贶，敢不恭酌酬。思古例之循行，刚周十载；喜今人之踊跃，不惜千金。费则仍照男丁妇口以匀科，事则公举谙练老成之董办。五隅首事人等，同心酌议，协力从公。庶务咸康，先三日而净街茹素；群情共奋，合一村而迓圣临坛。月则逢夫己亥，期则选夫庚辰。瞻香云瑞霭之缤纷，金锣开道，旗幡载道；讶绿水青山之热闹，鼓乐喧天，铳炮连天。此虽沿习俗之遗风，却无愧保安之盛会。睹红梅兮点点，如闻供佛香花；看黄叶兮飘飘，俨化酬神楮帛。幸逢吉日，虔告慈尊。玉粒咸庆修收藏，金经适宜讽诵。愧乏交梨火枣，肃备斋供；惟凭蕴藻蘋繁，聊申敬意。礼宜从俗，彬彬乎文物衣冠；享岂多仪，蔼蔼然灯花酒醴。伏冀神灵有赫，泽永布于金溪；还祈呵护无疆，恩偕承于王宇。佑群伦而载生载育，歌麟趾兮振振；保庶汇而无害无灾，乐宴燕安兮岁岁。仰瞻在旁在上，俯赐来格来歆。敬竭微忱，尚希洞鉴，惟兹不腆，幸恕不恭。伏惟尚飨。

文中状摹了迎神赛会的准备及实施过程。此处祭祀的主神为观音大士，其中的"金溪"亦即金村。该科仪指出，费用支出是男丁妇口平均摊派，其组织者则是五隅首事。该份文书由一个叫王国贞的人撰写，此外，另一份由王氏撰写的资料如下：

维大清光绪二年岁在丙子己亥月戊子朔越祭日庚子之辰，坛下五隅众弟子等，谨以香帛清酌庶馐之仪，虔诚百叩，致祭于东、南、西、北、中五帝之神前而言曰：伏以天心丕显，群瞻霄汉之重光；帝运恒昌，共庆车书一统。作善乃降祥之本，偕五隅而冀望休祥；嘉会有合礼之征，越十载而循行古礼。兹首岁星当柔兆之次，月令值孟冬之辰。详占吉日，敬告尊神；肃具斋供，虔修祀事。青、黄、赤、白、黑，五色本自成文；东、南、西、北、中，一堂何妨并列。惟愿在旁在上，骏惠覃敷；更期同气同声，鸿恩广播。四民孰居首，歌髦士之攸宜；百谷用高成，咏农夫之克敏。居肆擅公输之巧，经商追端木之风。从心所欲，群黎共庆生成；有感皆通，庶汇均叨化育。动植飞潜殊其性，随遇能安；刚柔燥湿异其宜，因材以笃。且喜降魔伏怪，仰伏神威；还期逐疫驱邪，宏施法力。魑魅从兹远遁，祯祥自此蘋〔频〕添。无灾无害，同游仁寿之天；有干有年，各满筹车之愿。清酌三巡，瓣香一炷，统希藻鉴，曷任葵倾。尚飨。①

这里提出五隅和五帝，五帝之面色各不相同。隅是一种方位，五隅为地缘性的组织，每个隅下可以包含多个姓氏。在歙县大梅口是如此，在金村亦是如此。《酬世汇编》卷6即有一合墨：

立合墨南隅会内众等，缘我南隅有朱、吕、何、胡、凌、吴六姓，会内公款，除办物外，尚存大洋五十余元，而吕、何、凌、胡四姓，其先人另立有汪九相公神会，朱姓历来对于众事，间常均属北隅，惟逢阖村善会，则列在南隅，故从前未加入九相公会。吴姓虽入村卜居以后，凡事均属南隅，特卜居之初，已在吕、何、凌、胡四姓立有九相公之会之后，故亦未及加入。从前迎神所用之旗伞、锣鼓、桌围、五事等件，则为南隅所办，其余则均为九相公会所办。今幸吕、何、凌、胡四姓众等，愿以九相公会内历年购办之地业器具，以及滚存之银洋百有余元，一概公诸南隅全体，将九相公会与南隅会合并为一，以便年年灯节，迎神坐会，六姓共同热闹。由是朱、吴两

① 吕龙光编纂：《酬世汇编》卷5《祭神文、札付、会序、魁星赞》。

姓，念从前于九相公会未有捐助，朱姓愿出大洋拾元，吴姓愿出大洋拾捌元，助入会内，共同生息备用。自是义务既均，权利共享，化除畛域之见，永无彼此之分。此系出于南隅六姓众等公同议定，当场一致赞成。惟愿此后同心协力，勿意见之参差；好义急公，群精神之踊跃。如有藉故生端，自相破坏，自当凭公理论，决不稍示姑宽。欲后有凭，立此合墨一样六纸，六姓各执一纸，永远大发存照。

民国十五年夏正丙寅十一月立合墨人△△△、△△△、△△△

△△△、△△△、△△△

△△△、△△△、△△△

△△△、△△△、△△△

△△△、△△△、△△△

△△△、△△△、△△△

可见，每个隅本身就是个会组织，不过，有时另建有其他名目的会[1]，与各隅并不重合。有关金村南隅的九相公会，另见有《金村南隅九相公会做众屋墨据》：

立墨据南隅九相公会众等，缘我南隅人丁稀少，经济鲜充，财力既有所未及，屋宇亦殊无足观，由是坐会安隅，苦无相当住所。我众等言念及此，幸皆各具热心，议购基地，以建公厅，为我众等同谋公益，惟恐工程浩大，非一人之力所能为，岁月推迁，非一年之间所可就，爰乃邀集众等，妥定章程，凡我同人，咸宜遵守，事必从贤能以计议，费则按丁口以均科，男丁须做粗工，妇口须供匠饭，不可因端推委，以私废公；不可利己损人，以强欺弱。倘有此情，凭公理究论。愿此后同心协力，视一隅如一家，恐后争先，视众事如己事。行见此举，聿观厥成，而我南隅休有烈光者矣。欲后有凭，立此墨据，

---

[1] 南京大学历史系资料室藏《道光十年—同治十二年太子神会簿》（编号000115），其中提及某地西隅有胡、唐二姓，该隅另有太子神会。

永远大发存照。

民国十六年夏正丁卯月 日立墨据人△△△、△△△、△△△①

此外，1932年夏的包揽议约《石匠议事兴基》，亦提及"金村南隅九公会内众屋基一堂"②。

超越一个家族的地域社会内的公共事务，或由一隅众姓共同承担，或在更大范围由五隅众姓共同承担。《酬世汇编》卷6《金村水口桥路记》：

自水口社庙移置古基，创建鼎新之后，五隅原董即行议造坑口石桥，以及沿溪直上至板凳形之路。适原作石工吴和司前来包揽，一切工食在内，计洋不过百余全之谱，工大值廉，谁不遵议。比即择吉兴工，按丁科费，是诚千载一时之善举也。不料桥虽草劫[创]，路未经营，而所费不赀，难乎为继，石工包揽之款，经已用尽无余，尽将退缩，既不能变产贴赔，又岂能枵腹从事，诸董束手无策，尽将退缩不前。惟予叔△△，念水口桥路，关乎一村之光面，何容半途而废，致诮于往来行人，爰不惮早夜筹谋，措出资费，增益石司工食，务期相与有成。幸获△姓二甥△△、△△贤昆仲，自兰旋里，撺掇帮扶洋饼数十余番，始克告厥成功，化歧途而为坦道，有志者事竟能成。若非予叔之终日不食，终夜不寝，费尽垂老心血，曷克臻此？计创始于己丑新正，至庚寅闰二月望日告竣，即于清明日落成酬神，旋于节后二日，公众饮落成酒，予叔嘱定桥名，以垂不朽，予曰："可名镇安桥。"盖取此桥为通村镇制，恒保比户安和之意云耳。董斯役者，东隅即吾叔候补巡政所字△△印△△，南隅△△△、△△△，西隅△△△，北隅△△△，中隅△△△等，予不敏，忝附末光，因援笔而为之记。

仁邑商籍庠生王国贞撰

① 吕龙光编纂：《酬世汇编》卷6《宗谱、祠庙、桥路公启、合同、墨据、禁约》。
② 吕龙光编纂：《酬世汇编》卷6《宗谱、祠庙、桥路公启、合同、墨据、禁约》。

致芬甫王国佐书

石作吴和司

从中可见，五隅原董，包括东、南、西、北、中五隅董事。事实上，五隅也成为村落联合体的议事机构。从上引的资料来看，金村亦称"金溪"，碰巧的是，笔者手头另有一抄本《豁然如见》①，便是记载金村一带五隅活动的文书，全书计32条，兹将有关五隅活动的相关条目列表于下：

序号	标题	五隅活动	备注
1	金溪建造水口庙	五隅首事齐集,照丁科口,每丁粗工,每口饭工,每丁口科钱三伯五十文正,后用去不敷,复又口洋每丁式角,芭芦每丁口五升。遽闻所口去芭芦,并未出支,均是北、西隅首事独吞,可见人心叵测,实难逆也	
3	水口镇安桥并路	五隅相商,路为保村之要,桥乃方便之图,不可任依颓废,五隅首事立即允诺,村脚路与桥修建,再准同修上村头路。不料建成后,置上路于不问,我东隅每丁出去钱式角,好在保村之路,亦不计较。不一年,镇客桥忽被暴雨涨水冲推倒,迫不得已,我东隅首事见此无人料理,只得动土重建,所用去之洋,均在东隅首事料知,未知其中何故,谅是前日造时,仍有余洋也。不然,何肯一人垫之,其间可原	
5	稻香村路头	时在光绪丙申春,我等邀集四隅修砌,讵知人心不一,村脚路已阖村协力同心修成,村头路置之不问,我等不得已,再三邀集,何料伊四隅屡云:是你等保家保田之路,与我四隅何干？……不几日,又复邀集酌理,彼四隅如故,我东隅独酌修砌…… 又批:村脚下庙之左前塝,尚有一少缺,四隅诡计多端,视我东隅修路,思前日修下路,比即允诺,村头路五隅同修,今乃傲心恶语,不肯同修,特暗邀集四隅,批洋式三元之谱,请石司填补此缺,以破同修之计。(南隅吴用吉,北隅王春妹,西隅许炳南,中隅王和寿)此事后亦模糊不计耳	我父光同,亦在司事之内。 丙申年三冬月上浣初五日,普芬特笔
6	酬神众事	丁酉年春正月半,每年迎接十大相公,我等视四隅修路壹事,欲要瓜分,不能同气。至十四夜十五早,四隅未见提及迎神之事,我等细思,村事不和,神宜要敬,何能恝置,特速邀隅下迎神,于支祠门首祭之。至戊戌,逐疫之事皆不提及。至己亥春十四日,顿生诡计,你修路,我即修福田庵,即选日期修葺,我等思之,四隅独修,俟至年湮,彼将云与我东隅无分,我等即云:众事本众家修葺,何得独理？比岁月半,与修褉壹事,都要同心敬神……	己亥年夏四月下浣念四日普芬笔记

① 该书封面除书名外,另题有"周炽昌识"字样。

序号	标题	五隅活动	备注
8	重修水口庙	辛丑夏,霉雨连绵,降水无涯,连长数次,庙之游廊底塝,被降水推去,庙已悬空,彼四隅见之,诡心又起,邀集四隅首事人,南隅吴用吉,西隅许炳南,北隅王春妹,中隅王和启,管大总账出入王宏洛、王乃臧,惟我东隅,并无一人在场,可知剔去东隅,彼四隅或批洋,或批饭工,或批粗工,皆有首事人向伊家批,视我东隅且有不得已之故,向德基家批洋式元,于理云公事公办,乃有私为批助外,而不囗丁口钱之理。将来批钱者有分,不批钱者可以无分矣。如此细思,总是破我村头修路之计耳,不然,何以至此?再于七月初八日,拆墙动工,东隅并未在场,修成后亦未提及	辛丑年初秋月十一日普芬之笔记
12	修选班下	自光绪念八年,首事共议,收作戏铺钱为始,其洋置于方四门处,乃吴荣彬经手修上庙,后又历年作劝收洋,积至善会之年,会首始选班下,并未照了科口,仍多之详,该各隅首事悉知 东:王富妹;南:吕招富;西:方明德;北:王福妹;中:王五妹	内五年腊月,任贤谨识
14	重修班下	丁未初夏,各支丁见新造班下墙皮异样,总是砖、木二匠糊涂,以致如此,各隅首事见此情形,岂忍今日造、明日颓,坐观败乎?……	
22	金村公事又一大乱	乱之由也,肇自金村主为首事而已。夫己亥首事轮年戏头也。今轮目莲[连]为首事者,东隅之致芬村主也	乙卯三月十一日笔
24	丙辰善会公事又一乱也	乙卯年众事已拗冬,村外水口河边,夜夜于更净时,鼓乐声声不息,至该处不见动净[静],众心皇皇[惶惶],故于新正月半,众事仍然不行。至十八朝过,东隅王炎光,性素矫拗,出为邀集会事,不料二、三次间,众皆允诺。及五月间,许神悬张善会吉期。及五月,众心复起做台之见,又皆供膳粗工,一概努力进行。至会场告竣,其作台费用,皆有赌博抽头,计洋式伯六十余洋,以开支用,仍多者存众。及会场毕日,算账时,中隅更属不堪,厨灶旁边人家,碗之一事,已带去伯铨,只夜膳时,对比蒙山台下一般,仔细观之,皆是中隅一派不要脸人也。不二日,又反将总房中所存等物,一并抢去私囊。当是时也,其外四隅,皆声言下次分会可也。不然,都是为中隅人利己而已	

此书成书于民国八年(1919年)①以后。书中的第3条所述,与《酬世汇编》卷6《金村水口桥路记》的内容基本相同。从上述所引诸条可见,当地五隅间的矛盾重重。不过,尽管如此,举凡建造水口庙、水口桥、道

---

① 书中有《正口叙伦堂》《三进厅前公地记》二条,均提及民国八年(1919年)事。

路、迎神赛会和搭建戏台等，五隅都要共同出资、出力，相互协商。各隅亦唯恐被人排除在外，以失去"有分"的地位。

四、结语

"保安"一词，亦即普通民众极为朴实的愿望——保平安，而保平安涉及的内容相当广泛。乾隆时代的徽州村志《橙阳散志》卷7《风俗》就有"保安"一节，其中提及：

> 五月设坛延僧道斋醮，曰保人口。与事家，各事斋戒极虔。
>
> 里、外介塘，各于六月广设旗幡伞盖，至潜口迎观音大士神演剧，设醮以保禾稼……
>
> 中秋夜农民演傀儡于社坛，用报秋成，沿为乡例……
>
> 十月间各祠设坛净醮，禳解火灾，或则演剧以示驱攘。①

在这里，从五月至十月，所做的这些事情，都属于"保安"的范畴②。另外，该书同卷中另有"游神"条："八月十六奉瘟元帅像巡行，村内人设牲醴于各祠祀焉，乾隆辛巳建都天庙，始行之。"③此处奉瘟元帅像巡行，应即保安善会。

有关保安善会，在徽州各地不尽相同。善会的具体日期也不同，如绩

---

① 江登云纂：《橙阳散志》，乾隆四十年（1775年）刻本，《中国地方志集成·乡镇志专辑》第27册，江苏占籍出版社，1992年版，第647页。

② 延僧道斋醮保平安的科仪抄本，亦颇有所见。另外，还有《保安会人丁草簿》（宣统叁年正月吉立，中班）、《中班保安人丁谱》（民国拾九年三月立，西山下中班订），也与此相关。

③ 江登云纂：《橙阳散志》，乾隆四十年（1775年）刻本，《中国地方志集成·乡镇志专辑》第27册，江苏古籍出版社，1992年版，第647页。该处提及都天庙与瘟元帅的关系，似乎颇耐人寻味，这应当说明清代江南各地的都天会，与徽州的保安善会有着密切的关系。

溪是在闰年的夏历六月十五日，而歙县则是在夏秋之际的任何一日①。此外，休宁县虽有类似的做法，但却是在每年的四月十三日至十五日间举行，而且似乎未见有"保安善会"的称呼。休宁县僧会司科仪书②有《和瘟祭舟科》《祭船曲·金钱花》等，都与驱瘟的仪式有关。另外，休宁文书《要目摘录》③中收录有一份科仪《禳送札文》：

> 瑜伽大法司，本司今据中华民国江南安徽省休宁县千秋南乡和化里云溪大社管奉佛修设春祈禳瘟送火驱虎恩丰祈福保安法事信首弟子王△△、△△暨阖村众信士人等，是日焚香百拜，上干洪造，虔修祝词：盖为阖村通家眷等，一年遥远，四季攸长，住居团聚，烟户稠蜜[密]，恐有不测灾青，怕生未萌愆咎，不无瘟风传染，时气流行，山林虑虎狼作孽，田畴恐鼠兽为灾，于是涓今某月某日之吉，阖村斋

---

① 这是就歙县范围内的总体而言，具体到某个村落，有的也有固定设在某一天者。如《橙阳散志》中八月十六奉瘟元帅像游神，即是一例。另外，《丰南志》亦载："端午门前插蒲艾，户粘桃符，并制角黍、醉饼为食，且以雄黄和酒分饮，家人谓可辟邪，而茧虎、香囊竞奇炫巧，尤属闺闱韵事。并于是时，仁义寺前演戏酬神，复巧制南、雷二将军像，又龙舟一艘，内神人十余尊，名姓不详，内一位服明代庶人衣冠，肩负伞一柄，伞端悬药膏数张，相传向呆人吴用也。又有韩将军世忠及韩夫人梁氏像。又有五位老人，不知何神。又制绸大旗一面，以巨竹为杆，上有旗顶，顶有神二尊，黄烟一筒。是会于四月杪起戏，五月二日诸神巡街，端阳收圣回辕。时会中燃大披高升边炮，对面声息人影不见，村中少年手举诸神，驰于台畔数十转，而后散会。是日午前，僧登台祭旗屠猪宰鸡，以其血畔旗顶，并将黄烟燃发，由大力者举旗台前绕场三匝，嗣沿二世祖坟前，由中街直下村东龙王亭下，树于旗丰水之傍，俟即晚五鼓送圣，一共焚化之，戏亦演至端阳晚间为止。"（吴吉祜纂：《丰南志》，《中国地方志集成·乡镇志专辑》第17册，江苏古籍出版社，1992年版，第255—256页）另外，笔者手头有《丰南志》的另一稿本，其中提及村中的"保安会"，"溪南、长林、石桥宋氏、登氏、胡氏众姓于元年，所以奉五显。按：神即婺源灵顺庙香火，乡人原共三百余人一会，共分为七甲。"这些，并不见于今本《丰南志》。《丰南志》的两种稿本为丰南吴氏族长吴吉祜所编纂，但从吴氏的上述描述来看，他对保安善会等民俗活动似乎并不十分清楚。

② 佚名无题抄本，书末有一倒装页，写作"休宁县僧会司"字样。内容分别为禳解太岁、度伤科、和瘟祭舟科、祭船曲等，其中有关贿赂、迎送神鬼的内容颇为风趣。

③ 抄本1册，封面除书名外，另有"王子强识"。封三有"黄小羊字、王子强识"，作"摘要目录"。

戒，虔设醮坛，延僧申达文款，虔请佛真主盟，修建春祈法事，预行禳送，剿虎恳丰，设舟钱送，保安醮筵一会，自某日净坛为始，于某日深宵施食告终。仰望神功大显灵通，为一方保障，作万民福宰，阴中解厄，暗里消灾，瘟风遣归北海，烈焰送下长江。僧投乞宣行，本坛得此，除已奏申佛圣证盟，依科修设法事外，合行札为，此札请照验明，更冀详前事件，光临法会，俯鉴众信禳送之忱，乞赐阖村平安之福，临晚伏望摄召境内孤幽，来赴长空，听经说法，受度超升。其各源疆界，仰伏本境把隘土地尊神，维持护卫，远遣瘟风，长存瑞霭，殄除狼虎，杜绝鼠耗，咸沾利益，永保安康，立望感通，须至札者，"东"、"西"、"南"、"北"方管界把隘土地尊神。

　　年　月　日吉时发行。

　　从形式上看，这也是一种保安善会，亦有龙舟，其目的也是送瘟，个中亦提及"保安"的名目，但仔细看来，其中只有东、西、南、北四界，似乎并无五隅的分法。

　　就目前掌握的史料来看，分五隅组织迎神赛会的做法，主要是歙县和绩溪两地。《左传》曾曰："国之大事，在祀与戎。"这是中国自先秦以来传统的国家观念和政治哲学。如果我们从国家的层面将眼光下移，将视点移至村落一级，虽然御侮的"戎"有时亦不可或缺，但显然，"祀"的意义更显重要。对于传统村落社区而言，祭祀是增强身份认同最为重要的一件事情。于是，组织迎神赛会的"五隅"，亦逐渐成了徽州基层社会的一种重要的组织机构。

　　在徽州，除了宗族外，还存在着形式多样的地方组织。其中，此前人们常常提到的文会最为重要。如晚清时期婺源东北乡五村联合组成的"丽泽文社"[①]，亦即文会组织。关于文会，歙县当地认为："乡有祠，有社，

---

① 詹鸣铎著，王振忠整理：《我之小史》第13回《办自治公禀立区，为人命分头到县》，安徽教育出版社，2008年版，第214页注(3)："按丽泽文社始于同治戊辰年，经环川詹梦仙(逢光)、庐源詹以贤(澧)和凤山查相卿(人纲)诸老前辈联合五村组织而成。"

有文会，有水口。祠以聚族，社以聚农，文会以聚礼，而水口以聚一乡之树木、桥梁、茶亭、旅舍，以卫庇一乡之风气也。……文会之责在读书之士……"①，"文会聚一乡族社之绅衿士类，礼义之坊也，上焉宣天子教乡之圣训，下焉守里闾耕读之淳风，息争讼之端，严盗赋〔贼〕之防，去游闲之习，行亲睦之功，任綦重矣"②。在徽州民间，文会起着调节民事纠纷的作用，成为基层社会组织之一种。诚如乾隆时代歙人方西畴的《新安竹枝词》所言："雀角何须强斗争，是非曲直有乡评，不投保长投文会，省却官差免下城。"

就基层社会组织的发展形态来看，文会最早是有功名者或读书人聚会的一种组织，如乾隆时代佚名《歙西竹枝词》所言："聚族而居重社祠，遥遥华胄亦同支，衣冠乡党联文会，月旦评文不受私。"这里的"衣冠乡党联文会"，就是一个纯粹的文人聚会组织。当然，由于文会的参加者均具有一定的身份，故而有的文会（特别是文风蔚盛、文人众多的文会），后来便逐渐发展而为跨越村、族的基层组织。与此一发展态势颇相类似，一些原本是迎神赛会时临时性的"五隅"组织，后来也逐渐发展而为常设性的地方基层组织。

从地理的角度来看，"五隅"的划分城乡皆有，五隅是五个方位，包括的范围可大可小③，具有相当的灵活性。五隅的划分，显然与五方之帝的信仰有关，但保安善会的主神却不一定是五帝，也可以是观音，还可以是其他。由于祭祀是徽州村社中最为重要的一件事情，故而负责此类迎神

---

① 《书启·水口说》。徽州民间日用类书抄本《书启》，1册，是以洎河凌氏为主，杂抄歙县附近诸姓的资料而成。此外，也抄录了邻近县份（绩溪、旌德）的少量资料。从内容上看，《书启》一书均为清代资料，其中，有明确纪年的最晚一份为《咸丰三年年岁饥荒帖》。

② 《书启·文会说》。

③ 据说，绩溪龙川（今瀛洲乡坑口村）整个村落呈船形，"胡氏子孙枝繁叶茂，人丁兴旺，于是自然地繁衍派生成东、西、南、北、中五隅（支），中隅为长房"。（http://www.tourmart.cn/marketing/Content.do?topid=1063）唯未见原始文献，不知其何所据而云然，姑存于此待考。

赛会的五隅，也就成了地方的基层组织之一①。在此背景下，"五隅"既是一种地理划分，又是一个迎神赛会的组织机构，并由此衍化为处理超越单个家族公共事务之基层组织，在一些地方，实际上起着文会组织的作用。然而，文会与五隅组织又有所不同，因为文会成员通常称作"斯文"，他们一般需要有功名，至少也必须是有文化的读书人。但在有的地方，由于读书人较少，无法组成能广泛代表一定地域范围内村民利益的文会组织。在这种情况下，五隅组织就起到了与文会类似的作用。因为五隅组织的参加者重在其人有见识，能代表本隅利益。因此，在一些文风不竞的地区，五隅组织便起着类似于文会那样的作用，成为当地最为重要的议事机构。另外，从地方基层组织发展的一般趋势来看，为处理一定地域范围内的社区公共事务，五隅组织可能较早出现。此后，随着各地文风的兴盛，文人数量达到一定的规模，文会组织开始出现，逐渐取代了五隅组织，成为地方上最为重要的议事机构。换言之，由徽州社会发展的基本轨迹推测，除了宗族、文会之外，五隅反映了地方基层组织较为原始的型态，而这则是既往的徽州研究所不曾涉及的重要问题。

原载《明清以来徽州村落社会史研究——以新发现的民间珍稀文献为中心》，上海人民出版社，2011年版，有改动

---

① 根据《族事汇要》的记载，晚清民国时期黟县当地围绕着神庙形成的"六关"，似乎亦是类似于"五隅"的地缘组织，参见王振忠：《晚清民国时期的徽州宗族与地方社会——黟县碧山何氏之〈族事汇要〉研究》，《社会科学战线》，2008年第4期。

历史地名变迁的社会地理背景

——以皖南的低山丘陵地区为例

　　历史地名的变迁，是历史地理学研究的重要内容之一。但对地名的研究，不应满足于简单的地理学分类，而应对地名变迁的历史轨迹，作出尽可能细致的分析。在这方面，尤其应当重视历史地名变迁的社会地理背景，以期从一个侧面把握区域社会发展的脉络。

　　徽州历史文献浩繁无数，除了传世典籍之外，还有大批新发现的徽州文书，这些资料，为地名学的研究提供了珍贵史料[①]。本文即以皖南低山丘陵（尤其是歙县）的地名变迁为例[②]，分析历史地名变迁的社会地理背景。全文共分四个部分：第一部分从地名志看徽州地名的改名和雅化，主要是将歙县的雅化地名（含改名）勾稽出来，以此归纳地名雅化及改名的特点；第二部分拟通过徽州方志看历史时期地名的变迁；第三部分则是从民间文献看地名变迁的社会地理背景，主要利用徽州诉讼文书，结合方志、文集和族谱等相关资料，重点研究章祈（瞻淇）地名之变迁以及"程黄争墩"两个典型的地名事件，探析国家制度导向、族姓冲突背景下的地名变迁；最后则是简单的余论。

---

　　① 参见王振忠：《历史社会地理研究刍论》，《中国历史地理论丛》2005年第4期；《民间文献与历史地理研究》，载《江汉论坛》2005年第1期。

　　② 关于徽州地名研究方面的论文主要有：方任飞：《也谈"徽州"名称的由来》（《江淮论坛》1983年第5期），后收入其专著《留云文稿》（新疆美术摄影出版社，1993年版）；何建木、刘舒曼：《地名与徽州区域社会——以婺源县为例》（《中国方域》2004年第3期）；江平：《婺源地名的文化意蕴》（《寻根》2005年第3期）。

一、从地名志看徽州地名的改名和雅化

地名变迁中有一种现象，称作雅化，也就是由"鄙野"的地名转化为"文雅"的地名。在徽州，明清时代出现了大批地名雅化的现象，对于这种地名现象的解释，应当从徽州社会村落发展的角度去探讨。

20世纪80年代初，歙县地名普查办公室在地名普查的基础上，编纂了《安徽省歙县地名录》[①]，其中提供了许多地名雅化的信息。现将该书中有关雅化（含改名）的地名列举如下。

表1　歙县地名雅化（含改名）情况

编号	原地名	雅化地名	备注
1	七里湾	七川	
2	冬瓜坞	东华坞	
3	呈竹培	呈川	
4	飞蝠山	飞布山	程元愈《飞布山》诗："飞布光于水，朝朝濯练溪，奔腾万马落，罗立众山低，矫首欲排闼，支颐当杖藜，莲峰还可接，对尔忆丹梯。"
5	娥眉坑（胡湄坑）	湄川	
6	栗树底（连瑞里）	连川	
7	慈菰	慈姑	
8	吴山铺	吴川	
9	鲍家那	鲍川	
10	王家宅	王川	
11	里勋村	里勋川	
12	圳塝上	圳川	
13	云雾塘	云川	
14	狗田	就田	
15	寻狗岭（承舅岭）	承旧岭	
16	狗肚	青山湾	

---

① 歙县地名委员会办公室编:《安徽省歙县地名录》,1987年印刷。

编号	原地名	雅化地名	备注
17	榔源	琅源	
18	王村墓	王村茂	
19	鲍家庄	鲍川	
20	林村	琳村	
21	洪村	雄村	《曹全碑》："枝分叶布，所在为雄。"
22	下(夏)坑	夏川	
23	许家坞	许川	
24	梧桐坑(田畈)	梧川	
25	上汪	上旺	
26	薛口岸	薛潭	
27	薛坑段	薛源	
28	柔岭下	柔川	
29	石檞产	石扶产	产:歙县方言,地片的意思
30	筀箩坔	百罗坔	
31	烧窑产	上阳产	
32	下舍	洽舍	
33	梅村	梅川	
34	胡村塆	胡川	
35	王村	篁村	
36	桃园	桃源	
37	漕溪	富溪	
38	下巴坑	汤家坑	
39	栗树坦	栗树下	
40	鲍家坞	宝家坞	
41	新屋年	深富源	
42	倒溪	道溪	
43	羊棚寨	杨家宅	
44	范村	樊村、蕃村	

编号	原地名	雅化地名	备注
45	乳坑	禹坑	
46	西培岭	石牌岭	
47	下叶圻	下叶祺	
48	叶岔	烨岔	
49	乌蒙坑	云雾川	
50	猪栏凹(珠南凹)	南岳	
51	小谷甬	小谷运	甬:通道之意
52	大谷甬	大谷运	
53	汪满田	满川	
54	靠坑	考坑	
55	槐充	槐源	
56	石门滩	石川	
57	黟坑(依坑)	伊坑	
58	巴村	琶村	
59	巴塘	琶塘	
60	塘背	唐贝	
61	鲍村	葆村	
62	詹村	占村	
63	南塘头	伦塘头	
64	吴竹源	梧竺源	
65	江塘	占塘	
66	金川	京川	
67	凌村	宁村	
68	上程	上呈	
69	坑梢	坤沙	
70	塘尾村	唐美	
71	甸子上	甸川	
72	后村	浩村	

续　表

编号	原地名	雅化地名	备注
73	姚村	瑶村	
74	巴家坦	芭蕉坦	
75	墙里	祥里	
76	寒山里	环山	
77	洪坑	洪源、虹源	
78	项山(翰山、长翰山)	虹山	
79	瓦村	翰村	
80	煤岭	梅岭	当地产煤,故名
81	石鸡	石际	石际:古名石鸡坞,因产石鸡得名
82	大木	大茂	
83	墓祠	茂祠	
84	小阜坑	显阜坑(显村)	
85	尼姑田	沙田	
86	佛岭脚	佛川	
87	程村降	呈村降	
88	刘村	留村	
89	章祈	瞻淇	典出《诗经》"瞻彼淇奥,绿竹猗猗"
90	李槐塘	槐棠	
91	竹林村	七贤	又名锦庭里。民国《歙县志》卷16《杂记·拾遗》:"邑南七贤村,一名锦庭里,宋时方氏兄弟七人皆仕于朝:曰好官,泰州刺史;曰学官,黄岩县尉;曰广官,国子司业;曰爱官,侍中;曰多官,浙东金判;曰威官,本州教谕;曰仪官,翰林学士。同告休,真宗名其里曰锦庭。七人卒,同葬其墓,曰七贤墓。"
92	横坞	文坞	
93	不明	斯干	典出《诗经》"秩秩斯干,悠悠南山"
94	无渡	五渡	
95	密次坑	密川	

续　表

编号	原地名	雅化地名	备注
96	上坝	凤岐	
97	风车山	凤翔山	
98	白石坞	白云	
99	仓前	昌前	
100	茶筒宅	朝阳	
101	上龙坑头	上龙川	
102	下龙坑头	下龙川	
103	巴坑	琶坑	
104	下村	夏村	
105	毛鹰坦	茂英坦	
106	阳栈	阳产	
107	庵溪	安溪	
108	盘寨	澎泽	
109	溪岔	碧溪	
110	章坑	漳坑	
111	毛鹰窠	木英柯	
112	大麦坞	大脉坞	
113	章潭	漳潭	
114	姚川	瑶川	
115	棉潭	绵潭	
116	绵潭坑	仁源	
117	章村湾	漳村湾	
118	溪子里	杞梓里	宋时改称杞梓里
119	舒家岸	合川	
120	茶枝园	茶川	
121	蒔茗坑(石米坑)	石美坑	
122	石步阶	石步街	
123	三羊坑	三阳坑	

编号	原地名	雅化地名	备注
124	隐将坑（英将坑）	英川	
125	猪坡（珠墩）	珠川	
126	后山湾	浩川	
127	旁溪	磻溪	唐代称旁溪,南宋改磻溪。磻溪:陕西渭水支流,相传为姜太公钓鱼处。用磻为村名,示有高人隐居
128	平头垇	平川	垇:山庄
129	何家坞	何川	
130	石鸡坑	石济坑	
131	白荪干	白毛干	
132	狗肚	九肚	
133	长岭坑	长川	
134	胡家坝	胡川	
135	水竹坑	水溪	
136	凌家湾	仁川	
137	社公尖	社川	
138	水竹湾	水川	
139	周坝坞	周川	
140	阳边山	阳川	
141	七亩丘	七川	
142	王婆宅	王川	
143	塘里	唐里	
144	西山下	岐川	
145	对岭脚	戴川	
146	方田	田川	
147	交椅垱	校川	
148	官船坑	官川	
149	蛇坑（霞坑）	龙川	
150	大树下	栋川	

编号	原地名	雅化地名	备注
151	方村头	和溪	
152	孵鸡干	富子干	
153	塝外	磻外	
155	柯村	科村	
155	牛栏坑	幽兰坑	
156	道士坑	士川	
157	竭坑	浩坑	
158	水塘坞	水川	
159	上横岭	皇川	
160	交椅坵	交川	
161	垃顶下	垃川	
162	洪鲸(洪琴)	洪川	元代名洪鲸,因鲸易与京混,遂改为洪琴
163	赛郎坑	赛川	
164	柿峰	士峰	
165	交椅垃	交川	
166	横坞口	(文)武口	
167	垃顶下	垃川	
168	皂荚垃	翠屏村	
169	黄柏山	柏川	
170	金竹斗(金竹头)	金川	
171	爬𡎺凹	仁丰	1981年改名仁丰
172	水竹坞	长春坞	
173	阳坑	英坑	
174	龙门坑	林名川	
175	横山店	文山店	
176	邵村	绍村	
177	香炉垃	庐山	
178	蜘蛛肚	知川	

编号	原地名	雅化地名	备注
179	箬笠坦	约理坦	
180	上坞降	尚武降	
181	芦穄坞	芦川	
182	枫坑	丰坑	
183	车金坑	车川	
184	菖蒲塘	菖蒲堂	
185	阴阜坑	殷富坑	
186	风车坦	凤翔坦	
187	方坪	凤屏	
188	亲家坞	青郊坞	
189	亲家坞	青家坞	
190	苞芦汰	百罗汰	
191	众家园	种蕉园	
192	长枫	昌风	
193	枧坞坦	展坞坦	
194	小洲源	小川	
195	桥亭山	桥川	
196	梅岱坑	梅川	
197	凌家坞	凌家坞	
198	姚家坞	尧家坞	
199	劫符头	洁湖头	
200	山茶园	三茶源	
201	茗坑汰	米坑汰	
202	木枞背	木花背	
203	苏木坦	苏川	
204	猪形	朱形	
205	上宅岭	上泽岭	
206	横坑口	璜坑口	

续　表

编号	原地名	雅化地名	备注
207	黄荆坪	璜荆坪	
208	黄尉（横蔚）	璜蔚	
209	牛形	向阳	
210	石鸡坑（石积坑）	善积坑	
211	下宅凹	下泽凹	
212	含降岭	含角岭	
213	蛇坑	韶坑	
214	旁坑	磻坑	
215	上头谷	礼教	
216	蛇源	贤源	
217	上孤岭	上谷丰	
218	孤岭	下谷丰	
219	下姚	杏花村	
220	刘家坞	敬兴	
221	文公舍	文川	
222	黄墩	篁墩	
223	半沙	汉沙	
224	里塘下（李塘下）	礼堂下	亦作礼堂厦
225	方家坞	芳家坞	
226	邵村	绍村	
227	漏源	佑源	
228	余岸	渔岸	
229	孙村	森村	
230	田畈	满田	
231	程村	呈村	
232	石佛坽	石佛潭	
233	鸡笋村	鸡川	
234	岭里	隐里	明末徐村徐又闻弃官隐居于此,故改名隐里

编号	原地名	雅化地名	备注
234	叶有	叶酉	
236	下泽亭	绍泽	
237	苦竹	古祝	
238	朱坑	珠坑	
239	黄坑寺	定邦	1957年改名定邦
240	程田	呈田	
241	勇坑	涌坑	
242	结竹营	营川	
243	坝横台	博文垯	
244	小沟	小洲	

　　揆诸实际，在人群入居一地之初，对于定居点的命名，大概冠以定居者的姓氏最为便当，而对于定居点周遭地方的命名，则因其自然形状、动植物之特征加以命名，想来亦颇为常见。前一类地名在住民未有变化的情况下，往往能得以沿袭。而后一类较为原始的自然形状、动植物地名，则随着人们对周遭环境的熟悉，以及其他方面的因素，逐渐成为雅化的对象。如以女性生理特征类比自然形状命名的"阴阜坑"，后就改作"殷富坑"。至于许多动物性地名，也都纷纷改成其他的字眼，如：狗田→就田、石鸡→石际、蛇坑①→霞坑、蜘蛛肚→知川、猪形→朱形、蛇坑→韶坑、

---

　　① 万历《歙志·邑屋表》三十三都下有"蛇坑"。明人李日华的《礼白岳记》记载，他曾于万历三十八年（1610年）九月十四日至蛇坑。(亦见《味水轩日记》卷2，上海远东出版社，1996年版，第131页)明末黄汴的《天下水陆路程》卷8"杭州府至休宁县齐云山路"、明末清初西陵憺漪子(汪淇)的《天下路程图引》卷1"杭州府由余杭县至齐云岩路"，均仍作"蛇坑"，见杨正泰校注：《天下水陆路程　天下路程图引　客商一览醒迷》，山西人民出版社，1992年版，第246、372页。

蛇源→贤源。这些，都使得原先的动物性地名，转向更为文雅的表述①。类似的例子还有植物性的地名，如"苦竹"改作"古祝"②。由于地名也是人们纳福祈祥的一种方式，这一改变当然还与祈求吉祥的心理有关。

改名及雅化，所涉及的不少地名均与徽州的方言或俗语词有关。因此，当代的地名志或地名录中，就专门列有徽州的方言词（见表2）。

表2　徽州方言词③

序号	方言地名字	含义	备注
1	磅	石砌栏土墙或峭壁（《歙》）	
2	塝	田沟边之地（《歙》）	护坡（《绩》）
3	坑	水溪（《歙》）	
4	坦	平地（《歙》）	山区或丘陵区的局部平地（《婺》）
5	坮	山腰坡地（《歙》）	(1)向阳坡地;(2)浙涧（《婺》）
6	碎	同嶂（《歙》）	
7	垇	山间小平地或低凹地（《歙》）	低洼地（《绩》《黟》）
8	塔	石岩（《歙》）	

① 动物性地名的嬗变，应当远不止上文所列。譬如，根据《安徽省歙县地名录》，南源口系因地处琅源（南源）河口而得名。而琅源原名方家村，明嘉靖时改名榔源，因始祖曾为郎官，地理属木，故用榔字。万历时王姓迁入，改榔为瑯，简写作琅。（第17页）但明末清初西陵憺漪子（汪淇）的《天下路程图引》卷1"徽州府由严州到杭州水路程"中将"南源口"作"狼源口"。而康熙《歙县志》和乾隆《歙县志》均作"郎源（口）"——故此，颇疑"狼源"或系最为原始的动物地名，后来发生了种种变异。

② 类似的改名，亦见于婺源县。婺源县西北的古坦，南宋时，邻村岭下洪社保建村于苦竹丛生的平坦地上，初名苦竹坦。历数十年，拓基除竹，取开基创业千古之意，改名古坦。参见婺源县地名委员会办公室编印：《江西省婺源县地名志》，1985年版，第41页。

③ 资料来源：《安徽省歙县地名录》第187—188页，《方言地名字注音、含义集注》；《安徽省绩溪县地名录》第197页，《绩溪县方言地名字注音、含义集注》；《安徽省黟县地名录》第190页，《黟县方言地名字注音、含义集注》；《江西省婺源县地名志》第309页，附录四《地名方言用字读音、含义集注》；《安徽省屯溪市地名录》第162页。以上分别简称《歙》《绩》《黟》《婺》《屯》。

续 表

序号	方言地名字	含义	备注
9	壤	成片坡地(《歙》)	有的亦作培,如黟县,意思是小土丘(《黟》) 山顶以下、塝地之上的山坡(《婺》) 山坡、山背(《屯》)
10	磅	同壤,惟为石质。壤的异体字(《歙》)	有的亦作碚,如黟县,指峭壁陡岩处(《黟》)
11	垰	山庄(《歙》)	
12	垇	泉水坑(《歙》)	
13	堀	义同窟(《歙》)	
14	降	岗的讹写(《歙》)	山冈(《绩》) 在黟县作峰,意为山岗上(《黟》)
15	柽	栎树(《歙》) 油茶树(《婺》)	
16	那	村落(《歙》)	
17	堨	拦水坝(《绩》)	河中水坝(《黟》) 亦作碣,意为拦河坝(《婺》)
18	旎	把手(提)《绩》	
19	圩	田畈(《绩》)	
20	塍	田间土埂(《绩》)	
21	翚	义同徽(《绩》)	
22	埚	山丘间较平处(《黟》)	
23	砠	俗称20斤为一砠,计算地租的单位(《黟》)	
24	桙	一种椭圆形硬皮的山果叫桙子(《黟》)	
25	玪	凡物戛击有声叫玪(《黟》)	
26	垸	类似山坞(《黟》)	当亦写作"冲"或"充"。罗长铭《歙西音录》曰:"歙西谓两山之间为冲,或作充。"

序号	方言地名字	含义	备注
27	砼	开石的声音(《黟》)	
28	岭	人工修筑的石砌山路(《婺》)	
29	坑	小溪(《婺》)	
30	埦	面积较大的平地(《婺》)	
31	汜	古有"汜""圯"混用,作"桥"解(《婺》)	

这些方言或俗语词由来已久,徽州民间启蒙读物中早有不少罗列。如方载之《启蒙杂字》[1]:

　　山降尖峰垅垇,凹凸坑口塆心,横壤岔坞堆上,山脚启底矶碛,直坶边檐砦脚,砌塝开塘沟泥,筑坝作塌开圳,田园地坦山场,田塅界至田町,水坳石垸河滩,塝砦石塔砍同,埠头卡岸乡村,……田坂山庄坽降,塘坞水窟深潭,零碎凑成井段,净欠找数清楚。

而炳烈《六言杂字》中亦有:"庵堂寺观路亭,高山峻岭岩谷,横培岈坞深林,园坦沟椤圳塝,弯坑碣坝田塅。"上述的"降""垅""垇""坑""塆""壤(培)""岔""坞""堆""矶""碛""坶""砦""塝""碣""圳""坦""塅""町""坳""垸"和"坽"等,均为徽州方言词。

上述的方言词中,有的很早就已出现,如"某某降"的地名在徽州普遍存在,此一地名词早在南宋淳祐二年(1242年)休宁李思聪等卖田、山赤契中即有:"东至大溪,西至大降,……随垄分水直上至大降,直下至大溪"。[2]淳祐八年(1248年)胡梦斗卖山赤契中,也有"东止田,西止

---

　　① 内作《备用六言杂字》,竹坪峰方锡光记。光绪十六年(1890年)腊月金鸡日方端洋抄,末曰:"莫谓杂字无益,不假百样语言。习学抄写透熟,可助农庄蒙童。"

　　② 中国社会科学院历史研究所徽州文契整理组编:《明清徽州社会经济资料丛编》第2辑,中国社会科学出版社,1990年版,第3页。

降，……其山计叁亩，随田其上止降"①。"某某坞"的地名也很早就已出现，淳祐八年胡梦斗卖山赤契中有"尤昌下都马槽坞"。可见，在徽州带"降""坞"的地名词迄今至少都沿袭了760年。元至元二十八年（1291年）祁门李阿林卖山赤契中，有"东至坎墈横过至胡四坞岭"，则"坎""墈"这样的方言用词也沿用了700多年。

方言词的广泛使用，即使是徽州当地人有时也难以弄清某些地名的真实含义。清乾隆《歙县志》就曾这样感叹道："邑灵山之水，曰大母碣、小母碣，殊不解其义。或曰'母'当作'亩'，近是。然《郡乘赋》注云：双桥郑处士绍甃石为碣，截水灌田。绍卒，妾金氏又捐己资买田入租，以备经久之计，乡人德而祀之，故名小母，盖谓妾为'小母'也。然则'大母'之名又谁指耶？大抵歙土音多承谬误，呼王为洋，呼潭为屯，可以类推矣。又何怪乎坤沙之为坑稍，尾滩之为米（引者按：此处应缺一"滩"字），而槐义之为排（引者按：此处应缺一字）耶？"②

随着社会的发展，在士大夫甚至粗通文墨的人们看来，徽州的方言字似乎显得颇为土气，因此，地名方言字往往成为被改易的对象。从表1来看，歙县的雅化地名中，就将"呈竹培"（"培"亦作"壊"，是山坡之意）改作"呈川"，"鲍家那"改作"鲍川"。

在地名雅化的过程中，人们通常会充分利用方音的相近，将"鄙俗"的地名改用更为"文雅"的字眼。如"后村"改为"浩村"，"后山湾"改为"浩川"，这就是因为方音"后""浩"相近。而"项山"改称"翰山"，"瓦村"改称"翰村"，也是类似的例子。

总的说来，传统时代的改名或雅化均有轨迹可寻，有的表面上看似乎并无什么关联，但实际上却有典故存焉。如"刘家坞"改为"敬兴"，"本因居民姓刘取名刘家坞，后因唐敬宗为刘姓祖先雪冤，改用敬兴，意为因

---

① 中国社会科学院历史研究所徽州文契整理组编：《明清徽州社会经济资料丛编》第2辑，中国社会科学出版社，1990年版，第3页。

② 乾隆《歙县志》卷20《杂志下·拾遗》，第1814页。罗长铭《歙西音录》，米、尾、美同音（读作mǐ），《罗长铭集》，黄山书社，1994年版，第290页。

唐敬宗施恩而得中兴"①。

由上述表1所见，用"川"字作为雅化的汉字，在徽州是最为常见的一种方式（共有72例，接近总数的三分之一），这主要是因为"川"的地理含义，不仅适合多山地带的地貌特征，而且还与"川"字本身在中国文化中的意蕴有关。因为在汉语的字义中，"川"字有几种含义，大都具有吉祥的意蕴，并与文学、哲学上的某种意境相关联，故而成为人们喜欢选择的字眼。

具体说来，"川"亦作"川河"，是河流的意思，这是"川"的第一种含义。人们用"川逝"表示河水流逝，比喻时光的一去不返。看到"川"字，熟悉传统典籍的人便会想到《论语·子罕》篇中的"子在川上曰：逝者如斯夫！不舍昼夜"之句；看到河水或汩汩流淌，或奔腾汹涌，就会想到"川流不息""百川归海"这样的成语，想到《礼记·中庸》中的"小德川流，大德敦化"，联想到财富之流动、光阴之流逝，以及层见迭出、盛行不衰的寓意。"川"的第二种含义是平川、原野。看到这个"川"字，熟谙古典文学的人脑海中就油然而现一些著名的诗句。唐代诗人崔颢的名篇《黄鹤楼》："晴川历历汉阳树，芳草萋萋鹦鹉洲。"前蜀韦庄《山墅闲题》诗："逦迤前冈压后冈，一川桑柘好残阳。"平川广野，总是与美丽、伤感的自然风景紧密地联系在一起。"川"的第三种含义是道路，引申为旅途。金董解元《西厢记诸宫调》卷6："莫道男儿心如铁，君不见，满川红叶，尽是离人眼中血。"显然，"川"与惆怅、离别的情绪亦密切相关。正是由于"川"字丰富的内涵，使之成为徽州地名雅化中最为常用的一个汉字。

而就地名雅化的过程而言，有些地名，往往经历了不止一次的雅化过程，如桂林乡的"娥眉坑"，因坐落眉状小溪边而得名，后以居民姓胡改称"胡湄坑"，继而又雅化为"湄川"②。"栗树底"的地名在徽州的不少

① 歙县地名委员会办公室编：《安徽省歙县地名录》，第139页。
② 歙县地名委员会办公室编：《安徽省歙县地名录》，第11页。另，民国《歙县志》卷1《舆地志·都鄙》一都下有村名"胡湄干"（第139页），可能是"胡湄坑"的另一雅化地名。

地方都存在①，显然是因为皖南多栗木的缘故，而歙县的"栗树底"后来就雅化而成"连瑞里"，并再度雅化为"连川"②。大谷运乡的"南岳"，最早叫"猪栏凹"，后来雅化为"珠南凹"，最后才定名为"南岳"，经历了两次的雅化。竹铺乡的"珠川"，因村西小山呈猪形，故名"猪坡"，写成"珠墩"，雅名"珠川"。"金竹头"，盛产金竹，而且相当粗大，可以制斗，称为"金竹斗"，村名因之，后改写成"金竹头"，又雅化为"金川"。"石鸡坑"先是变成"石积坑"，再雅化而为"善积坑"。"寻狗岭"先是变成"承舅岭"，继而雅化为"承旧岭"。"项山"先是变成"翰山"（长翰山），又再雅化而为"虹山"。"莳茗坑"因种茶而得名，后改用方言近音作"石米坑"，又改"米"为"美"，作"石美坑"。"蛇坑"先改成"霞坑"，后又雅化为"龙川"。"洪鲸"先是改成"洪琴"，后又雅化为"洪川"。"黄尉"改作"横蔚"，后又雅化而为"璜蔚"。从表1来看，有的地名尚未完全雅化到位（如"石扶产""上阳产""阳产""百罗垯"等）。另外，姓氏地名的变化，则往往与住民的变迁有关。（详后）

以上是以《安徽省歙县地名录》为中心对地名雅化的考察。但从《安徽省歙县地名录》中，我们只能知道某些地名曾发生过雅化，却无从了解雅化现象发生的年代。事实上，现有的《安徽省歙县地名录》中的地名，有的是原始的地名，有的则是经过雅化的地名。换言之，目前所见之歙县地名景观新旧层累，其中的各个部分，既有保持原初记忆的状态，也有层累堆积的结果，它们所呈现出的地名之形成年代并不一致。因此，有必要通过历史文献来了解地名变迁的过程。

---

① 如晚清民国时期婺源县庐坑村一带就有"栗树底"的地名，见詹鸣铎著，王振忠、朱红整理校注：《我之小史》第1回、第16回、第17回、第18回，安徽教育出版社，2008年版。

② 歙县地名委员会办公室编：《安徽省歙县地名录》，第11页。另，民国《歙县志》卷1《舆地志·都鄙》一都下有村名"连墅底"（第139页），可见，"栗树底"可能先变为"连墅底"，再变为"连瑞里"，最后雅化为"连川"。

二、从方志看历史时期地名的变迁

地名的雅化，可能伴随着地名的不断出现而发生。实际上，徽州地名的雅化由来已久。根据《安徽省歙县地名录》的记载，歙县西溪南一带有琶村、琶塘，原来均为巴氏所建或所修，后改为琶村、琶塘。现在岩寺火车站附近的芭蕉坦，原名巴家坦，后改今名。上琶坑、中琶坑和下琶坑，原来都因巴姓始居而得名，后来由于别姓迁入，而改称为琶坑。村庄有三，分别冠以上、中、下以资区别①。这些地名的改易和雅化，有的应当在宋代即已发生，因为南宋淳熙《新安志》中就已出现"琶村"这一地名②。

从"巴某"改作"琶某"，这种改名，可能与巴氏的迁徙及势力盛衰有关。关于巴氏，以元陈栎之旧本作为蓝本的《新安六县大族志全集》中仅有简单的记载③。而明嘉靖时人戴廷明、程尚宽等编撰的《新安名族志》则有详细的描述：巴氏源于四川，梁武帝末年，巴播从丹阳挈家避乱休宁二十四都，"至林川，辟草莱、构庐舍以居，子孙日蕃，遍满其地，卒葬日林田蜻蜓头。自公而下葬是都者二十世，各置守墓之人，迄今千余年，其子孙犹执仆妾礼，此又他族之所无也。今其土人凡祀祖，必先设祭于中堂，祭原地主人巴公毕，方行祀祖之礼"。可见，在休宁二十四都，巴氏

---

① 歙县还有巴坑、帮口（又名巴坑口）。见歙县地名委员会办公室编：《安徽省歙县地名录》，1987年印刷，第30页。

② 淳熙《新安志》卷10《叙杂说》。

③ 康熙六年（1667年）致一堂藏版《新安六县大族志全集》下卷，该书题作"元大儒陈定宇先生真本，明尚书彭德庵先生参辑，大清后学程以通冠卿补较，婿姚田修德中、男田义子由全订"，全国图书馆文献缩微复制中心出版《徽州名族志》，2003年版，第176页，"巴氏：休宁大族巴氏，歙县大族巴氏"。

是极有势力的家族，也可能是最早的定居者①。到宋初，巴氏迁居郡城（也就是歙州城，后来的徽州府城，即今歙县县城）河西，"生五子，诸孙数十人，皆豪迈倜傥，为时闻人，婚嫁不苟，相尚以礼义，子孙世守其教，故徽人称郡城大家必曰'东门许、河西巴'，盖不独以其世远而人众为然也"。巴氏于元季迁渔梁坝下②。明代以还，渔梁坝一支的巴氏因其与商业的关系，而为世人所知。河西与渔梁相近，明代有巴大本，"生财有道，富甲一乡"。当时，河西桥一带还有"巴铺"这样的地名③。

从巴氏的迁徙路线来看，该家族在歙西、休东有较为广泛的分布。宋初迁往河西，继而徙居渔梁，巴姓控制了水路要冲④，主要是向外发展⑤。关于该家族的活动及其迁徙轨迹，可以从民国《歙县志》的记载中窥其端倪（见表3）。

表3　民国《歙县志》所见巴氏史迹

姓名	地望	备注
巴荣祖	潭渡	
巴绳祖	潭渡	

---

① 明天启年间编撰的《休宁名族志》列有53姓，其中未见巴氏，故其不属于该县的"故旧名族世家"。清嘉庆《休宁县志》卷20《休宁县氏族志》，巴氏在休宁有中街、望干、东林竹岭后和上颜溪等各支，《中国方志丛书》华中地方第627号，成文出版社，1985年版，第2145页。

② 戴廷明、程尚宽等撰：《新安名族志》，黄山书社，2004年版，第429—430页。

③ 李日华：《味水轩日记》卷6："（万历四十二年四月）十四日，薄暮，抵徽州，住河西桥巴铺。"（上海远东出版社，1996年版，第383页）

④ 万历《歙志考》卷3《户赋议》，《渔梁一带河税议》："本河不知何年为居民姚姓独据管业，……私裁河税，插亩册以为终占之地，致巴姓人等诘告，屡断含糊……"（第48页上—下）

⑤ 现今渔梁街77号，有乾隆时人巴慰祖之故居。根据清人李斗《扬州画舫录》记载，"巴慰祖字禹籍，徽州人，居扬州。工八分书，收藏金石最富。"（卷2《草河录下》，中华书局，1960年版，第55页）其兄巴源绶，"长来扬州，以盐笑起家"。源绶子树恒（字士能），"世其业，运盐场灶，多奇计。"（卷10《虹桥录上》，第250页）除了扬州外，巴氏在仪征、汉口等埠均有活动。参见王振忠：《明清徽商与淮扬社会变迁》，生活·读书·新知三联书店，1996年版。

续　表

姓名	地望	备注
巴锡球	不详	
巴鼎	不详	
巴维锡	不详	
巴源沄	渔梁人	
巴维珙	邑城人	"邑城"指歙县县城,以下"郡城"则指徽州府城。因府、县同城,所指为一
巴树蕃	渔梁人	巴源立子
巴源立	渔梁人	
巴钟环	渔梁人	
巴树谦	河西人	
巴廷梅	郡城人	
巴福	不详	
巴堂试	邑城人	
巴堂谊	邑城人	
巴锡麟	邑城人	
巴慰祖	郡城人	巴廷梅子,巴慰祖为渔梁人,故"邑城""郡城"均指渔梁
巴树谷	郡城人	
巴光荣	郡城人	
巴达生	不详	

渔梁号称新安第一关,明人方远宜有《新安第一关记》:"歙之疆域,山险四围,左依问政,右挟乌聊,崇山蜿蜒,支陇交互。其外则五溪萦绕,汇于渔梁,滨梁而处者千余家,廛市经通,食货所集,东望高眉,西望紫阳,两峰屹峙,中涵巨浸。其东岸据高阜为关,襟山带河,控扼水陆,是为新安第一关也。"[①]从现有的资料分析,在渔梁的巴氏实力相当雄厚,如巴源立,"字于礼,渔梁人。父廷鹏贾于外,殁,母黄氏矢志抚孤,太守江恂以'松性筠心'旌其门。……尝葺祠宇,置祀产,修渔梁至郡沿

---

① 道光《歙县志》卷9之二《艺文志·杂著》,《中国方志丛书》华中地方第714号,成文出版社,1984年版,第2182页。

河石栏及紫阳桥诸善举，以子树蕃赠通奉大夫"。在渔梁当地，巴氏主要是从事转运过塘行，帮助过往客商运送物品[①]，以及充当前来徽州府告状者的"歇家"[②]。

除了渔梁坝、河西一带之外，县东定潭乡的西坑坞一带，也有巴氏分布的痕迹。抄本《徽州府歙县山川毓秀五龙法载》一书中有："西坞坑，其中有地出知府。西坑坞口定开府，……盐商木客，巴坞上下扦，代代有魁元。"[③]不过，这一带的巴氏后来显然也呈衰落趋势，以致出现了"琶坑（上琶坑、中琶坑和下琶坑）"这样被改造了的地名。

与巴氏相关地名之改名及雅化，说明地名的雅化现象与人群势力盛衰密切相关，地名雅化出现的时间至少可以上溯到南宋时期。及至晚清民国，此类的雅化现象仍不绝如缕（见表4）。

表4　民国《歙县志》所见地名雅化现象

都	村名	别名	雅化
三都	大程村	大呈村	√
四都	洪塘	横塘	√
	大河坑	大和坑	√
	小河坑	小和坑	√
	毛家坦	木冈坦	
五都	洪坑	杭坑	
	梨树坑	梨园坑	√
	大溪店	大溪	
六都	泥窝	银窝	√
七都	大源塘	源塘村	
	乌蒙坑	云雾川	√

① 比较著名的有巴道复过塘行。(见《徽州古建筑丛书·渔梁》，东南大学出版社，1998年版，第74页)关于巴道复过塘行，在一些船票中亦有所见。

② 婺源文书抄本《通详验讯俞江氏服毒图赖俞振作家身死案稿》(清代嘉庆十七年至十九年)中就有"河西歇家巴胜章"。

③ 此书计46页半(有编号)，原为堪舆妙手张宗道所述，由绍兴人王鹤云传来，徽州一个叫"蕴"的人抄录。

都	村名	别名	雅化
七都	石灰坑	晖坑	√
	金锅岭	梭唐岭	
八都	黄荆渡	黄金渡	
	片上村	片霞村	√
	东山头	东山营	
九都	承狮	呈狮	
	鲍家那	鲍川	√
十都	古冲	古村	√
	藤子山	腾紫山	√
	鸡公尖	姬川	√
	汪荆岭	汪金岭	
	郝村	霍村	√
	焦家那	焦川	√
	东门岭	敦仁里	√
十一都	霞峰	霞丰	√
十二都	樊村	蕃村	√
十三都	冈村	岗村	
十四都	小容	小溶	
	容溪	溶溪	
	石机湾	石砧湾	
十五都	塘背	唐贝	√
	唐郎	唐朗	
	上灵	上林	
	下灵	下林	
十六都	溪南	西溪南	
十七都	依坑	伊坑	√
十八都	梧竹园	梧竺源	√
	金家墩	金嘉里	√
	牌村	槐充	√

都	村名	别名	雅化
十九都	岩镇	岩寺	
二十一都	唐尾村	唐美村	√
二十二都	吴溪	梧溪	√
二十三都	后村	浩村	√
	李家山	里高山	√
	西林村	西旸村	√
二十四都	斡村	斡村	
	棠坞	堂坞	
	择树	择墅	√
	虹梁堨	虹梁	
二十五都	横坑	横干	√
	朱坑	珠坑	√
	中溪	忠溪	
	坦上	坋厦	√
二十六都	长陜	长干	√
	韶坑	韶川	√
	旁坑	磻坑	√
	接驼	驼岗	
	下濂	绍濂	√
	石耳	石耳下	
	苦竹	古祝	√
	姚田	瑶田	√
二十七都	里塘下	礼塘下	√
	梧村	浯村	√
二十八都	结林培	柘林培	√
	叶王干	叶干	√
二十九都	小沟	小洲	√
	岭里	隐里	√

续　表

都	村名	别名	雅化
二十九都	程村	呈村	√
	汊口	岔口	
	孙村	森村	√
	余岸	渔岸	√
	佘[余?]源	佑源	√
	石佛坳	石佛潭	√
三十都	黄尉	璜蔚	√
	径口	正口	√
	上吴村	上湖村	√
	下吴村	下湖村	√
	太平源	大平源	
	白石	白石岭	
	抽司源	抽司	
	牛岭后	育岭后	√
	风车坦	风翔坦	√
三十一都	溪塝头	周塝头	
	汪二街	王二街	
三十三都	阴坑	英坑	√
	阴阜坑	英富坑	√
	崇程	崇村	√
三十四都	洪鲸	洪琴	√
	山后铺	山后	
	佛子干	富之干	√
三十五都	佛唐坑	阜塘坑	
三十六都	自成	狮形	
	方坑	芳坑	√
三十七都	鲍坑	宝坑	√
	中保	后忠堡	

　　上述的一些雅化地名，囿于史料所限，我们并不清楚什么时候发生了这些雅化现象。以下拟重点分析清代前期的情况。

　　清民国时代的徽州方志，均有都图村名的记载，从中，我们可以从一个侧面看出地名变迁的轨迹（详见表5）。

表5　康熙与乾隆时代歙县都图村落之比较

都图	康熙志	乾隆志	备注
一都六图	五王阁,何村,上里,车田,吴山,牌头,章村,狮塘,连树,金坑,佛岭,方村	五王阁,东和村,项里,车田,牌头,章坑,师唐,连墅底,佛岭,方村。石壁山,飞山,杨村	较康熙志少吴山、金坑,另多3个村名
二都三图	良干,新馆,黄村,赭坑,江村湾	良干,新馆,黄村,赭坑,江村湾。杨家山下,庙头	较康熙志多2个村名
三都六图	方塘,竦口,竭头,程村,长庆,大程村	方塘,竦口,圭竭头,大程村,长庆。铁斧窟,大塘口,澄塘下	较康熙志少程村,多3个村名
四都二图	汪村,项村,何坑,洪塘,西陂,叶祈,潘村	汪村,项村,小河坑,洪塘,西陂,叶祈,潘村	
五都四图	坦头,中奇村,溪西,长坞,河坑	坦头,中圻村,溪西,河坑。天源,胡山头,祥坞,亨干,茅坞	较康熙志少长坞,另多5个村名
六都五图	溪头,胡村,大谷用,西坑,蓝田,紫坑,石榴村	溪头,胡村,大溪大谷用,西坑,蓝田,子坑,石榴村。西塘,竦塘,潘坞,杨桃岭,小溪小谷用,上长庆	较康熙志多6个村名。大谷用,今作大谷运
七都十图	桂林,檀墅烨,中和村,许村,源塘,林村,潭石头,和塘,山昆	桂林,中和村,大圆塘,潭石头,山根。洪村口,叶岔,横行路,吴岔,胡眉干,黄村,大坑,区前,光田,牌头,宋村,梅渡滩,胡岔,路川,石灰坑	较康熙志少4个村名,多15个村名
八都八图	登第桥,黄荆渡,尧苏,片上,慈姑,方家堨,杨公塘,章塘庙,新州,云雾塘,东山,毛家园,槐台,新屋下	登第桥,黄荆渡,片上村,慈姑,方家堨,杨公塘,章塘庙,新州,云雾塘,东山头,毛家园,槐台,新屋下。王宅村,前山,上塘边,上下和村	较康熙志少尧苏,多4个村名
九都十六图	岑山,介塘,江村,宋祈,小路口,黄村,梅山,徐村,沙溪,清流,范村,古溪,沉狮,汪村	岑山,介塘,江村,宋祈,小路口,铸锅黄村,梅山,徐村,沙溪,清流,范村,承狮,汪村。前庄,运子山,茂坦,玉村前,刘家落,杨宅上,冲岭,田干,方家头,朱家巷,索粉巷,汪乌村	较康熙志多12个村名,少古溪

续 表

都图	康熙志	乾隆志	备注
十都十二图	丰瑞里,松源,峤山,富塌,章塘,吴后塘,麻榨山,凤凰,黄村,汪金岭,高山,小灵山	松源,峤山,富塌,章塘,吴后塘,麻榨山,东西凤凰,黄荆岭,高山,小灵山。枫树岭,清流,飞布山,丛湾,宋村,打猎村,东门岭,古充,律村田,亭子山,沙园,冯塘,许家落,尹村,勋充,石门,鸡公尖,杨村,汝坑,郝家落,汪家落,潘村,叶村,北山下,鹤*山,大尉甸,西田,善屋里,蒲田,项村,谢家坞	较康熙志多31个村名,少2个村名(丰瑞里、黄村)
十一都五图	丰口,罗田,下后土,杨冲岭,东流桥,跳石,太尉甸	丰口,罗田,下垢,杨充岭,东流桥,跳石,太尉甸。山番田,上丰,竹会寺,溪头,龚村,下丰,青山头,塔山,沙壄上,杨家段,石牌头	较康熙志多11个村名
十二都八图	上丰,赵村,杨家坦,许村,茅舍	赵村,杨家坦,许村,茅舍。祁家巷,王进舍,罗坦,樊村,王进坑,西岔,西坑	较康熙志多7个村名,少1个村名(上丰)。上丰被调整至十一都
十三都五图	砂城,曹溪,开黄,东回,叶村,芳村,江村,汤口	沙城,曹溪,东环,叶村坞,芳村,江村,汤口。庄边,青岭下,汪村,东坑口,乌树坑,碣石,仰村坑,山岔,沙村,上碣口,宋村头,西里庄,东山,上垢,箬岭,乌石	较康熙志多16个村名,少1个村名(开黄)
十四都七图	蒋村,洽舍,呈坎,朱村,王干,容溪	蒋村,洽舍,呈坎,朱村,王干寺,容溪。梁上,小容,水蒲口,王村,半角良,杨村,桃源,石壁下	较康熙志多8个村名
十五都十二图	班塘,古塘,澄塘,陈村,潜口,水界山,松明山,莘墟,唐贝,西山	古塘,澄塘,陈村,潜口,水界山,松明山,莘墟,塘背,西山。宋村,彷塘,里庄,盛塘,坤沙,朱树林,葛山,太公山,胡椒村,唐榔,杨岭,猴儿坦,塘边,余家村,江祈,田中,中山后,相塘,金家村,柿树下,山后	较康熙志多21个村名,少1个村名(班塘)
十六都五图	溪南,芝黄,临河	溪南,芝黄,上临河。杨家桥	较康熙志多1个村名

续　表

都图	康熙志	乾隆志	备注
十七都五图	临塘,竹坞,竦塘,石桥,琶塘,琶村	临塘,竹坞,竦塘尾,石桥,琶塘下,琶村。鲍村,金山,田干,里村,衣坑,斗阁,坑口	较康熙志多7个村名
十八都六图	郑村,过塘坞,槐充,托山,长龄桥	过塘山,槐充,托山,长龄桥。横山,吴村,上长林,下长林,余塘,乌竹园,上中坞,金家墩,黄连充,长塘,楼*塘下,高甸,石塘	较康熙志多13个村名,少1个村名(郑村)
十九都十一图	梅村,鲍屯,路口,芭蕉坦,黄村,岩镇,丛睦坊,下临河,茆田,江山头	梅村,鲍屯,路口,芭蕉坦,岩镇,丛睦坊,下临河,茆田,江山头。桑林,官塘,山上淇,长翰山,下山,塘架,朱川坞,魁瑶,毛岭,檡上	较康熙志多10个村名,少1个村名(黄村)
二十都七图	路村,朱方,信行山,王充,堨田,联墅,余家山,信行,厚美	路村,朱方,信行山,王充,堨田,联墅,余家山,信行,厚美。小里,西充,东充,吴村,富饶,朱郑,张家落,王口,上渡桥,草坦上,岩镇申明亭,许家落	较康熙志多12个村名
二十一都六图	山泉,叶村,塘模,坤沙,塘美,仇家塘,甸子上	山前,叶村,塘模,唐尾村,仇家塘,甸子上。汪村边,西村,坦头,西杨村	较康熙志多4个村名,少1个村名(坤沙)。坤沙调整至十五都
二十二都十一图	灵山,东山,范坑,蜀源,稠墅,大里,槐塘,棠樾	灵山,东山,范坑,蜀源,稠墅,大里,槐塘,棠樾。官庄,含头,白砂岭,产庆,吴溪,汪金岭,溪坎,大母堨,古关,涌塘,张蒙潬,罗田	较康熙志多12个村名
二十三都十四图	向杲,张潭,仇村,郑村,潭渡,后村,牌边,黄屯,七里湾,后坞,方村	向杲,张潭,虬村,郑村,潭渡,后村,黄屯,七里湾,后坞,方村。大趾村,吴村,古溪,岩下,童坑,查坑,西山,西凌村,百槐台,旧屋岭,路口,下市,狮山下,勋充,舒塘,上市,沙园,上杨村,黄土岭	较康熙志多19个村名,少1个村名(牌边)
二十四都九图	环山,石岭,石冈,罗下田,马岭,忠堂,洪良堨,杨村,烟村,堨头,石壁下	环山,石岭,石冈,罗田,忠堂,虹梁堨,王村,烟村,堨头,石壁下。姚村,古岩下,高段,龙塘,辥村,百丈,小岩,泉水塘,余家堨,尖山下,篆塘,浩泽,檡树,母蛇,竹林,棠坞	较康熙志多16个村名,少1个村名(马岭)。王村即杨村

续　表

都图	康熙志	乾隆志	备注
二十五都六图	斿田,石门,黄坑,篁墩,溪南	斿田,石门,黄坑寺,篁墩,南溪南。中溪,浙源,上尖,横干,余村,朱坑,徐村,黄口,岭后,柤山,坦上,汉洞,刘村	较康熙志多13个村名
二十六都七图	坑口,苦竹,小溪,长垓,下濂,朱陈,叶西,接驼	坑口,小溪,长垓,下濂,朱陈,接驼。岭里,蛇坑,旁坑,盛中,塘里,岭口,坠上,石耳,朱祈,大坑,刘村	较康熙志多11个村名,少2个村名(苦竹、叶西)。其中,叶西被调整至二十七都
二十七都六图	王村,吴村	王村,吴村。后塘,庄泉,岩溪,上溪,叶西,里塘下,富登,浯村	较康熙志多8个村名
二十八都九图	结林,叶干,谢村,洪坑,程村,潘村,雄村,岑山渡	结林,叶王干,谢村,洪坑,程村,潘村,雄村,岑山渡。富岱,罕村,朱家村,冯村,山根,桐树岭,冷水坑,航埠头,结林培,敬兴,程村	较康熙志多11个村名
二十九都六图	小沟,黄备,余岸,绍村	小沟,黄备,余岸,绍村。左岔,学士源,岭里,竭头,汉口,高境,蛇坑,孙村,古源	较康熙志多9个村名
三十都九图	街口,美滩,径口,江村,武阳,白石岭,庙前	街口,尾滩,径口,江村,白石岭,庙前。黄田,黄郁,街源,横石,汝滩,山港,天峻滩,荷花池,挈湖头,小沟口,金村,大川口,程家塌,木家坦,朱家塌,绣衣坊,下沙,庙前,吴村,倒坑,徐村,沙溪,太平源	较康熙志多23个村名,少1个村名(武阳)
三十一都三图	昌溪,定潭,深渡,五渡,彭泽,九沙	昌溪,定潭,深渡,五渡,九沙。田干,墙里,梨岭,吴村,丫潭,向坑,蒙村,绵溪口,查坑源,杨林,盘寨,九里潭	较康熙志多12个村名,少1个村名(彭泽)
三十二都二图	中村,叶村,王干司,老竹园,杞梓里	中村,叶村,王干司,老竹岭,杞梓里。山阳坑,新米坑,黄柏源,朱木坑	较康熙志多4个村名
三十三都四图	蛇坑,崇程,苏村,石潭,磻溪	蛇坑,崇程,苏家岸,旁溪。水竹坑,杞梓里,路口,阳坑,阴坑,南村,庄潭,后坑,塘里。	较康熙志多9个村名,少1个村名(石潭)

续　表

都图	康熙志	乾隆志	备注
三十四都五图	洪鲸，方村，郑坑，七贤，白洋	洪鲸，方村，郑坑，七贤，白洋。洪飞，狮干，排坑，西坑坞，天皇，青竹凹，溪上，源头潭，洪坑口	较康熙志多9个村名
三十五都六图	青竹凹，程村，蔡坞，北岸，章岐，大佛，刘村，上下高山	程村，蔡坞，北岸，瞻淇，刘村，高山。孝女村，东村，后矶	较康熙志多3个村名，少2个村名（青竹凹、大佛）。青竹凹、大阜（大佛）被调整至三十四都
三十六都五图	绵潭，章坑，章潭，杨坑，雪坑，瀹潭，瀹川，自城，汪村，洪村	绵潭，潼潭，杨坑，薛坑口，瀹潭，瀹坑，自成，汪村，洪村。吴村，横街，洪村，片岭下，朱家坞，方村	较康熙志多6个村名，少1个村名（章坑）
三十七都十图	郎源，梅口，浦口，义成，后坞，将军山，白洋岭，丰隆岭，戴家尖	郎源口，梅口，浦口，义成村，后坞，将军山头，白洋岭，丰隆岭，戴家尖。黄花岭，汪龙坑，梨下，熟田，潘岭，黄金岭，黄荆渡，夏坑，朱家村，长源，窦坑，曹村，山根，龙王山，问政山，方家村，椆木岭，雄村，王家坝，章村，庄源，车龙湾，范村	较康熙志多23个村名

从康熙志到乾隆志，都图的结构基本上没有变化，但各都图下隶属的村落稍有调整。如上丰在康熙志中属十二都，在乾隆志中属十一都。叶西在康熙志中属二十六都，在乾隆志中属二十七都。坤沙在康熙志中属二十一都，而在乾隆志中属十五都。青竹凹在康熙志中属三十五都，在乾隆志中属三十四都。大阜（大佛）在康熙志中属三十五都，在乾隆志中属三十四都。这些，都说明村落的隶属关系有所调整。

就歙县徽商发展的阶段来看，清代前期是其鼎盛时期。康熙《徽州府志》记载："徽之山大抵居十之五，民鲜田畴，以货殖为恒产，春月持余赀出贸十一之利，为一岁计，冬月怀归，有数岁一归者。上贾之所入，当上家之产；中贾之所入，当中家之产；小贾之所入，当下家之产。善识低昂，时取与，以故贾之所入，视旁郡倍厚。"①稍后的乾隆《歙县志》亦曰："田少民稠，商贾居十之九，虽滇、黔、闽、粤、秦、燕、晋、豫，贸迁无不至焉。淮、浙、楚、汉，又其迩焉者矣。故拥雄赀者高轩结驷，俨然缙绅；次亦沃土自豪，奔走才智，而遍植其所亲所厚；最次且操奇赢，权出纳，翼妻孥，而橐遗其子孙。"②在移民外出和商业繁盛的背景下，大批资金被源源不断地输回到桑梓故里，促进了当地村落的发展。康熙年间，休宁著名学者赵吉士指出："新安之民，皆聚族而处，其在邑者十之一，其在乡者十之九，里邻相接，闾閈相望，一村一落，林塘烟树，必擅山水之胜，檐牙瓦齿，鳞鳞翼翼，栉如也。"③这一描述，可以说是徽州一府六县村落发展的生动写照。

在歙县境内，四乡差异颇为明显。乾隆《歙县志》指出："邑东毗迩绩溪，俗朴俭，鲜园林山泽之利，农十之三，贾七焉。南分水、陆二路：陆南即古邑东也，山多田少，食资于粟，而枣、栗、橡、柿之利副焉；水南则贾善奇赢，士农并厘然错出矣。北擅茶荈之美，民半业茶，虽女妇无自暇逸。惟西土壤沃野，家号富饶，习尚亦视诸乡为较侈。"④文中所称的"西"，也就是歙县西乡，该处为徽州盐、典钜商麇居之处，对此，乾隆时代佚名所作的《歙西竹枝词》这样描摹：

> 西乡乡落不寻常，水秀山青气脉长。天设古关关水口，岭头一望好铺阳。

> 烟村无处不风光，憩息亭阁共短长。栋宇高标茆屋少，繁华彷佛小维扬。

> 人家十户九为商，积累盈余返故乡。捐过功名娶过小，要开风气造华堂。

① 康熙《徽州府志》卷2《舆地志下·风俗》，《中国方志丛书》华中地方第237号，成文出版社，1975年版，第441页。
② 乾隆《歙县志》卷1《舆地志·风土》，第125页。
③ 康熙《徽州府志》卷1《舆地志上·厢隅乡都》，第306页。
④ 乾隆《歙县志》卷1《舆地志·风土》，第122—123页。

在徽州的一府六县中，歙县尤其专精于盐业，西乡一带更是商贾辈出，当地受淮扬一带的影响较大，故有"繁华仿佛小淮扬"之说。

由于徽商的前仆后继，歙县当地的生活水准水涨船高，人们对于物质享受精益求精。再加上一些手工制作还被那些巨商大贾作为土宜，或用以馈赠官僚文人，或用以两淮盐务中的"办公办贡"，进奉内廷，从而促进了当地手工业的发达，形成了一些以手工为业的村落。对此，清初时人赵吉士曾指出："百工之作皆备，而歙为巧。"①乾隆《歙县志》亦曰："风成于习，习俗所尚，厥有专能，迁其地而弗良，风土然也。邑有以地而名其器者，若东门之罗经，岩镇之锁，坤沙之鼓，路口之针，半沙之竹器，具见于时。而黄氏之铁治，而又居然以业号其村者。"②关于黄氏的铁治，乾隆时代歙县人吴梅颠所撰《徽城竹枝词》就写道："村姓因唐黄最多，数村同姓恐教讹。本行提出为村姓，打猎做香与铸锅。"③也就是说，黄姓的村落较多，人们唯恐发生混淆，所以将职业特征冠于姓名之前，于是出现了以打猎、做香和铸锅等为前缀的地名。以"铸锅黄村"为例，《徽城竹枝词》曰："黄村人生来更异，百工技巧堪传世。神奇名远胜西洋，器物至今难学制。"诗注："铸锅黄村人，尝见赏于我仁庙。"关于这个以铁治为业的村落，康熙《歙县志》九都有"黄村"，及至乾隆《歙县志》中则作"铸锅黄村"。另外，康熙《歙县志》十都亦有"黄村"，乾隆《歙县志》作"打猎村"，及至民国《歙县志》，则写为"打猎黄村"④。至于"做香黄村"，《徽城竹枝词》亦有"香做黄村烟结鹤"句。此外，尚见有

---

① 康熙《徽州府志》卷2《舆地志下·风俗》，第442页。对于歙县的百工技艺，许承尧有详细的记录。(见民国《歙县志》卷16《杂记·拾遗》，第2802—2804页)

② 乾隆《歙县志》卷1《舆地志·风土》，第124页。

③ 见徽州文献课题组：《徽州文献与〈徽人著述叙录〉的编撰〔附凡例及样稿〕》，载安徽大学徽学研究中心编《徽学·2000卷》，安徽大学出版社，2001年版。该文所录《徽城竹枝词》未得善本，且颇有讹误遗漏。本处所引，据安徽大学徽学研究中心教师陈联，另据芜湖市图书馆阿英藏书室写刻本校录增补。

④ 打猎黄村，亦作大猎黄村，说详柯灵权《古徽州村族礼教钩沉》，中国文史出版社，2003年版，第101—103页。

“做伞黄村”[①]。

另外，前述乾隆《歙县志》中提及的坤沙之鼓、路口之针和半沙竹器，在《徽城竹枝词》中也有描摹：“路口金针原适用，中州琢锁更驰名。半沙竹器坤沙鼓，团扇风摇新馆轻。”[②]这里还提及歙县新馆的团扇。关于扇子，民国《歙县志》指出：“歙货产中有以扇著者，明时郑泰时、朱柿、张士安、倪汶四家，当时或致巨业，或以给家口，扇货山积矣，近今不行，亦绝无作者。”[③]关于歙县各村落的手工产品，《徽城竹枝词》中尚有其他的诗句：“香做黄村烟结鹤，溪南炉铸式如宣。退光漆器嵌螺蚼，色斗丹青景物妍。”《歙西竹枝词》亦有：“方物驰名各善长，洪坑索面匣儿装。顶烟岩市曹家墨，爆竹称斛算上汪。”“细作精工路口针，仇村剞劂贩书林。杲山勤作无虚度，比户连宵卷烛心。”从中可见，溪南的铸炉、螺蚼，岩镇的墨，上汪的爆竹，仇村的刻书，杲山的蜡烛等，也与黄村的做香、路口之针相提并论。其中的仇村刻书，相当著名。关于刻书，民国《歙县志》指出：“明之中叶，邑中有力好古之家，竞尚刻书。……故胡应麟以歙县与苏、常、金陵、杭州并列为刻书之地，降及清代，小溪项细、长塘鲍廷博、江村汪昉、潭渡黄晟等刻书，亦尚为艺林所重，嘉道而后，此风寝衰矣。”[④]仇村亦作虬村，尤以刻书业著称于世。百工之外，医卜也颇为专精。“世代传流技术工，包医接骨黄源充。吉期选择驰名远，连墅田干星历通。”黄源充的包医接骨，连墅、田干的算命先生，亦相当著名，迄今在徽州，尚见有不少田干算命先生开具的选单。此外，饮食行业中也出现了一些名优特产，为一些村落所特擅。对此，吴梅颠的《徽城竹枝词》曰：

通行送礼祝年高，尖嘴蒸成大寿桃。泼刺盆鱼金字烛，洪坑挂面

① 见徽州文书《乘积科则》抄本，登瀛乡七都。

② 关于坤沙之鼓，《歙西竹枝词》曰：“牛皮扪鼓在坤沙。”关于路口之针，《歙西竹枝词》亦有“细作精工路口针”的记载。

③ 民国《歙县志》卷16《杂记·拾遗》，第2785页。

④ 民国《歙县志》卷16《杂记·拾遗》，第2799页。

上丰糕。

山粉蒸团寒水晶，街源黄备两传名。荷口远飈云深处，野碓遥闻
捣蕨专。

丰溪酒好来仙客，饼卖唐模号太公。岩镇潮糕甜且化，班塘冻米
白还松。

这里提到的"洪坑挂面"，所谓"方物驰名各善长，洪坑索面匣儿
装"①。类似的名品还有：街源、黄备的山粉蒸团，丰溪的酒，唐模的太
公饼，岩镇的潮糕，班塘的冻米。

商业、手工业及服务业的繁盛，共同促进了清代前期的村落发展。这
种发展，首先表现为村落数量有所增加，如十五都，乾隆志较康熙志多出
20个村落；十八都，较康熙志多12个村落；二十二都，较康熙志多出12
个村落；二十三都，较康熙志多出18个村落——这几个均位于歙县西乡。
而歙县其他各乡的情况也并不例外，以南乡九都为例，乾隆志较康熙志多
出11个村落。这些，都与清代前期徽商的发展（尤其是两淮盐业的繁荣）
密切相关。

清代前期村落的发展，还表现为各类地名的嬗变。民国时人许承尧曾
说过："邑诸山多以金名，金竺有二，其他瑞金、灵金、紫金、富金、贵
金，取义皆不可知。"②对此，吴梅颠的《徽城竹枝词》曰："诸山多把金
为号，夜气何尝耀眼飞。"可见，将境内诸山冠以"金"字，至迟应始于
乾隆年间。此一时期，正是徽商如日中天之际，"世人多金挥不足"③，大
批"金"字山名的出现，与扬州盐商臂缠金镯以炫耀财富的做法，可以比
照而观。

从康熙志与乾隆志的对比来看，在清代前期，村落名称也有变化，这

---

① 佚名：《歙西竹枝词》。

② 民国《歙县志》卷16《杂记·拾遗》，第2777页。

③ 袁枚：《随园诗话》卷1，参见《批本随园诗话》批话。关于这一点，详见王振忠：《明
清扬州盐商社区文化及其影响》，载《中国史研究》1992年第2期。

个时期出现了一些地名雅化的现象。

表6　清代前期改名及雅化地名举隅

编号	原地名	改名及雅化地名	资料来源
1	贵溪	桂溪	乾隆《歙县志》卷20《杂志下·拾遗》
2	富溪	傅溪	
3	章祈	瞻淇	
4	项里	上里	
5	下舍	洽舍	
6	洪坑	虹源	
7	枫树岭	丰瑞里	
8	灰窑	魁瑶	
9	坑稍	坤沙	
10	皇呈	篁城	
11	寒山	环山	
12	墙里	祥里	

根据乾隆《歙县志》卷20《杂志下·拾遗》的记载，"上里"原名"项里"，"丰瑞里"原作"枫树岭"。然而，前述的康熙《歙县志》作"上里"和"丰瑞里"，而乾隆《歙县志》则作"项里"和"枫树岭"——这并不说明上述的地名嬗变秩序颠倒或雅化地名不成立，而是说明方志对地名的记录有时比较随意，后出的方志仍有可能选用以前的地名加以记录。

再以一都为例，表5中的"何村"改成"东和村"，这是姓氏地名的改易。"狮塘"改成"师唐"，这是动物地名的改易。"连树"改成"连墅底"，这是植物地名的改易。鉴于徽州村落多依山傍水，"章村"与"章坑"之歧异，则可能只是地名记录的另一种表述①。此外，还有如从"汪

---

① 坑，禹培手誊光绪十七年（1891年）季春月日立《捐钱、工砌阶石曼收支总谱》："尝睹女妇下坑，肩水浣洗，沙石高低，泥淖湿溜，步履维艰，兼之道路崎岖，肩挑匪易。每值春冬之际，雨雪冻结成冰，更难行走，爰集邻人共议，金欲兴高砌阶碥路之举，咸愿乐捐喜助之心，如是择吉动工，即日告竣。行见崎岖之路变成坦平，汙湿之下转为干燥，人行妥便，诚美事也！谨启。光绪十七年岁在辛卯季春月。"可见"坑"确是水溪之意。

金岭"改为"黄荆岭","仇村"变为"虬村"①,"章祁"变为"瞻淇"等。这里,我们将视线聚焦于章祁(瞻淇)所在的三十五都(见表7)。

表7　歙县三十五都村落

歙县方志	三十五都	备注
康熙志	青竹凹,程村,蔡坞,北岸,章岐,大佛,刘村,上下高山	
乾隆志	程村,蔡坞,北岸,瞻淇,刘村,高山。孝女村,东村,后矴	较康熙志多3个村名,少2个村名(青竹凹、大佛)
道光志	程村,蔡坞,北岸,瞻淇,刘村,高山,孝女村,东村,后矴,大阜,郑坑,佛岭脚,藤坑,南村,白洋下村坞,方祁村,佛磨坑,白洋坑,金竹岭,直岔	较乾隆志多11个村名
民国志	呈村降,蔡坞,北岸,瞻淇,留村,高山,孝女村,后矴,大阜,郑坑,方祁村,佛唐坑(一作阜塘坑),白洋坑,金竹岭,直岔。蔡坑,汪村,上村,小阜	较道光志多4个村名,少5个村名(东村、佛岭脚、藤坑、南村、白洋下村坞)

从康熙年间到民国时期,章祁(瞻淇)均属于三十五都,这一带有三个地名都经历了改名和雅化的过程,亦即:

　　章祁→瞻淇

　　程村→呈村降

　　刘村→留村

这三个都是从姓氏地名转变成其他的地名,此种变化反映了歙南区域社会的变迁,尤其是族姓关系的变化。呈村降,原名程村,由最先居户姓

---

① 虬村:据《安徽省歙县地名录》记载,原仇姓住此称仇村,宋初黄姓迁入改称虬村。
(第8页)

氏得名①；留村，刘姓始居称刘村，别姓迁入后改称留村。而最为典型的则是章祁到瞻淇的变化，以下根据徽州文书的详细史料加以探讨。

方志记载只到图一级，其下更细的资料则付诸阙如。好在现存的大批都图文书中，可以看出都图之下的详细情形，此处所列，即是三十五都之下图的分置（详见表8）。

表8　歙县三十五都各图所辖村落

《歙县各都图字号乡村地名》（五里）		《歙县都图地名及各图字号》		潘仲山钞录《歙县都图总谱》		《歙县各乡都图分全录一看便知》		《歙县都图字号》	
恶一图	黄柏山、大佛、高山	恶字一图	黄柏山、大佛、高山	一图恶字号	大阜、小阜	恶一图	大佛、小佛	一图恶字	大佛、高山
积二图	孝女村、呈村、留村、东村、后冈、郑坑，界上	积字二图	孝女坊、呈村、留村、东村、后徐、郑坑口，后冈	二图积字号	茆坑、孝女村、东村、呈村、晋村、后降、藤坑	积二图	孝女坑、茆坑、东村、呈村、留村、后降、藤坑	二图积字	章程村、刘村、东村、后降、大佛、孝女村
福三图	蔡坞	福字三图	茶坞、青村乃、呈村	三图福字号	菜坞	福三图	菜坞	三图福字	蔡坞

① 歙县地名委员会办公室编：《安徽省歙县地名录》，1987年印刷，第143页。休宁呈殿，旧时村内有古殿一座，为程姓所建。因住户无几，为人惯称之为程殿。后以音易字，更"程"为"呈"，遂名呈殿。三门呈，始有程姓定居，在村内建有东、西、中三个门厅，故名"三门程"。后相继来定居的有朱、洪、徐等姓，遂改"程"为"呈"，名三门呈。下呈村，原是程氏祖居地，因村处于"东水西流"的洽阳河段下首，故名"下程"。后因他姓增多遂改"程"为"呈"，称"下呈"。（屯溪市地名委员会办公室编：《安徽省屯溪市地名录》，1985年版，第37、52页）婺源下呈村，清代中叶，当地齐家岸程姓建村于塘村溪水下游，因此称"下程"。《江西省婺源县地名志》曰："后误为今名。"（第148页）但从下程到下呈，可能也与定居点人群比例的变化有关。祁门县上呈村，因程姓得名村村，"居上首，谐变"。（祁门县地名委员会办公室编：《安徽省祁门县地名录》，1987年版，第21页）这些，也都是从"程"衍化为"呈"的例子。

《歙县各都图字号乡村地名》（五里）		《歙县都图地名及各图字号》		潘仲山钞录《歙县都图总谱》		《歙县各乡都图分全录一看便知》		《歙县都图字号》	
缘四图	章祈	缘字四图	章岐	四图缘字号	章岐、五里牌、金鸡石	缘四图	章岐、五里牌、金鸡石	四图缘字	章祁、下高山
善五图	北岸、白羊	善字五图	北岸、大佛	五图善字号	北岸、南村、桥东、大佛市、下村坞、白羊坑、佛堂坑	善五图	北岸、南村、桥东、大佛市、下村坞、白羊坑、伏堂坑	五图善字	北岸、大佛、上高山
		六图	上下高山、金竹岭、刘村、赤义	六图全字号	金竹岭、高山、栏杆头	六图	栏杆头、金竹岭、高山	六图（无字）	高山

从上述各抄本可见，在民间文献中，章祁或作"章祈""章岐"。

三、从民间文献看地名变迁的社会地理背景

1982年，歙县地名普查办公室在《歙县地名普查工作情况汇报》一文中，对歙县地名之命名特征做过初步的概括。报告指出，在歙县地名中，以姓氏命名或以姓氏加地形命名的方式列居首位。在这种情况下，地名成了族姓的符号。的确，许多地方是因最初居民的姓氏而得名。如歙县高阳，据说该村许姓祖先于唐代从高阳郡迁来，取名高阳，以示郡望[①]。当然，更为常见的是王村、许村之类的地名。

随着村落主人的改变，名称就会有所改变。如大茂，歙县吴姓最早定

---

① 歙县地名委员会办公室编：《安徽省歙县地名录》，1987年印刷，第35页。按：其实，高阳为中古许氏郡望，高阳一名，当由此而来。

居，后凌姓迁入，改大茂为大孟①。临家坞，原以居民姓氏得名凌家坞，后李、冯等姓迁入，改用现名。芳家坞，方姓始居时名方家坞，别姓迁入后改名芳家坞。绍村，原名邵村，张姓迁入后改现名②。森村，原由居民姓氏得名孙村，后改。呈田，最先居民程姓，故名程田，后别姓居民迁入，改为呈田。大呈又名大程村，上呈本名上程，可能也是因住民变迁而改变。同样，余岸变成渔岸，范村变成蕃村等，亦与此种因素有关。有的是随着别姓的加入而协商改名的，如万二，本是两家姓王的定居，称王二家，后姓汪的迁入，就变成万二。歙县篁村，王氏先居称王村，后蒋姓迁入改篁村。叶岔，原住民为叶姓居民，后居民易姓，遂改称烨岔。鲍村因鲍氏始居而得名，后改名葆村。詹村因詹氏始居而得名，后改名占村。吴竹源因始居吴姓得名，后改梧竺源。金川始居金姓，后改京川。凌村最早因凌姓而得名，后改宁村。瑶村原作姚村，后改。项山原项姓居住，后改翰山。姚川因姚氏得名，后别姓迁入改称瑶川。凌家湾，仁姓迁入后，改名仁川。金村，古依姓氏名金村，后周姓迁入，改为荆村，后又改名金山。科村，原先柯姓居住，名柯村，别姓迁入后改为科村。姚姓始居称姚家坞，后别姓迁入改用尧家坞。这些，都是因村落住民变化而淡化姓氏冠名。

另一种是因村落住民变化，而强化了姓氏冠名。如溪塝头，后因居户以周姓占绝大多数，遂改名为周邦头。

从上述各例可见，对于地名的改动，通常的原则除了谐音外，还有的是对姓氏的笔画或增或减，如"巴"改"芭"或"琶"，此属笔画的添加；"程"改"呈"，则为笔画的减少。还有的是对汉字细部的改变。如颖川，最早该地以汪姓居多，为纪念其故祖颖川侯而称颖川，后来别姓繁衍，遂改"颖"字为"颍"③。

---

① 歙县地名委员会办公室编：《安徽省歙县地名录》，1987年印刷，第106页。一说是方姓迁入，改成大孟。（第220页）

② 清康熙时人程庭的《春帆纪程》，提及邵村为张姓所居。故邵村改名绍村，应在康熙五十七年（1718年）之前。参见王振忠：《寻根途中的徽州人》，刊《寻根》2007年第1期。

③ 歙县地名委员会办公室编：《安徽省歙县地名录》，1987年印刷，第59页。

因此，地名的更改，即使是局部的变动，也往往不是简单的改名，实际上有着居住者发生变化的背景①。以下再从徽州文书出发，重点分析章祁地名的变迁。

（一）从章祁到瞻淇

瞻淇是徽州歙县南乡的一个村落（见下图），现位于徽杭公路沿线，在历史上，这一带最早是叫"章祁"，原住民为章氏。后来汪氏迁入，挟着徽州首屈一指的强宗地位，逐渐喧宾夺主，将章氏朝边缘排斥，易名"瞻淇"，该地名源自《诗经》"瞻彼淇奥，绿竹猗猗"句。从章祁到瞻淇，表面上是一种诗意的雅化，但实际上，在此一地名变化的背后，却反映了颇为激烈的族姓纷争。

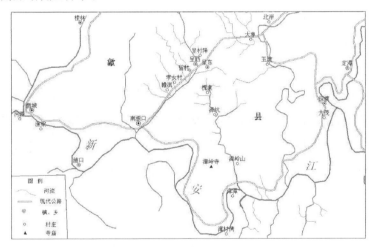

歙南瞻淇及周遭形势图

---

① 宗族对所属地名有着颇为严格的管理。何卫侯编辑、民国十七年（1928年）冬屯溪科学书馆石印本《族事汇要》第二册，有《请更正何村东头街地名布告公函》（丙寅六月十九日即阳历五月初十日）："敬启者，顷奉钧署刘六月九日布告两张一书，实贴何村一书，实贴汪村东头街。查东头街前后左右均为敝族所居，原属何村地段，《黟县三志》卷二都图门内何村有东头街等处，尤足以证明也。此次颁发布告，所书汪村东头街，实属笔误，合将原颁布告缴呈，敬请钧署更正，另发布告一张，填明何村东头街字样，俾资张贴，至纫公谊，此致黟县知事吕。何宗愈闻生。""按：此项布告，比蒙吕知事更正发贴，隔生识。"

1.《口口古讼》所见汪、章之族姓纷争

十数年前，笔者收集到的一册徽州文书，对此有相当详细的记载。该册文书即吴日新的《口口古讼》抄本①，抄本内容明显是站在汪氏立场上编纂的，所以开头的投状有二：

> 具投状人汪△△
>
> 投为逆仆凶弑号鸣呈究事。
>
> 被投：逆仆章△△
>
> 干证：身侄郁周并被殴打可验。
>
> 投邻图保长状
>
> 具投三十五都四图章祈族众汪祖曜等
>
> 投为逆仆叛主，歃血建祠，持刀凶弑，跳梁异变，恳呈公讨，以扶纲纪，□儆效尤事。
>
> 被投：逆仆章△△

投状人是章祈汪氏一族，被其投诉的对象则是他们眼中的"逆仆"章氏，罪状是"逆仆叛主，歃血建祠，持刀凶弑，跳梁异变"，意思是章氏不甘继续受汪氏的奴役，企图脱离主家的控制，歃血建立祠堂，并持械与汪氏对抗。关于"持刀凶弑"，汪氏的呈子上写着：

> 呈为白昼持刀弑主，急号鸣呈究事。祸因本月初三日，生以汪奴叛主等事呈控有［在］案，讵逆章△△等目无王法，抗不服拘，霸于日昨下午时分，统凶数十余人，各执器械，恨生等呈首，声鸣杀死生命，生急走避敦睦堂屋内，逆等即将生家敦睦堂门扇板壁等项打毁一空，比急喊鸣地保，人刀两获，面交保长十排验明可讯。逆又复令仆妇，持刀做命，现交保长确证。似此白昼弑主，真正清平大变，伏乞

---

① 扉页敲有"新安源源字号/拣选洁白名口"字样红店章。

宪天作主，立赐验明，赏签拿究，以救生命，以振纲纪，以靖地方，
顶恩切禀。

被犯：章△△。

干证：汪△△。

批：侯［候］即审。

根据上揭汪氏的说法，汪姓某人领衔向官府控告章氏叛主，引起后者
的不满，章氏数十余人企图杀死汪某。汪某见状只得逃避，而章氏数十人
持械将汪氏敦睦堂门扇板壁等打毁一空。汪某急忙喊鸣地保，将章氏人刀
两获。作为见证，《口口古讼》中另列有保长汪△△、三十五都四图族众
十排汪△△的呈。其中，族众十排呈曰：

具呈卅五都四图族众汪△△

呈为仆夥弑逆，清平奇变，公愤不平，叩天律剿事。切禀有章△
△等，计男妇百余人，具系同族汪△△等承祖所遗之仆，每年腊底给
发米豆酒面，岁朝犒赏馒头，遇事应役，历见是实。且章△△之婚
配，现有大半系□家使婢。诳章仆倚侍温饱多人，忘［妄］思脱壳，
胆敢建祠堂、社庙，假以编造门牌，为叛主之先声，诳控之词，横称
"章祁原属章姓，反主为客，誓不与生"等语。并敢乱扯前朝隔省宦
裔，屠灭主族。身等因已不平，岂料章△△等不遵宪讯，愈横愈炽，
竟于△月△日下午逆夥蜂拥本主祖屋敦睦堂，打毁门扇等件，持刀殴
弑，合族共见，真正清平奇变，亘古未闻。为此公吁宪天，严拘律
究，以正各分，以遏乱风，合族顶恩不朽，激切连名上禀。

批：府卷。

当时，歙县三十五都四图的保长和族众十排都由汪氏族人担当，其人
的倾向性显而易见。族众十排呈中指出：章氏共有男妇百余人，都是汪氏
祖遗的仆人，每年均受主家犒赏，主家有事，则需受驱役。而且，章氏的

婚配对象也大半是婢女。只是由于章氏仆人中有多人致富，故而企图摆脱主家控制，他们建立祠堂和社庙，与汪氏发生了剧烈的冲突。呈中更指出此次纠纷的起因，实际上肇因于编造门牌。

对于汪氏的说辞，《口口古讼》抄录了诉讼另一方章氏的反驳，亦即书中的"逆奴第三词"：

> 本县顶下卅五都四图具禀人章明光等，身于△月△日以环叩宪恩等事具禀，着约保公议覆禀，为约、保一家，焉肯议覆？再陈颠末，恩赐地立事。缘身等章氏，乃齐太公之后，传至新安太守章瀋公，藉居城南廿里章祁家焉。迨唐武德间，观察使章拱桐公子项公二女行孝，其母入山采蕨，虎不撄，于贞观二年，刺史刘赞、观察使韩滉奏闻，改名孝女乡，又名孝村。后知府仁闻公世居章祁，殁于彼，又名章家墓。至于父子叨列相位，孙居尚书，累世显宦，世代簪缨，不惟家谱可稽，抑且县志可考。斯时章岐村内未见汪姓迁居于此，是以章姓之家自立五甲四牌。近因身丁式微，汪姓蕃衍，每每倚众暴寡，倚强欺弱，已非一日。今幸上宪饬令编造门牌，故身等仍遵古制，具词叩明，仍立五甲第四牌，奉批着保公议覆。身随以保甲十排俱皆汪姓一家，焉肯公议禀覆，又奉舍批侯〔候〕覆到夺。但清编门牌，原为强〔缉〕盗安民，并非藉端害民，今若以身等（原文注：阙一字。引者按：应为"新"）安太守之子孙，宰府之后裔，而为后迁之章祁之汪姓灭门灭口，独誓不与生，势必上控叩讨。为此粘具钧票，叩乞宪天再电原情，恩鉴宦裔俯循古例，禀笔生春，准令身等自立门牌，庶举族得以相安，汪姓不敢欺凌，仁德齐天，公侯万代，为此上禀，批侯讯夺。

在这一禀词中，章明光自叙了家族的来历以及定居章祁的过程。其中叙及章氏原系簪缨望族，后因身丁式微，汪姓蕃衍，故此强弱异势，素来颇受欺凌。现在因为编造门牌而引发纠纷，章氏希望自立五甲四牌，单独编立，以免受汪氏掣肘。他们的申诉重点是"章祁原属章姓"，汪氏是"反主为客"。

而随后的汪△△呈中，反复强调章氏是汪族的世仆，指出他们"生居主屋、死埋主山、婚配主婢"，是不折不扣的世仆。而且"每年给发年盘岁朝犒赏之粢养，现有昔年老簿、近年新簿，历历可查，无容逃遁"。并指出，领头与汪氏打官司的"章△△"（或即上述的章明光），曾于康熙五十年（1711年）将亲身长子卖与自己为仆，将次子"新老"支应众主役使。后于雍正二年（1724年）间，因其人酗酒无忌，被主家赶出，"迄今未偿身价"，汪△△遂将当时的卖身文契等附上，以供官府查验。

接下来的"逆奴第四稿"，即章氏的禀稿称，由于当时官府饬令编造门牌，章姓原系五甲四牌，故此"公叩照古设立，以杜凌虐"。不料却遭"宦棍汪△△等违禁纠党，连名架词，灭族诬良"，所以于某年某月，双方发生剧烈冲突，章氏之子、母、妻、侄等五人，都被汪氏绑架并殴伤。

接着的汪△△等呈，再次强调章氏的世仆身份：

> 逆仆章△△等，原系生家本支祖遗世仆，生住主屋，死葬主地，粮俯主甲，妻配主婢，自明季至今，历来服役无异，而且每年腊底，俱给发以猪肉、米、豆，岁朝叩节，各犒赏以馒首，凡遇婚丧祭扫等事，按各应役，载在祖遗祠簿，班班可考，此通族十排共见共知，邻图迟迩素所深悉者也。

并说："逆仆△△兄弟等恃主优容，魃至富阳大开货铺，自藉温饱，妄思脱壳，胆敢倡聚，歃血结盟，建造祠屋，希图与主并衡，抗不附主门牌，是以生等蒿目伤口［心？］，以卧榻之侧，岂容他人酣睡？以名门大族，岂甘群小跳梁？"揆诸实际，章祁地处杭徽陆路要道，交通便利，故外出务工经商极为方便。此处透露出一些章氏成员前往富阳一带从商，颇为富裕。

从彼此的针锋相对中还可看出，汪氏竭力阻止章氏建造祠屋、社屋，认为他们根本就没有资格建造这些具有名族身份的标志性建筑：

> 徽属六邑，主仆之分最严，凡有祖遗世仆，现在服役者，从无建祠之例，盖一建祠，则尊卑各分葳尽背灭，本主亲族冠履倒置，莫此为甚！况生祖原分扒有屋与仆居住，供奉香伙［火］神主，何容另建祠堂耶？逆仆人繁，主屋住歇不下，其造屋安居则可，而假造祠供奉香伙［火］神主之名，以便跳梁脱壳，以阻一村来水，损害主族主命，则断断难容也！

对于汪氏的说法，章氏的批驳（也就是收入《□□古讼》的"逆仆第五祠稿"）指出——汪氏的指责纯属诬良作贱：

> ……章祈之名，实身始祖章△△公于前宋朝官在新安太守，藉居于此，故名章祈。今劣祠称伊祖后于南宋时自歙北凤凰村迁至，章祈之名，乃身始祖所立可知。劣等既列衣冠，岂竟不通字义，胆灭"章祈"之名？况身章姓迁居在先，汪姓续居于后，同乡共里，隔越叛百余载。今虽人丁强弱贫富，于欺章姓之人，昭昭耳目，劣有何凭，辄行诬良？且随［隋］唐时入蒙皇恩，旌奖身家孝女二人，有敕现证。宋仁宗时身家显祖△△公官居相位，又有谱志可考，社稷犹存，历今千有余载。凡有社之家，俱以身家孝女乡贯，此即为不妄［忘］故旧也。今劣等捏称约墨、年盘、犒赏、应役等诬，更属幻砌无证无凭之事。至于身家旧有供奉安宁祖社，因屋年久倾颓，众今建造，不为越理，不犯王章，何劳劣呪呪？且劣又捏住劣之屋，葬劣之地，不思身等所居、所葬，俱系祖遗产业，现有输粮税册可凭。且康熙四十五年伊族汪△△承充保役，现有门牌。又康熙十六年、四十四年、五十年，劣等敦睦堂之人卖契并价约上载章名下，历历可凭，则诬良之罪，劣（原文注：少三字）逃诛。总之，劣棍倚灭族，无非身家阀阅名门，今虽人丁式苦贫穷，不惟不甘受辱，即历代之营宗，焉肯暝目

于九泉，任岁（原文注：少三字）□。伏乞宪天赏电原情，烛奸扶懦（少三字）共往胜编桥，公侯奕世，举族焚顶，投充上诉。

被：汪△△。干证：族谱，汪姓卖契价约。批：候审夺。

诉状文词虽有残缺错讹，但其主旨端在指责汪氏诬良为贱，文中强调章祁一名源于章氏，章氏迁居在先，汪氏徙居于后。章氏在唐代有孝女二人，宋朝则有人官居相位，根本不存在受汪族犒赏、为其驱役之事，也没有住屋、葬山情事，他们声称自己所居、所葬均系祖业，现有输粮税册可作凭证。尤其是安宁祖社由来已久，目前系属重修，并非凭空起造。

针对章氏声称自己出自簪缨望族，贡生汪忠嚞在呈中指出：章祁章氏冒认孝女村章氏为同族，不过却遭到孝女村章氏的否认。接着，监生汪△△等又指出：

呈为世仆，历有铁凭，脱壳屡生蛇足，备细粘呈，恳赐详诛事。百家原无生定为仆之姓，合郡亦无望定为仆之乡，总缘一人失身，传及孙子，尽成世仆，此徽俗皆然，天下周知者。逆仆章△△等，前明递传不上十余人，本朝递传，渐致人增数十。数百年来，生家两遭兵火之后，逆仆文书实属无存，但为生家世仆，原有不能泯灭铁据。据生家原丈君家新丈竞字二千三百〇五号、土名郑坑口胡于台上税装生支祖户输粮山，葬为仆始祖坟冢，逆仆每年标祀，未后往请，自呼为伴侣祖宗，此死葬主地，世仆铁凭者一；生家竞字三千四百廿号、土名胡子坞税装生支祖户输粮山，尽逆仆累累坟冢，毗连胡子塘，系生族大分各堂世仆葬地，逆仆断不肯与各堂世仆侵界，此死葬主地，世仆铁凭者二；生家竞字一千九百八十三、四号土名伙佃住屋，官路里灶地税装生支祖户输粮屋，为仆祖住歇管业，续后仆祖移居村尾，递年仍收此屋租艮［银］二两为膳莹。康熙卅五年△月，逆仆又将此屋掉换本家豆租二担，立有换契，此生住主屋，世仆铁凭者三；生家竞字一千七百七十五号、土名青塘头土库税装生支祖户输粮屋，与逆仆永远居住，册载分庄原委备注，检入老簿可查，此生住主屋，世仆铁凭者四；逆仆之妻，旧腊发年盘簿共计四十三人，其为生族各堂世仆之女者十七人，共为生敦睦堂之婢者五人，余皆邻图仆人之女，赏审按各查讯邻图，俱可指实，万难捏蔽，此妻尽主婢，世仆铁凭者五；生家敦睦堂乃三甲、四甲、九甲，仆祖章△△名目，册载本图四甲章△△户头钱粮，自明迄今俱俯生家四甲完纳，此粮俯主甲，世仆铁凭者六；又况岁底犒赏年盘、岁头给发馒首，逆仆旧腊新正犹然新领者乎。又况图内江姓、曹姓、洪姓、郑姓、项姓、罗姓尽系祖居章岐，与生族平交来往，备知生族各堂祖遗世仆，宪天俱可唤讯者乎。凡此皆世仆历历铁凭，不能泯灭者也。

查《徽州府志》，凡任新安而家居新安者，志载墓葬地名。今逆仆初词称章△△公出守新安，继词称新安太守章△公，诉词称章△公，任其添减，两名任指一人，有是胡揪乱指之祖乎？脱壳蛇足者一；府志并无章△△公墓葬地所，逆仆妄认家居章祈，有是坟墓不载之太守乎？脱壳蛇足者二；△月△日晚堂，章△△三仆明光妄扯孝女村章姓为一族，据供章△△为族长，为逆仆之叔，章△△为房长，为逆仆之侄，蒙当堂公供，一一注明在案。生查△△嫡堂兄弟，有是班辈不知之一族乎？脱壳蛇足者三；至若扬称杭州章翰林来柳（？）旗，今日现到昌化，章举人来挂扁［匾］，更有绩邑生员五人来认族，种种蛇足，愈出愈奇。但思从来寂寂无闻，今朝赫赫势焰，可叹文元秀士，母为仆祖，孝子贤孙，岂不下流难返。生等且勿与争，幸逢宪天下车伊始，突有狂仆叛主首案，风化攸关，莫此为甚！生等备将死葬主地、生住主屋、妻配主婢、粮俯主甲铁据粘陈，伏乞宪天赐电，赏查税册，藉赏唤逆仆亲戚质证，并唤图内各姓讯明，更恳唤△△到案，讯实班辈、称呼。若系生等诬良，审实确不可易，生等甘罪无辞；若果狂仆叛主，罪全以子弑父，在不肖审实，俾逆仆无可逃遁，恩赐按律详诛，顶光粘抄，上呈。

上文缕述了章氏为世仆的"铁凭"六条，以及"脱壳蛇足"三条，将章氏锁定为自家的世仆。不过，其呈开头亦指出，因汪氏数百年来两遭兵火，有关章氏作为世仆的文书并没有遗存下来。从中可见，章氏为了自抬身价，曾四处活动，与歙县孝女村、徽州府绩溪县、浙江省杭州和昌化等地的章姓相互联络，借为奥援。另外，汪△△等呈还称：

呈为铁凭蛇足历陈再叩赏拘祖证讯究事。生等于本月△日以世仆历有铁凭，脱壳屡生蛇足等事一词，历历陈明在案，可见屋地生家世代输粮，与仆世代生居死葬。盖惟世仆之故，且生往［住］主屋，死葬主地，妻配主婢，粮附主甲，四（少四字），此壳即难脱。又况逆仆自明迄今四项兼全，固有凿凿铁凭据，不候蛇足。向来逆仆呼孝女村之人为官，孝女村人呼逆仆等为奇名。（少四字）不寮，即今章△△当堂认孝女村为一家，章△△为族长，章△△为族长、房长，章△△等△日晚堂与生当堂面质，△△称实不是章△△的族长，又仍众口一词称实不与逆仆一家，即此△△不认为逆仆族者一言，则逆仆冒扯冒认，已成生家之世仆铁案。△日复贿隔都乡之章姓，连名投递公呈。不思狱贵初词，赫赫庭讯，逆仆认已定，断无一处不认，又认一处，可任逆仆游移之理？在逆仆资财黄尽，终归世仆。在各章姓利令智昏，今固甘流下贱。天下万事，难逃一实。审实之后，不识棍等受贿欺蔽，连名犯禁之罪奚逃？生等且勿与论，但△月△日逆仆白昼持刀弑主，复令仆婢持刀傲命，生家族众夺获斫柴刀一把、小刀两把，当堂图保收执。廿四号宪作主，蒙宪立赏签拘。△日到案，蒙赏的保，当日逆仆章△△越控府主，蒙批刀词越诳不准。△日△△具词控案，架题聚众抢杀，词列被犯，尽主乳名，词内称豪称棍，辱骂不堪，词列逆仆血亲胡△△一人作证。切思图内江姓、洪姓、曹姓、项姓、姓姓有人，且逆仆越分造祠造社，屋厂现有木匠、砖匠人等做工，又且白昼往来，行人不可云何，聚众抢杀，大题仅列血亲胡△△一人作证，明系亲戚串通、朋好叛主，不叩拘究。生族居易堂、茂荆堂、余庆堂、式好堂、四文堂、一心堂、崇德堂、孝文堂、四维堂，各堂俱有世仆，乃吾家敦睦堂逆仆荆有联亲，势将效尤，群起朋奸叛主。身不得已，是以呈明，伏乞得已宪天作主，恳将△△告词（少四字），有胡△△到案，申祖证之条，案朋奸之罪，惩一儆百，以免逆仆叛主，以维风化，上呈。

官司至此，双方的冲突还在继续。接着的汪氏另外一呈指出：章氏"日昨下午扛抬旗杆矸路"，从王村墓地方经过，遭到汪氏的阻拦，结果受到章氏数十人的围攻毒打，汪氏二人"周身上下寸无完肤"，两命垂危。对此，"逆奴第六词稿"也从反面证实了双方的剧烈冲突。根据章氏的描述，当时，"本族寄籍宁国族人，叩众两榜，道出皇仁，归族修祠，竖立旗匾，以重名器"，结果被汪族中的"虎监汪△△、蠹吏汪△△"，纠合一百数十人，"各执兵械，蜂呈劫杀，旗干抢去，举凡铜铁锡器皿，肆行掳掠一空，打伤多人"。后来在杨村墓（即王村墓，歙县方言，王、杨同音）地方，将旗杆石木工人肆行打杀，石木打碎，并工人衣物两担挑去。接着的汪△△等呈，再次声称"逆仆叠弑主命"。很快地，章祈周遭的一些人因其立场各不相同，也逐渐卷入了纠纷。邻图具呈提及："生等各图编查，并未有与章△△等联姻通眷者，惟各图仆婢与之结亲甚多，则△△等谓非世仆，似难置喙事实……"因站在汪氏一边，邻图（三十五都五图）候选州同吴△△、王△△等，于△月△日行至留村地方西边，时值更深，遭章△△等数十人埋伏截途，械棍齐加，飞石如雨，轿夫打散，以致受了重伤。

有关此次纠纷，《口口古讼》中收人的最后一份档案是"汪△△等呈"：

为逆仆叛弑，愈横愈炽，暂封屋保命候断事。生等呈指逆仆章△△等叛主、弑主重案，感蒙签拘发保，并蒙带讯逆等二次，适值宪公出驾旋之日，又值编审匆忙，是以生等未敢求审，讵逆仆藐抗功令，

事事悖乱，不但罔顾生居主屋、死葬主地、妻配主婢凿凿铁据，不候
［候］宪审，二次越控府主，幸蒙烛奸，两批不准。生等呈控△△等
一班逆仆，而逆捏一鬼名章△△诳诉，继以局外无干之章以则等，连
名架词朦控。且章△△始供认族长于孝女村，复又贿买族长于呈村东
村。更可骇者，逆等所造祠基，系生族人去岁卖出之田，今年△月成
地起建，何得章诚诉称修社屋，章以则禀称修祠堂，种种冒滥挟制，
难以枚举，（少三字）髦国法，见戏王章。今逆等又慕其名曰统宗祠，
扬言岁（少四字）进主，但于是日，逆必蜂拥而来，生等奚甘，目无
不怛之（少四字），则必遭不测，而大案未结，又成于大案矣。为此
迫叩宪天父师作主，逆仆悖乱已极，为生作主，赏给封条，将屋暂
封，伏候审断，以杜横行，以保民命，顶载［戴］上呈。

　　从中可见，章祈章氏四处联宗，先是认族长于孝女村，后又认族长于
呈村东村，仍在修建社屋、祠堂。这些，都引起双方关系的极度紧张。
　　那么，章祈章氏是否为汪姓的世仆？这是此一诉讼的关键所在。
　　2.章氏与歙南地域社会
　　其实，章祈［章祁，章岐］这一地名相当古老①，南宋绍定五年
（1232年）吕午的《南山紫极宫记》中就提及"章祈"之地名②，从地名命
名的通常原则来看，章祈因章氏始居而得名③，这一点断无疑义。事实上，

---

　　① "祈"或"岐"是歙县极为普通的地名。岩镇有江祈寺、江祈村，坎乡有罗祁段，杨
乡有上祈村、方祈村。如方祈村，始居方姓，故名。"祈"通"圻"，有地界意。"圻"亦写作
"淇"，如王家淇。
　　② 佘华瑞纂：《岩镇志草》，黄山市徽州区人民政府办公室、黄山市徽州区地方志编
纂委员会办公室，2004年印行，第179页。
　　③ 光绪十一年（1885年）《合族伸讼状词批语》九月初八日章世玉禀称："敕建祠额及
刘公匾，其存各派分支，皆以章祁为孝女发源之地，因姓得名。"明末清初汪淇《天下路程
图引》卷1，有章祁（第373页）、章祁铺（第246页）。"祁"与"祈"，在徽州地名中常常通用，
如祁门，亦作祈门。

章氏在歙南一带的分布不仅很早，而且在地域上也有较广的分布①。

北宋李昉等撰《太平御览》卷415《人事部五十六孝女》引《歙州图经》记载：

> 章顼，歙县合阳乡人也。妻程氏，与二女入山采叶。程为暴虎衔啮去，二女冤叫，挽其衣裙，与虎争力。虎乃舍之，程由是获全。时刺史刘赞嘉之，给汤药，蠲户税，改乡为孝女。②

《歙州图经》大约为唐人作品。关于此一事件，南宋淳熙《新安志》卷8《叙义民》中有《章氏二女》，内容更为具体：

> 章氏二女者，歙县人章顶之女也。母程氏，与二女登山采桑，为虎所攫，二女号呼搏虎，虎遂弃去，母由是获免。刺史刘赞嘉之，蠲其户税，改所居合阳乡为孝女乡以表之。观察使韩滉因是奏赞治有异行，诏褒迁焉。（《新唐书》但云幼女搏虎，又无姓名，而《祥符经》载其父母姓氏特备，且云二女俱搏虎，今县南陈村山上有大姑、小姑庙云。又城阳山下有孝子庙，不得其姓名。）③

此处的"章顶"，在前引的《太平御览》中作"章顼"，后世方志（如弘治《徽州府志》）亦有作"章预"者，大概为形近而讹，究竟系属何字，今已殊难确指。

关于孝女乡，淳熙《新安志》卷3《乡里》记载：孝女乡在县南，旧

---

① 据《安徽省歙县地名录》：漳坑，原以居民姓氏名章坑，后改。漳潭，村临深潭，因居民姓氏名章湍，后改。漳村湾，先居者姓章，本名章村湾，后改。

② 中华书局影印，第2册，1960年版，第1916页。类似于章氏孝女的事迹，在皖南并非独一无二。《太平御览》同卷引《宣州图经》曰："宛陵管氏女名瑶，年十七，与母同寝，母为虎所负去，瑶哀叫随之，因啮虎耳堕，方舍其母，瑶即负母归家，气绝，武帝表其门，以旌孝行。"（第1915页）

③ 赵不悔修，罗愿纂，《宋元方志丛刊》，中华书局，1990年版，第7720—7721页。

曰合阳，唐以章氏女孝，故改之。其里：孝女、龙年、药潭、延宾、章湍。宋钱时《记花头巡检及孝女乡》诗曰："花头巡检骂贼死，蓬首女儿骑虎号。安得邦人百世祀，巍巍忠孝比颜曹。"原序云："花头巡检，先君纪之详矣。孝女乡，孝女骑虎以救亲，今山岩下有孝女石，即其处也。乡之得名以此。然则南乡旧名忠乡，梅坑旧名女坑，俱当仍旧，不可改也。吾乡有此二事，宜庙而德之，以表风俗。……"①这里亦指出，孝女乡由孝女骑虎救亲而得名。

此后，有关章氏孝女的史迹为后人所铭记。元代著名学者郑玉有《章氏二孝女庙记》，指出：孝女村南五里有山，曰二姑岭（亦称义姑岭），上有孝女之庙，但到郑玉的时代，该庙已废。南里洪节夫在村旁的青山庵之前轩四楹，塑造了孝女的肖像，并为之置田，作为提供香灯的费用，并命住庵的章氏之孙觉旺掌管。为此，郑玉呈请官府按照国家的礼仪岁时致祭②。郑玉此举，是因为他认为章氏二女搏虎救母，其义行足以化民成俗。

对于歙南的孝女庙，明清两代的方志记载如下（见表9）。

表9　明清方志对章氏孝女的记载

序号	方志	内容
1	弘治《徽州府志》卷5《祠庙》	大姑小姑庙，在县陈村山上，以祀唐章氏二女搏虎救母者。孝女庙，在城阳山下，不知所祀何姓
2	万历《歙志》	大姑小姑庙，在陈村，唐章氏二女搏虎救母者。孝女庙，在城阳山下，不知所祀姓氏
3	康熙《歙县志》卷4《秩祀》	孝女祠在刘村（祀章氏二女），孝女庙在城阳山下
4	道光《歙县志》卷4《秩祀》	孝女祠，祀唐章氏二孝女，一在刘村，一在城阳山下（无考）

弘治《徽州府志》的记载沿袭淳熙《新安志》，只不过是将城阳山下的孝子庙改为孝女庙而已。万历年间，歙县县令刘伸捐廉重修青山庵孝女

①《新安文献志》卷56，《文渊阁四库全书》电子版，上海人民出版社、迪志文化出版有限公司，1999年版。许承尧《歙事闲谭》卷29《明以前歙县名胜诗》引之，但文字有所差异。见黄山书社，2001年版，第1020—1021页。

②《师山集》卷6《章孝女双庙碑》，《文渊阁四库全书》电子版，上海人民出版社、迪志文化出版有限公司，1999年版。

庙①。不过，可能是因为重建的孝女庙基本上是倚赖官府的提倡，一旦时过境迁自然便人亡政息。对此，光绪十七年（1891年）十月二十一日歙县县令指出：

> 本县检阅府志，大姑、小姑庙在陈村山上，祀产奉章氏二女。按章顶女偕母登山采桑，救母于虎口腹，终身奉母不嫁，刺史赞蹋其户税，改所居合阳乡为孝女乡。又孝女祠在县南刘村，祀唐章氏二女。又二姑岭在郡城南二十五里，孝女庙在焉，祀唐章氏二女也。其地若桥、若村、若里，皆以孝女得名，岁久庙废，岭仍存，故名。元时洪节夫即青山庵之前轩，四盈 [楹] 有像，其中元郑玉记，明邑令刘伸重建。查县志刘伸，明万历年任歙，是万历时孝女庙尚在青山庵。国朝道光年间修府志时，有章士勋等于曾县案下请示之后，当日孝女村孝女祠已历多年，如系公祠，何不载志？青山庵孝女庙废，刻改建孝女村？可见万历以后，孝女庙废，即无公祠。②

从上述的描述中可见，青山庵孝女庙在明万历以后逐渐湮废。章氏并未像徽州的其他强宗巨族那样，将名人特祠转化为统宗祠③，这从一个侧面反映了徽州章氏各支派成员之间关系之涣散。

由于章祁地处徽州陆路要冲④，交通便利，不少章氏族人外出经商，经济实力有所增强。及至清初，章祁的章氏为了建祠立社的问题，而与同

---

① 关于这一点，在《合族伸讼状词批语》抄本中有所提及："……该祠初在义姑岭，岁久圮，乃迁青山庵之前，至明季初遭兵毁，于万历年间，经邑令刘公捐廉重建，捐兴印簿，世守犹存，足见鬼神呵护有灵，我祖姑精诚不灭。……"（光绪十七年四月初八日呈）

② 光绪十一年（1885年）孟夏月伦叙堂《合族伸讼状词批语》，抄本。

③ 如汪氏、程氏，参见常建华：《明代宗族研究》第二章第一节—《徽州汪氏的祠庙祭祖》，上海人民出版社，2005年版。又如方氏，参见朴元熇：《明清徽州宗族史研究》，2002年版。

④ 据弘治《徽州府志》卷5《郡邑公署(铺舍附一)》中，有章祁铺，是当时歙县境内的二十五铺之一，设有铺司一名，铺兵四名，"天一阁藏明代方志选刊"第21册，上海古籍出版社，1982年版，第7页上一下。

村势力煊赫的汪氏发生了剧烈的冲突。

不过，由于章氏各支派成员关系的涣散，章祁章氏明显不敌于汪氏。据晚清《合族伸讼状词批语》抄本记载，嘉庆十六年（1811年），歙县章祁、狮川、程村降、刘村一带章氏具禀：

> 缘身姓唐纪章顶公生二女，与母程登山采桑，母为虎所攫，二女号呼传〔搏〕虎，母获免，终身奉母不嫁，以孝行上闻。二女生前，每岁赐给布帛，殁后赐银建祠，赐地安葬，蠲其户税，载在志书，诚千古不磨之盛事。历代以来，身姓支分派衍，散迁不一，即非聚族而居，亦莫不咸称二孝女为祖姑。但祠宇坟墓皆在治南卅五都二图地方，每岁清明标祀，凡属子姓，近者各派司年与祭，远者听其自便。

这反映了歙南章姓的共同记忆。值得注意的是，这里提及章氏二女的"终身奉母不嫁"。我们发现，从最早记载章氏二女事迹的《歙州图经》、淳熙《新安志》，一直到明代弘治《徽州府志》、嘉靖《徽州府志》、万历《歙志》，均未提及"终身奉母不嫁"这一情节。不过，从康熙《歙县志》、康熙《徽州府志》起，我们就看到了这一新的细节，这可能反映了章氏宗族成员对祖先形象的重新塑造。

禀文中的三十五都二图即孝女村，当地是章氏一个主要支派聚族而居之处，其他的支派则分居于章祁、狮川、程村降、刘村一带。不过，这些支派与孝女村派章姓颇有矛盾。嘉庆十六年（1811年），双方就因孝女祠而发生争端。据说，"孝女村派章佩玉等藉祠落伊肘腋，不念孝女之名，心怀不良，希将孝女祠改为伊派支祠"，换言之，其他各派指责孝女村派将孝女公祠独占为一派支祠。嘉庆十六年，歙县知县曾某对此发布告示："……查邑南章氏二孝女祠墓，乃前朝敕建立，该姓各派后裔，理应公共祀奉。兹据前情，除词批准示禁外，合行给示晓谕，为此示仰章士勋等各派一体知悉，其二孝女祠墓，如果倾颓，尔等各派公同集议捐输修葺，章佩玉等不得恃强独占改造，亦不得籍端阻挠滋事，如敢故违，即赴县禀明，以凭严拿究治，断不宽宥，各宜凛遵毋违，特示。"不过，双方的矛盾并没有就此结束，孝女村章氏坚持认为：孝女庙专庙专祠并不位于孝女村，章叙伦祠（孝女祠）则是该派祖祠，"自前人创始，至道光年间告成，以及乱后修理，均属本派承值，历有账簿可稽"，与章祁等派章氏无关①。光绪十七年（1891年）三月初三日章祁派祠长章世玉，与狮干、程村降、刘村等派章氏，再次呈控章佩玉的后裔章宏伟（建锡）、章百泰等擅将公祠独占而为支祠，"张宪"于三月初八日再次批示，认为后者不应独占章氏伦叙公祠，而应当允许各派入祭。光绪十七年三月十三日，东村章义爵、呈村章起玉、刘村章起进、坑口章昌有呈控：

> 缘身等各派族祖，唐季顶公生女，敕建孝女祠，向来公修，敬供孝女暨母三座神像，各派各建己祠，安妥祖牌，皆不得紊乱，立有孝女祀会，每于春间诣祠祭祀散胙，以昭诚敬。②

孝女祀会又叫孝女古会，兴起于同治年间，"凡属同姓，俱准参入"，约定孝女村于三月初一，其他支派于初二上坟祭祀。光绪十年（1884年）十二月章世玉禀称："身住居章祁，以为一族有孝女古会之钱粮，于同治六年，身祠出钱九千五百二十七文，交归章宏伟手生利纳粮。"孝女会置有田产③。可见，直到太平天国之后，章氏各派才以孝女村为中心，以孝女祀会为组织，形成了章氏松散的宗族同盟。不过，章姓各派仍然矛盾重重④，这大大降低了章氏在地域社会中的竞争力。

据民国《歙县志》记载，明清时期，在歙县境内，章氏人物的势力无

---

① 《合族伸讼状词批语》光绪十七年三月十三日呈。

② 随后，更多的支派加入，如光绪十七年四月初八日就有东村、口川、呈村、坑口、狮干、小干、忠保和莘川章氏。

③ 《合族伸讼状词批语》中收录有同治六年三月租批一份。

④ 郑力民的调查曾提及歙南有"章猢狲"的说法，意思是"章家孝女会打官司，是自己搞自己，落个树倒猢狲散。"（郑力民：《徽州社屋的诸侧面——以歙南孝女会田野个案为例》，载《首届国际徽学学术讨论会文集》，黄山书社，1996年版，第50页）

足轻重。该志列传所载的章姓人物寥寥无几，仅见有章荣祥、章元崇、章如愚和章声远四人，其中的章荣祥为太平天国时人，地望不详，而另三人的事迹如下：

（宋）章元崇，字德昂，博通诸经，尤长于春秋，两冠乡书，待次于潜，筑读书堂于杏城溪，人号环溪先生。著书名《蟹螯集》，终奉议郎。①

（宋）章如愚，字俊卿，官至史馆编校，仕进非其所欲，惟图一诣史馆，抄录所未见书而已。后兼宫讲傺直，以为妨功，遂投劾归所，著《考索》一书，累百万言，博览穷搜，几与马端临、郑渔仲鼎立。②

章声远，忠堡人，性慷慨，捐家产大半，为本族慈善基金，妻汪力赞之。③

在宋代，章氏在歙县境内颇为活跃，其中的章如愚尤为著名：

宋章如愚，字俊卿，号山堂，官至迪功郎，史馆编校文字兼宫讲，所著书曰《山堂考索》，《新安文献志》先贤事略列之外郡。今按山堂所著《婺源叶氏节义传》称：吾乡叶氏，则山堂必徽人，且谢少连谓邑有章岐村，村世居章氏，其地且有山塘岭，邑人好谐声自署，则山塘之为山堂，信矣。④

① 民国《歙县志》卷7《人物志·儒林》，第1094页。
② 民国《歙县志》卷7《人物志·文苑》，第1129页。
③ 民国《歙县志》卷9《人物志·义行》，第1533页。
④ 民国《歙县志》卷16《杂记·拾遗》，第2434页。万历《歙志·文苑》："章如愚，字俊卿，号山堂，章祁人。"道光《歙县志》卷10之二《杂记·拾遗》："邑山水异地而同名者，……则有各以声谐矣，是而推测瞻淇本章岐，上里原项里，雄村即洪村，浛舍非下舍也。……指难屈计，盖亦避俗就雅之见，风土使然也。夫吾邑幅员二百余里，而名号互见错出，若是生其间而著声誉者，往往滋钟毓之疑，如章俊卿之章祈，胡以进之狮塘，朱枫林之石门者，皆其己事也。"（第2433—2434页）

可见，到程敏政编纂《新安文献志》的时代，名臣章如愚为章岐村人，已不为博学之士所知，更何况其他的人物。

与人物衰微一致，在记载徽州一府六县的《新安名族志》中，章姓被排在后卷的倒数第三位，而且作为名族出现者，其居住地只有歙县西南二十里的棠坞一支。由此可见，到了明代中后期，歙南章氏的势力极为衰弱——这应当就是歙南大批"章"氏地名改易的背景。事实上，除了章祁改名瞻淇外，章坑改名漳坑，章湍改名漳潭，章村湾改名漳村湾，等等，皆与此种背景有关。

3.汪氏的移徙及其对章祁的控制

早在南宋淳熙年间，罗愿在《新安志》中就指出："今黟、歙之人，十姓九汪，皆华之后也。"①《新安六县大族志全集》歙县大族汪氏，尚未有瞻淇一支。不过，嘉靖《徽州府志》所列歙县61个宗祠中，有章祁汪氏宗祠。据民国十七年（1928年）《越国汪公祠墓志续刊》记载，章祁汪氏是"六十八世时浚公由凤凰迁"②。对此，乾隆元年（1736年）汪忠曷抄录的《汪氏族谱》抄本③记载：

> 六十八世　浚公（迁歙南岐山始祖也）。旧鄣祁，再名曰瞻淇，因遂家焉，诰赠承务郎。
>
> 公讳浚，字仲深，又字惟深，别号岐山，德泽公长子也，居凤凰，因父母早丧，公将父母合葬于住基之上，田产留彼标祀，令仆人叶荣、叶三等看守坟墓，子孙服役，至今不替。公于宋理宗时迁鄣，是为鄣祁始祖。生淳熙甲午，殁宝祐甲寅……

汪浚的生活年代在淳熙元年（1174年）至宝祐二年（1254年），他于宋理宗时迁往章祁。该书卷首抄录了淳熙戊申（1188年）据说是朱熹的

---

① 淳熙《新安志》卷1《州郡·姓氏》，第7609页。
② 《越国汪公祠墓志续刊》卷上，民国十七年（1928年）刊本，第21页上。
③ 最后有光绪时人的传记，应有增补。

《汪氏族谱序》，其次是开元四年岁在己未①孟冬一日《唐汪氏族谱序》、贞观二十二年戊申三月《越国示训》、大明洪熙元年乙巳岁在八月中秋《新安汪氏源流族谱序》和康熙五十九年十二月《越国公免征地奉部禁示钞稿》。

在《新安汪氏源流族谱序》之后，五十九世九首公开十六族始祖各族地名列后，其中之一为郭祁（孝女里，即瞻淇）。

耐人寻味的是，乾隆元年（1736年）抄录（甚至可以说是编造）《汪氏族谱》抄本的汪忠曧，正是前引吴日新《□□古讼》中那位与章氏兴讼的汪忠曧。在对祖先事迹的追溯中，汪忠曧刻意将"章祁"改作"郭祁"（简称作"郭"），以掩饰"瞻淇"源自"章祁"的痕迹。此其一。

其二，《汪氏族谱》抄本中提及，汪氏将章祁取名为"岐山"（又说始迁祖汪浚别号"岐山"），这绝不是偶然的巧合。歙县日用类书抄本②中有《瞻淇重塑神像捐书》："伏以神咸显赫，千秋俎豆，常昭庙貌，巍峨众姓，馨香永洁。溯丰亨之有自，发祥当在岐山；念灵感之皆通，呵护更关淇水……"可见，除了瞻淇外，汪氏还故意称章祁为"岐山""淇水"，以《诗经》地名解构章祁，这显然是刻意以《诗经·大雅·绵》为典：

> 绵绵瓜瓞，民之初生。
> 自土沮漆，古公亶父。
> 陶复陶穴，未有家室。
> 古公亶父，来朝走马。
> 率西水浒，至于岐下。
> ……

古公亶父迁岐，是公刘举族迁豳后的又一迁。经过该次迁徙之后，这一支"西土之人"被正式命名为"周"，《绵》首章就是在叙说王迹基于大

---

① 开元四年即716年,但己未为开元七年(719年)。

② 佚名抄本1册,私人收藏。

王。汪氏之取"岐山",也是说章祁汪氏始自六十八世汪浚。"绵绵瓜瓞",是用以祝颂子孙昌盛,这当然是极好的寓意。

以下,笔者以列表的方式,展示汪氏如何一步步地将"章祁"改头换面而为"瞻淇"。

表10　从章祁到瞻淇:地名的雅化及其社会内涵

地名	章祁	鄣祁(鄣岐、鄣淇)		瞻淇
改名及雅化过程	原地名	章＋阝(增加笔画)	祁	
			=岐	=淇
			岐山	淇水
《诗经》典故			古公亶父,来朝走马,率西水浒,至于岐下	瞻彼淇奥,绿竹猗猗
意义	姓氏地名	抹掉原住民章姓的痕迹	将始迁章祁的汪浚类比古公亶父,以此确立地域的先占权,为章姓为汪姓世仆说张本	取《诗经》之典,雅化地名最终确立

有理由相信,所谓汪俊别号岐山,完全是汪忠曷等人编造出来的。因为道光二十年(1840年)补刊的《歙西沙溪汪氏家谱》(麟书堂藏版)[①],其中有"汪氏统宗正脉·思立公六十八世讳浚至八十世图",图中的汪浚名下作:"承绪公五世孙,章祁始祖。"而卷2更有"各宗支派十六族分支世系引":"章岐,孝女里。……六十八世,浚,字仲深,娶江氏,生子四:楫、楠、梓、杞。二亲早丧,不乐居故土,遂葬其亲而迁章岐,是为章岐始祖。"在这部族谱中,章祁并未被称作"岐山",而汪浚也从来没有过"岐山"这样的别号。汪忠曷等人之所以编造出这样的祖先系谱,完全是为了回答雍正年间那场诉讼中最为根本的问题——谁才是章祁最早的原住民?诚如"逆仆第五祠稿"——章姓的反驳中提出的"劣等既列衣冠,岂竟不通字义,胆灭章祁之名",其实,被称为"劣等"的汪氏一族,又何曾是"不通字义"?相反,他们是对"字义"极为谙熟,故而能天衣无缝地移花接木,巧妙地将"章祁"一步步地演变而为"瞻淇"。

揆诸史实,汪氏迁居章祁,即使《汪氏族谱》的记载完全真实可信,

---

① 该书全称为《新安歙西沙溪汪氏家谱》,刊本复印件,黄山学院收藏。

那也只是始于南宋，是时，章氏已在当地定居数百年了。南宋宁宗庆元二年（1196年），章如愚即登进士。根据《汪氏族谱》抄本的记载，汪氏六十九世曾出现宋进士汪楫，为汪浚之长子，登南宋嘉熙己亥（1239年）姚勉榜进士，授承务郎职。由此可见，在南宋时期，汪、章二姓势力至少不相上下。不过，及至明代中叶，章祁汪氏的实力似已明显占到上风。这从嘉靖《徽州府志》所列61例宗祠中提及章祁汪氏宗祠，而章氏祠堂却并未得见，可以清楚地看出这一点[①]。

及至清代，章祁汪氏的实力更加强大。徽州各地的汪氏以汪华为共同始祖，据说，唐元和三年（808年）夏，大旱，州民奏请庙祀汪华，诏从之，遂立庙于乌聊山[②]。从此，"香火雄三庙，楼台冠一州，逝川无昼夜，乔木自春秋"[③]，汪公信仰迅速形成了一个严密的系统。（见表11）

表11　汪公信仰系统

庙宇层级	分布	祀主
忠烈庙（富山庙）	徽州府乌聊山	唐越国公汪华
行祠	歙县(6)：棠樾，龙山，新馆，龙阁山，龙屏山，信行； 休宁(6)：古城岩，县治东山，汪溪，溪口汪村，斗山，乌龙山； 婺源(11)：大畈，天泽门，县南，丰田，赤碌岭，高安，敛溪，绣溪，沱川，坑头，甲路； 祁门(1)：县西重兴寺侧； 黟(4)：县治东，东霭冈，黄冈，黄陂； 绩溪(5)：县东登源，县北门外白鹤观，一都外坑，坑口，六都令坦	汪华
八相公庙	绩溪：王乌庙(八都大干中)，徽溪庙； 歙县：忠助八侯庙、福惠庙	汪华第八子
九相公庙	歙县：忠护侯庙； 绩溪：乳溪庙	汪华第九子

① 明人李日华的《礼白岳记》记载，他于万历三十八年(1610年)九月十四日，"……至章祁铺。有越汪公祠，诘土人，不知公为何人。余按唐杜伏威部将王雄诞传，称歙守汪华在郡称王已十年，雄诞攻降之。至今歙人称汪王，其即华耶？抑其子孙耶？"(亦见《味水轩日记》卷2，第131页)据此推测，汪氏在章祁已占绝对优势。

②《越国汪公祠墓志续刊》卷上，第60页下。

③ 元歙州总管方回《忠烈庙诗》。

这是根据康熙《徽州府志》卷8《营建志下·祀典》所作的描述，此后，汪华信仰仍然继续发展：

> 按：道光府志坛庙婺源增二所，沱口、庐坑岭；黟增四所，古筑、鲍村、官路下、长凝里；绩溪增二所，卓溪、瀛川；又歙有忠助庙，在龙井山；忠护庙在城南；绩溪有徽溪庙，在县西北，祀第八子，乳溪庙在县北，祀第九子。①

这些，并不是汪华系统信仰的全部，只是列入官方祀典的庙宇所在。而且，民间信仰中还有汪七相公等。不过，从庙宇的增加，也可从一个侧面看出汪氏族姓势力的增强。

在汪氏宗族联盟中，鄣岐（章祁）汪氏于第一天（二月初一日）参与标祀。在章祁当地，汪氏原本是后起者，但由于在徽州"十姓九汪"，汪氏在徽州具有盘根错节、庞大的宗族同盟，故而能后来居上。

综合前揭诉讼案卷的内容，我们似可作出这样的解释：章祁至迟自唐代起便为章氏世居。但到了清代前期，章祁村内族姓杂处，除了汪氏外，尚有江姓、洪姓、曹姓和项姓等，其中以汪氏最具势力。章氏的部分成员可能因经济上的困境，为汪氏所驱使，但他们实际上并不是汪氏的世仆。从上述的诉讼案卷来看，汪氏指责孝女村章氏不认章祁章氏为同宗，而后者对此没有作出回应，这可能是事实②，但却不能据此认定章祁章氏为世仆。孝女村章氏即使不认同章祁章氏，完全可能是因为他们的经济地位低下，为他族服役。而且，孝女村章氏与章祁章氏矛盾重重。这些因素，都是孝女村章氏对章祁章氏陷入困境袖手旁观的原因所在。光绪十六年

---

① 《越国汪公祠墓志续刊》卷上，第60页上。

② 在光绪年间章氏因叙伦堂发生纠纷时，孝女村章氏指出："若（章祁章世）玉等之先，已自不知来历，与身支向不同宗，故虽住宅相离不过数十余武，而身等祖传，庆吊不相往来，班行莫辨昭穆，是宗既不同，又安有同祠之理"。（《合族伸讼状词批语》抄本）可见，孝女村章氏认为，章祁章氏与他们"同姓不宗"。

（1890年）孟夏月伦叙堂①《合族伸讼状词批语》抄本提及：章祁章世玉、章道士等，因举行孝女祀会而与孝女村章氏发生冲突，指控后者于嘉庆十六年（1811年）将孝女公祠霸占，改为孝女村派支祠。这虽然是较晚的例子，但也反映了章氏各派的不睦。

清民国时期，瞻淇村内虽然仍有章姓居处，但却成了汪氏占绝对优势的村落。章姓主要聚居于附近的孝女村②，而且在歙南地域社会中，瞻淇汪氏也明显占据了支配性的地位。

4.汪、章二姓之争的制度史分析

问题还要回到《口口古讼》中涉及的汪、章二姓纷争。雍正年间发生的那场诉讼，其结果究竟如何不得而知，不过，章姓得以建祠立社，并在乾隆以后仍然颇为活跃，则是没有什么疑问的。

诉讼案卷反映的年代是雍正年间，当时，正值雍正皇帝出于恻隐之心，下达开豁贱民诏旨的时代。

关于开豁贱民，根据经君健的研究，清朝政府曾先后提出几个条例，目的是区分世仆与佃仆，并将佃仆开豁为良。第一个条例是在雍正五年（1727年），其立意是将皖南佃仆分为两部分：一部分同世仆（即奴婢），另一部分"文契无存，不受豢养"的同凡人。此后，雍正十年（1732年）定有补充条例，力图通过将大户、小户之间的关系改变为主佃关系、房东房客关系来解决皖南佃仆问题。第三个是乾隆三十四年（1769年）安徽按察使暻善的新建议，该建议提出——判断世仆与佃仆的标准之一"有无文契"之"文契"，必须是卖身文契。嘉庆十四年（1809年）的定例，则明确肯定葬山、佃田、住屋不再作为世仆的标志。道光五年（1825年）提出以"常川"服役为主仆名分的重要标志③。这几个条例，反映了官府有司

---

① 章氏宗祠即伦叙堂。

② 从聚落的规模来看，孝女村与瞻淇村落不可同日而语。1996年，东南大学建筑系、歙县文物管理所编著的《徽州古建筑丛书——瞻淇》披露，当时，瞻淇村委会辖瞻淇、孝女二村，其中，瞻淇村有516户、2048人，孝女村有45户、203人。（《徽州古建筑丛书——瞻淇》，东南大学出版社,1996年版,第2页）

③ 经君健：《清代社会的贱民等级》，浙江人民出版社,1993年版,第236—251页。

为区分良贱而逐渐探讨的一个过程。在此过程中，良贱之间的区别其实颇为模糊，这端赖于官方和民间各色人等的不同理解及相关的形势。

在这种背景下，地域社会中的人们充分利用其间模糊的区别，纷纷出而追求己方利益的最大化。一方面，一些见多识广的徽州世仆和佃仆奋起反抗，借此机会拼死一搏，这就是一些大户眼中的"脱壳"或"跳梁"；而另一方面，大姓出于维护既得利益，产生了严重的焦虑和危机感，他们急不可耐地界定那些实际上并没有明确主仆关系的族姓身份，这也就是一些小姓指责的"诬良为贱"，从而激化了徽州族姓、主仆之间的纷争，引发了诸多诉讼案件。

以歙县南乡为例，清代前期歙南诉讼案底①中有三份主仆纠纷案例：

1. 为奉旨遵例号天讨叛事。主仆名分森严，抗役法应控诛。祖遗世仆何庆友等，自唐迄今，豢养供役，历有年所。雍正五年冬至祀祖，仆揣历年久远，文契失落，不听役使。身族不应搬其物件，致奉前宪返责，遵断归还给领，久经具领结案。不料前宪不遵抚宪题请定例，年久文契失落，犹受主豢养者，仍为世仆，迳徇前经衔情，妄指何姓一族违例，予以开豁。今何庆友等现葬土名牛栏塘山场，现住梅树坞屋基，现种土名洪飞等处田业，现系身族公共输粮，此即受主豢养世仆，如何假端跳梁，悖旨开豁，冠履倒置，名分何存？缘奉抚宪题准部议，自当奔皖上愬，即蒙批示：如果现住尔屋，现葬尔山，种尔地，着批抄赴前宪，控前宪怙终不悛。身族遵例，伏乞宪天大老爷恩准提究，按律治罪，所控失实，一并甘坐。告。

2. 为幸一刻公余整齐主仆名分永遵定例，永息讼端事。生族方存著，屡因世仆△违例叛主，词控宪案。敢蒙准讯，旧诬前府宪，批送前宪，叠词镞笋。复于七月十八日词控府宪，蒙准送审在案。讵△连名越诬，并准送审。生等因系承祖仆人，又感宪政廉明，整齐名分。

---

① 清康熙、雍正、乾隆三朝歙南的诉讼案卷，少量涉及徽州邻近的浙江淳安和宁国府泾县。

九月十三，公呈宪讨，蒙批按例审详，自当凛遵宪法，静候审讯。但歙南世仆刁悍异常，纷纷控主，体统败坏。歙邑士民感仰仁宪新砌，德威并著，上遵抚宪题准定例：有卖身文契者应为世仆；即年远文契失落，犹受主豢养者，仍为世仆。生族现有胡福寿之祖胡远卖身文契，既与定例相符，其为世仆何疑？又因其另房居住，批有山场屋业，给与经管，凿凿可据。岁时更给酒肉饭米，悉载簿书，此正文契现存、更受主豢养者，何物胡福寿等旧控苛诈起衅，继以抄掳掠妇砌词，希幸脱壳，即栽齐永祥干证。永祥亦汪姓刁仆，今全家背主逃亡。生等族人不早叩宪明折，诚恐仆属多人，跳梁念切，背主心牢，自焚架害，假命诬罔，具未可料。其风一闻，流不可及。再叩宪天大父师早赐赏审，正名定分，庶刁奴悍仆安分守法，不敢复萌故态，妄生讼端。生等族人更当仰宪德，不致苛刻气使，上免烦劳，不省民费，惩一警百，福惠无穷，上禀。

3.《告刁仆脱壳》：为跋扈叛主，结势徒网，叩案待绳，庶整冠履事。祖遗戴△等虽久□拨居在外，而祖上卖身文契现据。所以生居主基，死葬主地，岁时伏腊，婚丧庆吊，历来服役，受犒无异。近藉朝廷有开豁之典，遂恃横行结势，认族叛主，抗后不服，每有理论，即遵跳梁。殊不自知"开豁"二字，原以不受豢养而论。逆等生者现居主基，死者现葬主地，确有税业可凭，焉能逃乎冠履？甚且动辄诈命，犹言放火焚巢。此叠受其积忤，若与搆讼，则身族诗礼，不屑于下人，质成公应。然恐为之玉盃，须念象筋，与其遭害于将来，莫若叩恩于今日。为此叩明，伏乞宪天，俯赐立案，庶逆等知诫其后。此君子未雨而绸缪，以免噬嗑之患也。纲纪一扶，赤族均感，顶恩上禀。

这一抄本，是有关清康熙、雍正、乾隆三朝歙南的诉讼案卷，反映了雍正五年（1727年）开豁贱民条例颁布之后徽州社会的躁动以及诸多纷争的兴起[1]。

第一个例子是主家的告状。告的是世仆何庆友等，雍正五年以后便遭官方开豁，理由是主仆之间文契无存，但主家提出，虽然"年久文契失落"，但却"犹受豢养"。关于"豢养"这一概念，颇为模糊。由于小姓与大姓住居一地，前者在经济上对后者依存度往往较高，但何种程度可以称为"豢养"，并无一定的标准。这其实是对执行雍正五年开豁贱民谕旨的一种困惑。

第二个例子中称"歙南世仆刁悍异常"，文中的除了有"违例叛主"的"世仆△"（当即胡福寿），还有"全家背主逃亡"的"汪姓刁仆"齐永祥。据称，主家持有胡福寿之祖胡远的卖身文契。

第三个例子《告刁仆脱壳》中，告状人亦称握有小姓"祖上卖身文契现据"。

从上述的三个例子来看，与《口口古讼》抄本反映的时代差相同时，歙南一带的大小姓纠纷极为繁杂，文中"抄掳掠妇""自焚架害""动辄诈命""放火焚巢"之类的字眼，反映了彼此冲突的异常剧烈。

这些纷争投射到地名上，就表现为"瞻淇"等地名的出现[2]。从章祈到瞻淇，表面上只是地名之雅化，地名的诗意升华，但其实却掩盖了地域社会宗族激烈纷争的痕迹，这是我们在研究徽州地名时应当注意的一个问题。

准情度理，族姓冲突的结果，如果两姓实力悬殊，那就会使得雅化地名完全掩盖了旧有的痕迹。于是，类似于章氏、巴氏这样因族姓衰微引发的地名变迁[3]，不仅见于歙县，在徽州府的各县都应存在。以晚清"红顶商人"胡雪岩的故里为例，湖里原名胡里，后历经沧桑，胡姓渐衰，周姓兴起，遂改胡里作湖里，据说，胡改作湖，寓涵"有水行舟（舟、周谐

---

[1] 类似的事件，在徽州各地都颇为普遍。如歙南万历到道光诉讼案卷抄本中，也见有主仆纠纷的案例。而婺源文书抄本《告词》中的《龙尾程仆禀词》，亦属类似的案例。

[2] 一直到道光《歙县志》，《歙县南境隅都村落图》中仍然是"章祁"的地名，这是历史记忆的残存。

[3] 另一个例子是歙县雄村，原名洪村，曹姓迁入后，据《曹全碑》"枝分叶布，所在为雄"句改名。

音）"之意①。绩溪鲍家，在明朝中叶，王、叶两姓自歙县迁来定居，村名分别称作"王家坦"和"叶家坦"，后来鲍姓迁入后，王、叶两姓逐渐衰落，有"雹（鲍）一打，黄（王）叶落"的谚语，清乾隆年间遂改称鲍家②。此一谚语，一针见血地指出了地名变迁的社会背景。这与章祁到瞻淇的嬗变，亦有异曲同工之妙。

（二）"程黄争墩"

这里所说的"程黄争墩"之墩，是指徽州历史上著名的地名篁墩。

篁墩今属黄山市徽州区，设有屯光镇③。新安江自其东南面流过，芜屯公路及皖赣铁路亦穿越该处。对于篁墩，《新安休宁名族志》卷1中有一段解说："按休宁昔为歙西偏地，汉献帝时始析为休宁。至隋开皇十一年始割篁墩以西属歙县。盖休、歙两界之间，周寰数十里，皆谓之篁墩。"④可见，当代的篁墩只是一个地名点，而在古代则是一片地域的总称。

篁墩原名黄墩，据明弘治《徽州府志》卷5《邑公署》记载，黄墩铺为歙县二十五铺之一，显然，官府在此设有急递铺。除了是陆上交通要冲之外，抄本《杭州上水路程歌》中有"篁墩草市对溪东，咫尺乡音大不同"句，显示此处亦为水上的一个来往枢纽。正是由于它的交通地位，"黄（篁）墩"在徽州移民史上具有重要的地位，进出徽州的移民通常需要经过此地，故而在许多族谱上，经常可见"黄（篁）墩"这一地名。

除了交通上的重要地位之外，黄（篁）墩在徽州民间信仰中亦具有重要的象征意义。徽州民间文书中有《篁墩疏》：

---

① 绩溪县地名办公室编：《安徽省绩溪县地名录》，1988年版，第27页。

② 绩溪县地名办公室编：《安徽省绩溪县地名录》，1988年版，第52页。

③ 将篁墩改名为"屯光"，笔者以为是地名改名的一大败笔。"屯光"之名始于屯光乡，肇因于1958年的公社化，当时，合全郊区八个高级农业生产合作社组成一个大社，名屯光公社。屯光乡解放之初原属率口乡，因这里是全市最早成立农业生产合作社的乡，被认为是屯溪市人民的光荣，故名"屯光"。1983年，改社为乡，建屯光乡。（参见屯溪市地名委员会办公室编：《安徽省屯溪市地名录》，1985年版，第44页）在篁墩设屯光镇，显然源自屯光乡。将历史文化内涵极为丰富的篁墩一名改作"屯光"，实为不智之举。

④ 见《新安名族志》下册，全国图书馆文献缩微复制中心，第703页。

奏为大清国江南徽州府歙孝女乡〇〇里〇〇社管居住奉道禳度泰
山求寿延生信士弟子〇〇室中　男　媳　孙男　孙女　曾孙　暨通合家人眷
等，是日上干　岳造，下情言念弟子，伏为〇〇名下告许命孙〇〇年〇
月〇〇日〇时建生，行年十几之上，惧泰山之校录，防冥府以惩呼，
冤债相逢，仇警畏遇，吉凶罔测，祸福难明，发心禳度，望增延寿。
庸涓今月良日，修设正乙禳度泰山天齐仁圣大帝座前法事一会，仰求
道力，介福方来，永保延生。伏愿同七二六司增寿算，三灾八难尽消
除，庇佑〇〇名下，行年之上，泰山永不惩呼，曹司即从纳替。福禄
簿中，永注长生之字；六曹案内，望增有寿之名。祈福有准，求寿无
差，寿同日月，福比乾坤，凡千动二，统祈默佑，谨疏。

　　大清宣统三年〇〇月〇日百拜叩进①

　　因系民间抄本，上述文字之错讹在所难免。不过由此可见，徽州人视
篁墩为徽州之泰山。而在当地的堪舆书中，篁墩又是一块风水宝地。歙县
长陔毕寿康的堪舆著作称之为"平龙真穴"，具体描写为："头顶富来山，
脚踏长片园。有人扦得着，一代一魁元。"另外，在士大夫眼里，篁墩还
是程朱阙里之所在。胡炳文《徽州乡贤祠记》曰："歙婺源为子朱子阙里，
亦既有专祠矣。州学乡贤祠，复并祀二程夫子者何？孔子之先宋人，孟子
鲁公族，河南实吾新安黄墩忠壮公后也。忠壮公字灵洗，仕梁陈，赠镇西
将军……"②清乾隆时人吴梅颠撰《徽城竹枝词》："氏族吾乡重本源，程
朱故里在篁墩。合祠每到春秋祭，士子衣冠集富仑。"诗注："富仑，山
名，在篁墩，程朱二夫子先世家此。"也就是说，程、朱理学的代表人物
二程和朱熹，祖籍都可以上溯到篁墩。

　　关于"篁墩"这一地名，明清以来长期存在着纠纷。明代著名学者程
敏政作有《篁墩书舍记》指出：

---

① 抄本1册，歙县民间日用类书(曹志一、方纲红文书)。
② 康熙《歙县志》卷11《艺文》，第1259页。

程之先望北方，至讳元谭者从晋南渡，守新安，有治迹，受代，为民所请留，蒙赐第郡之黄墩，子孙因留居焉。其十二叶云麾将军忠壮公灵洗以布衣起义兵御侯景，土人德其全郡之功，亦祀于黄墩，宋号其庙曰世忠。其胤愈盛，故凡新安之程，皆祖太守宗忠壮，且号黄墩程氏。予家亦出黄墩，而考诸谱及郡志，莫知墩之所以名者。近得一说云：黄墩之黄，本篁字，以其地多产竹，故名。至黄巢之乱，所过无噍类，独以黄为已姓，凡州里山川以黄名者，辄敛兵不犯。程之避地于此者，因更篁为黄，以求免祸，岁久而习焉。予独嘅夫循吏忠臣赐第庙食之所，而污于僭乱之姓七百余年，卒无觉其非者，因大书"篁墩"二字，揭诸故庐，且借重于作者一言，使后世知此地之获复旧名，自予始云。[①]

程氏为徽州首屈一指的著姓望族，而黄墩又为程氏世忠庙之所在，因此程敏政提出黄墩本名应为"篁墩"，实有深意存焉。

在《新安名族志》前卷中，程姓被列为首姓，文中引《程氏篁墩录》曰："篁墩之名，以其地产竹，为程氏世居之里。唐广明间，黄巢乱，所过地无噍类，见有里名同姓者不加残毒，墩之人因改'篁'为'黄'以脱祸。裔孙翰林学士休宁程敏政复正之为号。"《程氏篁墩录》应是程氏家族编纂的家族文献。由于翰林学士程敏政的地位，再加上他的刻意造势，"篁墩"一说的影响极大。《新安名族志》中就引了丘濬的《篁墩》诗：

忠壮当时旧住村，万竿修竹拥篁墩。

洪明凶焰俄经过，渭水侯封不复论。

---

① 《篁墩文集》卷13，《文渊阁四库全书》电子版。同书卷36《书先忠壮公赠诰后》："按黄墩之名，敏政既复黄为篁，其后观世庙所藏宋诰凡五通，皆称黄端，尤莫知其所谓。载考婺源谱，乃知宋光宗讳惇，当时以端易之，然则此名不独复篁，而并复墩也。惜记中未见此意，因附着之。"

> 废址千年摇燕麦，灵根一日茁龙孙。
>
> 枝枝果叶还如故，劲节清风振古存。

丘濬为景泰五年（1454年）进士，自翰林院编修进侍讲，迁国子祭酒，累官至礼部尚书。弘治四年（1491年），兼文渊阁大学士参预机务。博极群书，尤熟于国家典故，著有《大学衍义补》等。另一位大学士余姚人谢迁亦作：

> 黄墩自是旧篁墩，一字流传许可浑。
>
> 太守门间遗迹远，将军祠庙故名存。
>
> 丛兰经甫频更叶，知木参天未易根。
>
> 里号于今还复正，光前谁不羡云孙。①

谢迁为成化十一年（1475年）进士，授修撰，累迁左庶子。弘治八年（1495年）入内阁参预机务，累官太子太保、兵部尚书兼东阁大学士，与刘健、李东阳同辅政，著有《归田稿》。可见，无论是丘濬还是谢迁，均是当时政坛学界中极有影响的人物。他们的背书，无疑增加了"黄墩旧名篁墩"一说的分量。

程敏政生于明代中叶，当时士大夫"侈谈性命，其病日流于空疏"，敏政"独以博学雄才，高视阔步，其考证精当者，亦多有可取，要为一时之冠冕，未可尽以繁芜废也"。程敏政的个人文集叫《篁墩集》，在这部集子里，收录了《篁墩十二咏》诗，原注曰："成化戊戌冬，裔孙敏政获请于朝，来展墓于故乡，始克伏拜忠壮公祠下，顾瞻徘徊，得遗迹十二处，各为一诗。"这十二首诗分别为《射蜃湖》《白石阡》《相公木》《鼓吹台》《铧卜桥》《洗马池》《射的山》《歃血台》《相公湖》《千年木》《相公坛》和《世忠庙》，这些，都在不遗余力地渲染和美化程氏先人的遗迹。程敏政还编

---

① 戴廷明、程尚宽等撰：《新安名族志》，黄山书社，2004年版，第19页。

纂有弘治《休宁县志》，在该书的卷36，不仅收录了他本人的《篁墩十二咏》，而且还录有其他人相关的诗文，如费闇的《篁墩诗》，其序曰：

> 新安之篁墩，自程氏之先为晋太守梁将军者，以德以功血食其地，而地望因益以显。奈何唐末黄巢起兵为乱，所过无噍类，独地以黄名者，戒其类不得犯，为为己姓也。当时避乱者，因改篁墩之篁为黄，其意姑以免祸焉耳。后遂因之，迄七百余年，无有出而是正之者。至我谕德先生始按谱牒辨正其事，以示乡人，仍大书"篁墩"二字，揭诸休宁堂楣，而一时缙绅慕忠贞而愤僭乱者，莫不曰数百年之污蔑，一旦洗雪，太守将军在天之灵，将复游息歆享其地矣。凡是类也，则世之向道执义者，虽不幸有非横之加，亦固有所恃，而不至于改节迁就矣。先生岂独有功于程门哉！顷先生自为文附家乘后，复邀诸能言者为诗若歌，意以同垂久远，谓闇门下士，亦俾为一言，闇非能言者，第以命不敢违，遂僭述数言，以识庆幸，虽然闇所幸者，又岂独为篁墩哉！

文中的"谕德先生"也就是程敏政。从上述可知，费闇系程敏政的门生。他的《篁墩诗》写道：

> 新安有地为篁墩，篁墩程氏为名门。
> 文武才能著梁晋，堂堂庙貌墩弥尊。
> 巢贼群呼起江左，虐焰薰天烈于火。
> 遂使清风土一丘，七百余年受兵祸。
> 先生学博才识精，忠孝自许通神明。
> 笔底从容改旧物，山川草木重光荣。
> 乡人奔走喜欲舞，载酒崇羞洁尊俎。
> 太守虽殒将军亡，尚有威灵止其所。
> 于嗟此举闻四方，名教百世当弥昌。

我因掇拾赋长句，文运熙洽歌虞唐。①

　　费闇之外，当时相与唱和的还有其他诸多名人。除了诗歌，康熙《歙县志》还收录了一篇吴修撰的《复篁墩记》："唐之季侈用厚敛，结怨于民，一旦黄巢乱起曹、濮间，率其徒横行天下，所过残灭，殆无遗类。前此虽安史之乱，泾、淮之扰，不至此极。当其攻剽时，相传凡地以黄名者，兵辄不犯，盖谓己姓也。若新安之黄墩，其可见者。黄墩旧名篁墩，乱者以篁、黄声同，改而从之，竟免于祸。考之史，僖宗乾符六年，巢陷鄂、宣、歙、池四州，歙新安也，实巢所蹂躏地，其事不诬，于是'黄墩'习称于人凡七百年，于此莫有复之者，而复之则自今太子谕德程君克勤始。……盖尝读家乘，而得黄墩之说，愤而叹曰：此吾家循吏忠臣第宅庙貌之所，贼姓敢尔污之，会得旨归省，躬访其地，乃大书'篁墩'二字，揭于故庐，父老惊叹以为美事。壤地增重，里门若新。"②文中的"克勤"亦即程敏政。该文末有"篁墩既复称于人，克勤以予旧同史官也，俾记其事，不敢辞"，可见吴修撰曾为程敏政同僚，该文亦系受后者之托而撰。在这里，"黄墩"抑或"篁墩"，被上升到名教的高度，将"黄墩"改易为"篁墩"，更被涂饰成"除羞涤耻"、关乎大义的一种举措，于是，家族的私利，为士大夫冠冕堂皇的光环所笼罩。

　　通过前揭的舆论造势，程敏政在编纂弘治《休宁县志》时，将"黄墩旧名篁墩"一说，作为一种定论写入该书的卷2《地理二·古迹》："篁墩，在县西南三十里，以其地多竹，故名。先隶休宁，后割属歙。唐广明中，巢贼经过之地，遇有黄姓则不杀，衣冠大姓避地者，改为黄墩，相保于此。后平定，稍迁居他处，休宁篁墩程学士有辩。"此后，此一说法在历朝修纂的方志中皆得以沿袭（见表12）。

　　　　① 弘治《休宁志》卷36《附诗二·山川·古迹》，《北京图书馆古籍珍本丛刊》第29册，书目文献出版社，1988年版，第731页。
　　　　② 康熙《歙县志》卷12《艺文》，第1435—1437页。

表12　清代方志对篁墩的记载

序号	方志	内容
1	康熙《歙县志》卷3《山川》黄罗山条	篁墩,俗传黄巢寇郡,遇地名黄者,即敛兵不入,因易篁为黄,得免害。明学士程敏政作记,辨"黄"为"篁",得为"篁墩"。或云:晋黄积守郡,卒于官,子孙家此,因名。今黄积墓犹存
2	乾隆《歙县志》卷1《舆地志》,道光《歙县志》卷12之四《舆地志》	东晋程元谭为新安太守,赐第宅于篁墩,篁墩之名古矣。唐黄巢寇郡,遇地名黄者,敛兵不入,因易"篁"为"黄",得免害。明学士程敏政仍复为"篁"。或又云:黄积守郡,其子孙居此,因名。今积墓尚存

从清代的方志可见,尽管人们对于黄墩与"黄积守郡"的关系亦多含糊提及,但"黄墩旧名篁墩"的说法却颇占上风。

揆诸实际,"黄墩旧名篁墩"这一故事的编造,与当时徽州巨姓大族的心态息息相关。程敏政在《古林黄氏续谱序》中就指出:

> 吾乡巨姓,必标其所居之地以自名,其不地者,不问可知其为下姓也。盖姓必以地,则君子有所据而联姻,小人有所依而获庇,然非数百年聚处,而有道以维之,亦不足以致之也。自魏晋以来用门地取人,实有封建遗意。然中原多金革之事,故虽大姓如崔、卢,土著如朱、陈者,今亦不复知其所在矣。江南地险僻,非用武之国,而吾乡又多深山长谷,风气聚而不散,人习礼义而重迁,故巨姓视他郡为盛。①

就程姓而言,篁墩是其先祖的圣地,据《程氏人物志》卷2记载,篁墩附近有程氏家族的诸多家族设施:

> 世忠庙:宋嘉定十六年,黄墩庙成,时端明殿学士休宁汉口裔孙、同知枢密院会里裔孙卓请赐庙额曰世忠,祀陈将军忠壮公灵洗。德祐元年,诏追封忠壮公远祖、晋新安太守元谭为忠祐侯,并庙食世

---

① 《篁墩文集》卷32。

忠庙。元泰定四年，加封忠壮公至忠烈王。明洪武三年，钦降世忠庙祝文，敕徽州府知府春秋致祭。

程相公坛：原在歙黄墩忠壮公墓前龙角木下，与社接宇。公之没也，里人为坛祀之于墓，春秋雨旸时若，祈祷响应。黄墩之民感公之庇，春秋戊祭，特牛羊豕各一，以祀公。至宋后庙于坛，而请额焉。详见经谕胡麟所撰记。

统宗墓祠：祠在歙西仁爱乡长沙里二十五都黄墩庙下。先时，新安六邑会祀诸人，咸假寓于世忠庙。今康熙丙辰，歙江村新屋下裔孙度渊倡首劝谕建造，而槐塘裔之瀚、率口裔润晟，跋涉列派尤勤。甲子，各派重输改造门楼，润晟董工有成。例以每年清明后十日为期，各派齐集篁墩，十一日标祀冷水铺太守公双石墓所，以次致祭各墓。①

忠壮公墓：墓在歙西二十五都长沙里黄墩宅畔。绍兴经理第五源二十一号，量计二亩一十四步，东至路，南至路及大溪，西至程丙园，北至程十九园。

世忠庙后来转化为程氏统宗祠。而在《程氏人物志》中，程忠壮"公尝自营兆域，以缣帛埋墓前，祝曰：吾子孙有能大吾门户，当生大木以为休证。既而楮木生焉，大且十围，乡人号曰千年木，即于墓前叠石为坛以奉祀，号曰相公坛。"②程忠壮亦即南朝时期的程灵洗。大约成书于唐代的《歙州图经》有程灵洗的记载：

歙州歙县黄墩湖，其湖有蜃（蛟蜃之蜃也），常为吕湖蜃所斗。湖之近村有程灵洗者，卓越不羁，好勇而善射。梦蜃化为道士，告之曰："吾甚为吕湖蜃所厄，明日又来，君能助吾，必厚报。"灵洗遂问："何以自别？"道人曰："束白练者，吾也。"既异之，明日与村人少年，鼓噪于湖边。须臾，波涛涌激，声若雷霆。见二牛相驰，其一

---

① 程之康编：《程氏人物志》卷2，延庆堂藏版，第9页上。
② 程之康编：《程氏人物志》卷2，延庆堂藏版，第16页上。

甚困，而腹肚皆白。灵洗弯弓射之，正中后蜃，俄而水变为血，不知所之。其伤蜃遂归吕湖，未到而毙。后人名其死处为蜃滩。吕湖亦从此渐涨塞，今才余寻丈之广。居岁余，灵洗偶出，有一道人诣其母求食。食讫，曰："劳母设食，无以报之，今贫窭到此，当为求善墓地。"使母随行上山，以白石识其地。曰："葬此，可以暴贵矣！"寻而灵洗还，母语之，灵洗驰求之，了无所见，遂迁葬于其所。后，侯景作乱，率郡乡万余众保据新安。遂随陈武帝平贼，累有奇功，军中谓之"程虎"。乃陈武受梁禅，灵洗以佐命功臣，与周文昱、侯安都为三杰，如汉之萧、张焉。后官止丹阳尹。按：灵洗宅，湖东二里。宅南有楮树，其大数十围。树有灵，今村人数有祈祷，其祝辞号为千年树。其墓在湖西北黄牢山下……①

南宋淳熙《新安志》卷3《水源》详细记载了黄墩湖的地理位置和方圆，"在县西南四十五里，阔二十余丈，长三百步，众水所渎者"。关于程灵洗助白蜃杀死吕湖蜃等内容大致相同，"已而灵洗官仪同，封侯，宅在湖东二里，南有大者车，可数十围，号千年木，乡人立祠其下，墓在湖西北黄牢山下云。今人即灵洗墓处为坛，水旱祷者八十余社。"其后注曰："灵洗事见《祥符经》，与欧阳公所书张龙公事相类，姑载之。"可见，至迟至南宋时期，黄墩一带就有祭祀程灵洗的一些设施。

对于如此重要、具有象征意义的地点，自然不能冠以他族之姓——这应当就是程敏政殚思竭虑杜撰出一个地名故事的重要背景。

在淳熙《新安志》中，对程灵洗的记载有两方面的内容，一方面是真实的阅历，见该书卷9《叙牧守》，另一方面却是神话传说，见卷3《（歙县）水源》。但随着时代的推移，神话般的传说逐渐与真实的阅历融为一体，从而创造了一个亦真亦幻的徽州人物程灵洗。程敏政在其所编的《新安文献志》卷61《行实·神迹》中，就收入了胡经谕的《梁将军程忠壮公

---

① 李昉等编：《太平广记》卷118《报应十七·程灵洗》，上海古籍出版社，1990年版，第646—647页。《太平御览》卷66《地部三一·湖》（第315页）稍略，程灵洗作"程灵铣"。

灵洗碑》，在这块据载作于南宋嘉熙己亥（1239年）的碑文中，从《歙州图经》以来的传说，被有机地结合到了程灵洗的生平传记中①。在碑文之后，程敏政还引经据典，尤其是征引"新安郡志"，再次申述了"假黄免难"的传说。

值得注意的是，上揭淳熙《新安志》在叙述黄墩湖及程灵洗事迹时，中间插有一段话："黄墩地广衍，黄巢之乱，中原衣冠避地者，相与保于此，及事定，留居新安，或稍散之傍郡。"这段记载，极可能是程敏政编造"假黄免难"传说的由头。

关于黄巢起义的相关传说，在南方各地广泛存在。福州著名的三坊七巷中，安民巷和黄巷都与黄巢起义的传说有关。前者是说黄巢入闽时，即出示安民；后者则曰崇文馆校书郎黄璞退隐归居，黄巢兵过时，"以璞儒者，戒无毁，灭炬而过"②。类似的传说尚有不少。罗香林在《客家源流考》中就曾提及一个与客家祖先有关的葛藤坑传说：在昔，黄巢造反，隔山摇剑，动辄杀人。时有贤妇挈男孩二人出外逃难。路遇黄巢，后者怪其负年长者于背，而反携幼者以并行，因叩其故。妇人对曰：闻黄巢造反，到处杀人，且夕旦至。长者为先兄遗孤，而今父母双亡，惧为贼人所获，至断血食，故负之于背；幼者为己生子，不敢置侄而负之，故携行也。巢嘉其贤，因慰之曰：毋恐，巢能为乱，惧葛藤，速归家，取葛藤悬门首，巢兵至，不厮杀矣。妇人归，急于所居山坑迳口盛挂葛藤，巢兵过，皆以巢曾命勿杀悬葛藤者，悉不入，一坑男女因得不死。后来，这个村子就被称为"葛藤坑"，而且据说今天的客家人都是葛藤坑居民的子孙③。这样的传说，与"改黄为篁，假黄免难"的故事情节颇相仿佛。当然，虽然程敏政中朝为官，见多识广，但他是否受到其他地区黄巢传说的影响，并进而

---

① 康熙《歙县志》卷11《艺文》收入一块南宋罗愿的碑铭，虽然标题作《篁墩程忠壮公庙碑》，但其内则曰："今距州三十里，有地名黄墩者，墓与宅在焉。"由此可见，标题中的"篁"字，或为明清人所改。

② 参见福州市对外文化交流协会、台湾《罗星塔》月刊社合编：《福州乡土文化汇编》，1990年版，第499页。

③ 罗香林：《客家源流考》，中国华侨出版社，1989年版，第38页。

移植其说，仍然不得而知。

其实，早在程敏政四处活动散布舆论之际，就有人表示不以为然。程敏政《次韵答杨镜川》十绝序中有"仆近复篁墩之号，翰长杨镜川先生作十绝非之，仆亦未敢以为是"[1]之语。此后，对于程敏政的批评更是不绝如缕。如四库馆臣就指出："新安黄墩为晋新安太守黄积所居，子孙世宅于此，故以黄为名，自罗愿《新安志》、《朱子文集》所载皆同，敏政乃称'黄'本'篁'字，因黄巢而改，遂复称'篁墩'，为之作记，且以自号其说，杜撰无稽，亦蹈大言欺世之习。"[2]程敏政在《篁墩文集》中有《篁墩十二咏》，对此，许承尧指出："以上所记，半出荒唐傅会"[3]。

对于这种"篁墩产竹，假黄免难"的故事，徽州歙县黄氏严词批驳，清代前期歙县潭渡人黄琯作《篁墩辩》云：

> 歙之南有地名黄墩，自吾黄氏始也。本名姚家墩，东晋时我祖黄元集公来守新安，卒葬斯地，子孙因家焉，其后黄氏益繁，故墩之名变姚而黄，从其盛也。其后又益繁，则从而之四方，自徽之六邑，以至凤阳之盱眙，饶之鄱阳、乐平、浮梁、德兴，严之淳安，皆有之。至今每岁仲春合族而祭于黄墩之祖墓者，犹十有三派。其远而不至者，不在是数焉。夫黄墩人之为黄也久矣，其自吾黄氏始祖也著矣。
>
> 异哉！乡先达程敏政学士之为《黄墩书舍记》也，自叙其先亦出黄墩，而考家谱及郡志，莫知墩之所以名。后得一说，谓"黄"之字本为"篁"，以地多产竹故。至黄巢之乱，凡州里山川以黄名者，辄敛兵不犯。程之避地于此者，因更"篁"为"黄"，以求免祸，岁久而习焉，遂书"篁墩"二字，揭于故庐，因以为号。盖其先元谭公东晋时亦为新安太守，后亦家于黄墩。至忠壮公灵洗，当梁时起义兵，

---

① 《歙事闲谭》卷31《篁墩辩二》，第1136页。

② 对于程敏政的批评，也来自程氏宗族内部。《(绩溪仁里)程继序堂专绩世系谱·绩溪仁里程继序堂谱跋》："厥后学士篁墩公统宗谱出，自私笔削，妄议前人，转失信今传后之旨。"上海图书馆谱牒部藏。

③ 《歙事闲谭》卷3《篁墩十二咏》，第75—77页。

捍侯景之乱，土人德之，又庙祀于黄墩。故其言曰：独慨以循吏忠臣赐第庙食之所，而污于僭乱之姓七百余年，卒无觉其非者。

黄琯批评程敏政"考之不审，轻于为说"，指出，黄氏和程氏，东晋时都曾担任新安太守，莅政的先后虽然不得而知，但黄氏族谱中还提及黄墩的本名为"姚家墩"，而程姓族谱中却只说是"黄墩"，不知有"姚家墩"之名，由此可见黄氏祖先出任新安太守并葬姚家墩，后来子孙定居于此，应当是在程氏之先。到程氏来居时黄墩之名已易，其后子孙为谱，但书"迁自黄墩"，自然不足为怪。至于易"篁"为"黄"以免寇难之说，既不见于郡乘，又不载于家谱，仅仅得之传闻，这只能说是真正的齐东野语。因此，黄琯认为，程敏政虽然写了《篁墩书舍记》，但却改变不了黄墩之为黄墩的事实。因为黄氏先祖新安太守的墓茔在此，祠堂也在此，"每岁子孙修祀事于此，其仪文之盛，舆从之多，倾动一市。虽妇人小子，亦心知黄墩本黄氏之故居也者"。

上述的《篁墩辩一》是黄琯刚刚看到《篁墩文集》时所写下的考证文字，到他读完全集，再次写下了《篁墩辩二》，对于程氏子孙夸大其词，妄造"篁墩产竹，假黄免难"的故事，作了进一步的批驳。他指出：直到清代前期，黄氏祖墓前临街之屋，还出租给当地人，而每年收取租息，这是当年黄氏祖先的旧居所在。与此同时，程氏所声称的赐第之遗迹，却无法指明其处。程氏后人所说的"从晋南渡，守新安有治绩，受代请留，赐第黄墩，皆妄造之说也"①。

对于黄氏的驳斥，并未见到程氏的不同意见，不过，康熙年间编纂的《程氏人物志》中，凡提及该地，除极少数外，基本上均作"黄墩"，不再纠缠于"程黄争墩"一事。

---

① 关于"程黄争墩"一事，亦见《潭渡黄氏先德录》第1页下—2页上，"（始迁新安）元集公、寻公、德公"条，该书为上海图书馆古籍部藏"滨虹杂著"之一。另，清代前期黄之隽撰有《黄墩辨诬》上、中、下三篇，见《唐堂集》卷19，《四库全书存目丛书》集部别集类第271册，第407—412页。

晚清时期，歙县潭渡人黄崇惺在《徽州府志辨正》中指出：

  黄墩以黄氏之先居之得名，明程学士敏政以其先亦居此，因易黄为篁，而造为避巢乱改名之说以实之。白山先生有《黄墩辨》二首，说最精核，足以抑学士之说。先祖真民府君尝刊之，以贻族人。崇惺案：《太平寰宇记》、《朱子文集》皆作黄墩，朱子先世亦居黄墩，其述韦斋先生之言，谓唐天祐中，始自黄墩迁婺源，盖亦据其家牒。天祐之去巢乱至近，岂遂昧其之名，而遽以避巢所改之名书之，以告后人乎？吾郡居乡多大族，如姚村亦作瑶村，仇村亦作虬村之类，其初盖皆以姓名村，其后异姓人亦居之，嫌于袭其名，则以音近之字易之。此乡曲浅见，不谓学士亦尔，且取"篁墩"二字以名其居，又以名其集，若惟恐争之不得者。较之荆公争墩，尤无谓矣。郡志犹载学士之说为篁墩，而注其下云，一作黄。村落之名随俗相呼，非如人家园宅，文以美名也。黄氏唐时居九里黄屯，以尝屯其地御寇，故名，俗亦曰黄屯原。后人易屯为潭，已失故义。郡志又改原为园，谓之黄潭园，则几以村名为园名矣。黄墩之为篁墩，盖亦若是。又按《说文》：篁，竹田也。田则当为平地，墩则为小阜，曰田又曰墩，词复而意背，土俗称名，未必能作藻语，若学士造为此名，则又祇沿唐宋以来诗词之所承用，而不暇深考其义也。学士又云：见宋时程公元凤赠诰黄墩作黄端，审尔，则墩之为黄，自程氏之谱已然矣。[①]

关于这一公案，清末民国时期许承尧在《歙事闲谭》卷10中亦有《程黄争墩》曰：

  《梦陔堂诗集·黄墩》诗注云："谱载新安始祖积公，晋元帝时来守

——————
  ① 《徽州府志辨证》，《中国方志丛书》华中地方第719号，成文出版社，1985年版，第29—30页。亦见《重订潭滨杂志》下编《书后二则》，光绪二年（1876年）刊本，第14页下—15页下。《歙事闲谭》卷10《黄氏世系》，第328页。

新安，卒葬姚家墩，子寻公庐墓于此，遂家焉。后子孙蕃衍，更名黄
墩。乃明学士敏政，则谓其墩产竹，故名为篁。后以黄巢之乱，程氏改
篁为黄，以薪斩免祸云云，殆臆造之说。从祖白山公有文，辨之甚晰。
且谓学士于吾祖芮公，钦仰甚至，而忽为此论者，盖不欲以彼姓所居，
系属于黄氏之地耳，然考之于古，实不可诬，即彼祖忠壮公时赠诰，亦
了然可证，不独吾族相传如是矣。"按，此与郑、汪争里名事同。①

上引"郑、汪争里名事"，未见相关的史料，不过，由此可见类似的
地名事件在徽歙一带尚不止一例。而文中的"盖不欲以彼姓所居，系属于
黄氏之地耳"，则道出了问题的关键②。

与章祁至瞻淇之演变的背景不同，程、汪两姓皆为徽州望族，双方可
谓势均力敌（见下表）。

表13 《新安名族志》所见程、黄二姓

县份	程氏	黄氏
歙县	槐塘、虹梁、潜口、元里村、宣明坊、表里、冯唐、褒嘉坦、岩镇、云雾塘、堨田、唐贝、方村、托山、临河、郡城、荷花池、南市、岑山渡、竦口、东山、刘村、五里牌	潭渡、向杲柏枝树下、东门、黄屯、虬村、瑞野黄村、税者黄村、官塘黄村、竦塘、石岭、新馆黄村、黄家坞
休宁	汉口、塘尾、溪西、屯溪、会里、陪郭、闵口、富溪、阳村、鬲山、瑶关、油潭墩上（又名高枧）、珠光、率口、汪祁、溪头、五城溪口、中泽、苏田、浯田、芳关、北村、金川、临溪、泰塘、隐冲岭上、低山、东关口、文昌坊、率东、仙林、临溪街、剑潭、瑶溪、霞阜、富戴	五城、五城溪口、岭南、居安、汉口、星洲、黄村、西溪、古林、约山、高源、龙湾、黄川

① 《歙事闲谭》卷10，第325—326页。另，许承尧在民国《歙县志》卷1《舆地志·山川》中指出："俗传黄巢犯郡，遇地名'黄'者敛兵不入，因易'篁'为'黄'。案《大清一统志》云：篁墩有晋新安太守黄积墓，一名黄墩。又南唐程南金洊《世录》云：乾符五年端午日，黄巢别部入黄墩，淘之族人逃难解散，贼众攻劫，川谷荡涤殆尽，则俗传似不足信。"（第113页）

② 其实，在黄氏也有这种情况。如黄氏聚居的潭渡村中，有朱家井，"水寒而清冽，他井无逾此者，里人以井出于朱氏为讳，改题宋民古井。然人之称朱家井自若，亦何烦改作乎"。（《重订潭滨杂志》中编，第18页上）

续　表

县份	程氏	黄氏
婺源	高安,龙尾山,枧溪,彰睦,香田,香山,城东,西湖,种德坊,韩溪,龙陂,溪源,新溪,符竹,渔潭,兴孝坊,中平,斤竹,箬岭,临河,凤腾,长径	横槎
祁门	善和,程村	左田,在城
黟县	南山,城南,淮水门,淮渠	石山
绩溪	中正坊,程里,仁里,大谷,小谷	市东,翚岭

由上述可见，程、黄二姓在徽州一府六县都有广泛的分布，形成了强宗巨族。程氏的分派更多，《程氏人物志》卷1《舆图》中，除了一府六县分派居里外，还有宁国、池州、太平、安庆、饶州、广信、建昌、南康、瑞州、南昌、衢州、严州、金华、黄州、德安和兴国分派居里[1]。而黄氏也有"黄墩会"，据《重订潭滨杂志》卷中记载："吾黄自黄墩迁者，支派不下数十，而与祭者仅十三派，盖亦以输资祠墓，永立蒸尝者，则与斯会耳。吾潭渡其前亦未预事也，自明万历间墓道曾为民居侵占，念于当事，刻期折毁，继又捐修祠墓，克复旧观，遂得以竭蹶襄事焉。"[2]显然，较之程氏，黄氏在徽州各地亦盘根错节。

在这种背景下，双方各说各话，地名的雅化，遂无法完全掩盖地名变迁的轨迹。

类似的例子亦见于"红顶商人"胡雪岩祖籍所在的胡里（今安徽绩溪湖里村）。徽州文书抄本《仝王姓交涉公事》[3]记载，周、王二姓所居之村为中王村，社名中王，庙亦名中王庙，庙内原塑九相公、玄坛和土地神像。在庙前有胡姓祖墓，离隔庙门20余丈。周、王与胡氏纠纷不断，彼此于咸丰七年（1857年）因王善庆造屋而结讼。后蒙中处，庙神依旧各照契税管业。光绪八年（1882年）王姓重塑九相公等像，但胡姓提出，"伊祖

---

① 《程氏人物志》卷1《舆图》，第5页下—27页下。

② 《重订潭滨杂志》卷中，第27页下。

③ 光绪十年(1884年)三月，第二册稿，裕堂经手在郡钉抄。原件存绩溪县，复印件承绩溪县宅坦村村长胡维平先生提供，特此致谢。

以唐宗室，宋封中王"，"中王薨后，人思其德，立庙墓后祀之"，所以"中王"是胡姓的封号，而不是普通的地名，以此彰显胡氏的产权。而王氏则认为"庙以村名，村有王姓，故名中王村，亦名中王庙"。在这里，"中王"这一地名虽未改变，但它的内涵却引发了争议，而个中的核心问题仍然是族姓间利益的冲突。《安徽省绩溪县地名录》对于"中王"一地的解释是："……宋代中王胡延政迁绩初居此村，后人取村名为中王。俗又呼此村为'中央'，系'中王'之谐变，亦兼取座落在湖里与周坑两村中间之意……"①此处对中王之释名虽然偏向于胡氏，但既称"中王"又名"中央"，意为湖里与周坑两村中间之意，这可能说明，光绪年间的那场官司，双方势均力敌，谁也无法占据上风，故而"中王"一词，只能以"中央"之意作为族姓之间的妥协。

事实上，在两姓实力相当的情况下，不少村落的名称甚至直接取名为"和村"等②。

四、余论

近十数年来，民间文献的大量发现，为中国历史地理的研究打开了一扇新的窗口。笔者利用徽州文书，对皖南历史地名变迁的社会地理背景作一细致的探讨，以期揭示出徽州地名雅化的特点、方式以及隐藏在地名雅化背后的社会文化内涵。从中可见，地名折射了区域社会的历史记忆，它不仅具有地理方面的指标意义，而且还蕴含着人群③、商业、族姓冲突、

① 绩溪县地名办公室编：《安徽省绩溪县地名录》，1988年版，第27页。

② 婺源县和村，即因清康熙年间，当地石城程村程姓和梓木坑胡姓相继迁此，期两姓和睦相处而得名。参见婺源县地名委员会办公室编印：《江西省婺源县地名志》，1985年版，第44页。

③ 各类人群都对徽州的地名景观产生影响。嘉庆《黟县续志》卷3《风俗》："族居者曰村，其系属于村者曰庄。"可见，在徽州本地，良贱之民在村落名称上有所差异。另外，土著与外来移民也相区别。民国《歙县志》卷1《舆地志·风土》："新安江上游，左右地少人多，山农辄梯山筑舍，号曰山棚，远望如燕巢。"外来的棚民给徽州带来了诸多带"棚"字的地名。关于这一点，拟另文探讨。

民间信仰以及国家政策等方面的诸多内涵。透过对历史地名变迁轨迹的追溯，可以揭示一地的社会地理背景，从中看出各色人群对历史记忆的选择。

对历史时期人地关系的关注，是历史地理研究的核心问题。但人地关系应当包括两个方面，在强调空间意义上的地理要素的同时，亦不应忽视历史时期人的因素。对于徽州而言，宗族社会、文化程度、民间宗教等，都对历史时期的地理景观产生一定的影响。从这一意义上讲，历史社会地理的视角，以及几近无微不至的民间文献，或许可以为地名研究提供一定的帮助。

雅化是地名变迁中的常见现象。在徽州地名的雅化中，出现了许多以诗文为依据的雅化地名，这与徽州社会的文化水准密切相关。与此同时，诚如许承尧所指出的那样："敏政改'黄墩'为'篁墩'，乃其氏族思想之显著者，盖不欲他姓专此墩耳。吾徽村名颇多牵附，不可猝解，亦由后姓兴而耻袭前姓之旧，必取谐声字易之，其皆师敏政故智，而不自知其褊狭者矣。"[1]这可以说是揭示了宗族社会背景下徽州地名变迁的一个基本特征。而从章祁到瞻淇和"程黄争墩"，实际上是宗族社会背景下两种不同类型的地名变迁：前者是在族姓双方势力悬殊的背景下产生的，实力雄厚的一方完全压倒了另一方，弱者的历史记忆几乎被完全抹去，雅化地名得以确立；而后者则是在族姓双方势均力敌的情况下产生的，双方分别创造出有利于己方的地名故事，并将这种故事代代相传，形成一种历史记忆，各说各话，以争夺在地域社会中的主导权。

全文收入郑培凯、陈国成主编的《史迹·文献·历史：中外文化与历史记忆》，广西师范大学出版社，2008年版；摘要发表于《上海师范大学学报》2008年第3期；收入本书有改动

---

[1]《歙事闲谭》卷24《〈新安文献志〉歙先贤事略》，第859—860页。

徽商章回体自传《我之小史》的发现及其学术意义

徽商自明代中叶起，即已引起世人的广泛关注。此后，它始终受到明清经济史和社会文化史研究者的重视。许多学者或利用明人文集，或征引方志、族谱，或收集契约文书，从不同的角度，研究徽商的经营形态、生活方式和文化追求等诸多侧面，迄今已取得了丰硕的成果。从利用的史料来看，无论是第一手的文书资料，还是经过文人加工的文集、方志和族谱等，在史料应用上皆各有短长。

2002年，承婺源友人詹庆德先生的帮助，笔者意外发现徽商詹鸣铎撰写的章回体自传《我之小史》（未刊抄稿本两种）。该书的内容从清光绪九年（1883年）迄至民国十四年（1925年），逐年记录了一个家庭的社会生活。类似于此长达40余年、多达20万字的连续记录，在以往的徽州文献中尚属首次发现，从这个角度来看，该书的发现，是近年来徽州民间文献收集中最为重要的一次收获。

由于该书是首次发现的文献，本文首先对《我之小史》的创作过程及其不同版本的出现，作一简要的叙述，对作者的生平及生卒年代也作必要的介绍和考证。其次，鉴于《我之小史》是以章回体小说的形式出现，故而有必要对其中叙及的情节作必要的证实或证伪。因此，本文的第二部分即利用原作者本人的文集、日记和婺源方志等，对书中的细节加以考证。再次，对《我之小史》多方面的学术价值作一简要的阐发。最后，是简短的结语，指出该书对于"徽学"以及明清以来社会文化史研究的学术意义。

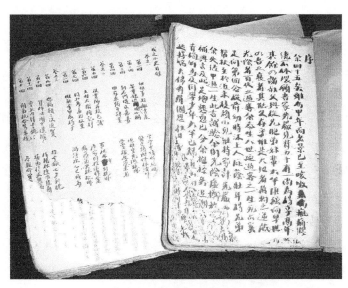

《我之小史》抄稿本两种书影，詹新友收藏

一、《我之小史》的创作及抄录

　　该部章回体自传计有抄稿本两种，此处姑且将之命名为甲、乙本：甲本正编5卷19回，续编2卷5回；乙本正编5卷18回（乙本卷首有一目录，至19回止），另羼入应为甲本续编的第5回和第6回的部分残卷。两种版本字迹相近，文字大同小异，但乙本中有不少文字为甲本所未见，而甲本中亦有少数段落不见于乙本。从目前的情况来看，甲、乙二本在由作者后人将之重新装订时发生了严重错讹，其中，以乙本的情况尤甚。

　　综合甲、乙二本，自传正、续计7卷25回，每回平均在七八千字（但甲本最多的一回为第18回，竟达9700多字），据此统计，全书总字数近20万言。自传甲本卷首有一作于民国十六年（1927年）的序文（乙本未见），从中可见，《我之小史》一书至迟当完成于民国十六年。自传的作者叫詹鸣铎（1883—1931年），字振先，乳名家声，谱名昌淦，光绪三十一年（1905年）考中生员，迄今在婺源当地，人们还称他为"末代秀才"。他在小说第1回中自报家门，说："在下系徽州府婺源县北乡十三都庐坑下村人，……诞于光绪癸卯年四月十八日吉时。""癸卯"为光绪二十九年（1903年），而民国十六年为1927年，据自序称，当时詹鸣铎45岁[1]，故第一回所称生年"光绪癸卯"有误，当作"光绪癸未"（即光绪九年，1883年）。

詹鸣铎出身于婺源木商世家，其人经历相当丰富：曾当过塾师，中过秀才，到过杭州、上海等地经商、游历，出入花街柳巷，进过新式学堂，并以乡绅的身份，在庐坑邻族间排忧解难，参与晚清婺源乡间的地方自治，试办"庐坑永振林业公司"，以期振兴实业。自己又在婺源开设振记百货店，因不善经营，亏空甚多。

詹鸣铎著有《冰壶吟草》2卷（有清宣统元年即1909年紫阳书院排印本）行世。此次除了《我之小史》之外，还收集到詹鸣铎的文集手稿6卷——即《振先杂稿》卷1、卷2、卷3、卷4、卷6和卷8，另有4册未刊日记。

詹鸣铎少年时代即雄心勃勃，"记取儿童候，雄心只自强"，他在13岁时就有《言志》诗，其中有"年逢舞勺守空山，每念甘罗已汗颜"之句[2]。"舞勺"原指儿童时所学的一种乐舞，后用以代称童年。甘罗为战国时的楚国下蔡人，秦相甘茂孙，事秦相吕布韦。年十二奉使至赵，赵王郊迎，割五城以事秦。返国后，秦王封甘罗为上卿，复以茂之田宅赐之。《振先杂稿》卷1，还录有詹鸣铎的一首《述怀》诗：

> 寂坐萧斋对短檠，挥毫聊自诉生平。
> 镕经铸史勤吾事，覆雨翻云厌世情。
> 两眼放开天地窄，一声长啸鬼神惊。
> 凌霄有志谁羁绊，行看鹏飞万里程。
> 不图岁月枉蹉跎，拍案狂呼慷慨歌。

---

[1] 另，《我之小史》第7回《同扣考羞归故里，痛落第哭往杭州》中提及：光绪癸卯（1903年），詹鸣铎21岁。据此，亦可推定詹鸣铎应生于光绪癸未，即光绪九年（1883年）。

[2] 詹鸣铎：《振先杂稿》卷1《江干夜话》。

星斗罗胸空自许，风雨无际奈谁何。

语逢流俗同心少，游遍湖山闷境多。

搔首问天天不语，英雄有泪涕滂沱。

茫茫海内少知音，懒把文章布艺林。

佳酿欲斟谁对饮，新诗有兴只孤吟。

书声琴韵三更月，物与民胞一片心。

壮志而今狂未减，可能与世共浮沉。

容易时光去莫留，欲穷瀛海快乘舟。

唾壶声碎空今古，宝剑光腾贯斗牛。

身后明知皆是幻，生前谁肯遽全休。

青云看我扶摇上，未必朱衣不点头。①

此诗作于光绪二十五年（1899年），斯时其人17岁。当时，父亲命詹鸣铎改业从商，结果却为后者所峻拒②。詹鸣铎虽然出自木商世家，但在他的内心深处，却一直认为"铜臭羞凡辈，书香冀我俦"。尽管多年未第，但他似乎仍以千里马自许，"久怀千里志，驰骤太纵横，欲得孙阳相，时时伏枥鸣"，"孙阳"也就是世人熟知的那位善于相马的伯乐③。可见，詹鸣铎犹如志在千里的伏枥小骥，时刻等待着命运的眷顾。

光绪三十一年（1905年），詹鸣铎23岁，考中生员。在他考取秀才后，对于经商更是显得心不在焉。民国八年（1919年），詹鸣铎在婺源县开张振记店，"店事亏款甚钜，一再迁址"。该店开张三年，"店中平昔弦歌不辍"④。他自己认为："振记不过以生意为名，经商之道，全不考究。"三年之内，店中共蚀去银元1500余。当时，詹鸣铎在杭州的二弟来信调侃"恭贺振记万岁"，而詹鸣铎回信则曰"朕亡无日矣"。这一对答颇为滑稽，

① 詹鸣铎：《振先杂稿》卷1。

② 詹鸣铎：《振先杂稿》卷1《江干夜话》卷1："前年严君命余改业，余不敢从。"《江干夜话》作于光绪辛丑（光绪二十七年，1901年），故知"前年"指光绪二十五年（1899年）。

③ 詹鸣铎：《振先杂稿》卷1《马》，该诗作于光绪甲辰（光绪三十年，1904年）。

④ 《我之小史》续第2回《往邑城带儿就学，赴杭省携眷闲游》。

据说，"一时城内文人学士互相传诵，播为美谈"。看来，詹鸣铎丝毫不以生意亏蚀为忧。民国九年（1920年），詹鸣铎在石湾阜生行内做老板，但他于行内生意一概不问。他的妻子和三弟媳，"每日上午及夜里均作竹林游"。他自己则"闲暇无事，坐在楼上，抄录生平杂稿，并补著《我的小史》续篇第二回"。对于这样的生活，詹鸣铎显得颇为自得，他说自己写"质芬讼事始末那一段文字，笔歌墨舞，酣畅淋漓，真觉文人妙来无过熟"。翌年，二弟耀先忽将生记行另招外股经营，"自己兄弟占作受〔股〕本洋一千二百元，派每人三百元，其中内容不甚清悉，我（引者按：指詹鸣铎）囿乎昔颟顸，亦不深究"①。民国十年（1921年），詹鸣铎至石湾，担任阜生木行经理，"虽是虚衔，然各事都要放在心里，与去年之闲散不同。正事之外，上街闲玩，无非长乐园吃茶，一乐园吃面，接待寺看戏，听弹词，听小热昏，至于宗阳庙、石门县看会，盐桥帮搓小麻雀，跳板船过金菊仙，尤其余事"②。可见，詹氏基本上没有经商的兴趣，日常作为只是耽于享乐。他更向往的似乎是乡绅文人的社会生活，经商只是一种不得已而为之的职业，故其人始终缺乏足够的经商热情。

以下，首先看看詹鸣铎《我之小史》的创作。

（一）詹鸣铎《我之小史》的创作

明清以来，小说受到世人的喜爱，商人自不例外。一些徽商从小阅读四书五经，及至长大习为商贾，行有余力，则观演义说部。譬如，清代歙县江村人江绍莲就有《聊斋志异摘抄》（抄本）③，工工整整地抄录了蒲松龄小说中的精彩段落；在道咸年间，婺源人江南春喜读《聊斋》，并模仿前者，作有《静寄轩见闻随笔、静寄轩杂录》④；《日知其所无》的作者、民国十年（1921年）前后在汉口活动的茶商汪素峰，平常也喜欢阅读小

---

① 《我之小史》续第3回《开振记形骸放浪，玩杭城兴会淋漓》。

② 《我之小史》续第4回《发哀启为祖母治丧，挂归帆代善儿婚娶》。

③ 笔者手头有《聊斋志异摘抄》抄本1册，并曾在冷摊上见过另外1册。

④ 该书稿本由笔者收藏，拟另文探讨。

说，如对言情小说《玉梨魂》就非常痴迷①。这些，都是徽商喜读小说的例子。

至于詹鸣铎，从他的《振先杂稿》来看，其人对于小说戏曲亦相当留意。光绪癸卯（即光绪二十九年，1903年），他作有《书西厢后》：

> 大凡人之情，有所怀也必感，有所感也必发为语言文字，综观今古，比比然也。夫岂独《西厢》哉？然《西厢》之作也，亦必以不得志于君臣朋友之间，然后借题发挥，以自吐其胸臆。明李卓吾称为化工，允矣。顾吾细味之，觉为是书者，才学纵横，胸次洒落，于花花世界，冷眼看破，因欲以此唤醒迷人，为色荒者戒焉。故其立言也，以惊艳始，以惊梦终，俾知才子佳人，两相爱慕，为天地不可无之情，为古今最难尽之情，为生生死死固结不解之情，至一梦而其书顿止，亦即明色色空空之理，所谓一切有为法，如梦幻泡影，如露亦如电，当作如是观耳，彼狗尾续貂者何知焉！至于设身处地，传神阿堵，其文采所以工雅之处，其亦有目共赏矣，予故不赘。②

詹鸣铎还仔细研读过章回体小说《三国演义》和《东周列国志》，在光绪三十一年（1905年），他作有《批评三国演义》和《批评东风〔周〕列国全志》，对貂蝉、曹操、祢衡、刘备、周瑜、张飞、褒姒和介之推等人物，都曾赋诗评论③。

当时浙江发生了杨乃武与小白菜案，詹鸣铎对此亦极为关心："按小白菜即豆腐西施，事详《王〔杨〕乃武全集》，现在仍在，据传住余杭城外某庵为尼，年已六十余矣，程云樵曾见之。"他还集传奇句，写下《小白菜》诗：

---

① 参见王振忠：《徽商日记所见汉口茶商的社会生活——徽州文书抄本〈日知其所无〉笺证》，载《文化遗产研究集刊》第2辑，上海古籍出版社，2001年版。

② 詹鸣铎：《振先杂稿》卷1。

③ 詹鸣铎：《振先杂稿》卷1。

好恶因缘总在天（《幽关记》），含羞忍泪向人前（《琵琶记》），赏心乐事谁家院（《牡丹亭》），日午当空塔影圆（《西厢》）。

伯劳东去燕西飞（《西厢记》），仙草仙花尽可依（《红楼梦传奇》），为说汉宫人未老（《明珠记》），从今辱债染缁衣（《玉簪记》）。

由此可见，詹鸣铎对于传奇小说非常之熟悉。从小说的写法来看，《我之小史》除了受明清以来徽商自传的影响之外①，还与当时流行的鸳鸯蝴蝶派小说之影响有关。詹鸣铎热衷于投稿，其诗作亦曾刊登于鸳鸯蝴蝶派的代表刊物《红杂志》。《红杂志》周刊，创刊于1922年8月，终刊于1924年7月，共一百期，再加纪念号一期，增刊一期。在该刊的2卷13期上，专门登载过"上海小说专修学校招生及章程"。显然，在当时的上海，不仅小说流行，而且还开办了专门的学校传授写作技巧。无独有偶，詹鸣铎后来也在婺源乡间的私塾中教授学生撰写小说，这从他的日记中可以看到这方面的活动：

八月九号，……上午令诸生作小说；

———

① 关于徽商的自传，参见王振忠《老朝奉的独白：徽商程国儁相关文书介绍》，载《华南研究资料中心通讯》第29期，2002年10月15日。晚清婺源佚名无题稿本、茶商孙和通的家庭档案中，有《OOO有本氏自述年事》，以编年的方式，叙述了主人的一生。从中我们得知，主人生于道光九年（1829年）十月十一日，从此逐年记至81岁（宣统元年）。黟县牙商程国儁文书中有《履扬自述平生及妻汪氏事迹》，履扬应即程国儁，从抄本的记载来看，他生于嘉庆十五年（1810年）五月十九日。该书首页起初便是"七三老人平生自述"，这是指光绪八年（1882年）程国儁正好73岁。该书"自述平生"的目的，主要是将"平生心志"传给子孙。换言之，亦即将个人从商经验传之后嗣。上海图书馆谱牒研究中心收藏的《庆源詹氏家谱》卷末所附《福熙自述》，也是徽商的自传。（关于《福熙自述》，笔者指导的博士研究生何建木有比较详尽的研究，见其博士学位论文《商人、商业与区域社会变迁——以清民国的婺源为中心》，复旦大学博士学位论文未刊稿，2006年）另外，自南宋以来，一些分家书前的序文，实际上也是一种自传。可见，此种自传由来已久。

八月十一号，……上午令诸生作小说；

八月十二号，……上午令诸生作小说；

八月十三日，……令诸生做小说；

八月十四日，……上午令诸生做小说，……午令抄小说；

八月十八号，……令诸生做小说；

八月十九号，……上午令作小说《百四十村》；

八月二十号，……上午令做小说；

八月二十一号，……上午命作小说，《百四十村》脱稿，再令自由撰小小说；

八月二十二号，……上午令作小说《弱女复仇记》；

八月二十三号，……上午在校，令作小说；

八月二十五号，……令诸生做小说；

八月二十六号，……令作小说；

八月二十七号，……余到校，上午令做小说；

八月二十八号，……饭后到校，令作小说；

八月二十九号，……上午令作小说，《弱女复仇记》今日脱稿；

八月三十号，……余饭后到校，令作小说《河伯娶妇》，未完。

从詹鸣铎日记来看，他在乡间教授学生撰写小说，其题材可能包括两个方面：一类是历史题材（如上揭的《河伯娶妇》《百四十村》[①]），另外一类则是乡土题材，让生童描摹他们熟知的婺源境内之村落社会生活，如《弱女复仇记》，可能就是以当时当地发生的一个事件为题材[②]。后一类题材，与《我之小史》无疑同属于一种类型。故此第一回《幼稚事拉杂书来，学堂中情形纪略》中指出："在下今年四十五岁了，从前有一部《我

---

① 清人袁枚《子不语》中有《百四十村》条，不知与此是否有关，姑存待考。

② 《我之小史》第17回《从众劝因公往邑，小分炊仍旧训蒙》："卓文先生，在王村出人头地，他世兄春甫，后来被人刺杀，他的女儿为兄报仇，又将那人刺杀。这场人命案，弄得荡产倾家。卓文先生，垂老骤遭家难，甚觉难以为情，那年病殁，寿七十七岁，此是后话。"

之小史》，纪载生平所历风花雪月，如今披览一过，觉得（其）中语焉不详，并指摘他人，有伤忠厚处，兹特删改更正，加以润色，看官不嫌琐屑，就（请）赐览。"书中提及庐坑发生的事件，经常以省略号代替，这些事件应当为当地人耳熟能详，由此看来，他所写的《我之小史》，预期的读者对象也是婺源本地人。

詹鸣铎在乡间私塾教授小说写作的活动，明显受到鸳鸯蝴蝶派的影响。至于《我之小史》一名，可能是模仿自杭州作家陈蝶仙（天虚我生）的《他之小史》[①]。据美国哈佛大学韩南（Patrick Hanan）教授的研究，《他之小史》分六期发于1914年至1915年的《女子世界》，1917年中华图书馆出版的《礼拜六》杂志上，曾刊登该书的一则广告。而《礼拜六》也与《红杂志》一样，同属于鸳鸯蝴蝶派的小说范畴[②]。

从总体上看，《我之小史》的写作技法未必非常高明，但因其纪实性，故而从历史研究的角度来看，该书的史料价值极高。特别是书中抄录了一些书信、诉讼案卷等，对于徽州社会文化史、经济史的研究极有助益。

(二)《我之小史》的写作过程

根据《我之小史》续第3回《开振记形骸放浪，玩杭城兴会淋漓》所指出的：民国九年（1920年），詹鸣铎将婺源县城振记店事收歇，携带内眷寄居浙江石湾阜生行内，行内生意，一概不问。闲暇无事，坐在楼上，抄录生平杂稿，并补著《我之小史》续篇第2回。由此可知，《我之小史》续篇第2回成于民国九年（1920年），那么，《我之小史》的正篇显然应成于当年之前。因全书自序作于民国十六年（1927年），故续篇第3回至第6回，可能成于民国九年至十六年间（1920—1927年）。

《我之小史》成书以后，詹鸣铎即开始抄誊。《詹鸣铎日记》辛未日记续（民国二十年，1931年）六月三十日条曰："余今日抄《我之小史》之序言及目录。"某年"七月五号，即旧历六月刀［初］十日，星期六"，

① 当时以"小史"命名的小说，著名的还有李伯元的《文明小史》等。
② 韩南著、徐侠译：《中国近代小说的兴起》，上海教育出版社，2004年版，第232页。

"余自今日起抄《我之小史》,每天一篇"。也就是说,从该年的六月初十起,詹鸣铎每天抄誊《我之小史》一回。正是由于詹鸣铎的辛勤抄誊,才使得《我之小史》出现了至少两个版本,这就是我们今天所能看到的甲本和乙本。

二、纪实性自传小说:《我之小史》的资料来源

细绎全文,该书最显著的特点在于它的纪实性。在《我之小史》中,作者一再声称自己所述皆为"信史"①,而从同时收集到的6册《振先杂稿》、4册《詹鸣铎日记》以及光绪《婺源县志》《詹氏宗谱》来看,《我之小史》所述的确皆为真实情节。书中的一些故事细节,有不少就直接节录自其人的文集或日记。关于该书的资料来源,此处可举数例。

(一)《我之小史》与《振先杂稿》的相互印证

《振先杂稿》是詹鸣铎本人的诗文集初稿,其中各卷收录文字的基本情况有如下表。

卷帙	干支	年代	备注
卷1	己亥	光绪二十五年(1899年)	
	庚子	光绪二十六年(1900年)	
	辛丑	光绪二十七年(1901年)	
	壬寅	光绪二十八年(1902年)	
	癸卯	光绪二十九年(1903年)	
	甲辰	光绪三十年(1904年)	
	乙巳	光绪三十一年(1905年)	
	丙午	光绪三十二年(1906年)	

---

① 《我之小史》第4回《回家来频年肆业,受室后屡次求名》:"但在下这书要成一部信史,所有事实,不肯遗漏,所谓李刚主不欺之学,'昨夜敦伦一次',我殆与他仿佛,看官们不要取笑。"第10回《买棹泛湖中选胜,辞亲往连市经商》:"盖在下这书要成一部信史,有什么写什么,开门见山,直捷了当,所谓生平事无不可对人言。"

续　表

卷帙	干支	年代	备注
卷2			《村居即事》诗之一注曰："时年二十四岁。"有少量是壬寅(光绪二十八年，1902年)、戊申(光绪三十四年，1908年)、己酉(宣统元年，1909年)
卷3	丁未	光绪三十三年(1907年)	卷3丁未年所作者仅两篇
	戊申	光绪三十四年(1908年)	杂有辛亥《清明》诗
	己酉	宣统元年(1909年)	
	庚戌	宣统二年(1910年)	
卷4	辛亥	宣统三年(1911年)	
	壬子	民国元年(1912年)	
	癸丑	民国二年(1913年)	
	甲寅	民国三年(1914年)	
	乙卯	民国四年(1915年)	
	丙辰	民国五年(1916年)	
	丁巳	民国六年(1917年)	
卷5		缺	
卷6	辛酉	民国十年(1921年)	辛酉年仅一篇
	壬戌	民国十一年(1922年)	有补作庚申年(民国九年，1920年)作五言排律《忆游》
	癸亥	民国十二年(1923年)	有癸亥五月中之日记4页
	甲子	民国十三年(1924年)	
	乙丑	民国十四年(1925年)	
	丙寅	民国十五年(1926年)	
	丁卯	民国十六年(1927年)	
卷6		缺	
卷8	己巳	民国十八年(1929年)	
	庚午	民国十九年(1930年)	
	辛未	民国二十年(1931年)	

从表中所列来看，《振先杂稿》的编排顺序基本上是以年代为主，这应是詹鸣铎的初衷，但因尚未定稿，故体例难免有些混乱，如卷2就相当突出。另，主要收录戊申年的卷3，在《清明》诗下注曰："应入辛亥下。"

以下，就以《我之小史》与《振先杂稿》相互对勘。

(1)《我之小史》第4回《回家来频年肆业，受室后屡次求名》状摹詹鸣铎结婚，以一首《定情诗》为证：

> 与卿两小本①无猜，疑是前生有自来，为喜同心今结缡，合题雅句把妆催。
>
> 名花何不种蓬莱，偏向人间灿烂开，今夜香闺春不锁，刘郎端合到天台。
>
> 彩笔生花夺锦才，只从纸上起风雷，画眉深浅何曾惯，初试毫尖傍镜台。
>
> 醉罢兰房玉液杯，何须蝶使与蜂媒，明年喜事传姻娅，掌上于今有蚌胎。

《振先杂稿》卷1亦有此《定情诗》(此诗亦见于詹氏公开刊行的《冰壶吟草》)，只是个别文字不同。如第二首第一句，在《振先杂稿》中作"名花移种自蓬莱"，第三句作"料得香闺春不锁"。

(2)《我之小史》第7回《同扣考羞归故里，痛落第哭往杭州》中，说"有王卓文先生，约游西湖，我从之。早晨起来，向父亲领取熟罗长衫，即与王全往走万松岭。那个时候，王自命为雅客，口中吟咏。我跟着他，不知走向何处。记得也叫划船，也步行。及到天竺，见游人雾集，攘往熙来，入谒观音，香火不绝"。第8回《做新爹甲辰得子，游泮水人已成名》接着写道："及回转至灵隐，凡罗汉堂、韬光径、一线天、泉壑堂等处，游玩一番。步行至岳王坟，买舟未成。值天雨后，由大桥走净慈归，一路

---

① 本，《我之小史》乙本作"早"，《振先杂稿》卷1《定情诗》作"最"。

之中，探访湖山艳迹，赏心悦目，果然无限风光。"这在《振先遗稿》卷1中，有甲辰年（光绪三十年，1904年）所作的《游西湖记》："……有父执王公卓文茂才者，约往谒天竺观音，于是随之以去。初至雷峰塔畔，苍茫四顾，果然水秀山清。到三竺后，旋反至飞来峰、一线天、泉壑亭、灵隐寺、罗汉堂、韬光径，风光幽雅，颇觉移人性情，继谒鄂王墓，拟买舟至湖心亭、平湖秋月等处，乃风雨骤至，游兴索然，遂共归。"显然，《我之小史》前述第7回和第8回的内容，即据此游记化出。

（3）《我之小史》第9回《迎新学五门道贺，探双亲七夕到杭》描摹考中秀才时家中的热闹场景："我当时拜后，例向内子一揖，内子必立扶梯受之，敛衽答礼，口称：'恭喜你步步高升。'……故余《采芹志喜》诗有：'好把连升贺三级，敛衽答礼忆荆人'，实指此也。"后引诗曰：

文运天开庆盍簪，采芹泮水附儒林，风流烧得神鱼尾，万里扶摇继自今。

璧水圜桥遇圣明，士林嘉惠覃恩宏，文章报国终吾志，莫把青衿老此生。

太白楼头饮宴春，簪花赐后酒斟频（指会同年事），文光射斗看嘉会，都是风流蕴藉人。

拾翠人来日未斜，红桃绿柳斗繁华，谁家夫婿温如玉，得意春风马踏花。

另有诗云：

锦标夺得转还家，一骑香蹄踏落花，多谢故园诸父老，迎予先待路三义。

门楣大启焕然新，载拜重慈礼母亲，好把连升贺三级，敛衽答礼忆荆人。

《振先杂稿》卷1中有《采芹志喜》，作于光绪乙巳（光绪三十一年，1905年），所见诸诗与《我之小史》大同小异，其中的"太白楼头饮宴春"注曰："婺源俗例，新进文童集太白酒楼同宴，名为会同年。"①诗后有曰："……迎学之日，参重慈，谒慈母，用坐缛椅安席，拜跪之后，例向内子一揖，内子例必立上扶梯三级受之，敛衽答礼，口称步步高升，故诗中云云。后因词句太近鄙俚，故全易之。然本诗末首头句，亦有未妥，当再敲推。"

（4）詹鸣铎的三弟詹鸣球（礼先）因与父亲詹蕃桢龃龉，负气服毒自杀。《我之小史》第12回《闻弟耗命驾来杭，奉亲命买舟归里》中，有《哭三弟》诗，见于《振先杂稿》卷3。后者所录诗中还夹有注文，如：

> 时余客练市，闻耗奔回杭。
>
> 弟误服鸦片，父命同人多方救治，并抬入日本医院两家，皆不得效。
>
> 今春父谕分炊，余具书进谏，内有云"田氏分财荆花破碎，唯大人鉴戒焉"，不料今日竟成谶语。
>
> 季云妹去春三月病殁于杭。
>
> 余今春由杭赴练，弟临歧话别，情语宛然。
>
> 余在练接弟手书两次，书中极诉苦情。
>
> 余去岁来杭，偕诸弟仝拍下一小影，题曰《乐叙天伦图》。
>
> 弟寄余书，述家庭气节中有"和气致祥，乖气致戾"等语。
>
> 弟二十二日故，余之书二十四日始到。
>
> 三七拜忏且翻九楼，盖循苏杭俗例也。

这些诗歌自注，与小说中的情节完全吻合。

（5）《我之小史》第14回《赴景镇再及浔阳，由长江直抵安庆》，叙及

---

① 同卷另有《题太白酒楼》诗。

在九江至花界一游，有诗为证：

记得灯红酒绿时，悄通眉语意先痴，轻批我颊怜卿掌，偷探卿怀荡我思。

一曲销魂情太苦，三生有约悔来迟，炕头未敢公然卧，亦恐人争戏膈肢。

莫认移家住广寒，纵非天上异人间，相逢不觉今生幸，再见真如隔世难。

素手挑灯情缱绻，银壶把酒夜盘桓，年来茂叔心怀减，偏爱莲花可远观。

上述四首见于《振先杂稿》卷3《赠彩莲眉史》，除第一首"记得"作"最是"，第二首"情"作"何"，第三首"真"作"应"外，其他的文字完全相同。诗后另有注曰：

余雅爱彩莲，及至玉凤家，见小莲子，色尤过之，以是知勾栏中多绝色，惜乎红颜之薄命也。记昔甲辰岁，曾咏有《白莲花》诗，今可为两位美人写照已。

抑又思之，彩莲处有一清倌人，颇动人怜，小莲子处亦有之，恨未能形归歌咏云。然吾《咏鬓》诗有"宝髻半边同贡艳，玲珑娇小倍怜君"之句，亦隐指彩莲处之清倌人耳。

这些，与小说中的情节亦无二致。

（6）《我之小史》第16回《游沪渎赏烂漫春光，办自治结文明团体》："在下上海风景，大半赏玩，曾有《海上歌》以纪其实，雪泥鸿爪，风景依稀……"其中的《海上歌》，此处文繁不录，亦见于《振先杂稿》卷3。

（7）《我之小史》第18回《接杭电匍匐奔丧，办民团守望相助》说到辛亥革命时期婺源筹办民团的事，写道："那时各省光复，各处土匪，乘间窃发，乡间地方，人人畏惧，风声鹤唳，草木皆兵，我婺源宣告独立之后，并令各乡筹办民团，用防土匪，我与宝书、锦屏等极力组织，乃开局于绿树祠，宝书委我为书榜文，我走笔应之"，其下所列榜文很长，直接抄自詹鸣铎的《振先杂稿》卷4《自治局公办民团榜文》，只是有个别文字的歧异。①同回另有："是年四月，村内伯纯，在北洋大学毕业，奉旨着赏给进士出身，改为翰林院庶吉士。捷报到家，村人为之一喜。我回忆癸卯年在郡，与他应童子试，提而复摈，后我人已徽幸，他投学堂，分道扬镳，各行其志，今日如此，可谓先我着鞭矣。但他这个翰林，俗称洋翰林，洋货好看，哪及国货的着实？譬如贡缎每尺计洋一元另，洋缎则每尺二角另，货有好歹，价有高低，岂可相提而并论！至于他一生无所表见，只善于挝麻雀，人又称为麻雀翰林，这个头衔却也别致。"而《振先杂稿》卷2中有《贺伯纯洋拔贡》："宝贵时光，文明进步；竞争世界，名誉最好。"另有说明："中学毕业，奖励拔贡，与科举时代之明经大不相同，说者谓为洋拔贡，洋货好看，总不及国货之着实！洋学堂、洋学生皆然也，付之一笑而已。"这些，显然也与小说中的冷嘲热讽颇相一致②。

(8)《我之小史》续第2回《往邑城带儿就学，赴杭省携眷闲游》："我乃偕伙友对碗，共船奔往乐平去。"有诗为证：

> 是非跳出一身轻，为乐平安到乐平，婺水汇来通赣水，西江月似故乡明。
>
> 移船相近傍城南，客路风光兴乍酣，记得溪头留浣女，妖娆喜着淡红衫。

《振先杂稿》卷4有《到乐平》诗，其中，"乍"作"味"，"记得"作

① 如《我之小史》中的"本局奉县长咨文"，在《振先杂稿》中作"本局奉临时机关部文"等。

② 关于詹伯纯毕业于北洋大学一事，在方志中也有记载："詹荣锡，字伯纯，庐源人，北洋大学工科毕业，奖给拔贡，部试赐进士。(民国《重修婺源县志》卷18《选举八·学位》，《中国地方志集成·江西府县志辑》第27册，江苏古籍出版社，1996年版，第357页)

"可爱"。同回，"次年丁巳，我以煤油公司亏蚀，另易股东，乃延中向鼎隆拆兑〔股〕，独立振记洋货营业，租兴孝坊程宅店屋，一面装修。……此店地在兴孝坊，有打油诗云：兴孝坊街洽比邻，沧桑变幻一时新。钱庄枉负大爷号，药栈徒将空屋陈。鸭蛋店中怀淑女，猪屠铺内燕嘉宾。莫嫌市井多尘气，洋货生员纸举人。"《振先杂稿》卷4亦有《兴孝坊即事》，后注："打油诗，时在振记洋货店内。"诗歌文字大同小异，其中的"燕"作"宴"，"生员"作"诸生"。

（9）《我之小史》续第2回《往邑城带儿就学，赴杭省携眷闲游》末有诗云：

> 歌喉传一串（林金珠），总是小娇生（周小宝），宝髻梳来巧（张素卿），铅华洗得清（金秀玉），妆修呈素质（金莲），弹唱爱髫龄（晓云），容貌莲花比（彩云），衣裳锦绣成（花翠香），玉楼人乍静（金小宝），翠被梦初醒（高筱红），并坐研书味（花宝宝），相携忆别情（谢玉莲），十分春意露（王红宝），一笑眼波横（芸香），素手批郎颊（龙娇），高歌许客听（美娇），杨妃肥玉体（余小爱），素女艳芳名（嫦娥），领略甜香透（蕙芳），微窥笑脸迎（赵鹤清），身裁宜细小（细妹），体态许婷婷（秀月），藕臂圆融好（林彩云），樱唇宛转轻（阿招），鱼儿偷暗摸（小凤英），凤姐唤娇声（顺福），沉醉东风后（林仪凤），花魁总让卿（龙珠）。

而在《振先杂稿》卷6中有作于庚申年（民国九年，1920年）的五言排律《忆游》（一），仅"彩云"作"彩莲"，"嫦娥"作"亘女亘娥"，"许"作"喜"，并无"鱼儿偷暗摸（小凤英），凤姐唤娇声（顺福）"二句。另外，末两句文字有所不同，作"玉人沉醉后（林仪凤），笄弁总轻盈（龙珠）"。

《振先杂稿》卷6，又有作于民国十一年（1922年）的《忆游》（二）：

自牖执其手（五），旋看大小灯（秋月），呵肢重忆旧（王四），好梦乍难成（老七），房子如红宝（金花），楼台类素卿（金玉楼），浓妆添半臂（红桂英），奔月肇嘉名（赛嫦娥），年小当炉日（城站酒家），音娇弄玉声（北如意），蓝乔寻未遇（大招弟），红叶赋何曾（沁香），娇小玲珑样（小红），飞杨逸荡情（南如意），将来宜黑俏（小凤英），此日已轻盈（桂珍），名自窗前唤（凤英），春从曲里生（芸香），揩油沾灶瑞（阿凤），把酒话江青（梅英），门自大方对（金兰香），楼从永福登（花琴芳），芳名叨拜赐（朱春芳），拇战竟难赢（小如意），低笑空回忆（宝子），调排恨未能（阿巧）。

其后另有作者附识："将来第三次忆游首句宜用'女儿年十四'，指巧林也。巧林在小如意家，玲珑娇小，一片天真，每欲亲近芳泽而不可得，弥觉可爱。其他如张文琴、小翠红，均当注意及之，书此以志勿忘。"上述所吟咏的诸人，均为詹鸣铎历年所见的曲中诸姬。其中的林金珠、周小宝，见《我之小史》第10回，张素卿、金秀玉、金莲见第12回，晓云、彩莲见第14回，花翠香、金小宝见第15回……

（10）《我之小史》续第4回《发哀启为祖母治丧，挂归帆代善儿婚娶》末，抄录了作者在其长子詹志善完婚时所作的古风一章，这实际上源自《振先杂稿》卷4《善儿花烛志喜感赋一章》[1]，只是两者在个别文字上有所歧异[2]，而且，后者另在"春风一曲载赓歌，得子花园满堂福"一句诗后随注："唱喜曲例先唱《满堂福》，后唱《花园得子》，以为之兆。"

（11）《我之小史》续第4回《发哀启为祖母治丧，挂归帆代善儿婚娶》写詹鸣铎初到苏州游留园，有诗为证：

朝别春申夜入吴，游踪乘兴到姑苏，留园剩有兰花会，取次看来

---

① 詹鸣铎：《振先杂稿》卷6，第11—12页。

② 如詹鸣铎《振先杂稿》卷4《善儿花烛志喜感赋一章》，"开"作"到"，"初"作"方"，"工"作"公"，"先"作"初"，"压"作"扫"，"同心"作"新郎"，"乇"作"盏"。

似画图。

漫把新留改旧刘，风光依样好亭台，兰香满座凭真赏，胸怀广博天为开（用题额原句）。

士女如云快若何，袚除轻赋采兰歌，寒山诗客分明是，吴会才人实在多。

仙风吹透满庭芳，兰室谁夸王者香，我亦一瓯闲啜茗，暂时相赏莫相忘。

上揭四首诗亦见于《振先杂稿》卷6《初到苏州游留园适值兰花会》，仅"怀"作"次"，"是"作"在"，"实在"作"更觉"。另外，"漫把新留改旧刘"后注曰："向名刘园，现改留园"；"兰室谁夸王者香"后注曰："兰花盆内吊牌，各注主人名，有一盆上书'王者香'，室尤雅。"

（12）《我之小史》续第5回《为谋事留杭暂搁，过新年到处闲游》中有《姐妹曲》一首：

> 阿姐粉红衫，妹妹竹布褂，一样具天真，见侬都害怕。
> 阿姐初长成，妹妹新肥胖，一样逗春光，自由双解放。
> 阿姐年十六，妹妹年十四，一样态娇憨，天然饶别致。
> 阿姐在么二，阿妹在长三，一样张艳帜，芳名播瓜山。
> 阿姐大马路，妹妹福海里，一样好风光，幽赏我未已。
> 阿姐名巧林，妹妹名小囡，一样是名花，玉楼春意满。

该回注明"此甲子年七月二十七日事也"，记载民国十三年（1924年）作者在杭州追欢逐艳之情事。此诗亦源自《振先杂稿》卷6《姐妹曲》，其中的"幽赏我未已"之"我"，作"殊"。

（13）《我之小史》续第5回《为谋事留杭暂搁，过新年到处闲游》：

> 是年八月五日，江浙初开火。二十日卢去孙来，适雷峰塔倒，人

以为不祥之兆。杭州俗传雷峰塔内，当年法海囚禁白蛇。此塔一倒，白蛇出现，势必有大水起蛟云云。然余读《白蛇传》，乃明代故事，白氏娘娘的儿子许士林为明状元，而此雷峰塔则始于五代，当时为吴越王钱镠的妃子所建，于白蛇乎何与？查五代唐时，至今已有千余年，雷峰夕照，载在"西湖十景"，至是此塔一倒，远近喧传，连日之内，观者如堵。且其砖有篆字文，人争相取，我亦拾得一块，据言有洞之砖，内有藏经，得之者可为墨宝。好古家谋之，价值数百金。京内段执政曾下命令，提取那砖一块及经文一张，送入陈列所去，以故拾砖寻经之人日益多。后经官厅禁止，人不能取矣。

《振先杂稿》卷6有《雷峰塔倒诗以纪之》：

> 人事天时两变迁，山崩川竭古来传，雷峰旧塔今倾圮，世运攸关岂偶然。
>
> 建造初传吴越王，湖山点缀好风光，到今弹指经千载，历遍沧桑几渺茫。
>
> 江浙风云倡乱生，孙来卢去足关情，齐东野语《白蛇传》，不辨而今理自明。
>
> 争拾遗砖古篆存，游人多少竞传论，内中剩有藏经好，周鼎商彝一例尊。

其诗自注曰："俗传此种砖头，取以泥锅，免生水蚁。二十七、八两日，杭城人纷纷往取，余亦拾得一块，有篆文保存之，且砖头中有圆洞者，内贮藏经，好古家谋得之，不嫌重值，闻有纸料完全不破者，每张价值数百金云，故往取砖者日见其多，后已经官禁止矣。"

（14）《我之小史》续第6回《访杭州略书所见，会族众恢复祠租》，詹鸣铎与四弟游灵隐，有诗为证：

妙庄严域云林寺，第一灵山著圣湖，直上韬光凌绝顶，海天阔处望模糊。

名山有约订前来，欲往仍回已几回，今日登峰能造极，胸襟洒脱果然开。

湖光山色焕然新，予季相邀好踏春，顾视清高横空洞，可纵鹫岭悟来因。

多谢僧家待客情，安排橄榄把茶烹，此间别辟神仙境，洗尽尘心澈底清。

这首诗作于乙丑年（民国十四年，1925 年），出自《振先杂稿》卷 6《春日偕四弟游灵隐直上韬光》[1]。

这些，也都与小说描摹的内容一一吻合。

(二)《我之小史》与光绪《婺源县志》的相互印证

《我之小史》续第 4 回《发哀启为祖母治丧，挂归帆代善儿婚娶》，抄录了詹鸣铎祖母去世时发出的一道哀启，个中对其祖母的一生作了概述：

> 哀启者：先祖妣汪太宜人闺姓明圭，同邑莘源太学生汪讳宗鳌公第七女，幽闲贞静，幼娴母训。年及笄，于归我先王父起凤公，敬顺无违。时先曾祖喜禄公以南货创业昌江，居家时家训森严，太宜人与姒娌行上事翁姑，承欢弥谨。太宜人产子女二：女姑母适余氏，子即先严蕃桢公。先严诞于庚申冬月，才三日，适发贼入境，阖村老幼逃窜山中，先曾祖亦揭眷避难，太宜人怀抱从之。此中苦绪，不言可知矣！明年辛酉，先王父见背，太宜人年仅二十五龄，伤心酸鼻，痛不欲生。奈先严时在襁褓，不得不以青年苦节，矢志抚孤，其懿行载诸志乘，见五十二卷《节孝传》……

---

[1] 詹鸣铎：《振先杂稿》中另有《又偕四弟由天竺翻过云栖》。

这里的"志乘"，是指光绪八年（1882年）刊行的《婺源县志》。据该书卷52《列女四·节孝十》："詹起凤妻汪氏，詹庐源监生，氏莘源女，二十八岁夫故，遗孤一龄，事舅姑，和妯娌，抚孤蕃桢成立，桢亦笃学，善承母志，现年五十，守节二十三年。"①这个传记是光绪《婺源县志》的"壬午新编"，也就是光绪八年刚刚采辑而来的事迹。除了"二十八岁夫故"，与哀启有所出入外②，其他的事迹都完全吻合。传中的"蕃桢"，也就是詹鸣铎的父亲詹蕃桢。

（三）《我之小史》与族谱的相互印证

（1）《我之小史》第13回《办自治公禀立区，为人命分头到县》提及：同治七年（1868年），环川詹梦仙（逢光）、庐源詹以贤（澧）和凤山查相卿（人纲）"诸老前辈联合五村"组织丽泽文社。其初每村募捐，每位两元，"不过二三十元，分存生放，逶年正月刀［初］八召集结账，至此（引者按：指清末）已历廿八年，每村生息已有壹佰余元，共计已近千数"③。组织者之一的詹梦仙（逢光）系环川（亦曰岭脚）人，著有《疑经思问》《婺源方言考》《水月奇缘》《蛰斋吟草》和《闺春斋赋存》等④，是当地富有声望的博学之士。从丽泽文社的组成来看，这可能是五个村落文会的联合组织。而据《詹氏宗谱》卷首二《邑增生筱涧先生行述》（亦即詹以贤的传记）记载："又虑文风不振，后辈无由兴起，与同里号虚斋者，议兴书室，就前明文宪公天衢书院旧址，葺而新之，嘱虚斋独肩其任，恐空文无补，首输租若干，为久远计，复约环川、虹关、凤关、查

---

① 光绪《婺源县志》，光绪八年（1882年）刊本，《中国方志丛书》华中地方第680号，成文出版社，1985年版，第4333页。

②《振先杂稿》卷2《恭祝王母汪老宜人七旬大庆》曰："青年矢志几经春，一片冰心独秉真。"诗注："先大父辛酉逝世，宜人年才二十五。"

③ 此段文字仅见乙本，甲本无。

④ 陈五元编：《婺源历代作者著作综录》，婺源县图书馆，1997年版（内部发行），第222页。除此之外，笔者收藏有同治六年（1867年）由詹逢光作序的《新安乡音字义》。

村、山坑诸君子，各釀金兴丽泽文社，按月课文，及今才数载，入庠序者近二十人，举明经登贤书者亦数人，文运之振兴，亦先生励之也。"①可见，《我之小史》所述，与族谱记载恰相吻合。

（2）《我之小史》中涉及的诸多人物及事迹，也都是真人真事。如小说中提及的"痴先生"，据《詹氏宗谱》记载："文昇公，字旭初，号芸坡，性和厚，有柳下风。精于医，活人无算，勿论贫富，有请辄往，次日且不请自往，病愈不索谢。有侮之者，笑颔之，无少介意，人因呼为'痴先生'。凡遇公务，靡不竭力。家贫甚，冬不衣裘，丰度洒如也。著有《医学寻源》十四种，文稿、诗稿、杂著各一卷。"②至于书中提及的江峰青、江易园、许承尧和董钟琪等，则更是实有其人，且在晚近徽州历史上具有重要的影响。关于这一点，以下还会涉及。

综上所述，《我之小史》的资料来源，完全是真实可靠的。换言之，《我之小史》的确是作者真实的自传，是一部信史。

从形式上看，《我之小史》是一部章回体小说，但它所描述的内容却并非凭空结撰。这种表面看似矛盾的现象，实际上与中国现代小说的特点有着密切的关系。陈平原在研究清末民初的小说时曾指出：当时的"新小说家的确接受了一些西方小说观念，如'写实'等，可很快就给中国化了"。由于对"写实主义"的误解，"新小说家一步步从'写实'到'纪实'到'实录'"③正是在这种背景下，詹鸣铎将个人身世和时事变迁"用小说笔法略加组织点染"，写成了《我之小史》一书。

---

① 另据詹鸣铎日记，某年"正月刀[初]八日，天晴……是日到虹关，尚不甚晏，算账争执，多延时间，后来议决，五村平均津贴，账上批明，大家签字，惟凤山不签，其津贴办学费，每村念元，均领去"。这也反映了丽泽文社的运作。

② 光绪五年(1879年)庐源绿树祠《詹氏宗谱》卷首三《环川人物叙略》，第7页上一下。此书光盘版，承婺源虹关詹庆德先生提供，谨此致谢。参见陈五元编《婺源历代作者著作综录》，第218页。

③ 陈平原：《中国现代小说的起点——清末民初小说研究》，北京大学出版社，2005年版，第258—267页。

三、《我之小史》的学术价值

从初步校勘、整理的情况来看,《我之小史》具有多方面的学术价值。

第一,这是目前所知唯一的一部由徽商创作、反映徽州商人阶层社会生活的小说。

如所周知,明代以来,"徽州朝奉"的形象曾在"三言二拍"等不少小说中出现,但那只是小说家笔下脸谱化了的徽商,而《我之小史》则是徽商作为主体自述的家世及个人阅历。在传统时代,盐、典、木商人号称"闭关时代三大商",其中的徽州木商,素以席丰履厚著称于世,俗有"盐商木客,财大气粗"之谚。在徽州木商中,以婺源木商最为著名,"安徽省,土产好,徽州进呈松烟墨,婺源出得好木料"①——这句俗谚,即明确指出婺源的墨业及木业之闻名遐迩。在以往,徽州的盐商和典商受到学界较多的关注,相关成果也颇为丰硕,而木商则因史料的相对匮乏,较少有人涉及②。《我之小史》作为徽商的自传,不啻提供了木商世家的一部家族史,因此具有极高的史料价值。

清末徽州知府刘汝骥在《婺源县杨令兆斌申报筹办选举批》中指出:婺源"幅员既广,人文亦盛,其茶商、木客有五千元以上之资本及不动产者更不乏人,皖南之望县也"③。而《我之小史》续编第1回中,有"适国

① 胡祖德:《沪谚外编》,上海古籍出版社,1989年版,第88页。另,《九州十八府物产歌》亦曰:"二月里,杏花开,坚致木料出婺源。歙砚徽墨湖州笔,惠泉山泥佛面团团。"(《沪谚外编》,第188页)可见,在民众心目中,婺源木材与歙砚、徽墨、湖笔以及惠山泥人一样,成为江南一带知名的品牌。

② 管见所及,目前有关徽州木商的研究论文,主要有王珍:《徽州木商述略》,载《徽州社会科学》1991年第二期;唐力行:《徽州木商的经营方式与木业公所》,载《明清以来徽州区域社会经济研究》,安徽大学出版社,1999年版,第174—189页;何建木博士学位论文:《商人、商业与区域社会变迁——以清民国的婺源为中心》第2章、第5章,亦有内容涉及于此。

③ 刘汝骥:《陶甓公牍》卷8《批判·宪政科》,《官箴书集成》第10册,黄山书社,1997年版,第533页。

家行公债，邑尊阴公国垣发照会，我村的文会填我名字，内有'木行生意发达，请认领'字样，此殆承湘伯指教的"之记载①。"湘伯"也就是婺源官绅江峰青，他是詹鸣铎的姻戚，后为民国《婺源县志》之总纂，他对詹家的情况应当是了如指掌。上述两条史料所指的内容虽然不尽相同，但由此亦可推断，在婺源的茶商木客中，詹家应是当地囊丰箧盈的商贾之一。

詹鸣铎是清代徽州府婺源县北乡十三都庐坑下村人。庐坑位于今江西婺源县的东北部，亦是近代铁路工程专家詹天佑的祖籍地所在②。附近岗峦起伏，山地众多，历来就是徽州木商辈出之地。

婺源自宋代以来，便以木业经营闻名于世。根据日本学者斯波义信的说法，宋代婺源每年四月八日的五通庙会，可能就是以山村为地盘的商人们所举行的祭市③。木业经营对于婺源地域社会生产和生活的影响相当之大，民国《婺源县志》卷3《疆域三·星野·候占》正月条曰："是月也，莳松秧，插杉苗，栽杂木。谚传：立春前后五日栽木，木神不知。商人采木植于山，农家芸二麦。"可见，木业经营已作为岁时活动的内容之一，深深地植根于民众的日常生活之中。

不难想见，木业经营有助于积累大笔的资金。及至明初，庐坑詹氏便

---

① 《我之小史》续第1回《陪官长谈话投机，哭慈亲抚膺抱痛》。

② 詹天佑曾祖父詹万榜"字文贤，国学生，庐源人。兄弟八，榜居三。孝父极意承志，事继母如所生。父殁，家道中落，积逋甚多，分箸时父遗居室，让之弟兄，典临屋半间以居。贷赀经商，独偿众逋数千。祖祠灾毁，率弟捐造，村路冲，偕众修理。族某被洪水，尸流无踪，给赀访获，备棺殓葬。一切贫窭无以为礼者，皆资赙焉。卒之日，萧然无半亩之植、数椽之庇也，乡人无不垂涕"。（民国《婺源县志》卷30《人物七·孝友四》，第551页）詹天佑祖父詹世鸾"字鸣和，庐源人。资禀雄伟，见义勇为。佐父理旧业，偿凤逋千余。壬午贾于粤东关外，遭回禄，茶商窘不得归，多告贷，鸾慷慨佽助，不下万金。他如立文社、置祀田、建学宫、修会馆，多挥金不惜。殁之日，囊无余蓄，士林重之"。（民国《婺源县志》卷41《人物十一·义行七》，第6页）这些，都是詹氏祖先的事迹，至于詹天佑本人，詹鸣铎所著自传小说《我之小史》第17回《从众劝因公往邑，小分炊仍旧训蒙》："适新屋门詹天佑得工科进士，演戏庆贺。"詹鸣铎著《振先杂稿》卷3中亦有《工科进士演戏拟对（为詹天佑作）》。

③ 斯波义信：《宋代徽州的地域开发》，载《徽州社会经济史研究译文集》，黄山书社，1988年版，第17—18页。

已崭露头角。如生于洪武二十五年（1392年）的詹健，"家业最厚，时称八大房，富户之家，秋米三百余石，富达金台，名传郡邑。又当北京宛平县富户，置田百余亩，以备充应，造宅数十间于德胜关"①。由此可见，早在明代初年，詹氏家族中就已出现了豪富之家。

就明清时代的情况而言，庐坑詹氏经营木业，一个重要的据点便是亳州（即今安徽省亳州市）②。从清朝乾隆年间编纂的《新安庐源詹氏合修宗谱》来看，庐坑詹氏迁居亳州等地，至迟自明代就已开始。譬如，31世詹文朗（大约明嘉靖、万历时人），迁亳州③；32世詹士骐（大约明万历时人），亦迁亳州④。这些迁居亳州的人，主要从事的就是商业经营。其中，除了鱼盐之业外，木业更是婺源人专精的一项生业。

而从詹鸣铎家庭的情况来看，其高曾祖"营木业于亳，……后以水灾负金而走，竟被溺毙"⑤。据道光《亳州志》记载，当地"商贩土著者什之三、四，其余皆客户。北关以外，列肆而居，每一街为一物，真有货别队分气象。关东西、山左右、江南北，百货汇于斯，分亦于斯。客民既集，百物之精，目染耳濡，故居民之服食器用，亦染五方之习"⑥。雍正年间，亳州牙行多达一千四十余家，市廛颇为繁华。对此，时人描叙曰："夫亳为南北通衢，中州锁钥，雍、梁、兖、豫、吴、楚百货辐辏，霜蹄

---

① 《新安庐源詹氏合修宗谱》卷2，廿六世柱一公条下，"中国国家图书馆藏早期稀见家谱丛刊"第61种，北京线装书局，2002年版，第4册，第1页上—2页上。乾隆二年（1737年）詹之灏《健公传》亦曰：詹健"丰于财，秋米三百余石，而角巾野服，未尝自炫其富也。推食解衣，未尝自私其富也"。（《新安庐源詹氏合修宗谱》第一册，卷首，第1页上）

② 《新安庐源詹氏合修宗谱》，乾隆四十九年（1784年）梁巘跋。

③ 《新安庐源詹氏合修宗谱》第四册，卷2，第5页下。

④ 《新安庐源詹氏合修宗谱》第四册，卷2，第5页下。

⑤ 清宣统三年（1911年）詹鸣铎：《先大父蕃桢公行述》，载《振先杂稿》卷3。《我之小史》第10回《买棹泛湖中选胜，辞亲往连市经商》："按先曾祖喜禄公，字维春，清国学生。父逢荣公，营木业于亳，值水灾，负金而逃，至半途，值蛟水至，乃抱大树，不意水力甚大，连树带根拔起淊去，以是溺毙。（有一客与公同爬树上，后随水漂荡泗到岸，说起此事，谓公大约已溺毙……）"

⑥ 道光《亳州志》卷7《舆地·风俗》，《中国方志丛书》华中地方第664号，清道光五年（1825年）刊本，成文出版社，1985年版，第270页。

尘埃，担竖贩夫，络绎不绝。"①当地的朱文公祠在北关外，为徽商会馆；另有关帝庙为西商会馆，许真君祠（万寿宫）在城东北一里，系江西客民所建②。不过，由于"亳地形素称平旷，无山阜为障，故川涂往往多溃决"③，也就是说，此地一马平川，多水灾之患。乾隆四十三年（1778年）、四十四年（1779年）、四十五年（1780年）、四十九年（1784年）、五十二年（1787年）以及嘉庆三年（1798年）等年份，"节被黄水成灾，城关四乡集场多被冲没，牙户逃亡"④。道光《亳州志》的前揭记载说明，亳州一带的水灾颇为频繁，詹鸣铎的高曾祖就是在这样的背景下溺水而死。

高曾祖去世后，詹鸣铎的曾祖在族人的帮助下，"醵金兴创南货业于昌江，……一蹶再振，坐享赢余"。昌江自徽州祁门县流入浮梁县，不过，此处的"昌江"应指景德镇。当时正值太平天国前后，詹鸣铎的曾伯祖仍客于亳，可能也是继承祖业⑤，从事木业经营。叔高祖詹逢怡先是在武昌经商，太平军兴之后返归故里，"中年迭生五子，食指日繁，乃不得不谋生计，于是改辙乐邑茶、木经营，数十载水宿风餐，险阻备尝矣"⑥，也就是说，詹逢怡后来在江西乐平一带从事茶、木贸易。到了詹鸣铎的父亲詹蕃桢时，"贸易钱江，经营木业，既忧劳之兼尽，亦勤俭以支持，惟思辛劳一生，为谋利薮"⑦，亦即在杭州一带经营木业。

除了父亲詹蕃桢外，詹鸣铎的兄弟也都从事木业经营。光绪三十三年（1907年），二弟詹耀先在庐坑家中"做成木码，有四百余两之多。初到屯

---

① 王鸣：《重修洪河桥碑记》，载乾隆《亳州志》卷12《艺文》，郑交泰等纂修，《中国方志丛书》华中地方第663号，成文出版社，1985年版，第1124页。

② 乾隆《亳州志》卷3《坛庙》，第217页。

③ 王鸣：《重修洪河桥碑记》，载乾隆《亳州志》卷12《艺文》，郑交泰等纂修，《中国方志丛书》华中地方第663号，成文出版社，1985年版，第1123页。

④ 道光《亳州志》卷19《食货·杂课》，第787页。

⑤ 詹鸣铎：《先大父蕃桢公行述》。

⑥ 詹鸣铎：《振先杂稿》卷2，光绪三十三年（1907年）所作《叔高祖逢怡公行述》。

⑦ 詹鸣铎：《振先杂稿》卷4，《自为先严及三弟赈孤疏（先严周年日）》。

溪致祥庄，支洋一千元，尚不敷用"①。从《我之小史》的记载来看，詹耀先在家中从事木码似乎有好几年②，规模相当不小。光绪三十四年（1908年）"做木码，到牛坑地方，被霉水氽去排甲一帖，损失千金"③。三弟礼先随父亲在杭州江干木行经商，一直到光绪三十四年自杀为止。四弟绍先曾入杭州的木业学堂，自然也与木行有关④。而詹鸣铎的长子詹志善，于民国七年（1918年）四月到连市镇阜生木行为徒学业⑤。后来，又进入湖州朱吉记木行"学习木业"⑥。可见，庐坑詹氏为木业世家，的确是名不虚传。

至于詹鸣铎本人，也有很长一段时间皆在木行内谋生。光绪三十四年（1908年），他曾奉父命前往练市，"投阜生行，司理账目"⑦，"闲居无事，谙练木业行当，凡龙泉码子、木业市语以及推游水图，并清排本等之装排式，抄得一本，不时披阅，故司内账缺，而于卖木、卖板之事，兼营并务"⑧。所谓龙泉码子，是指木业中标准的计量单位，也就是以木材圆径计算杉木的方法。当时，詹鸣铎抄录了一册包括龙泉码子在内的商业书，时常翻阅以熟悉相关业务。民国九年（1920年），祖母谆谆告诫詹鸣铎，"谓浙江木业，为全家命脉，须自前往帮全负责，不得委任他人"，所以他"承命而往，与兄弟等经营于外"⑨。翌年，詹鸣铎就任石湾阜生行经理⑩，

① 《我之小史》第10回《买棹泛湖中选胜，辞亲往连市经商》。

② 《我之小史》续第1回《陪官长谈话投机，哭慈亲抚膺抱痛》："近年以来，我家二弟耀先在家做木码，堆在大路，未免有碍交通。"

③ 《我之小史》第11回《禀父书清言娓娓，接弟信文思滔滔》。

④ 《我之小史》续第1回《陪官长谈话投机，哭慈亲抚膺抱痛》："母亲带领全家，至城站，打电话至木业学堂，唤我四弟全来，看厨相照。"据民国二十一年（1932年）《杭州市经济调查》三《文化教育篇》，杭州有私立木业学校和私立木业第二初级小学，见吴相湘、刘绍唐主编：《民国史料丛刊》第12种，传记文学出版社，1971年版，第126—127页。

⑤ 《我之小史》续第2回《往邑城带儿就学，赴杭省携眷闲游》。

⑥ 《我之小史》续第4回《发哀启为祖母治丧，挂归帆代善儿婚娶》。

⑦ 《我之小史》第10回《买棹泛湖中选胜，辞亲往连市经商》。

⑧ 《我之小史》第11回《禀父书清言娓娓，接弟信文思滔滔》。

⑨ 《我之小史》续第4回《发哀启为祖母治丧，挂归帆代善儿婚娶》。

⑩ 《我之小史》续第4回《发哀启为祖母治丧，挂归帆代善儿婚娶》。

所往来者，亦多木业同行①。

从《我之小史》及《振先杂稿》等资料来看，詹蕃桢在浙江开设有数家木行。光绪二十年（1894年），詹蕃桢与江峰青一起在石门镇合开德昌隆木号②。在木号中，詹蕃桢担任经理，这是最早开设的一家木行。光绪二十二年（1896年），詹蕃桢又与江峰青在杭州江干合立隆记木行。后因宾主离心，光绪二十七年（1901年），詹蕃桢与江峰青分门别户，自己另开生记木行。除此之外，詹家还在连市镇开设阜生木行，而詹鸣铎则曾在该行司理账目。

《我之小史》提供了一个木商家庭的个案记录，书中对于商业经营方面有诸多翔实的描摹，这些，对于商业史研究具有重要的学术价值。可以根据这些记录，研究江南徽州木商的经营以及木商的生活方式③。

第二，《我之小史》是研究明清以来徽州乡土社会实态的重要史料。

詹氏迁居婺源庐坑，始于隋朝的大业年间，及至宋代，庐坑詹氏人物间已闻名于世。明代以来，族中更出现了几位簪缨士人。与此同时，外出务工经商者的足迹亦遍及江南各地。外出徽商贸易经营的大批利润被源源不断地汇回庐坑，刺激了当地社会文化的繁荣。《我之小史》对于徽商与婺源乡土社会风俗、文化的变迁，均有不少忠实的记录。如第11回抄录有不少来往信件，对拈阄分家作了详细的讨论；续编第1回，描述了诉讼纠纷中民间族谱、契据及鱼鳞图册所起的作用；第6回，詹鸣铎等人为阻止九姓世仆中某姓"混考武童"引发的诉讼纠纷；第19回，庐坑詹氏与附近某姓的械斗④……其中，有不少远较此前学界对乡土实态的了解更为详尽。

---

① 在詹鸣铎的《振先杂稿》中，有一些祝贺木行开张的对联，如民国十三年（1924年）《代贺大来木行开张》等。

② 詹鸣铎：《先大父蕃桢公行述》。

③ 关于这一点，详见王振忠：《晚清民国时期江南城镇中的徽州木商——以徽商章回体自传小说〈我之小史〉为例》，载上海社会科学院《传统中国研究集刊》第2辑，上海人民出版社，2006年版。

④《新安庐源詹氏合修宗谱》（"中国国家图书馆藏早期稀见家谱丛刊"第61种）卷末有一张《庐源宅图》，画有依附詹氏的诸姓世仆之分布地点。关于庐坑詹氏与附近某姓之械斗，詹鸣铎《振先杂稿》卷4《代碧茂撰告族众启》亦有详细描述，与此可以相互参证。

特别值得一提的是,《我之小史》对于研究晚清徽州佃仆制度之衰落,具有重要的学术价值。清道光年间,庐坑詹姓与周遭的伙佃冲突不断,这一点,在《詹氏宗谱》的传记中有所提及[①],而《我之小史》第6回《王母大闹隆记行,詹家仝控逆仆案》则有详细的记录:

> 我们詹家大族,祖宗昔日有九姓世仆,抬轿子,吹喇叭,张姓在内。听得前辈人说:道光年间,为行乡人傩的故事,他们做神近于戏的戏,有无礼犯上之举动,公议惩戒,开绿树祠责打屁股。论王道本乎人情,蒲鞭示辱,本可将就了事。乃有新建官哩,偏说屁股打轻了,要重新打过,二次又开绿树祠重重责打。不料嫉恶太严,事反变本加厉,张仆因此叛变,呈办无效,以致九姓的世仆一齐跳梁。按:跳梁就是褪壳,俗称褪壳为鳖。现在骂他是鳖,他气得狠。但张姓虽然褪壳,不服役。然对于我族,尚不敢明目张胆。向称官娘,后改呼先生、老板、先生娘种种,现在仍是。后来渐次立约,益发不遵约束,而我族内犹羁縻之勿绝,未许抗颜争长。前两年西乡甲道修谱,逆仆以数百金前往,贿通张某,做鱼目混珠之事。某邑廪生为甲道的斯文领袖,贪而无耻,竟受他的贿,而以伪谱应之。那年张氏宗谱迎接入村,如张开辈都穿外套,戴纬帽。有□社且戴亮晶晶的金顶子,道他有个鳖九品云。他们做谱戏,闻说戏台上的匾额,是"祖业不忘"四字。我当时听见,为之喷饭,笑不可仰。他的"祖业"请教是何业呢?(尽在不言中)如今他又用重金,贿通□某,替他作保,来此混考武童……[②]

为此,詹鸣铎等五人公议觅得刀笔,做了一个禀帖,联名指控张姓四人来此混考武童,结果如愿以偿。上述引文中的"渐次立约",是指世仆

---

① 庐源绿树祠《詹氏宗谱》卷首2,《詹泰纯行述》。

② 按:2008年出版的由笔者整理校注的《我之小史》,曾应作者后裔之请求两度删节(具体说明详见该书《后记》,第369—370页),此处引文则恢复原貌。

· 479 ·

单独设立乡约，这显然是摆脱大姓控制的第一步。其次便是通谱，以获得大姓的庇护，进而跻身大姓之列。庐坑张氏就因与甲道张氏的通谱，而得以有摆脱小姓之命运的趋势。

在婺源，当地流传着小姓江氏攀附大姓的故事。这个故事说的是虹关小姓江氏，为了攀附大姓，四处寻找同姓大族，以期通谱联宗，后来辗转找到江人镜（婺源晓起人，道光年间中顺天乡试，光绪时曾任两淮盐运使）。江人镜便到虹关，找到当地大姓的詹氏祠堂。詹氏早已得知江人镜来意，遂热情接待他，并派一位女仆为之倒茶。当江人镜问起当地江姓的情况时，詹姓回答说：刚才倒水的女仆便是江姓。江人镜闻言，就不再往下问了，回到当地，即在祠堂前竖立一块石碑，大意是告诫后代永远不要与虹关世仆江氏交往。詹氏以巧妙的方式，暗示了虹关江氏的地位，而虹关江氏摆脱大姓掣肘的图谋也因此而落空。从前揭庐坑某姓的例子来看，尽管张姓"混考武童"未能如愿，但他基本上已摆脱了世仆的地位。

第三，《我之小史》对徽州民间教育和清代科举制度的研究，提供了极富价值的新史料。

在明清徽州的一府六县中，作为紫阳故里，婺源文风极盛，充当塾师是当地读书人传统的职业之一。作者的父亲及其周围的不少人，都有处馆舌耕的阅历。而詹鸣铎本人髫龄入塾就学，成人后又先后多次开塾授徒。对于私塾生活，詹鸣铎有着诸多切身体会，故而在《我之小史》中留下了不少有趣的记录，这对于研究晚清民国时期徽州的民间教育，提供了极佳的史料。譬如，该书第2回《娶养媳过门成小耦，医秃头附伴赴沱川》提及："先生又教学生抄帖式，我也照抄呈政。先生砆笔义之，屡抄屡义，我乃作罢。现在我家有父亲抄本的帖式，尽可查考。"可见，作为民间日用类书的帖式，也是徽州初级教育传授的内容之一，这让我们了解到，徽州各地现存的大批民间日用类书，大概有不少应为私塾学生所抄存。《我之小史》第7回《同扣考羞归故里，痛落第哭往杭州》讲到庐坑附近一所学堂里的佚闻趣事：

且山岗坞有学堂，先生偶有事他去，有长毛哩（引者按：指太平军）遗失的钢刀，学生取以为戏，演《斩包冕》，忽报先生来了，那学生一时不觉，把钢刀放下，竟把"包冕"的头真个铡下来。这个祸事传到如今，闻者都为咋舌。经学生为儿嬉戏，大都一片天机，有一二年长的胆子大些，所做的事，尤为出人意外。闻有某生以字纸篓画作人面形，套在头上，夜伏于楼梯头，一生登楼见之，大惊滚下。又有某生褪下裤子，委人画一人面形在屁股上，夜伏暗处，使人见之作惊。又有某生戏撰祭文，教小学生做哭祭先生的怪剧。有允宽先生，当日教法最严，学生见之，无人不畏。夏季先生怕热，裤脚扯到膝头，竟有某生打赌，去摸他的阳货，某生玩［顽］皮，底椿先生笞臀，竟去实行那事，你道奇而不奇？有日先生吃小茄子，道："这个时新货颇早。"一小学生不解事，报道："他们偷来的。"先生恐怕学生们难以为情，骂道："休乱讲！"且颂笙案兄，谈起他们当学生时代，盗南瓜菜，人家来捕贼，反被他们殴打，按纳田中。总总［种种］妄诞，笔不胜书。

在詹鸣铎笔下，红白细嫩七长八短的学堂幼童顽劣斯闹沸反盈天，种种情事点缀渲染，而世态人情则隐耀其间……

有关私塾的类似记录还有相当不少。另外，此前有关清代科举制度的研究，以一些亲身经历过科举考试的耆宿，如商衍鎏、齐如山等人撰写的《清代科举考试述录》《中国的科名》等最具权威。詹鸣铎先后"到郡七次，皖试四科"，历经科场磨炼，直至二十三岁才考中秀才。作为阅历中人，他对于科举制度下徽州的士习民风，八股取士中的奔竞钻营、怀挟文字、关节枪替，以及应试者的心曲隐微，等等，都有入木三分的刻画，这必将成为今后科举制度研究方面的重要史料。如写科场中的夹带等弊端，"按院试提覆，功令不准带书。此时我欲带书，有人劝我勿带；我欲不带书，又有人劝我带。我不能决。弟谓我四书版大，不便携带，劝另买版小者带之。清华胡任亦劝道：你这个时候，还惜铜钱么？当下我付钱，委弟代买。……次早十九，系书于腰，至院门首，纷纷聚议，言里面搜检甚严，恐盖怀挟，不如卸书勿带，苦怜我又将书卸下，交付廪保。"①夹带四书，是科举考试中的痼疾，此类袖珍版的四书五经，直到现在在皖南仍能时常发现。又如，清人吴敬梓的《儒林外史》，曾提及安庆府考时一位童生，"推着出恭，走到察院土墙眼前，把土墙挖个洞，伸手要到外头去接文章"。想来，挖洞作弊的情形，在清代的各级科考中均颇为普遍。在徽州，婺源县试中也经常有人钻穴窬墙："其时坐两廊的，大半打墙洞，外面有人捉刀，传送进来……且邑试打墙洞，相沿旧俗，习为故常。那墙壁亦不坚固，一挖即破。许焰奎曾与我闲步，至该处，以手挖与我看，果然是真的……是年李公延庆，考试甚严，外有护勇团守，内有二爷巡查，禁止若辈传书送简。湘伯长子孟符哥，也去打墙洞，护勇阻止不听，反与动武，被护勇将他一把擒起，紧紧贴于墙，受辱已甚。"②"湘伯"也就是民国《重修婺源县志》总纂江峰青，这里说他的长子江孟符，就因打墙洞露馅而被考场护勇当庭羞辱。詹鸣铎先后七次到徽州府的首县——歙县参加府试，"徽郡风俗，凡考客入城，人家子女，都寄居亲戚，其房屋则租与考客暂居，街上多摆摊生意，各种投机事业，纷至沓来"③。可见，每届府试，城里人都要将房间腾出，供考生暂住，各色人等也鳞集麇至，做起考生的生意。有的人参加科举考试并不真正为了考中，而只是为了收租。《我之小史》第4回《回家来频年肄业，受室后屡次求名》中就写道："他们三人，一为郑理丰之弟，一为程敬斋。这两个据云未尝学问，他们城中祖祠的老例，能应府试，即有租收，故专到此陪考。"也就是说，有的徽州家族，为了鼓励子弟科考，祠堂内规定，凡是能应府试者，即可收租。所以有的人只是来歙县摆摆架势，看重的是经济利益，而不是科举上的成功。

詹鸣铎二十三岁考中生员，《我之小史》详细描摹了其时的整个过程，

---

① 《我之小史》第8回《做新爹甲辰得子，游泮水人已成名》。
② 《我之小史》第5回《从业师再投邑试，事祖母重到杭州》。
③ 《我之小史》第4回《回家来频年肄业，受室后屡次求名》。

如写发榜时举子的心态，刻画得细致入微：

> ……约二刻，又闻远为房内呼道："炮响了，出正案了。"那个时候，确是生死关头，焉得而不急？于是我乃速携雨伞逃去。至府门前，一面生的人向我道："有的有的！"现在想起，此人心意一来为人兆意，二来劝人宽心，此人确是好人！当下我追到榜底，此时大雨纷纷，观者如堵。立后边的人，说前边的雨伞遮目，竟把撕破。看榜的人，竟无一不心慌，无一不着急。我那个时候，大有仰之弥高、钻之弥坚之象。只听得我先生在人丛中告诉他人道："我学生已进府学第一了。"我大喜。又闻先生道："系休宁的。"我大惊，忽上前看，我仍未见。闻二弟大呼："还好，还好，还有，还高。"急问何处，弟以雨伞指教，我遂见，约在十几名。审视明白，于人丛中退出，遇虹关汝华问及，答道："榜上还有，人已苦死。"汝华道："自今恭喜，夫复何苦！"遇清华胡任问之，我答道："吾适见约在十几名，请复代细看。"任乃登高而望之，下来向我道："第十五。"我此时如醉如痴，口中暗暗称："挂匾挂匾，散卷散卷。"盖我祖母有节孝匾，父亲要候入泮，代为悬挂，乃不得意，以此属望我。我平日勉承父志，盼望已久。且看见他人所刊试草，有名有字，有父兄朋友的批评，私慕殊切，未知何日邯郸学步，如愿以偿，今日如此，实获我心，故二语之出，殆流露于不自觉。……当下我连忙写信回家报捷，我坐几畔，犹然寒噤，执笔不成一字，乃托先生代柬。至饭后，神清心定，闲步宕到儒学处，见新进文童名字，已抄贴于墙，前十名拨府，后三十七名为县学，故我在第十五名者，为县学第五名……①

看榜时的意乱情迷，乍知高中之际的如痴如醉，稍后按捺不住的兴奋激动，以及此后的慢腾斯礼志得意满……科场考试之于一介书生的性命交

---

① 《我之小史》第8回《做新爹甲辰得子，游泮水人已成名》。

关，极其写照传神。从中可见，徽商的"贾而好儒"，与贞节旌表之间有着密切的联系①。科举成功，不仅是个人的成名，而且还与家庭乃至宗族的声誉息息相关。

《我之小史》还描写了科举考试时的一些见闻，相当典型生动。对于许多读书人来说，光绪三十二年（1906年）无疑是天塌地陷的大限之年。自当年起，朝廷废除了科举考试中最主要的乡试和会试。对此，詹鸣铎作有《恨赋》，抒发了自己的满腹牢骚：

> 意咏霓裳会众仙，何期世变忽颠连。
>
> 一封天诏从空下，万里云程付渺然。
>
> 从此合投班远笔，何须更有祖生鞭。
>
> 荣妻荫子封泉壤，期许都休负盛年。
>
> 他生未卜此生休，云路蓬山一笔钩。
>
> 有酒不能浇块垒，著书何事到穷愁。
>
> 文坛飞将谁称健，瀛海穷波莫泛舟。
>
> 惆怅下帷功枉费，自今都付水东流。
>
> 向言有志许能成，遮莫偏教负半生。
>
> 铁砚磨穿都是梦，青萍出匣竟徒鸣。
>
> 事原大错凭谁铸，酒不消愁空独倾。
>
> 自怨自悲还自解，江东罗隐未求名。
>
> 恩仇稠叠上心来，坑得儒生壮志灰。
>
> 何用毫端通造化，空从纸上起风雷。
>
> 文章有梦吞丹篆，际会无缘夺斗魁。

---

① 美国哈佛燕京图书馆收藏的佚名《吴山杂著》抄本（不分卷，善本书）第二册《纪高节妇》："新安高子玉堂，自十余龄入都业贾，能干事，多识一时士大夫。余见其作字甚工，奖励之。玉堂旋以其文质为别，白其是非，而其学益进。因为余曰：'吾此时犹应童试者，欲博一衿，为吾母请旌耳。'今年秋间，其郡试第四，院试亦以第四名入泮，覆试列第三，九月初旬来京告余曰：八月内已蒙学宪给吾母匾额，曰冰霜心清，邑人欲于州牧送学之日，为吾母悬匾以贺，乞君为文以传之……"文中的高玉堂，亦在入泮后为母请旌挂匾。

料得黄杨非阨我，普天同负锦标才。[1]

在这里，詹鸣铎将停科举事比作秦始皇的焚书坑儒。直到民国十五年（1926年），他还作有《赋得霜叶红于二月花（得霜字五言六韵）》等拟试帖诗二十二首。在这些试帖诗之前，詹鸣铎写道："八股试帖置之高阁久矣，日者偶阅试草，见八股试帖，怅触于怀，不禁旧技复痒，爰就试帖，各题得二十二首，白头宫女闲说元宗，姑录于此，亦以见书生结习，未完云尔。"[2]显然，詹鸣铎一类的旧式文人对于科举制仍情有独钟。

清末，为了满足大批旧学生员对功名的渴求，仍然举行了优贡和拔贡的考试。优贡源于明代的选贡，清制每隔三五年，根据省份大小，由学政考选生员进入国子监就读，优贡经廷试后可按知县、教职分别任用。至于拔贡，则原本是每六年或十二年一次，由各省学政考选品学兼优的生员保送入监。这些人经朝考合格，也同样可以择优分等授予京官、知县或教职等。宣统元年（1909年）的最后一次优贡、拔贡，不啻为千余年科举制度的临去秋波，成了那些皓首穷经者青云得路的最后一根救命稻草。在这种背景下，应试者自然是趋之若鹜。詹鸣铎也不例外，在安庆考拔贡交卷后，他看到一位来自宿松县的老人，竟然与儿孙三代同考，"有人问他：'你们儿子、孙子帮你的忙么？'他说：'他们还没有做好。'那人道：'那么你老人家帮他的忙？'答道：'我也不帮。'"詹鸣铎认为这个老人家的态度颇为有趣，但其人以耄耋之年仍来考贡，应是"名心不死"的缘故。接着，詹氏触类旁及，又讲起婺源一姓施的科场经历——那位偃蹇不第、久困场屋的老生宿儒已年逾花甲，但仍一而再再而三地参加童子试。有一年考试，坐在詹鸣铎背后，"一面写字，一面瞌睡，不防一笔走去，致把那卷涂坏，乃自怨自艾，谓：'人到下午来，全无精神了！'"科举制度彻底废除后，大批读书人涌向新式学堂。当时，人们视体育运动为文明新风，各地学堂普遍兴办运动会，"广辟体操场，人比虾蟆跳足走，群如狮

---

① 詹鸣铎：《振先杂稿》卷1。
② 詹鸣铎：《振先杂稿》卷6。

子抢球忙"①，于是，这位命蹇运乖的老人亦随大流进入师范传习所，发白齿落的他，竟也与年轻人一起时髦地习练起武术和体操，"别人跳，他也跳，以致跌坏了脚"，成了时人言谈中的笑柄。詹鸣铎历经科场磨炼，屡战屡败，屡败屡战，他对于科举考试的记录，成了研究清代科举制度的重要史料。

第四，《我之小史》透露的信息显示，传统时代妇女的社会生活远较以往学界所了解的那样更为活跃。

在詹鸣铎笔下，不少妇女的形象颇为生动，从中可见，妇女在日常的经济活动和社会生活中均有着重要的影响。在徽州民间，"雀角何须强斗争，是非曲直有乡评，不投保长投文会，省却官差免下城"②，作为调解民事纠纷的基层组织，文会扮演着重要的角色。而妇女充当的文会和乡约——"女乡约"，这在以往似未见诸文献记载。乡间女人的开塾教徒，青年女子之刺杀仇人，等等，亦为此前闻见所未及。关于妇女在文会中的作用，《我之小史》第2回《娶养媳过门成小耦，医秃头附伴赴沱川》载：

> 时下村馨秀婆也教读，在他［她］家客坐内安砚，穷苦的人，多往就学。有某生赖学，捉去笞臀，我辈曾往观之。其客坐颇为狭隘，现在他［她］的令孙，另辟一门，改为店面，取招牌为"复昌祥"，即是当年馨秀婆教读之处。馨秀婆性慈善，能知大体，村内文会排难解纷，他［她］也在内，与武王乱臣十人中有邑姜仿佛相似。在下后来忝附绅衿时，他［她］仍在。尝闻其劝锦屏不要结讼，讼则终凶。又云我与你们不偏之谓中云云，温文尔雅，书味盎然，在女界中狠是难得。

---

① 惺庵居士：《望江南百调》，载《扬州丛刻》，《中国方志丛书》华中地方第3号，成文出版社，1970年版。

② 方西畴：《新安竹枝词》，转引自张海鹏、王廷元主编：《明清徽商资料选编》，黄山书社，1985年版，第21页。

馨秀婆不仅开馆授徒，而且还在村内文会中，为族人排难解纷——这是妇女在文会中担纲要职的例子。此外，还有"女乡约"：

> 好笑女乡约逢人屈膝，急神失智，莫可名言。凤山投词，他[她]不敢收。送到我家来，不知文会先生尊前施行，我家早已投到。此乃乡约之词，交我则甚？后来此事平定，他这个词礼，却也晓得来索去买东西吃，这可算卑鄙已极了！①

乡约是明清时代在基层社会中奉命办事的一种差役，在通常情况下，这往往由男性充当。可能是由于轮流承充的原因，家中没有男性或男性外出者，则由女性充任，此处的女乡约即是一个例子。这些，都促使我们对以往所认为的程朱理学束缚下妇女在徽州社会中的角色，提供了一个重新思考的机会。

另外，根据清史专家郭松义的研究，送养、领养童养媳虽然绝大多数发生在贫苦家庭，但童养媳婚姻并不局限于底层百姓。在中等乃至少数上等官宦人家，也有一些人送养或领养童养媳。其成因除了某些低层士绅的家境贫寒外，总的说来，以其他缘由（如远出做官、学习管理家政、丧母缺人照管以及逃避战乱等）为主。而婚嫁费用的不断上扬，也是促使童养媳婚姻流行的一个不可忽视的原因②。而《我之小史》中频繁出现的婺源一带"小嫁""小过门"和"小娶"的例子，显然也有助于我们更好地了解民间童养媳的成因。《我之小史》中出现的几条童媳之资料：

> 茶匙为多女小姨之童媳，夫名祥开。③
> 本年八月，祖母为我娶查氏，小过门。查氏小字好弟，时九岁，

---

① 《我之小史》第13回《办自治公禀立区，为人命分头到县》。
② 郭松义：《伦理与生活——清代的婚姻关系》，商务印书馆，2000年版，第251—274页。
③ 《我之小史》第1回《幼稚事拉杂书来，学堂中情形纪略》。

为岭上查显昭（名绳武，国学生）之次女。显昭隐居乡里，半耕半读，父亲与之交好，早有联婚之约。①前此我家二弟媳，也是小嫁，入门之日，祖父散给新人果子，此景如在目前。②

如今再说当时我已十七岁，未婚妻亦已长成。祖母函致杭州，嘱父亲回家，为我合卺。③

按内子查氏，与二弟媳江氏，均幼时小嫁。江四岁入门，查九岁入门，唯查出自寒微，待之少贱。大氾先生课我们读书时，曾令江与同读，而查不与焉。后江未能卒读，仍然目不识丁；查则劳其筋骨，空乏其身，乡里所称为"抱瓮灌园"及"井臼亲持"的女德，他［她］却完全都有。提汲一事，初给挑力于社德伯公，谓之"包水缸"。及查氏来，胥于他［她］是赖。后江辛丑回家，甲辰缔好，入厨作羹之下。理家政的，复包水缸于剃头森林，此是后话不表。且说查氏于归我家，至此九年，我祖母掌理家政，克勤克俭，谁人不知，凡小儿媳妇应做之事，他［她］都做过。④

月英为我的女儿，去岁内子叶孕，今年七月生，出嫁沱口。⑤

月英女儿，小嫁沱口，旬日之后，我亦曾去探望之。⑥

善儿今年已十九，四方衣食劳奔走。求凰未就感朝飞，延误至今迟又久。环观同学少年中，桃夭咸咏酣春风。从弟后先都小娶，一门好事乐融融。⑦

詹氏为婺源木商巨子，詹鸣铎和他弟弟以及家族中的许多人都是收养

---

① 《我之小史》第2回《娶养媳过门成小耦，医秃头附伴赴沱川》。
② 《我之小史》第2回《娶养媳过门成小耦，医秃头附伴赴沱川》。
③ 《我之小史》第4回《回家来频年肄业，受室后屡次求名》。
④ 《我之小史》第4回《回家来频年肄业，受室后屡次求名》。
⑤ 《我之小史》第9回《迎新学五门道贺，探双亲七夕到杭》。
⑥ 《我之小史》第12回《闻弟耗命驾来杭，奉亲命买舟归里》。
⑦ 詹鸣铎《振先杂稿》卷4《善儿花烛志喜感赋一章》，另见《我之小史》续第4回《发哀启为祖母治丧，挂归帆代善儿婚娶》。

童养媳为妻，不仅如此，他还将自己刚出世的亲生女儿送去充当童养媳，这些例子都说明，送养及收养童养媳，已积淀而为徽州当地的一种民俗，应是以"俭啬"著称的徽州人对于生活的一种"理性反应"，它与男人外出经商、女人提供家内主要劳力的徽州社会生活密切相关，而与嫁娶双方的经济地位并无直接的关系①。

第五，《我之小史》为人们展示了十九、二十世纪之交江南城镇社会生活的诸多侧面，对于晚清民国上海社会文化的研究亦颇有助益。

除了婺源庐坑外，作者四处游历，到过杭州、石门、安庆、景德镇、上海和苏州等地，每到一处，观赏戏剧，流连花丛，并将自己的所见所闻、所思所想，一一真实地记录下来。如第14回《赴景镇再及浔阳，由长江直抵安庆》，对景德镇徽商与江西乐平、都昌的人文风俗差异，描摹得惟妙惟肖：

> ……按景镇地方，街路不甚宽广，亦不甚洁净，市面惟十八桥热闹。时当七月，街上往来的人，大都短褂，穿长衫的不多，故时人称为"草鞋码头"。且景镇为千猪万米之地，乐平、都昌两处人多萃于此。该两处人一味野蛮，不讲道理，与他交接，稍一不慎，则起悖逆争斗之风潮。而都昌口音，尤为恶劣，其骂起人来，动称"婊子崽个"，又"凿得尔哆娘个"为普通之常谈，恬不为怪。愚按江西文风最盛，欧阳修、文天祥均江西人，至国朝且有"状元多吉水"之说，何见得野蛮如此！不知他文风虽盛，而尚武精神，则习俗相沿，由来已久。故人家生子，恭喜你发一把刀，长大成人，自然好勇斗狠，杨叶马兆，迭年构怨，相见戎衣，此事看官们大约总晓得。据景镇做生

---

① 由于溺女现象的广泛存在，明清时期婺源境内各宗族纷纷通过捐赏救助，倡立保婴会、育婴会、育婴社等途径，对溺女之家加以救助，以遏制溺女行为。有的宗族之间，还通过"数姓互养为媳"的办法遏制溺女行为，以联姻的方式促使溺女问题得到一定程度的缓解。（关于这一点，详见陈瑞：《明清时期徽州宗族内部的社会控制》，南京大学历史系博士学位论文，2006年6月，第269—272页）这种"数姓互养为媳"的方式，可能也是促使童养媳之风盛行的一种原因。

意的人谈起，他们江西人两造格斗，断定杀人不须偿命，只自相点计，决胜雌雄，故锚子一刺倒，提短刀的走去，立把人头割下，官府也不须干预。如官府要来弹压，教你站在一傍，代为监督，今天一役，他杀我方九人，我杀他们七人，收付两抵，仍该人头二颗，准明天再行结账。官府如要多话，连你一齐杀，这叫做"憨不畏法"。客人作壁上观，照例须穿长衫，与你无涉，否则恐有误伤莫怪。地方蛮横，一至于此！但他们的人，性子却都爽直的，从不晓得诈伪。有都昌人到景镇，闻近处有都昌人与乐平人格斗，忙将东西寄存店中，他即赶去帮助，此足见他们的仗义任侠。若别省人，则未免放习，未必能如此。他看见你们徽州人要穿长衫，拘文牵礼，最不欢喜。如落雨时候，街道泥泞，你穿长衫，他走到有漩涡处，故意大步践踏，将你浑身溅得污糟。你们灰〔徽〕州会馆，每年开祭，雍容雅步，升降拜跪，他们看见，说你们佯死相，他们生性是这个脾气。路亭中见他有茶，你叫他给你吃些，他答应道："尔吃吓！""吃"字音"隙"，其音甚高，不知者以为他负气，其实他这个还算温和。但他们总晓得蛮横，脑袋里则不大清爽，到南货店买货，要让头除尾。南货店家的账单，打起洋码，或讲两，或讲斤，或讲洋，五花八门，看不清悉，名为让头除尾，实则多算些去，他反不知。他们妇人女子，不大做事，连倒马桶都是男人服务的。做丈夫的，娶得一标致妻子，衣以华服，载以二凉小车，自行推上街去，出出风头。如两边店家喝采，说这娘子排场，他即振刷精神，愈加起劲，否则无精打采的退缩逡巡，且前且却了。你们如到他家去，他们必以妻子的水烟袋取出敬客，内贮皮丝，且洗得非常之洁净，他自己却用钝拐，吃粗烟。故景镇南货店家，有女客来买红枣等礼物，必到账房之内，取出老板自用的水烟袋，特别敬之，也是皮丝，也洁净。他们男子个个硬汉，他的二凉小车，放在大路之上，贮有东西，你去将他打翻，你这个手马上就要断。他这个蛮横，系人人如此的，自古及今，寖成风俗，人亦司空见惯，不以为奇。且景镇地方出磁器，烧坏的坏料，人家砌作短垣，殆为废物利用。肩碗坯的，每板二三十，沿街走过，脚步轻快，望之一色，颇觉好看。有瓢羹一排，放在肩上，其色尤白，其板尤长。他走路的姿势，顺其自然，人要让他，他不让人，你若替他撞翻，犯罪不小，必代为拾起，亲送到窑中说好话，恕你无罪。若就赔价，则金坯银碗，你讲不清。听说先前故意横行，与人相撞，藉端滋事。你若撞了他一个，他全板抛向地下，与你为难。你若跑入衙堂，逃去不见，他也罢了。如今这个风气好些。至二凉小车一项，景镇最多，自理村以来，络绎于道，其声辚辚，有装货的，有坐人的，每有妇女小孩同坐一车，最为适意。尝见一年少娘子，身穿署凉绸衣裤，面孔亦黑中带俏，明眸善睐，一寸横波，招摇过市之时，笑容可掬。这个车子，下只只轮，颠之倒之，我们坐不惯……

江阴人金武祥所撰《金溎生日记》同治四年十二月初八（1866年1月24日）条载："景镇之产磁器计八十余窑，每窑须五百余人。街道绵亘十余里，为天下四大镇之一。凡开张店铺者，徽州人居多，为徽帮；窑内工作者，都昌人居多，为都帮；此外则为杂帮。"[1]此种人群及职业构成，及至民国时期仍未改观。据1937年《江西统计月报》记载，旧时景德镇的十里长街，鳞次栉比的店铺有1221家，其中，70%以上是徽州人开设的；而在商店中从事劳动的店员和工人，徽州人还要大于这个比例。清末民初以后，旅景的徽州人以黟县人为中心。除了徽帮外，还有的就是都昌帮和杂帮（除徽、都两帮外，其他统称杂帮）[2]。他们与徽商多次发生冲突，如《我之小史》续编卷2第5回《为谋事留杭暂搁，过新年到处闲游》中，提及江西人"打了灰［徽］州会馆，六县公呈，蒙省派委员董公查办。董安徽人，断令修理会馆，做戏请酒，凶犯荷枷台前示众。彼时五县人都已认可，惟黟县人不遵，谓打了朱子牌、万岁牌，何等重大，必杀两颗人头悬挂石狮方可。后来缠讼，多延时日，反至蹉跎"。该回还提到段莘人"汪

---

① 此条资料承叶舟博士提示,特此致谢。

② 参见程振武:《景德镇徽帮》,载《景德镇文史资料》第9辑,1993年版。

伯海义救詹兆林"一事，说的是以拳勇著名的景德镇南货店詹兆林（林叔公），前往江西会馆万寿宫看戏，与江西人发生冲突，"两下举手斗殴，江西人纷纷扰扰，都来帮打，棍棒交下，板凳继起，砖头瓦石，抛掷不绝。一时喊叫声，辱骂声，妇孺号哭声，闹成一片，戏场大乱，台上停锣。林叔公夺得一棍，左冲右突，被江西人困在垓心。时汪伯海在门外，听得人人喧嚷：打灰〔徽〕州老！打灰〔徽〕州老！……急忙赶进一看，见大家攻打林叔公，这还了得？当下夺得一棍，即与林叔公以背贴背，各舞其棍，八面威风。无论棍棒板凳，砖头瓦石，一触其棍，即成反击，打得落花流水，东倒西歪。二人徐打徐出，到了大门之外，疾驰而去。江西人众大败，是役也，伤者百数十人，重伤者七八十人，因伤致死者六人"。晚清民国时期，类似的冲突在景德镇等地屡见不鲜。

婺源在民国以后曾两度被并入江西，在省并的往复中，曾引发不少的纠纷①，其中，婺源与江西各地人文风气的极大差异，是引发纠纷的重要原因之一。而上述这些对冲突的记载，对于理解婺源划赣纠纷的起因，提供了具体而微的背景资料。

詹鸣铎曾多次游历上海，对于十里洋场更是称羡不已。《我之小史》第15、16两回，对于上海的法政讲习所、徽宁会馆及沪上的休闲娱乐（影戏、摊簧、饮食、浴室、花园、东洋戏法、文明游戏园、出品会和运动会等）以及其他的城市风俗文化，均有极为详尽的铺叙，从中可以反映出詹鸣铎这个末代秀才旧眼光中的新事物，对于上海社会生活史的研究，无疑将提供诸多新的史料。如他初次到上海时所见：

> 按上海为中外通商的地方，穷奢极侈，凡出门的，回家都道上海非凡之好，我平日久欲一为游玩，今日来到，如愿以偿。船及黄浦江头，见各种洋轮，各国兵轮，色色形形，触目皆是。傍岸之后，遥望马路之上，车马辐辏，齐石其以森慎昌茶栈有相熟的，准往暂搁。我

---

① 参见台湾学者唐立宗：《省区改划与省籍情结——1934年至1945年婺源改隶事件的个案分析》，载胡春惠、薛元化主编：《中国知识分子与近代社会变迁》，2004年9月。

立定主意，与他仝去，唤人力车直投北京路清远里来。一路之上，望见周道如砥，其直如矢，一时电车、马车、脚踏车、人力车分道扬镳，纵横驰骤，极为兴会淋漓。而外国人汽车一声放汽，其行如飞，尤为异常轻快。洋泾浜一带，高大洋房有三层楼及五层楼，大都飞阁流丹，下临无地，真可谓居天下广居。

当日以我的经历，觉得电光影戏，以幻仙为最（在大马路跑马厅），美仙次之（在四马路）。戏台以新舞台为最（在十六铺），群仙次之（在四马路），以下则同春亦颇可看（在宝善街），及后文明大舞台，则驾新舞台而上之。至饮食则广东消夜，不但较番菜便宜，且较诸徽馆、苏馆、南京馆、宁波馆尤为公道。雅叙园为徽馆，小帐太大。茶馆以奇芳（在四马路）、文明雅集（在三马路）为上流社会集谈之所，而青莲阁、升平楼（在四马路）则不屑到。书场以小广寒为最，琴仙次之（均在四马路）。浴堂以耀龙池（在大马路）为最，沧浪亭（在大马路街中）、华清池（在三马路）次之。烟馆以信昌祥为最（在四马路），易安居次之（在大马路后，十月初九与西人叶议禁止），由是而之焉。凡愚园、张园（在静安寺路）以及城内城隍庙、城外外国花园，亦皆亲历其境。此外则东洋戏法（即大郎仙戏，在四马路）、文明游戏园（在四马路）以及弹子房打弹、跑马厅跑马，虽皆可观，而尤足以纪念者，则莫如出品会与运动会。[①]

在这里，詹鸣铎饶有兴味地状摹了他涉足上海滩的所见所闻。此外，他对浙江石门、练市一带的风俗，也多有描述。

第六，《我之小史》反映了晚清民国时期一些著名文化人鲜为人知的事迹，特别有助于我们认识乡绅阶层在社会转型期的角色和作用。

《我之小史》提及晚清民国时期徽州的一些著名文化人，如光绪《婺源县乡土志》的编者董钟琪、佛学家婺源江湾人江谦（易园）、《歙事闲

---

① 《我之小史》第15回《考拔贡文战败北，投法政海上逍遥》。

谭》的作者许承尧以及民国《重修婺源县志》的总纂江峰青。特别是对江峰青,书中着力的笔墨颇多。江峰青字湘岚,号襄楠,婺源鳌溪人。光绪十二年(1886年)进士,由浙江嘉善知县,累官至江西道员。光绪二十八年(1902年)大学士孙家鼐奏保经济特科第一,侍郎李昭炜亦专折奏保,光绪二十九年(1903)召试钦取优等十七名。宣统元年(1909年)礼部尚书葛宝华专折奏保峰青"硕学通儒",任江西省审判厅丞,后奉母还山,公举省议员①。江峰青是清末民国时期婺源著名的士绅,其侄女则为詹鸣铎的弟媳,故江氏与庐坑詹氏实为姻娅之戚。而詹蕃桢(詹鸣铎之父)又曾入江峰青娥江厘局、嘉善县署为幕,他与江峰青两人还在浙江石门、杭州江干等地合开木号,在嘉兴府开设江一经堂墨店②,集官僚、徽商于一身。在这种背景下,《我之小史》对于研究江峰青的官宦生涯及日常生活,提供了诸多翔实且不为人知的重要史料。

以辛亥革命前后的社会变动为例,武昌首义,摇撼着残阳西颓余光下的满清江山,其时,詹鸣铎年届而立,亲历了世运递嬗的鼎革之变:

> 那个时候,各省陆续失守,皆是内讧,非由外患。各省督抚,大都被拘,惟山西某全家殉节,不可多得。至于各府州县,闻风而倒,不费丝毫的力。有的直入公署,居然冒充,或奉驴都督命令,或奉马都督命令,着速交印。官府索看公事,他就袋中摸出一炸弹,向他道:"你们要看公事,就是这个!"官府无法,只得将印交出。据说有些炸弹不是真的,系用泥丸敷以油漆,此种赝货确有点子滑稽,那个时候不怒而威,取州县官实如反掌耳。

其时,各地官府如风中之烛,朝暮难保。据詹鸣铎说,他家开在杭州的生记木行中有位伙计,失业之后也乘乱到一个地方,"查了一二天的县

---

① 民国《重修婺源县志》卷15《选举一·科第》,第313页;卷18《选举九·议士》"江峰青"条,第362页。

② 《我之小史》第3回《到石门旋及嘉善,返故里先过杭州》。

印子"。在他看来，此类荒唐情事，与三国时期张飞占古城乱世颇相仿佛。

辛亥革命发生后，詹鸣铎的家乡——婺源也宣告独立。前清县令魏正鸿身处其境，恍若地坼山崩中独守残庵，一灯如豆，四壁虫吟，这让他倍感恐惧，极想逃之夭夭。不过，一些威权赫奕的婺源乡绅出于地方利益为之撑腰，竭力维持政局，以确保地域社会的平稳过渡。当然，觊觎政权者仍然不乏其人。一日，有位余某走入公署，冒充革命党，逼迫魏氏交出官印。风声鹤唳之下，魏正鸿只得留他在署从长计议。翌日，毕恭毕敬地将其送入婺源县的紫阳书院，并延请城里众绅共同集议。其间，诚请余某登台演讲，结果却上演了一场闹剧：

> 他立上讲台，呐呐然如不能出诸其口。
>
> 湘伯大怒道："我江西来，甚么革命公事都看见过，从未见这种混帐的革命，好替我滚出去，还算你乖！"
>
> 那姓余的即时滚出，滚到得胜馆来，垂头丧气。时我家锦屏叔公，与人结讼，正住在得胜馆，看见这个姓余的，乃向他道："我看你委实不像革命党，你这件长衫是鱼肚白的，却穿得半白半黑了，革命党讲究剪辫子的，你后边还有拖拖物，你这个革命，自己想想看像而不像？"那姓余的听见这话，恍然大悟，马上走到薙头店剪去三千烦恼丝，并破钞了二百余文，到中德西买了一顶洋帽子，高视阔步的口称上省领兵去，他暗中却走回家。时家中剪辫之风尚未盛行，他的娘亲、妻子看见他弄得这个样子，对他大哭……[①]

文中处变不惊的"湘伯"，也就是江峰青（湘岚），系詹鸣铎的姻娅之戚，其人曾任江西审判厅丞，根据清朝的体制，身为法官的江氏并没有守土之责，所以辛亥革命时期，他"奉母还山，公举省议员及各公团长"[②]，成为婺源当地极具实力的人物，是"官于朝，绅于乡"的典型，此时则成

---

① 《我之小史》第18回《接杭电匍匐奔丧，办民团守望相助》。
② 民国《重修婺源县志》卷15《选举一·科第》，第313页。

了维持婺源地方政局于不坠的中流砥柱。

这段刻画与鲁迅《风波》及《阿Q正传》中的描写颇相类似。对于辛亥革命，一般民众往往是以《三国演义》中学到的知识来加以评判。鲁迅小说《风波》中，茂源酒店的主人赵七爷——那位方圆三十里以内唯一出色人物兼学问家，辛亥革命以后，便把辫子盘在顶上，"像道士一般，常常叹息说：倘若赵子龙在世，天下便不会乱到这地步了"①，"张大帅就是燕人张翼德的后代，他一支丈八蛇矛，就有万夫不当之勇，谁能抵挡他？"②无独有偶，《我之小史》也把辛亥革命时期的政权更迭看成是张飞踞古城乱世。

当时剪辫之风尚未盛行，剪辫是革除陋俗、维护共和的象征，《阿Q正传》中假洋鬼子进了洋学堂，到东洋半年之后回到家里，"腿也直了，辫子也不见了，他的母亲大哭了十几场，他的老婆跳了三回井"③。此种情形，与这里的余某情况亦相类似。有没有剪辫，也就成了是否革命党的标志之一。

与江峰青在县城主持婺源大局相似，鼎革之际，詹鸣铎在庐坑乡间亦颇为活跃。他曾撰《自治局筹办民团启》：

> 方今民国起义，光复神洲［州］，凡属同胞，无不欢迎新派，但恐各地土匪，乘间窃发，未免扰害治安，不得不筹办民团，用资保护。本局奉临时机关部文，（时湖北起义，我省独立，县今改为临时机关部），业经布告，事关公益，独力难支，惟愿热心之士，毁家纾难，众志成城，则利益均沾，匪但一家之幸福也已，谨启。

此外，他还作有《自治局公办民团榜文》，拟定了相关的章程④。

---

① 《鲁迅全集》第1卷，人民文学出版社，1981年版，第470页。
② 《鲁迅全集》第1卷，人民文学出版社，1981年版，第473页。
③ 《鲁迅全集》第1卷，人民文学出版社，1981年版，第496页。
④ 詹鸣铎：《振先杂稿》卷4。

根据中国的传统，改朝换代之后的第一件事便是要改正朔、易服色，辛亥革命亦不例外。改正朔也就是改变历法，中华民国成立之后，下共和之令，改行阳历，不过，乡间狃于积习，仍循旧历过年，所谓阴阳合历，"你过你的年，我过我的年"。詹鸣铎甚至用女性的生理周期，形容二十四节气并非新式的阳历所能规范。

至于易服色，主要就是"祛除虏俗，以壮观瞻"的剪辫之举。当时，各省纷纷剪辫，有的剪成像和尚那样的光头，有的则是茶瓶盖的样子。革命军在路上碰到不愿剪辫之人，就用马刀强行剪发，为此甚至有误伤人命者。有关当局见民智不开，就捉得一二有辫的"顽固乡愚"，打了板子，穿以红辫线，背贴"满奴"二字，罚其洒扫街道以示羞辱，一时间颇见成效，从此剪辫者日益增多。

当时，在杭州从商的二弟詹耀先，返乡时已剪去辫子，他告诉詹鸣铎剪辫为大势所趋。见过世面的后者听罢，很快就起来响应剪辫风潮。作为发起人，詹鸣铎在家乡庐坑组织了一个"文明剪辫大会"，以开风气。选定三月初二为会期，先撰《文明剪辫大会广告》文一道，张贴于墙。届时，到会者颇众：

> 是日鸣锣开道，鼓吹火爆，冠冕堂皇，用二人前执灯笼，我手捧果盒，善儿提爵杯，连仝一群人等上去，到绿树祠，大开中门，颇为热闹。当下我仝大众敬天地，拜祖宗，一律剪去辫子，我换戴大帽，蒙德风庆贺加冠，乃归而饮宴于立本堂，亦云乐矣。

绿树祠是婺东北各地詹氏的统宗祠，"善儿"为詹鸣铎的长子，而德风则是庐坑村中的詹氏族人。在这里，新时代的"文明剪辫"，与古老的宗族仪式被奇妙地结合在一起。

作为一名乡绅，詹鸣铎有着相当的号召力，他自称："在下一个书生，寒窗苦读，平日对于族内虚怀若谷，原未尝以乡绅自居。乃自乙巳至今（己酉）五载，村人每求行状，请题红，我亦屡为之。若夫乡邻有斗，约族众调和，我亦忝居其末。投词告理，亦每到我家来。"乙巳"亦即光绪三十一年（1905年），当时詹鸣铎考中秀才；"己酉"也就是宣统元年（1909年）。文中的"行状"亦称行述，是记叙死者世系、籍贯、生卒年月和品行事迹的文字；而"题红"也就是题主，徽州民间办丧事时请人将死者衔名、生卒时间及子女配偶等书写在牌位上，以便长期奉祭。木主正面的"主"字，通常暂且写成"王"字，以待日后举行点主仪式时补上一笔。在乡土社会，唯有那些德高望重的人物，才有资格为乡民撰写行状和题写神主——可见，自从詹鸣铎考中生员，便在乡间的公共事务中担负起重要的职责。而一旦社会发生变动，类似他这样的乡绅，也起着表率乡里的作用。以剪辫为例，《我之小史》第19回《悬横额别饶静趣，剪辫子鼓吹文明》说：

> ……我的为人平日规行矩步，不越范围，村内人最相信的。我若说辫子这东西不可剪，村内人就不剪了；我若说辫子这东西定要剪，村内人就都肯剪了。所以我发起这事，他就以为适逢其会，极端赞成，从此以来，果然风行一时，信从者众，村内大小老幼皆知辫之宜剪，……而且未曾到会的人，亦皆私自剪之，统计村内剪辫的可有什之七八，所有未剪的不过一二之老顽固及少数之野蛮人。

不过，詹鸣铎的剪辫完全是趋附时尚的率性之举，而对于剪辫的意义所在，他的理解似仍颇为懵懂："且说我当日剪了辫子之后，回到家中，蒙堂上祖母慈谕嘉贺，道以后青云直上，我乃大喜，愿此后头衔改换，出色当行，可以荣妻，可以荫子，可以封诰及泉壤，可以为宗族交游光宠，文章事业，彪炳当时，学问功名，表扬后世，不致如前此之三十岁虚掷韶光，空抛驹隙，庶不负生平之所期许焉。"可见，民国以后，年届而立的詹鸣铎虽然剪去了脑后的拖拖物，但他作为前清的生员，思想仍然没有多少变化，满脑子想的还是荣妻荫子的那一套。

在平常，乡绅对于地方官也能分庭抗礼。庐坑村内詹茂林开一小店，查姓某等有日为酒醉后，曾向该店滋闹，打得他落花流水。茂林挟有夙怨，即以"纠众拥门，抢洋抢货"投词。婺源县令魏正鸿到绿树祠，"此番之来，大忌茂林控一'抢'字。盖清时公事，抢案一出，四十日不办通，连官都要摘去顶戴"。要想他改作"闹店"之控告，以便将就惩办：

> 他向我们说："这'抢'字案情重大，如果是实，不分首从；如果是虚，办他反坐。何谓反坐？抢劫什么罪，办他什么罪，这叫做'反坐'。我不忍以人命为儿戏，故请列位斟酌斟酌。"
>
> 我见他的言语，益发不对，我亦以强硬对付，当时应道："回公祖的话，办抢劫办查某等，办反坐办詹茂林，于舍下何涉？任凭公断。但以治晚生鄙见，詹茂林想办通抢劫，固属烦难；查某等要办茂林反坐，亦不容易。"
>
> 魏公道："如此说来，他抢劫是实了？请做见证。"
>
> 信臣道："他前番抢谷，已具公禀。公祖又不代他办，如今做何见证呢？"
>
> 魏公大怒道："抢谷的事，我已照会余绅家鼎调处，仰余绅调处，便是代办，如何说不肯代办？这个话叫什么话？"说罢，那个头儿一摇，那时式船形的纬帽一动，口中道："这个混话！"
>
> 我见这个样子，谓官绅本对等地位，何堪其辱，大家立起辞出。他以手拦住我道："请你做个证实。"我乃大怒，拍胸道："可可，挈纸笔来，你就说我做证罢了。"

在清代，知县有公事下乡，陪县官起坐之人，除了绅士外，还有的就是生员。对于生员，除有大罪，革其生员科名后才可动刑，遇有小过应受责，知县也无可奈何，必须交教官责罚。因此，遇地方公事，生员往往可以不亢不卑地详陈己见[①]。正是因为这种身份，詹鸣铎对于县令亦敢当面

---

① 齐如山：《中国的科名》，见《古今图书集成》续编初稿续25典《选举典》，鼎文书局，1977年版，第1085页。

顶撞。

对于衙门中差役的敲诈勒索，詹鸣铎更是理直气壮地予以斥责。《我之小史》第13回《办自治公禀立区，为人命分头到县》载：

> 按原差八人持有公事，蟠踞约保家中，业经两天，人都不敢正眼觑他。我去开销，他想敲诈，被我大骂而去。我说："你们老爷见我尚然客气，何况你们？居然高卧，成何样子？好不混账，给我滚蛋！"他乃自知欠礼，连忙立起来，喏喏连声。我又骂道："你仗你有公事么，现下我已调处，吊你回销你这公事，揩屁股得罪了圣贤，有何用处？知趣的好给我滚！"盖邑中差警最滑头，看人讲话，每称到细乡村，我这个手便伸长些。你若叫他"差先生"，他就在你家上坐起来；你若摆起架子，他就弯腰儿道"是是是"。这是仆隶下人的贱骨头，一种天性。当下我一番大骂，他连收八饼金，登时走了……

而对于为非作歹的警察，乡绅亦敢迎头痛击。《我之小史》续第2回《往邑城带儿就学，赴杭省携眷闲游》说，因庐坑被人栽赃私种烟苗，于是县城警队入村，横行霸道。"村人以警队如此之横，走报江村湘老，湘老大怒，谓此乃强盗行为，如此为何不打？于是村人联络张姓，并约岭上人帮忙，一夜之间，大打警队，共计九名，均传之于昭大堂支祠，据言有一警队，身受七十二伤。次日再请湘伯来解决。邑内警队闻之大怒，荷枪吹号，欲全队来与决雌雄，曹公止之，派警察局长程君叔平，只带警察二名，来村查办。程君约胡绅仲文同来，胡绅亦带局警二名。比及到时，而湘老也约各村文社都到，湘老将警队大骂。警队回邑，湘老乃到山踏勘，并无烟苗，遂与程、胡二公及诸文社，拟一公呈，而此案至今虚悬不结"。作为著名的乡绅，江峰青以"暴力抗法"，但警队最后也只能忍气吞声。

凡此种种，都可以为我们研究乡绅在地方社会中的作用，提供一些生动的例证。

在传统中国，士乃四民之首、一方表率，"民之信官，不如信绅"——这是一般民众的社会心理，也是乡绅存在的广泛社会基础。尤其是在天高皇帝远的僻远山陬，对知识的垄断，赋予了乡绅以社会权威和文化典范的特殊身份。绅权，也就成了皇权（政权）的自然延伸和重要补充。江峰青以及詹鸣铎本人，都可以作为徽州乡绅阶层的代表，他们在晚清民国时期的表演，也就成了人们窥知传统向现代社会转型时期之乡绅心态、角色的典型例子。

第七，《我之小史》对于晚清民国时期文学与社会的研究，也有一定的参考价值。

作为从僻远乡陬步入繁华上海滩的"文学青年"，詹鸣铎颇有发表文章及成名的欲望，他有《灾民叹》《西湖公园游览会杂咏》等，发表于《灾讯日刊》。还多次撰稿投寄当时的《红杂志》，并有作品发表于该刊的32期和46期。《我之小史》第17回《从众劝因公往邑，小分炊仍旧训蒙》中，有"在下曾有诗咏时装女郎，载三十二期《红杂志》"①。《振先杂稿》中也记载：他四月二十三作有《千难万难一打》，于五月二十得见披露于46期《红杂志》，其内容为：

> 记昔台面上听如意说笑话，有"团团圆圆……千千万万……千难万难"，兹略去"团团圆圆"，单用"千千万万"、"千难万难"，拟出一打，投稿《红杂志》，看能披露否？
> 前清时代，读书应试，千千万万，要想状元，千难万难；
> 近年以来，争买彩票，千千万万，要想头奖，千难万难；
> 妇人女子，吃斋念佛，千千万万，要想登仙，千难万难；
> 长三堂子，报效和酒，千千万万，要想真情，千难万难；
> 贿买议员，到处运动，千千万万，要想当选，千难万难；
> 远东运动，各出风头，千千万万，要想优胜，千难万难；
> 各处土匪，掳人勒赎，千千万万，要想剿灭，千难万难；

---

① 詹鸣铎：《振先杂稿》卷6有《咏时装女郎四绝》，注曰："本年秋作，次年甲子春载三十二期《红杂志》。"

各省官府，争权夺利，千千万万，要想统一，千难万难；

兵即是匪，匪即是兵，千千万万，要想裁撤，千难万难；

不肖奸商，私贩日货，千千万万，要想抵制，千难万难；

寒酸措大，两袖清风，千千万万，要想致富，千难万难；

读《红杂志》，争相投稿，千千万万，要想披露，千难万难。

在上揭的游戏笔墨中，浮沉浊世的詹鸣铎随意生发，若嘲若讽，对于晚清民国纷纭乱象之揭露绘声摹色，可谓入木三分。"读《红杂志》，争相投稿，千千万万，要想披露，千难万难"，这说明詹鸣铎颇有创作及发表欲望，而《我之小史》一书的撰写，也从一个侧面反映了詹鸣铎激切入世的创作热忱。前文提及，《我之小史》与当时的流行小说之影响有关，"民国以来，上海小说盛行，尚武、言情诸作，学生尤喜阅读"，所谓"文人浪笔学虞初，武侠情魔载五车。诲盗诲淫干底事，有时权作教科书"，就是当日情形的真实写照①。关于这些小说对于商人的影响，笔者手头的《上海店员联合会成立大会特刊》上，有新吾的《小说与商人》（引者按：引文标点均一仍其旧，不作改动）：

我们——店员——在店里有空的时候，不是瞎谈天，乱批评人，就是出去作无益的消遣了；再不然，祇有拿钱去买淫秽的——自以为新的——小说来看；在一般没思想的人说起来，这是一种消遣罢了，没大关碍的；其实我们的脑筋为此而逐渐昏迷，我们的人格，为此而无形的堕落。

……近几年的小说就更糟了，除几部嫖经小说外，真正的小说是没有的。九尾龟，海上繁华梦两部要算出色极了；次之李涵秋老先生的"所谓社会小说"如广陵潮，战地莺花录，魅镜，……还有什么"礼拜六"，"红杂志"，"心声"……等书，时髦得再版二版……无书

---

① 顾柄权：《上海洋场竹枝词》，上海书店出版社，1996年版，第268页。

可应，甚至于要预定才能买书。

这些小说，真害人不浅呀！看完九尾龟，脑中就想去嫖妓；看完其余所谓名家著作，内容不是某某爱某某，就是姨太太，公子，少爷，姊妹，妹妹等的淫史，肉麻的描写出来；使我们天天胡思乱想，"做了公子，少爷，才配得讨好的女子；做有情人，才得要献媚于所爱慕的女子之前。"于是乎我们就弄得一点无正思，麻木不仁除了专门研究吊膀子为唯一的技能不算，甚至于实行不道德的事！也绝不觉得是不应该了。

……①

上述的这些言论，对于当时流行的小说及杂志，以及小说、杂志内容对社会风气（特别是对商人阶层）的影响，都作了翔实的描摹。《上海店员联合会成立大会特刊》发行于民国十三年（1924年）六月，与詹鸣铎撰写小说的年代（《我之小史》序于1927年）差不多。而且，其中提及的《红杂志》是鸳鸯蝴蝶派的刊物，也恰是詹鸣铎喜欢阅读②、并曾投稿发表的一本杂志。事实上，《我之小史》中的一些素材，可能也就取自《红杂志》中的一些记载③。

明了这些背景，我们或许就不难理解——多次声称"出门俱是看花人"的詹氏，对于自己的花丛游历竟会如此地极尽铺张夸饰之能事。《我之小史》第10回《买棹泛湖中选胜，辞亲往连市经商》：

① 民国十三年（1924年）六月，上海店员联合会编，第26—28页。

② 詹鸣铎《振先杂稿》卷6有《癸亥五月中之日记四页》，其中提及癸亥五月二十四日，"余过之江图书馆，买四十三期《红杂志》不得"。

③ 如从第33期开始，严独鹤在《红杂志》上发表"社会调查录"，其中有"沪上酒食肆之比较"，（《红杂志》第4册，第33期、34期、35期）对川菜馆、闽菜馆、京馆、苏馆、镇江馆、广东馆、回教馆、徽馆、南京馆和天津馆等作了概括性的剖析。如对徽馆的说明，即曰："沪上徽馆最多，皆以面点为主，而兼售酒菜，就目前各家比较之，以四马路之民乐园及画锦里之同庆园为稍胜，同庆园之鸡丝片儿汤，味颇佳。"

且看官们不要取笑，"女色"二字，没有不欢喜的，《大学》言诚意必例之于好好色，《孟子》言大孝必例之于慕少艾，但发情止礼，不可荡检逾闲。如在乡曲之间，正人心，厚风俗，即宜规行矩步，不越范围。且宗族之中，以人伦为重，风化攸关，万不可渎伦伤化。至家庭之内，宜肃家风，尤当防微杜渐。读书的人，宜如何圭璧束身，以端表率。否则江河日下，相习成风，人欲横于洪流，衣冠沦为禽兽，这叫做四维不张，国乃灭亡，是乌可以不讲？若夫秦楼楚馆，他是卖品，招牌高挂，或金红仙书寓，或花宝宝书寓。譬如茶馆，你渴了可以去止止渴；譬如饭店，你饿了可以去充充饥。这分明是做交易，仕商赐顾，请认明本号招牌，庶不致误。出门俱是看花人，这个事情，何足为奇？

由此看来，《我之小史》也为二十世纪鸳鸯蝴蝶派小说提供了一个新的文本，在小说史上亦具有一定的学术价值，据此，我们可以研究鸳鸯蝴蝶派对于商人阶层的深刻影响。

四、结语

徽州是传统中国研究中最具典型意义的区域之一，一向受到明清史学界的重视。近年来，"徽学"研究的内涵不断扩大，随着教育部第一批人文社会科学重点研究基地——"徽学研究中心"的建立，无论如何，这都表明"徽学"作为自成一体的专门之学受到了国内学界的认可。而就其本身的发展来看，"徽学"也从传统历史学领域中的明清社会经济史范畴，迈向对全方位的徽州历史文化的研究。但随之而来的一个问题是——如何深挖徽州研究的资源，以拓宽"徽学"研究的领域，便成了近年来学界关注的焦点。在这方面，笔者以为——不仅需要将徽州置于江南乃至整个中国的背景中加以考察，而且，还要将明清徽州置于更长的历史时段中详加探讨，以长时段的研究打通传统与近代社会研究的人为间隔，这些，显然都需要有更多新资料（尤其是民间文献）的充分支撑。因此，除了以往学界通常利用的方志、族谱、文集以及土地契约文书之外，我们更需要独辟蹊径，对明清迄至民国时期内容广泛的社会文化史料倍加重视。搜罗各类文献，并结合实地调查展开综合性的研究。在这方面，《我之小史》抄稿本，以其记载的真实性、丰富集中的内容和通俗易懂的表现方式，为上述的综合性研究恰好提供了一个绝佳的契机。

明清以来，"徽州朝奉"的形象曾在各类小说中频繁出现，但那只是小说家的塑造，而《我之小史》则是徽商作为主体自述的家世及个人阅历。詹鸣铎寄情纸笔，自叙家世。该书事随人生，人随事见，极摹人情世态，备写悲欢离合，使得《我之小史》成为目前所知唯一的一部由徽商创作、反映徽州商人阶层家庭生活的小说。

一般说来，小说为正史之余，难免有吞刀吐火冬雷夏冰般的谲诡幻怪荒诞无稽。不过，《我之小史》最显著的特点则在于它的纪实性。该书的发现，对于"徽学"乃至明清以来的社会文化史研究具有重要的史料价值。对于徽州研究而言，目前的民间文献虽然为数繁多，但由于距今年代久远，不少为当时人们习知习见的风俗及民事惯例如今已不甚了了。而该书以章回体小说的形式出现，面向的读者主要是普通民众，较之通常所见枯燥无味的史料记载，全书通俗易懂，显然更有助于人们理解晚清民国社会的纷纭世态，这对于我们探究明清时代徽州社会的民事惯例，解读徽州文书，无疑会有莫大的帮助。特别是囿于史料的限制，以往人们对于县以下农村社会的实态所知甚少，对于晚清民国时期徽州社会的了解更是相当有限，而《我之小史》恰好为此段历史缺环提供了大量翔实、丰富的史料。它不仅大大丰富了我们对于传统社会向现代转型过程的理解，而且，也可以修正以往人们对于民间社会的固定看法。从这个意义上来说，该书的发现、整理和利用，可以说是近年来徽州新史料发掘过程中最令人振奋的重要收获之一，必将引起相关领域研究者的广泛重视。

原载《史林》2006年第5期，有改动